उपन्यास : स्थिति और गति

उपन्यास :
स्थिति और गति

चंद्रकांत बांदिवडेकर

वाणी प्रकाशन

वाणी प्रकाशन
4695, 21-ए, दरियागंज, नयी दिल्ली 110 002
शाखा
अशोक राजपथ, पटना 800 004
फ़ोन: +91 11 23273167 फ़ैक्स: +91 11 23275710
www.vaniprakashan.in
vaniprakashan@gmail.com

UPANYAS : ISTHATI AUR GATI
by Chandrakant Bandivadekar

ISBN (10digit) : 81-8143-240-1
ISBN (13digit) : 978-81-8143-240-7
Literary Criticism

प्रथम संस्करण 1993
आवृत्ति 2014

मूल्य : ₹695

हर्ष प्रिंटर्स, दिल्ली-110 093 में मुद्रित

वाणी प्रकाशन का लोगो मक़बूल फ़िदा हुसेन की कूची से

प्रिय लीला को

अनुक्रम

तृतीय खंड

अतीत की कल्पना

चतुर्थ खंड

कुछ सफल-असफल उपन्यास

भूमिका

समीक्षा का ध्यान अब तक साहित्य के काव्यात्मक पक्ष पर विशेष रहा है। पर मुद्रण के प्रचार से गद्य का महत्त्व बढ़ता गया है। कथा और कविता में इतना प्रभेद पहले था नहीं जितना पीछे होता चला गया। कथा कथ्य की विधा थी, कविता कथन की। पहले के महापुराण महाकाव्य ही है। उस समय अहम् और इदम् की, भावना और घटना की, अलग दो दुनिया नहीं बन गई थी। पीछे ये दो संज्ञाएं उभार में आई : आदर्श और यथार्थ, अंतर्मन और बाह्य जगत्। इस प्रकार स्थूल और सूक्ष्म दो पटल बन गए और उनमें भेद भी देखा जाने लगा। जीवन में तो अखंडता है और अभेद। इसलिए जीवन्त होने से हटकर जब समीक्षा शास्त्रीय बनने की ओर बढ़ी तो उसने भाव की सूक्ष्मता पर बल अधिक दिया, बाह्य घटना-वैविध्य का महत्त्व उसके निकट कम होता गया। ईश्वर को दो रूप में माना और ध्याया जाता है। परात्पर और अंतर्हित। साहित्य के लिए दोनों ही समान साध्य हैं।

काव्य-समीक्षा में श्री चन्द्रकांत बांदिवडेकर का अधिकार स्वीकृत और परिचित है। इधर उन्होंने उपन्यासों पर ध्यान दिया है। उपन्यास की क्षमता इस युग में दिन-दिन अधिक प्रतिष्ठित होती जा रही है। वहां अनिवार्य है कि घटना और भावना को, कर्म को और प्रेरणा को, समन्वित भाव में और परस्परापेक्षया देखा जाए। तट दो हैं, पर प्रवाह की ही एकता के कारण। जीवन की इस द्वैताद्वैतात्मकता के साथ न्याय कर पाना सहज नहीं है। श्री बांदिवडेकर में यह अपेक्षित योग्यता है। उनमें पैनी और गहरी पहचान है उस तत्त्व की जो साहित्य को सत्व और स्थायित्व प्रदान करता है।

आशा है उपन्यास सम्बन्धी उनकी यह समालोचना और गवेषण साहित्य की समीक्षा-दृष्टि को प्रशस्त और सम्पन्न करने में सहायक होगी।

—जैनेन्द्रकुमार

7/36, दरियागंज।
5 सितम्बर, '77।

प्रथम खंड

उपन्यास : स्थिति और गति

उपन्यास : स्थिति और गति

हिन्दी उपन्यास विधा का यह दुर्भाग्य रहा है कि इस विधा के प्रति पूर्णतया समर्पित आलोचक हिन्दी में कम रहे हैं। हमारे मेधावी आलोचकों ने काव्य के सूक्ष्मतम और जटिल अनुभूति-संसार में जो चुनौतियाँ झेली हैं, बौद्धिक आनंद एवं रस प्राप्त किया है, सहृदयतापूर्वक परंतु अपेक्षित तटस्थता के साथ जो विश्लेषण-क्षमता दिखायी है, उसे देखते हुए कहना पड़ता है कि हिन्दी का उपन्यास साहित्य उस सौभाग्य से वंचित ही रहा है। बार-बार यह प्रश्न उठाया गया है कि काव्य की तुलना में उपन्यास कम आधुनिक क्यों ? कम प्रयोगशील एवं कम महत्वाकांक्षी क्यों ? इसके उत्तर में यह कहा गया कि संवेदन की नवीनता, ताज़गी और आवेग को क्षणमात्र में अभिव्यक्ति देकर उससे मुक्त होने की अथवा उससे उठने की जो राहत अथवा सार्थकता की अपरिसीम सुखद प्रेरणा काव्य के रचनारत क्षणों के उपरांत मिलती है, वह अपेक्षाकृत परंपराओं का वहन करने के लिए बाध्य, अत्यधिक स्थिरवृत्ति (Patience) की अपेक्षा करनेवाली, अनुभूति के उत्तेजक क्षणों के आगे-पीछे संदर्भों का जाल रचाते समय जीवट और कल्पना-शक्ति की बार-बार परीक्षा लेने वाली उपन्यास-विधा की प्रसव-पीड़ा में बहुत कम मिलती है। अतः हमारे प्रतिभाशाली रचनाकार काव्य की ओर आकर्षित होते हैं और आलोचक भी। इसके विपरीत पाश्चात्य उपन्यास का इतिहास यह स्पष्टतः बताता है कि उपन्यास के क्षेत्र में वहां के लेखक कम प्रयोगधर्मी अथवा कम महत्त्वाकांक्षी नहीं रहे और वहां के आलोचक भी इस विधा के प्रति समर्पित होने में नहीं हिचके। काव्य और उपन्यास-विधाओं की समानता तथा असमानता का, उनके एक-दूसरे के क्षेत्रों को छूकर निकलने की स्थितियों एवं मिलन-भूमियों का, उनके समानान्तर प्रवाह के रूप का पर्याप्त विवेचन पाश्चात्य साहित्य-समीक्षकों ने किया है। वस्तुतः उपन्यास काव्य की तुलना में अधिक संमिश्र, अशुद्ध, गद्यात्मक, व्यावहारिक, वहिर्मुख एवं सर्वसमावेशक विधा है और आज के युग में, जब सभी ज्ञान-विज्ञान एवं कला की शाखाएँ विशेषीकरण की ओर उन्मुख तथा अपने आत्म-तत्त्व की खोज में लवलीन, अपने से इतर का रिश्ता तोड़ने के लिए

समुत्सुक, विशुद्धता की प्रतिज्ञा में आये अत्यधिक केंद्रीकरण से उत्पन्न अत्यधिक कसाव में गरिमा अनुभव कर रही हैं, उपन्यास का होल्डाल वाला रूप कुछ आलोचकों को बेढंगा भी लगने लगा है। विशेष बात यह है कि कुछ उपन्यासकार भी अपने मूल आत्मतत्त्व की खोज में कथा, चरित्र, संवाद, परिवेश-चित्रण इत्यादि परंपरागत तत्त्वों के प्रति आक्रामक रूप में विद्रोही होते दिखायी पड़ रहे हैं। उपन्यास की वस्तु के साथ-साथ स्वाभाविक रूप में औपन्यासिक रूप के प्रति भी विद्रोह अधिक मुखर है। उपन्यास के परंपरागत शिल्प को प्रयोगशीलता ने छिन्न-भिन्न किया, अनुभव के नये परिप्रेक्ष्यों एवं धरातलों ने परंपरागत तत्त्वों के प्रति सर्वथा असंतोष व्यक्त किया और अनुभव के मूल रूप को यथावत् पकड़ने की महत्त्वाकांक्षा का साधन उपन्यास को बनाकर उसके ढाँचे को चरमरा दिया।

उपन्यास का महत्त्वाकांक्षी रूप

भारतीय साहित्य में उपन्यास-विधा का इतिहास सवा सौ वर्षों का है और भारतीय प्राचीन साहित्यिक परंपराओं से उसे जोड़कर दिखाने के छिटपुट प्रयत्नों के बावजूद यह कहा जा सकता है कि उसकी दिशा और दशा के लिए, विविधता, समृद्धता और शक्तिमत्ता के लिए यह विधा पाश्चात्त्य उपन्यास की ऋणी है। पाश्चात्त्य साहित्य में उपन्यास-विधा का इतिहास दो-सवा दो सौ वर्षों का है और उसके विकास का संबंध यथार्थवाद से घनिष्ठ रूप में है। वैसे मनोरंजन के अपने परंपरागत उद्देश्य के साथ समझौता करते हुए उपन्यास-विधा ने यथार्थ के अधिकाधिक गहन और बहुमुखी स्तरों को उद्घाटित करने का प्रयास प्रारंभ में किया, परंतु शीघ्र ही उसे व्यंग और विडम्बनात्मक तथा सूक्ष्म परिहासात्मक शैली का आश्रय ग्रहण करना पड़ा—यथार्थ के दबाव के परिणामस्वरूप। पाश्चात्त्य उपन्यास-विधा का प्राय: दो सौ वर्षों का इतिहास एक प्रकार से उपन्यास को परंपरा से प्राप्त कथा-तत्त्व और उसकी जीवन से जूझने की आकांक्षा के बीच की टकराहट में कथा-तत्त्व के उपेक्षित और अवहेलित होते हुए पूर्णत: तिरोहित हो जाने का क्रम है।

उपन्यास एक प्रकार से सत्य की खोज और अयथार्थ एवं असत्य या छद्म का ध्वंस करने का एक साहित्यिक हथियार है। मनुष्य-जीवन के यथार्थ का चित्र देने की आकांक्षा रखनेवाली इस विधा ने मनोरंजन के लिए परंपरागत साधन के रूप में कथा-तत्त्व को स्वीकार किया, परंतु मनुष्य-चरित्र के माध्यम से जीवन के विविध रूपों का उद्घाटन करना ही उसकी प्रमुख आकांक्षा रही। समाज के परिवर्तनों के साथ मानव-जीवन के बदलते प्रवाह के अनुकूल दो सौ वर्षों तक अपने को ढालने का प्रयत्न उपन्यास-विधा ने किया। इसीलिए अन्य विधाओं की तुलना में वह अधिक लचीली और सर्वसमावेशी विधा कहलायी। बृहत् जीवन के गरिमा-

मय घटनाचक्रों के माध्यम से अपने नायक को गुज़ारकर जीवन के भौतिक एवं आध्यात्मिक पाश्चात्य स्तरों को अभिव्यक्त करते हुए महाकाव्य की भाँति जातीय तथा सांस्कृतिक मानदण्डों को प्रस्तुत करने का श्रेय उपन्यास ने पा लिया, चरित्रों की जटिल मानसिकता को व्यक्त करते समय उत्कट संवेदना के क्षणों का वहन करने की गीतिकाव्य की निजी विशेषता को भी समाविष्ट किया (आज तो लिरिकल नावेल' नामक उपन्यास की स्वतंत्र रूप में चर्चा भी होने लगी है [1])। नाटक के ट्रेजिक रूप को हास्य और व्यंगमय अंश को तथा संवादों की प्राणभूत विशेषता को भी अपने में महत्त्वपूर्ण स्थान दिया। रोमांटिक कथा-काव्य की कुछ परंपराओं को कुछ समय तक समाविष्ट किया—जैसे कथा की अद्‌भुत बुनावट, भावुकता, कल्पना-प्रचुरता, साहस और वीरता की सदा विजयी आदर्शवादिता, कथा की रंजकता इत्यादि। धीरे-धीरे जीवन के दबाव के परिणामस्वरूप रोमांटिकता का विरोध करनेवाली विडम्बन और व्यंग-प्रवृत्ति को भी उसने स्थान दिया। विज्ञान के उदयकाल में और उसके विकासोन्मुख आशावादी रूप के दौरान क्रमश: फैलते जानेवाले ज्ञान के क्षितिजों से परिचय करा देना भी उपन्यास ने अपना कर्तव्य समझा। इसके लिए व्याख्यान, प्रवचन, निबंध, विचार-संकलन—सबका बिना संकोच के उपयोग किया। समाज-सुधार या नीत्युपदेश को निषिद्ध न समझकर उन्हें गौरव का स्थान दिया। प्रचार और कलावाद, साहित्यविधा की संमिश्रत और विशुद्धता, रोमानवाद और यथार्थवाद, आदर्शीकरण और विरूपीकरण, रूप की एकाग्रता और सर्वथा विघटन, जीवन की बहिर्मुखता और अवचेतन मन की अव्यक्त आंतरिकता, व्यक्तित्व की विराटता और मामूली लोगों का फालतूपन, काव्य की रसवत्ता और गद्य की यथातथ्यता, इतिहास और कल्पना, वस्तुसत्य और व्यक्ति-तत्त्व, कथा के सर्वसाक्षी निवेदक के रूप में लेखक का औपन्यासिक संसार में वास्तव्य और ईश्वर की भाँति अपनी सृष्टि से अदृश्यीकरण—इन सभी के बीच जो रस्साकशी हुई है, उससे उपन्यास-साहित्य की समृद्धि हुई है। अपने बहुरूपियापन से उपन्यास ने विभिन्न आलोचना-दृष्टियों को पर्याप्त आधार दिया है।

उपन्यास-विधा : संकटमय स्थिति का सर्वेक्षण

दो-सवा दो सौ वर्षों तक यथार्थवाद की बदलती धारणाओं के अनुसार रूप धारण करते हुए भी और तालस्ताय, दोस्तोवस्की, काफ्का, प्रूस्त, हेनरी जेम्स, वर्जीनिया वूल्फ, डी० एच० लारेंस, कोनराड, जेम्स जायस जैसी महामहिम प्रतिभाओं की महान परंपरा के रहते हुए भी उपन्यास-विधा के आगामी रूप के संबंध में पाश्चात्य विचारकों को पिछले 25-30 वर्षों से परेशान-सा कर दिया है। मुद्रण-कला और पूंजीवादी समाज-व्यवस्था तथा बढ़ती साक्षरता और विस्तृत पाठकवर्ग ने जिस तरह महाकाव्य को काल-बाह्य ठहरा दिया, उसी प्रकार उपन्यास-विधा

के भी तिरोहित होने की संभावना चिंतक देखने लगे हैं। कम-से-कम अब उपन्यास विधा सर्वप्रमुख विधा के रूप में न रहकर अन्य अनेक विधाओं के साथ समान स्तर पर रहने को बाध्य है।[2] प्राय: सभी विधाएँ आत्मतत्त्व की ओर अभिगमन करती हुई अपने प्राणतत्त्व से न जुड़ा हुआ अन्य सब अंश छोड़ती जा रही हैं और इस प्रक्रिया में उपन्यास-विधा भी अपना सर्व-समावेशी रूप त्यागने को बाध्य हो रही है। जनता के मन पर प्रभाव डाल सकने की अपनी क्षमता में जो विश्वास उन्नीसवीं सदी के उपन्यासकारों में था, वैसा अब नहीं रहा।[3] नैतिक मान्यताओं को स्वीकार करने और पाठकों पर प्रभाव डालने की बात आने पर उपन्यासकार विलक्षण रूप में संकोच में पड़ने लगे हैं। कुछ स्पष्ट रूप में कहना सुविधाजनक नहीं मानते हैं। वस्तुत: दूसरी ओर सृजन-प्रक्रिया के प्रति अधिक जागरूक होने के फलस्वरूप यह भी स्पष्ट मानने लग गये हैं कि उपन्यासकार नैतिक समस्याओं से दूर रह ही नहीं सकता।[4] विषय का चुनाव, विषय की निरूपण-पद्धति तथा शैली—सभी में उसकी जीवन-विषयक दृष्टि, उसकी नैतिक मान्यता व्यक्त होती ही है। फिर भी व्याख्यान, प्रवचन, निवेदन इत्यादि बातें उपन्यास से निकलती जा रही हैं। उपन्यासकार पाठक को अपने समकक्ष ही मानकर चलने लगा है—सृजनात्मक प्रयत्न में एक आवश्यक सहकर्मी। अगर पात्रों और प्रसंगों के बीच अनिवार्य बनकर नैतिक विचार न आये हों और पात्रों को उनसे दीप्ति न मिल रही हो तो ऐसे मसीहाई स्वर में आये हुए विचार बचकाने लगने लगे हैं। हिन्दी में अज्ञेय और जैनेंद्र के उपन्यासों में आए हुए प्राय: सभी चिंतनपरक क्षण उपन्यासों के अनिवार्य अंश लगते हैं जबकि इलाचंद्र जोशी, यशपाल, भगवतीचरण वर्मा, अमृतलाल नागर, अश्क, राजेंद्र यादव, लक्ष्मीकांत वर्मा के उपन्यासों में से बहुत सारे मन्तव्य आसानी से काट दिये जा सकते हैं। लेखक औपन्यासिक प्रसंगों का कथन कम, उनका दृश्यीकरण करने का प्रयत्न अधिक करते हैं। कथा को एक अथवा अनेक पात्रों की चेतना के माध्यम से कहना अधिक अच्छा समझा जाने लगा है क्योंकि लेखक औपन्यासिक संसार से स्वयं अदृश्य होना चाहता है (उपन्यासकार और उसकी औपन्यासिक सृष्टि के बीच के संबंधों को लेकर Wayne C. Booth ने अपनी महान पुस्तक The Rhetooric of Fiction में अत्यंत सूक्ष्म-पैनी अंतर्दृष्टि से सर्वसमावेशी और करीब-करीब 'अंतिम शब्द' के रूप में जो चर्चा की है, उससे उपन्यास का सजग पाठक बहुत ही लाभान्वित हो सकता है)। लेखक अपनी कथा-सृष्टि से अलग होने का असफल प्रयत्न कर रहा है। अपने औपन्यासिक कथ्य को संप्रेषित करते समय उसे सुगठित कथा की बाधा होने लगी है। उसे अब ठोस मानव-चरित्रों की उपयोगिता पर भी सन्देह होने लगा है। हर विधा की तरह अपनी विधा की आंतरिकता को पकड़ने के प्रयास में घटना-क्रम, कथावस्तु, चरित्र, संवाद, बाह्य स्थितियों (देश-काल-

वातावरण) सभी का अत्यंत स्वल्प उपयोग करते हुए अपनी संवेदना का विशुद्ध रूप सामने रखने का प्रयत्न वह कर रहा है। समाज के सत्य से व्यक्ति का सत्य और व्यक्ति के सत्य से चेतन-अवचेतन मन का सत्य और अंततोगत्वा संवेदन का सत्य —इस क्रम में सभी अन्यान्य तत्त्वों को क्रमशः बाह्य समझकर अलग करने के प्रयास में उपन्यास अपनी विशुद्ध आंतरिकता देखने का प्रयास कर रहा है। यहां भी निरुपाय होकर विषय और विषयी का द्वंद्व वह मानकर चल रहा है। यह स्थिति उसे क्रमशः मुद्रण-परंपरा के विरोध में, पुस्तकों के विशिष्ट आकार के और पृष्ठों के क्रम के विरोध में खड़ा कर मौनता की अभिव्यंजना की ओर ले जायगी। शब्दों के प्रति विद्रोही बैकेट ने (यद्यपि एक आलोचक ने बहुत पैनी अंतर्दृष्टि से यह कहा है कि बैकेट के अर्ध-जाग्रत, मनुष्य और वनस्पति-जगत् की सीमा-रेखा पर स्थित पात्र बहुत ही कलात्मक ढंग से शब्दों का प्रयोग करते हैं) एक नाटक के प्रयोग में कूड़े की राशि पर गिरे गर्भस्थ शिशु को दिखाकर पर्दे के पीछे से मात्र उच्छ्वास भरा था—नाटक-प्रयोग समाप्त हुआ। कुछ-कुछ ऐसी स्थिति संवेदनशील कलाकार अनुभव करते हों तो उसे अस्वाभाविक नहीं कहा जा सकता, क्योंकि शब्द अनुभव को व्यक्त करने तथा उसके रूप को खोजने का शक्तिशाली साधन भी है, उसे छिपाने का भी साधन है और अनुभव पर रोक लगानेवाली भी वस्तु वह है।

उपन्यास-विधा को बाह्य संकटों ने भी खतरे पैदा किये हैं। जिस तरह चित्र-सृष्टि ने नाटक के लिए खतरा उत्पन्न किया, उसी प्रकार उपन्यास-विधा के लिए आकाशवाणी, चित्रवाणी तथा चित्र-सृष्टि—तीनों ने खतरा उत्पन्न किया है। खतरा यह है कि गंभीर स्तर पर उपन्यास जनता से संवाद करने की स्थिति में नहीं रहा। उपर्युक्त तीनों कला-माध्यमों में मनोरंजन की जो प्रचुर क्षमता है, अर्थ-प्राप्ति की अधिक संभावना और श्रम की मितव्ययिता है, उसके कारण जनता और प्रतिभाशाली व्यक्ति इनकी ओर आकर्षित होते हैं। इसमें बौद्धिक केंद्री-करण की भी उतनी आवश्यकता नहीं जितनी उपन्यास-जैसी विधा में होती है। अतः नाटक, उपन्यास, काव्य आदि पुस्तक-रूप में प्रस्तुत होनेवाली विधाएँ रंजनात्मकता का उद्देश्य त्यागकर ऐसे विशिष्ट अनुभव-क्षेत्रों को या रूपों को अपनाकर ही जीवित रह सकती हैं जिनका उपर्युक्त माध्यम से संप्रेषण संभव नहीं है। अतः अपने आत्म-तत्त्व की खोज अवश्यंभावी हो गयी हो तो आश्चर्य नहीं। इससे एक ओर पाठक-वर्ग सीमित अवश्य होगा, परंतु दूसरी ओर वह उस विधा का अधिक मार्मिक विज्ञ व्यक्ति होगा। अतः प्रत्येक साहित्यिक विधा का भविष्य अपने अल्पसंख्यक परंतु निष्ठावान् प्रेमियों के प्रति समर्पित रहने में सुरक्षित रहेगा।

प्रश्न है : उपन्यास-विधा की आंतरिकता का स्वरूप क्या है? इस प्रश्न की

चर्चा आगे अवश्य की जायगी। इधर वर्षों से एक बात हम हिन्दी उपन्यास-चर्चा के दौरान सुनते आये हैं कि उपन्यास के परंपरागत तत्त्व (कथा, पात्र, संवाद, देश-काल-स्थिति, उद्देश्य, शैली) पुराने पड़ चुके हैं। अभी तक उनके पुराने पड़ जाने की तथा नये तत्त्वों को परिभाषित करने के प्रयास की कोई चर्चा जमकर नहीं हुई है। क्या उपन्यास की आलोचना की नयी परिभाषा बनायी जा सकती है ? उन महत्त्वपूर्ण तत्त्वों, वैशिष्ट्यों और तथ्यों का संकेत किया जा सकता है जिनका उपन्यास की चर्चा में उपयोग किया जा सकता है ? यह कार्य कुछ ऐसा है कि ऊँचे उछलकर जमीन पर खड़े होने के पहले ही जैसे भूमि आगे खिसक गयी हो। फिर भी असफल तत्त्वबोध का भी अपना महत्त्व होता है।

उपन्यास की कथा : आक्रमण का प्रथम लक्ष्य

पिछले सौ वर्षों में उपन्यास की चर्चा करते समय प्राणतत्त्व के रूप में कथा पर बहुत बल दिया जाता था। इधर 40-50 वर्षों में कथातत्त्व के प्रति अरुचि, उदासीनता, घृणा भी व्यक्त की जाने लगी है। ई० एम० फार्स्टर ने स्टोरी और प्लाट का अंतर रेखांकित करने में बड़ी सूझ-बूझ दिखायी और आगे आनेवाले आलोचकों के लिए उसने चर्चा के कतिपय महत्त्वपूर्ण सिद्धांत बनाकर दे दिये। फार्स्टर ने कथा तत्त्व के प्रति नाक-भौं सिकोड़ी। कथा में रुचि रखना उसे जंगलीपन या असंस्कृति का लक्षण लगा। कथा से उसके विरोध के दो मुख्य कारण थे : एक, कथा और स्वतंत्र चरित्रों के बीच जो द्वंद्व चलता रहता है उसमें उसे लगा कि जीवंत चरित्र कथा के गठन को हमेशा तोड़ते-फोड़ते रहते हैं। सुगठित एवं सुरचित कथा में दरारें पैदा करनेवाले स्थल ही चरित्रों की गत्यात्मकता या सप्राणता से उपन्यास को शक्तिशाली करनेवाले उसे प्रतीत हुए। दूसरे, उपन्यास में प्रकट होनेवाले जीवन की ऊर्जा को, यथावत्ता को, महत्ता को कृत्रिम ढंग से सुनियोजित करनेवाली सभी बातों से उसे एतराज़ था। इसीलिए उपन्यास के महान शिल्पी हैनरी जेम्स के उपन्यास 'ऐम्बेसेडर' के रूप की चर्चा करते हुए पैटर्न के लिए पात्रों की जीवन्तता, स्वतंत्रता और सचेतनता का व्यय करनेवाले इस जड़ाऊ उपन्यासकार से वह खीझ भी उठता है।[5] हल्की-सी शैली में फार्स्टर ने बहुत ही महत्त्वपूर्ण बातें रखी हैं। कथा में रोचकता, उत्सुकता, जिज्ञासा, उलझन, गुंफन और चमत्कृति उत्पन्न करने की फिक्र में चरित्र लेखक के हाथ के कठपुतले बन जाते हैं, चरित्रों में स्थूलता आती है, जीवंतता और स्वतंत्रता खत्म हो जाती है। घटनाओं में कार्यकारण-संबंध (जिनका आधार भावना भी हो) दिखाते समय चरित्रों की आत्मशक्ति की क्षीणता के साथ जीवन का बहुत-कुछ सरलीकरण भी होता है। कार्य-कारण संबंध में न आनेवाला संसार (और वह निश्चय ही विराट् है) तो जानबूझकर अनदेखा हो जाता है। फिर भी इस तथ्य को

नकारा नहीं जा सकता कि कतिपय उपन्यासकारों ने ऐसे सुंदर उपन्यास लिखे जिनमें पात्रों के स्वभाव और उनके द्वारा संपन्न कार्य, तथा उनके जीवन की घटनाएँ, इनके बीच कुछ कुशलतापूर्वक एकमेकता दिखायी गयी। ऐसे उपन्यासों को नाटकीय उपन्यासों की संज्ञा दी गयी।[6] वस्तुतः कथा के प्रति मोह रखनेवाले परंतु मानव-चरित्र के दिग्दर्शन को प्रमुख उद्देश्य माननेवाले उपन्यासकारों का तथा उनके प्रेमी आलोचकों का समझौता अधिक नहीं टिका। जीवन के प्रति समर्पित तथा जीवन के यथार्थ से गहन स्तर पर परिचित होने की आकांक्षा करनेवाले जीवन-प्रेमी उपन्यासकारों को कथा का सुगठित रूप का भी चौखटा, उनकी दृष्टि, अनुभव-सृष्टि, स्वतंत्रता, उत्साह, चैतन्य और सूक्ष्म अवगाहन-क्षमता को अवरुद्ध करनेवाला, अतः अस्वीकार्य, ही लगा।

हिन्दी में प्रेमचंद उपन्यास को मानव-जीवन का चरित्र समझते थे और जहाँ उन्होंने कथा के चौखटे को उड़ा दिया, वहाँ वे एक महान उपन्यासकार बन गये— 'गोदान' में कथा का मोह नहीं है। 'गोदान' की कथा होरी-धनिया आदि चरित्रों के साथ सहज-अकृत्रिम रूप में प्रवाहित होती है—कहीं चमत्कारिक मोड़ नहीं, चौंकाने की आकांक्षा नहीं। उनकी महान कहानियों में भी कथा-मोह नहीं है— पूस की रात, कफन, बड़े भाई साहब, सुजान भगत, नशा इत्यादि। 'सेवा-सदन', 'गबन' जैसे अच्छे उपन्यासों को अंत में समेटते समय उनके आदर्शवाद के साथ कथा का मोह भी उनपर सवार था, ऐसा लगता है। जैनेंद्र और अज्ञेय कथातत्त्व में ज़रा भी रुचि नहीं दिखाते। इसके विपरीत मनोविज्ञान की उँगली पकड़कर आये इलाचंद्र जोशी अपनी प्रतिज्ञा के पूरे अभिप्राय को नहीं समझ पाये। वे स्पष्ट बताते भी हैं कि उन्हें कथा कहने में रुचि है। वस्तुतः मनोविज्ञान के आगमन से पाश्चात्य औपन्यासिक साहित्य को जो नयी दिशाएँ मिलीं, उनमें कथा का ढाँचा चरमराकर टूट गया, क्योंकि स्थूल कार्य-कारण भाव की तथा बाह्य घटनाओं की अहमियत को धक्का पहुँचा। एक ओर मनोविज्ञान में पढ़े हुए सिद्धांत और दूसरी ओर कथा को सँभाले रखकर पाठकों से समझौता करने के प्रयास में और साथ-साथ आदर्शवाद के झगड़े को भी हाथ में लेकर चलने में इलाचंद्र जोशी के उपन्यासों में जो भोंडापन एवं स्थूलता आ गयी, उसको उनका जबर्दस्त रेटरिक (Rhetoric) भी सँभाल नहीं पाया। वस्तुतः जोशीजी के उपन्यासों के भाषण और प्रवचन अपने-आपमें विद्वत्तापूर्ण हों, उनके उपन्यासों की कलात्मकता को छेद देते हैं। अमृतलाल नागर की किस्सागोई शैली ने उन्हें काफी भरमाया (वैसे 'सेठ बाँकेलाल' जैसे लघु उपन्यास में यह शैली एक प्राण डालनेवाली शक्ति थी), परंतु बाह्य जीवन की तफसीलों को अपनी ढंगदार, जीवंत और चित्रमय भाषा में प्रस्तुत करने की अद्भुत क्षमता ने उन्हें काफी सहायता प्रदान की।

कथा का विपक्षी : यथार्थवाद

कथा वस्तुतः साहित्य के मौखिक रूप (आख्यानक, पुराण, कथा, कीर्तन इत्यादि) का ही अवशिष्ट है जो मुद्रण-कला के साथ बहुत समय तक अनिवार्य रूप में नहीं चल सकता था। कथा का संबंध निवेदन या कथन से है और श्रोताओं की उपस्थिति में उनके साथ प्रत्यक्ष संबंध स्थापित कर कथन-संबंधी प्रयोग करने का उत्साह कथावाचक का रहा होगा। पुस्तकाकार रूप में कथ्य को संघटित करने की स्थिति ने कथा के मूल उद्देश्य को ही धक्का पहुँचा दिया। व्यक्तिगत आस्वादन की शक्यता ने कथा-निवेदक का रैटरिक, घटना-चमत्कृति का उत्साह(प्रत्यक्ष सामने बैठे श्रोताओं के मौखिक भावों को देखकर अधिक ज़ोर पाकर वर्णन करने का सुख), उत्सुकता और जिज्ञासा से दिल थामकर बैठाने की कला, चरित्रों और घटनाओं पर अबाध अधिकार—सबको समाप्त कर दिया।

कथा को जबर्दस्त विपक्षी मिला यथार्थवाद। यह कहा जा चुका है कि उपन्यास के उद्‌भव एवं विकास का संबंध साहित्य में यथार्थवाद से गहन रूप में जुड़ा हुआ है। कथा का महत्त्व तब तक था जब तक साहित्य का उद्देश्य रंजनवाद तक सीमित रहा। जीवन के जटिल रूप को समझने-समझाने, जीवन के संघर्ष में प्राप्त जीवन-सत्य को अभिव्यक्त करने, अपने ही जीवन-अनुभव को अधिक स्पष्ट रूप में खोजने और पाने तथा जीवन-विषयक चेतना को अधिक सूक्ष्म, अधिक व्यापक एवं सर्व-समावेशी बनाने का उद्देश्य जब साहित्य के सामने प्रस्तुत हुआ तब रंजनवाद के साथ कथा-तत्त्व भी धीरे-धीरे लुप्त होने लगा। यथार्थ केवल जीवन के ऐंद्रिय रूप का आकलन नहीं है—मानसिक, बौद्धिक, आध्यात्मिक सभी पहलू उसमें समाविष्ट हैं। समाजवादी यथार्थवाद, अति यथार्थवाद, प्रकृतवाद, मनोविज्ञानवाद, अस्तित्ववाद— ये समस्त जीवन-विषयक दृष्टिकोण अपनी-अपनी विशिष्ट दृष्टि से जीवन को देखकर, उसके यथार्थ को गहरे स्तर पर समझने-बूझने का प्रयत्न करते हैं। आधुनिक साहित्य में उपयोजित विभिन्न प्रणालियों के मूल में भी दो प्रवृत्तियाँ प्रवृत्त हुई हैं—एक विशुद्ध प्रयोगशील प्रणाली और दूसरी यथार्थ को पकड़ने की प्रणाली। अनेक प्रयोग भी 'यथार्थ' को पकड़ने के उद्देश्य से किये जाते हैं। ये प्रणालियाँ हैं : साहित्य में अतार्किकता या कार्य-कारण का अभाव, फैंटेसी, स्वप्न-चित्रण, अमूर्तीकरण, अनपेक्षितता का समावेश, रोज़मर्रा के जीवन की अतिशयोक्ति, हास्योत्पादक चित्रण या विरूपीकरण, व्यंग्यात्मकता (जो 'डान क्विक्झोट' में है),विडंबन, इत्यादि। आज एंटी-रियलिज्म के अन्तर्गत जो कुछ माना जाता है, वह वस्तुतः यथार्थवाद की ही सूक्ष्म, आकारहीन, भयावह छाया है—यथार्थ का भूत (Ghost of Reality)है--असत्य या अयथार्थ नहीं। वैसे देखा जाय, यथार्थ के विरोध में केवल एक प्रवृत्ति साहित्य में मानी जायगी—

रोमानी। इसमें जीवन से पलायन, सुखमय स्वप्नों और आभासों में शरण, वास्तविकता से असंबद्ध आदर्शीकरण, साहित्य के स्वायत्त संसार की माँग, केवल सौंदर्यवाद, सुखवाद आदि प्रवृत्तियाँ परिगणति होंगी। यथार्थ का अनेक-आयामी चित्रण करनेवाली प्रणालियों ने कथा के सौष्ठव, गठन और अनुबंधित रूपायन को तार-तार कर दिया। परिणामतः साहित्य का गंभीर अध्येता अब कथा की माँग नहीं करता। यह बात दूसरी है कि जो रचनाएँ कथा को महत्त्व देकर ही रची गयी हैं, उनकी आलोचना में वह कथा-तत्त्व की हर तरह से जाँच करेगा, परंतु यहाँ भी उसका ध्यान कथा द्वारा व्यंजित जीवन के यथार्थ पर ही होगा। आदि, मध्य और अंत के रूप में कथा को देखना असंभव-सा हो गया है। आधुनिक उपन्यास के रूप की चर्चा विशिष्ट दृष्टि से करते हुए ऐलन फ्रिडमैन ने आधुनिक उपन्यास को 'क्लोज़्ड नावेल' के विपरीत 'ओपन नावेल' कहा है। जीवन का अनुभव, जो उपन्यासों के माध्यम से व्यक्त होता है, वह अनेक आवर्तों-भँवरों से विलक्षण बेतरतीबी से ऐसा प्रवहमान हो गया है कि कथा के बंद तालाब में उसे रोकने का प्रयास अब निरर्थक सिद्ध हो रहा है।

वैसे समाज के स्तर इतने वैविध्यपूर्ण होते हैं, उसमें इतने प्रकार के सांस्कृतिक और सामाजिक गुट होते हैं और उनकी साहित्यिक या सांस्कृतिक आवश्यकताएँ इतनी भिन्न-भिन्न होती हैं कि खास काट के उपन्यास ही लिखे जायँगे, ऐसी स्थिति नहीं है। भारतीय भाषाओं में आज गुलशन नंदा जैसे लेखक समाज के एक बहुत बड़े तबके की साहित्यिक आवश्यकताओं को पूर्ण कर रहे हैं। अमरीका में हर साल 'बेस्ट सेलर' के रूप में लिखे जानेवाले उपन्यासों में लोक-प्रियता पाने के हल्के नुस्खों का प्रचुर इस्तेमाल किया जाता है। फिर भी फार्स्टर की यह बात सही है कि उपन्यास में जब हम कथा की बात करते हैं तब एक घटिया स्तर पर खड़े होकर ही बात करते रहते हैं।

उपन्यास में चरित्र-चित्रण की स्थिति

जीवन की जटिलता, उसका यथार्थ, उसका असली रूप कथा की अपेक्षा चरित्रों के माध्यम से व्यक्त करना अधिक उचित था, अतः उपन्यासकारों ने कथा को चरित्रों के चरणों पर भेंट चढ़ाया। उन्नीसवीं सदी में पूँजीवादी व्यवस्था में, जब यांत्रिक विकास सीमा को नहीं पहुँचा था, व्यक्ति शक्तिशाली, कर्मठ एवं महत्त्वपूर्ण भी प्रतीत होता था। व्यक्ति के चरित्र को ही उपन्यास का पर्याय समझा गया। जब हम आज तालस्ताय, दोस्तोवस्की, जेन आस्टिन, वर्जीनिया वूल्फ आदि के उपन्यासों का स्मरण करते हैं तो हमारे सामने पात्र ही खड़े रह जाते हैं, बाकी बातें परिपार्श्व में चली जाती हैं। गंभीर लेखकों में कथातत्त्व के स्थान के प्रति प्रायः ऐकमत्य है परंतु चरित्रों की उपादेयता को लेकर काफी मत-

भेद हैं। कथातत्त्व पर आक्रमण अगर 50-60 वर्ष पुराना है तो चरित्र पर आक्रमण 20-25 वर्ष पुराना हो गया है। अपनी निर्मित प्रक्रिया के संबंध में लेखक जैसे-जैसे अधिक सजग होकर मानवीय मन के तल को छूने का सचेत प्रयत्न करने लगे, वैसे-वैसे अवचेतन-चेतन मन के व्यापारों ने लेखन-प्रक्रिया पर अधिक प्रकाश डालना शुरू किया और परिणामत: चरित्रों के पीछे जो असलियत है, संदर्भ है, उसका भी ज्ञान होने लगा और उपन्यास में चरित्रों के पीछे की स्थितियों को अथवा संदर्भ को महत्त्व मिलने लगा।

चरित्र-चित्रण : मानव जीवन के यथार्थ दर्शन का एक महत्त्वपूर्ण साधन

जिस 'जीवन' शब्द का साहित्य की चर्चा में हम जप करते रहते हैं, वह क्या है ? परिभाषा यहाँ अभीष्ट नहीं है। कहीं-न-कहीं हमें जीवन के संबंध में बात करते समय-व्यक्ति के अनुभव के संदर्भ में ही बोलना पड़ता है। यह अनुभव व्यक्ति और व्यक्ति के परस्पर संबंधों का, व्यक्ति के परिवार, समाज, राष्ट्र, विश्व के साथ संबंधों का अथवा व्यक्ति के अंतर्मन के परस्पर संबंधों का हो सकता है। यह सामंजस्यपूर्ण हो सकता है या द्वंद्वात्मक। अंततोगत्वा जिसे हम जीवन कहते हैं, वह इन संबंधों की ही बात है। ये संबंध विस्तृत होते हैं, स्थूल या सूक्ष्म भी। ये स्थिर भी होते हैं, गतिशील भी। ये उच्छल भी होते हैं और गहन भी। ये ठंडे, सूखे तथा कठोर भी होते हैं और उत्तेजक और तीव्र भी। इन संबंधों का स्वरूप शब्दों से परिभाषित करना असंभव नहीं तो कठिन अवश्य है। स्वाभाविक रूप में जीवन का भाष्य करते समय समग्र जीवन को व्यक्त करने की आकांक्षा से प्रेरित विधा में कथा के स्थान पर व्यक्ति और उसके संबंध ही केंद्र में आ गए—चरित्र-चित्रण उपन्यास का प्राणभूत तत्त्व बना। काव्य में जो स्थान अनुभव की ऐंद्रिय-प्रतीति देनेवाले बिम्बों और प्रतीकों का होता है, वही स्थान उपन्यास-विधा में चरित्रों का माना जाने लगा। चरित्र ही बिंब समझे गये।

अट्ठारहवीं-उन्नीसवीं सदी में ज्ञान-विज्ञान के विस्तृत होते जाने वाले क्षितिजों के मूल में व्यक्ति के अपूर्व बुद्धि-कौशल को देखा जा सकता था। अनजान भू-प्रदेशों की यात्रा कर देश के गौरव को बढ़ाने के मूल में व्यक्ति के पराक्रम को स्वीकार किया जा सकता था। अपनी बौद्धिक क्षमता और साहसिकता के बल पर मनुष्य दूसरों पर प्रभाव डाल सकता था। अत: 'व्यक्ति' के महत्त्व के युग में उपन्यास में, जिसके पीछे रोमानी काव्य की परंपरा भी थी, व्यक्ति-चरित्र 'हीरो' [illegible] चित्रित हुआ। फिर यह स्थिति बदलने लगी। मनोविज्ञान, समाज-विज्ञान, नृतत्त्व-विज्ञान, भौतिक विज्ञान, दर्शन तथा बढ़ती तकनीकी प्रगति ने व्यक्ति की सीमाओं का ज्ञान ही नहीं कराया, उसके दुर्बल, असहाय, फालतू रूप को भी उद्‌घाटित किया। अब इस 'हीरो' का उपयोग उपन्यास में व्यंगात्मक

स्थितियों को उभारने, हास्य और वक्रता उत्पन्न करने की ओर होने लगा। पूंजीवादी व्यवस्था में धीरे-धीरे राजनीति में सामान्य व्यक्ति का महत्त्व बढ़ने लगा तो असामान्य 'हीरो' भी परास्त हो गया। उसका स्थान सुष्ट-पुष्ट, दुर्बल-सबल, साहसी-भीरु, अच्छे-बुरे अनेक प्रकार के द्वंद्वों से घिरे मनुष्य ने ले लिया। अंग्रेजी में उपन्यास के नायक को 'हीरो' न कहकर 'प्रोटागोनिस्ट' कहा जाता है। अब ये चरित्र किसी महान उद्देश्य को एवं आदर्श को चरितार्थ करने के बजाय सामान्य जन-जीवन के प्रारूपों को दिखाने के माध्यम बने, क्योंकि जीवन का अधिक प्रातिनिधिक रूप कुछ चुने हुए शीर्षस्थ व्यक्यिों में नहीं, सामान्य लोगों में था। परिणामतः चरित्र प्रातिनिधिक (टाइप) रूप में या व्यक्ति (इन-डिविजुअल) रूप में चित्रित होने लगे। इसके पीछे बहुत हद तक मानवीय उदारवादी विचारधारा का हाथ था—वैसे उपन्यास का विकास भी बहुत हद तक उदारवादी विचारधारा पर निर्भर है। सामान्यतः देखा जा सकता है कि जहाँ उदारवाद रहा वहाँ अच्छे उपन्यासकार पैदा हुए। अर्थात्, सामान्यीकरण के धोखे इसमें भी हैं क्योंकि प्रतिभा किसी खास भूमि की उपज नहीं होती। परंतु साहित्य के विकास के लिए अगर आबोहवा की जरूरत है तो उदारवाद ही साहित्यिक हवा को अधिक मुक्त एवं शुद्ध रखता है। प्रायः कहा जाता है कि रूस की जारशाही में तालस्ताय और दोस्तोवस्की हुए, परंतु यह सत्ता का साहित्य को गंभीरतापूर्वक न लेने का परिणाम माना जा सकता है। जनतांत्रिक युग में साहित्य के विकास की संभावना अधिक है—भारत की आज की स्थिति में यह देखा जा सकता है। सामान्य जनता के सुख-दुःखों को साहित्य में केंद्र में रखा जा रहा है। भारत में जब तक स्वस्थ जनतांत्रिक समाज-व्यवस्था की स्थिति रहेगी, तब तक उपन्यास विधा के भी दिन बुरे नहीं हैं।

चरित्र-चित्रण पर आघात

चरित्र की यह उन्नत स्थिति बहुत समय तक नहीं टिकी। उपन्यास में चरित्र तत्त्व को आघात अनेक दिशाओं में झेलने पड़ रहे हैं।[8] जिस 'व्यक्तित्व' का अंकन उपन्यासकार करना चाहता है उसका पनपना अपेक्षाकृत स्थिर समाजव्यवस्था में ही संभव है। अपेक्षाकृत स्थिर इसलिए कि भारत की सामंतवादी कृषि-व्यवस्था में जिसमें स्थिरता हद तक पहुँच गयी थी, व्यक्तित्व का निर्माण मुश्किल था, वहाँ टाइप या साँचे बनना अधिक स्वाभाविक था। इसीलिए भारतीय नाटकों एवं महाकाव्यों के नायकों का स्थूलवर्गीकरण किया जा सकता था। औद्योगिक समाज-व्यवस्था में परिवर्तनों की गति बढ़ती है, समाज-व्यवस्था जटिल बनने लगती है, व्यक्ति के आगे चुनौतियाँ आती हैं। स्थिर साँचे में ढला 'चरित्र' अपनी विशिष्टता, अप्रतिमता और अनोखेपन के कारण 'व्यक्तित्व' बनता है। साहित्य-रचना के

केंद्र में ऐसे जीवंत 'व्यक्तित्व' आ जाते हैं। ये व्यक्तित्व अपनी सीमाओं और सामर्थ्य को जानते हैं और अपनी सीमित शक्तिमत्ता में ही समाज को परिवर्तनशील परंतु उन्नतिमान रखना चाहते हैं क्योंकि इसी में उनके व्यक्तित्व की सुरक्षा है। साहित्य में अपनी सामर्थ्य से सप्राण, संभावनाओं से आश्वस्त, दायित्व भावना से संतुलित और सीमाओं तथा दुर्बलताओं से परिचित होने के कारण उदार व्यक्तित्व 'हीरो' नहीं होते परंतु 'पंक्ति के दीप' अवश्य होते हैं। ये उपन्यास के प्राणभूत आधार बने रहते हैं।

परंतु उन्नीसवीं सदी के अंत में तथा बीसवीं सदी के आरंभ में मनोविज्ञान का जो विकास हुआ,उसने मनुष्य की चेतना शक्ति को, विवेक के बल पर जीवन को वांछित आकार देने की क्षमता को, परिवार में उसके पवित्र संबंधों तथा तज्जन्य मानसिक संतुलन को एवं समाज में इतर व्यक्तियों के साथ उसके संबंधों को विलक्षण चुनौतियाँ दीं। सबसे जबर्दस्त आघात मनुष्य की 'आइडेंटिटी' के मूल में स्थित 'ईगो' पर किया। आगे चलकर डी०एच० लारेंस ने चरित्र की मूल भित्ति 'ईगो' को ही अस्वीकार कर दिया। एक ओर उसने फ्रायड के अवचेतन मन की स्थिति को ललकारा तो दूसरी ओर 'ईगो' के अस्तित्व को भी।[1] डी० एच० लारेंस ने विचार, विवेक, चेतन-अवचेतन मन सभी से अधिक शक्तिशाली आदिम रक्त की धड़कन को महत्त्व दिया। प्रकारान्तर से उसका मनुष्य जीवन के निर्णयों के लिए सहजात प्रवृत्तियों का वशवर्ती रहा। डी० एच० लारेंस के पात्रों को देखकर हम उनसे असहमत निश्चय ही होते हैं, उन पर हँस सकते हैं परंतु उनकी विलक्षण जीवंतता, आवेग और जोश के वशीभूत हुए बिना नहीं रह सकते। डी० एच० लारेंस ने व्यक्तित्व के केंद्र में निहित 'स्टेबल ईगो' को चुनौती क्या दी, उपन्यासकारों ने व्यक्तित्व की अपेक्षा व्यक्ति की मानसिक अवस्था को ही अपरिसीम महत्त्व दिया। अब उपन्यास के पात्र लघु निबंधों के विषय की भाँति खूँटियाँ बन गये जिन पर मानसिक अवस्थाओं के गतिशील प्रवाह के चित्रण को अटकाया जा सकता था। दूसरे शब्दों में, मानसिकता (Psyche) के उन्मुक्त-अप्रतिहत प्रवाह के बीच बड़ी दीनता से खड़े रूखे ठूंठों की तरह चरित्रों की स्थिति हो गयी। ये चरित्र चेतना-प्रवाह में उखड़े-पुखड़े केंद्र बन गये। संवेदना के खंडित पुंज साहित्य में प्रस्तुत किये जाने लगे जिनको बाँधकर रखनेवाली धुरी नदारद थी। 'लास आव आइडेंटिटी' का यह प्रारंभिक चरण था।

चरित्रों पर आघात मार्क्सवाद की वर्गीय विचारधारा के कारण भी हुआ था जिसका पर्याप्त विश्लेषण किया जा चुका है

एक अन्य दिशा से यह आघात अधिक जोरदार रहा। बढ़ती उद्योग-व्यवस्था, अभूतपूर्व तकनीकी विकास, मानव के नियंत्रण के परे अजस्र वैज्ञानिक शक्ति का विकास और विश्वयुद्ध इत्यादि के संदर्भ में मनुष्य बाह्य जीवन के प्रचण्ड प्रवाह

के भँवर में असहाय और फालतू रूप में प्रस्तुत होने लगा। व्यक्ति को पीड़ादायक अनुभव हुआ कि उसके पैरों तले की भूमि खिसकती जा रही है—'व्यक्तित्व' जैसी कोई चीज नहीं रह पाती है। मनुष्य होने के नाते वह संवेदना की मार खाने को अभिशप्त है। परिणामस्वरूप व्यक्तित्वविहीन निर्वैयक्तिक रूप में भयावह भाव साहित्य में व्यक्त होने लगे—अँधेरे में चीख की तरह। उपन्यास और काव्य के बीच की रेखा अवश्य तिरोहित होने लगी[11], परंतु इस काव्य की जाति अलग है। अनुभव के अधिक गंभीर, गहन और तलस्पर्शी रूप के प्रति उपन्यास भी सीधे टकराना चाहता है।

व्यक्ति अपने को निर्वासित, अकेला, निरीह समझने लगा—दूसरों के हाथ का शतरंज का मोहरा। यह 'दूसरा' कौन है, यह भी उसके सामने स्पष्ट नहीं है। परिवेश व्यक्ति पर हावी हो गया। व्यक्ति की अपनी पहचान को भी इस परिवेशवाद ने खत्म कर दिया। वस्तुओं को मनुष्यत्व से इतना अलग, अस्पृष्ट, अबाधित समझा जाने लगा कि उनका ठंडा, असंपृक्त, ठोस, जड़ 'तत्रत्व' (Thereness) अंकित करने का महत्त्वाकांक्षी प्रयास राबी ग्रिले (Robbe Grillet) जैसे लेखक करने लगे। अर्थात्, यह असंभव था क्योंकि जैसा कि अल्बर्तो मोराविया ने लिखा है—हम जब वस्तु को 'समुद्र' नाम देकर वर्णन करते हैं तब मानवीय स्पर्श से वह संपृक्त हो ही जाता है। अस्तु, इस प्रवृत्ति ने चरित्र जैसे तत्त्व को पर्याप्त क्षति पहुँचायी।

परिवेशवाद से सामना करने का एक प्रयास अस्तित्ववाद में है। वस्तुतः पूर्ववर्ती सिस्टीमैटिक और तार्किक दर्शनों की उपयोगिता एवं महत्त्व पर प्रश्नचिह्न लगाते हुए मनुष्य को साहित्य ही नहीं, दर्शन के केंद्र में रखकर उसकी स्थिति के संबंध में अत्यंत लगावपूर्ण और आवेग में सोचना प्रारंभ किया अस्तित्ववादियों ने। स्वाभाविक रूप में आदर्श, आस्था, श्रद्धा, उद्देश्यवाद, ध्येय, मनुष्य के नाना रक्षा-कवच, अपने असली रूप की पहचान, अपने से इतर के साथ अपने संबंध की खरी परख इत्यादि बातों का असली रूप जब नग्नता में सामने आ गया तो उसके कारण भयभीत एवं संभ्रमित लोगों ने अस्तित्ववाद के प्रति नाना तरह की शंकाएँ उठायीं और उसे युद्धोत्तर निराशा की उपज माना। यह सही है कि उपर्युक्त परिस्थितियों की नकाब फाड़कर मनुष्य के अनुभव को उसके मूल में परिभाषित करने के परिणामस्वरूप मनुष्य की वेदना, अकेलेपन का भय, बेचैनी, चिंता, खीझ, असहायता, दूसरे के सतत दबाव का पीड़ादायक अहसास, स्वतंत्रता की आकांक्षा को हर क्षण अपने में मिलाकर जड़वत् करनेवाली परिस्थितियों के प्रति गुस्सा, निरर्थकता की अनुभूति का बोझ इत्यादि --कतिपय मनुष्य-जीवन की स्थितियाँ सामने आ गयीं। जीवन की धुरी, संगति, सार्थकता, महत्त्व, मूल्य, संतुलन सब विनष्ट-सा होता दीखने लगा। निरर्थकता अकेलापन और निर्वासित

की व्यथा की जो तीव्र अभिव्यक्ति काफ्का की रचनाओं में प्रायः सभी समय और दोस्तोवस्की के उपन्यासों में कितनी ही बार होती रही और जो साहित्य-सृष्टि के हाशिये पर मानी जाती थी, अब वह केंद्र में आने लगी। सार्त्र, कामू, जीन-जेने, बैकेट इत्यादि कतिपय साहित्यकारों का इस पीड़ा से गहन सरोकार साहित्य और दर्शन दोनों क्षेत्रों में अपवाद समझना असंभव था। क्योंकि प्रमुख साहित्य-धारा के रूप में अस्तित्ववादी स्थितियों ने उपन्यास, नाटक, काव्य, कहानी, निबंध सभी विधाओं को प्रभावित किया था। परिणामतः उसके स्वागत में और इन्कार में भी जो वृत्ति दिखायी गयी, वह जितनी उतेजक थी, उतनी वस्तून्मुखी नहीं। हर नवीन का नवीनता के लिए स्वागत करनेवाली नकली क्रांतिधर्मिता ने उसे ही 'अंतिम सत्य' के रूप में स्वीकार किया तो भयाकुल मनःस्थिति ने अस्तित्ववाद के मूल मानवीय सरोकार को भी ग्राह्य नहीं माना। ऐसे में रूपांकित जीवन की वास्तविकता पर नज़र केंद्रित करने के स्थान पर प्रस्तुतकर्त्ता लेखकों पर ही तोपें दागना शुरू हो गया। इन लेखकों में मनुष्य की नियति के प्रति जो उत्कट प्रतिबद्धता या इन्वाल्वमेंट था, उसकी ओर दृष्टि कम गयी। असल में अस्तित्ववाद के जनक नीत्शे ने जब कहा था, 'ईश्वर मर गया', तो अस्तित्व की धुरी को खिसकते देखकर और उसके स्थानापन्न क्या किया जाये, इस विचार से वह पीड़ित था। परंतु विचलित नीत्शे का यह रूप नहीं देखा गया। कुछ वही स्थिति कामू और सार्त्र की हुई। सार्त्र और कामू के लेखन में मनुष्य परिवेश का केवल असहाय प्रतिक्रिया करनेवाला फालतू मनुष्य नहीं है। जहाँ वैसा ऊपर से दीखता है, वहाँ विलक्षण वक्रता एवं व्यंगात्मक ढंग से अपनी मूल दृष्टि का बोध कराया गया है। प्रत्यक्षतः निरर्थकता की स्थितियों का बोध कराते हुए भी जीवन को कंधों पर उठकर ले चलने की अभिमन्यु की युयुत्सा का भी परिचय ये साहित्यकार देते हैं (असल में होता यह है कि कामू के 'पतन' के नायक से कामू के व्यक्तित्व को एकाकार कर देखने का बचकाना प्रयास किया जाता है, हम 'प्लेग' के डाक्टर की विलक्षण क्रियाशीलता को भूल जाते हैं)। बैकेट के नाटकों में अर्ध-मानवीय स्थितियों में विचरने वाले विरूपित (Distorted) पात्रों से चिंतक बैकेट कहीं दूर, उदासीन, तटस्थ परंतु चिंतामग्न है, यह नहीं देखा जाता। सार्त्र के कतिपय पात्रों को भीषण नियति का सामना करते समय जो अपनी स्वतंत्रता के प्रति, वरण के अपने अधिकार के प्रति, अतीत से अपने को सर्वथा काटकर अलग दिशा ग्रहण करने के प्रति सावधान रहते देखते हैं, उससे प्रभाव ग्रहण नहीं किया जाता। पूर्व-निश्चित सिद्धांतों के साँचों में ढालकर अथवा अतीत के अभ्यास के वशीभूत होकर न जीने की जो सर्जनशील जीवन की संभावनाएँ अस्तित्ववादी साहित्य में प्रकट होती हैं, वे प्रायः उपेक्षित हो जाती हैं। अतीत के प्रति मोह या लगाव, पूर्वनिश्चित मान्यताओं को परंपरा

या ध्येयवाद के नाम पर ढोते रहने की विवशता, आदत या अभ्यास से बिना विचारे प्रतिक्रिया करते रहने की हमारी जड़ता इत्यादि के प्रति जागरूक रहकर हर क्षण स्वतंत्र, संपूर्ण आत्मनिर्भर, सर्जनशील रहने की प्रेरणा अस्तित्ववादी चिंतन देता है, इसे कहां तक हमने समझा है, यह विचारणीय है। इस दृष्टि से मोहन राकेश, कमलेश्वर, लक्ष्मीकांत वर्मा, निर्मल वर्मा, श्रीकांत वर्मा इत्यादि लेखकों का साहित्य विवेचनीय है। यह कहना नहीं है कि इन्होंने सजग रूप में अस्तित्ववाद को समझा है और स्वीकारा या नकारा है। ये लेखक मूलतः दार्शनिक वृत्ति के प्रति उन्मुख हैं। इनके लेखन से कतिपय रोचक निष्कर्षों तक पहुँचा जा सकता है। मार्क्सवाद के या मनोविज्ञान के पूर्व-निश्चितवाद (Determinism) से अस्तित्ववादियों ने डटकर मुकाबला किया है, इसमें सन्देह नहीं है (यद्यपि सार्त्र स्वयं अपने को बाद में मार्क्सवादी मानने लगा)। मनुष्य की स्वतंत्रता के प्रति और जीवन के अंतिम अर्थ के प्रति इतनी जागरूकता प्रायः अन्यत्र कम देखने को मिलती है।

प्रस्तुत संदर्भ में महत्त्वपूर्ण बात यह है कि अस्तित्ववाद ने भी अपने ढंग से परंपरागत चरित्र-संबधी धारणाओं पर जोरदार आघात किया। मनुष्य केवल अभ्यासवश कार्य करनेवाला, परंपराओं के बोझ को ढोनेवाला या अनेक प्रकार के बुरे विश्वासों को प्रश्रय देनेवाला व्यक्ति नहीं है, वह सर्जनशील भी हो सकता है। परंतु इस आघात से हिन्दी लेखक बच गये दिखते हैं। कतिपय लेखक अस्तित्ववाद के नाम पर परिवेशवाद के शिकार हुए। आश्चर्य तो यह है कि अस्तित्ववाद की शक्तियों को नज़रअंदाज़ न करते हुए भी उसकी सीमाओं से मुकाबला जितनी शक्ति के साथ अज्ञेय ने 'अपने-अपने अजनबी' में और जैनेंद्र ने 'जयवर्धन', 'मुक्तिबोध' और 'अनन्तर' में किया, उतना नवलखन में नहीं हुआ।

अस्तित्ववाद ने चरित्र-चित्रण प्रणाली पर आघात किस रूप में किया? सामान्यतः जब कोई चिंतक अपनी चिंतना को व्यक्त करने के लिए माध्यम के रूप में साहित्य को इस्तेमाल में लाता है तब चरित्र हथियार बनते हैं। वे अपनी जीवंत विविधता खोकर इस रूप में सामने आते हैं कि लेखक की चिंतना को प्रकट कर सकें। चूंकि अस्तित्ववाद कोरा चिंतन-प्रधान या तर्कपूर्ण दर्शन नहीं है और उसका मनुष्य की अस्तित्व की स्थितियों से गहन सरोकार है, अतः अस्तित्ववादी साहित्य में वे धोखे कम रहते हैं जो अन्य सिद्धांतों में रहते हैं। मसलन एक मार्क्सवादी अपने पात्रों को जिस प्रकार हथियार बना सकता है, अस्तित्ववादी नहीं बना सकता। क्योंकि उसका लक्ष्य मानवीय स्थितियों को उजागर करना होता है और साहित्य में यह भी महत्त्वपूर्ण है। चूंकि अस्तित्ववाद का ध्यान मानवीय जीवन के मूल रूपों पर होता है और ये मूल रूप अमूर्त एवं निराकार नहीं होते बल्कि ठोस और साकार होते हैं, मानसिक स्थितियों का जो गहन प्रस्तुतीकरण होता है, वह

अपने आप में मानवीय उपस्थिति के तीव्र संवेदनों से साक्षात्कृत कराता है। अतएव मनुष्य का अनुभव अधिक यथार्थ रूप में ग्रहण किया जा सकता है। ये स्थितियाँ इतनी अधिक बौद्धिक, भावात्मक या मानसिक (Psychic) होती हैं कि सामान्यत: चरित्र में जिस स्थिरता या स्थाणुत्व की अपेक्षा हम करते हैं, वह यहाँ नहीं होता। मानसिक स्थितियाँ होती हैं, ठोस चरित्र नदारद होता है। यद्यपि काफ्का और दोस्तोवस्की के पात्र हमारे सामने आते हैं परंतु इनके चरित्रों में कुछ अवचेतन की सहज, अबौद्धिक प्रेरणाओं की या अतार्किक निर्णयों की इतनी रेलपेल होती है कि प्राय: ये पात्र नार्मल नहीं लगते। सार्त्र और कामू जैसे सिद्धांतत: अस्तित्ववादी उपन्यासकारों की बात अधिक विचारणीय है। अपने कुछ खास दृष्टिकोण को लेकर ये इतने प्रभावित (Possessed) से होते हैं कि उनके पात्रों पर उन्हीं का दृष्टिकोण छाया रहता है। उदाहरण के लिए ये लेखक 'मैं' और 'इतर' के बीच विरोध की द्वंद्वात्मक स्थिति लेकर चलते हैं, परिणामत: इनकी चरित्र-सृष्टि भी इसी दृष्टि से परिचालित होती है। कितने आश्चर्य की बात है! हमेशा 'बैड फेथ' के विरोध में अपनी पैनी शल्य-चिकित्सा चलानेवाला सार्त्र, मनुष्य-संबंधों के बारे में क्या स्वयं 'बैड फेथ' का शिकार नहीं बना? एक मनोरंजक उदाहरण सार्त्र का जीन जेने का चरित्र है। एक विलक्षण बौद्धिक प्रयास के रूप में इस चरित्र-ग्रंथ की प्रशस्ति की जा सकती है, सार्त्र की मौलिक व्याख्याओं से हम बार-बार चमत्कृत भी होते हैं परंतु क्या यह जीन जेने का चरित्र है? यह भी अपनी धारणाओं को लादने के लिए एक खूँटी नहीं है? एक अपराधी व्यक्तित्व में संतत्व के लक्षण देखना बौद्धिकता की पराकाष्ठा तो है परंतु बार-बार लगता है कि क्या शब्द के सही अर्थ इस्तेमाल किये जा रहे हैं? हम कहीं धोखा तो नहीं खा रहे हैं? प्रस्तुत मुद्दे को बैकेट के नाटकों के पात्रों से समझा जा सकता है। क्या ये पात्र जीवन और जगत् के संभावित पात्र हैं? मानवीय स्थिति की भयावहता का सशक्त संकेत करनेवाली यह अतिरेकी और अतिशयोक्तिपूर्ण चरित्र-सृष्टि निश्चय ही प्रभावित करती है,[12] परंतु-मानव-चरित्र का इतना विरूपण, इतनी एकांतिकता, इतना अतिशयोक्त प्रारूप क्या चरित्र-सृष्टि पर आघात नहीं है? बैकेट के उपन्यासों में पात्र आत्मालाप करते हैं। क्षुद्र तफसीलों में उलझे ये पात्र प्राय: उबा देते हैं। क्योंकि बैकेट ने आध्यात्मिक चिंता को व्यक्त करने के लिए परंपरागत चरित्रों को उनकी मानव-सुलभ पहचान से अत्यधिक वंचित किया है। अधिक मूल्यवान यथाथ की खोज में अस्तित्ववादियों तथा उनके सहचिंतकों को रोज़मर्रा के जीवन के परिचित चरित्रों को त्याग देना पड़ा।

कतिपय पाश्चात्त्य उपन्यासकारों ने मानवीय चरित्रों को अनेक प्रकार से विघटित कर दिया है। कभी वे मनुष्य के समस्त आध्यात्मिक या सांस्कृतिक

स्तरों को चीरकर फेंक देते हैं और मनुष्य को पशु के स्तर पर खड़ा कर देते हैं (हैनरी मिलर के पात्र), उसे समाज से या परिवार से अलगाते हुए निजता और निजेतरता के द्वंद्व में खड़ा कर नितांत नग्न कर देते हैं, कभी बाहरी दबाव से निर्वासित एवं अकेला बनाकर उसकी पीड़ा को चरम सीमा तक पहुँचाकर पागलपन की अवस्था में चित्रित कर देते हैं (हिन्दी में दूधनाथ सिंह ने एक दीर्घ कथा 'सुखांत' में ऐसे ही मनुष्य की चेतना-केंद्र से कहानी प्रस्तुत की है)। कभी मानव-समाज की आज की अवस्था के भयानक दुःस्वप्नों के दर्शक के रूप में उसे चित्रित करते हैं, अप्राकृतिक सादिज्म या मासोविज़्म के शिकार के रूप में प्रस्तुत करते हैं, पात्रों की अतिरिक्त सूक्ष्म संवेदना को गंदगी और विरूपता की ओर उन्मुख दिखाते हैं। जीवन के जुगुप्सामय प्रसंगों और अनुभूतियों में ही रमने की उनके चरित्रों की प्रवृत्ति को देखकर उन्हें मानव के रूप में पहचानना असंभव हो जाता है। परस्पर असम्बद्ध अनुभूति-खंडों के चित्रण में लेखकों की दृष्टि से अधिक गहन यथार्थ के दर्शन भले होते हों, मानव-चरित्र सामने नहीं आता। सारांश, पश्चिमी उपन्यासों में अनेक कारणों से परंपरागत चरित्र-विषयक धारणाओं पर प्रखर आघात हुए हैं। हिन्दी उपन्यास की स्थिति के संदर्भ में यह विवेचन दो दृष्टियों से महत्त्वपूर्ण है, एक ये स्थितियाँ धीरे-धीरे हमारे यहाँ के उपन्यासकारों पर भी दबाव डाल रही हैं और दूसरे, हमारे साहित्यकार पश्चिम से बहुत अधिक प्रभावित होते रहते हैं।

विशिष्ट दृष्टिकोण से लिखे गये उपन्यास

चरित्र-चित्रण पर आघात एक अन्य दिशा से भी हुआ है। कुछ लेखक मानव-चरित्र को समग्रता में उपस्थित करने की अपेक्षा विशिष्ट दृष्टिकोण, धारणा, कल्पना (आयडिया) लेकर उपन्यास लिखने लगे हैं। अपने इस दृष्टि-बिंदु के लिए चरित्र, वातावरण, कथा—सबकुछ काम में लाते हैं। एक प्रकार से यह चरित्रों का डिस्टार्शन है और लेखक की प्रतिभा और क्षमता पर निर्भर है कि इस उपयोगीकरण की प्रक्रिया में वह चरित्रों को कम-से-कम कितना कम विरूप करता है। 'मृत्यु-विषयक' दो भिन्न जीवनदृष्टियों की टकराहट को व्यक्त करने के उद्देश्य से लिखे हुए 'अपने-अपने अजनबी' में अज्ञेय ने पात्रों, स्थितियों, संयोगों, आकस्मिकताओं का विनियोजन विशिष्ट प्रकार से किया है और उनकी महत्ता इसमें है कि औपन्यासिक परंपराओं को कम धक्का पहुँचाते हुए उन्होंने अपने दृष्टिकोण का सफल निर्वाह किया है। क्योंकि कभी कोण के अति वैयक्तिक या विशिष्टतम होने से विधा के समस्त तत्त्वों पर आघात हो जाता है और रचना आस्वादनीय नहीं रह जाती—वह गद्यात्मक काव्य भी बन जाती है या संवादहीन आत्मालय हो जाती है, तो कभी निबंध भी बन जाती है।

पाठक की कल्पना-शक्ति के स्नायुओं पर अतिरिक्त बोझ प्रांय: ऐसे उपन्यासों को पढ़ने से उन्हें विरत कर देता है।

विधाओं के स्वरूप पर आघात

अपने अनुभव के प्रति अत्यधिक प्रामाणिक रहने के फलस्वरूप कभी-कभी ऐसा अनुभव, जो विशिष्ट विधा की प्राणभूत शर्तों को या सीमाओं को नहीं सह पाता, व्यक्त करने के प्रयास में उपन्यासकार विधा के स्वरूप पर ही आघात करते हैं। अमूर्त चित्र को देखते समय होनेवाले अनुभव में काल-तत्त्व नहीं होता (इसे कुछ लोग 'म्युज़ीकल टाइम' कहते हैं) ऐसे अनुभव को उपन्यास के माध्यम से व्यक्त करते समय काल-तत्त्व से युक्त (Temporal Art) उपन्यास विधा का स्वरूप निश्चय ही विफल होगा। फिल्मों के माध्यम से पूर्वदीप्ति का जितना सफल चित्रीकरण हो सकता है, स्वप्नों का जो प्रभावपूर्ण प्रस्तुतीकरण हो सकता है, गति और चित्रात्मकता का जो सफल अहसास कराया जा सकता है, वह उपन्यास के लिए सहज संभव नहीं है। परंतु उपन्यासकार ऐसा प्रयत्न करते हैं। क्रमशः पन्ने उलटकर आगे बढ़ने की जहाँ बाध्यता है वहाँ क्रोनोलाजिकल समय से बहुत छूट नहीं ली जा सकती। हिन्दी में अश्क ने 'शहर में घूमता आईना' में बारह घंटों में बहुत बड़ी ज़िन्दगी को समेटने का प्रयत्न किया है। इसकी काफी चर्चा भी हुई है। वस्तुत: बीच-बीच के पूर्वदीप्ति या स्मृतियों से सम्बद्ध वाक्य अगर निकाल दिए जायँ तो प्रस्तुत उपन्यास में ऐसा कुछ भी नया प्रयोग या रूप नहीं है जो अश्कजी का दावा मनवा ले। 'चाँदनी के खंडहर' में गिरधरगोपाल ने भी ऐसा ही कुछ प्रयत्न किया है परंतु वहाँ भी बाध्यता-सी नहीं है। यहाँ तक कि 'शेखर : एक जीवनी' जैसे उपन्यास का आरंभिक अंश—शेखर को फाँसी होती है और उसकी चेतना तीव्रतम होती है, इत्यादि— निकाल दिया जाय तो कुल उपन्यास के रूपबंध पर बहुत असर नहीं पड़ेगा। सारांश, ये सारे प्रयत्न आंतरिक बाध्यता से नहीं आये हैं। एक बार यह निवेदित किया जाय कि चेतन, वसंत और शेखर पूर्वजीवन की स्मृतियों को तीव्रता में अनुभव कर रहे है, तो बस, लेखक आगे प्राय: परंपरागत क्रोनोलोजिकल बंधन लेकर ही चलता है। काल की तीव्रतम गति के समकक्ष घटनाओं, पात्रों की गति तीव्रतम नहीं दिखायी गयी है। कारण यह है कि उपन्यास के साथ जो कालक्रम का अनिवार्य बंधन है, उससे बहुत छूट नहीं ली जा सकती। कर्त्ता, कर्म, क्रिया के रूप में व्याकरण का क्रम, आदि-मध्य-अंत के रूप में वाक्य का क्रम, पैराग्राफ, प्रकरण, प्रबंध--ये बंधन विशिष्ट क्रमिक काल के कारण मानने ही पड़ते हैं। अगर इस सबके साथ छूट लेनी हो तो बड़ा खिलवाड़ करना पड़ेगा और फिर उसके बाद क्या बचेगा? क्या वह इतना महत्त्वपूर्ण होगा कि यह छूट ली जाय? 'यूलिलिस' एक ही लिखा गया। उसकी

नवीनता और प्रयोगशीलता को देख प्रभावित, चकित पाठकों ने कहना शुरू किया था कि यथार्थवादी उपन्यास की सारी संभावनाएँ चुक गयीं। परंतु 1920 के बाद भी यथार्थवादी उपन्यास लिखे गये—आज भी लिखे जा रहे हैं। उपन्यास में प्रयोग होते हों तो एतराज़ नहीं है क्योंकि सफल-असफल प्रयोगों ने उपन्यास-विधा की क्षमता को बढ़ाया ही है। लेकिन कहीं-न-कहीं उपन्यास विधा की भी सीमा होगी ही।

नाटक में नाटककार अनुपस्थित रहता है—सृष्टि-निर्माता ईश्वर की भाँति। उपन्यासकार भी नाटककार के कुछ लाभों का उपयोग करने की आकांक्षा से अपनी सृष्टि से ओझल होना चाहते हैं। अपनी निर्मित वस्तु से दूर तटस्थ होना, पूर्वनिर्धारित दृष्टि का प्रक्षेपण न होने देना, पात्रों को स्वतंत्रता देकर उन मनः-स्थितियों का नाट्यीकरण करना, पात्रों के संबंध में अपना मत बनाने की ज़िम्मेदारी पूर्णतया पाठकों पर छोड़ना, घटनाओं और प्रसंगों का निर्माण, विकास एवं परिणत इस प्रकार करना कि उसमें से लेखक नदारद हो और पात्र स्वयं दायित्व उठाये, दृश्यीकरण पर बल देना, इत्यादि कतिपय बातें नाटक विधा से उपन्यासकार ने ली हैं। इससे कुछ लाभ हुए हों, परंतु हानियाँ भी हुई हैं। मुख्यतः दो—एक, उपन्यासकार जानबूझकर अपनी ज़िम्मेदारी को टालना चाहते हैं (यद्यपि यह असंभव है); और दूसरे, निवेदक के रूप में रहने से जो अनेक लाभ उपन्यासकार को होते हैं उनसे वह वंचित रहता है—उपन्यासकार द्वारा कथित महत्त्वपूर्ण बातों का अधिक प्रभाव पड़ता है, दृश्यीकरण कभी अनावश्यक रूप में स्थान खा लेता है, पात्रों की मनःस्थितियों के आकलन में वह पाठकों की मदद कर सकता है—ये फायदे असंख्य हैं। वेनी बूथ ने इसका पूरा विवरण दिया है। महान उपन्यासकारों के व्यक्तित्व ने उपन्यासों को गरिमा प्रदान की है। सबसे बड़ी बात यह है कि लेखक कितना ही प्रयत्न करे, वह अदृश्य नहीं हो सकता।[13] जैनेंद्र के उपन्यासों का अध्ययन इस दिशा में रोचक हो सकता है।

उपन्यासकार प्रयोगशीलता की प्रेरणा से अथवा अनुभव के मूलरूप को यथावत् रूप में संप्रेषित करने की अधिक उच्च आकांक्षा से उपन्यास विधा की अनिवार्य शर्तों के साथ एक सीमा तक छूट ले सकते हैं, अन्यथा उपन्यास-विधा संप्रेषण नहीं कर सकती।

यथार्थवाद से अ-यथार्थवाद की ओर

यह कहा जा चुका है कि उपन्यास-विधा के उद्भव और विकास में यथार्थवाद के प्रति उन्मुखता ने महत्त्वपूर्ण हाथ बँटाया है। प्रारभ में जीवन के टुकड़े का (Slice of Life) यथावत् प्रस्तुतीकरण अथवा 'चरित्रों के यथावत् अंकन' के साथ परंपरागत आख्यान तथा कथातत्त्व भी सम्मिलित था। इतिहास, आत्म-

चरित्र या चरित्र, लोकवार्ता, पौराणिक कथा इत्यादि सबकुछ उसमें था। परंतु जैसी कि हर विधा में एक अन्तर्विरोधी प्रवृत्ति सम्मिलित रहती आयी है—अपनी शुद्धता की खोज की—वह उपन्यास में भी थी। अपनी शुद्धता की खोज में अधिकाधिक यथार्थोन्मुखी होकर उपन्यास ने उपरोक्त सभी तत्त्वों को त्याग देना शुरू किया। ऐतिहासिक उपन्यासों में ऐतिहासिक रस की अपेक्षा इतिहास की रक्षा कहाँ तक हो सकी है, यह देखा जाता रहा। कथा-तत्त्व के प्रति उच्च भ्रूदृष्टि से देखा गया। उपन्यास ने अधिकाधिक सामाजिकता—सामयिकता, जीवंत तात्कालिकता, इर्द-गिर्द के वातावरण का चित्रण, रोज़मर्रा की ज़िंदगी से समस्याओं को उठाना और तफसीलों की बारीकियों के प्रति सजग रहना, अधिकाधिक जाने-पहचाने जीवन के प्रसंग लेना, संभाव्यता और विश्वसनीयता का निर्वाह करना,सत्य का आभास होता रहे,इसके प्रति दत्तचित रहना—का आँचल पकड़ा। ऐतिहासिक उपन्यासों की ओर रुचि कम हुई। रुचि हुई भी तो उनको वर्तमान के सामयिक संदर्भों से जोड़ा जाने लगा। वे ऐतिहासिक उपन्यास आदरणीय बनने लगे जिनका संबंध हमारी अपनी ज़िंदगी से था। काल्पनिक ऐतिहासिक उपन्यास लिखने के पीछे भी यही दृष्टि प्रमुख रही। 'दिव्या', 'बाणभट्ट की आत्मकथा' 'चित्रलेखा' इत्यादि उपन्यासों की आलोचनाओं पर इसका स्पष्ट परिणाम है। हिन्दी में तो ऐतिहासिकता की परख और भी कम की जाती है क्योंकि इतिहास के प्रति जागरूकता साहित्य-प्रेमियों में कम है। 'यथार्थ' से मतलब बाह्य जीवन की परिस्थितियों, सामयिक विचारधाराओं, सामाजिक आचरण की विधियों, वर्तमान की संवेदना इत्यादि से लिया जाता था।

धीरे-धीरे बाह्य वस्तु-तत्त्व की प्रतिक्रिया होने लगी। जिस प्रकार वैज्ञानिक बाह्य वस्तुओं की विविधता भेदकर आंतरिक मूलतत्वों की ओर बढ़ते हैं, अणु और परमाणुओं की ओर बढ़ते हैं, उसी तरह साहित्य में भी प्रक्रिया होने लगी। मनोविज्ञान तथा भौतिक रासायनिक विज्ञानों तथा दर्शन में होने वाले परिवर्तनों की प्रतिच्छाया साहित्य में भी दृष्टिगोचर होने लगी। विज्ञानों में मूल तत्व की खोज करते हुए निर्गुण-निराकार ऊर्जा तक यात्रा की गयी, मनोविज्ञान ने अवचेतन की पकड़ में न आनेवाली तथा बौद्धिकता और तर्क के परे जाकर लीला करनेवाली शक्ति का संकेत किया, दर्शनों में मनुष्य की मूलभूत अस्तित्व की समस्या की अनाकलनीयता की चर्चा होने लगी। फलतः जिस प्रकार विज्ञान कार्यकारण भाव के परे आकस्मिकता या अनियमितता (Contingency) के प्रति संकेत करना रहता है, उसका प्रभाव ज्ञान के सभी क्षेत्रों में पड़ने लगा तो आश्चर्य नहीं। यथार्थ के प्रति हमारी धारणा बदलकर उसमें इतनी विविधता एवं आभ्यंतरिकता उत्पन्न हुई कि यथार्थ की विभिन्न सूक्ष्म दृष्टियों को लेकर चलनेवाले साहित्यकारों को यथार्थवादी कहा जाय या अ-यथार्थवादी, यह संभ्रम-सा

उत्पन्न हुआ। चेतन मन से अवचेतन मन अगर अधिक यथार्थ है, बाह्य रूपाकार के पीछे अगर आणविक अदृश्य यथार्थ है तो प्रत्यक्ष सृष्टि के यथार्थ की अपेक्षा स्वप्न, दुःस्वप्न (Night mare), अवचेतन प्रवाह, अतार्किक निर्णय, अबौद्धिक प्रभाव, स्वयंचालित या अनैच्छिक कार्य, फैंटेसी, आकस्मिक घटनाओं का सृजन आदि अधिक यथार्थ के निकट हैं। स्वभावतः इस यथार्थ को पकड़ने के सफल-असफल प्रयास उपन्यासकारों ने किये। इनको यथार्थ कहा जाय या अयथार्थ ? इसका उत्तर यथार्थ के प्रति अपनी-अपनी दृष्टि पर निर्भर रहेगा। अवचेतन यथार्थ के प्रकटीकरण का दुर्बोधता की सीमा को पहुँचनेवाला प्रयत्न बैकेट ने किया। हिन्दी उपन्यास उस सीमा तक तो नहीं जा सके परंतु यथार्थ के विरूपीकरण का तथा रोज़मर्रा की घटनाओं और सामान्य लोगों को अतिरेकी कैरिकेचर जैसा रूप प्रदान करने का प्रयास हिन्दी में भी होने लगा है। विशेषतः दूधनाथ सिंह, काशीनाथ सिंह, कृष्ण बलदेव वैद आदि के कथा-लेखन में यह प्रयत्न दिखायी पड़ता है। साहित्यकार अब आभ्यंतरिक यथार्थ को ही अधिक मूल्यवान मानकर संप्रेषित करने का प्रयास कर रहे हैं। यह प्रयत्न इतना वैयक्तिक रहता है कि पाठक को साझेदारी की महत्त्वपूर्ण भूमिका अदा करनी पड़ती है। कभी तो ऐसा लगता है कि इस प्रयास से भी उपन्यास-विधा की सीमाएँ ध्यान में नहीं ली जाती हैं। उपन्यास-विधा के लिए ज़िम्मेदार यथार्थवाद की भी यह खींचातानी अन्ततोगत्वा उपन्यास के जीवन के लिए कहां तक लाभदायी होगी ? विचारकों का कहना है कि इस स्थिति में पाठकों पर निर्भर यह विधा अधिक नहीं पनप सकेगी।

परिवेशवाद

उपन्यास के एक कम महत्त्वपूर्ण तत्त्व के रूप में देश-काल-परिस्थिति का उल्लेख किया जाता था। उपन्यास के पात्र अधिक ठोस और जीवंत लगें, उपन्यास का यथार्थ जाना-पहचाना लगे और जीवन का आभास अधिक विश्वसनीय लगे, यही इस पार्श्वभूमि का महत्त्व था। रस-निष्पत्ति में उद्दीपन विभावों का अथवा नाट्य में रंग-सज्जा इत्यादि का जितना महत्त्व था, उससे अधिक देश-काल-परिस्थिति को नहीं दिया जाता था। परंतु इधर पाश्चात्त्य साहित्य में इस तत्त्व को अत्यधिक महत्त्व मिल रहा है। कथा का महत्त्व खत्म हुआ, चरित्रों पर भी अनेक दिशाओं से आघात हुए—उनमें एक आघात परिवेश का उपन्यास-तत्त्वों पर भी हावी होना था। अब परिवेश केंद्र में आने लगा। 'हीरो' की धारणा खत्म होने के बाद सामान्य व्यक्तियों का उपन्यासों में आगमन हुआ। सामान्य लोगों को ढूंढ़ते हुए उपन्यास खेतों-खलिहानों, गंदी बस्तियों में आ गया। उपेक्षित, पीड़ित व्यक्तियों के साथ निःशक्त और फालतू व्यक्तियों का अंकन करते हुए यथार्थ का एक-एक पहलू स्पष्ट किया जाने लगा। वह यह कि व्यक्ति मार खाता है परंतु

उसके विपक्षी कौन हैं—पता नहीं है। बाह्य परिवेश में ही वह अपने को प्रताड़ित, अवहेलित एवं परास्त होता हुआ देखने लगा। यांत्रिकता के बढ़ते दबाव ने व्यक्ति को घुटने टेकने को बाध्य किया। उपन्यासकारों ने यह जानकर भी कि वे बौनों की पंक्ति खड़ी कर रहे हैं, यथार्थ की अभिव्यक्ति के उद्देश्य से, ऐसे चरित्रों को भी प्रस्तुत किया। स्वभावतः परिवेश मुँह-बाये अजगर की भाँति व्यक्ति को निगलता हुआ-सा फैल गया।

परिवेश की भयानकता को टालने की युक्तियाँ भी ढूँढ़ निकाली गयीं। नागर जीवन की यांत्रिकता से ऊबे हुए लेखकों ने अपने बचपन के जीवन में ग्राम्य जीवन की जो हरियाली भोगी थी, उसका नास्ताल्जिक वर्णन आंचलिक साहित्य के नाम पर करना प्रारंभ किया। अपने को परिवेश से उखड़ते, उससे हार खाते देखकर या उससे विरोध भाव से जुड़ते देखकर बचपन के स्नेहमय तथा सामंजस्य के सूत्र में आबद्ध जीवन की यादगार उन्हें बड़ी परितृप्ति देनेवाली सिद्ध हुई। छोटे अछूते भू-प्रदेशों को, जनपदों या लोकसमूहों को ढूँढ़-ढूँढ़कर विशेषतः जिनमें नागर संस्कृति की छाया न पड़ी हो, या पड़ी हो तो बहुत भीषण न पड़ी हो, लेखकों ने आंचलिक साहित्य की निर्मिति की। इसमें जीवन में सूखती भावुकता को जगाने और उसमें ऊब-डूब करने का अवसर उपन्यासकारों को मिला। आंचलिक उपन्यासों की समीक्षा में हिन्दी में आंचलिकता का जो स्वागत किया गया, उसमें भी अत्यधिक भावुकता का कारण यही है। देखना यह चाहिए कि आंचलिकता भी पलायन का एक साधन तो नहीं बनी है! जहाँ शहर और अंचल एक-दूसरे से टकराने की स्थिति में अंकित किये गये हों, वहाँ यह पता लग सकता है। हिन्दी में 'सागर, लहरें और मनुष्य' का विश्लेषण इस संदर्भ में महत्त्वपूर्ण हो सकता है। कहीं स्थितियों से घबराकर भी आदर्शवादी सपनों में पनाह ली गयी हो तो आश्चर्य नहीं ('परती : परिकथा' विवेच्य), कहीं सिद्धांतवादिता का प्रक्षेपण भी होता है (नागार्जुन के उपन्यास द्रष्टव्य)। सामान्य, उपेक्षित लोक-जीवन भारतीय सांस्कृतिक-राजनैतिक परिस्थितियों में सहानुभूति का विषय बना है, अतः आंचलिक साहित्य को प्रायः कलात्मक कसौटियों पर निर्भय होकर कसना कुछ मुश्किल हो गया है। नागर संस्कृति के लिए काम या वांछित अकृत्रिम आदिम जीवन की महक, अपने टूटते संबंधों की उद्विग्नता में स्नेह-संबंधों की मांसल प्रत्यक्षता—इत्यादि कतिपय बातों के कारण आंचलिक साहित्य हमारे लिए आकर्षण की वस्तु हो गया है।

जिस प्रकार आंचलिक साहित्य में अछूते जनपदों को ढूँढ़कर चित्रित करने का प्रयास हुआ, उसी प्रकार नागर जीवन में अछूते उपेक्षित जनसमुदायों को भी चित्रित किया जाने लगा। एक ओर यह मानवीय सहानुभूति का विस्तार था, तो दूसरी ओर वर्तमानवाद से किंचित् दूर हटने का एक साधन भी।

इस तरह के उपन्यासों में व्यक्ति भीड़ के एक नगण्य अंश के रूप में चित्रित हुआ। इस प्रकार के चित्रण के कुछ लाभ भी थे। तीव्र गहन वैयक्तिक अनुभूतियों के चित्रांकन से तथा वैचारिक दुर्गम घाटियों से आसानी से बचा जा सकता था क्योंकि चित्रित लोग बौने, लुंजपुंज और भावनात्मक सूक्ष्मता से दूर ही थे। आदिम प्रवृत्तियों को कुरेदकर एक भिन्न किस्म की लिजलिजी खुशी भी पाठक को प्रदान की जा सकती थी।

जीवन के भयावह यथार्थ ने परिवेश को भिन्न-भिन्न कोणों से उपन्यास के केंद्र में एक शक्तिशाली विकट पात्र के रूप में खड़ा किया। छोटे शहर की अपेक्षाकृत स्थिर, स्नेहपूर्ण, सरल ज़िंदगी छोड़कर बड़े इरादे लेकर शहर में आनेवाले व्यक्ति की जिंदगी किस प्रकार चौपट हो जाती है, परिवार टूटता है, स्नेह के निर्झर सूखते हैं, रिश्ते खो जाते हैं, अनपहचाने हो जाते हैं, आभिजात्य की गरिमा मटियामेट हो जाती है, मध्य वर्ग की नैतिक मान्यताएँ खुरदरी वास्तविकता के पाटों में पिस जाती हैं। इसका अत्यंत सफल चित्रण कमलेश्वर के 'समुद्र में खोया हुआ आदमी' में देखा जा सकता है। कमलेश्वर के कहानी-लेखक के रूप में ख्यातिप्राप्त होने के कारण या हमारी आलोचना बुद्धि की दयनीय सीमा के कारण, पता नहीं इस छोटे से उपन्यास की महिमा हम नहीं समझ सके। यहाँ वीरन नामक एक युवक ही समुद्र में नहीं खोता—मनुष्य ही मगरमच्छों, भँवरों और उन्मत पैशाचिक लहरों के बीच खो जाता है। मध्यवर्गीय व्यक्ति का, परिवार का, संस्कृति का जहाज ही थपेड़े खाता हुए डूब जाता है। परिवेश मनुष्य पर किस प्रकार हावी हो जाता है, इसका चित्रण 'गोदान' से ही शुरू हुआ था। कंकाल, गिरती दीवारें इत्यादि उपन्यास इस संदर्भ में महत्त्वपूर्ण माने जा सकते हैं। 'समुद्र में खोया हुआ आदमी' में कमलेश्वर ने परिवेश की जबर्दस्त अंधशक्ति का प्रभावपूर्ण चित्रण देकर संभवत: एक 'मील के पत्थर' को खड़ा किया है। इस लघुकाय उपन्यास में प्रतीकात्मकता तथा अनेक अर्थों की सूचक भाषा ने महाकाव्योचित गरिमा उत्पन्न की है।

परिवेशवाद के अन्य रूप भी मिलते हैं। व्यक्ति को अधिक हास्यस्पद बनाकर उसका विरूपीकरण करके स्थितियों के प्रति तिरछे ढंग से प्रतिक्रिया की जाती है। कभी व्यंग्य, विडंबन और अतिशयोक्ति का भी उपयोग किया जाता है। हिन्दी में इस प्रकार के उपन्यास प्राय: कम लिखे गये हैं।

परिवेश के आक्रमण की परिश्रमपूर्वक की गयी अभिव्यक्ति ने यथार्थ के प्रति हमारी धारणा को अधिक मूर्तता दी है। उपन्यास का अवकाशात्मक आयाम समृद्ध हुआ है। नागर व्यक्ति की सहानुभूति के क्षितिज विस्तृत हुए हैं; परंतु धीरे-धीरे पाश्चात्य उपन्यासों का पर्यवेक्षण यह बता देता है कि उपन्यासों में से मानवीय तत्त्व की लुप्त होने की स्थिति आ गयी। परिवेशवाद के आक्रमण से मनुष्य

की विजिगीषु दुर्धर्ष आकांक्षा ही खत्म नहीं होती, धीरे-धीरे वह सांस्कृतिक प्रतिक्रिया कर सकने की स्थिति में नहीं रहता और अंततोगत्वा संवेदनहीन, बधिर व्यक्ति बन जाता है। साहित्य को इस स्थिति से बड़ा खतरा रहता है। राकेश के 'न आनेवाला कल' या 'अंतराल' तथा लक्ष्मीकांत वर्मा के 'एक कटा हुआ कागज : एक कटी हुई ज़िंदगी' में इसके पूर्वचिह्न मिल सकते हैं।

इधर कुछ उपन्यासों को पढ़ते समय यह लगता रहा है कि परिवेश की तफ-सीलों को ही यथार्थ का पर्याय मान लिया जाता है। इसका एक हास्यास्पद पक्ष तथाकथित राजनैतिक स्थितियों के चित्रण में पाया जाता है। इतिहास के इति-वृत्त का-सा यह राजनैतिक वर्णन पाठक को उबा देता है क्योंकि परिश्रम के एवज़ में उसे जो ब्यौरा मिलता है, वह इतिहास से अधिक गया-गुज़रा और कलात्मकता के स्पर्श से रहित होता है। भगवतीचरण वर्मा का 'टेढ़े-मेढ़े रास्ते', राजनैतिक परिवेश और व्यक्ति के जीवन का सुंदर तालमेल, जितना कलात्मक ढंग से प्रस्तुत करता है उतना ही उनका 'सीधी सच्ची बातें' उबाऊ और अकलात्मक बन गया है। रांगेय राघव और अमृतलाल नागर भी इस प्रवृत्ति के शिकार हैं। परि-वेश का गहराई से चित्रण करने के भ्रम के भागी नये उपन्यासकार भी प्राय: अनावश्यक तफसील प्रस्तुत करते हैं, साहित्य में 'चुनाव' का और 'सिग्निफिकेंट' को प्रस्तुत करने का विवेक भूल जाते हैं। भीष्म साहनी का उपन्यास 'तमस' या गिरिराज किशोर का 'जुगलबंदी' इसी कलात्मक विवेकहीनता के कारण हल्के बन गये हैं। तफसील देते समय या छोटी-छोटी घटनाओं की सूचना देते समय सच्चा कलाकार भाषा की व्यंजना शक्ति का, प्रतीकात्मकता का, बिंबधर्मिता का तथा सूचनशक्ति का किस तरह उपयोग कर सकता है, इसका आदर्श पाठ कमलेश्वर का 'समुद्र में खोया हुआ आदमी' दे सकता है। मानसिक सूक्ष्म स्थितियों के अप्रत्यक्ष चित्रण के लिए पृष्ठभूमि की भाँति परिवेश का उपयोग किया जाता है परंतु बहुत बार वह भोंडा बनकर काष्ठ-पाक का परिश्रम मात्र दे जाता है, इसका उदाहरण लक्ष्मीकांत वर्मा के 'टेराकोटा' या 'तीसरा प्रसंग' में मिल जाता है। ठीक इसके विपरीत परिवेश का चित्रण संवेदना को तीव्र रूप में संप्रेषित कर सकता है, इसका प्रमाण निर्मल वर्मा के 'वे दिन' नामक उपन्यास में तथा उनकी 'लंदन की एक रात' जैसी दीर्घ कथा में मिलता है। धर्मवीर भारती के लघु उपन्यास 'सूरज का सातवाँ घोड़ा' या इधर उनकी अप्रतिम दीर्घ कथा 'बंद गली का आखिरी मकान' में परिवेश और संवेदनात्मक प्रतिक्रिया का कला-त्मक संतुलन रचनाओं को शक्ति दे सका है।

उपन्यास में उद्देश्य

उपन्यास के विभिन्न तत्त्वों की स्थिति-गति का लेखा-जोखा देखते समय

उपन्यास के महत्त्वपूर्ण तत्त्व 'उद्‌देश्य' पर अधिक जमकर विचार करना आवश्यक हो गया है। यहाँ प्रारंभ में एक बात स्पष्ट करनी होगी—यह उद्‌देश्य समस्त उपन्यास साहित्य के सामान्य उद्देश्य का नहीं है बल्कि औपन्यासिक संघटन के एक भाग के रूप में उपन्यास के उद्देश्य का विचार करना होगा। समालोचना में हमेशा एक गलती यह होती रही है कि समस्त उपन्यास साहित्य के उद्देश्य को किसी उपन्यास के सामने रखकर अनेक माँगें की जाती हैं। 'गोदान' के संदर्भ में उद्देश्यगत जो प्रश्न उठाये जा सकते हैं, वे 'त्यागपत्र' या 'शेखर : एक जीवनी' के संदर्भ में नहीं उठाये जा सकते। विशिष्ट रचना के उद्देश्य को जब तक नहीं पकड़ा जा सकता तब तक न उसका पढ़ना सार्थक समझा जा सकता है, न उसकी चर्चा ही संगत हो सकती है। पर्सी ल्यूबक ने रचना के संघटन का विशेष चिंतन 'क्राफ्ट आफ फिक्शन' में किया है। उसका मन्तव्य है कि रचना को पढ़ने के उपरान्त उसका सार अगर हम दस-पाँच पंक्तियों में नहीं दे सकते तो या तो कलाकार की रचना-व्यवस्था में कहीं त्रुटि है अथवा हमारी पकड़ में। इसी बात को 'वार एण्ड पीस' पर घटाते हुए वह बताता है कि इस एक रचना में कैसे दो रचनाओं की सामग्री है। रचना को आद्योपान्त पढ़ने के बाद सम्यक् प्रभाव के रूप में जो व्यापक सूत्र हाथ में आता है, उसके अनुसार उस सूत्र में किस प्रकार रचना के अंगांग—घटनाएँ, प्रसंग, पात्र, क्रियाएँ इत्यादि—संरचित किये गये हैं, इसीकी विवेचना रचना के क्राफ्ट या शिल्प को देखना है। अगर इस सूत्र में रचना के अंग नहीं बैठते तो वह शिथिल है। रचना का उद्देश्य कितना भी सूक्ष्म, आधुनिक, नया हो, उसमें सूत्र तो मिलेगा ही। इस उद्देश्य से ही रचना के स्वरूप के संबंध में रचनागत अनुभव या आशय के संबंध में महत्त्वपूर्ण तथ्य ध्यान में आ जाते हैं।

इधर पाश्चात्य प्रयोगधर्मी लेखक उपन्यासों में उद्देश्य को लेकर विशिष्ट प्रयोग करने लगे हैं। विशिष्ट दृष्टिकोण को लेकर उपन्यास लिखे जा रहे हैं और विशिष्ट कोण के लिए पात्रों, प्रसंगों, कथात्मक अंशों, मनोवस्थाओं का इस्तेमाल करने लगे हैं। जीवन के वस्तून्मुखी यथार्थ को प्रस्तुत करने की अपेक्षा वे विशिष्ट दृष्टि से देखकर वस्तुओं को प्रस्तुत करते हैं। यह एक प्रकार के वैयक्तिक अहं का वस्तु पर प्रक्षेपण है।

उपन्यास में विशिष्ट कल्पना (Idea) को प्रस्तुत करने के लिए लिखा गया हो तो सही प्रश्न यही हो सकता है कि उस कल्पना को लेखक प्रस्तुत करने में कहाँ तक सफल हुआ है। 'अपने-अपने अजनबी' विशिष्ट कल्पना को लेकर लिखा गया है तो ये प्रश्न कि वह कहां तक भारतीय यथार्थ के अनुकूल है, कहाँ तक सामयिक या वर्तमानवाद के अनुकूल है, कहाँ तक उसके पात्र वास्तविक हैं, हमारी संस्कृति कहाँ तक उसमें व्यक्त हो गयी है, आदि-आदि—उतने उचित नहीं

हैं। सेब से आम-रस की अपेक्षा व्यर्थ है। 'अपने-अपने अजनबी' की समीक्षा का मुख्य बल इस प्रश्न पर होना चाहिए कि कहां तक मृत्यु से सम्बद्ध दो जीवन-दृष्टियों का टकराव उसमें हुआ है। उस टकराव की गहनता, यथार्थता, विश्वसनीयता आदि की चर्चा करते समय संदर्भ के रूप में उपर्युक्त अन्य बातें आ सकती हैं। हिन्दी की उपन्यास संबंधी आलोचना में एक दोष यह दिखता है कि उपन्यास को जीवन का चित्र समझकर हरेक उपन्यास से समग्र जीवन के उद्घाटन की अपेक्षा की जाती है। परिणामत: लेखकों की प्रयोगशीलता को उत्तेजना नहीं मिलती। जिसतरह समाज में हर व्यक्ति का अपना व्यक्तित्व कुल मिलाकर समृद्धि लाता है, उसी प्रकार हर रचना का अपना रंग, अपना रूप और अपना रस होता है। अत: लेखकीय रचनागत उद्देश्य की पकड़ रचना के आधार पर ही होनी चाहिए। पाश्चात्त्य आलोचना में उपन्यासकार की स्वतंत्र दृष्टि मौलिकता और प्रयोगशीलता का आदर करते हैं। अपने उद्देश्यों को रचना पर आरोपित करने की प्रवृत्ति वहाँ कम है। परंतु एक बार रचना के उद्देश्य को तथा रचनाकार के प्रयोग संबंधी शर्तों को स्वीकार करने के बाद कृति की परीक्षा अत्यंत निर्मम रूप में की जाती है। इलाचंद्र जोशी के पात्रों के संबंध में उनसे यह शिकायत करना नामौजूं है कि वे असामान्य मनोविज्ञान से युक्त पात्रों का निर्माण करते हैं। शिकायत यह होनी चाहिए कि अपने पात्रों के साथ वे न्याय नहीं कर पाते। उनका उपदेशक का, कथा-निवेदक का, सुधारवादी व्यक्ति का रूप उनके कलाकार पर हावी हो जाता है। 'सुनीता' के संबंध में यह शिकायत कि भारतीय नारी को नग्न रूप में दिखाया गया है, बचकानी है, शिकायत का बिंदु यह होना चाहिए कि जिस मानसिकता से युक्त सुनीता को प्रारंभ से दिखाया गया है, उसे ध्यान में रखते हुए सुनीता का निरावरण होना कहाँ तक संगतिपूर्ण है ? क्या उसके निरावरण बनने के लिए उसकी मानसिक पृष्ठभूमि का उचित संयोजन किया गया है ? या अपनी 'घर-बाहर' की समस्या के अंत तक, बिना समझौता किये, वे जा सके हैं ? हरिप्रसन्न को कुछ मनोवैज्ञानिक कुंठा से युक्त दिखाकर समस्या को ठीक ढंग से उठाया है ? समस्या को अंतिम निष्कर्षों तक न ले जाने के विचार से पलायन की सुविधा पहले से नहीं बनाये रखी है ?

रचनागत विशिष्ट उद्देश्य को पकड़ने के बाद आलोचक के सामने दो महत्त्वपूर्ण प्रश्न रह जाते हैं। एक यह कि अपने उद्देश्य को सिद्ध करने के लिए औपन्यासिक अंगों या तत्त्वों की संरचना किस प्रकार की गयी है—यही टेकनीक है। और अगर ठीक तरह से उपयोग किया जाय तो प्राय: एक रचना के संबंध में सब कुछ इसमें जाता है।[15] अन्तर्गत संगति, औपन्यासिक तर्कपूर्णता (Logic of novel), विविधता या जटिलता आदि का समावेश कहाँ तक है, इसकी भी चर्चा की जा सकती है। इसके बाद उपन्यासकार के उद्देश्य की चर्चा व्यापक संदर्भ

में की जा सकती है—यह संदर्भ है रचना की नैतिकता का (व्यापक अर्थ में नैतिकता)। प्राय: आज सभी गंभीर विचारक साहित्य और नैतिकता का संबंध गंभीर स्तर पर उठाये हैं।[16] रचनाकार की बौद्धिक क्षमता की प्रगाढ़ता, भावानात्मक व्यापकता एवं गहनता की चर्चा की जा सकती है। पिछले 70-80 वर्षों में रचना की आत्म-निर्भर, स्वतंत्र, स्वायत्त सृष्टि की चर्चा अंग्रेजी तथा अमेरिकन साहित्य में हुई थी कि आलोचकों ने उपर्युक्त प्रश्न उठाने शुरू किये। सौभाग्य से हिन्दी में सामान्यत: साहित्य और जीवन, साहित्य और नैतिकता, साहित्य और रचनाकार का दायित्व इत्यादि को लेकर सिद्धांतत: मतभेद नहीं हैं। इन मुद्दों का महत्त्व इसलिए अधिक है कि कभी-कभी 'स्मार्टनेस' के बल पर साहित्यकार प्रतिष्ठित होना चाहते हैं। श्रीकांत वर्मा का उपन्यास 'दूसरी बार' शायद अपने-आप में एक अच्छी रचना है–रचनागत संरचना के संदर्भ में। परंतु दूसरे व्यापक संदर्भ में देखा जाय तो एक बेहद अनुदार, संकुचित और व्यर्थ आक्रोशमयी रचना लगती है। अंत में बचाने का प्रयत्न करते हुए भी रमेश भल्ला की दीर्घ कथा 'एक पति के नोट्स' शैलीगत सूक्ष्मता एवं सौंदर्य के बावजूद 'स्मार्ट' रचना अधिक लगती है। 'अंतिम बचाव' कृत्रिम इसलिए लगता है कि लेखक के 'उद्देश्य' के साथ प्रारंभिक अंश की शैली मेल नहीं खाती। रचनागत उद्देश्य महत्तर नैतिक-सांस्कृतिक दृष्टि से जुड़ा हुआ नहीं हो तो कतिपय लेखन-गुणों के बावजूद रचनाकार समर्थ नहीं बन सकता, इसका एक उदाहरण रमेश बख्शी हैं। रमेश बख्शी की कलम में बड़ी जीवंतता और चित्रात्मकता है परंतु संकुचित आक्रोशमय उद्देश्य के परिणामस्वरूप वे ऊपर नहीं उठ सके। उनकी समस्त प्रयोगधर्मिता कभी खिलवाड़ लगती है, रचनागत उद्देश्य कभी ऊपर से संकुचित, सीमित लगता है परंतु भीतर से गहन होता है, यह इस बात पर निर्भर है कि अपने उद्देश्य को लेकर लेखक बाहर की दुनिया का भान रखकर चल रहा है कि छोड़कर। ममता कालिया का 'बेघर' अपने-आप में सीमित उद्देश्य लेकर चलता है। एक नारी के द्वारा साहसिक भाषा-प्रयोग, गोपनीय जीवन के प्रचुर संकेत, बाह्यत: अश्लील लगनेवाले प्रसंगों का निर्माण आदि बातों के कारण 'बेघर' का उचित मूल्यांकन होने में अभी देर लग सकती है। नारी के द्वारा वर्जनाहीन होकर लिखने की साहसिकता रचना का मूल्यांकन करते समय महत्त्वपूर्ण नहीं है; क्योंकि यह बेमानी है कि प्रकाशित रचना नारी की है कि पुरुष की। 'बेघर' पर अनावश्यक आलोचना भी हो सकती है, असम्बद्ध बातों के लिए उसका स्वागत भी। अस्तु, 'बेघर' में जिस उखड़े हुए, मूल्य-भ्रष्ट, निम्न मध्यवर्गीय व्यक्ति को नायक के रूप में लिया गया है उसको देखते हुए इस रचना की नैतिक मूल्यवत्ता अधिक ऊँची प्रतीत होती है। श्रीकांत वर्मा, रमेश बख्शी अपने नायकों से तटस्थ नहीं हो पाते। लगता है दोनों अपनी मनोवैज्ञानिक गाँठों का समर्थन कर रहे हैं। इसके विपरीत हर

वाक्य चुलबुलाता, अश्लील संकेत करता हुआ-सा लिखकर भी ममता कालिया अपने पात्रों से पर्याप्त दूर रह सकी हैं—यह मानसिक स्वास्थ्य का निदर्शक है। यहाँ औपन्यासिक सृष्टि मन की रुग्णता उगलने का साधन बनकर नहीं रह गयी है बल्कि स्त्री-पुरुष संबंधों की रूढ़िवादिता पर, विशेषत: संक्रांतिकालीन पुरुष समाज की मूल्यहीनता पर, प्रहार करती प्रतीत होती है। रचनागत उद्देश्य को पकड़ने में चूक होती है तो 'बेघर', 'मित्रो मरजानी' जैसी रचनाएँ या तो अनुचित आलोचना की भागी बन जाती हैं या फिर उदासीनता से उपेक्षित कर दी जाती हैं।

हिन्दी उपन्यास की स्थिति का विचार करते समय एक बात अखरती रहती है—रचनाकारों को प्रयोग करने की छूट पाठकों या आलोचकों की अनुदारता के कारण नहीं मिलती। राबी ग्रिले ने एक उपन्यास में ईर्ष्यालु पति के दृष्टिकोण से सभी वस्तुओं, प्रसंगों का चित्रण किया है परंतु उपन्यास में यह पति कहीं उपस्थित नहीं है। दूसरे उपन्यास में सभी स्थितियों को अपराधी व्यक्ति की दृष्टि से देखा गया है। ऐसे प्रयोग रचनाकार की बुद्धि की कुशलता और मौलिकता को चुनौती देनेवाले होते हैं। विशिष्ट पात्रों की संवेदना से औपन्यासिक वस्तु को प्रस्तुत कर चमत्कृति उत्पन्न करने का प्रयत्न बहुत पहले हेनरी जेम्स ने भी किया है। हिन्दी में इस प्रकार की विविधता नहीं मिलती। प्रेमचंद ने 'रंगभूमि' में अंधे नायक को तो खड़ा किया, परंतु यह अंधा नायक प्रेमचंद की कृपा से बहुत देखता-सा प्रतीत होता है। पूरा उपन्यास किसी अंधे की व्याकुलताओं, अतृप्तियों, व्यथाओं और आकांक्षाओं के बल पर लिखा जाए, तो आँख के द्वारा ग्रहण किया जानेवाला संसार उसमें नदारद होगा और प्रत्येक ऐंद्रिय संवेदना दृक्-प्रत्यय के अभाव में प्रस्तुत होगी ! परंतु ऐसे उपन्यास हिन्दी में नहीं मिलते। 'आपका बंटी' उपन्यास में मन्नू भंडारी ने बालक की संवेदना के माध्यम से संसार का बहुत बड़ा हिस्सा रचने का प्रयास किया है परंतु क्या बीच-बीच में बंटी के प्रति अतिशय सहानुभूतिशील मन्नू भंडारी सामने नहीं आतीं ? कहीं-कहीं बंटी उम्र के लिहाज से बड़े मस्तिष्कवाला लड़का नहीं लगता ? विशिष्ट उद्देश्य को लेकर चलनेवाले उपन्यासों से एक ओर जहाँ प्रयोगशीलता को बल मिलेगा, वहाँ उसके अनुचित उपयोग से प्रयोग का निम्नत्तम स्तर भी छू लिया जायगा। हृदयेश का 'एक और दिन' उपन्यास इसके प्रमाण में देखा जा सकता है।

उद्देश्य को ठीक से पकड़ने में अर्थात् उपन्यास को किसी सूत्र में आबद्ध करने में जो गलतियाँ होती हैं, उनके कतिपय कारण हैं। लेखक मुख्य पात्र के माध्यम से अपना मन्तव्य या दृष्टिकोण व्यक्त करता है, यह भ्रम काफी मात्रा में फैला हुआ है। नायक या नायिका को लेखक का मुख्य पात्र समझने के परिणामस्वरूप अन्य महत्त्वपूर्ण बातों की ओर हमारा ध्यान नहीं जाता। 'नदी के द्वीप' की रेखा तथा भुवन के भाव-गर्भ मंतव्य अज्ञेय के मानकर हम उनके व्यवहार में अज्ञेय

द्वारा समर्थित आचरण के मानदण्ड भी देखने लगते हैं। 'त्यागपत्र' की मृणाल बुआ से जैनेंद्र का संबंध सरल नहीं है। जैनेंद्र को समझना हो तो बुआ और प्रमोद दोनों के माध्यम से ही समझा जा सकता है। लेखक की सृष्टि और लेखक के बीच के संबंधों को न समझकर लेखक के प्रति हम अन्याय करते हैं। मान्यवर आलोचक नंददुलारे बाजपेयी भी इसके लिए कम ज़िम्मेदार नहीं हैं। लेखक अनेक पात्रों, उनके संबंधों, प्रसंगो, प्रसंगों की परिणतियों—सबके बीच से झाँकता है। लेखक के टोन को, आंतरिक व्याप्त आवाज को बारीकी से देखना पड़ता है। राजकमल चौधरी के लेखन में यह टोन या यह आंतरिक स्वर स्पष्ट नहीं होता है, बहुत बार वे अपनी पतित एवं स्खलित सृष्टि के साथ तदाकार हो जाते दीखते हैं। अतः उनके लेखन से वह कार्य सम्पन्न नहीं होता है जिसे संभवतः वे करना चाहते हैं। 'बेघर' में ममता कालिया को इस कार्य में अपेक्षित सफलता मिल गयी है क्योंकि उनके लेखकीय व्यक्तित्व में संयम दिखता है। लेखक की अपने पात्रों से दूरी या लगाव, प्रसंगों की कुल योजना और परिणति, लेखन में उसकी गहन तल्लीनता या सरोकार इत्यादि बातों का विशेष विचार करना पड़ता है, अन्यथा लेखक पर अन्याय होता है।

आलोचक अपने पूर्वग्रहों की मोटी लैंस से जब रचना को देखता है तब रचना की मूल प्रकृति ही सामने नहीं आती। इधर रूस में एक समय क्रांति के विरोधी माने गये दोस्तोवस्की और डिकेंडंड साहित्य के निर्माता के रूप में देखे गये काफ्का का पुनर्मूल्यांकन होने लगा है। इसमें वह सब देखने का प्रयत्न हो रहा है जो संभवतः इन रचनाकारों ने शायद ही सोचा हो। अपनी मूल्य-सारणी लेखक पर आरोपित करने का कार्य मार्क्सवादी आलोचकों की भाँति साहित्य और नैतिकता का सीधा और सरल संबंध मानने वाले सुधारवादी भी करते हैं। यह सही है कि पूर्णतया अपनी वैयक्तिक मान्यताओं, अभिरुचियों और विचारों को त्याग कर रचना का आस्वादन असंभव नहीं तो कठिन अवश्य है। परंतु बहुत बड़ी सीमा तक यह करना चाहिए। मराठी के शीर्षस्थ कवि और समीक्षक श्री बिंदा करंदीकर ने एक जगह पर 'कविता को किस प्रकार भोगना चाहिए?' शीर्षक लेख में इस प्रश्न की चर्चा करते हुए लिखा था—"कुछ गंभीर रूप में, कुछ वक्रतापूर्ण ढंग से कविता को भोगना चाहिए पूर्णतया कपड़े उतारकर, नंगा होकर!" उनका अभिप्राय यही था कि रचना को आस्वादन के दौरान रचना को आत्मनिर्भर, स्वतंत्र, स्वायत्त मानकर रस ग्रहण करना चाहिए। आलोचना के क्षेत्र में हठधर्मिता और अनावश्यक मतभेद का प्रमुख कारण रचना के प्रति समर्पित या रचना-शरणता का न होना है। वैसे अनूपलाल मंगल का 'उत्तम पुरुष' जैसा उपन्यास भी, जो आधुनिक जीवन की समस्याओं से प्रायः कटा हुआ है, चरित्रों की जीवंतता, निश्छल भाव-विश्व को मूर्त करने की कला, शैली की

ताजगी के कारण समस्त त्रुटियों के बावजूद अनोखा आनंद दे सकता है। बशर्ते कि मन की जीवंत ग्रहणक्षमता आलोचक ने सुरक्षित रखी हो।

आधुनिक उपन्यास साहित्य में अन्य तत्त्वों के सितारे मंद पड़ गये हों, उद्देश्य-तत्व के भाग्य जाग गये हैं। एक तो यह अत्यंत व्यापक, बहु आयामी, विविध रंगी तत्व है जो रचना का प्राणतत्व-सा और रचना की सारी मांसलता, संरचना इसको लेकर महत्वपूर्ण है। राजनैतिक, सामाजिक, सांस्कृतिक, ऐतिहासिक किसी भी क्षेत्र को समेटते हुए मनोविज्ञान, विज्ञान, सभी का समाहार इसमें होता है। लेखक का उद्देश्य भावनात्मक, बौद्धिक, कल्पना प्रचुर या प्रयोगशील किसी भी किस्म का हो सकता है। रचना का आशय, रचना का शिल्प दोनों की एकमेकता 'उद्देश्य' की पूर्ति के लिए होती है। रचना ज्ञान, बोध, चेतना की विस्तृति, रंजन किसी भी कोण से रची गयी हो, 'उद्देश्य तत्व पर सही तरह से दृष्टि केंद्रित करने से रचना की प्रकृति, उसकी कार्यक्षमता, उसका प्रभाव-क्षेत्र, उसकी सीमाएं—सभी का पता चलता है।

रचनागत उद्देश्य को अधिक महत्वपूर्ण एवं सार्थक नाम उपन्यास का 'सत्य' या 'अर्थ' (Sense or Meaning) भी दिया जाता है। यह उद्देश्य 'अनुभव विश्व' के रूप में भी व्याख्यायित किया जा सकता है। हिन्दी उपन्यास की समीक्षा में 'कथा' बतायी जाती है क्योंकि रचनागत उद्देश्य पर वहाँ ध्यान नहीं दिया जाता। कभी स्वयं लेखक भी नहीं जानता उसका असली उद्देश्य क्या है—'चित्रलेखा' में यही हुआ है कि आभिजात्य और परंपराओं की झूठी मर्यादाओं के बोझ से दबे युवा मानस को सहज प्रेम से किस प्रकार वंचित होना पड़ता है और वह किस तरह जीवन के धराशायी करनेवाले फ्रस्ट्रेशंस से जूझता है, यह रचनागत उद्देश्य अगर भारती के सामने अत्यंत स्पष्ट होता तो 'गुनाहों का देवता' रोमांटिक और लोकप्रिय रचना ही न बनी रहती, संभवतः हिन्दी उपन्यासों में महत्त्वपूर्ण रूप में प्रतिष्ठित भी हो जाती। अर्थात्, उम्र के 23-24वें वर्ष में ऐसा रचना-कार्य भी अपने-आप में कम आश्चर्य की बात नहीं है। विवाह के बंधनों को न स्वीकार कर एक-दूसरे के पास रहने का प्रयोग करनेवाले युवा स्त्री-पुरुषों के तनावों का विलक्षण प्रभावपूर्ण चित्रण करना छोड़कर 'उखड़े हुए लोग' में राजेन्द्र यादव का बिखरा हुआ चित्रण उनकी समस्त भाषणबाजी के बावजूद बचकाना लगता है—रचनागत 'उद्देश्य' पर एकाग्र न होने का यह परिणाम है।

उपन्यास में आधुनिकता

इधर पश्चिम का उपन्यास आद्योपान्त परिवर्तित हो रहा है—इसी दिशा में भारतीय उपन्यास साहित्य के भी चरण पड़ रहे हैं। समाज के सांस्कृतिक दृष्टि से उन्नत गुट के लिए लिखे जा रहे उपन्यास ने अपना रंजन का उद्देश्य पूर्णतया

छोड़ दिया है। उपन्यासकार अपने को समाज को ज्ञानदान करने का या नीत्युपदेश करने का अधिकारी नहीं मानता। जिस क्रमशः संकुचित होते जाने वाले सांस्कृतिक गुट के लिए यह लिखता है, उसे वह अपने समकक्ष मानता है और लेखन में उसकी क्रियाशील, सजग पाठ-प्रक्रिया की आवश्यकता समझता है। उसे पाठक भी सर्जनशील सहृदय-प्रतिभा से युक्त चाहिए। दूसरे शब्दों में सृजनशील लेखन पाठकों और लेखकों का बीच का संयुक्त प्रयत्न है जिसमें पाठक का योगदान कम महत्त्वपूर्ण नहीं है। क्रमशः ज्ञान के बढ़ते क्षितिजों को देखकर स्वयं लेखक भी चकित है और अपने व्यक्तित्व की सीमाओं का ज्ञान उसे हो गया है। प्रतिभा के दिव्य क्षणों में जीवन की जिस वास्तविकता या यथार्थ की प्रतीति उसे होती है, बस उसे ही वह प्रस्तुत करने का अधिकारी अपने को मानता है। एक गंभीर स्तर पर लेखक कुछ विनयशील या विनम्र बन गया है कि अपने को वह रचना के 'माध्यम' से अधिक कुछ नहीं मानता। अपनी विधा के प्राणभूत तत्त्व के अतिरिक्त जो भी कुछ है, उसको वह निस्संग भाव से त्याग रहा है। यह प्रक्रिया प्रायः हर विधा में शुरू है। मूलभूत प्राणतत्त्व के अतिरिक्त सबकुछ झड़ता जा रहा है। नाटक में धीरे-धीरे भाषण, व्याख्यान, गीत, अवांतर पात्रों की भीड़, अतिरिक्त संवाद, नेपथ्य-रचना की भव्यता, पात्रों की कृत्रिम रंग-सज्जा, कथा का संगुंफित रूप—सब नष्ट होता जा रहा है। अब नाटक में रह गया है या रखा जा रहा है मानसिक भावों का आलोड़न-विलोड़न या उसको भी अधिक 'एकाग्र' बनाकर केन्द्र में आया है 'टेंशन'—तनाव। यह 'टेंशन' कम-से-कम शब्दों में, अधिकतर सहज, स्वाभाविक अभिनय के माध्यम से व्यक्त होता है। 'आधे-अधूरे' का अध्ययन इस दृष्टि से महत्त्वपूर्ण होगा। नाटक का अधिक प्रगतिशील कदम है क्रियात्मक नाट्य के रूप में। रंगमंच पर केवल कुछ घटता है—रंगमंच और प्रेक्षागृह का अन्तर भी अब असहनीय-सा होने लगा है। फिल्मों में शब्दों या ध्वनितत्व के आगमन से अभिनय और अभिनय द्वारा व्यंजना, जो कि फिल्म का प्राणभूत तत्त्व है, का महत्त्व कम हो गया था। अब पुनः संवाद, गीत, पार्श्व संगीत इत्यादि बातों को त्याग कर फिल्मीकरण करने की ओर सच्चे कलाकारों की प्रवृति हो रही है। चित्रकला में फोटोग्राफिक यथार्थ का अंकन करने की ओर चित्रकारों की रुचि नहीं है—आकारहीन रंग-योजना की ओर प्रवृत्ति अधिक है। सभी कलाएँ स्वरूप की, निजता की, शुद्धता की खोज में लवलीन हैं। इसके मूल में ज़िंदगी की आवश्यकता है। व्यस्त समय में हम कला के विशिष्ट, विशुद्ध और अप्रतिम रूप से साक्षात्कार कर 'तीव्र' अनुभूति (Intensity) चाहते हैं। अतः उपन्यासकार भी अनुभव-विश्व को अन्य किसी माध्यम से संप्रेशित न कर केवल शब्दों के माध्यम से संप्रेषित करना चाहते हैं। यही कारण है कि उपन्यास काव्य—गद्यात्मक काव्य-की ओर झुक रहे हैं। कथा, चरित्र, संवाद, वातावरण सबकुछ क्षीण होता जा रहा है

(हिंदी में कृष्णा सोबती के 'सूरजमुखी अंधेरे के' में और जगदम्बाप्रसाद दीक्षित के 'कटा हुआ आसमान' में यह प्रवृत्ति स्पष्ट है)। उपन्यास से अनुभूति को वितरित करने वाला, बाँटने या बिखेरने वाला अवकाश तत्त्व (Spatial Element) कम करने की ओर प्रवृत्ति बढ़ रही है। यह अवकाश-तत्त्व विविध पात्रों, अनेक समाज के स्तरों, प्रकृति के चित्रों, भू-प्रदेशों के रूपों में आकर उपन्यास को बृहत्काय बना देता है। हिन्दी में इस तत्त्व की ओर अत्यधिक झुकाव अमृतलाल नागर का है। परिणामत: उपन्यास सपाट लगने लगा है। फणीश्वरनाथ रेणु में यह वृत्ति संतुलित रूप में होने के कारण अवकाश तत्त्व ने उपन्यास को पुष्टता और विराटता दी है। वस्तुत: औपन्यासिक अनुभव का अविभाज्य तत्त्व है--काल-तत्त्व (Element of Time)। परन्तु 'इटेंसिटी के लिए इस काल-तत्व से अनेक प्रकार से उपन्यासकार जूझ रहे हैं। जीवन के विशिष्ट, उत्तेजक और महत्त्वपूर्ण कालखंड को उपन्यास के लिए स्वीकार कर बाकी ज़िंदगी को 'बाकी इतिहास' मानकर छोड़ दिया जाता है—'काल' से टकराने का यह एक जबर्दस्त हथियार है औपन्यासिक-विश्व का 'चुनाव'। 'सिग्निफिकेंट' को चुनने के बाद उसके प्रस्तुतीकरण के लिए पात्र, प्रसंग और अन्यान्य तत्त्वों की मितव्ययता का विवेक कर 'काल तत्व' को अधिक कसावपूर्ण, अधिक तीव्र बनाया जाता है। फिर काल के क्रमिक रूप को (Chronological Nature) चुनौतियां दी जाती हैं—पूर्वदीप्ति, स्मृत्यात्मक बिंब योजना, स्मरणोज्जीवित प्रसंग, स्मृति-प्रवाह, स्थूल यथार्थ को त्याग कर कल्पना से मुक्त यथार्थ के विविध स्तरों का उद्घाटन, स्वप्न-योजना, फैंटेसी इत्यादि उपादान काल के प्रवाह को तोड़-मोड़कर तथा उसकी गति की दिशाओं को अपनी आवश्यकताओं के अनुकूल मोड़कर अनुभव की तीव्रता को बढ़ाया जाता है। इसके कारण उपन्यासकारों को बहुत ही क्रांतिकारी कदम उठाने पड़ते हैं, जनरुचि पर आघात करने पड़ते हैं। पाठकों की संख्या सीमित हो जाती है, दुर्बोधता बढ़ती है। चूंकि यह संघर्ष उपन्यास के मूलभूत वैशिष्ट्य के साथ (Temporality के साथ) है, अत: खतरे बढ़ते हैं।

आखिर उपन्यासकार देना क्या चाहते हैं? अपने जीवन-विषयक अनुभवों की विशुद्ध प्रतीति। यही उपन्यास का 'सत्य' है। इस 'सत्य' के सम्प्रेषण के लिए आधुनिक उपन्यासकार जो रूप-विषयक प्रयोग करते हैं, उनका थोड़ा संकेत ऊपर किया जा चुका है। चूंकि अनुभव-सत्य सर्वतोपरि है और प्रत्येक रचनाकार के अनुसार वह अप्रतिम है तो पूर्ववर्ती रूप-विषयक सिद्धान्त नाकाफी ही नहीं, अनावश्यक सिद्ध हो जाते हैं। जब प्रत्येक उपन्यास में अपना रूप खोजना है तब रूप की चर्चा सिद्धांतों में बाँधकर कैसे हो सकती है? अतएव रूप विचार की आशय से पृथक् चर्चा ही कुछ समीक्षक बेमानी मानते हैं। नया उपन्यासकार अलग से प्रयोगशील नहीं होता, वह जन्मत:प्रयोगधर्मी होता है। वस्तुत: वह अनुभववादी

ही होता है और पाठकों को प्रयोगवादी इसलिए लगता है कि उसके अप्रतिम विशिष्ट अनुभव को संप्रेषित करते समय जो अनिवार्यतः रूपगत नवीनता आ जाती है, उससे पाठक चौंक सकते हैं। मार्मिक पाठक की एक पहचान शायद यह होनी चाहिए कि वह अलग से 'रूप' से चौंकता ही नहीं — अनुभव के नयेपन से अपने को साक्षात्कृत करता हुआ सहज भाव से नये रूप-तत्व को लेकर चलता है।

नये उपन्यासकार के अनुभव के बारे में भी कुछ कहा जा सकता है। यह अनुभव उतना सरल, मंथर गति, प्रवाह या रेखा में बहने वाला नहीं रहा; संतोष, सांत्वना और आनन्द की फुहार उछालने वाला नहीं रहा—उसकी परिणति 'संविद् विश्रांति' में नहीं होती। यह निवेदन करने लायक, वर्णन योग्य भी नहीं होता। इसका आदि-मध्य-अंत भी नहीं होता। अप्रतिहत, अनादिकाल से बहनेवाले प्रवाह का जो भाग उपन्यास में आता है, वह सुविधा के लिए भले ही आदि-मध्य-अंत के रूप में रखा जाय (क्योंकि उपन्यास को कभी प्रारंभ करना पड़ता है और कहीं खत्म भी करना पड़ता है), परंतु वस्तुतः वह जीवन-प्रवाह का एक भाग है।[17] आधुनिक कलाकार अपनी अनुभव की समस्त शक्ति को हर क्षण उत्तेजित रखकर एक तरह के 'क्राइसिस' में रहता है। जीवन की वेगवान गति ने उसे भँवर-जाल में डाल दिया है। वह अपने तथा आसपास के विश्व के संभाव्य विनाश से पीड़ित रहता है—विद्ध रहता है। उसे लगता है कि प्रतिभा के दिव्य क्षणों में जो कुछ वह बाहर उछाल देता है, उस बीच भूमि उसके पैरों तले से खिसक गयी है। अतः न कुछ सुगठित रूप में नियोजित किया जा सकता है, न कुछ पूर्णत्व का आभास भी दे सकता है। यथार्थ अपूर्ण है, तो उपन्यास अपूर्ण रहे तो आश्चर्य क्यों? वह पूर्णता, सुगठन से शंकित है।[18] शांति और स्थिरता का बोध कराने वाले साहित्य से वह नाराज होता है, गुस्सा और घृणा भी करता है। कुछ साहित्यकार तो सबके प्रति नकारात्मक भाव लेकर चलते हैं क्योंकि आज उनका अनुभव यह है कि दुनिया केवल निरर्थक ही नहीं है, वह अव्यवस्थित और विखंडित भी है।[19] नये उपन्यासकार अपने प्रति स्पष्ट भी नहीं हैं, उनके भाव-सत्य की स्थिति कुछ अमूर्त्त चित्र की भाँति हो गयी है। फिर भी वे अपने तीखेपन से पाठकों को कुरेदते हैं, अविचलित करते हैं, अस्वस्थ करते हैं। विरूपताओं को दिखाकर भयभीत करते है, अंतिम विनाश के बोध से पाठक पर दबाव डालते हैं। कभी जीवन की असंगतियों, निरर्थकता के बोध को वे हँसी में फूंकना चाहते हैं तो लगता है श्मशान में जलती चिता की साक्ष्य से अट्टहास कर रहे हों। अब तो ट्रेजेडी और कामेडी के बीच की अभेद्य दीवार भी धराशायी हो गयी है। इस अनुभव को व्यक्त करते समय चूंकि हर उपन्यासकार पूर्ववर्ती रूप-तत्व को उखाड़ता है, इसीलिए एक आलोचक ने लिखा है कि उपन्यास विधा का विकास प्रतिष्ठित रूप-तत्व को उखाड़कर ही होता है। दूसरे आलोचक ने उपन्यास को आभास और वास्त-

विकता के बीच के संघर्ष की देन कहा है।

स्थिति का दूसरा पहलू

उपन्यास विधा के संबंध में किया हुआ उपरोक्त विवेचन कुछ एकांतिक है और ह्रास की ओर संकेत करता है। यह कुछ विचारकों एवं उपन्यासकारों की दृष्टि से संभावित दिशा का संकेत है।

वस्तुत: जिंदगी इतनी पेचीदा, रहस्यमय और अनेक आयामी होती है कि तार्किक या भावनात्मक अनुमानों से खिलवाड़ करना उसका शौक है। सब कुछ निकट भविष्य में खत्म होने का, नष्ट होने का इलहाम अतीत में अनेक विचारकों को बार-बार हुआ है और युग के समय से आधुनिक मनुष्य आत्मतत्व की खोज में शिखर के सर्वोच्च बिन्दु पर खड़ा है—पता नहीं कब गिरेगा। 1920 के दरमियान जेम्स जायस का 'यूलिसिस' प्रकाशित होने के उपरान्त असंख्य आलोचकों को लगा कि यथार्थवादी उपन्यास की सभी संभावनाएं चुक गयी हैं। परंतु यथार्थवाद के अनेक पहलू उद्‌घाटित करते हुए उपन्यास लिखे जा रहे हैं। उपन्यास आज सम्राट की भांति सर्वश्रेष्ठ विधा न रही हो परंतु उपन्यासकार अंधेरे में भी चीखने की विवशता को लेकर उपन्यास लिख रहे हैं। समाज के सांस्कृतिक शिखर के शीर्ष पर रहने वाले थोड़े से अवां गार्द लोगों का सत्य ही समग्र सत्य है, यह भ्रम हमारी चिंतना में बहुत दृढ़ हो गया है। यद्यपि नीचे से ऊपर चढ़ने की यह प्रक्रिया सतत् जारी रहती है, फिर भी यह अनुमान संभवत: यूरोपियन ही समझा जायगा कि समाज का बहुत बड़ा भाग सांस्कृतिक विकास के शिरो-बिंदु पर आसीन होगा। अत: विभिन्न स्तरों की आवश्यकताओं की पूर्ति करने वाली उपन्यास विधा को मरण-भय से पीड़ित होने की आवश्यकता नहीं है।

फिर अस्तित्ववाद तथा उससे प्रभावित विचार प्रणालियों ने जीवन के स्वरूप को पकड़ने एवं समझने-बूझने में महत्वपूर्ण योगदान अवश्य किया है परंतु उनकी विरोधी विचारधाराएं भी कम महत्त्वपूर्ण नहीं हैं। फिर जैसा कि अस्तित्ववादियों का मूल मन्तव्य है कि परिवेश को अपने स्वत्व पर हावी होने देना मनुष्य की सर्जनशीलता का अपमान है। मार्क्सवाद के बदलते मुखौटों के बावजूद सामाजिक जीवन के प्रति आस्थावान दृष्टिकोण का महत्त्व बढ़ता जा रहा है। धार्मिक और आध्यात्मिक विचारधाराएं भी जोर पकड़ती जा रही हैं। रूस में सोल्जेनित्सिन, पास्तरनाक आदि लेखकों ने मार्क्सवाद के विरोध में आध्यात्मिक दृष्टि को तरजीह दी है और उसका प्रभाव बढ़ता जा रहा है। विज्ञान की तकनीकी प्रगति से तथा उससे आने वाली यांत्रिकता, भयावह गतिमानता, वायु-प्रदूषण तथा जल-प्रदूषण जैसी समस्याएं, संहारक शक्ति का भयानक रूप, शक्ति का अमानवीय केन्द्रीकरण इत्यादि के कारण विश्व की चिंतन शक्ति विज्ञान के विरोधी रूप को

अख्तियार कर रही है। यह कहकर स्थिति के भयावह पहलू को टालना कि विश्व-विनाश की बातें हजारों वर्षों से होती आ रही हैं, चिंतन-शक्ति की गैरजिम्मेदारी का प्रणाम है—आज की वैज्ञानिक प्रगति के संदर्भ में। अथवा यह रहस्यात्मक शक्ति में अंध्र आस्था का भी द्योतक हो सकता है। बड़े पैमाने पर युवा वर्ग का यांत्रिकता से घबड़ाकर हिप्पी संप्रदाय, हरे-कृष्ण संप्रदाय में दीक्षित होना अथवा शांति की खोज में मादक द्रव्यों का सेवन करना किसी नयी विचारधारा के आगमन की आकुलता के पूर्व-चिह्न हैं। दुनिया का बहुत बड़ा चिंतक वर्ग अब 'डाइनामिज्म', 'क्राइसिस', 'टेंशन', 'इटेंसिटी', 'टोटल रिजेक्शन', 'मार्डनिटी', 'अब्साल्यूट फ्रीडम' जैसे शब्दों के नशे से, मैजिक से परिचित हो रहा है। यह चिंतकों के बुढ़ापे का भी लक्षण माना जा सकता है या प्रगल्भता (Maturity) का भी। अब कहीं आदिम जीवन की शांति, स्थिरता, मानसिक स्वास्थ्य के साथ भोग और त्याग, वैयक्तिकता और सामाजिकता, स्वतंत्रता और सेवा, स्थिति और गति के बीच चिरंतन द्वंद्वात्मक नहीं बल्कि समन्वयात्मक संबंधों की आकांक्षा व्यक्त की जा रही है। प्रेम और त्याग जैसे शब्दों को अस्तित्ववादी विचारधारा में भी महत्त्व मिलने लगा है। वैयक्तिक स्वतंत्रता, उसकी आत्मनिर्भरता, व्यक्ति की अपरिसीम महत्ता के प्रति भी प्रश्नांकित दृष्टि से देखा जाने लगा है। परिवार व्यवस्था और विवाह संस्था के संबंध में पुनः एक बार भारतीय समाज व्यवस्था की ओर आस्थापूर्वक दृष्टि से देखने की प्रवृति बढ़ रही है। उग्र निषेधात्मक धार कुछ मंद पड़ती दिख रही है। इधर नृतत्व-विज्ञान के अन्वेषण के फलस्वरूप सामाजिक व्यवस्था के संबंध में अच्छा-बुरा, श्रेष्ठ-कनिष्ठ इत्यादि निश्चित करना उतना तर्क-संगत नहीं है, इसका एहसास भी होने लगा है। सारांश, हम जिस विचार प्रणाली के प्रति विशेष आवेग से उन्मुख हैं, उसी को वैश्विक सत्य या युगीन सत्य समझकर प्रस्तुत करने का कोई कारण नहीं दिखता। यह असहिष्णु प्रवृति अपने को अग्रिम दस्ते के लोग मानकर चलने वालों तथा बौद्धिकों में बढ़ती जा रही है। दुनिया विरोधी विचार-प्रणालियों को और विविधश्रेणियों को समा सकने के लिए पर्याप्त बड़ी है। इस जटिल और अनेक आयामी दुनिया में उपन्यास ने निश्चय ही अपने को जीवित और शक्तिशाली रखा है।

उपन्यास विधा की सीमाएं

प्रत्येक विधा की शक्ति के अनुसार सीमाएं भी होती हैं। काव्य में जहां भाव की तीव्रता उसकी शक्ति है वहां उसके विस्तार पर एक बंधन भी आ पड़ता है। चित्र काल-तत्व से रहित अनुभव का संवेदन प्रत्यक्ष रूप में कराता है, वहां मानवीय जीवन का बहुत कम क्षेत्र वह व्याप्त कर सकता है। संगीत का माध्यम शब्द-माध्यम की तरह अप्रत्यक्ष नहीं होता परंतु मानव जीवन की अर्थपूर्ण अनु-

भूतियों की विविधता उसके माध्यम से व्यक्त नहीं की जा सकती। उपन्यास की शक्ति उसका अतिशय लचीलापन, विकसनशीलता एवं प्रयोगधर्मिता है। तीव्रता और विस्तार दोनों का समावेश उसमें होता है। हर अन्य विधा का कुछ वैशिष्ट्य उपन्यास में समा गया है, अतः वह सर्वाधिक रूप में जीवट वाली और दीर्घायु विधा सिद्ध हुई है।

आज प्रायः सभी विधाएं एक ओर जहां आत्म तत्व की खोज में अपने प्राण-भूत वैशिष्ट्यों के प्रतिनष्ठा भाव से समर्पित होने का प्रयत्न कर रही हैं, वहीं पर कलाकारों की प्रयोगधर्मिता अपने आशय को व्यक्त करने के लिए एक-दूसरे के माध्यमों का उपयोग भी कर रही हैं, दूसरों के क्षेत्र में आक्रमण भी कर रही हैं। कभी अपनी सीमाओं को अतिक्रांत करने के प्रयत्न में विधा ही टूटकर बिखर जाती है। यह स्थिति अकविता, एंटी-नाट्य या एंटी नावेल के-संबंध में दिखायी पड़ रही है।

उपन्यास विधा की महत्त्वपूर्ण सीमा है उसका माध्यम शब्द या भाषा। दूसरी सीमा है, एक पृष्ठ से पृष्ठ 'एक्स' तक क्रमशः एक के बाद एक पन्ने पलटने की विवशता। एक सरल रेखा में काल। उपन्यास में तीन प्रकार की काल कल्पना होती है—एक, पढ़ाई के लिए लगने वाला काल, दूसरा कथ्य का काल, कथ्य के काल के दो भाग। संवेदन के अनुसार उसकी दीर्घता और ह्रस्वता। काल-तत्व से कितनी भी छूट ली जाये, कुछ अंश में काल के क्रम या Chronological अंश को मानना ही पड़ता है।[20] फिल्मों में दुःस्वप्नों या स्वप्नों का जो प्रभाव चित्रमय रूप में नाद, संगीत इत्यादि कलाओं के माध्यम से दिखाया जा सकता है, उस प्रकार केवल शब्दों के माध्यम से नहीं दिखाया जा सकता। यही कारण है कि अच्छे उपन्यासों की फिल्में बहुत कठिनाई से बनती हैं। उपन्यास में चित्रात्मकता, नाट्यात्मकता या दृश्यीकरण को कितना भी लाया जाय, शब्दों के कारण वर्णन या निवेदन शेष रह ही जाता है। चूंकि शब्दों का प्रयोक्ता एक लेखक होता है, अतः भाषागत विविधता के बावजूद, लेखक सामने आ ही जाता है। अतः अनुभव का ज्यों-का त्यों यथावत् प्रस्तुतीकरण प्रायः नहीं होगा।[21] परिणामतः अनुभव का ऐसा अंश जो काल-तत्व से रहित, केवल चित्रमयता पर निर्भर होगा, उपन्यास में नहीं आ सकेगा। परिणामतः तीव्रता में जो कमी होगी, उसकी पूर्ति उपन्यास में जटिलता, गहनता और विस्तार में होगी। यथार्थ का कुछ अंश उपन्यास में आ सकेगा, कुछ अंश विधा के बाहर होगा। यह आग्रह भी सर्वथा गलत है कि जीवन के संपूर्ण रूप को व्यक्त करने के लिए उपन्यास उपयुक्त होगा। जीवन उपन्यास से बृहत्, विराट् और महान है, उससे स्पर्धा असंभव है। जीवन में अन्यान्य विधाओं का सह-अस्तित्व स्वीकार करके ही अपने क्षेत्र में उपन्यास को प्रतिष्ठित होना होगा। फिर उपन्यास की एक और भी सीमा है। यह मुद्रण कला, पुस्तक

रूप, उसका अपना व्यावसायिक क्षेत्र, पाठक वर्ग सब पर निर्भर विधा है। इन सब बातों का विचार किया जाय तो उपन्यासकार एक सीमा तक छूट ले सकता है— उसे मूलभूत विधा की प्रकृति और बंधनों को स्वीकार करना ही पड़ता है। किसी भी उपन्यासकार की मौलिकता तथा उसकी स्वतंत्रता का आदर तब तक रहेगा जब तक मूल प्रकृति से कुछ सीमा तक ही वह अलग दिखेगा—पूर्णतया मौलिक या पूर्णतया स्वतंत्र ऐसा कुछ नहीं होगा।[22] होगा तो कलाकार के मन में होगा— मौन में। उपन्यासकार अगर संप्रेषण करना चाहता है तो अनुभव के पारंपरिक रूप का एक सीमा तक आदर इसलिए भी करना चाहिए कि बिना परंपरागत धरोहर के अनुभव की साझीदारी संभव नहीं। पाठक एक सीमा तक ही अपनी कल्पना के बल पर लेखक के साथ सृजन में सहायक हो सकता है।[23] अन्यथा अपनी अत्यधिक मौलिक बनने की सनक में लेखक, हो सकता है अपनी आत्मिक खुशी पाये परंतु दुनिया को नहीं पा सकता।[24]

उपन्यास विधा : पाठक से मांग

यद्यपि उपन्यास सर्वसमाहार करने वाली लचीली विधा है, और समाज के सभी स्तरों की मांग पूर्ण करने की क्षमता उसमें है, हम यहां प्रायः उस सांस्कृतिक दृष्टि से संपन्न वर्ग की अभिरुचि को ध्यान में रखकर ही चर्चा कर रहे हैं। उपन्यासकार उपन्यास की प्रकृति को ध्यान में रखे, अनुभव के रूप में अनिवार्य रूप से स्थित परंपरागत अंश का भान रखे, माध्यम की सीमाओं का भी ख्याल रखे और इन सबके साथ अपनी मौलिकता भी प्रकट करे—यह सब उपन्यासकार के आचरण के भान हैं। पाठक को भी उपन्यासकार के प्रति सहयोगी भाव से सृजन धर्म सहायता देनी चाहिए। चूंकि साहित्य के आस्वादन की प्रक्रिया भी सहयोगी प्रयास है, पाठक को सदैव जागरूक और परिश्रमी रहना होगा। यह मांग सर्वथा गलत और सृजन के लिए हानिकर है कि लेखक उसे ऐसा कुछ दे जो सहज पचाया जा सके। रंजकता, कथा का सुगठित क्रम, ठोस चरित्रों का रूप, हमारी मान्यताओं तथा प्रिय भावनाओं का आराधन इत्यादि बातों की अपेक्षा आज के उपन्यासकार से हम नहीं कर सकते। यह कार्य अन्य विधाओं एवं कलाओं ने लिया है।

हम एक ऐसे समाज में और संस्कृति तथा सभ्यता की ऐसी स्थिति में हैं कि कोई विचार, भावना, प्रभाव, कल्पना, एकांगी, शुद्ध, अनिश्चित नहीं रह गई है। उपन्यास को पढ़ते समय भी 'रहो, रहने दो' वाली उदार मानवीय दृष्टि ही अपनानी होगी। उपन्यास को पढ़ते समय पाठक को अपनी वैयक्तिक रुचि, मंतव्य तथा अनुभूति-संसार को कुछ दूर रखकर ही निस्संग भाव से साहित्य शरण में होना चाहिए। नये लेखकों को गुस्सा है कि पुराने लोग उनके साहित्य को

पसंद नहीं करते, पढ़ते नहीं। असल में नवीन लेखक अधिक असहिष्णु होते जा रहे हैं—वे प्राचीन तथा अपने से पहले वाली पीढ़ियों का साहित्य नहीं पढ़ना चाहते, क्योंकि वह उनके लिए बेमानी, अप्रासंगिक, असामयिक हो गया है। वस्तुतः कल्पना शक्ति का यह सहज कार्य होता है कि पाठ-प्रक्रिया के दौरान वैयक्तिकता से मुक्ति पाकर हम साहित्य के आशय से तल्लीन हो जायें। आज इस पाठ-प्रक्रिया के लिए आवश्यक कल्पना को भी हम कार्यान्वित नहीं करना चाहते। क्या हम इतने वर्तमान वाद के पहाड़ के नीचे रौंद दिये गये हैं? यह तो वही परिवेशवाद हुआ जिसकी ऊपर चर्चा की गई है। यह सही है कि पूर्णतया व्यक्तिगत से तटस्थ होकर हम आदर्श तादात्म्यता स्थापित नहीं कर सकते, परंतु एक सीमा तक तो निश्चय ही कर सकते हैं। वैसे आज की दुनिया में कुछ भी एब्सा-ल्यूट नहीं है, सब सापेक्ष है। रुडियार्ड किपलिंग की साम्राज्यवादी जयकार सुनकर साम्राज्यवादियों को गौरव भले ही मिले, उपनिवेश के निवासियों में ठीक विपरीत भाव का संचार ही होगा। एक गोरे के लिए नीग्रो की युयुत्साभाव से भरी हुई चुनौतियां तटस्थतापूर्वक पढ़ना और उनसे तदाकार होना कैसे संभव है? अतः तटस्थता का योगस्थ रूप धारण करना संभव न भी हो, तो भी सहृदय को एक सीमा तक अपनी वैयक्तिक रुचियां अलग करनी ही पड़ती हैं। हमारे वर्तमान युग में हम जितने 'कमिटेड' होंगे या 'इन्वाल्व' होंगे, उतना देश, काल, वर्ग, जाति, संप्रदाय, विशिष्ट विचारधारा आदि आवरणों से युक्त मन को मूल 'सत्व' तक ले जाना मुश्किल हो जाता है। यहां हम एक विचित्र पेंच में घिरे हुए अनुभव करते हैं। परंतु आस्वादन के लिए और वस्तून्मुखी समीक्षा के लिए दूसरा उपाय नहीं है।

रचना पढ़ते समय दूसरी महत्वपूर्ण शर्त यह है कि प्रत्येक रचना की अपनी प्रकृति, उसकी निजता, उसकी विशिष्टता सर्वप्रथम ध्यान में लेनी चाहिए। प्रत्येक रचना अपने मानदण्ड सूचित करती है, अर्थात् वे अत्यधिक वैयक्तिक नहीं होते। सामान्यतः साहित्यिक रचनाओं से जो हम विविध अपेक्षाएं करते रहते हैं, उनमें कुछ विशिष्ट रचना पूर्ण करती ही है। अतः प्रत्येक रचना के अपने मान-दण्डों की बात करने पर आलोचना क्षेत्र में अराजकता इत्यादि के प्रश्न उठाना उचित नहीं है। वैसे भी हम प्रायः सामान्य तत्वों या मानदण्डों के लिए अनुरोध करते रहेंगे तो अमुक रचना उपन्यास है, अमुक कविता, इससे अधिक कुछ भी नहीं बोला जा सकता। अतः जो प्रश्न हम 'दिव्या', 'चित्रलेखा', 'बाणभट्ट की आत्मकथा' से पूछ सकते हैं, वे 'दूसरी बार', 'तीसरा प्रसंग', 'सूरजमुखी अंधेरे' से नहीं पूछ सकते?

रचना के मूल बीज को या केंद्र में स्थित कल्पना को या समस्त रचना-बंध के सूत्र को पकड़ना परम् आवश्यक है। यह नहीं हो सकता तो रचना का पठन

'अर्थपूर्ण' हुआ है, ऐसा मानना मुश्किल होगा। अपने प्रश्न पूछने के पहले यह आवश्यक है कि रचनाकार से हम पूछें या समझने का प्रयास करें कि उसकी क्रीड़ा-जगत् के नियम क्या हैं। रचनाकार के अपने नियमों को ध्यान में रखते हुए यह देखना समीचीन होगा कि अपनी 'लीला' में उसने कैसे कौशल दिखाया है।

प्रत्येक रचनाकार के विभिन्न मार्ग होते हैं। उपन्यासकार अपने कथ्य में 'कथा' को महत्व दे रहा है तो अपनी आधुनिकतम धारणाओं के अनुसार प्रश्न पूछने की जल्दबाजी करने की अपेक्षा पहले यह देखना अधिक युक्तियुक्त होगा कि 'कथा' के सभी हथियार उसने कितनी कुशलता से इस्तेमाल किये हैं। अगर एक, दो, दस चरित्रों के माध्यम से या परिवेश को महत्व देकर रचना का निर्माण हुआ है तो फिर उन विशिष्ट हथियारों के उपयोग में उसे कहां तक सफलता मिली है। उसके मूल आशय से उसकी रचना के विविध उपादान कहां तक मेल खाते हैं या औचित्य का निर्वाह करते हैं। रचनाकार के मूल आशय को शक्तिमत्ता के साथ पाठक तक पहुंचाने के लिए माध्यम (जो भी हो) कहां तक समर्थ हुआ है। विभिन्न घटनाओं, पात्रों, मनःस्थितियों, परिवेश, अन्तर्कथाओं आदि की परस्पर संगति, सार्थकता, महत्व इत्यादि बातों की ब्यौरेवार चर्चा की जा सकती है। मूल बीज के विकास के लिए अपनाये गये सभी उपादानों की संगति, पर्याप्तता और अनिवार्यता की चर्चा साहित्य समीक्षा की महत्वपूर्ण सीढ़ी है। इससे रचना को आरंभिक न्याय देने की स्थिति में हम आ जाते हैं।

रचना की महत्ता : कुछ मानदण्ड

इसके बाद रचना का मूल्यांकन करने के लिए कुछ अन्य मानदण्डों का संकेत किया जा सकता है। चर्चा सर्व-समावेशी करने का दावा नहीं है परंतु कुछ वैशिष्ट्यों को अवश्य प्रस्तुत किया जा सकता है। रचना की महानता की चर्चा करते समय रूप चर्चा विशेष महत्वपूर्ण नहीं है। रचना सृजनशील स्तर पर अवतरित होती है तो सामान्यतः अपने-आप अपने रूप को लेकर ही जीवंत रूप में अवतरित होती है। आशय और शिल्प की अभिन्नता को इधर एक कसौटी के रूप में प्रस्तुत करने की प्रवृत्ति बढ़ रही है। वस्तुतः किसी भी जीवंत रचना की यह ऐसी शर्त है कि उसके बिना रचना 'रचना' ही नहीं हो सकती। रचना के आस्वादन में शिल्प कुशलता अधूरी या अपर्याप्त प्रतीत हो रही हो तो समझना चाहिए कि रचना 'रचना' के स्तर पर चढ़ी ही नहीं है। किसी भी सफल रचना को पढ़ते समय पाठक को उसके शिल्प का अलग से बोध होता हो तो समझना चाहिए कुछ कमी है।[२५] रचना के आस्वादन में जो जीवंत अनुभव का साक्षात्कार होता रहता है, वही उसके शिल्प की सफलता का द्योतक है। काफ्का की रचनाओं को पढ़ते समय हम अलग से शिल्पबोध के प्रति सजग रहते हैं? अगर रचना का

अखण्ड प्रभाव मन पर पड़ता है तो रचना के विधान की या संरचना की बारीकियां बाद में निश्चय ही परखी जा सकती हैं—इससे एक अतिरिक्त आनंद भी मिलेगा और लेखक की कलात्मकता पर प्रकाश भी पड़ेगा।

रचना की मूल्यवत्ता की चर्चा करते समय हमें रचना के मूल अनुभव विश्व के संबंध में कतिपय वैशिष्ट्य देखने चाहिए। रचना में अंततोगत्वा 'अनुभव-विश्व' ही सर्वतोपरि तत्त्व बनता जा रहा है। अत: अनुभव की गहनता, तीव्रता, जटिलता और विस्तार इन चार आयामों का विशेष विचार करना चाहिए।

समीक्षक को इन आयामों के प्रति विशेष स्पष्ट होना चाहिए, अगर वह रचना की सही समीक्षा करना चाहता है। स्पष्टता के सभी धोखों को स्वीकार करके कहीं-न-कहीं आधे अधूरे रूप में सही, इन शब्दों को परिभाषित या व्याख्यायित करना चाहिए। यह दायित्व है।

रचनागत अनुभव से साक्षात्कार करते समय मानवीय मन की तलस्पर्शी झांकियां देखने को मिलती हैं, वहां अनुभव की गहनता का बोध होता है। डी० एच० लारेंस ने चरित्रगत स्थिर 'ईगो' को नकारते हुए कहा था कि सामान्य उपन्यासकार हीरे के इतिहास की खोज करते हैं, मैं उसके भी मूल तत्त्व कार्बन को प्रस्तुत करता हूं। मनुष्य के मन में तर्क के परे मानसिक अवस्थाओं का जो प्रवाह-सा बहता रहता है, उसका संप्रेषण करते समय रचनाकार 'गहन' अनुभव को व्यक्त करता है। दोस्तोवस्की, काफ्का, डी० एच० लारेंस के उपन्यासों में शेक्सपियर तथा सार्त्र के कुछ नाटकों में यह 'गहनता' पाई जाती है। हिन्दी में यह अज्ञेय और जैनेंद्र में मिलती है। इलाचंद्र जोशी इस दृष्टि से निराशा करते हैं। मानवीय मन की अतल गहराइयों से हम चमत्कृत होते हैं—चमत्कृत शब्द यहां गंभीर अर्थ में प्रयुक्त किया गया है। बहुत बड़े जलाशय के नीचे की प्रचण्ड चहल-पहल हम अगर देख सकें तो जो गंभीर-सा प्रभाव पड़ता है वैसा प्रभाव 'गहनता' से उत्पन्न होता है। प्राय: यह 'गहनता' सांस्कृतिक दृष्टि से संपन्न स्वचेतन व्यक्तियों में अधिक परिलक्षित होती है।

कथ्य की तीव्रता संभवत: उसके ऐंद्रिय संवेदनों के माध्यम से सशक्त रूप में संप्रेषित होने में निहित होती है। कभी अनुभव के 'एकाग्र' होने में तीव्रता की प्रतीति मिलती है। इस प्रकार के अनुभव पाठक को उत्तेजित करते हैं। इनमें चित्रवतता और मूर्त्तता अधिक होने से ये क्षण तन्मयता उत्पन्न करने वाले होते हैं। सामान्यत: ऐसे क्षण चरित्र को जटिल परिवेश की मार से उलझी हुई स्थिति में भी होते हैं। (शशि के पति के द्वारा लताड़कर बाहर निकाल दिये जाने पर शेखर की मन:स्थिति, भुवन के पत्रों की प्रतीक्षा में रेखा के पत्रों में व्यक्त मानसिकता, संदेही पति और सामाजिक, धार्मिक नियंत्रणों के बीच दबी हुई 'कल्याणी' की स्थिति जो हैल्यूसिनेशन तक ले जाती है) अथवा सब ओर से

काटकर एक बात पर केंद्रित करने से भी तीव्रता उत्पन्न होती है (रेखा, गौरा की भुवन विषयक प्रेम की अनुभूतियां, 'आपका बंटी' की शकुन की मन:स्थिति खासकर दूसरे विवाह के निर्णय के पहले 'सूरजमुखी अन्धेरे' का अंतिम अंश)। तीव्रता की अनुभूति करानेवाले प्रसंग प्राय: काव्य के स्तर पर प्रतिष्ठित होते हैं।

आज के जीवन का रूप अत्यंत उलझा हुआ, संमिश्र और किसी तर्क के सूत्र में पकड़ने के लिए असंभव-सा बन गया है। हमारा अनुभव विश्व भी जटिल हो गया है। आज प्रेम दो व्यक्तियों के बीच का शरीर या मानसिक आकर्षण मात्र नहीं रहा। 'शाकुंतल' या 'मालती-माधव' जैसे नाटकों में प्रेम की सफलता में चाहे जितनी बाधाएं आ गई हों, प्रेम-भाव में किसी प्रकार की जटिलता नहीं थी। आज प्रेम उसके जातिगत, वर्गगत, समाजगत संदर्भ के बीच तथा औचित्य-अनौचित्य विचार, शंका, संदेह, विरोध, भय, ईर्ष्या, द्वेष, घृणा इत्यादि कतिपय परस्पर विरोधी-अविरोधी भावों के बीच अत्यंत संमिश्र अनुभव बन गया है। एक ही समय लालसा और संयम, ईर्ष्या और आत्मीयता, बंधन और मुक्ति, वासना और घृणा, निर्णय और अनिर्णय, समर्पण और आक्रमण, इत्यादि परस्पर विरोधी समझी जाने वाली स्थितियां मिलकर प्रेम के अनुभव को जटिल बना देती हैं। इन भावों का आपसी संबंध पुरानी रस व्यवस्था में निर्देशित संचारियों की भांति मुख्य भाव का सहायक, परिपोषक ही है, ऐसा नहीं कहा जा सकता। स्थितियों के विभिन्न रूप व्यक्ति को जब उद्वेलित करते हैं तब जटिलता उत्पन्न होती है। जटिलता का रूप लेखक के अपनी संदर्भ विषयक सजगता, परिवेश के विविध स्तरों के ज्ञान पर निर्भर होती है। 'समुद्र में खोया हुआ आदमी' में कमलेश्वर ने श्यामलाल की मन:स्थिति के कतिपय संदर्भों और स्थितियों का चित्रण कर जटिलता के आयाम को सफलतापूर्वक उभारा है। मोहन राकेश के 'अंधेरे बंद कमरे' में भी पति-पत्नी के संबंधों को लेकर पर्याप्त जटिलता का समावेश हुआ है।

जटिलता आज के जीवन की विकटता का बोध देती है परंतु उससे यह मानना गलत होगा कि जटिलता से रहित अनुभव श्रेष्ठ साहित्य को जन्म नहीं दे सकता। हम कभी सामयिकता के दबाव से इतने पीड़ित रहते हैं या प्रभावित भी कि सामायिक स्थितियों के संवेदन ही हमें नितांत आवश्यक से प्रतीत होते हैं। अमेरिकन लेखक मार्जोरी किनन रालिंग्ज का 'यार्लिंग' जैसा उपन्यास, जो जंगलों में रहने वाले परिवार के अनुभवों से अत्यंत चित्रात्मक, सूक्ष्म निरीक्षण से युक्त, जीवन शक्ति की प्रचुरता से ओतप्रोत, शैली की विदग्ध रमणीयता से नितांत सुंदर है, क्या श्रेष्ठता के अभिधान से वंचित रहेगा ? इसलिए कि उसमें भावों की जटिलता नहीं है ? अत: जटिलता अनेक वैशिष्ट्यों में से एक वैशिष्ट्य है। श्रेष्ठता का एकमात्र पर्याय नहीं।

जीवन की जटिलता के कुछ निकट एक आयाम है—विस्तार। अनुभव-विश्व में विस्तार या विविधता (यही विस्तार या विविधता जब तीव्रता या गहनता से जुड़ जाती है तब समृद्धता कहलायी जाती है) कैसे आती है ? जब अनेक पात्र अपनी-अपनी सार्थकता, अनिवार्यता और महत्ता की शर्तों को पूर्ण करते हुए उपन्यास की वस्तु में या आशय में योगदान करते हैं और ये पात्र स्वभाव में भिन्न-भिन्न होते हैं, तभी उपन्यास में विस्तार आ जाता है। 'वार एण्ड पीस' का महत्त्व उसके अनुभव विश्व की गहनता, तीव्रता और शक्तिमत्ता के साथ उसमें अनिवार्य रूप से समाहित करीब पांच सौ पात्रों के कारण भी माना जाता है। हिन्दी में 'बूंद और समुद्र' 'झूठ सच' 'रंगभूमि' इत्यादि उपन्यासों में यह विस्तार है। अर्थात्, यह भ्रम समीक्षक में नहीं होना चाहिए कि विस्तार हमेशा महानता या विराटता का मूल्य उत्पन्न करता ही है। विस्तार में अगर गहनता, विविधता और शक्तिमत्ता नहीं है तो ऐसा उपन्यास सिर्फ तकिये के रूप में काम में लाया जा सकता है। परंतु यह भ्रम भी प्राय: पाया जाता है कि विस्तार उपन्यास की तीव्रता, प्रखरता, शक्ति या गहनता को कम करता है। अंततोगत्वा यह लेखक की प्रतिभा पर निर्भर है। कभी एक पात्र जब अनेक सामाजिक स्तरों, प्रांतों पीढ़ियों के साक्षात्कार के बीच से गुजरता है तब भी विस्तार उत्पन्न होता है। हिन्दी में प्रेमचंद विस्तार को महत्व देने वाले सर्व-समावेशी (Inclusive) लेखक हैं।

अनुभव विश्व का महत्त्वपूर्ण आयाम है—मूल्यवत्ता। व्यक्तिगत वैचारिक प्रणाली के अनुसार मतभेद की काफी गुंजाइश है। 'अनुभव अनुभव के लिए' जैसी मान्यता हो, तो मूल्यवत्ता का प्रश्न नहीं उठता परंतु यहां श्रेष्ठ की या महत्ता की चर्चा भी संभवतः नहीं की जा सकेगी। अनुभव अपने आप में रुचिकर हो तो मूल्यवान हो ही सकता है, यह विचार भी उचित नहीं है। आई०एम०रिचाड्‌र्स ने कलावाद का प्रखर खण्डन कर जीवनवाद से अपना रुझान स्पष्ट किया था। परंतु अनुभव के मूल्य के संबंध में उसका विवेचन व्यक्तिवादी ही लगता है। अधिक-से-अधिक आवेगों का ऐसा समायोजन कि व्यक्ति को अनुकूल संतोष दे सके—रिचाड्‌र्स की दृष्टि से मूल्यवान था। भारतीय साहित्यशास्त्र में संविद् विश्रांति की स्थिति बतायी गयी है, वह और रिचाड्‌र्स की अंतिम रसिकगत मूल्यवान अनुभव के आस्वादन की स्थिति संभवत: एक ही थी। भारतीय साहित्य-शास्त्र में संविद् विश्रांति और चतुर्वगफलप्राप्ति का अन्योन्य संबंध युक्तिपूर्ण ढंग से विश्लेषित कर उनकी संगति नहीं दिखायी गयी है। अनुभव की मूल्यवत्ता का प्रश्न पाश्चात्य साहित्य-शास्त्र में प्रचुर रूप में चर्चित है। हमारी जीवन विषयक दृष्टि के अनुसार अनुभव की मूल्यवत्ता का माप अलग-अलग हो सकता है। सामान्यत: यह कहा जा सकता है कि जिस रचनागत अनुभव विश्व में पाठक को

उसके व्यक्तिगत अनुभव विश्व (उसकी जीवन दृष्टि, भाव राशि, विचार शक्ति, आचरण के मान, आस्था के विविध केन्द्र, उसकी सही गलत धारणाएं, उसके आत्मरक्षा, के कवच या सार्त्र की भाषा में 'बैड फैथ' इ०) से बाहर खींचकर उसे पुर्नविचार, भाव श्रेणी की पुनर्रचना करने को बाध्य बनाने की क्षमता होगी, वह रचना मूल्यवान मानी जा सकती है। यह कार्य सशक्त उपन्यासकार पाठक को मनुष्य-जीवन की विविधता या विचित्रता दिखाकर, अनेक संस्कृतियों की झांकी दिखाकर संपन्न कर सकता है, पाठक को अस्वस्थ बनाने वाले नैतिक प्रश्न उसके सामने उभारकर कह सकता है, उसके अन्तर्मन की पर्तें उघाड़कर उसे विचलित बना सकता है(कामू का 'पतन' पढ़ते समय सुखवादी व्यक्ति विलक्षण रूप में विचलित होता है)। इसीलिए कहा जाता है, मूल्यवान रचना पढ़ने के पहले पाठक जैसा होता है, वैसा रचना को पढ़ने के बाद नहीं रहता, उसका अनुभव-विश्व समृद्ध होता है, कभी पुनर्रचित होता है। हिन्दी में 'सुनीता' के घर-बाहर के प्रश्न पर, 'त्यागपत्र में नारी के प्रति व्यवस्था की अनुदार और क्रूर दृष्टि पर प्रकाश डालकर 'कल्याणी'में संक्रांति-कालीन नारी की पत्नीत्व की मर्यादा और अर्थार्जन के साधन स्वरूप उपयोग किये जाने के बीच की विलक्षण झकझोरने वाली स्थितियां पुरुष-वर्ग के सामने प्रस्तुत कर, अज्ञेय ने 'नदी के द्वीप' में प्रेम, विवाह, जीवन की सार्थकता इत्यादि के बारे में क्रांतिकारी धारणाओं को उपस्थित कर हिन्दी पाठकों को एक सीमा तक झकझोरा। 'गोदान' में हमें मध्यवर्गीय सहानुभूति के क्षेत्र के बाहर ले जाकर प्रेमचंद ने इसी मूल्यवत्ता का परिचय दिया। इस संदर्भ में और कितनी रचनाओं का नाम लिया जा सकता है ?

मूल्यवत्ता के आयाम में ही हमारी सौंदर्य विषयक संवेदना को समृद्ध करने की क्षमता का भी समावेश किया जाना चाहिए। मूल्य के संबंध में हमारी दृष्टि अगर नितांत उपयोगितावादी नहीं है अथवा सौंदर्य संवेदना को भी हम एक गहन स्तर पर जीवन के लिए उपयोगी अनुभूति मानते हैं तो अनुभव-विश्व की मूल्यवत्ता का विचार करते समय सौंदर्य चेतना को समृद्ध करने वाली रचनाओं को अवश्य स्थान देना होगा।

महान रचना जीवन सदृश होती है। हम उपन्यास पढ़ते-पढ़ते यह भूल जाते हैं कि उपन्यास के संसार में विचर रहे हैं। हमें यह अनुभूति होती है कि हम प्रत्यक्ष संसार में ही हैं। अनुभव यद्यपि व्यक्तिगत लेखक का होता है तो भी उसमें ऐसी विविधता, विस्तार, जटिलता और जीवन-सदृश्यता होनी चाहिए कि महान् रचना को पढ़ते समय यह नहीं लगना चाहिए कि यह अमुक लेखक की सृष्टि है बल्कि लगना चाहिए 'यही सृष्टि है।'[26]

अनुभव-विश्व का साक्षात्कार करते हुए इस तरह का आभास सतत् मिलना चाहिए कि रचनाकार के पास जीवन के संबंध में इतना जबर्दस्त कुतूहल है.

आसक्ति और लगाव है और अनुभवों के प्रति सहजात विलक्षण आकर्षण है कि उपन्यास का रूप उसके लिए पर्याप्त नहीं पड़ रहा है, जीवन विषयक उसका ज्ञान, अनुभव, कल्पना छलक-छलक कर बाहर आने को उछलते रहते हैं। यही कारण है कि उसकी रचना में कुछ ऐसी संश्लिष्ट अर्थवत्ता समाविष्ट रहती है कि रचना के विविध स्तर, विविध संदर्भ, विविध पहलू प्रकट होते रहते हैं। परिणामतः अपनी अनेक अर्थ-सूचकता के कारण रचना न केवल अपने समय में समृद्ध और शक्तियुक्त लगती है बल्कि अनागत में भी उसके नये-नये आशय से सहृदय चमत्कृत और प्रभावित होते रहते हैं। पिछले चार सौ वर्षों के दौरान शेक्सपियर अपनी इस अनेक अर्थ-सूचकता के कारण सभी रसिकों का आदर प्राप्त कर सका। शेक्सपियर के समृद्ध नाटकों का वैशिष्ट्य जैसा कि टी० एस० इलियट ने लिखा हैं, कि विभिन्न स्तर के दर्शकों को आकृष्ट करने की सामग्री उन में थी। काफ्का के उपन्यासों एवं कहानियों का पढ़ते समय यह अनुभव प्रायः होता रहता है कि हम रचना एक ही समय अनेक स्तरों पर पढ़ रहे हैं। रचना के अनेक अर्थ हमारे मन में रह-रहकर उभरते जाते हैं। अनेक प्रकार की व्याख्याएं करने के लिए चुनौती देने वाली रचनाओं में प्रायः यह अनेक अर्थ-सूचकता का परिणाम समाविष्ट रहता है।

हर महान रचनाकार की अपने अप्रतिम, वैशिष्ट्यपूर्ण एवं पृथक व्यक्तिगत की छाप रचना पर भी होती है। साहित्यिक परंपराओं में असंख्य अच्छी रचनाए अपनी आभा से साहित्य क्षेत्र को उज्जवल करती रहती हैं परंतु अद्वितीयता और महानता प्राप्त करने के लिए रचना को सशक्त व्यक्तित्व का स्पर्श करना चाहिए। ऐसी रचना परंपरा का सम्मान करती हुई उसको तोड़ती है और अपनी श्रेष्ठता से परंपरा का पुनर्मूल्यांकन करने की बाध्यता उत्पन्न करती है। फणीश्वर नाथ रेणु के 'मैला आंचल' ने पूर्ववर्ती ग्रामीण साहित्यिक प्रवृति का नये परिप्रेक्ष्य में मूल्यांकन करने की स्थिति उत्पन्न की। हर श्रेष्ठ रचना में यह नवीनता का (नवनवोन्मेषशालिनी प्रज्ञा का चमत्कार) चमत्कृत करने वाला तत्व समाविष्ट रहता है। पुनर्मूल्यांकन की आवश्यकता का लाभ कभी-कभी थोड़ी कमजोर रचना को भी अपने जन्म के विशिष्ट काल के कारण मिलता है। उदाहरण के लिए 'पल्लव' को काव्य में और 'सेवा सदन' को उपन्यास के क्षेत्र में ऐसा सम्मान प्राप्त हुआ।

औपन्यासिक तत्त्वों की पुनर्रचना

उपरोक्त विवेचन की दिशा अगर सही है तो उपन्यास के तत्त्वों की पुनर्रचना 'अनुभव-विश्व' को केंद्र में रखकर की जा सकती है :

(१) उपन्यास का लक्ष्य या उद्देश्य

(२) उपन्यास के लक्ष्य को प्राणवान बनाने वाला मांसल तत्व—अनुभव-विश्व

(३) अनुभव-विश्व की लक्ष्योन्मुख संरचना

उपन्यास के उद्देश्य की पर्याप्त चर्चा की जा चुकी है और हम इस निष्कर्ष पर आये हैं कि किसी भी उपन्यास का एक लक्ष्य होता है। यह लक्ष्य रंजनात्मक हो या बोधात्मक, भावना प्रचुर हो या बौद्धिक अथवा संमिश्र। यह लक्ष्य रचनाकार के जीवन संबंध में विशिष्ट व्युत्प्रेक्षा या निष्कर्ष के रूप में हो सकता है, मानव चरित्र की अप्रतिमता की ओर उन्मुख कर सकता है, परिवेश और मानव के संबंधों का विश्लेषण लक्ष्य हो सकता है। जीवन के यथार्थ की प्रतिकृति, संभाव्य यथार्थ का अंकन या यथार्थ के आभास का चित्रण—किसी भी पहलू को प्रस्तुत करने का लक्ष्य हो सकता है। उद्देश्य या लक्ष्य की हमारी पकड़ ऐसी सुदृढ़ होनी चाहिए कि उपन्यास का समस्त कलेवर उसी की ओर उन्मुख, गतिशील, प्रवाहित होता हुआ दिखायी दे।

फिर भी लक्ष्य उपन्यास का मुख्य भाग नहीं है। वह तो उपन्यासगत अनुभव का बौद्धिक निष्कर्ष है। उपन्यास के समस्त अंगों या घटकों में सौष्ठव और कसाव उत्पन्न करने का वह एक साधन है। उपन्यास में अत्यंत महत्त्वपूर्ण है, 'अखण्ड अनुभव-विश्व'। समस्त उपन्यास का ही यह पर्याय होता है। यह अनुभव, अब तक कथा, चरित्र, चरित्र की प्रवाहित मानसिकता, परिवेश—इनमें से किसी न किसी घटक को प्रमुखता देकर व्यक्त होता है। समीक्षा में प्रायः यह भ्रम फैला हुआ है कि हर उपन्यास में तथाकथित पांचों या छहों तत्त्व अत्यावश्यक होते हैं और अच्छे उपन्यासों में ये सारे तत्त्व समान रूप से होने चाहिए। आज भी सर्वश्रेष्ठ उपाधियों के लिए लिखे जाने वाले प्रबंधों में इनको लेकर जो दयनीय समीक्षा प्रस्तुत की जाती है, वह ऊब ही नहीं, घृणा पैदा करती है। संवाद और शैली को लेकर तो खासी दिक्कत होती है। कथा और चरित्र का कुछ ऐसा वर्णन, विवरण दिया जाता है कि इनका परस्पर कुछ संबंध भी है, यह ध्यान में नहीं रहता। परिवेश को राजनैतिक, सामाजिक इत्यादि टुकड़ों में बांटकर उसकी जीवंतता की काफी दुर्दशा की जाती है। फिर इनके अंतस्संबंधों को न देखने की, जैसे शोध-कर्त्ताओं ने कसम-सी खायी है। इस दुर्दशा से जब हिन्दी समीक्षा को मुक्ति मिलेगी, उस दिन कुछ वातावरण के साफ होने की संभावना है। अधिकतर श्रेष्ठ उपन्यास का गौरव चरित्र-प्रधान उपन्यासों को ही मिला है और वह ठीक भी है क्योंकि अनुभव-विश्व का चरित्रों से जितना अद्वैत स्थापित हो सकता है, उतना और किसी घटक से नहीं। अब उपन्यास की चर्चा अनुभव-विश्व को केंद्र में रखकर करनी होगी। कथा अगर उपन्यास में प्रमुख होगी तो देखना होगा उपन्यास में जीवन-विषयक अनुभव (फिर वह अनुभव बहिर्मुखी Outer-directed

हो या अन्तर्मुखी Inner-directed, हो) कथा के माध्यम से कहां तक व्यक्त हुआ है। कथा ने अनुभव को कहां और किस रूप में अवरुद्ध किया है अथवा विकसित किया है। 'बाणभट्ट की आत्मकथा' में भट्टिनी के उदात्त प्रेम पर निपुणिया ने अपने को उत्सर्ग कर दिया। काफी रच-बुनकर यह प्रसंग प्रस्तुत किया गया है। परंतु इस अंतिम घटना ने निपुणिया के प्रेम के अनुभव को अधिक गहनता, उदारता, तीव्रता और दिव्यता दी। चूंकि इस घटना से निपुणिया के मूल प्रेम के अनुभव को नयी दीप्ति, गहराई और नया आयाम मिला, रसवत्ता मिली, यह प्रसंग या कथा का यह अंश उपन्यास के लिए उपकारक ही सिद्ध हुआ। नयी समीक्षा में यह चर्चा की जानी चाहिए कि कथा ने या कथा के घटक-प्रसंग एवं घटनाओं ने उपन्यास के अनुभव को क्या आयाम दिया। कथा के जो अंश रचनागत अनुभव (भारतीय साहित्य शास्त्र में 'महारस') को विकसित नहीं करते, मूर्तत्ता या विशिष्टता नहीं देते, वे केवल अपने आपमें सज-धजकर अपनी ओर ध्यान आकर्षित भले ही करें, रसिक के आस्वादन में बाधक ही सिद्ध होंगे।

अनुभव चरित्रों के माध्यम से व्यक्त होता है और चरित्र अनुभव की अभिव्यक्ति के ऐसे प्राणवान उपादान हैं कि उपन्यास को मानव-चरित्र का पर्याय भी समझा गया है। जो स्थिति काव्य में बिंब विधान की है, वह चरित्रों की उपन्यासों में। काव्य-बिंबों में अनुभव अत्यंत तीव्र और गहन रूप में एकाग्र होता है—कभी तो बिंब को ही काव्यानुभव माना जाता है। लगभग वही स्थिति चरित्रों की भी है। 'नदी के द्वीप', 'त्यागपत्र' जैसे उपन्यासों में चरित्र संपूर्ण अनुभव को सफल अभिव्यक्ति देने में समर्थ रहते हैं—उपन्यासगत अनुभव विश्व के सम्यक उपयोग के लिए चरित्रों को समग्रता में जानना आवश्यक होता जाता है। कभी अच्छे उपन्यासों में जब चरित्र अनुभव-विश्व को समर्थ रूप में व्यक्त नहीं करते, वहां लेखक 'रेटारिक' (भाषणबाजी, प्रवचन, वर्णन इ०) का आश्रय लेता है—'बाणभट्ट की आत्मकथा', 'बूंद और समुद्र' में यह हुआ है।

पात्रों की विशुद्ध मानसिकता (Psyche) को व्यक्त करने वाले सुंदर और श्रेष्ठ उपन्यास हिन्दी में नहीं मिलते। कहीं कुछ बीच में आवेग है परंतु कुल मिलाकर कम। डी० एच० लारेंस ने पात्रों की 'मानसिकता' को अत्यंत सशक्त रूप में व्यक्त किया है—यहां अनुभव ही अपने यथावत् रूप में व्यक्त होता है। परंतु डी० एच० लारेंस का यह मन्तव्य कि मैं अपने उपन्यासों में स्थिर अहं की परवाह नहीं करता, उतना ठीक नहीं लगता। यद्यपि उसके प्रमुख पात्र अपने निर्णय तर्क के परे रक्त के आवेग में लेते हैं, फिर भी उनकी 'पहचान' स्पष्ट रूप से होती है। उसकी नायिकाएं या नायक भी निश्चित 'नाम' को धारण कर अलग वैशिष्ट्यवान लगते हैं। फिर भी ऐसी स्थितियां, जहां अनुभव अपने मूल रूप में विस्फोटित होता है, लारेंस के उपन्यासों में प्रचुर हैं। संभवतः हिन्दी का लेखक

उतना वर्जनाहीन होकर अनुभव का नग्न रूप में सामना नहीं कर सकता। हमारी स्थिरता प्रिय सांस्कृतिक धारणाओं का जो आधार हमारे लेखकों के मन को मिला है, उसके कारण वे बहुत उन्मुक्त, स्वच्छंद और वेगवान नहीं हो पाते।

चरित्रों को पार्श्व में रखकर परिवेश की विकटता के माध्यम से अनुभव को प्रेषित करने की प्रवृत्ति नवलेखन में बढ़ती जा रही है। इसके खतरों का उल्लेख किया जा चुका है। उपन्यास का आशय अगर 'अनुभव' है तो अनुभव ग्रहण की क्षमता रखने वाले संवेदनशील चरित्रों के अभाव में उपन्यास भी परिवेश की मार या दबाव से जड़ बनता जायगा। अतः हमारी समस्या परिवेशवाद से सामना करने की है—परिवेशवाद का सामना करने का एक सशक्त हथियार है : उपन्यास। यही अगर बधिर, जड़ और निरर्थक होगा तो समस्त संस्कृति का कोई उज्ज्वल भवितव्य नहीं है। परिवेश और अनुभव के बीच के संबंधों को उपन्यास के आकलन या आस्वादन के समय ध्यान में लेना आवश्यक है। मोहन राकेश के 'अंधेरे बंद कमरे' में समस्त त्रुटियों के बावजूद संवेदन क्षमता की जो ताजगी थी, वह क्रमशः 'न आने वाला कल' और 'अंतराल' में मरती गई। उपन्यास की जीवंतता पर परिवेश हावी होता गया। इसके विपरीत परिवेश की बढ़ती भयानकता के प्रति जागरूक होते हुए भी 'गोदान' में प्रेमचंद की संवेदनक्षमता 'कर्मभूमि' की तुलना में अधिक तीव्र बनती गई।

रचनागत अनुभव के अन्यान्य घटकों के साथ संबंधों का पर्यवेक्षण करते समय रचना संबंधी बहुत-सी बातों पर प्रकाश पड़ सकता है। संरचना में महत्त्वपूर्ण प्रश्न हैं—उद्देश्य या लक्ष्य की ओर उन्मुख अनुभव के विभिन्न घटकों के अंतस्संबंध, अनुभव को वहन करने की उनकी क्षमता तथा विभिन्न घटकों के निर्माण एवं नियोजन में प्रतीत होने वाली लेखक की प्रतिभा की शक्तिमत्ता।

अंत में उपन्यास के संबंध में मूल्यांकन के प्रश्न को उठाना भी आवश्यक है। अनुभव की सांगोपांग चर्चा में अनुभव के स्वरूप एवं मूल्यवत्ता की चर्चा को टाला नहीं जा सकता। ऊपर इस संबंध में पर्याप्त चर्चा भी की गई है। उपरोक्त तीनों घटकों का एकमेक हो जाना अवश्यंभावी है। रचनागत अनुभव के स्वरूप की चर्चा करते समय मूल्य-चर्चा होगी ही। रचनागत अनुभव की इयत्ता निर्धारित करने के बाद संरचना की अनुभव के साथ एकमेकता की चर्चा होगी और इस प्रश्न का उत्तर मिलेगा कि रचना कला के स्तर पर सफल हुई है अथवा नहीं, और अनुभव की इयत्ता के आधार पर यह भी निश्चित होगा कि वह 'श्रेष्ठता' की उपाधि की अधिकारी है अथवा नहीं। यहां एक और कसौटी अपने-आप प्रस्तुत होगी। विश्व की विभिन्न रचनाओं को पढ़ने के बाद रसानुभूति का एक स्तर प्रत्येक सहृदय के अंतःकरण में निश्चित हो जाता है। वह स्तर अनायास रचना की श्रेष्ठता कनिष्ठता का माप निश्चित करने के लिए उपयोग में आ जाता है।

फिर रचनाकार की अन्य कृतियों के संदर्भ में विशिष्ट रचना का स्थान निर्धारित किया जाना चाहिए। रचना का विधा की अन्यान्य रचनाओं की तुलना में भी मूल्यांकन होना आवश्यक है। मूल्यांकन के ये संदर्भ अधिकारी सहृदय के मन में निश्चित रहते ही हैं।

यहां प्रश्न यह भी है—अधिकारी सहृदय कौन है ? और सौभाग्य से उसका पर्याप्त विवेचन भारतीय साहित्य-शास्त्र में किया गया है। "अधिकारी चात्र विमलप्रतिभानशाली सहृदय:" कहकर अभिनव गुप्त ने सहृदय को कवि के स्तर पर ही रखा है। आनंदवर्धन ने सहृदय की रसज्ञता का संकेत किया है—'रसज्ञता एव सहृदयत्वम्'। काव्य का 'झरितिप्रत्यय' ग्रहण करने लायक संवेदनशीलता और ज्ञान का स्तर उसका होना चाहिए। उसी तरह कवि की विविध प्रकार की कुशलता का ज्ञान होने लायक 'अनुमानपटुता' भी उसमें होनी चाहिए। समस्त कलाओं और शास्त्रों का ज्ञान कवि की भांति रसिक को भी होना चाहिए। अर्थात्, जिस सहृदय ने अपने समय के अथवा पूर्ववर्ती अच्छे ग्रंथों का अध्ययन किया हो, वही सच्चा निर्णायक होगा। इस प्रकार के अनुशासित हृदय के सहृदय (तद्विद्) का निर्णय संभवतः वस्तून्मुखी ही होगा। वैयक्तिक रुचियों के रहते हुए भी शेक्सपियर, तालस्ताय, दोस्तोवस्की, काफ्का, कालिदास, भवभूति, रवीन्द्रनाथ टैगोर आदि लेखकों की श्रेष्ठता के प्रति प्रायः मतैक्य है (प्रायः इसलिए कि गोर्की ने समाजवादी यथार्थवाद का झंडा लेकर यह कहा था कि दोस्तोवस्की को मनुष्य के मन का ठीक-ठीक ज्ञान नहीं था।) अतः रचना का मूल्यांकन करते समय सहृदय भी मूल्यांकित होता रहता है।

भारतीय साहित्यकारों की मानसिकता

भारतीय उपन्यासों को या अन्य साहित्य विधाओं को (हिन्दी और मराठी में अनुवादित) पढ़ते समय लेखकों की विशिष्ट मानसिकता का जो सामान्य रूप प्रतीत होता है, उसकी कुछ विशेषताओं को परिभाषित किया जा सकता है। इससे अनुभव-विश्व के स्वरूप का कुछ बोध हो सकता है।

भारतीय लेखक आज भी व्यक्ति के रूप में कम, परिवार के सदस्य के रूप में ही लेखन करता है। इधर 50-60 वर्षों में हमारी सुस्थिर, बंधनों से बोझिल, वर्जनाओं से नियंत्रित परिवार व्यवस्था पर पश्चिमी संस्कृति के प्रभाव से तथा नगरों में औद्योगिक विकास के परिणामस्वरूप आघात होते जा रहे हैं। ये आघात जितने बौद्धिक हैं, उतने मानसिक नहीं है। आज हमारी परिवार व्यवस्था ने संयुक्त रूप के स्थान पर विभाजित रूप अवश्य ग्रहण किया है परंतु वह विघटित नहीं हुआ है। हमारे लेखन का अधिकांश अनुभव-विश्व परिवार की नींव विवाह-संस्था पर होने वाले आघात, परिवार में बदलते संबंध, परिवार

में पिसता व्यक्तित्व, आर्थिक कठिनाइयों में दबे सदस्य का दुःख इत्यादि बातों के इर्द-गिर्द चक्कर काटता है। भारतीय संस्कृति में परिवार का स्थान इतना दृढ़ है कि व्यक्ति सर्वप्रथम पारिवारिक वास्तविकता से ही परिचित होता है। जाति, वर्ण, धर्म, समाज, राष्ट्र—ये संस्थाएं बाद में व्यक्ति के यथार्थ विषयक ज्ञान में प्रविष्ट होती हैं। फ्रायड के कहने में कि मनुष्य की अधिकांश मानसिकता बचपन के चार-पांच वर्षों के संस्कारों पर निर्भर रहती है, अतिशयोक्ति जरूर है परंतु उसमें निहित इस सत्यांश को इन्कार नहीं किया जा सकता कि बचपन का मनुष्य के जीवन में अपरिसीम महत्त्व होता है। यह वास्तविकता है कि भारतीय पारिवारिक जीवन में बच्चों को लाड़-प्यार, सुरक्षा की आश्वस्ति, स्थिरता मिलती है—गरीबी के बावजूद। सेवा, त्याग और समझौते के पाठ भी इसी व्यवस्था में मिलते हैं। समझौते और समन्वय के संस्कार हजारों प्रकार से परिवार में पढ़ाये जाते हैं और परिणामतः मानसिक दृष्टि से विकृत, एकांतिक 'व्यक्ति' कम पाये जाते हैं। हमारे बच्चे बचपन से जीवन को सम्मिलित रूप में भोगते हैं, परिवेश की मार को वैयक्तिक रूप में नहीं, परिवार के सदस्य के रूप में झेलते हैं, सेवा लेते हैं तो त्याग करना भी जानते हैं, परिणामतः बचपन में अकेलेपन और असुरक्षा की चोट से विचलित कम होते हैं—जिसका प्रभाव समस्त जीवन विषयक दृष्टिकोण पर पड़ता है। भारतीय मन प्रायः बहिर्मुखी, स्थिर और नार्मल रहता है।

हमारे परिवारों का अपेक्षाकृत स्थिर होना कृषि-व्यवस्था के कारण भी है और आज भी नगरों में रहने वाला बहुत बड़ा हिस्सा अपना बचपन गांवों में बिताकर तरुणाई में नगर की ओर आये हुए लोगों का है। अर्थात्, भारतीय लेखक पूर्णतः कृषि-व्यवस्था से कटा हुआ नहीं है। कृषि-व्यवस्था में जीवन की मंथर गति ने मन को बहुत विचलित नहीं किया है। अधिकांश नगर में रहने वाले लेखक नगर-जीवन की यांत्रिकता, व्यस्तता और मानवीय भावना से रहित संबंधों से खीझते हैं, घृणा करते हैं, कटु रूप में प्रतिकृत होते हैं। वे 'इंटेंसिटी' की अपेक्षा मंथर गति और शांति ही पसंद करते हैं। हमारी आंतरिकता को युद्ध जैसी विस्फोटक वास्तविकता ने गहन स्तर तक अभी तक कभी झकझोरा भी नहीं है। यही कारण है कि युद्ध विषयक साहित्य हम मनोरंजन के रूप में ग्रहण करना चाहते हैं, उससे भयानक रूप से दहल नहीं जाते। आधे मिनट के भूकम्प की वास्तविकता, हमें झकझोर देती है, तब जिन्हें युद्ध ने सतत् मरण-भय के कगार पर वर्षों तक खड़ा किया, उनकी मनःस्थिति की हमारे लिए कल्पना भी कठिन है। गौतम बुद्ध ने सर्वं क्षणिकं के सत्य का साक्षात्कार किया परंतु उनके अनुयायियों के लिए वह अनुभूति अधिकतर बौद्धिक अथवा तार्किक ही थी, वैसी तीव्र निश्चय ही नहीं थी जो संघातक हवाई-जहाजों की छाया में रहनेवालों को सहनी पड़ती है। जीवन के प्रत्यक्ष दुःख से सामना न करके उससे भक्तिवाद, माया-

वाद और नियतिवाद के रूप में छुट्टी पाने का अभ्यास भी भारतीय मन को वर्षों से हुआ है। शक्तिशाली आक्रामकों का सामना करने की अपेक्षा कछुआ-धर्म को अपनाना और कम शक्तिशाली लोगों को अपनी सेवा में लगाकर दया और सहानुभूति के विशद् भावों के लिए अपने को ही धन्य समझना हमारा ऐतिहासिक कार्य रहा है। इन सब बातों ने हमारे मन को गति, तीव्रता, संघर्ष, अजस्र दुर्घषंता और हर क्षण अपने को खतरे में झोंक कर अपने प्राप्त को पाने की आकांक्षा से प्रायः विरत ही किया। इससे कुछ लाभ भी हुए हैं, और इससे कुछ नुकसान भी हुआ है। जिसे 'वैश्विक सत्य के प्रति गहन उद्विग्नता' कहा जाता है, उसका निर्माण हमारे साहित्यकारों में प्रायः नहीं होता।

हमारे धार्मिक संगठन ने हमारी मानसिकता को विक्षोभ और घृणा के सांघातिक शोरों पर खड़े होने से बचाया। जन्म-पुनर्जन्म की अवधारणाएं पाप-पुण्य की कल्पानाएं, प्रायश्चित्त के विविध मार्ग, वर्ण-जाति का अभिमान इत्यादि बातों के कारण यथास्थिति के प्रति एक संतोषजनक रुख अपनाने की सुविधा हमें मिली। विभिन्न पूजा-प्रणालियों, उपासना के विविध मार्गों, विभिन्न किस्म के त्यौहारों और कर्मकाण्डों ने हमारी वैयक्तिक भावनाओं को नियंत्रित कर, उन्हें उदात्त बनाकर या स्वस्थ निकास देकर विस्फोटक होने से बचाया, अतृप्तियों के दमन को सह्य बना दिया, परिणामतः वासना के तीव्र आघातों से, पाप-बोध से और अपराध की भावना की पीड़ा से हमें बचाया। जहां तक सामाजिक स्वास्थ्य एवं शांति का संबंध है, वह हमें मिली परंतु हमारा साहित्य इन स्थितियों से प्रायः वंचित रहा। ग्रीक साहित्य में जो ट्रेजिक जीवन का बोध है, जिसका प्रभाव पाश्चात्य साहित्य पर प्रचुर रूप में पड़ा, वह भारतीय साहित्य में नहीं दीखता।

हमारे साहित्य में अशुभ (Evil) की समस्या को विशेष उत्कट रूप में, तर्क और भावना की समस्त शक्तियों को एकाग्र कर चित्रित नहीं किया गया। हमारे अनुभवों पर 'इविल' की शैतानी, हिंस्र, भयावह छाया प्रायः नहीं पड़ी। जहां पड़ी, वहां 'इविल' को स्वतंत्र सत्ता के रूप में नहीं देखा गया। शाप ईश्वरीय लीला, पूर्वजन्म का पाप, नियति ऐसे शब्द थे जिन्होंने 'इविल' के रूपों पर अधिक गहराई से सोचने ही नहीं दिया। मानवीय स्वभाव में निहित अशुभ को हमारी चिंतना ने स्वीकार नहीं किया क्योंकि मन को अपने मूल रूप में सत्व गुण युक्त हमने माना। रज और तम के विकारों को एकाग्र बनाकर शायद हमने नहीं देखा। हमारे आधुनिक साहित्य में धार्मिकता के मूल्यों के खत्म होने की गहरी पीड़ा भी व्यक्त नहीं हुई। धर्म को अत्यधिक महत्त्व देने वाले समाज की यह स्थितियां तो मन का छिछलापन व्यक्त करती है या इस तथ्य का द्योतक है कि धर्म हमारे लिए जितना सामाजिक आचरण का मान बना था, उतना आध्यात्मिक व्याकुलता का विषय नहीं। क्या हमारा धर्म और हमारी आध्यात्मिकता, दो अलग चीजें रहीं ?

हमारी साहित्यिक परंपरा भी कुछ इसी प्रकार की रही। हमारा साहित्य था सुसंस्कृत नागरिक के लिए। अर्थात्, व्यक्ति के लिए नहीं बल्कि सांस्कृतिक मानों और मूल्यों से संस्कारित 'चरित्र' के लिए ('शुद्ध कविता की खोज' में दिनकर ने व्यक्तित्व और चरित्र के बीच का अंतर बहुत सुंदर ढंग से व्यक्त किया है।) हमारा साहित्य सहृदय के मनःप्रसादन के लिए था—उसे विचलित करने, झकझोरने, अस्वस्थ बनाने के लिए नहीं। साहित्य के रसों की परिणति 'विश्रांति' अवस्था उत्पन्न करने वाली थी। करुणा, वीभत्स, भयानक रसों की परिणति भी सुखद मनःस्थिति में होना आवश्यक माना गया था। रसों की सुख-दुःखवादी व्याख्या नियम को सिद्ध करने के लिए अपवाद जैसी थी। 'सत्य' से सौंदर्य को ही हमने तरजीह दी और यह सौंदर्य 'शिव' से मर्यादित था। परिणामतः जीवन का बहुत बड़ा यथार्थ साहित्य में आने से वर्जित रहा।

पाश्चात्य शिक्षा से जिन मूल्यों को हमने स्वीकार किया, उनकी प्रत्यक्षतः कतिमय सीमाएं थीं। पाश्चात्य मूल्य थोड़े से शिक्षितों तक सीमित रहे और सर्वथा पाश्चात्य मूल्यों को (जिनमें विज्ञानवाद, धर्मातीतता, बुद्धिवाद, व्यक्तिवाद प्रमुख मूल्य थे) स्वीकार कर चलने वालों का प्रभाव भारतीय मन पर नहीं पड़ा। उनका पड़ा जिन्होंने मूल भारतीय को सुरक्षित रखकर ही पाश्चात्य विचारों को अपनाया—अरविंद घोष, विवेकानंद, तिलक, महात्मा गांधी। विशुद्ध पाश्चात्य संस्कृति को आदर्श मानकर चलने वाले लेखक हमारे यहां नहीं हुए। जो हुए, उनको स्वीकारा ही नहीं गया। फलतः आज भी हमारे साहित्य में भारतीय मन के अनुकूल प्रवृत्तियां जबर्दस्त रूप में साहित्य को प्रभावित कर रही हैं। रोमांटिसिज़्म, पुनरुज्जीवनवाद, आदर्शवाद, पलायनवाद के विभिन्न रूप—इन प्रवृत्तियों ने भारतीय मानसिकता को बहुत ही जकड़ दिया है। फलतः हमारे साहित्य में आक्रामकता, संघर्ष, विरोध, वर्जनाओं के विभिन्न रूप (स्वप्न, दिवास्वप्न, फैंटसी, यौन बिंबों की प्रचुरता) अकेलेपन की तीव्र पीड़ा इत्यादि का चित्रांकन अधिक पैमाने पर नहीं हुआ–इधर जो हुआ है, उसपर नकलीपन का आरोप किया जाता है—वह बहुत गलत भी नहीं है। इसके कुछ उदाहरण दिये जा सकते हैं। हमारे लेखक साहसी कम हैं—जब संभोग की स्थितियों का वर्णन करने के स्थल आते हैं तो वे या तो सूचित कर टाल देते हैं। (इसके लिए आलोचक प्रशंसा भी करते हैं, फिर असल में कितनी ईमानदारी से करते हैं, पता नहीं)। अथवा ऐसे प्रसंगों का प्रतीकात्मक वर्णन करते हैं या काव्यात्मक (सूरजमुखी अन्धेरे) बनाकर छोड़ देते हैं। लारेंस, हैनरी मिलर ('प्लेक्सस', 'सेक्सस' के वर्णन), नोवोकोव्ह या अल्बर्तो मोराविया की समानता की बात ही छोड़िये, निकट भी कहीं नहीं आते। संभोग की स्थितियों का अत्यंत ऐंद्रिय, चित्रात्मक, आवेगपूर्ण चित्रण देने के स्थान पर ये इति-वृत्तात्मक वर्णन करते हैं अथवा लिजलिजे संकेत भी करते हैं। संघर्ष का जो

एमिल जोला ने 'जर्मिनल' में, भूखी एवं पीड़ित नारियों और उनकी अस्मत का सौदा करने वाले दूकानदार के बीच दिखाया है, वैसा प्रसंग कहीं पढ़ने को नहीं मिला। भूख का जैसा चित्रण डिकन्स के 'ए टेल आव टु सिटीज' में या जोला के 'जर्मिनल' में मिलता है, अकाल का जीवंत चित्र 'गुड अर्थ' में मिलाता है या मनुष्य की घोर दरिद्रता, वंचना और भूख का प्रत्ययकारी चित्र स्टैन बैक के 'ग्रेप्स आव द रैथ' में मिलता है—वैसा भयावह वास्तव का प्रत्ययपूर्ण चित्र कितने भारतीय उपन्यासों में मिलता है ? लेखक की शक्ति का एक प्रमाण यह है कि वह प्रसंग का निरूपण या कथन न कर प्रत्यक्ष बिंबात्मक चित्रांकन करे। हमारे यहां चरम भावात्मक स्थलों का 'वर्णन' अधिक होता है, 'चित्रांकन' कम। इसका संबंध जीवन का उत्तेजक, उत्कट, तीव्र रूप में अनुभव करने से है—हम शायद उतने मुक्त, स्वच्छंद, जीवंत नहीं हो सकते ?

1. Nature and Forms of the Lyrical Novel
   —Ralph Freedman.
   The Novel : Modern Essays in Criticism (1969)
   —Edited by Robert Murray Davis
   Prentice—Hall. Inc. Englewood Citts, New Jersy.
2. "The Conflict of forms in Contemporary English Literature"
   —John Wain, Page 291 to 306 —Ibid.
3. The Novel Again
   —Steven Marcus, Page 283, Ibid.
4. Who really doubts that what makes a novelist select a subject in the first place and develops it as he does is that this subject manifests a particular way of conducting life that has supreme value for him !
   —The sense of life in the Modern Novel, Page 5, (1965) Arthur Mizener.
   "The Morality of Impersonal Narration"

4A. From —The Rhetoric of Fiction
   —Wayne C. Booth

5. Pattern and Rhythm in Aspects of Novel
—by E.M. Forster.
6. Structure of Novel : Edwin Muir.
7. The Turn of the Novel—(1966)
—Alan Friedman, Oxford University Press.
8. Modern criticism by and large, has relegated the treatment of character to the periphery of its attention, has at best given it a polite and perfunctory nod and has regarded it more often as a misguided and misleading abstraction.

"Character and the Novel 1965",
—W.J. Harvey, Page 192.
9. Ibid, Page 121, 154.
10. "She (Nme Sarraute) proposes to delineate character only in skeletal form, as a sort of coat rack on which to hang observations of the small psychological movements which she feels to be the essential constituent of reality and with which—rather than with a solid totality—we carry on our social intercourse."

(Page 267, Daedalus Spring, 1963 issue)
—Quoted from "In the laboratory of the Novel."
—by Peter Brooks.
11. "The Novel again" Page 267
—by Steven Marcus

From—"The Novel : Modern Essays on Criticism"
—Edited by Robert Murray Davis, 1969.
12. The real reward of Backet's major Novels is something deeper and more durable than the usual satisfactions of story or style. By reducing man to his minimal, essential self, he is able to dramatize quite vividly a metaphysical anxiety he feels to be universal. No one, he hopes, can quite escape some feeling of kinship with his decaying, basket-case philosophers, stripped of our own inessential accretions, he is saying, we might be much the same. It is the paradox of Backett's dreamlike. difficult narratives that they may gradually hypnotize the reader into a sense

of ice-clear awareness—awareness of a reality more profound by leagues than our objective, everyday fact.

—From "The Anti-realists
by David Littlejohn,
Daedalus Spring Issue, 1963.

13. In short, the author's judgement is always present, always evident to anyone who knows how to look for it...we must never forget that though the author can to some extent choose his disguises, he can never choose to disappear.

—"The Rhetoric of Fiction", Page 20.
—Wayne C. Booth.

14. "The Anti-realists" from Daedalus, Spring Issue, 1963.

—David Littlejohn.

15. When we speak of technique, then we speak of nearly everything. For technique is the means by which the writer's experience, which is his subject matter, compels him to attend to it, technique is the only means he has of discovering, exploring, developing his subject of conveying its meaning, and finally, of evaluting it.

—"Technique as Discovery", Page 75
—by Mark Schorer.
—The Novel : Modern Essays in Criticism.
—Edited by Robert Murray Davis.

16. But I am convinced that most novelists today—at least those writing in English-feel an inseparable connection between art and morality, quite apart from what it is popular to say about morality; their artistic vision consists, in part, of a judgement on what they see, and they would ask us to share that judgement as part of the vision.

—"The Rhetoric of Fiction", Page 385,
—Wayne C. Booth.

17. Our novel "enlarges the views" (Hardy), it never 'narrows the views.' Although it comes to 'the end, such as it is' (Conrad), it is 'not Final'. It prefers "expansion" (Forster), it is wary of completion. There is "no end, no

limit, only this roaring vast space" (Lawrance); if "it is finished", then "it has been a failure."

—The Turn of the Novel, Page 188
—by Alan Friedman.

18. 'Since reality is incomplete, art must not be too afraid of incompleteness', says Miss. Murdoch. We must not falsify it with patterns too neat, too inclusive; there must be dissonance.

—The Sense of Ending (1967)
—Frank Kermode.

To put it in other words, the novel is not capable of as much artistic development as the drama, its humanity or the grossness of its material hinder it.

—Aspects of the Novel
—E.M. Forster.

19. No ! in Thunder—

—Leslie A. Fiedler,
—The Novel : Modern Essays in Criticism.

20. Yet the fact that so many difficult attempts are made suggests that there is a degree of intractability in the problem; no matter how much the writer wants to dissolve conventional chronology, the use of flash-backs and time-shifts seems to go against the grain of the medium.

—The Situation of the Novel (1970), Page 20
—Bernard Bergonzi.

21. The most a novelist can do is compose on a typewriter instead of with a pen, but the end product of his art will still be a small, hard, rectangular object, where pages are found along one edge into fined covers and numbers consecutively. No matter how revolutionary a novel's content may become, it is still conveyed to the reader by a vehicle that has not essentially changed since the days of Defoe or Richardson.

—Ibid, Page 29.

22. However, freely we allow for and admire controlled deviations from nature that express the writers' personal and eccentric sense of things, the deviations only work when they are deviations. If they become central to the work,

the work will have at its heart a mystery such as Eliot finds in Hamlet, an emotion that is inexpressible in any terms made available by nature. But to work within the limits of nature is not simply a practical necessity; it is also the way the novel achieves what has generally been recognised as its most magnificent effect; the effect that has been described as Tolstoy's great achievement so to work that the reader does not feel that he is reading the work of a particular man at all, but feels that he is, simply there, in an actual world.

—The Sense in the Modern Novel, Page 23.
—Arthur Mizener.

23. ···the forms of art—its language—are in their nature a continuous extension or modification of conventions entered into by maker and reader, and this is true even of very original artists so long as they communicate at all. Consequently, novelty in the arts is either communication or noise. If it is noise there is no more to say about it. If it is communication, it is inescapably related to something older than itself.

—The Sense of an Ending, Page 102.
—Frank Kermode.

24. To sacrifice a probable presentation of the shows of things to the direct expression of what the novelist thinks the things mean is for the novelist—and probably the novelist alone—to gain his own soul and loose the world, which is perhaps a satisfactory enough outcome for saints and angles, but not for novelists who may wish to be read.

—The Sense in the Modern Novel, Page 269.
—Arthur Mizener.

25. I am a little suspicious of the novels which display too much formal precision, in which the parts are too neatly articulated, and which too triumphantly make a coherent whole. The danger is that unity may be bought at the cost of excluding too much.

—Character and the Novel, Page 185.
—W.S. Harvey.

26. Satre is perhaps as good as any novelist can be without achieving real greatness; when we read his novels, we say, "yes, this is the sartrean world", but when we read one of the great masters, we say simply, "Yes, this is the world". The difference in our response may perhaps seem slight, in fact, it is crucial."

—Character and the Novel, Page 182.
—W.J. Harvey.

द्वितीय खंड

वर्तमान का यथार्थ

नदी के द्वीप

'नदी के द्वीप' : उत्कृष्टता की एक कसौटी

'नदी के द्वीप' के प्रकाशन के बाद बीस वर्षों में उसके संबंध में आज तक जो प्रतिक्रियाएं, समीक्षाएं, वक्तव्य और मंतव्य प्रकाशित होते रहे हैं, वे इस बात के प्रमाण हैं कि हिन्दी जगत् में यह सर्वथा अद्वितीय, अप्रतिम और मूल्यवान रचना है। इसके प्रति अपनी कटु और विषाक्त प्रतिक्रिया व्यक्त करते हुए भी उसके किसी-न-किसी आयाम की भूरि-भूरि प्रशंसा किये बिना आलोचक से नहीं रहा गया है। 'नदी के द्वीप' की भाषा की निरपवाद रूप में प्रशंसा की गयी है। डा० देवराज एक ओर उसको 'अशक्त कृति' उद्घोषित करते समय भी यह लिखने में विवश हैं: "सहसा विश्वास नहीं होता कि हमारी भाषा में उसके विकास की इस अवस्था में 'नदी के द्वीप' जैसी रचना प्रस्तुत की जा सकती है।" हिन्दी के सर्वश्रेष्ठ छह उपन्यासों में अज्ञेय के दो उपन्यासों की गिनती करते हुए भगवतशरण उपाध्याय लिखते हैं—"उपन्यासकार की भाव संपदा का उद्घाटन उसकी अप्रतिम शब्द-शक्ति करती है। उसकी शब्द संपदा इतनी व्यापक, इतनी संपन्न है कि अपनी कंगाल भाषा निहाल हो उठती है।...... अज्ञेय शब्दों का जादूगर है, जैसे भावों का भी। मैं उसके शब्द वैभव का अभिनंदन करता हूं।" 'नदी के द्वीप' के 'अधूरे साक्षात्कार' में नेमिचंद्र जैन उसकी अनेक प्रकार की प्रशंसा करते समय लिखते हैं—"बहुत-सी दृष्टियों से 'नदी के द्वीप' हिन्दी की साहित्य चेतना को, सौंदर्य-बोध को, हिन्दी गद्य की सूक्ष्म अभिव्यंजना शक्ति को, एक सर्वथा नया ही स्तर प्रदान करता है और हिन्दी उपन्यास को पश्चिमी देशों के उपन्यास साहित्य का समकक्षी बना देता है।" रामस्वरूप चतुर्वेदी अज्ञेय के साहित्य के संबंध में अपनी सर्वथा संतुलित दृष्टि के कारण तथा भाषिक विश्लेषण की पैनी अन्तर्दृष्टि के फलस्वरूप कतिपय विशेषताओं का मर्म समझाते हुए निष्कर्षित करते हैं—"भाषा प्रयोग और रचना संघटन की दृष्टि से 'नदी के द्वीप' की कला अप्रतिम है। अपने प्रायः त्रुटिहीन विधान में यह उपन्यास अनेक वर्षों तक आने वाले रचनाकारों के लिए एक चुनौती बना रहेगा।" अतः जहां तक भाषा के

विवेचन-विश्लेषण की बात है, यह सही है कि अज्ञेय की समृद्ध भाषा के सौंदर्य-कोष की कतिपय विशेषताएं बतायी जा सकती हैं परंतु इस लेख में इस महत्व-पूर्ण विश्लेषण को इसलिए छोड़ दिया जा रहा है कि उसके संबंध में कहीं मूलभूत मत वैभिन्य नहीं है।

आलोचकों की टकराहट

'नदी के द्वीप' की वस्तु, भाव सौंदर्य, विचार-स्तर और स्वरूप, विभिन्न पात्रों के आचरण और उनके आचरणों के मूलभूत मानदण्ड, जीवन विषयक दर्शन अथवा दृष्टि इत्यादि बातों को लेकर पर्याप्त मत-वैभिन्य है और यह इस बात का प्रमाण है कि इस रचना की अर्थ-बहुलता आलोचकों को बार-बार चुनौती देती रही है और श्रेष्ठ रचना के अनेक लक्षणों में से एक लक्षण का यह परिचायक है। किसी चित्रकार का किस्सा है कि उसने पहले दिन अपने चित्र की न्यूनताओं का संकेत करने के लिए प्रदर्शकों से कहा और दूसरे दिन उसी चित्र के सौंदर्य-स्थलों को निर्दिष्ट करने की प्रार्थना की। परिणाम यह हुआ कि जो चित्र पहले दिन सर्वथा सदोष ठहराया गया, वही दूसरे दिन सर्वांग सुंदर भी प्रमाणित किया गया। 'नदी के द्वीप' के बारे में भी कुछ ऐसा ही हुआ है। जैनेंद्र कुमार खेदपूर्वक घोषित करते हैं कि 'मैं नहीं भीगा।' तो उसका प्रतिवाद करते हुए भगवतशरण उपाध्याय लिखते हैं—"दोनों बार मैं भीगा, गहरा भीगा।" डा० देवराज इस 'अशक्त कृति' का महत्वपूर्ण दोष यह बताते हैं, "उसमें गहरा रसोद्रेक कर सकने वाले प्रसंगों की विरलता है"; तो नेमिचंद्र जैन इसके विपरीत मन्तव्य देते हैं—"नदी के द्वीप व्यक्तिगत तथा निजी अनुभूतियों की गाथा है जिसकी भाववस्तु तीव्रता, गहनता और एकाग्रता में अनूठी है और सघनता में लगभग काव्यात्मक है।" डा० देवराज की शिकायत है: "लेखक ने पात्रों के सतही, मात्र 'मैनर्स' से संबंधित व्यापारों तथा भावनाओं का जितना सतर्क चित्रण किया है, उतना उनकी मूल वासनाओं तथा उससे संबद्ध क्रियाओं का नहीं। यही कारण है कि हमें वे पात्र कुछ-कुछ दूर-दूर से जान पड़ते हैं और हम उन्हें अपनी आन्तरिक रस-वृति द्वारा पूरा-पूरा नहीं पकड़ पाते।" तो इसके विपरीत नेमिचंद्र जैन की मान्यता है—"प्रेम को, स्त्री-पुरुष संबंध को इस सूक्ष्म और पवित्र स्तर पर ग्रहण और चित्रित कर सकना ही एक बड़ी भारी उपलब्धि है। इस चित्रण में एक ऐसी प्रौढ़ता है जो 'नदी के द्वीप' को हिन्दी के, हिन्दी के ही नहीं बल्कि संभवत: और भाषाओं के श्रेष्ठतम उपन्यासों की कोटि में ला रखती है।···अनुभूति की यह सूक्ष्मता और उसका अंकन निस्संदेह हिन्दी में नया भी है। मन के यथार्थ की भावाभिभूत और प्रेम से उद्दीप्त मन की, उसकी पीड़ा से तपे हुए आलोकित क्षणों की, ऐसी कितनी ही भावावस्थाओं, मनःस्थितियों और

अनुभूतियों के चित्र 'नदी के द्वीप' में हैं जो और कहीं नहीं मिलते।" अपनी सहज रस-मर्मज्ञ रसिक दृष्टि से नेमिचंद्र जैन ने 'नदी के द्वीप' के कतिपय वैशिष्ट्यों को जितनी आसानी से पकड़ा, उतनी ही कठिनाई डा० देवराज को अपनी दार्शनिक विदग्धता का गलत ढंग से उपयोग करने के कारण हुई है। डा० देवराज की एक अन्य शिकायत यह भी है–"नदी के द्वीप में किसी स्पष्ट, प्रखर आदर्श अथवा जीवन दर्शन को अभिव्यक्ति देने की कोशिश नहीं की गयी है। कहीं-कहीं अस्तित्वादी जीवन-दृष्टि के संकेत हैं, पर वे विरल तथा निर्बल हैं…।" इसके पूर्णतया विपरीत रामस्वरूप चतुर्वेदी का मत है—"जीवन की निरर्थकता को सार्थक बना देना, मानो पश्चिम के अस्तित्ववादी संकट के समक्ष भारतीय आस्था की दृष्टि लेखक ने प्रस्तुत की है ··सार्थकता की खोज मानवीय व्यक्तित्व की सार्थकता में है, और व्यक्तित्व की सार्थकता चरम अनुभूति को दे सकने में— देने का निमित्त बन सकने में है।···यों अज्ञेय के व्यक्तित्व में पूर्व और पश्चिम बड़े सहज भाव से, पूरे आत्म-सम्मान और निष्ठा के साथ संपृक्त हुए हैं।" डा० देवराज की भांति रामस्वरूप चतुर्वेदी दर्शन शास्त्र के प्रतिष्ठित विद्वान नहीं हैं, परंतु अधिक अच्छे साहित्य पारखी होने के कारण उनकी दर्शन विषयक जिज्ञासा ने उन्हें सही स्थिति में रखा हुआ प्रतीत होता है।

आलोचकों ने कुछ प्रश्न भी उठाये हैं। आज बीस-बाईस वर्षों के बाद 'नदी के द्वीप' की समीक्षा करने वाले समीक्षक को इन प्रश्नों से बचना नहीं चाहिए। डा० देवराज की समस्त ज्ञान-गरिमा उनको यह नहीं समझा पायी—"रेखा क्या चाहती है, कैसा साथी चाहती है, किस दिशा में अपने जीवन को ले जाना चाहती है, उसका सफल निर्देश कहीं नहीं मिलता। रेखा और भुवन के व्यक्तित्वों में कितने स्थलों पर कितना मेल है, यह हम नहीं समझ पाते, कारण यह है कि हमें दोनों के अनेक प्रेरणा स्रोतों का परिचय नहीं होता। बाद में जब वे अलग होते हैं, तो यह समझना कठिन हो जाता है कि दोनों को कितनी व्यथा हुई या होनी चाहिए। गौरा तथा रेखा के व्यक्तित्वों में कहां कौन-सा मौलिक अंतर है, क्यों भुवन दोनों को प्यार करते हुए भी बाद में गौरा के पास चला आता है—इन प्रश्नों का उपन्यास में कहीं समुचित समाधान नहीं है।" (आश्चर्य यह है कि इसी लेख में डा० देवराज यह भी लिखते हैं—'नदी के द्वीप' का सबसे शक्तिपूर्ण अंश वहां शुरू होता है जहाँ श्रीनगर में रेखा ने अपने कोख के शिशु को नष्ट करके शरीर को संकट में डाल दिया है। उसके बाद प्राय: अंत तक उपन्यास की कथा विशुद्ध मानवीय धरातल पर चलती है।" डा० देवराज की लेखान्तर्गत असंगति के साथ डा० भगवतशरण उपाध्याय की यह मान्यता भी द्रष्टव्य है–"कलकत्ते की चिट्ठियों के बाद 'नदी के द्वीप' को समाप्त हो जाना चाहिए था। बाद की कथा उपसंहार मात्र है, नीरस।" डा० देवराज उपन्यास में संभवत: सर्वथा तर्कसंगत,

बौद्धिक दृष्टि से समर्थनीय और निबंध की तरह अभिघात्मकता में स्पष्टता एवं संपूर्णता चाहते हैं और शायद उनका दार्शनिक मन व्यंजना, लक्षणा, मौनता, संयम, परोक्षता इत्यादि साहित्यिक सौंदर्योत्कर्षक उपादानों से तुष्ट नहीं होता। डा० देवराज जैसे विद्वान साहित्य-प्रेमी के द्वारा अगर ऐसे प्राथमिक प्रश्न उठाये गये हैं तो उसका उत्तर देना आलोचना की स्थिति को मद्देनजर रखते हुए अत्यावश्यक प्रतीत होता है। डा० भगवतशरण उपाध्याय ने भी कुछ चीजों को समझने में अपनी असमर्थता व्यक्त की है—"भुवन रेखा का मुंह छूता है, उसके साथ विवाह की बात चलाता है जो पाठक के गले नहीं उतरती। साफ लगता है—झूठ है।" उनको इस बात पर भी आश्चर्य होता है—"भुवन का यह निःसंतति पितृत्व का आक्रोष सर्वथा पोला हो उठता है, झूठा बचाव मात्र।" फिर भी डा० उपाध्याय रेखा से इतने अभिभूत हैं कि रेखा जैसी तेजोमयी नारी की हत्या के लिए वे अज्ञेय को दोषी ठहराते हैं (काश ! उपाध्यायजी 'रेखा' पर अधिक विश्वास करते !); जबकि डा० देवराज की निस्संदिग्ध मान्यता है—"नदी के द्वीप का कोई पात्र सशक्त रूप में हमारे सामने खड़ा नहीं होता, चंद्रमाधव भी नहीं।"

फिर भी प्रायः हर नये समीक्षक को अपने पूर्ववर्ती समीक्षकों का कृतज्ञ होना इसलिए जरूरी है कि उनकी परस्पर भिन्न और आन्तरिक असंगति से युक्त आलोचना भी एक धार देती है—चिंतन को। (डा० देवराज ने एक बात लिखी है—"नदी के द्वीप का मूल्यांकन एक कठिन काम है क्योंकि उसके गुण-दोष सहज में पकड़ में आने योग्य नहीं हैं।...उसकी विशेषताओं का कारण एवं विश्लेषण दोनों ही सूक्ष्म संवेदना एवं तीखी अंतर्दृष्टि की अपेक्षा रखते हैं। उक्त उपन्यास की एक विशेषता यह भी है कि वह अपने पाठकों को वैसी संवेदना एवं दृष्टि से संपन्न बनाने की क्षमता रखता है।" प्रस्तावना के रूप में लिखे इन शब्दों के बाद जब डा० देवराज उक्त कृति को अशक्त कहते हुए अनेक कमियों का संकेत करने लगते हैं तब पाठक को अप्रत्याशित आघात मिलता है ! यह बात गले नहीं उतरती कि कोई रचना स्पष्ट, प्रखर, आदर्श अथवा जीवन-दर्शन को अभिव्यक्त न करते हुए भी 'दृष्टि संपन्न' कैसे बना सकती है—उनकी यह बात सही लगती है कि नदी के द्वीप के मूल्यांकन के लिए तीखी अन्तर्दृष्टि की अपेक्षा है।)

किसी की रचना की महानता के जो अनेक निकष बताये जाते हैं, उनमें यह भी शामिल है कि कोई रचना कितना विवाद्य एवं आलोचकों को चुनौती देने वाली है। 'गोदान' पर उतनी विवाद्य बहस संभवतः नहीं हो सकती जितनी 'नदी के द्वीप' पर। आज भी लगता है 'नदी के द्वीप' पर कुछ अधिक मौलिक लिखा जा सकता है—कुछ समय के व्यवधान के कारण, कुछ नैतिकता के प्रति बदली हुई दृष्टि के फलस्वरूप तो कुछ व्यक्तित्व भिन्नता के कारण। कुछ लेखक के

प्रति तटस्थ होकर वस्तून्मुखी दृष्टि अपनाने में भी हम समर्थ हो गये हैं।

रसिक वृत्ति की सीमाएं

'नदी के द्वीप' को पढ़ते समय रसिक को कतिपय सीमाओं को लांघना पड़ेगा। स्वयं अज्ञेय ने एक वैचारिक सीमा का संकेत किया है : "उपन्यास अनिवार्यतया पूरे समाज का चित्र हो, यह मांग बिल्कुल गलत है। उपन्यास की परिभाषा के बारे में वह भ्रांति (जो देश में या कम-से-कम हिन्दी में काफी फैली हुई मालूम होती है) साहित्य के सामाजिक तत्व को गलत समझने का परिणाम है। कह लीजिए कि पिछली या विकृत प्रगतिवादिता का परिणाम है।" 'झूठा-सच' का वाह्य पट निस्संदेह 'नदी के द्वीप' से बहुत बड़ा है, इसलिए उसको 'नदी के द्वीप' से महान् रचना समझना सहृदयता का प्रमाण नहीं हो सकता। एक ही रचना से 'सब-कुछ' की—समग्रता की मांग गलत है। अधिक युक्तिसंगत यह होगा कि लेखक ने जो चित्र दिया है, वह कहां तक 'सही', कहां तक 'मूल्यवान' या सिग्निफिकंट है, इसकी जांच करना। ग्रथित अनुभव खंड को कितनी गहराई से, कितनी जटिल स्थितियों में लेखक संवेदित कर सका है, यह अवश्य देखना होगा। उपन्यास समग्र जीवन की ओर उन्मुख होता है। इसका मतलब इतना ही है कि विशिष्ट अनुभव खंड को विशेष रूप में आलोकित (फोकस) करते समय लेखक इस बात का भान अवश्य रखे कि उस अनुभव खंड के असंख्य सूक्ष्म तन्तु अचित्रित, अज्ञात, अप्रकाशित, अस्पर्शित जीवन के विशद् रूप से किस प्रकार जुड़े हुए हैं। 'नदी के द्वीप' के सम्वेद्य को ग्रहण करने में संभवतः 'जीवन की समग्रता' से संबंधित एक भ्रांति बाधक बनी है। कभी-कभी आलोचकों की पुराणपंथी अतिरिक्त नीतिमूलकता के कारण या श्लीलता-अश्लीलता को लेकर अतिरिक्त जागरूकता या भ्रांति के कारण उनकी समीक्षा पढ़ते समय उस पादरी का रूप साकार हो जाता है, जो एक ओर काम भावना की अतिरिक्त वर्जना का समर्थन करते हुए; अंदर से घोर रूप में भोगलिप्सा से पीड़ित है। रेखा-भुवन और गौरा-भुवन के बीच कुछ थोड़े-से अभिजात, संकेतात्मक ढंग से आये हुए चुंबनालिंगनों के वर्णनों से ये इतने उत्तेजित हुए दीखते हैं कि उपन्यास का अन्य समस्त संदर्भ, नैतिक महान समस्याएं, लेखक की कला का विलक्षण संयम उनके ध्यान में ही नहीं आया। कर्मठ नैतिक दृष्टिकोण से की गई समीक्षा संस्कृत तथा पाश्चात्य साहित्य की श्रेष्ठ रचनाओं के पाचन से संस्कारित तथा संपन्न दृष्टि का परिचय प्रायः नहीं देतीं। 'नदी के द्वीप' में अंग्रेजी फिल्म देखने का वर्णन किया है, वह इस प्रकार की समीक्षा के बारे में लागू होता है। अज्ञेय लिखते हैं—"क्योंकि संपूर्ण तटस्थ भाव से तो कुछ नहीं देखा जाता; हम अनजाने कथावस्तु पर अपना आरोप करते चलते हैं, या फिर अपने पर ही कथा की घटनाएं घटित करते चलते

हैं—और मन की यह शक्ति है कि जरा से साम्य के सहारे वह सहज ही संपूर्ण लयकारी संबंध जोड़ लेता है।" यद्यपि यह सही है कि हम संपूर्णतया अपने से तटस्थ होकर नहीं पढ़ सकते, फिर भी उपन्यास के नैतिक कोण को अपनी लचर मानसिकता से आच्छादित करना निरी मूल्य-बधिरता है और आस्वाद की अक्षमता का प्रमाण है। एक कठिनाई यह है कि आलोचक कभी-कभी अपनी मानसिकता को उस ऊंचाई पर ले नहीं जाता जिस ऊंचाई पर भुवन और रेखा, रेखा और गौरा, गौरा और भुवन के परस्पर संबंध क्रियान्वित हुए हैं। लगता है कि कभी समीक्षक 'चंद्रमाधव' के स्तर से सब-कुछ को देख रहा है और ऐसे कतिपय संकेत इस उपन्यास में मिल जाते हैं जो प्रमाणित करते हैं कि अज्ञेय को इस बात का अहसास उपन्यास लिखते समय था। फिर एक खतरा इसके कारण भी हुआ है कि नायक अथवा नायिका को लेखक का माउथ-पीस मानकर चलने के कारण समीक्षकों ने विशेषत: रेखा के दृष्टिकोण को ही लेखक अज्ञेय की जीवन-दृष्टि समझा है। विशिष्ट वैयक्तिक वेदना से ओत-प्रोत जीवनानुभव से उद्भूत रेखा के विशिष्ट संदर्भ में आये हुए व्यथापूर्ण उद्‌गारों को वैयक्तिक स्तर पर ही पढ़ना चाहिए। संभवत: लेखक उसको सामान्य सत्य के रूप में या वैश्विक सत्य के रूप में प्रस्तुत नहीं करता। रेखा के जीवन की परिणति और भुवन तथा गौरा के दृष्टिकोणों के परिप्रेक्ष्य में अगर समग्र औपन्यासिक दृष्टि का पर्यवेक्षण होता, तो अधिक उचित होता। अज्ञेय को अपना मन्तव्य घोषित करना ही पड़ा—"रेखा अपनी भावनाओं के प्रति सच्ची रहना चाहती है, भीतर के प्रति अपने उतरदायित्व को उसने समर्पण की सीमा तक पहुंचा दिया है। जहां यह व्यक्तित्व की बहुत बड़ी शक्ति है, व्यक्तित्व के विकास का एक उत्कर्ष है, वहां यह उसकी एक पराजय भी है। क्योंकि केवल 'अपने में जो है, उसके प्रति समर्पण' काफी नहीं है। अपने से बाहर और बड़ा भी कुछ है जिसके प्रति भी उतना ही निस्संग समर्पण वास्तव में चरित्र की पूर्ण विकसित और परिपक्व अवस्था है। रेखा की ट्रेजेडी उसके इसी समर्पण के अधूरेपन की ट्रेजेडी है—जितना ही वह पूरा है उतना ही अधूरा है क्योंकि वह अधूरे के प्रति है। ट्रेजेडी तब होती है जब जो 'दण्ड' मिलता है, वह भोक्ता के दोषों के कारण नहीं, उसके गुणों की त्रुटियों के कारण मिलता है—फार द फाल्ट्स आफ देयर वर्चूज़।" अज्ञेय के इस मन्तव्य पर विश्वास किया जाना चाहिए क्योंकि अज्ञेय स्वचेतन कलाकार हैं—आटो-मैटिक लेखन करने वालों में से नहीं।

अज्ञेय ने यह भी लिखा है—"नदी के द्वीप एक दर्द-भरी प्रेम कहानी है।" वस्तुत: इस प्रेम के कारण भी मूल्यांकन में एक बाधा पहुंची है, क्योंकि हमारे समाज में आज भी प्रेम को उतना महत्व नहीं दिया जाता कि वह गंभीर स्तर पर विश्लेषण की वस्तु मानी जाये। प्रेम के अन्तर्गत स्त्री-पुरुषों के व्यक्तित्वों का

जो मूल्यवान प्रस्फुटन होता है, उदात्तीकरण होता है, वह अभी हमारी सहानुभूति का उतना पात्र नहीं हो पाता। महान रचना के आकलन के लिए जिस भाव समृद्धि की सहृदय में अपेक्षा है, उसके लिए कहीं-न-कहीं सहृदय को भी प्रेम की उस पीड़ा से, पीड़ा की उस मिठास और उदात्तता से अभिभूत होना आवश्यक है—दुर्भाग्य से इसके अवसर हमारे समाज में विरल हैं। 'नदी के द्वीप' अगर ऐसे समाज में लिखा जाता जहां 'प्रेम' गर्हित वस्तु नहीं मानी जाती, वासना और प्रेम के विभिन्न सूक्ष्मातिसूक्ष्म मानसिक पहलुओं को पहचानने की क्षमता प्रचुर रूप में होती तो संभवतः उस प्रकार की आलोचना नहीं होती जिस प्रकार की हुई है। पहले ही पृष्ठ पर भारतीय शिक्षित समाज की जो स्थिति एक विशेष संदर्भ में सूचित हुई है, वह द्रष्टव्य है—"जो सदा अपने साथियों पर हँसता आया है कि उन्हें स्त्री का सान्निध्य सहन नहीं होता, वे उसे सहज भाव से न ले पाकर उत्तेजित या अस्थिर हो उठते हैं—उसने यहां तक देखा है कि किसी स्त्री द्वारा चाय का प्याला दिया जाने पर लोगों के हाथ ऐसे कांपने लगे कि चाय छलक जाय।"—ऐसे शिक्षित समुदाय में प्रेम की ऊंचाइयों का आकलन होना ही मुश्किल है।

'नदी के द्वीप' : व्यक्तियों की परख

'नदी के द्वीप' के सही आकलन के लिए उसके व्यक्तियों की गहरी परख अत्यावश्यक शर्त है और स्वयं अज्ञेय ने इस संबंध में एक स्पष्ट संकेत भी दिया है : "तो मेरी रुचि व्यक्ति में रही है और है; 'नदी के द्वीप' व्यक्ति चरित्र का ही उपन्यास है। घटना उसमें प्रत्यक्ष और परोक्ष रूप से काफी है, पर घटना-प्रधान उपन्यास वह नहीं है।···'नदी के द्वीप' में व्यक्ति आरंभ से ही सुगठित चरित्र लेकर आते हैं। हम जो देखते हैं, वह अमुक स्थिति में उनका निर्माण या विकास नहीं, उनका उद्घाटन-भर है।" यद्यपि लेखक के अपनी रचना के संबंध में वक्तव्य पर सावधानी से ही विश्वास करना चाहिए, फिर भी अज्ञेय के इन संकेतों से रचना के मर्म को समझने में मदद मिलती है।

'नदी के द्वीप' का समाज

'नदी के द्वीप' के प्रायः समस्त पात्र एक मध्य वर्ग के पात्र हैं और ये शिक्षित और नौकर-पेशा हैं। ये व्यक्तिगत जीवन की समस्याओं को लेकर ही चलते हैं। सामान्य जनता, उसकी स्थिति, स्थिति में बदलाव के लिए क्या करना चाहिए, सामाजिक-राजनैतिक क्रांति, देश की अन्यान्य भौतिक समस्याएं—भूखमरी, बेकारी, दरिद्रता देश की राजनयिक गतिविधियां, नौकर-पेशा वर्ग की सामाजिक जीवन में परस्पर स्पर्धा, आर्थिक होड़ आदि बातों से अज्ञेय के ये

पात्र दूर हैं, यद्यपि बाह्य परिस्थितियों से प्रभावित होते रहते हैं। उपन्यास के अन्तर्गत निश्चय ही वे अपनी नितान्त वैयक्तिक जीवन की मानसिक आध्यात्मिक समस्याएं लेकर आते हैं। हमारा सामान्य जीवन भौतिक प्राथमिक स्तर पर ही इतना जटिल हो गया है कि इन पात्रों की संवेदनाएं, मान, विचार हमें दूर के प्रतीत हो सकते हैं परंतु इसका अर्थ यह नहीं है कि इसलिए ये किसी झूठ या काल्पनिक विश्व में संचार करते हैं। इनकी संवेदनाएं, इनके मनस्ताप, पीड़ाएं, उनके मानसिक स्तर पर सच्ची हैं, विश्वसनीय हैं और औपन्यासिक कथ्य के रूप में इतना पर्याप्त है। वैसे टालस्टाय 'अन्ना करिनिना' में या 'वार एण्ड पीस' में भी समाज के प्रायः ऊपरी तबके के लोगों के ही दर्शन कराते हैं। यह सीमा हर महान लेखक की है। विश्व के सबसे महान उपन्यासकार की चरित्र विषयक एक सीमा अज्ञेय ने इसमें मार्मिक रूप में बताई है। मज़ाक में काफी-हाउस में प्रश्न उठाया जाता है, रेखा किसके लायक है? भुवन सोचता है, "लेकिन क्या उसकी चेतना वैसी विभाजित है—क्या उसमें वह अतिमानवी तर्क-संगति है जो वास्तव में पागलपन का ही एक रूप है।" यद्यपि गोर्की के इस कथन में कि दोस्तोयेव्हस्की को मनुष्य के मन का आकलन नहीं था—नितान्त अतिशयोक्ति एवं पूर्वग्रह-दूषितता है, फिर भी यह सही है कि दोस्तोयेव्हस्की के पात्रों की मानसिकता निश्चय ही पागलपन की सीमा रेखा को छूती रहती है। सारांश, रूसी साहित्य के ये महान उपन्यासकार भी समाज का प्रतिरूप नहीं देते—यही शेक्सपीयर के पात्रों के बारे में कहा जा सकता है। अतः महत्वपूर्ण यह नहीं है कि लेखक समाज के कितने विस्तृत चित्र देता है, महत्वपूर्ण है—अपने दायरे में ही सही, वह कितनी ऊंचाइयों को छूता है, कितने गहरे में धंस सकता है।

'नदी के द्वीप' के समाज के कुछ निश्चित जीवन के पैटर्न बन गये हैं, कुछ मूल्य उन्होंने सजग या अचेतन रूप में स्वीकार कर लिये हैं। प्रायः पारिवारिक सदस्य की अपेक्षा व्यक्तिगत स्तर पर ही ये एक-दूसरे से मिलते हैं—'काफी-हाउस' एक प्रकार से इनके मिलने का प्रतीकात्मक स्थान है। व्यक्तिगत स्तर पर जो सुखद-दुःखद अनुभूतियां ये झेलते हैं, उनसे 'काफी-हाउस' में वे किंचित् अलग हो सकते हैं, किंचित् निस्संग होकर पुनः शक्ति अर्जित करते हैं ताकि जीवन-संघर्ष सहनीय बन सके। एक-दूसरे के व्यक्तिगत जीवन में झांककर देखना यहां अनुचितता एवं असभ्यता का लक्षण माना जाता है। स्त्री-पुरुष यहां समान स्तर पर मिलते हैं, बात करते हैं परंतु अतिरिक्त उत्तेजना यहां अनुचित मानी जाती है। ये एक-दूसरे के साथ सभ्यता, शिष्टता, शालीनता का कवच धारण कर प्रायः व्यवहार करते हैं—ऊपर से जितनी चिकनाई है, भीतर से उतना झूठ और दंभ है। (इसीलिए रेखा इस वातावरण से ऊबती है परंतु उसको दो रूप धारण करने ही पड़ते हैं एक सभ्य, चरित्रहीन और दूसरा उसका अपना चरित्रवान

और प्रकृत।) इनमें आत्म प्रकाशन के प्रति भी एक संकोच है, उदासीनता है। स्त्रियों को अतिरिक्त सावधानी बरतनी पड़ती है। पुरुषों की कौन-सी भाव-भंगी को कौन-सी धृष्टता को अथवा कौन-से व्यवहार को कहां तक प्रश्रय देना है और कब किस सूत्र को छोड़कर अलग हट जाना है, इस बात में माहिर होना पड़ता है—एक अतिरिक्त तनाव को सतत झेलना पड़ता है। अर्थ का महत्व हर क्षण स्वीकार करते हुए भी एक सजग, सावध, बेफिक्री ओढ़कर उन्हें चलना पड़ता है। अपनी बातों पर कुछ संयम की छाप और विदग्धता की मुद्रा आवश्यक होती है। आधुनिकता के झूठे मानों से प्रभावित और यांत्रिक जीवन की नीरसता से ऊबे हुए ये व्यक्ति उत्तेजना की खोज में अपनी एक-रसता को डुबोना चाहते हैं।

इस समाज से अज्ञेय ने अपने पात्रों को चुना है और इनमें भी महत्त्वपूर्ण दो स्तर हैं। एक भुवन, गौरा, रेखा का और दूसरा चंद्रमाधव, हेमेंद्र का। पहले स्तर के व्यक्ति अपने वैयक्तिक जीवन में अपने प्रति ईमानदार हैं, उनमें अन्तर्बाह्य सच्चाई है। वस्तुतः भौतिक समस्याओं की उग्रता अधिकांशतः खतम होने पर सांस्कृतिक धरातल पर समृद्ध व्यक्तित्वों की जो आदर्श परिकल्पना की जा सकती है उसको ये तीनों पात्र पूर्णतया उदाहृत करते हैं। इन तीनों में अपने व्यक्तित्व के प्रति विलक्षण अभिमान का भाव है परंतु यह अभिमान 'अहं' का रूप ग्रहण नहीं करता बल्कि उनके व्यक्तित्वों में एक सहज गरिमा भर देता है। ये व्यक्ति पद-पद पर चिंतित हैं कि अपने वैयक्तिक लाभ के लिए, स्वार्थ के लिए जरा भी दूसरे को क्षति न पहुंचे। ये अगर आपस में मिलते हैं तो एक-दूसरे का भार हल्का करने के लिए सहभोक्ता होकर दुःख बांटने के लिए और यदि जरा भी महसूस करते हैं कि वे कहीं अनावश्यक हैं, बोझ स्वरूप हैं या अपने अस्तित्व से ऊब पैदा कर रहे हैं तो वहां से दूर हटकर ही राहत पाते हैं। भुवन अपनी अस्वस्थ मानसिक अवस्था में गौरा से मिलना नहीं चाहता ("केवल चित्त अव्यवस्थित है, और ऐसी दशा में कहीं किसी के पास नहीं जाना चाहिए, अपने अस्तित्व का पता न देना चाहिए।") रेखा बार-बार भुवन से कहती है, "ऊब आने से पहले ही हट जाऊंगी।" गौरा भी अपनी ओर से भुवन पर इम्पोज़ करना नहीं चाहती। ये देना चाहते हैं और लेने में घोर संकोच अनुभव करते हैं। ये देते समय मुक्ति का आनंद पाते हैं और बार-बार कृतज्ञता का भाव ज्ञापित करते रहते हैं, परस्पर के प्रति भीतरी सद्भावनाएं व्यक्त करते समय आशीर्वाद भी देते हैं। ये पात्र एक तरह से उत्कट रूप में आस्तिकतावादी होते हैं, भले ही इनका ईश्वर परंपरागत ढंग का न हो। वेदना और करुणा को वरदान समझकर अपनाते हैं और वेदना की निरंतर चोट से उनके अंदर का मनकंचन निखर-निखर आया है। इन तीनों में गजब की संकल्प-शक्ति है और अपनी संकल्प-शक्ति को वे बार-बार कसौटी पर चढ़ाते रहते हैं। संकल्प-शक्ति और नितान्त जागरूक कर्तव्य-बोध के कारण एक ऊंचा अनुशासन

इनको सदैव संयत करता रहता है। ये अपने कर्तव्य—बोध को अपनी आन्तरिक सच्चाई से या विवेक-शक्ति से सदैव जागरूक रखते हैं। रेखा का यह मन्तव्य इन तीनों के बारे में सही है—"अब—इतना ही मानती हूं कि भीतर से जो प्रेरणा है—अगर उसके साथ ही पाप का. अपराध का बोध नहीं जुड़ा हुआ है तो—वह ठीक है, वही नैतिक है।" परंतु पाप या अपराध-बोध की भावना इनकी इतनी तरल और सूक्ष्म होती है कि इनके हर कार्य में नैतिकता ही होती है। ये तीनों अन्तर्मुखी व्यक्तित्व हैं और अपनी हर सांस की औचित्य-अनौचित्यता का विचार इनके मन को सालता रहता है। जीवन के हर महत्त्वपूर्ण निर्णयों को वे वैयक्तिक रूप में लेने के विश्वासी हैं और निर्णय के बाद जो भी परिणाम होंगे, उन्हें झेलने के लिए कृत-संकल्प हैं। अपनी आन्तरिकता को दूसरे पर प्रकट करते समय अजीब संकोच से भर जाते हैं और इसके मूल में गोपन वृत्ति की अपेक्षा एक चिंता है कि कहीं वे दूसरे का अपनी मुक्ति के लिए, अपनी राहत के लिए उपयोग तो नहीं कर रहे हैं ? (सार्त्र के लेखन में अस्तित्ववादी (?) मनुष्य के जो मूल वैशिष्ट्य प्रकट हुए हैं, उनसे सर्वथा भिन्न अज्ञेय के व्यक्ति हैं।) वे स्पष्टतः कोई राजनैतिक रुझान व्यक्त नहीं करते परंतु इनके व्यक्तित्व का निर्माण आदर्श जनतंत्रवादी समाज रचना के अनुकूल है। अपनी वैयक्तिक प्रतिष्ठा का जितना ख्याल इनको रहता है, उससे अधिक दूसरे की प्रतिष्ठा का। इनके भीतर कलुष के ऊपर उठने का सतत प्रयास चलता रहता है। ये प्रवृत्ति को नकारते नहीं बल्कि प्रवृत्ति को अतिशय अवरुद्ध करने वाली स्थितियों से भी दूर रहते हैं जिनके कारण जीवन का आनंद लुप्त होता है। परंतु प्रकृत, सुंदर और सहज को उसी सीमा तक स्वीकार करते हैं जिस सीमा तक उसको 'शिव' की ओर उन्मुख रखा जा सकता है। विज्ञान की उन्नति के बारे में भुवन एक स्थान पर कहता है : "सच ही 'शिव' सर्वत्र फैला हुआ, घट-घट व्यापी और अन्तर्यामी है, उसे पहचान सकने, उससे सम्पृक्त हो सकने की ही बात है···" यह इन तीनों पात्रों के संबंध में लागू होता है। एक ऊंचे स्तर का शिवत्व बोध इनको हर क्षण अपने कर्तव्य का बोध कराता रहता है।

इन तीनों में अप्रतिम बुद्धिमत्ता है। एक ओर सहजता भी है परंतु दूसरे की हीनता और धूर्तता सहज-ज्ञान से पहचानने की क्षमता भी है। सूक्ष्म भाव, विचार एवं अभिप्सित को अभिव्यक्ति देते समय इनके लेखन में बातचीत में चित्रमयता या भाषा के विविध विदग्ध विलास सहज ही आविर्भूत होते हैं। ये तीनों कलाप्रेमी हैं—संगीत के पारखी हैं।

प्रश्न यहीं पर उठता है कि तीनों में यह अद्भुत समानता अज्ञेय के पात्र-निर्माण क्षमता की सीमा नहीं है ? इसके कई उत्तर हैं। एक तो इन तीनों में पर्याप्त वैभिन्य भी है जिसका विस्तार से विवेचन आगे होगा। दूसरे, उपरोक्त

समान संस्कारों के कारण ही इनके परस्पर संबंध विशिष्ट ढंग से घटित हुए हैं–अर्थात्, औपन्यासिक संसार की यह अनिवार्य मांग है। तीसरे, इन तीनों की समानता को अपनी विपरीतता से संतुलित करने वाले चंद्रमाधव ने उपन्यास में पर्याप्त रोचकता उत्पन्न की है। अतः शतरंज के इस खेल में यह पूछना कि घोड़ा ढाई घर ही क्यों चलता है, हाथी सीधे क्यों, बेमानी है—इसी के कारण शतरंज का खेल संभव बन सका है।

रेखा : नदी का द्वीप

रेखा, भुवन, गौरा तथा चंद्रमाधव चारों पात्रों के चरित्रों का विस्तार से अध्ययन (यद्यपि आलोचना की कदाचित आरंभिक सीढ़ी है) इसलिए आवश्यक है कि प्रायः या तो अब तक उनको गलत ढंग से ही समझा गया है अथवा अधूरे रूप में समझा गया है। जब तक इनकी संवेदना की मूल पीठिका को—उनके चरित्र की मूलभूत विशेषताओं को गहराई से पकड़ा नहीं जाय तब तक उनके बीच घटित को समझा ही नहीं जा सकता। जब इस पकड़ में चूक हो जाती है तब समीक्षक बाह्य चुंबनालिंगनादि क्रियाओं को ही अनावश्यक महत्त्व देता है—उन पर दृष्टि केन्द्रित कर समीक्षा की इमारत खड़ी करता है और ढेर सारे गलत और असंबद्ध प्रश्न खड़े करता है। दुर्भाग्य से हिन्दी के महानुभावों द्वारा यह बवाल खड़ा किया गया है। इस उपन्यास में घटनाएं प्रत्यक्ष रूप में विरल हैं परंतु घटनाओं के परिणामस्वरूप जो मानसिक संवेदना है, उसे अज्ञेय ने पर्याप्त विस्तार से शब्दांकित किया है। इस संवेदन के साधन हैं बहुत से संवाद, पत्र, डायरियां। यहां दो बातें और ध्यान में रखनी होंगी। एक, अज्ञेय के ये पात्र (मुख्यतः तीन) सजग, अन्तर्मुखी, कुंठाहीन (भुवन का अंतिम अंश छोड़कर) और विलक्षण ईमानदार हैं, अतः उनके अपने मन्तव्यों पर, उनके द्वारा एक-दूसरे के संबंध में निकाले गये निष्कर्षों पर, दी गयी टिप्पणियों पर विश्वास रखा जा सकता है—रखा जाना ही चाहिए, दूसरा उपाय नहीं है। चूंकि ये संवेदन अधिकतम मानसिक हैं, उनमें गीतिकाव्य की अनुभूति की ईमानदारी है। आलोचकों ने 'नदी के द्वीप' की काव्यात्मकता का संकेत किया है, उसकी अधिक चर्चा आवश्यक है। बहुत कुछ घटित होने के दौरान या बाद में जो उसकी मानसिक अवस्था होती है, वही काव्य का क्षेत्र है और इस उपन्यास का वही मुख्य रूप है। अतः काव्य की संवेदना को ग्रहण करते समय रसिक को कवि के शब्दों पर विश्वास रखना ही होता है। प्रस्तुत उपन्यास में भी यही आवश्यक है। इस संदर्भ में ध्यान में रखना होगा कि चंद्रमाधव डायरी नहीं रखता, उसकी भाषा काव्य के स्तर पर नहीं चढ़ती, पत्रों में अगर कहीं वह भावुक बनने का प्रयत्न भी करता है तो उसकी कृत्रिमता स्पष्ट हो जाती है। काव्य को पढ़ते समय हम यह अपेक्षा नहीं करते कि

सारी स्थितियां प्रत्यक्ष क्रियात्माक अवस्था में नाट्यात्मक रूप में हमारे सामने गोचर हो जायं क्योंकि उस बाह्य घटना-व्यापार में निहित प्रच्छन्न आन्तरिकता को ही कवि शब्दबद्ध करता है। कुछ यही स्थिति नदी के द्वीप के तीन चरित्रों की भी है। फिर भी अज्ञेय ने पर्याप्त ठोस रूप अपने पात्रों के भीतर अन्तस्तत्व को मूर्तिमान करने के लिये दिया है।

अज्ञेय ने रेखा और गौरा के बाह्य वैशिष्ट्यों को पर्याप्त सजगता से चित्रांकित किया है; उम्र, रंग, शिक्षा-दीक्षा, संगीतादि कलाओं में अभिरुचि, कुछ शारीरिक अदाएं, पोशाक पद्धति, उंगलियां, बालों की काल्पनिक लट खींचने की रेखा की आदत, उनके बाह्य व्यक्तित्व का दूसरों पर पड़ने वाला प्रभाव इत्यादि। उनके आभ्यन्तरिक व्यक्तित्व की पृथकता एवं अप्रतिमता को भी बड़ी सावधानी से, गहराई से और बड़ी कला मर्मज्ञता से चित्रित किया है।

रेखा गौरा से उम्र, अनुभव और जीवन में मिली हुई वेदना के बल पर अधिक प्रौढ़ है—कटु, दुखद और व्यथापूर्ण अनुभवों, जो अपनी अतिशय सद्भावना, सद्गुण एवं सूक्ष्म संवेदन-शक्ति के कारण अकारण भी मिलते रहते हैं, की आंच में रेखा का मन तप कर निखर गया है और उसको देखकर भुवन विलक्षण रूप में विचलित हो उठता है। गौरा को लिखे पत्र में वह लिखता है, "…एक स्वाधीन व्यक्ति जिसका व्यक्तित्व प्रतिभा के सहज तेज से नहीं, दुःख की आंच से निखरा है। दुःख तोड़ता भी है पर जब नहीं तोड़ता या तोड़ सकता तब व्यक्ति को मुक्त करता है।" भुवन का अभिप्राय है—"बड़ी मेधावी स्त्री है और उससे बातचीत विचारोत्तेजक है और मानसिक स्फूर्ति देती है।" उसके प्रति 'गब्बू' भुवन में भी जो कभी दूसरों के व्यक्तित्व की चुनौती स्वीकार नहीं करता, जो दूसरे के एकान्त घेरे को अपने अस्तित्व से आक्रान्त नहीं करना चाहता, इतना उद्वेलित होता है : "उनमें कुछ है जिसका उन्मेष जीवन का उन्मेष है जिसे जान सकना ही एक महान् अनुभूति होगी—फिर वह जानना सुखद हो, दुःखद हो।" उसे प्रतीत होता है, "रहस्यमय रासायनिक क्रिया से वह ठंडा आलोक उत्पन्न होता है…।" "उसकी वाणी में चित्रों को उभार कर सामने रख देने की अद्भुत शक्ति थी।" "बुद्धि मानों तीव्र संवेदना के साथ गुंथी हुई है और रूप एक अदृश्य, अस्पृश्य कवच-सा पहने हुए है।" "रेखा में एक दूरी है कि वह जिस समाज से घिरी हुई है और जिसका केन्द्र है, उससे अछूती भी है—यद्यपि कहां, अस्तित्व के कौन से स्तर पर वह विभाजन-रेखा है जो दोनों को अलग रखती है…भुवन की ये सारी प्रतिक्रियाएं उपन्यास में केवल निवेदनात्मक नहीं रही हैं या वर्णनात्मक भी नहीं रही हैं—वे नाट्यात्मक और प्रतीतिपूर्ण हो जाती हैं जब हम उसके संवाद, उसकी बहस, चंद्रमाधव तथा तत्सम अन्य व्यक्तियों के साथ उसका आचरण उसकी काव्य विषयक अभिरुचि के माध्यम से उसे प्रत्यक्ष देखते हैं। कहा गया है और

ठीक ही कहा गया है कि लेखक अपने से अधिक बुद्धिमान चरित्र नहीं दे सकता— सौभाग्य है कि रेखा के निर्माण के लिए उसके लायक रचयिता मिला। रेखा के व्यक्तित्व से भुवन ही नहीं, चंद्रमाधव और काफी हाउस के सभी लोग एक अन्य स्तर पर प्रभावित हैं—"उसका रूप एक सप्राण तेजोमय पर्सनेलिटी के प्रकाश से, भीतर से दीप्त है, भले ही एक कड़ा रिजर्व उस प्रकाश को भी घेरे है···" और "उसी के यहां रेखा को जिसने आते-जाते देखा है, उसके बारे में पूछे बिना नहीं रह सका है, और जिसने पूछा है, उसकी मानो दीठ से ही टपकती लार का लिसलिसापन वह अनुभव कर सका है···" ये वाक्यांश इसलिए उद्धृत किये गये हैं कि उनसे स्पष्ट हो जाता है कि रेखा का रमणीय रूप उसके जीवन के अनेक कटु और मधुर अनुभवों के लिए कम कारण नहीं रहा।

रेखा ने अपात्र पति के रूप में नियति द्वारा दिया हुआ जहर का प्याला ऐन जवानी में ही पी लिया, जिसका जहर उसके शरीर में व्याप्त हुआ है। स्वयं उसका पति उसके बारे में जितना जानता है, उतना हमारे आलोचक बंधु जानते होते तो अनेक आरोप न किये जाते। "प्यार? रेखा के लिए पुरुष-मात्र ऐसा जहरीला जीव हो गया होगा—औरतों की बनावट ही ऐसी होती है कि पुरुष से चोट खाकर वे सारी पुरुष जाति को बुरा समझ लेती हैं···उदार दृष्टि से सोच नहीं सकतीं कि मर्द-मर्द में भेद भी हो सकता है कि···"हेमेंद्र निश्चित जानता है–"वह किसी भीतरी बंधन से बद्ध या मुक्ति से मुक्त होगी।"

फिर भी रेखा विकृत नहीं हुई। यद्यपि हर क्षण हर सांस में अपनी बीती-व्यथा का अहसास उसको कचोटता रहता है, शंकित करता है, बचकर चलने के लिए विवश करता है, पग-पग पर दूसरे को अपनी मानसिकता के दंश का आघात न लगे, इसलिए सतर्क रहना पड़ता है। उसके जागरूक विवेक ने, उसकी आंतरिक आस्था ने, उसके भीतरी देवता ने उसे विकृत होने से बचाया। जवानी के आरंभिक दिनों के तिलमिला देने वाले, दम घोंटने वाले अनुभव ने उसे विरक्त कर दिया है। वह अपने बारे में कहती है, "मैं एक खड़ा हुआ पानी थी : एक झील, एक पोखर, एक छोटा थाल, शैवालों से ढंका हुआ।" तुलियन झील के प्रसंग के बाद वह कहती है, "मैं सोचती हूं और अवाक् रह जाती हूं, मेरे साथ यह कैसे घटित हुआ—मेरे, जिसमें सब वासना, सब आकांक्षा भर गयी थी—जो स्त्री होना भी नहीं चाहती थी, मां होना तो दूर···"जीवन की इस अवस्था में कोई आश्चर्य नहीं कि वह अपने एडमायरों के बीच भी एकान्त द्वीप पर अपने में लीन रहती है। चंद्रमाधव कहता है : "वह अपने को संजो-संजोकर रखती है, कोई असूर्यपश्या भी इस तरह बचा-बचाकर कदम न रखती होगी।" परंतु संयम रेखा का प्रकृत स्वभाव है, वह मात्र विरक्त शरीर का परिणाम नहीं है। भुवन और रेखा के समस्त संबंधों को बारीकी से देखा जाय तो उसमें संयम का विलक्षण रूप देखा जा सकता है।

रेखा पुरुष समाज से यौन संबंध को लेकर ही विरक्त नहीं है, उसमें अपने जीवन के अकारण दुःख के परिणामस्वरूप एक आत्मनिंदा या आत्महनन की प्रवृत्ति पैदा हुई है—यह भी विकृत नहीं है; क्योंकि न वह विकृति आत्मपीड़ा का रूप लेती है, न पर पीड़ा का। यहां भी उसका जागरूक विवेक आन्तरिक आलोक का काम देता है। यहीं पर एक बात कहनी चाहिए—अज्ञेय फ्रायड की मान्यताओं से परिचित हैं परंतु प्रभावित नहीं हैं। रेखा बार-बार अपने दुर्भाग्य का, अपनी करुण नियति का उल्लेख करती है। चंद्रमाधव से कहती है, "···मेरे आसपास दुर्भाग्य का एक मंडल जो रहता है।" भुवन से कहती है, "कहिए कि इतनी पंगु हूं कि ओएसिस हैं तो मरु भी है, ऐसा मानना जरूरी समझती हूं।" अनेक स्थानों पर वह नियति, दुर्भाग्य, विधाता की गलतियों की शिकार होने की बात कहती है। हर क्षण अपनी नियति के ट्रेजिक रूप-दर्शन की आशंका से वह पीड़ित है। गहरी वेदना से अन्तर्मथित उसके हृदय में किसी उपलब्धि की श्रेय प्राप्ति की आकांक्षा नहीं है। वह कहती है–"मैंने हाथ बढ़ाकर उसे पकड़ना चाहना भी छोड़ दिया है–कौन पकड़कर रख सकता है?" यही कारण है कि उसने अब स्वीकार कर लिया है कि जीवन में चरम एक्स्टसी का जो भी क्षण उसको मिलेगा, उसे वह लेगी परंतु किसी पर बोझ बनकर न रहेगी। मानो भुवन के प्रति अपने आकर्षण की अंतिम दुखद परिणति से वह पहले से अवगत है, इसलिए बार-बार कहती है, "कहीं पहुंचने का लोभ मुझमें नहीं है, ऐसी यात्रा पर हूं जो कहीं पहुंचती ही नहीं, अंतहीन है···" वह भुवन की उन्मुक्त हँसी को देखकर कहती है : "जाड़ों की धूप की तरह खिली हुई हँसी—नहीं, वह अपनी परछाई नहीं पड़ने देगी यहां पर, वह चली जायगी।" वह सहज भाव से बिना कटुता के कहती है, "बाधा नहीं बनूंगी, भुवन! जिस दिन सामान आवेगा, उसी दिन चली जाऊंगी।" तथा "भुवन, मैं तुम्हारे जीवन में आऊंगी और चली जाऊंगी। मैं जानती हूं अपने भाग्य की मर्यादाएं। पर तुम्हें जो प्रिय है, उन्हें प्यार कर सकूंगी, सहज भाव से बिना आयास के।" अथवा "न, मैं कुछ मांगूंगी। तुम्हारे जीवन की बाधा नहीं बनूंगी, उलझन भी नहीं बनूंगी।"

अपनी नियति के प्रति इस बद्धमूल धारणा के कारण जीवन में जो प्यार, जो एक्स्टसी, जो सौंदर्य मिलेगा, उसे वह लेगी, अगर उसके साथ पापबोध नहीं है। वह जीवन को सार्थकता देने वाली इन अनुभूतियों को क्षण के लिए ही सही, स्वीकार करेगी। "शुक्र केवल शुक्र···चाहे, कितनी जल्दी अस्त हो जाय।" या फिर, "जब तक जो है, उसे सुंदर होने दो भुवन, जब वह न हो, तो उसका न होना भी सुंदर है···।" अथवा "जो छिन जा सकता है, पर जब है तब सर्वोपरि है, वही आनंद है।" रेखा दर्शनशास्त्र की छात्रा नहीं है कि सभी दार्शनिक निकायों का अध्ययन करने के उपरान्त अपने जीवन को किसी खास दर्शन के सांचे में ढाल दे। उसका

दर्शन उसके जीवन के अनुभव से संबद्ध है, व्यथा-वेदनामय जीवन से वह उद्‌भूत है। पश्चिमी जीवन दर्शन के कुछ निकट होते हुए भी भारतीय आनंदवादी विचारधारा से उसके विचारों का पर्याप्त मेल है।

रेखा की महानता यह है कि व्यक्तित्व के गहरे धरातल पर उसके विवेक ने या 'सत्' के भीतरी देवता ने उसके ज़हर से उसे मरने नहीं दिया और दूसरों के प्रति उसने सदैव उदारता ही दिखायी। वेदना भोक्ता को मांजती है तो कभी कुंठित भी बना देती है। रेखा में वेदना ने 'सबको मुक्त' रखने की उदात्तता उत्पन्न की और करुणा भी। जिस चंद्रमाधव के प्रति उसके मन में कहीं बेहद अरुचि थी, उसको भी करुणा प्रदान करने में रेखा संकोच नहीं करती, जब उसे वेदना में तपते देखती है। गौरा की भुवन के प्रति भावना जानकर भी उससे ईर्ष्या-मुक्त स्थिति में मिलना और जिस भुवन के निमित्त से उसके शैवालाच्छादित जीवन के जमे पानी का प्रवाह फिर से शुरू हुआ था, उस भुवन के प्रति अपने लोभ को गौरा के लिए काटकर फेंक देना कुछ ऐसा काम है जैसा कि कर्ण ने अपने कवच कुंडलों का दान करके किया था। अपने संकल्प का परिचय वह देती है और 'ह्यूमन अंडरस्टैंडिंग' की भी। "भुवन गौरा का मन जानता है कि नहीं, यह भी वह नहीं जानती, पर जहां भी गहरा, कुछ मूल्यवान, कुछ आलोकमय हो, वहां दबे पांव ही जाना चाहिए, वह कहीं हस्तक्षेप नहीं करना चाहती, कुछ बिगाड़ना नहीं चाहती···। नदी में द्वीप तिरते हैं टिमटिमाते हुए, उन्हें बहने दो अपनी नियति की ओर, अपनी निष्पत्ति की ओर, नदी के पानी को वह आलोड़ित नहीं करेगी।" गौरा को वह प्रकट वचन भी देती है कि भुवन का अहित वह नहीं करेगी और अपनी दृढ़ संकल्प शक्ति के बल पर अपने को प्राण संकट में डालकर भी उसका पालन करती है। रेखा की अद्‌भुत संयम शक्ति का परिचय बार-बार मिलता है। तुलियन झील के वातावरण में जीवन की सार्थकता की चरम तृप्ति का आनंद देनेवाली अनुभूति प्राप्त करने के बाद भी भुवन के आग्रह के बावजूद रेखा वहां अधिक दिन नहीं ठहरती। वह सोचती है—भुवन उसे रहने को कहता रहे, सुनते-सुनते ही वह चली जाय। यह ठीक है, उसने सहसा कड़े पड़कर कहा था, "नहीं भुवन, जाऊंगी। मैंने वचन दिया था।" जिस पुरुष को पहली बार उसने चाहा—पुरुष के रूप में (मुझे कहने दो, भुवन, मेरी वह देह जैसे तुम्हारी ओर उमड़ी थी, वैसे कभी नहीं उमड़ी थी, शिरा-शिरा ने तुम्हारा स्पर्श मांगा, तुम्हारे हाथों का स्पर्श, तुम्हारी बांहों की जकड़, तुम्हारी देह की उत्तेजित गरमाई···) जाना था, जिसके निमित्त से ईश्वर के प्रति कृतज्ञता भाव जागा था, उसको छोड़कर चले जाना संयम और दृढ़ संकल्पशक्ति की पराकाष्ठा है। (कुछ आलोचकों ने रेखा को 'कामुक' भी कहा है! ठीक यही बात रेखा के प्रति अबौद्धिक ईर्ष्या के कारण चंद्रमाधव कहता है—"रेखाजी को मैं असाधारण स्त्री मानता था, पर अब देखता हूं, उनका

असाधारणत्व इसी में है कि वह साधारणत्व का चरमोत्कर्ष है, साधारण स्त्री की साधारण वासना अपने चरम रूप में उनमें विद्यमान है।" चंद्रमाधव किसी उद्देश्य से गौरा को यह लिखता है।

रेखा की मानसिक ऊंचाइयों के दर्शन कराने वाले कतिपय स्थल लेखक ने दर्शाए हैं – यह बात दूसरी है कि बाह्य स्थूल घटनाओं के माध्यम से जो पात्रों को परखना चाहते हों, वे इन सूक्ष्मताओं को न देख सकें। रेखा के समस्त व्यक्तित्व की गरिमा और भव्यता दिखाने वाला शिखर प्रसंग है—रेखा का गर्भवती होने के बाद विवाह को स्वीकृति न देना। यह ध्यान में रखना आवश्यक है रेखा किसी प्रकार से विचलित नहीं थी और अपनी संतान को सर्जन, बीनकार बना देने की उसकी आकांक्षा उसके मातृ हृदय से उपजी थी। गर्भवती होने की खबर वह भुवन को देती है, "...वह भविष्य में मेरी आस्था है भुवन, और उसे तुमने मुझे दिया है। अगर अब हम न मिलें तो भी वह भूलना मत।" गर्भवती रेखा की 'आध्यात्मिक कांति' देखकर मिसेज ग्रीव्ज़ भी चकित रह जाती है। भुवन भी उससे मिलने आता है तब—"व्यक्ति का आभिजात्य क्या है, उसकी सर्वोपरि सत्ता, उसका अखण्ड चक्रवर्तित्व, यह रेखा के निकट रहकर और उसका लोक-व्यवहार देखकर समझ में आ जाता है...।" अज्ञेय ने बड़ी बारीकी से इस प्रसंग का चित्रण किया है। भुवन रेखा के मिलने का यह वर्णन–"पहले दृग्मिलन के क्षण से कभी भी दोनों में किसी को यह नहीं लगा था कि उनका संपर्क कहीं टूट गया है और उसे फिर से स्थापित करना होगा; बराबर ही वे संपृक्त थे। पर फिर भी यद्यपि उनकी बातों में घनिष्ठ सौहार्द था, प्रणय था—मानो बात करने में दोनों यह अनुभव करते जा रहे थे कि वे बात नहीं कर रहे हैं, केवल पैंतरे कर रहे हैं...।" दोनों में ऐसा कुछ भी नहीं है जिससे यह क्षीण भी अनुमान निकाला जा सकता कि उस स्थिति को वे अवांछित मानते हों, उसको लेकर किसी के मन में परिताप की भावना हो। वही कृतज्ञता की भावना या फुल-फिल्ड होने का संतोष रेखा में है। यहीं पर रेखा के माध्यम से समस्त भारतीय नारी को और औपन्यासिक नायिका को एक विलक्षण ऊंचाई का स्तर प्राप्त होता है। आत्मनिर्भर बनने के लिए छोटी-छोटी नौकरियां करने वाली यह नारी सिक्युरिटी, स्टैबिलिटी, आर्थिक सुविधा, स्थिर सुखमय वैवाहिक जीवन—सबको ठुकराती हुई भुवन की मांग के और आग्रह के बावजूद विवाह करने से इंकार करती है। सामाजिक दृष्टि से गर्हित स्थिति में होने की संभावना प्रत्यक्ष होते हुए भी। रेखा के व्यक्तित्व की समस्त तेजस्विता, तर्क-कुशलता, बुद्धि और संवेदना मानो एकाग्र हो गयी हो। वह दृढ़ता से कहती है, "मैंने...तुमसे प्यार मांगा था; तुम्हारा भविष्य नहीं मांगा था, न मैं वह लूंगी।" वह अपनी बात को अधिक स्पष्टता से, अधिक तार्किकता से प्रस्तुत करती है, "तुम कुछ कहो, मैं नहीं भूल सकती कि जो हुआ है वह न हुआ होता तो...तुम

न मांगते, न कहते; इसलिए तुम्हारा कहना, परिणाम है। और यह कहना परिणाम नहीं, कारण होना चाहिए, तभी मान्य–तभी उस पर विचार हो सकता है।" नारी जीवन की स्वायत्तता, आत्म-निर्भरता, आत्माभिमान या आत्म-सम्मान, वरण की दृढ़ता और किसी के मंगल के लिए उत्सर्ग की भावना को आलोकित करने वाला सर्वांग सुंदर स्थल अब तक मैंने किसी उपन्यास में नहीं पढ़ा। यह नारी का एक नया अद्भुत अपूर्व रूप है––संभावित परंतु आदर्श नारी का। सामाजिकता और व्यक्ति की आन्तरिकता की यह टकराहट और व्यक्ति का नितान्त पवित्र, निरभिलाष, निःस्वार्थ विरोध अपनी निःस्वार्थ स्वायत्तता को सुरक्षित करने के लिये! विवाह में असुंदर का अनुभव, बंधी हुई होना, गौरा को दिया हुआ अभिवचन, भुवन द्वारा अपनी भावना का निश्चित प्रकटीकरण न करना, धृष्ट साहसिका हो सकने की शंका का अस्पष्ट बोध, दूसरे पर भार न डालने की इच्छा, भुवन का भविष्य––ये सारी बातें उस निर्णय को दृढ़ बनाने में सहायक हुई हों परंतु मूलभूत चीज है नारी की स्वायत्तता की रक्षा। और यह निर्णय पर्याप्त सोच-विचार के बाद—संभवतः तर्क के परे केवल विवेक के देवता को साक्षी रख कर किया गया, "सारी दलीलें मैं अपने को दे चुकी हूं। अब जो कहती हूं, वह उस सबके बाद है। ···"समझ लो कि यह निचोड़ है मेरी संचित की हुई तर्कातीत हठधर्मी का।"

गुणों का अतिरेक ट्रेजेडी का कारण है और सचमुच रेखा के व्यक्तित्व की टूटन भी उसके सद्‌गुणों के कारण है। ट्रेजेडी जितनी मनुष्य स्वभाव के वैशिष्ट्य पर निर्भर रहती है, उतनी ही कुछ नियति के खेल पर—आकस्मिकता, चांस, अपघात। रेखा जैसी मनस्विनी, तेजस्विनी, नारी के व्यक्तित्व की यह टूटन मृत्यु की परिणति से भी अधिक करुण, अधिक द्रावक है। इस टूटन की एक क्रमिक गति है—एक धीरतापूर्ण कलात्मक विकास है। हेमेंद्र की चिट्ठी, अनावश्यक दी गयी धमकियां, भुवन के बदनाम होने की आशंका और उसके भविष्य की चिंता, इन सबके कारण उसने वह निर्णय लिया जो उसके सुंदर भविष्य का, भविष्य में आस्था का सर्वथा नाश था। अस्वस्थ चित्त भुवन भ्रूण-हत्या के लिए रेखा को कोसते हुए भी लिखता है :····"अपने एक अंश को नष्ट होने देने के लिए स्वयं अपने को मर जाने दिया रेखा; उस अंश को, जो स्वयं भी मूल्यवान था, और उससे बढ़कर जो एक और मूल्यवान अनुभूति का फल था—इस सबका अनुभव करते हुए मैं तुम्हारे आगे झुक ही सकता हूं, संवेदना से भरकर तुम्हारे पास खडा हो सकता हूं, दोष नहीं दे सकता। और जब यह सोचता हूं कि यह बहुत बड़ा आत्मबलिदान भी मुझ पर तुम्हारे स्नेह की अभिव्यक्ति थी—तब तो गड़ जाने को जी चाहता है।" रेखा की ट्रेजेडी का पहला करुण आघात है उसे गर्भपात के लिए मजबूर होना, दूसरा आघात है भुवन का उसके प्रति मानसिक दुराव—

"प्यार मिलाता है, व्यथा भी मिलाती है, साथ भोगा हुआ क्लेश भी मिलाता है ; लेकिन क्या ऐसा नहीं है कि एक सीमा पार कर लेने पर ये अनुभूतियां मिलाती नहीं, अलग कर देती हैं, सदा के लिए और अंतिम रूप से ?" रेखा पर इस वास्तविकता की भयानक संमिश्र प्रतिक्रिया हुई। भ्रांत मन:स्थिति में लिखे हुए पत्र को कुछ अस्वस्थ मनोदशा में ही पढ़ा गया और रेखा की अपरिसीम पीड़ा का कारण बन गया। वह भुवन को केवल इसलिए कोसती है कि उसको दोष देकर भुवन ने उसकी पीड़ा को अर्थहीन ट्रेजेडी बना दिया। यद्यपि बाद में वह अपने आक्रोश को वापस लेती है, फिर भी भुवन के प्रति उसका मन संपूर्णतया स्वच्छ नहीं होता। उसके मानसिक अनमनेपन में, रोष में, खीझ में भी सदाशयता और सद्भावना की कमी नहीं थी परंतु वह उत्फुल्लता कभी नहीं थी जो पहले थी। वह एक 'प्रेत केलेंडर' हो जाती है। रेखा जैसी आत्म-निर्भर स्त्री कहीं पैर टेकने के लिए नौकरी करना चाहती है, विवाह भी एक समझौते के रूप में। "मुझे कहीं टिक जाना होगा, स्थिर हो जाना होगा, मान लेना होगा कि पड़ाव आ गया—इसलिए नहीं कि मेरी आकांक्षा की दौड़ वहीं तक थी, इसलिए कि मेरी सकत की दौड़ आगे नहीं है···" इस अंतिम वाक्य में उसकी ट्रेजेडी की करुणतम स्थिति ध्वनित हुई है। इस पत्र में भुवन के प्रति जो संमिश्र जटिल भाव व्यक्त हुआ है, उसमें रोष, ईर्ष्या, स्पर्धा, अरुचि, खीझ, व्यंग्य, तिलमिलाहट, जुगुप्सा और इस सबके साथ मंगल कामना करने वाला प्यार का अजीब घुला-मिला रूप है। यही रेखा को मानवीय स्तर पर रखता है। रेखा रमेशचंद्र से विवाह करती है परंतु भुवन के पूछने पर कहती है, "आई डोंट फील एट आल। वन जस्ट इज़। मैं भी हूं, होना ही काफी है, अनुभूति क्यों जरूरी है ?" गहन, तीव्र, उत्कट संवेदना से ओतप्रोत जीवन की यह परिणति ! प्राय: ट्रेजेडी में अंत में मृत्यु दिखायी जाती है—यहां दिखायी गयी है जीवित मृत्यु, संभावना से भरपूर जीवन का भीतर सूखता जाने वाला रूप !

रेखा की ट्रेजेडी के साथ डा० रमेशचंद्र को संयुक्त कर अज्ञेय ने अपनी कलात्मक अप्रतिम सूझबूझ का परिचय दिया है। रेखा जैसी, 'दुर्लभ' महिला की व्यथा का संबंध भौतिक जीवन की आवश्यकताओं या स्थितियों से नहीं होता—इस समस्त शोक-कथा का धरातल सूक्ष्म मानसिक है और इसीलिए डा० रमेशचंद्र यद्यपि उसे आर्थिक सुविधा और मानवीय सहानुभूति का गहरा संस्पर्श देता है, रेखा की ट्रेजेडी कम शोककारी या कम महत्वपूर्ण नहीं हो जाती। रेखा—भुवन, रेखा-गौरा, रेखा-रमेशचंद्र, इन सबके परस्पर संबंध अलौकिक काल्पनिक दुनिया के नहीं हैं, परंतु निश्चय ही संभाव्य परंतु असाधारण अवश्य हैं—आर्थिक चिंता से मुक्त समाज जीवन के अत्यन्त संस्कारित व्यक्तित्वों के बीच के ये आदर्श आत्मीय संबंध हैं। इनमें अगर कोई चंद्रमाधव बाह्य समान सभ्यता के कारण

आ भी जाता है तो अपने आप गर्हित और दयनीय बन जाता है। क्योंकि सभ्यता के मानो से इन्हीं के वर्ग का परंतु सांस्कृतिक-मानसिक धरातल पर इनसे पूर्णतया भिन्न व्यक्तित्व है चंदमाधव का।

'नदी के द्वीप' का दीप

भुवन को लेकर पर्याप्त मनोरंजक और हास्यास्पद बातें लिखी गयी हैं। भुवन वैज्ञानिक है परंतु उसके वैज्ञानिक होने का कोई प्रमाण उपन्यास में नहीं है, वह साहित्य के अत्यधिक कोटेशन बोलता है, वह निष्क्रिय है, भुवन पर गौरा और रेखा दोनों नारियां क्यों प्रेम करती हैं, वह कामुक है, उसके विचारों एवं संकल्पों का स्तर ऐसा ऊंचा नहीं कि विचारवान् पाठक को बरबस बहा ले जाय। भुवन गंभीर, विचारशील, शिष्ट, व्यक्तिनिष्ठ, भावुक, कामुक, एकान्त प्रिय, कमजोर, लोकाग्रही, असामाजिक है। (भगवतशरण उपाध्याय) भुवन का निःसंतति पितृत्व का आक्रोश सर्वथा पोला है और विवाह की बात सर्वथा झूठ है (भगवत०)।

दुर्भाग्य से हिन्दी समीक्षा की यह स्थिति है कि बहुत बार लेखक के व्यक्तित्व का आरोपण नायक पर किया जाता है और लेखक के प्रति ईर्ष्या और अरुचि का प्रकटीकरण नायक की आड़ लेकर होता रहता है। समीक्षा रचना की न होकर रचयिता की होती है।

भुवन वैज्ञानिक है परंतु उससे यह अपेक्षा कोई न करे कि वह हमें वैज्ञानिक फार्मूलों से आतंकित करे या प्रयोगशाला में ले जाये। वह भी एक विषय उपन्यास का हो सकता है परंतु वह फिर 'नदी के द्वीप' न होता। एक प्रेम कहानी का नायक बनकर जब वैज्ञानिक आता है तो हम यही अपेक्षा करेंगे कि वह प्रकृत मनुष्य की भांति ही नारी से व्यवहार करे—चुंबन से कितनी उष्णता उत्पन्न होती है, इसका विश्लेषण न करे। विज्ञान की बढ़ती प्रगति विशेषतः तकनीकी प्रगति और उससे मानव नियति का जो संबंध है और युद्ध के दौरान उसमें तकनीकी प्रगति के साथ जो समस्याएं बढ़ रही हैं, उनका भान उसे हो और यथा समय वह अपनी प्रतिक्रिया व्यक्त करे। इससे भी अधिक हम एक वैज्ञानिक नायक से यह अपेक्षा करते हैं कि जीवन में भावोद्वेलित करने वाली स्थितियों में भी वह अपनी तर्कना, युक्तिसंगत विश्लेषण क्षमता का परिचय अवश्य दे (वस्तुतः वास्तविकता यह है कि भारत में बड़े-बड़े वैज्ञानिकों में व्यक्तित्व का ऐसा विभाजन पाया जाता है कि प्रयोगशाला में वैज्ञानिक होते हुए भी परिवार की समस्याओं में घोर श्रद्धालु धार्मिक कर्मकांडी दिखाई देते हैं। परंतु यह दूसरी बात है।) भुवन में अपनी भावनाओं को बौद्धिक धरातल पर ले जाकर विश्लेषण करने की, सोचने की क्षमता है और अनुभूति की चपेट में आकर 'सत्य प्रेमी'

वैज्ञानिक इस प्रवृत्ति से झिझकता भी है। "...स्पष्ट ही केवल यात्रा का प्रत्यावलोकन काफी नहीं है; थोड़ा और पीछे देखना होगा। और पीछे देखने में—या क्रम से विश्लेषणपूर्वक देखने में— उसे झिझक क्यों है, वह अनमना क्यों है ? सप्ताह-भर से कम का सामाजिक परिचय—कौन उसमें ऐसे छायावेष्टित रह : स्थल हैं जिनमें जिज्ञासा की किरण के पहुंचने से वहां पलती कोई छुई-मुई अनुरागानुभूति मर जायगी।"—पीछे कारणों तक जाने की, विश्लेषण करने की, जिज्ञासा रखने की प्रवृत्ति निश्चय ही भुवन के वैज्ञानिक होने का प्रमाण है। सौभाग्य यह है कि वह निरा वैज्ञानिक न होकर साहित्य और कलाओं के सौंदर्य का प्रेमी भी है, अत: उसमें गलत ढंग का खंडित व्यक्तित्व नहीं है।

रेखा-गौरा भुवन को प्यार क्यों करती हैं ? एक सीमा तक ही इसका उत्तर दिया जा सकता है। सही प्रश्न यह होना चाहिए कि यह प्रेम कहां तक विश्वसनीय है, उसका स्वरूप क्या है ? यही प्रश्न चंद्रमाधव को भी पड़ा था। "लेकिन ईस्टर की छुट्टियों में भुवन के लखनऊ में बिताये हुए एक सप्ताह का ठीक वही असर हुआ, यह उसे नहीं लगा। बल्कि उसे अचम्भा, निराशा और कुछ खीझ भी हुई, कि न तो भुवन उतना गब्बू ही साबित हुआ जितना जानता (और चाहता) था; और न उसकी उपस्थिति से चंद्र की ब्रिलियेंस का वह प्रभाव ही रेखा पर पड़ा जिसकी उसने आशा की थी। जिस मुहावरे में सोचने का वह आदी था, उसमें भुवन उससे 'बाजी ले गया' था; स्पष्ट ही रेखा उसकी बातों से प्रभावित हुई थी, और उसकी अप्रगल्भ गहराई के प्रति सम्मान का भाव उसमें आ गया था; मानो अप्रगल्भता ही गहराई हो। 'तावदेव शोभते'। पर भुवन बोला तो काफी था, प्रभाव उसकी चुप्पी का नहीं था...भुवन पढ़ता-बढ़ता रहता है, कोटेशन भी उसे बहुत याद हैं; और यह जो बारीक-बारीक भेद करने की बात है, इसका भी प्रभाव शायद स्त्रियों पर बहुत पड़ता है—वे खुद जो मोटी-मोटी व्यावहारिक बातें सोचती हैं। यों रेखा भी सोचने वाली है, पर एक बात यह भी है कि पुरुष की उदासीनता का भी अपना आकर्षण होता है—खासकर उस स्त्री के लिए जो बराबर पुरुषों का अटेंशन पाती रही हो"—यह लम्बा उद्धरण इसलिए दिया गया है कि आलोचकों ने भी यही सवाल उठाया है। वस्तुत: सुसंस्कृत समाज में व्यक्तित्व का प्रभाव इस बात पर निर्भर नहीं है कि वह क्या करता है परंतु इस पर है कि वह क्या सोचता है, क्या और कैसे बोलता है, व्यक्तित्व में कितना संयम है, सफाई है। भुवन निष्क्रिय है। पता नहीं निष्क्रियता से क्या मतलब आलोचकों का रहा है। बर्ट्रांड रसेल अपने अध्ययन कक्ष में ही सर्वाधिक सक्रिय व्यक्ति था। एक सुसंस्कृत व्यक्तित्व का दूसरे सुसंस्कृत व्यक्तित्व पर प्रभाव पड़े, इतनी स्थितियां रेखा-भुवन के मिलन प्रसंग के अवसर पर अवश्य उपस्थित थीं। यद्यपि उन दोनों में एक 'रिजर्व्डनेस' है, फिर भी लेखक ने उन्हें रेल से प्रवास करवाकर

पर्याप्त निकट लाने का कलात्मक प्रयत्न किया है। स्वयं लेखक लिखता है : "पर रेल का सफर शायद इस तरह के आत्म प्रकाशन को सहज बनाता है—चलती गाड़ी में इस अजनबी को बहुत-सी ऐसी निजी बातें कह देते हैं, जो अपने ठिकाने पर घनिष्ठ मित्रों से भी न कहें।" वस्तुतः इससे अधिक चर्चा बेमानी है। रेखा को निश्चित पता था कि भुवन अन्य पुरुषों से निश्चय ही विशिष्ट है जिस पर विश्वास किया जा सकता है। दोनों के मानसिक सांस्कृतिक धरातल भी समान थे।

भुवन शिष्ट, संकोची, चिंतनशील व्यक्ति है और गौरा के साथ उसके संबंधों में भी यही रूप प्रकट होता है। गौरा-भुवन के शिक्षक-शिष्या के आदर्श संबंध एक विशिष्ट अभिजात स्तर पर दिखाये गये हैं और भुवन पर 'कामुकता' का अरोप लगाने वालों को इन पवित्र, अशरीरी संबंधों का बारीकी से पुनरावलोकन करना चाहिए। गौरा के विवाह के समय गहरी दिलचस्पी परंतु तटस्थता का जो प्रत्यय भुवन देता है, वह अद्‌भुत है। एक आदर्श शिक्षक की भांति समस्या के विविध पहलुओं की ओर गौरा का ध्यान तो खींचता है परंतु निर्णय लेने का कार्य सर्वथा उस पर छोड़ देता है—कहीं भी अनावश्यक घुसपैठ नहीं है। भुवन के व्यक्तित्व का और आचरण का एक महत्त्वपूर्ण मानदण्ड उस पत्र में प्रकट होता है—"कोई किसी के जीवन का निर्देशन करे, यह मैं सदा से गलत मानता आया हूं, तुम जानती हो। दिशा-निर्देशन भीतर का आलोक ही कर सकता है, वही स्वाधीन नैतिक जीवन है, बाकी सब गुलामी है।" अपनी आंतरिक शक्ति को आधार बनाकर निर्णय लेना और सब तरह का जोखिम उठाने को तैयार रहना, यह भुवन का मत है और इसके संबंध में ज्यादती करना, पहल करना असंस्कृतता का लक्षण है। भुवन में अंत तक गौरा के प्रति 'आसक्ति' का भाव नहीं है, यद्यपि सख्यता-मित्रता है। सभी स्तरों पर एक गहरा अनुशासन भुवन के मन में रहा है।

रेखा के प्रति गहन आसक्ति के होते हुए भी भुवन रेखा की ही भांति अद्‌भुत संयम और दृढ़ अनुशासन का परिचय देता है। रेखा-भुवन के प्रथम चुंबन के प्रसंग को इस संदर्भ में अधिक बारीकी से देखना होगा। भुवन की शिशुता देखकर, भोली खुली जाड़ों की धूप की तरह खिली हुई हँसी देखकर वह निश्चय करती है—"नहीं, वह अपनी परछाई नहीं पड़ने देगी यहां पर, वह चली जायगी।" उसकी आंखों में आंसू देखकर—"उसके हाथ अनैच्छिक गति से रेखा के आंसू पोंछने को हुए, पर फिर उसे ध्यान आया कि बालू से सने हैं; और अनिश्चित से अध-बीच रुक गये। सहसा किंकर्तव्यविमूढ़ करुणा से भरा हुआ वह झुका और रेखा की गीली पलकें उसने चूम लीं।" यहां पहली बार करुणा द्रवित अवस्था में रेखा को भुवन चूम लेता है। नौकुछिया ताल के प्रसंग का पूरा चित्रण संयम और

कलात्मकता की दृष्टि से अपूर्व है। पहली रात को भुवन से रेखा प्रार्थना करती है कि वह कोई गीत गाये, भुवन बाहर जाता है, इधर थकी रेखा सो जाती है—भुवन भी। कहीं कुछ काम-बुभुक्षा या काम-पीड़ा नहीं। दूसरे दिन रेखा के समर्पण और भुवन के इन्कार (?) का प्रसंग है। कहीं भी अभिरुचिहीन वाक्य नहीं है। भुवन 'रियल' तो है परंतु दोनों के संबंधों में सौंदर्य का इतना अतिशय्य है कि भुवन उसपर 'छांह' करते हुए रोता है--"यह इन्कार नहीं है, रेखा, प्रत्याख्यान नहीं है···यह सब सुंदर है, बहुत सुंदर···वह–वह सौंदर्य की चरम अनुभूति होती है–होनी चाहिए। मैं मानता हूं···इसीलिए डर लगता है, अगर वह–अगर वैसा न हुआ—जो सुंदर है, उसे मिटाना नहीं चाहिए। तुमने जो दिया है, उसके सौंदर्य को मैं मिटाना नहीं चाहता, रेखा, जोखम में नहीं डालना चाहता। वह बहुत सुंदर है, बहुत सुंदर···" जो जीवन के अनुभवी हैं और सेक्स में भी सौंदर्य देख सकते हैं, उनपर भुवन की इस प्रतिक्रिया का आश्चर्यजनक प्रभाव नहीं पड़ना चाहिए। यह भी ध्यातव्य है—भुवन के जीवन में उस तरह आनेवाली रेखा पहली स्त्री है। फिर भुवन के मन में इस बात को लेकर सोच है (भारतीय संस्कृति के अभिमानी व्यक्तियों के लिए अज्ञेय ने यहीं पर मांगने वाली पौराणिक स्त्रियों का संदर्भ दिया है)। भुवन विचलित होता है—रेखा के प्रति गहरी कृतज्ञ भावना से उसका मन भर जाता है, उसके श्रेष्ठ दान से अभिभूत होता है—"सहसा रेखा के प्रति एक गहरे कृतज्ञ भाव ने उसे द्रवित कर दिया : कैसे यह स्त्री सब-कुछ इस तरह उत्सर्ग कर दे सकती है, बिना कुछ प्रतिदान मांगे, बिना कोई सुरक्षा चाहे—बल्कि सुरक्षाओं की संभावनाओं को लात मार कर। क्यों ? क्योंकि वह भुवन को प्यार करती है, उसे कुछ देना चाहती है ? कुछ नहीं, सब कुछ, अपना आप। कैसी विडंबना है यह स्त्री की शक्ति की कि उसका श्रेष्ठ दान है स्वतः अपना लय अपना विनाश। लेकिन लय के बिना और श्रेष्ठ दान कौन-सा हो सकता है ? अहं की पुष्टि के लिए समर्पण नहीं, अहं का ही समर्पण, समर्पण है···" सेक्स को एक शारीरिक भूख या नोच-खसोट की वस्तु या राहत पाने का साधन-भर जो मानते हैं, उनकी समझ में सचमुच नहीं आयेगा कि उसकी कौन-सी संज्ञा सब-कुछ कर चुकने पर भी अन्त्य इष्ट को रोक देती है। रेखा उसको समझ सकी— "किसी पर छांह करते हुए उसके लिए रोना नामर्दी नहीं है, भुवन।"··यह बात सही है कि जिनकी नजर में मानसिकता की महत्ता, मूल्यवत्ता और प्राथमिकता नहीं है, वे इस पूरी कशमकश को महत्त्व न दें, परंतु इसके संबंध में रेखा अपनी डायरी में लिखती है : "डर नहीं, एक दूर का कोई अनुशासन, कोई एक मर्यादा, जिसके स्रोत तक मेरी पहुंच नहीं थी।"

फिर भी दोनों को मिलना था क्योंकि दोनों संयमी थे, परंतु कुंठित विकृत, अमानवी नहीं थे। इसी कारण तुलियन झील वाला प्रसंग उद्भूत होता है। दोनों

कशमकश से मुक्त हुए हैं—जीवन की सार्थकता और आनंद के क्षण अगर एक-दूसरे के प्रति समर्पित होने में है तो उसको रोकना भी जीवन के प्रवाह को, ऊर्जा को कुंठित करना होगा। रेखा के जीवन की शाब्दलाच्छादित झील स्वच्छ हुई, जल प्रवाहित हुआ। भुवन के माध्यम से उसने चरम तृप्ति पायो और भुवन उस चरम परितृप्ति का निमित्त बना—"तो क्या यही फुलफिलमेंट नहीं है कि कोई किसी को वह चरम अनुभूति दे सके—देने का निमित्त बन सके—जो जीवन की निरर्थकता को सहसा सार्थक बना देती है ? सचमुच ऐसे संधिस्थल पर ही मरना चाहिए, यह कहते हुए कि मैं कुछ दे सका जो मुझसे बड़ा है, मुझसे अच्छा है···" वासना या काम को उस स्तर तक ले जाकर देखना कि उसमें लौकिकता का अतिशय उदात्त स्तर-आध्यात्मिकता का स्तर प्रकट हो, विरल है। इन कुछ थोड़े से दिनों में निश्चय ही दोनों जीवन में उन्मुक्त रूप में आनंद प्राप्त करते हैं—सुंदर खुली प्रकृति को साक्ष्य रखकर। परंतु और कुछ दिनों के लिए साथ रहने की संभावना होते हुए भी रेखा भुवन के आग्रह के बावजूद चली जाती है—भुवन उसे नहीं रोकता। गर्भवती रेखा से मिलने पर कश्मीर में स्नेह की उत्कट छाया में भी दोनों में काम-मुक्ति का कोई क्षीण प्रयास भी नहीं दिखायी पड़ता। वासना की परितृप्ति के बाद उससे प्राप्त आनंद की, अर्थवत्ता की खोज मन-ही-मन भुवन अवश्य करता है परंतु काम की मानसिक जुगाली कहीं भी नहीं करता।

अपनी आन्तरिकता के आलोक में महत्वपूर्ण प्रश्नों का निर्णय कर उसके लिए हर प्रकार से जोखम में डालने का एक दृढ़ अनुशासन भुवन में है और उसमें आनंद भी उसे मिलता है। गर्भवती बन जाने की खबर पाकर क्षणभर के लिए उसकी स्थिति ऐसी हुई—"और ऐसा जगाया कि फिर वह कभी उस अवस्था को नही लौटा; फिर भी जब आयी तो एक प्रकार की जड़ता आयी, और उसके भीतर एक आलोक नहीं' एक गुपीला अंधकार···" इसी के पहले लेखक ने रेखा के समूचे व्यक्तित्व का जो सुंदर प्रभाव भुवन पर पड़ा है, उसका प्रत्ययपूर्ण वर्णन किया है। फिर भुवन के मानसिक ऊहापोह का यथावत् सूक्ष्म अंकन—"एक अद्भुत भान उसके मन में भर गया, जिसमें वात्सल्य भी था, करुणा भी, एक आतुर उत्कंठा भी और एक बहुत हल्की-सी जुगुप्सा भी।" फिर रेखा के दान के प्रति एक कृतज्ञता का भाव और बोझ का अनुभव—"नहीं, इतना बड़ा दान वह नहीं ले सकेगा। उदार होकर देना कठिन है, होगा पर उदार होकर लेना और भी कठिन है···" उसके व्यक्तित्व की मूलभूत प्रेरणाओं को अगर सही पकड़ा गया हो तो उसके संकल्प की दृढ़ता भी समझी जा सकती है।—ऐसा दान वह नहीं लेगा जो पानेवाले का दम घोंट दे, और देनेवाले को भी संकट में डाल दे···" एक वैज्ञानिक की भांति वह ठोस रूप में सोचता है, परिणाम तक ले जाकर सोचता है और रेखा से मिलने के लिए रवाना हो जाता है। "प्रार्थना-सी यही बात बार-

बार उसके होठों पर आने लगी कि जब वे मिलें तो रेखा अकेली हो।" भुवन रेखा के प्रति अपनी भावना को अच्छी तरह जान भी गया है। वह करुणा से नहीं, प्रेम से विवाह की बात उठाता है। रेखा अस्वीकृत कर देती है। वैज्ञानिक भुवन के पास भी तर्क हैं परंतु 'सत्य' के सामने अपने तर्कों की अपर्याप्तिता जानने की सामर्थ्य भी है। वह कम-से-कम संतान की जिम्मेदारी प्रेम और आनंद से स्वीकार करने को तैयार है। गर्भवती अवस्था से लेकर गर्भपात तक की अवस्थाओं में हर प्रकार से भुवन की मानसिकता का इतना ठोस और प्रत्ययपूर्ण चित्रण अज्ञेय ने किया है, फिर भी पता नहीं, भगवतशरण उपाध्याय को वह 'झूठ' क्यों लगा। कहीं हम सामान्य पुरुष वर्ग की तथ्यता तो भुवन पर आरोपित नहीं करते?

गर्भपात के उपरान्त भुवन के मन में निश्चय ही अपराध भावना उत्पन्न होती है और उसके भयानक बोझ को कंधे पर लेकर वह रेखा से, गौरा से, परिचित जीवन से दूर भटकने लगता है। उसकी तेज विवेक शक्ति और जिम्मेदारी की भावना एवं सूक्ष्म संवेदना की मांग है कि वह अपराधी महसूस करे। यह रेखा को कलकत्ते की गाड़ी में बिठाते समय ही स्पष्ट हो जाता है··· "वह उसमें सवार होगा, फिर वह भी चल देगी; उसे आर-पार भेदती हुई, एक बड़ा रिक्त बनाकर उसमें असह्य गड़गड़ाहट और गर्म भाव भरती हुई।"

भुवन के भीतर कुछ टूट जाता है—प्यार नहीं, प्यार से संबद्ध जादू, आवेश। वह रेखा से स्पष्ट कह देता है—एक सीमा पार कर लेने पर अनुभूतियां सदा के लिए अलग कर देती हैं। सामान्य जीवन में महत्वपूर्ण लगने वाले विवाह और स्थायित्व का सवाल यहां नहीं था, आन्तरिक सच्चाई से सामना करने का प्रश्न था। रेखा भी भुवन की विवशता जानती है, उसके भटकने में संकेत देखकर उससे दूर होती है—डा० रमेशचंद्र से विवाहबद्ध होकर। युद्ध में भर्ती होना एक निमित्त है, असली तथ्य है सागर का बूढ़ा जो कंधे पर सवार है। यह नहीं कि स्वस्थ अवस्था में भुवन ने युद्ध पर जाने का निर्णय न कर लिया होता। जैसा लेखक ने उसे चित्रित किया है, उससे यह संभावना थी, उसमें है—परंतु प्रयोजन दूसरा होता। इस समस्त टूटन और भटकन में जो पीड़ा है, उसे नजरअंदाज नहीं करना चाहिए। एक धार्मिक वचन है—हत्यारा भी पाप से मुक्त होता है अगर वह पीड़ा के बीच से गुज़र जाये। भुवन पीड़ा के तीखे दंश से विकल है। "··· लौटकर किसी से भी मिलने का मुझे डर है, जैसे मैं स्वयं अपना प्रेत हो गया हूं, और डरता हूं कि लौटकर जब लोगों से मिलूंगा तो पाऊंगा कि मैं तो अब सच नहीं हूं, केवल प्रेत हूं—और वैसा पाना मैं नहीं चाहता, नहीं चाहता।" आश्चर्य होता है भुवन के ये सारे वाक्य समीक्षा जगत् में व्यर्थ क्यों गये? राम की गिलहरी गौरा उसके घाव को भरना चाहती है—खुद को नष्ट करके। भुवन कहता है, "यह मत कहो गौरा। मैं और सुन नहीं सकता, और अब आगे—हलका ही चलना

चाहता हूं।" भुवन की आन्तरिक व्यथा को अभिव्यक्त करने वाले इन मर्मस्पर्शी शब्दों पर भी जिन्हें विश्वास न आता हो, वे रेखा के शब्दों में विश्वास करें···" भुवन हँसा। अबकी बार रेखा ने लक्ष्य किया, उसके स्वर में जो गहराई है, वह एक हद तक शायद इसलिए भी है कि कहीं कुछ खोखला है, शून्य है—ऐसी सूनी थी वह हँसी, जैसे उसके नीचे अनुभूति या आनंद की कोई पेंदी न हो, अधर में ही वह फूट पड़ी हो।" इस खोखलेपन को रेखा नहीं भर सकती थी, गौरा अवश्य भर सकती थी। इसीलिए रेखा भुवन को जोर देकर कहती है, "तुम में जो सत्य है, उसके प्रति अपने को बन्द मत करो—उसके प्रति खुलो।" संभवतः इन सभी बातों की निष्पत्ति है कि भुवन गौरा को वचन देता है कि "अब नहीं भागूंगा।" भुवन के पत्र, उसकी डायरी, रेखा और गौरा की उसके प्रति भावना—इनके माध्यम से भुवन को जाना जा सकता है, न कि अपनी साधारण मानसिकता का आरोप करके।

द्वीप और दीप

भुवन और रेखा के व्यक्तित्वों में समानता है, इसीलिए उनमें आकर्षण और प्रेम उत्पन्न हुआ। दोनों अपने व्यक्तित्व के प्रति सजग हैं, दोनों सभी स्थितियों में अपनी अन्तरात्मा को निर्णायक मानते हैं, दोनों सौंदर्य और शिव के प्रति समर्पित हैं, दोनों में दृढ़ संकल्प शक्ति, विलक्षण संयम, उदार करुणा, और आत्मीयता है। सभ्यता, शिष्टता, चिन्तनपरकता, अन्तर्मुखता की समान प्रवृत्तियां दोनों में पाई जाती हैं। दोनों अपनी आन्तरिक ईमानदारी और अनुभूति के प्रति सजग हैं। दोनों में कृतज्ञता-भाव ओत-प्रोत है, दूसरे का दान या उपकार लेते समय दोनों को अजीब-सा संकोच होता है। वे न दूसरे व्यक्ति का उपयोग करना चाहते हैं, न अपनी ओर से कोई कष्ट देना चाहते हैं, न ऊब भी पैदा करना चाहते हैं।

फिर भी दोनों में अंतर है। यह अंतर इसलिए नहीं पैदा हुआ है कि जीवन विषयक धारणा में कोई मूलभूत अंतर है बल्कि दोनों को जीवन में जो विभिन्न स्थितियां और अनुभव मिले हैं, उनके कारण हैं। रेखा को जीवन में जो दुःख मिला, वह भुवन को नहीं मिला। भुवन सभ्य समाज से भले ही दूर रहा हो, उसके वैज्ञानिक होने के कारण वह एकान्त पोषक ही रहा। रेखा को सदैव सभ्य समाज में ही विचरना पड़ा, आर्थिक आत्मनिर्भरता के लिए छोटी-छोटी नौकरियां करनी पड़ीं, इसलिए छोड़नी भी पड़ीं कि वह घटिया और व्यावहारिक समझौता कभी नहीं कर पाई। अपात्र पति का जलाने वाला दुःख और सभ्य समाज की लिसलिसी दृष्टि को सहती हुई रेखा अनिश्चित जीवन बिताती रही और उसकी जिजीविषा ने या मूल्यबोध ने वर्तमान क्षण के सुख को स्वीकार करने की, उसी

की उत्कट रूप में जीकर आनंद लाभ करने की प्रवृत्ति उत्पन्न की। अपनी आंतरिक सच्चाई को साक्षी रखते हुए, पाप-बोध या अपराध-बोध से विहीन वर्तमान के क्षण को सत्य मानना और उसके लिए स्थिरता, भविष्य, चिरंतनता, दुनिया में महान् काम करने की आकांक्षा, अधिकार, अर्थ-संचय आदि दुनिया की मामूली चीजों से समझौता न करना रेखा की प्रवृत्ति बन गई। वह मानती है कि काल-प्रवाह में व्यक्ति का जीवन छोटे द्वीप हैं, उनका भविष्य काल-प्रवाह के वश में है—व्यक्ति केवल अपना जीवन जी सकता है। इसके विपरीत भुवन काल-प्रवाह में द्वीपों के बीच सेतु बांधने की कल्पना करता है, व्यक्ति एकान्त द्वीप नहीं है, सामूहिकता के लिए रौंदे जाने की संभावना स्वीकार कर भी वह सेतु बांधना चाहता है। रेखा के अतीत के अनुभव ने उसे सिखाया है, व्यक्ति सत्य है, मानवता युक्ति-सत्य। भुवन उसकी तार्किकता स्वीकार करता हुआ भी व्यक्ति और समाज में सामान्यता देखता है। रेखा ओएसिस देखती है तो मरु के अस्तित्व का अहसास करती है क्योंकि उसने जीवन में यही देखा है। इसके विपरीत भुवन मानव-जीवन को दोषों के बावजूद मरुभूमि नहीं मानता। वह यह भी मानता है कि "व्यक्ति की जड़ें घरों में नहीं होतीं—समाज जीवन में होती हैं।" इसके विपरीत समाज जीवन के विषाक्त अनुभव से पीड़ित रेखा अपने ही वैयक्तिक अनुभव का सार-संचित बताती है। "···मैं ज्ञान के तरु की तरह हूं—ऊर्ध्व मूल—मेरी जड़ें आकाश में खोई फिरती हैं।"

भुवन के जीवन में स्थिरता है, भविष्य के प्रति आस्था है और भविष्योन्मुख गति में संयत, धीर, गंभीर संचालन है। रेखा बहुत बार इस अंतर को व्यक्त करती है : "आपके सामने—ऐसा मेरा अनुमान है—भविष्य का एक चित्र है, कहीं मंजिल है, ठिकाना है। इसलिए रास्ता भी है।" बीमार भुवन से रेखा कहती है, "भुवन, मेरा तो हुआ, पर तुम ? तुम भविष्य की ओर नहीं देखते ? जरूर देखते होगे—बल्कि मैं चाहे न देखूं, तुम तो रह नहीं सकते, तुम्हारे मन का संगठन ही ऐसा है।" भविष्य के प्रति आस्थाशील व्यक्ति में एक अनुशासन का बोध रहता है, जो वर्तमान को नियंत्रित करता है। ऐसे व्यक्ति वर्तमान को उत्कट रूप में जीनेवालों की तुलना में कम चमकीले, कम प्रभावपूर्ण लगते हैं परंतु अधिक कार्यक्षम और अधिक सृजनशील होते हैं। रेखा भुवन को किंचित् रोष से, किंचित् व्यंग और चिड़चिड़ाहट से, विद्रोह से परंतु फिर भी बहुत कुछ सद्भावना से जो पत्र लिखती है, उसमें कहती है कि वह भुवन की निराशा को स्वीकार नहीं करती, वह उसके ऊपर उठेगा। विशाल पैटर्न में रेखा एक तार है। इस पत्र का संमिश्र प्रभाव पाठक पर पड़ता है। रेखा के ट्रैजिक जीवन की गहरी चोट पाठक के मन पर पड़ती है परंतु आघात से तटस्थ होने के बाद यह मानना पड़ता है कि रेखा और भुवन का यही रिश्ता प्राय: जीवन में रहता है—सृजनशील व्यक्ति को गहरे

स्तर पर भविष्योन्मुखी और दिशा-निर्दिष्ट होना ही पड़ता है। यह बात दूसरी है कि हमारी सारी करुणा का पात्र रेखा बनती है और उलहने का भागी भुवन। परंतु यह तात्कालिक भावोद्वेलन की स्थिति है, स्थिरधी विचार की नहीं।

जीवन का सेतु : गौरा

'नदी के द्वीप' का तीसरा महत्वपूर्ण चरित्र है गौरा। नेमिचंद्र जैन गौरा के व्यक्तित्व से, चित्रण-कला से, उपन्यास में उसकी उपयोगिता से, रेखा की तुलना में उसके बचकानेपन से, उससे भुवन के द्वारा किये गये विवाह-प्रस्ताव से बेहद चिढ़े हुए हैं। नेमिचंद्रजी की बात पर विश्वास किया जाय, तो मितव्ययता का सर्वत्र परिचय देने वाले अज्ञेय की इस फिजूलखर्ची पर सिर ही पीटना पड़ेगा। परंतु ऐसा नहीं है।

यद्यपि रेखा, भुवन, गौरा में सांस्कारिक समानता है, परंतु गौरा का चिंतन-परक धरातल उतना प्रौढ़ नहीं है, जितना रेखा का। इसका एक कारण रेखा की तुलना में गौरा का सुखमय, स्थिर, शांत पारिवारिक जीवन है और दूसरा कारण उसकी छोटी उम्र भी। उसमें ढुलमुलपन नहीं है, दृढ़ता है। उसके शालीन सुसंस्कृत, विनम्र व्यक्तित्व की तह में आत्म-सम्मान का भाव, आत्म-क्षमता की परख, स्वतंत्रतापूर्वक निर्णय लेने की क्षमता, जागरूक विवेक है। अज्ञेय ने उसके तीन रूप हमारे सामने क्रमशः परंतु ठोस रूप में प्रस्तुत किये हैं; बचपन की नटखट हठीली चंचल गौरा, किशोरावस्था की गुरु-पूजक श्रद्धालु गौरा और यौवनावस्था की आत्मतेज से दीपित गौरा।

गौरा के व्यक्तित्व की परीक्षा तीन बार हुई है : असम्मत विवाह के अवसर पर, रेखा के साथ ईर्ष्या-मुक्त स्थिति में भेंट के अवसर पर और टूटे भुवन के कंधों पर से सागर के बूढ़े को उतारने के प्रसंग में। तीनों बार उसके व्यक्तित्व के नानाविध पहलू सशक्त रूप में दृष्टिगोचर हुए हैं। भुवन-रेखा के संबंधों को जो विशिष्ट दिशा मिली है, उसके मूल में गौरा का समर्पित, निष्ठावान व्यक्तित्व है। अज्ञेय ने गृहस्थी के लिए अत्यावश्यक व्यवस्थाप्रियता के दर्शन हमें रेखा में विशेष रूप में नहीं कराये, गौरा में उसकी समूची झलक मिलती है। गौरा में जबर्दस्त 'अंडरस्टैंडिंग' है, इसलिए रेखा-भुवन के संबंधों को लेकर वह व्यथित है परंतु अनावश्यक रूप से दखल नहीं देती। भुवन को प्रसंग के अनुसार वह साधिकार उपदेश भी दे सकती है। चंद्रमाधव को वह कभी छूट लेने नहीं देती (···कल की यह छोकरी, उससे—चंद्रमाधव से—मिले और ऐसी चिकनी साफ दीवार बनकर कि कहीं उसे छुआ न जा सके, भेदने की बात तो अलग; और तिसपर ऊपर से इतनी चिकनी, विनीत, मानो संकल्प-शक्ति क्या होती है, यह उसने कभी जाना ही नहीं!) परंतु भुवन से यह कह सकती है कि उसपर

गुस्सा कर अपने को छोटा न करें। भुवन के प्रति एकोन्मुख निष्ठा होते हुए भी वह कार्य का जजमेंट देने नहीं देती। उसपर बचपने का आरोप करनेवालों को चाहिए कि उसकी डायरी के अंश कुछ ध्यान से पढ़ें—"मेरे जीवन के सारे तन्तु तुम्हारे चारों ओर लिपट गये हैं। वे बहुत सूक्ष्म हैं, तुम्हें बांधेंगे नहीं, पर तुम उन्हें छुड़ा नहीं सकोगे, तोड़ ही सकोगे—और सब नष्ट करके ही। उनका कोई बोझ तुम पर नहीं होगा।" या "वचन दो कि तुम अपने को अनावश्यक संकट में नहीं डालोगे···जो आवश्यक है, उससे मेरी होड़ नहीं, वह तुम्हें पुकारे, तुम उसे वरो; पर जो अनावश्यक है, उसे तुम नहीं पुकारोगे।" एक प्रकार से रेखा-भुवन संबंधों के टूट जाने पर जिस आंतरिक बोझ से, पाप-भावना से, अपराध-बोध से भुवन भागा-भागा फिर रहा था, उसे निरर्थक और व्यर्थ होने से बचाया गौरा ने। भुवन पर ममत्व की छांव डालने वाली शिवत्व शक्ति मानो गौरा के रूप में खड़ी है। रेखा इसे पहले से जानती है, इसीलिए प्रथम भेंट में ही अपनी अंगूठी गौरा को देना चाहती है। रेखा की जीवन, दृष्टि के सामने गौरा का यह मंतव्य रखा जाय, तो उसको भली-भांति समझा जा सकता है।—"रेखा दीदी, मेरे पास दर्शन अभी कुछ नहीं है, एक आस्था है और कुछ श्रद्धा, और सीखने की, सहने की, और यत्किंचित दे सकने की लगन है; इनके और आपके स्नेह के सहारे मुझे लगता है कि मैं चारों ओर बहते अजस्र प्रवाह में खड़ी रह सकूंगी; एक नगण्य व्यक्ति-पुंज, अस्तित्व का एक छोटा-सा द्वीप, लेकिन जो फूलना चाहता है, फूल झराकर नदी के बहते जल को सुवासित कर देना चाहता है—फिर नदी चाहे जो करे, उन फूलों की गंध ही पहुंच जाय, दूर, दूर, दूर···"

अलंकृत सभ्यता

यह कहा गया है कि प्रस्तुत उपन्यास में व्यक्तित्वों के मुख्यतः दो स्तर हैं—एक स्तर पर भुवन, रेखा, गौरा हैं। दूसरे स्तर पर चंद्रमाधव, हेमेंद्र हैं। रेखा एक स्थान पर कहती है, "सभ्यता जो ह्रासोन्मुख हो जाती है, वह किसलिए? कि समर्थ प्रकृत चरित्र सभ्यता के पोसे हुए पालतू चरित्र के नीचें दब जाता है—व्यक्ति चरित्रहीन हो जाता है। तब वह सृजन नहीं करता, अलंकरण करता है। नये बीज की दुर्निवार शक्ति से जमीन फोड़कर नये अंकुर नहीं फेंकता, पल्लवित नहीं होता; झरे फूल चुनता है, मालाएं गूंथता है, मालाओं से मूर्तियां सजाता है। जब मूर्ति पर मालाएं सूख जाती हैं तब हमें ध्यान होता है कि सभ्यता तो मर चली···" चंद्रमाधव भी हमारी सभ्यता के ह्रासोन्मुखी पहलू का प्रतिनिधित्व करता है।

वह चाहता है दुनिया उसके बनाये या चाहे ढंग से चले, अगर नहीं चलती है तो नोच-खसोट पर उतारू हो जाता है। उसका सनसनीखेज व्यक्तित्व कहीं जड़ें

नहीं जमा पाता, उसका अपना कोई सांस्कृतिक मूल्यों से संस्कारित धरातल नहीं है। जीवन से वह अंतिम बूंद तक दाना ही पाना चाहता है–बिना प्रतिदान किये। परिणामतः उसे छोटी-छोटी टुच्ची अनुभूतियां ही मिलती हैं। बुद्धिमान है परंतु अनुशासन, संकल्प-शक्ति और साधना का मज़ाक ही उड़ाता है। इसीलिए वह साधारण ही रह गया है। इसी साधारणता से उसे बेहद चिढ़ है—"यह साधारण-पन ही तो असली खा जानेवाला घुन है; यह तो सबसे बड़ा, सबसे चुभने वाला, अकिंचनता की कसक से बराबर सालते रहने वाला दुःख है। वस्तुतः चंद्रमाधव को जो असाधारणता चाहिए, वह किसी साधना से प्राप्त सृजनात्मक कार्य के दौरान मिलने वाली अप्रतिम अनुभूति की नहीं; साधारण पर आक्रामक विजय की, सामान्यों को तोड़कर, रौंदकर रख देने की, उनके बलात् आत्म-समर्पण की असाधारणता चाहिए। 'जीवन की धमनी पकड़े रहने, का बड़ा ही लुभावना और अहं को पुष्ट करने वाला भ्रम चाहिए। इसके लिए वे कहीं भी अवांछित, अन-पेक्षित घुसने के लिए तैयार होते हैं। दूसरा व्यक्ति इनके लिए महज अपनी वासना-पूर्ति की भूख मिटाने का अथवा अन्य स्वार्थ सिद्ध करने का उपयोगी साधन भर है, फिर वह भुवन हो, गौरा हो, रेखा हो या हेमेंद्र हो। हां, पत्नी भी। चूंकि इनका जीवन दस्यु प्रवृति पर, लूट-खसोट, झूठ, छल और धोखे पर खड़ा है, वे रेखा, गौरा, भुवन इत्यादि के संपर्क में कभी आ भी गये तो अधिक दयनीय, अधिक बेचारे प्रतीत होने लगते हैं। अवश्य ही ईर्ष्या, प्रतिहिंसा से भरकर धोखा देने में सफल हो जाते हैं परंतु अपने ही जहर से मरने वाले सांप की भांति ये आत्मनाशी हैं।

चंद्रमाधव जैसे सर्वथा विपरीत प्रवृत्ति के पात्र को सशक्त रूप में प्रस्तुत कर अज्ञेय ने अपनी कलात्मक क्षमता का अच्छा परिचय दिया है।

चंद्रमाधव बहिर्मुखी व्यक्तित्व है। वह आत्म-प्रकाशन की विवशता अनुभव नहीं करता, आत्म-प्रदर्शन करना चाहता है। इसीलिए अंतरंग की खोज के लिए वह डायरी नहीं रखता, पत्रकारिता ही उसके लिए सही क्षेत्र है। चंद्रमाधव पत्र लिखता है। पत्रों के द्वारा स्कीमें बनाता है। अज्ञेय ने चंद्रमाधव का ओछा, व्हलगर, आत्मपूजक, दूसरों की सहानुभूति के लिए दर्द को हथेली पर लेकर घूमने वाला, बड़बोला स्वभाव भाषिक स्तर पर अच्छी तरह व्यक्त किया है। अन्यों के पत्रों में आभिजात्य का, डिग्निटी का, निष्कलुष पारदर्शी ईमानदारी का जो स्तर है, उसके ठीक विपरीत चंद्रमाधव के पत्रों में संवेदना के भोंडेपन का, लिजलिजी याचना का बाजारू स्तर प्रकट होता है। मुंह बिचकाना, सिगरेट सुलगाकर मुंह गोलकर धुएं की पिचकारी छोड़ना, उसके बिंब—"जैसे दूसरे के घर से सवेरे अस्त-व्यस्त निकली अलसाती सुंदरी को देखकर कोई खुश हो ले।" उसकी शब्दावली—'प्रोतिनिधिक फ्लर्टेशन', 'क्या यह सीधी-सीधी बात है, या कि मख-

मल में लिपटी हुई जूती...', 'औरत नाम का जन्तु न जाने किस ढब का है', 'राटन मिडल क्लास वूमेन', उसका बड़बोलापन —'डेस्टिनी ने मुझे तुम्हारे साथ बांधा है' या 'रेखा, मेरी जान, आत्मा, मेरी डेस्टिनी' इस प्रकार के कतिपय शब्दों के माध्मम से अज्ञेय ने चंद्रमाधव को पृथकता प्रदान की है।

चंद्रमाधव के रूप में अज्ञेय ने उच्च मध्य वर्ग का वह रूप प्रस्तुत किया है, जो आधुनिकता के झूठे मानों को ग्रहण कर जीवन के बाह्य आडंबर या ऊपरी चकाचौंध में तेजी से ह्रास की ओर दौड़ रहा है। साठोतरी युवा पीढ़ी में कुछ इसी प्रकार के आचरण को दर्शन का स्थान कतिपय साहित्यकारों ने दिया है।

जीवन विषयक दृष्टि

'नदी के द्वीप' में जीवन विषयक दृष्टि निश्चय ही प्रकट हुई है और ऊपर चरित्रों की जो विस्तृत चर्चा की गयी है, उसके संदर्भ में जीवन के आदर्श के रूप में बहुत-सी बातें आ गयी हैं। निश्चय ही दार्शनिक जिस प्रकार विविध दार्शनिक परंपराओं और निकायों के संदर्भ में अपनी विशिष्ट सिद्धांत प्रणाली को प्रतिष्ठित करता है, उस प्रकार की अपेक्षा हम उपन्यासकार से नहीं कर सकते। महान उपन्यासकार से यह अपेक्षा निश्चय की जा सकती है कि सामयिक महत्वपूर्ण विचारों का भान वह रखे और औपन्यासिक उत्कृष्टता की यह कसौटी है कि जीवन विषयक अपना चिंतन अपने पात्रों के माध्यम से सीधे अथवा परोक्ष रूप में, उनको मुख-पात्र न बनाते हुए, प्रस्तुत करे। अर्थात्, लेखक का जीवन विषयक दृष्टिकोण स्वाभाविक रूप में पात्रों और प्रसंगों के माध्यम से अथवा पात्रों के आचरण की परिणति के माध्यम से प्रकट करे। इसका अर्थ यह हो जाता है कि उपन्यासकार के पात्र जितनी महत्वपूर्ण समस्याओं से जूझते हैं, जितने उच्च कोटि के विचारक या चिंतक दिखाये जाते हैं, उतना ही उपन्यास का वैचारिक धरातल समृद्ध होगा।

अज्ञेय के प्रायः सभी पात्र चिंतनशील हैं, जीवन के महत्वपूर्ण प्रश्नों के प्रति विशिष्ट दृष्टि रखते हैं और कुछ मूल्यवान नैतिक प्रश्नों से जूझते भी हैं। फिर बाह्य घटनाओं की अपेक्षा मानसिक स्तर पर अधिक विचरने वाले ये पात्र हैं, इनके परस्पर विदग्ध वार्त्तालाप, पत्र, डायरी, मानसिक प्रतिक्रिया इत्यादि उपादानों के माध्यम से औपन्यासिक कृतित्व प्रकाशित किया है। अतः वैचारिक टकराहट से बचने का कोई सवाल नहीं है।

अज्ञेय ने इसमें राजनैतिक परिवेश से प्रायः अपने पात्रों को मुक्त रखा है, यद्यपि चंद्रमाधव बाद में कम्युनिस्ट बनता है। (वस्तुतः यह सही नहीं है कि चंद्रमाधव को कम्युनिस्ट बनाकर अज्ञेय ने कम्युनिज्म पर तीखा व्यंग्य किया है। कम्युनिज्म पर उन्होंने व्यंग्य अवश्य किया है—वह है 'कुंठित व्यक्ति ही वर्गवादी

होता है' यह कहकर। यह एक महत्वपूर्ण प्रश्न है अवश्य।) समाज और व्यक्ति के संबंधों का प्रश्न उठाकर उन्होंने अपनी व्यक्तिवादी दृष्टि स्पष्ट की है। परंतु यह व्यक्तिवादी दृष्टि गौरा, भुवन और रेखा जैसे व्यक्तित्वों के संदर्भ में ही व्यक्त हुई है और अन्ततोगत्वा तीनों शिवत्व और सौंदर्य को महत्व देने वाले हैं। अनुत्तरदायी असामाजिकता और ढोंगी सामाजिकता (चंद्रमाधव) दोनों का प्रत्याख्यान किया गया है। रेखा यद्यपि अपने सभी निर्णय नितान्त व्यक्तिगत मानती है, फिर भी अज्ञेय ने उसके दृष्टिकोण को आदर्श के रूप में नहीं रखा है। उसका चिंतन वैयक्तिक वेदनामय जीवन का परिणाम है और उसकी ट्रेजिक परिणति भी उसके दृष्टिकोण का खंडन करती है। भुवन गौरा व्यक्तिवादी होते हुए भी सामाजिक सम्पृक्ति, विवाह, परिवार आदि को मानकर चलते हैं—'सेतु' की कल्पना करते हैं या झर कर प्रवाह को सुगंधित करने की आकांक्षा रखते हैं। वस्तुतः 'नदी के द्वीप' से अधिक अज्ञेय ने 'यह दीप अकेला मदमाता' का ही समर्थन किया है।

'नदी के द्वीप' में विवाह, साधना, जीवन में परिवार का एक सीमा तक महत्व, परिवार और व्यक्ति के संबंध, युद्ध और विज्ञान की नैतिकता, प्रेम, ईर्ष्या, मित्रता, सभ्यता इत्यादि जीवन के महत्वपूर्ण प्रश्नों को सशक्त रूप में उठाया गया है और अज्ञेय ने अपनी अत्यंत स्वस्थ और भारतीय दृष्टि का परिचय दिया है। व्यक्ति के आचरण के मानों की एक मूल्य श्रेणी गौरा, रेखा, भुवन के माध्यम से संपूर्णतया व्यक्त हुई है। आन्तरिक विवेक के प्रकाश में निर्णय, वरण और जोखिम, उत्तरदायित्व और साधना इत्यादि विचारों को स्पष्टतया विवेचित किया गया है। व्यक्ति को सौंदर्य प्रेमी परंतु शिवोन्मुख होना चाहिए तथा इसके लिए दृढ़ अनुशासन को स्वीकार करना चाहिए, इस बात को भी असंदिग्ध रूप में प्रस्तुत किया है।

जीवन की सार्थकता का महत्वपूर्ण प्रश्न उठाया है और संभवतः हिन्दी उपन्यासों में पहली बार। यहां वे पश्चिमी नास्तिक अस्तित्ववादी विचारधारा से असहमति दर्शाते हुए आनंदवादी जीवन दृष्टि को ही वरण करते हैं। हर सर्जनात्मक कार्य में आनंद है (पीड़ा तो है ही—प्रसव-पीड़ा का आनंद), हर सर्जनात्मक कार्य मूल्यवान है और उसमें सार्थकता भी है। इस आनंद को प्रदान करने का निमित्त होने में भी बड़ा सुख है, बड़ी सार्थकता है। इस दृष्टि से संगीत, कला, साहित्य, विज्ञान इत्यादि क्षेत्रों में होने वाले सर्जनशील कार्य का अपरिसीम मानवीय मूल्य माना गया है। भुवन का निःसन्तति पितृत्व का आक्रोश भगवतीशरण उपाध्याय को पोला लगा क्योंकि उस पूरे प्रसंग में निहित सर्जनशील कार्य की हत्या, मूल्यवान अनुभूति के फल का व्यर्थ हो जाना, दायित्व भाव, अपराध-बोध, अपनी प्रेयसी का प्राण संकट, उसकी भविष्य में आस्था का नाश, बहुत बड़े दान का भार इत्यादि कतिपय बातों का तनावपूर्ण भाव-पुंज उपाध्यायजी के तर्कप्रिय

मन ने संभवत: अनदेखा किया। रेखा-भुवन, भुवन-गौरा, रेखा-गौरा के संबंधों में आदर्श समाज की जीवंत झांकी सकार हो गयी है।

ट्रेजेडी की संरचना

'नदी के द्वीप' एक आधुनिक युग की ट्रेजेडी है और उसमें युगानुकूल परिवर्तन भी किये गये हैं। 'आत्मनेपद' में अज्ञेय ने स्वयं यह कहा है कि यह रेखा की ट्रेजेडी है। रेखा के विशिष्ट गुणों की अतिशयता ही उसके ट्रेजेडी में लिए जिम्मेदार है। अज्ञेय ने 'नदी के द्वीप' में ही रेखा के कलकत्ते जाने के प्रसंग में लिखा है कि वह बुद्धिमती होती तो भुवन के साथ रहती, उसे न छोड़ती। रेखा के स्वभाव की चर्चा की गयी है। रेखा के भवितव्य की ओर प्रारंभ से कतिपय स्वाभाविक और सहज संकेत किये हैं। ये संकेत प्राय: तीन प्रकार के हैं। एक, रेखा के बार-बार व्यक्त किये गये उद्‌गारों से—"मैं अपना बोझ ढोने की आदी हूं।" (पृ० 21), 'गोमती के किनारे पर गीत' 'आमार रात पोहालो' (पृ०29/30), 'मेरे आसपास दुर्भाग्य का मंडल जो रहता है' (पृ० 47), 'यों तो मानव-जीवन एक अकारण, अनिर्दिष्ट, आकारहीन गतिमय-सा लगता है (पृ० 88), 'ऐसी यात्रा पर हूं जो कहीं पहुंचती ही नहीं, अंतहीन है' (पृ० 102), 'आप भी खदेड़ देंगे यह कहकर कि हुकूम नहीं है ?' (पृ० 116), 'नहीं वह अपनी परछाई नहीं पड़ने देगी यहां पर, वह चली जायगी' (पृ० 119), 'बाधा नहीं बनूंगी भुवन, जिस दिन सामान आवेगा उस दिन चली जाऊंगी' (पृ० 145), 'तोभा सुरेर धारा झरे जेथाय तारि परे' (पृ० 159/160)—ऐसे असंख्य वाक्य, गीत हैं जो रेखा के करुण अंत का संकेत देते रहते हैं। आवृत्ति करते समय पाठक को अधिक गहन स्तर पर संवेदित कराते हैं। दूसरे, कुछ ऐसे छोटे प्रसंगों का चित्रण जिनसे भवितव्यता की पूर्व सूचना मिलती है—कार्लटन होटल में रेखा की हत्या की बात, बालू के घर बनाते समय अभिभूत भुवन के बालू सने हाथ, नौकुछिया ताल पर भुवन के मन में सहसा उदास भाव भर जाना और गीत, "मेरे मायालोक की विभूति बिखर जायगी"। तुलियन झील पर रेखा का गीत, "यदि दो घड़ियों का जीवन" भुवन का बचपन का स्वप्न (पृ० 226)। तीसरे प्रकृति के कुछ प्रतीक्षात्मक चित्र—'तीसरे पहर फिर घूमने पहाड़ जाने की बात थी, शायद उस पार तक, पर दोपहर की संक्षिप्त नींद से उठकर उन्होंने देखा, बादल का एक बड़ा-सा सफेद सांप झील के एक किनारे से उमड़कर आ रहा है और उसकी बेडौल गुंजलक धीरे-धीरे सारी झील पर फैली जा रही है, थोड़ी देर में वह सारी झील पर छाकर बैठ जायगा, और फिर उसका फन ऊपर पहाड़ की ओर बढ़ेगा' (पृ० 157)।

"दोनों खड़े रहे। सूर्य की कांति फीकी पड़ी, फिर डाली के फल स्याह हो

गये, आलोक का धान्य मानो बादल के एक बहुत बड़े तामलोट में बंद हो गया, तामलोट भी काला पड़ गया, हवा चलने लगी, रेखा सिहर गयी।" (पृ० 212)।

"लेकिन सहसा उसे याद आयी रात में चुपचाप टपक पड़ने वाले पके फल की वह लोमहर्षक आवाज और एक अनिर्वचनीय गहरी उदासी उस पर छा गई। पका फल चुपचाप टपक पड़ता —उसके बाद ? फिर ? हां है शरद् की धूप का सोना, पकती दूब का सोना, है वह गिरा हुआ फल भी, पर—क्या वह अंत है ?" (पृष्ठ 244)

ऐसे कतिपय प्राकृतिक वर्णन जो संदर्भ में अभिधात्मक स्तर बाह्य रूपाकार के सौंदर्य का बोध कराते हुए भी प्रतीकात्मकता से समृद्ध हुए हैं और ये वर्णन ट्रेजेडी के भाव-विश्व को एक गहनता का आयाम देते हैं।

अज्ञेय मानव जीवन में तर्क, विचार और विवेक को महत्व देने वाले व्यक्ति हैं। मानव नियति में आस्था रखने वाले हर व्यक्ति को बुद्धि या विवेक द्वारा शक्ति को नियंत्रित कर सकने पर विश्वास रखना ही होता है। फिर भी विधि को मानना पड़ता है। 'नदी के द्वीप' में कुछ आकस्मिकता, चांस तत्व का उपयोग लेखक ने किया है जो ट्रेजेडी में अधिक गूढ़ता उत्पन्न करता है। गूढ़ता का अपना सौंदर्य होता है। भुवन की अनुपस्थिति में रेखा को हेमेंद्र की धमकी का पत्र मिलना एक बड़ा आकस्मिकता का तत्व है जिसके कारण ट्रेजेडी को गति मिली है। ऐसे स्थल लेखक की अनुभव के प्रति, जीवन की विविधता या रहस्यमयता के प्रति खुली दृष्टि को प्रमाणित करते हैं और उपन्यास के विश्व को जीवन की समरूपता प्रदान करने में सहायक होते हैं। तर्क द्वारा नियंत्रित, विवेक द्वारा मर्यादित बंदिश्त जीवन को बीच-बीच में विधि का विधान छेद-छेद कर गतिमय करता रहता है। रेखा कहती है "···जीवन की अजस्र तीव्र धारा कैसे सबको खींचती ठेलती बहाती लिये जाती है, कैसा भौंचक कर देने वाला है, उसका प्रवाह—जिसमें तसल्ली के लिए यही है कि हमीं नहीं, उद्यम तो अपने स्थान पर है ही, पर कैसा दुर्निवार, बेरोक विवशकारी है यह प्रवाह ··"

अज्ञेय द्वारा लिखे गये अनेक वाक्यों, प्रसंगों में कलात्मक प्रयत्न निश्चय ही है और उपरोक्त विवेचन से पता चलता है कि इस रचना में कितना विलक्षण कसाव (Compactness) है।

संरचना विधान की कुछ विशेषताएं

अज्ञेय के संरचना विधान में अभिजात कला प्रवृति के कुछ गुण विशेष प्रकट होते हैं। उनमें प्रमुख हैं संयम और मितव्ययता। दो-एक उदाहरण पर्याप्त हैं। गौरा के विवाह की बात उठती है, तब वह दो पंक्तियों का पत्र भुवन को लिखती है—यह रचना विधान की दृष्टि से संक्षिप्ततम पत्र महत्वपूर्ण है। इसके

कारण गोरा भुवन के घनिष्ठ स्नेह संबंधों पर पर्याप्त प्रकाश पड़ता है। भुवन बुलाने पर भी नहीं जाता परंतु अनुमान लगाकर पत्रोत्तर लिखता है और वह पत्र दीप-स्तंभ की भांति गोरा के डगमगाते जहाज को बल देता है। भुवन की प्रत्येक कृति पूर्व-चिंतित है। यहां एक बात द्रष्टव्य है। भुवन गोरा का परीक्षाफल रजिस्ट्रार को तार देकर मंगवाता है—इस छोटी-सी बात में भुवन की गहरी संसक्ति और तटस्थता का शक्तिपूर्ण प्रकाशन होता है।

भुवन और रेखा में हेमेंद्र को लेकर बात चलती है। वैसे वाक्य-वाक्य में अज्ञेय कसाव, अल्पाक्षरत्व और मितव्ययता का प्रत्यय देते हैं। रेखा ने अपना जुगुप्सामय इतिहास भुवन को बताया। भुवन के मन में एक प्रश्न कुलबुलाता रहता है—'हेमेंद्र ने कब, कैसी स्थिति नें उसे वह बात बतायी होगी?" यह प्रश्न अगर पूछा भी जाता तो रेखा उत्तर देती। परंतु प्रश्न का पूछा जाना भुवन के अभिजात और सुसंस्कृत व्यक्तित्व के साथ संगत न होता। पाठक की इस संबंध में जिज्ञासा पूर्ण करना आवश्यक था। अज्ञेय ने हेमेंद्र और उसके मित्र के संबंधों की कथा को रेखा की पूर्व-दीप्ति के सहारे प्रत्यक्ष किया अत्यंत संकेतात्मक शैली में। रेखा भी उस पूरे प्रसंग को सह नहीं सकती थी। एक आघात के रूप में वह प्रसंग एक सीमा तक उसके मानस तट पर आया हुआ दिखाया गया है। ऐसी कतिपय रचना की बारीकियां 'नदी के द्वीप' में भरी पड़ी हैं।

रेखा-भुवन के तुलियन झील पर के संबंधों का चित्रण भी अत्यंत सूचक ढंग से किया है। (यह बात दूसरी है कि कुछ पाठकों की संवेदना का स्तर ही कुछ ऐसा बचकाना होता है कि वे संकेतपूर्ण ढंग से लिखित वर्णनों को पढ़कर भी उसी प्रकार उत्तेजित होते हैं जिस प्रकार किशोरावस्था के बच्चे सार्वजनिक पेशाबघर की दीवारों पर लिखे शब्दों को पढ़कर उत्तेजित होते हैं।) बाद में दोनों के उन्मादक जीवन के प्रसंग प्रकृति की साक्ष्य में संपन्न होते हुए दिखाये गये हैं—कहीं भी शारीरिक व्यापारों का वर्णन नहीं है।

कुछ प्रसंगों का सांगोपांग वर्णन करते समय अज्ञेय परिवेश के छोटे-छोटे ब्यौरों का भी विशद् चित्रांकन करते हैं। गौरा-भुवन की भेंट का प्रसंग जिस बंगले में घटित हुआ, उसको आंखों के सामने प्रत्यक्ष किया है—वह भेंट-प्रसंग भी पर्याप्त विस्तार से चित्रित किया है क्योंकि भुवन के कंधों पर बैठे बूढ़े को उतारना था। रेखा-गौरा का मिलन प्रसंग, रेखा-भुवन की कश्मीर में भेंट–रेखा की गर्भवती स्थिति में गर्भपात का प्रसंग–ऐसे कतिपय प्रसंग उस सावधानी से चित्रांकित किये गये हैं जिस सावधानी से कुशल निर्देशक रंगमंच का सेटिंग तैयार करता है। भारतीय रस सिद्धान्त में परिगणित रसों के उपकरणों के आधार पर भी इन प्रसंगों का विश्लेषण किया जा सकता है।

अज्ञेय के संरचना विधान की मूलभूत विशेषता यह है कि रसोद्रेक करने

वाली स्थितियों को वे भावुक होने से बचाते हैं—अज्ञेय का अभिजातीय कलात्मक संयम इसका कारण है । गौरा-भुवन-रेखा, तीनों पात्र गहन अनुशासन से युक्त हैं, अतः उनके द्वारा भोगी गयी मनःस्थितियां भी आभिजात्य की मर्यादा से सुगठित, बौद्धिकता से संपृक्त एवं गहनता के कारण संयत परंतु फिर भी उत्कट (भड़कीली नहीं) हैं। रेखा-भुवन के परिचय से लेकर सह-यात्रा के प्रसंग तक का पूरा अंश सुसंस्कृत नारी-पुरुष के मधुर आकर्षण को धीमी परंतु स्पष्ट गति में रेखांकित करता है । रेखा-भुवन के संयुक्त जीवन के उन्मादक अंश दिल्ली, नौकुछिया ताल और तुलियन झील तक क्रमशः गहरे होते गये हैं और चूंकि यह शारीरिक उत्सवधर्मिता (बकौल रामस्वरूप चतुर्वेदी) दो संवेदनशील समृद्ध व्यक्तियों के बीच की है गहन उत्कट रूप में स्पृहणीय हो गयी है। उधर एक ओर गौरा-भुवन के संयत, पवित्र, निष्कलुष स्नेह-धर्म ने; तो इधर दूसरी ओर चंद्र माधव के बुभुक्षित नितान्त शरीर वासना के उत्तेजक, आक्रामक देह-धर्म ने रेखा-भुवन की मानवीय आसक्ति तथा वासना और प्रेम की अर्थवती गाथा को अतिशय प्रभावोत्पादक बनाया है। रेखा-भुवन के प्रेम को एक ओर चंद्रमाधव की आक्रामकता की चुनौती है तो दूसरी ओर गौरा की एकलव्य जैसी एकोन्मुख, समर्पित निष्ठा का अदृश्य परंतु शक्तिशाली चुंबकीय आकर्षण ऐंठता रहता है। रेखा की गर्भवती अवस्था और उससे उत्पन्न होने वाली कतिपय वैयक्तिक, सामाजिक और नैतिक समस्याओं ने उस समूचे प्रसंग को अतिशय जटिल और भाव-स्पर्शी रूप प्रदान कर समृद्धता दी है। वहां से रेखा के जीवन की ट्रेजेडी का दृष्टिगोचर रूप अपनी करुणा और पीड़ा में अद्वितीय है। रेखा-भुवन के टूटते-सूखते भाव-संबंधों की दुःखद-द्रावक कथा सहृदय परंतु व्यक्तित्व संपन्न पाठक को गहरे रूप में भिगोती है । पाप-बोध या अपराध-भावना से पीड़ित, विचलित-चित्र भुवन की यायावरी को अपनी सहानुभूति बांटता हुआ। पाठक भुवन के जीवन के सभी उलझे सूत्रों को अपनी समस्त क्षमता को दांव पर लगाकर अपने हाथ में रखने का प्रयास करने वाली गौरा के मन की व्याकुल तड़फड़ाहट से कम उद्वेलित नहीं होता । एक ओर डा० रमेशचंद्र से बंधकर भुवन का रास्ता प्रशस्त करने वाली रेखा की दयनीय विवशता से विषाद अनुभव करते हुए भी दूसरी ओर गौरा के जीवन के साफल्य के अभिभूत करने वाले आनंदमय क्षणों का भी स्वागत उतनी ही तल्लीनता से पाठक करता है—यह है औपन्यासिक जगत् के भाव-विश्व की अलौकिकता का प्रमाण। ऐसा स्थल दिखाना प्रायः असंभव है, इस सुगठित रचना में जो अपनी स्फीति, असंबद्धता, अनौचित्य तथा अनावश्यकता के कारण नीरस या कला का घातक बनकर आया हो।

मूल्यांकन

अज्ञेय के आलोचकों ने 'नदी के द्वीप' की भाषा की सराहना करते हुए हिन्दी साहित्य को उसके महान् योगदान की निस्संदिग्ध प्रशंसा की है। सशक्त महान शैलीकार तभी हो सकता है, जब वस्तु या आशय का धरातल भी समृद्ध होगा। त्रुटिहीन संरचना विधान की भी रामस्वरूप चतुर्वेदी ने साक्ष्य दी है। स्त्री-पुरुष के संबंधों को और प्रेम को सूक्ष्म मानसिक धरातल पर प्रस्तुत करना एक उपलब्धि मानी गयी है। समाज के अमानवीय नीति-विधान के विरुद्ध तीखे परंतु शांत विद्रोह की मूर्ति के रूप में रेखा को उभारकर अज्ञेय ने महान् कार्य किया है। नेमिचंद्रजी ने अज्ञेय के 'नदी के द्वीप' का मूल्यांकन' उचित रूप में किया है। रामस्वरूप चतुर्वेदी ने एक महत्त्वपूर्ण मन्तव्य दिया : "एक ओर काल की अनंत असीम भारतीय परिकल्पना को छोड़कर अस्तित्ववादी निरर्थकता के संकट से ऊपर उठकर नश्वरता को सर्जनात्मता का प्रेरक तत्व मानते हुए आस्था की भारतीय दृष्टि का आख्यान है। यों अज्ञेय के व्यक्तित्व में पूर्व और पश्चिम बड़े सहज भाव से पूरे आत्म-सम्मान और निष्ठा के साथ संपृक्त हुए हैं।" इन आलोचकों की मान्यताओं से 'नदी के द्वीप' का बहु-आयामी महत्त्व स्पष्ट होता है।

'नदी के द्वीप' में जीवन के शिवत्व पर लेखक की आस्था विलक्षण दृढ़ रूप में सर्वत्र प्रकट हुई है और उसकी निस्संदिग्ध मान्यता है कि सौंदर्य श्रेष्ठ मूल्य होते हुए भी उसे शिवत्व से अनुशासित होना चाहिए—रेखा की टूटन और भुवन-गौरा के पवित्र अन्तस्संबंधों के सशक्त संकेतों से यह स्पष्ट हुआ है। वैज्ञानिक भुवन केवल विज्ञान के क्षेत्र में 'सर्वत्र व्यापी शिवत्व की खोज' कास्मिक रश्मियों के माध्यम से करना चाहता है, सो नहीं। वह वैज्ञानिक उन्नति को नैतिक आयाम से संबद्ध करना अनिवार्य मानता है और उसकी मानवीय आस्था है कि अंततोगत्वा सभी प्रकार की दौड़ को नैतिक आयाम से अनुशासित करना होगा। मानव जीवन में ये कास्मिक रश्मियां मनुष्य के आंतरिक विवेक के रूप में निहित हैं—निर्णय करते समय, वरण करते समय उनकी अनवरत खोज आवश्यक है।

नारी की स्वायत्तता, स्वतंत्रता और प्रत्येक वरण की चुनौती और उत्तरदायित्व को स्वीकार करने की क्षमता का रूप 'रेखा' के माध्यम से दिखाकर भारतीय नारी का सर्वस्वी अभिनव और शक्तिशाली रूप (ए वुमन हैज गिवन मी स्ट्रेंथ एण्ड एंफ्लुअंस-एडमिटेड) प्रस्तुत करते हुए उसकी चरम शक्ति की ट्रेजेडी भी दिखायी है और संभवतः उस शक्ति को प्रतिक्षारत श्रद्धावान गौरा की वाह्य को समर्पित वृत्ति से समन्वित करने की आवश्यकता सूचित की है। आज के अश्रद्धा के, अनास्था और विघटन के, सामाजिक और राजनैतिक भ्रष्टता

के युग में ये चारित्रवान 'नदी के द्वीप' ही अपनी शांत, तल्लीन, एकाग्र वृत्तियों से आलोकदान करने वाले द्वीपों का कार्य करेंगे। भुवन अनुभव करता है—"सब कुछ अधूरा है, और ज्यों-ज्यों वह आगे पूरेपन की ओर बढ़ता है, नयी अपूर्णताएं भी उसके आगे और स्पष्ट हो जाती हैं—कितना बड़ा है जीवन, कितना विस्तृत, कितना गहरा, कितना प्रवाहमान और उसमें व्यक्ति की ये छोटी-छोटी इकाइयां प्रवाह से अलग, जो कोई अस्तित्व नहीं रखतीं; कोई अर्थ नहीं रखतीं; फिर भी संपूर्ण हैं ; स्वायत्त हैं, अद्वितीय हैं, स्वर्ग और नरक, पुण्य और पाप, दण्ड और पुरस्कार, शांति और तुष्टि, ये सब बाहर हैं, तो केवल समय है। सत्य तभी है, जब भीतर से उद्भूत हों…" प्रकारान्तर से यह व्यक्ति में घट-घट व्यापी सर्जनशील ईश्वर के रूप में आस्था व्यक्त करने वाली आस्तिक कृति है।

एक ट्रेजेडी के रूप में भी 'नदी के द्वीप' की अद्वितीयता है। बहुत कुछ मूल्यवान अर्थवान के व्यर्थ होने की गहरी मानवीय पीड़ा रेखा के टूटन में हमें मिलती है। तीव्र संवेदनशील, बुद्धिमान और चिंतनशील समृद्ध व्यक्तित्व का तिल-तिलकर टूटने के लिए विवश गहन ट्रेजिक बोध देती है और मृत्यु में अंत होने वाली ट्रेजेडी से यह ट्रेजेडी अधिक विषादमय है और आधुनिक युग के अधिक अनुकूल भी है। इसमें व्यक्ति और समाज का जो टकराव है, वह अप्रत्यक्ष है और व्यक्तियों के बीच जो टकराव है, वह भी निर्णायक नहीं है। रेखा का 'टकराव' उसकी अपनी नितांत वैयक्तिक, परंतु मंगल कामना से युक्त मान्यताओं के साथ हैं और चूंकि ये मान्यताएं विलक्षण, उदात्त और उत्सर्गपूर्ण हैं, हमारा ट्रेजिक बोध अधिक गहन हो जाता है।

महान् रचना अगर सहृदय को आस्वादन के दौरान और उसके बाद वैसा ही नहीं रहने देती; अधिक समृद्ध, संपन्न, उदार बनाती है; तो 'नदी के द्वीप' निश्चय महान रचना है। हिन्दी में इस प्रकार की कुछ इनी-गिनी सर्वश्रेष्ठ रचनाओं—'गोदान', 'त्यागपत्र', 'परती : परिकथा' में 'नदी के द्वीप' का स्थान महत्त्वपूर्ण है।

परती : परिकथा

फणीश्वरनाथ 'रेणु' के 'मैला आंचल' और 'परती : परिकथा' ने हिन्दी औपन्यासिक साहित्य को कथ्य और रूप दोनों दृष्टियों से कुछ ताजगी और नवीनता प्रदान की है। इससे प्राय: सभी आलोचक सहमत हैं। इन दोनों उपन्यासों पर पर्याप्त चर्चा हुई है और आज 1977 में उस पर चर्चा करने का साहस करने वाले आलोचक के पास निश्चय ही ऐसा कुछ होना चाहिए, जो पूर्ववर्ती समीक्षा में कुछ-न-कुछ नया जोड़ सके। हर नये आलोचक को एक ओर पूर्ववर्ती आलोचना के बीच से रास्ता निकालते हुए एक ओर यह कठिनाई आती है कि आलोच्य कृति के प्रति उसका संवेदन पिष्टपेषण के रूप में होने का खतरा रहता है। अत: उस का समीक्षा-कार्य तभी सार्थक हो सकता है, जब उसकी सर्जनात्मक टकराहट ने उसे कुछ अनोखा रस, कुछ अछूता कोण, कुछ अनोखी व्याख्या प्रदान की हो। सहूलियत यह होती है कि काल के अन्तराल के फलस्वरूप कुछ ऐसी बातें कहने को मिलती हैं जो सामयिक आलोचकों ने न कही हों। मसलन 'परती : परिकथा' का विचार आज के ताजा संदर्भ में करते समय निश्चय ही रेणु की कुछ आस्थाओं या विश्वासों का सही स्पष्टीकरण मिलता है क्योंकि 1954-55 के समय में और आज के समय में राजनैतिक, सामाजिक और सांस्कृतिक दृष्टि से पर्याप्त अंतर आ गया है और आज जो चीजें कदाचित् भावुक और आदर्शात्मक प्रतीत होती हैं, वे उस समय जीवंत आस्था का प्रमाण थीं। रेणु के सामाजिक आशय में जो भविष्यवाणी थी, उसकी यथार्थता तथा औचित्य की परख आज की जा सकती है। कथावस्तु के बिखराव अथवा रूपगत शैथिल्य का जो आरोप प्राय: लगाया गया, उसका विश्लेषण अधिक विश्वास के साथ किया जा सकता है क्योंकि रूप और कथाक्रम को देखने की दृष्टि में इधर पर्याप्त बदलाव आ गया है। रेणु के कथा प्रयोगों ने परवर्ती उपन्यास को किस हद तक प्रभावित किया, विशेषत: आंचलिक साहित्य ने रेणु से क्या ग्रहण किया, इसका भी विवेचन अधिक बलपूर्वक किया जा सकता है। रेणु के 'परती : परिकथा' के मुख्य अभिप्राय: की चर्चा करना भी इसलिए संगत एवं आवश्यक प्रतीत होता है कि प्रस्तुत समीक्षक को

नम्रतापूर्वक कहना पड़ता है कि रेणु के कथ्य के केंद्रवर्ती मर्मस्थल को पकड़ने में कहीं अनवधान हुआ है, अतः समीक्षा की रूपान्वेषी दृष्टि भटक गई है। इधर एक प्रवृत्ति आलोच्यकृति के वस्तून्मुखी विश्लेषण की चर्चा पर समय और शक्ति व्यय करने की अपेक्षा उसके संबंध में स्वच्छन्द प्रभाव देने की भी रही है, जिससे लेखक के प्रति पूरा न्याय नहीं हुआ है।

कथा-प्रेरणा के स्रोत

'रेणु' की इस कथाकृति का वह केंद्र कहां है, जहां से समस्त कथा के स्रोत फूट-फूटकर निकलते हैं? वह सागर कौन-सा है जहां ये छोटे-बड़े स्रोत मंथर अथवा तीव्र गति से कभी आवेग में कल-कल करते हुए, तो कभी गंभीर निःस्तब्धता से प्रभावित करते हुए आपस में काटते, टकराते, मिलते विलीन होते हुए अपनी जीवन लीला को सार्थक करते हैं? इन प्रश्नों के उत्तर निश्चयात्मक भाषा में अगर नहीं दिये जा सकते हैं; तो मानना होगा, या तो समीक्षक की मूलभूत पकड़ में कहीं पोलापन है अथवा लेखक के प्रयोग में ही बिखराव है।

'परती : परिकथा' के संबंध में सौभाग्य से इन दोनों प्रश्नों के संगत उत्तर दिये जा सकते हैं।

'परती : परिकथा' में रेणु समस्त भारत के मूल स्वरूप की खोज करना चाहते हैं और सामयिक संदर्भ में उत्पन्न हुए नानाविध उलझे सूत्रों को समग्रता में पकड़ने का प्रयत्न करते हैं। यह सत्य ही हैं कि अगर देश भू-भाग नहीं है, वहां के वाशिंदे और उनकी संस्कृति है, तो स्वातंत्र्योत्तर काल में आधुनिकता के जोरदार प्रयत्नों के बावजूद भारत का सही रूप देहातों में ही देखा जा सकता है। परानपुर के आसपास की लाखों एकड़ जमीन को लकवा मार गया है और वह परती पड़ गयी है। उसी तरह भारत की पूरी लोक-संस्कृति परती हो जाने की स्थिति में है। अन्वेषी में विकलता होती है कुछ नया पाने की, असंतोष होता है वर्तमान से, गर्व होता है उपलब्धियों का, उत्साह होता है प्रयासों के लिए, तल्लीनता होती है प्रयत्नों की प्रक्रिया में और तरलता होती है आदर्श स्वप्न देखने की। ये और ऐसी कतिपय वृत्तियां रेणु के लेखन में बार-बार प्रकट होती हैं—एक सीमा तक तटस्थता के बावजूद।

संदर्भ

रेणु के इस लेखन का काल संभवतः 1952-55 के बीच है। भारत के खंडित होने और विस्थापितों के दर्दनाक हालातों की कटु स्मृतियों और बुरे परिणामों की सतत् चुभन के बावजूद देश निर्माण कार्य में लगा हुआ था। स्वातंत्र्य-पूर्व काल के त्यागी नेताओं का प्रभाव पूरा खत्म नहीं हुआ था और देश भ्रष्टाचार का

शिकार उतना नहीं हुआ था (अथवा नजर में नहीं आ पाया था), जितना बाद के 15-20 वर्षों में हुआ। धर्मातीत जनतंत्रवाद और योजनाबद्ध तरीके से समाजवाद को स्थापित करने में आस्था अभी जीवित थी। बड़े पैमाने पर उद्योगों की अनिवार्यता देखते हुए भी ग्राम्यजीवन के सर्वनाश के मूल्य पर औद्योगीकरण का उत्साह अभी उत्पन्न नहीं हुआ था। भारत की ग्रामीण जनता को भी औद्योगीकरण का लाभ मिले और शहरों तथा गांवों के बीच का अंतर कम होता जाये, इसका प्रामाणिक प्रयत्न करने का सरकार ने बीड़ा उठाया था। 'गांव की ओर चलो' वाली गांधीजी की पुकार का आह्वान पूरी तरह खतम नहीं हुआ था। भारत-पाक के एक हो जाने के सपने कश्मीर-समस्या और जातीय भयानक दंगों के बावजूद निःशेष नहीं हुए थे। भारत-चीन भाई-भाई जैसी घोषणा से विश्व-प्रेम की लहर उमड़ने तक आम भारतीय हृदय भावुक था। यद्यपि 'मैला आंचल' में बावनदास की भयानक हत्या के माध्यम से रेणु ने प्रतीकात्मक रूप में भारतीय राजनीति के भीषण प्रारूप की झलक दिखायी थी और निष्ठावान राजनैतिक कार्यकर्त्ताओं की भयावह परिणति का संकेत किया था, फिर भी यह विश्वास पूरी तरह नहीं मिट गया था कि "सांस्कृतिक जीवन पर राजनीतिक प्रभाव अवश्य पड़े हैं। किन्तु उसकी काली प्रतिच्छाया सर्वग्रास नहीं कर सकी है अभी भी··· जितेंद्र हिजड़ा नहीं। वह अपनी शक्ति पर फिर से विश्वास करने लगा है। उसका सबसे बड़ा सपना सच हुआ है।" (परती : परिकथा, पृष्ठ-447)

आदर्श का अस्तित्व

स्वाभाविक था कि 'परती : परिकथा' में आदर्शवाद का प्रवाह जबर्दस्त रूप में प्रवाहित रहे। इसका एक अन्य कारण रेणु का भारत की लोक-संस्कृति की प्राणदायिनी शक्ति में विश्वास भी है। वैज्ञानिक प्राविधि की उन्नति एवं उसकी आवश्यकता को स्वीकर करते हुए रेणु उसके सहारे ग्राम्य जीवन के भौतिक अंग को पुष्ट करने में आस्था रखते हैं और दूसरी ओर लोक-संस्कृति के उल्लासमय रूप को मुरझाते जाने से बचाना चाहते हैं। उनका दृढ़ विश्वास है कि मन की भूमि परती पड़ जाये, तो समूची औद्योगिक समृद्धि निरर्थक है। यांत्रिकता के बढ़ते कदमों के नीचे आने से बचने का एकमात्र उपाय है--मनुष्य की हास्य-उल्लासमय रस सम्वेदना को प्रयत्नपूर्वक निरंतर जागरूक रखना। यह रस सम्वेदना अगर तीव्र है तो जाति की, रूढ़ि की, उच्च-नीचता की दीवारें रिस-रिसकर ढह सकती हैं और मनुष्य को प्रतिहिंसा और क्षुद्र स्वार्थ के शिकंजों से मुक्त रखा जा सकता है। जीवन की परती पड़ जाने वाली भूमि में यह उल्लासमय रस सम्वेदना कभी रैदास टोली की मलारी और भूमिहर टोली के सुवंश बाबू के बीच युवकोचित तीव्र, उन्मादक, रसपूर्ण आकर्षण और प्रेम का रूप लेकर प्रकट होती है और

भारतीय जातिवाद की हजारों वर्षों की भारी-भरकम दीवार में छेद करती हुई अपने वैयक्तिक जीवन की सार्थकता का अनुभव कराती है। उस उल्लासमय रस-सम्वेदना के फलस्वरूप ही नट्टिन टोली की ताजमनी बाबू टोली के जितेन्द्र के जीवन सर्वस्व की अधिकारिणी बन सकती है। एक तरह से भारतीय नैतिकता की रूढ़ि जर्जर धारणा पर यह एक मीठी छुरी की तेज मार है। (इस संदर्भ में ध्यातव्य है कि मध्ययुगीन जड़ता और संकीर्णता को किंचित् चैतन्यपूर्ण और उदार करने का श्रेय इस मधुर रस सम्वेदना को ही है।) श्याम चकेवा के संगीतमय नाद ब्रह्म में और आनंद की धाराओं को रक्त प्रवाह में संचरित करने वाली चांदनी रात में शूद्रों को टोलियां और ऊंची जाति की टोलियों की स्त्रियां एकमेक हो गयीं—"चांद को भी नहीं मालूम, लड़कियों की दोनों जमात कब नाचते-नाचते एक गिरोह में घुल-मिल गयीं।"(पृ० 261) रघ्घु रामायनी की सारंगी कुंकुआने लगी, तो गांव की सभी स्त्रियां अपने पुरुषों के आदेशों को ठुकरा कर, जाति के लीडरों की उपेक्षा कर, हवेली के प्रति अपने कठोर रुख को भूलकर, हाजिर हो जाती हैं हवेली पर! रघ्घु रामायनी के उस मधुर संकीर्तन और सारंगी के अपूर्व कौशल पर समस्त गांव के 'अंतर के जंतर' झंकृत हो उठते हैं—समूचा गांव एक अद्भुत काव्यमय, स्वप्नमय, तरल वातावरण में खो जाता है। ताजमनी के श्यामा संकीर्तन की तन्मयता से गायी पहली ही कड़ी सुनकर, "गांव का एक-एक प्राणी रोमांचित हो उठा···रघ्घु रामायनी की गीत-कथा और सारंगी सुनकर भी जिन लोगों की चमड़ी पर कुछ असर नहीं हुआ था—वे भी आज दौड़ रहे हैं।" परिणामतः "सभी पुराने कीर्तनियां, सब भेदभाव भूलकर कीर्तन में सम्मिलित हो गये।" इन्हीं बातों से प्रभावित होकर अंत में जितेंद्र सांस्कृतिक उत्थापन के लिए प्रचण्ड लोकमंच का—ग्राम्य नाट्य मंदिर का प्रयास करता है। रेणु का उपन्यास समाप्त होता है, इस सर्व समावेशी प्रयत्न में जहां शहर से लिलिया भी आती है, मलारी, सुवंश भी आते हैं और अपने वर्गीय, वर्णीय, जातीय भेदों को भूलकर एक अद्भुत अपूर्व दुनिया खड़ी कर देते हैं—संगीत, चित्रकारी, नृत्य, शिल्प, लोक-धुन सभी से युक्त एक अपूर्व दुनिया। परिणाम? "अमृत हास्य धरती पर अंकित हो रहा।···पांच चक्र नाच रहे हैं। धन धन धन।···पंडुकी का जित्तू उठ गया।"(जित्तू—जिनन?) "हर्षोन्मत्त जनमन" रेणु का भरत-वाक्य है, "सेमलबनी के आकाश में अबीर, गुलाल उड़ रहा है। आसन्न प्रसवा परती हंसकर करवट लेती है।" (पृ० 501) रेणु का उपन्यास समाप्त होता है इस विश्वास पर कि इस आनंद के यज्ञ कुंड में राजनीति का संकुचित स्वार्थ, लुत्तो, गरुड़धुज झा और रोशनबिस्वां की प्रतिहिंसात्मक लंगीबाजियां सब का हवन होगा।

उल्लासमय जीवन के ये सांस्कृतिक स्रोत नये नहीं हैं। ये उतने ही पुराने हैं, जितनी पुरानी दूध-दही बेचने वाली ग्वालिनें और उनके मुरली मनोहर श्याम

पुराने हैं। इनकी उल्लासमय रास-लीलाएं न केवल भारतीय जन-सामान्य को रसार्द्र करती रहीं, बल्कि सातों समुद्रों को पार कर एक रोगग्रस्त बूढ़े से विवाह का जोखिम उठाकर मिसेज रोजवुड भी आयीं; मिसेज गीता मिश्र बनने की व्याकुलता लेकर। भारतीय संस्कृति के बहु-प्रचारित संयम, दमन, योगाध्यायन, संन्यास, मुक्ति-मार्ग आदि से प्रभावित, पाश्चात्यों के बारे में बहुत कहा जा चुका है। बुद्ध के जीवन एवं कृतित्व का पर्याप्त प्रभाव आज तक पश्चिमी विचारकों पर दिख रहा है परन्तु कृष्ण की आनंद लीला के लोक-संस्कृति में घुले-मिले रूप के प्रति पाश्चात्य महिला का आकर्षण रेणु ने संभवतः पहली बार रेखांकित किया है। शिवेंद्र मिश्र गीता मिश्र की कथा जितेन्द्र के जीवन पर प्रकाश डालती है अवश्य, परन्तु उसकी सार्थकता वस्तुतः उपरोक्त संदर्भ में अधिक गहन स्तर पर प्रतीत होती है।

यथार्थ की पहचान

रेणु के आदर्शोन्मुख मन में यथार्थ की पहचान का बोध भी कम तीव्र नहीं है। रेणु के इस उपन्यास में परिवेश का चित्रण जितना बहुआयामी, समग्रता का आभास देने वाला है, उतना ही बारीकियों के प्रति उसका ध्यान और तफसीलों के प्रति पैनी दृष्टि चकित करने वाली है। भारतीय समाज मुख्यतया गांवों में बिखरा हुआ है और प्रत्येक गांव की अपनी खास पहचान या वैशिष्ट्य है। 'परती: परिकथा' में रेणु ने भारत के देहातों की सामान्य वास्तविकता का चित्रण करते हुए परानपुर के खास वैशिष्ट्यों को उभारकर पृथगात्मता को भी मूर्त्त किया है। भारतीय देहातों का जातियों अथवा टोलियों में बंटा सामाजिक संगठन, सांस्कृतिक परम्पराओं के, रूढ़ियों के स्वस्थ एवं विकृत प्रभाव-संस्कार, देहातों पर स्वातंत्र्योत्तर काल में होने वाले राजनीतिक और वैचारिक परिवर्तनों के प्रभाव का प्रत्यक्ष स्वरूप, विशेषतः विभिन्न राजनीतिक पार्टियों और सरकार के नेताओं, कार्यकर्त्ताओं, नौकरशाहों का विशेष रूप में होने वाला प्रभाव, शिक्षा-व्यवस्था के अच्छे-बुरे परिणाम, गांव की धार्मिक श्रद्धाओं का स्वरूप और उस पर पड़ने वाले आघातों के फलस्वरूप उसका बनता-बिगड़ता रूप, भारतीय देहातियों का, उनकी वैयक्तिक अच्छाइयों-बुराइयों और वैशिष्ट्यों के बावजूद देखने में आने वाला एक सामान्य रूप, गांव के संघर्ष का रूप और उसमें निहित शक्तियां इत्यादि कतिपय बातों का साक्षात्कारी रूप रेणु ने देने का प्रयत्न किया है। इस समस्त जीवंत परिवेश को सम्प्रेषित करने में लोकभाषा का योगदान उतना ही महत्त्वपूर्ण है जितना कविता के लिए शब्द का। यह चर्चा बेमानी है कि रेणु को अधिक सरल भाषा का प्रयोग करना चाहिए था ताकि लोगों की समझ में आ जाय। चर्चा का सही मुद्दा यही हो सकता है कि रेणु ने जिस भाषा का प्रयोग किया है,

वह परिवेश का जीवंत चित्रात्मक रूपांकन करने में कहां तक सहायक हो सकी है, कहां तक वह अटल और अनिवार्य बन गई है। लोकभाषा शब्द भी यहां व्यापक रूप में प्रयुक्त होना चाहिए। लोक भाषा शब्द भी यहां व्यापक रूप में प्रयुक्त होना चाहिए। लोकभाषा में केवल अंचल विशेष के शब्द ही महत्त्वपूर्ण नहीं हैं—उससे भी महत्त्वपूर्ण है भाषा की लय, समूचे गांव की सामान्य बोलचाल का लहजा, उनके द्वारा प्रयुक्त भाषा का रंग, रस और ध्वनिमय संसार। रेणु ने पहली बार इस भाषा के समस्त संसार को उसकी सूक्ष्मताओं के साथ पकड़ा है।

रेणु की यथार्थ की पकड़, सूक्ष्म से सूक्ष्म तफसीलों के प्रति सावधानी, लोक-संस्कृति के प्रति अपार आत्मीयता आदि बातों के कारण 'रेणु' के लेखन में अन्तर्प्रवाहित अत्यंत आदर्शवादी—स्वप्निल आदर्शवादी धारा की ओर ध्यान कम गया। प्रेमचंदोत्तर उपन्यास लेखन में आदर्शवाद के प्रति कड़ा रुख अपनाया गया और आज साठोत्तरी साहित्य में तो इस शब्द का उच्चारण ही आलोचक के पिछड़ेपन की साक्ष्य देने लगा है। आदर्शवादी धारा के प्रति इस सख्त रुख को अपनाये जाने के कारण धीरे-धीरे यथार्थवाद के नाम पर संकीर्णता या एकांगिता आ गई। मनोविज्ञान की दृष्टि से सभी व्यक्ति एब्नार्मल हैं, तब इस श्रेणी में आने वाले नार्मल व्यक्ति 'सुपर एब्नार्मल' हो गये। कुछ यही स्थिति यथार्थवाद की भी हो गई। प्रगतिवाद का एक दुष्परिणाम हिन्दी साहित्य पर यह हुआ कि देहातों पर, जहां जातिवाद प्रबल है और प्रायः वह वर्गवाद की धार को कुंठित करता रहता है, वर्गीय दृष्टिकोण आरोपित किया गया। रेणु ने 'मैला आंचल' और 'परती : परिकथा' में भारतीय समाज के संगठन में निहित इस जातिवाद के अच्छे-बुरे प्रभावों का सही रूप प्रस्तुत किया। यथार्थ की सही पकड़ के कारण ही रेणु की समाज निरीक्षण-शक्ति को प्रगतिवाद कुंठित नहीं कर सका। यही कारण है कि रेणु उन स्थितियों को भी तल्लीनता से चित्रित कर सके हैं, जहां जातिवाद के बंधन शिथिल हो जाते हैं और वर्गवाद के चौखटे को मनुष्य की मनुष्य के प्रति आत्मीयता सफलतापूर्वक तोड़ देती है। यही कारण है कि परानपुर की नारियां खाने-कपड़े की समस्या को भूलकर भी श्यामा चकेवी के सामूहिक गान में तल्लीन हो जाती हैं। रेणु की काव्यात्मकता, रेणु का रोमांटिक रुझान, शरत् बाबू की याद दिलाने वाली भावुकता (क्या शरत् बाबू की भावुकता सचमुच इतनी मजाक उड़ाने की स्थिति में है?), रेणु का स्वप्निल आदर्शवाद, रेणु की उल्लासमय जीवन-दृष्टि, शब्द-शब्द में प्रतीत होने वाली अद्भुत हास-क्रीड़ापूर्ण विनोद वृत्ति, रेणु की अजस्र आत्मीयता—इन सबका मूल निश्चय ही उनके प्रगतिवाद के खेमे से बाहर रहने में है।

परन्तु इससे एक बड़ा अधूरापन भी उपन्यास में आ गया है। रेणु के उपन्यास में हमें दीन-दुखियों के घर की अंदरूनी स्थितियां देखने को नहीं मिलतीं।

परानपुर की नट्टिनटोली में, रैंदास टोली में क्या पकता है, कितना और कैसे पकता है, इसका कोई बोध नहीं होता। परानपुर में जीवन की प्राथमिक जरूरतों की पूर्ति करने के लिए मरने-खपने वाले, संघर्ष करने वाले, दरिद्र, भुखमरे लोगों की क्षीण झांकी भी हमें देखने को नहीं मिलती। परानपुर के बूढ़ों, रोगियों, भिखमंगों को जैसे रेणु के उपन्यास जगत् में आने से मना कर दिया गया है। रेणु हमें झोपड़ियों के अंदर ले जाकर रोग और मृत्यु से जूझने वाली मनुष्यों की जाति से परिचित नहीं कराते। ऐसा लगता है, रेणु के उपन्यास की सभी घटनाएं परानपुर के रास्तों, चौराहों और खेत-खलिहानों में होती हैं। यह नहीं कहा जा सकता कि उपन्यासकार को हर पक्ष को चित्रित करना चाहिए। परन्तु गांव को समग्रता में चित्रित करने की आकांक्षा रखनेवाला उपन्यासकार इन बातों को टाल नहीं सकता। इसका समर्थन नहीं हो सकता।

राजनीतिक कोण

यह विवाद्य प्रश्न है कि लेखक का अपना कोई खास राजनीतिक दृष्टिकोण होना चाहिए अथवा नहीं। परंतु रेणु की 'परती : परिकथा' में एक राजनीतिक दृष्टिकोण अवश्य व्यक्त हुआ है और वह नकारात्मक अधिक है। उपन्यासकार प्राय तटस्थ होकर राजनीतिक मतवाद और उससे सम्बद्ध व्यापारोंकी परीक्षा करताहै तब वह अपने पात्रों से काफी दूर रहता है। परन्तु 'रेणु' अपने कथा-नायक जितेंद्र ('परती : परिकथा'को निश्चित रूपसे एक नायक मिलाहै और गांवकी महत्त्वपूर्ण गतिविधियों का वह परोक्ष या अपरोक्ष रूप में केंद्र बना हुआ है।) के प्रति वह तटस्थता नहीं रख सके हैं। यह नहीं कि रेणु ने जितेंद्र को सर्वगुण-संपन्न दिखाया है। जितेन्द्र वैसे अनेक गुणों और महत्त्वपूर्ण दोषों से युक्त है। परंतु लेखक ने उसे अपनी आत्मीयता इतनी मात्रा में प्रदान की है कि पाठक को यह सही आभास होता है कि जितेंद्र 'रेणु' का प्रतिरूप या 'माउथपीस' है। अत: यह निष्कर्षित किया जाय कि जितेंद्र का राजनीतिक रूझान रेणु का अपना मंतव्य है तो खास गलत नहीं होगा। जितेंद्र का राजनीतिक रुख क्या है ? जितेंद्र राजनीतिक पार्टियों के आपसी वैयक्तिक मतवादों का, सत्ता-संघर्ष के लिए पार्टी के अंतर्गत चलने वाले कमीने षड्यंत्र का शिकार है और स्वातंत्र्योतर 5-7 वर्षों में ही रेणु का जितेंद्र समझ गया है कि राजनीति का अखाड़ा ईमानदार स्वतंत्र चिंतन की क्षमता रखने वाले, सांस्कृतिक मूल्यों को स्वीकार कर चलने वाले सरल, बुद्धिमान व्यक्ति का क्षेत्र नहीं है। इस संबंध में भारत के प्राय: सभी बौद्धिक जितेंद्र के साथ हैं, यद्यपि यह एक पलायनवाद का ही रूप है। बीच में कुबेरनाथ सिंह से सामना करने के लिए जितेंद्र पुन: अखाड़े में उतरता हुआ दिखाया गया है, परंतु रेणु ने इस बात को अधूरा छोड़ दिया है क्योंकि जितेंद्र सांस्कृतिक लोकमंच उभारने में व्यस्त हो

जाता है। जितेंद्र का सामाजिक क्रांति की अपेक्षा वैयक्तिक क्रांति पर विश्वास, राजनीति की अपेक्षा सांस्कृतिक क्रांति में उसकी आस्था, मानव मन की परती को पहले संवेदनशील बनाने की उसकी इच्छा, ताकि वाह्य प्रगति का वेग वह संभाल सके, पैतृक सम्पत्ति का, किसी भी नैतिक चुभन का अनुभव किए बिना और उसके संचय एवं संवर्द्धन की ओर से बेखबर रहकर, उपभोग करने का जितेंद्र का ढंग, परती पर हजारों गुलाब के पौधे लगाने की उसकी आकांक्षा, इन सब बातों को बिना किसी संकोच या व्यंग्यभाव के अत्यंत आत्मीयता से चित्रित करना रेणु के राजनैतिक मंतव्य को काफी स्पष्ट करता है। हर बौद्धिक के जीवन में एक समय आता है, जब न्याय और समता, स्वतंत्रता और शोषण विरहित समाज-व्यवस्था की आकांक्षी वाई राजनीति की ओर वह प्रभावित होता है और एक समय वह भी आता है जब उसको उसके देवता कूच कर गए मालूम होते हैं। जितेंद्र इसी मन:स्थिति में अपने जहाज पर लौट आता है और सौभाग्य से उसका जहाज काफी मजबूत है कि बुरी तरह से घायल इस व्यक्ति को सहर्ष आश्रय दे सके। मार्क्सवाद एक सीमा तक सही दृष्टि प्रदान करता है परंतु मनुष्य का मन उतना तार्किक या ऐतिहासिक सत्य को स्वेच्छा से अपनाने वाला नहीं है और न वह एक स्वर्ग को पहुंचने वाली सीढ़ियों में से एक सीढ़ी बनना गवारा कर सकता है। जिंदगी शास्त्र से बड़ी है और आकलन के लिए कठिन भी। जितेंद्र जिन व्यवितयों के बीच घसीटा गया, वे न उतने सही मार्क्सवादी थे, न राजनैतिक ध्येयवाद के प्रति समर्पित। गांधीवाद, समाजवाद, सर्वोदयवाद, सब सही हैं बशर्ते कि मनुष्य के मन की धरती परती न हो। समता, स्वतंत्रता, बंधुत्व उत्पन्न करने वाले इन तीनों दर्शनों की परीक्षा भारत में हुई है और तीनों की परिणति नि:शुल्क में हुई है। मानव की मनोभूमि को पहले उर्वरा बनाना आवश्यक है, उसे सत्ता और वासना से अधिक कुछ महत्त्वपूर्ण है, यह मनवाने की आवश्यकता है। यह जोरदार रूप में राजनैतिक अनुभव ने सिखाया जितेंद्र को। बौद्धिक स्तर पर नहीं, अनुभवों के बीच से गुजार कर सिखाया रेणु ने जितेंद्र को यह सबक। कम से कम शब्दों में कुबेरसिंह के व्यक्तित्व का और राजनीतिक दांव-पेचों का जो रेखांकन हुआ है, वह पर्याप्त विश्वसनीय है। रेणु ने जितेंद्र को भी काफी दृढ़ व्यक्तित्व दिया है। राजनीतिक चक्रव्यूह में जो दुर्गति जितेंद्र की हुई उसका चित्रण काफी बारीकी से और सधे हाथों किया है रेणु ने। यह स्वाभाविक और प्रतीतिपूर्ण लगता है कि इन कटु आतंककारी परिस्थितियों के बीच से गुजरने के बाद जितेंद्र अपने गांव लौट आए। एक स्थान पर समूचे उपन्यास की केंद्रीय कल्पना रेणु ने व्यक्त की है : "घृणा से मुंह विकृत मत करो जितेंद्र, राजनीति ने हमें बहुत कुछ दिया भी है।—फिर भी तुम विस्थापित नहीं। गांव के लोग तुम को न पहचानें। गांव की मिट्टी, अपनी जन्मभूमि का पानी, तो तुमको प्राप्त है।

जहां तुम खेले-कूदे, बढ़े···। मुझे देखो ! इरावती ने समझाया— मेरे दुख की कल्पना करो।" जितेंद्र अपने ही मन को टटोलता है : "—तुम्हारे सांस्कृतिक अनुष्ठान के पीछे कोई राजनीतिक हाथ तो नहीं ? सरकारी-गैरसरकारी किसी किस्म की राजनीति से प्रभावित तो नहीं लोकमंच की कल्पना ?" फिर यह अंतर्द्वन्द, "तुम बहुत शंकालु हो गये हो ।" और यह केंद्रीय तत्त्व —"यहां के सांस्कृतिक जीवन में डुबकी लगाए बिना, प्रीति के सूत्र को पकड़ना असंभव है।" राजनीति से समाज-कल्याण की संभावना से निराश जितेंद्र सांस्कृतिक जीवन में डुबकी लगाकर प्रीति के छिन्न सूत्र पकड़ना चाहता है। राजनीतिक आस्था से सांस्कृतिक आस्था की ओर, वर्ग विग्रह से प्रेम की ओर। यह यात्रा जितेंद्र की ही नहीं है, भारत के कतिपय बौद्धिकों की भी है।

जितेंद्र के माध्यम से ही रेणु ने अपनी राजनैतिक दृष्टि को व्यक्त नहीं किया है, परानपुर के छोटे गांव पर स्वातंत्र्योतर राजनीतिक वातावरण का जो प्रभाव पड़ा, उसका यथावत् चित्र प्रस्तुत करते हुए भी रेणु ने अपनी कम्युनिस्ट विरोधी भूमिका को कम तीखे ढंग से व्यक्त नहीं किया है। वैसे कांग्रेस, सोशलिस्ट, कम्युनिस्ट भारत की सभी प्रमुख पार्टियों की नीति गांव तक आते-आते क्या रूप लेती है, इसका इतना सशक्त वर्णन अन्यत्र कम मिलेगा। शासक पार्टी का गांव का कार्यकर्त्ता है लुत्तो। यद्यपि लुत्तो की कार्यवाही के पीछे उसकी बचपन की अपमान और उपेक्षा से पीड़ित जिंदगी है। रेणु ने पर्याप्त मनोवैज्ञानिक सूझ-बूझ से उसका चित्रण किया है।) जितेंद्र के प्रति वैयक्तिक प्रतिहिंसा की तीखी जलन है, वैयक्तिक-पारिवारिक परिवेश की सीमाओं और उसकी आकांक्षाओं के बीच का तनाव है, फिर भी उसको शासक पार्टी का कार्यकर्त्ता बनाकर रेणु ने शासक पार्टी की असलियत पर जबर्दस्त वार किया है। चलते-चलते दो-एक वाक्यों में समस्त स्थितियों का बोध करा देना रेणु की खास शैली का अपना वैशिष्ट्य है।— "सर्वे के समय लुत्तो की कीमत बढ़ गई है। सभी धीरे-धीरे जान गए हैं— सोशलिस्ट और कम्युनिस्ट पार्टी वाले जिनकी मदद करेंगे, उन्हें जमीन हर्गिज नहीं मिल सकती, ब्रह्मा-विष्णु-महेश भी उठकर आवें, तब भी नहीं।···इसमें बहुत बड़ा रहस्य है, जिसे सिर्फ लुत्तो ही जानता है।" शासक पार्टी के सारे कानून गांव की जनता तक पहुंचते-पहुंचते इतनें विकृत क्यों हो जाते हैं, इसका प्रमुख कारण लुत्तो जैसे राजनीतिक लंगीबाज कार्यकर्त्ता हैं। सर्वे सेटलमेंट हो, सर्वोदय का भूमिदान कार्यक्रम हो, परती जमीन पर सरकार द्वारा कब्जा किए जाने की बात हो या परती की सिंचाई योजना के लिए कोसी की धारा को दुलारी-दाय में मोड़ने की बात हो, लुत्तो जैसा शासक पार्टी का कार्यकर्त्ता अपना वैयक्तिक स्वार्थ देखेगा अथवा अपने जानी दुश्मन जितेंद्र की पीठ दागने के मौके का इंतजार करेगा। कम्युनिस्ट मकबूल मुसलमान टोली में भले हो मुर्गी अंडा खा ले, मस्जिद

जाने की बात को घरवालों के विरोध पर टाल देगा और कम्युनिस्ट डायलेक्टिक्स का आश्रय लेगा—"अफीम की दूकान समझता हूं ! मैं !" कम्युनिस्ट मकबूल की कम्युनिस्टी भाई के आगे नहीं चलती। रेणु की वक्रता देखिए। मकबूल की पार्टी विचार कर रही है कि जितेंद्र का भोज खाया जाए या नहीं। "अंत में मकबूल ने समाजवादी सत्य का हवाला देकर कहा—साथियों ! मेरे ख्याल में सबसे सही रास्ता यह है कि कम्युनिस्ट की हैसियत से हम इस भोज का विरोध करें और ग्रामवासी के नाते इसमें जरूर शामिल हों।" फिर यह एक चोट और—"वहां यह भी देखें की पार्टी से प्रभावित किसानों और मजदूरों के पत्तल में सभी चीजें समान रूप में परोसी गई हैं या नहीं।" सुचितलाल मडर पार्टी में इसलिए शामिल हुआ है कि उसको जितेंद्र के दों कुड़ों का बंदोबस्त मिले। उधर वह जितेंद्र के नौकर रामपखारन सिंह के कहता है : "बंड़ां झंझट कां कांम होंता हैं पांर्टी मिटि में पंटरी बैंठानां।"—सब अपनी-अपनी पटरी बिठाने में व्यस्त हैं। सोशलिस्ट पार्टी की जन्म-कुंडली में ही फूट के ग्रह हैं। रामनिहोरा बाबू पलंग बनवा लेते हैं और दाम के नाम पर पार्टी की रसीद कटवा कर देते हैं। रेणु की कलम में तेजी आती है जब वे कम्युनिस्ट पार्टी या सिद्धांतों पर वार करना चाहते हैं : "सभापतिजी ने वामपंथी का अर्थ समझाया—"आपका सही रास्ता दाहिनी ओर है तो ये लोग आपको बायें रास्ते से ले जाएंगे।" परानपुर में प्रत्येक पार्टी की शाखा है, उसके कार्यकर्त्ता हैं, उनमें आपस में फूट है क्योंकि सब अपना ही हित साधन देख रहे हैं और गांव की लोक-मनोभूमि परती पड़ी होने के कारण जातीयवाद जैसी वृत्तियों का प्रत्येक पार्टी उपयोग कर रही है—"आठ वर्षों से जातीयवाद के दीमकों का मुख्य आहार रहा हैं मनुष्य का हृदय।"

भारतीय जातिवाद : असलियत

जातिवाद का यह संस्कार इतना दृढ़ हो गया है कि भूमिहर डाक्टर को राजपूत धमकी देते हैं, कायस्थ के खिलाफ दरख्वास्त दी जाती है और गांव में डाक्टर टिक नहीं पाता। नट्टिन टोली की ताजमनी तम्बू लेकर नहीं जाती मेले में तो जाति की नाक कट जाती है। चमारिन टोली की मलारी के हाथ की छुई चाय सुवंशबाबू पीते हैं जो जाति का कायदा टूट जाता है। सुवंश की मां रोती हुई जितेंद्र को गालियां देती है तो जाति के प्रति विद्वेष कितना उफनकर बाहर आता है।—"क्रिस्थनवां, मुसलमनवां, नट्टबाजी गरवां।" रघ्घु रामायनी की कथा सुनते समय भी टोली-टोली के स्थान अलग रहेंगे। 1910 के आसपास जितेंद्र के पिता शिवेंद्र को ब्राह्मणों ने अवैध घोषित किया, 1950 के बाद भी जितेंद्र के द्वारा दिए गए भोज पर जातीय ढंग से विचार होता है। पनघट पर स्त्रियों के व्यंग्यबाण जाति को लेकर होते हैं, वे देखने योग्य होते हैं।

परंतु रेणु ने इस जाति-व्यवस्था की असलियत पर सही अंगुली रखी है। एक ओर वह दृढ़ और अपरिवर्तनशील दिखाई देती है तो दूसरी ओर खोखली भी। जब स्वार्थ या भय की बात आती है तो यह दीवार दरारों से विकृत होती दिखती है। खवीस लुत्तो, गड़रुधुज झा और रोशनबिस्वां अपने जातिवाद को भूलकर स्वार्थ के लिए एक हो सकते हैं। मलारी को गालियां देने वाली औरतें सरकारी शादी के कारण भय से चुप्पी साध के बैठती हैं। ब्राह्मण 'दान' लेने में पाप नहीं मानते, भोजन का पैसा भी लेते हैं और ऐन समय पर भोजन पर भी जाते हैं। सारांश, भारतीय जातिवाद में अब धार्मिक कट्टरता नहीं रही, वह स्वार्थ साधन का एक माध्यम बन गया है। शायद जीर्ण रूढ़ियों की लकड़ी पर टिके जातिवाद को अगर सांस्कृतिक लोकमंच मिले तो अपने आपसी भेदभाव को भूल कर अपनी सीमाओं को तोड़ा भी जा सकता है। नाटक, सामूहिक लोकगीत, त्यौहार, पर्व, सांस्कृतिक गतिविधियां—ये हैं वे साधन जहां मलारी, ताजमनी, लिलिया, मिम्मलमाना, मोहनबाबू डी० टी० टी०, शिवमद्दर, सुचितलाल सब एक स्तर पर आ सकते हैं। वर्षों से एक-दूसरे से अपरिचित रह जाने वाले, टूटने वाले हृदयों को मिलाने का यही एक शक्तिशाली उपाय हैं। जातिवाद इधर इतना लचीला हो गया है कि पीतांबर झा कम्युनिस्ट बनकर अपना नाम रखते हैं मकबूल और मुसलमानों के घर मुर्गी, अंड़ा खाने पर भी उसे दोष नहीं लगता क्योंकि "राजनीतिक संगठन करनेवाले को कोई दोष नहीं लगता, यह बात गांव का छोटा बच्चा भी जानता है।···बड़ा क्रांतिकारी काम किया मकबूल ने।" (पृ163) अत: राजनीति का काम शासकीय डर से, आदेश से या घबराहट से अपनी पद्धति से होता हैं गांव में। मुसलमानों का झुकाव पाकिस्तान की ओर है। यद्यपि वे भारत में रहने को बाध्य हुए हैं, परंतु कुल मिलाकर मुसलमानों की जमात गांव के उत्सवों, पर्वों, सामूहिक गीतों में सहजता से भाग नहीं लेतीं, लोक-जीवन से कटी हुई है।

फिर भी स्वातंत्र्योत्तर काल में गांवों में बहने वाली राजनीतिक हवा ने चुनाव के तरीके ने जातिवाद पर जोरदार हमला नहीं किया है। गांव के हर व्यक्ति में नेतागिरी करने का हौसला उत्पन्न हुआ है। जिला के नेताओं का संबंध वोट तक सीमित है। परिणामत: गांवों में उन्हीं लोगों को महत्व आया है जिनके हाथ में वोटों की संख्या है। राजनीति में भी एक सिद्धान्त यह पैदा हुआ है कि ऐसा कुछ भी नहीं किया जाए जो जनमत के खिलाफ हो। मकबूल की पार्टी के जिला मंत्री ने लिखा है : "स्थलीय समस्याओं पर स्थानीय यूनिट ही विचार करे। लेकिन जनमत के खिलाफ कोई कदम न उठे, इसका ख्याल रखना होगा।" (पृ० 474) पंचायत चुनाव में गांव के कुछ धूर्त किस प्रकार अपने वैयक्तिक स्वार्थ पर सहकार्य करते हैं, धनी आदमी को फांसते हैं, इसकी भी झांकी रेणु ने

दी है। गांव से शहर तक चुनाव तंत्र में कोई अंतर नहीं रहा है। किसी भी कीमत पर जनानुरंजन भारतीय जनतंत्रवाद का सबसे बड़ा दोष है और यहीं पर लोक-मंच द्वारा सांस्कृतिक मन परिवर्तन का महत्व सिद्ध होता है।

रेणु निराश नहीं हैं। भारतीय जनता में वे ऐसा गुण या वैशिष्ट्य देखते हैं जो उन्हें आश्वस्त करता है। वह क्या है? भारतीय जनता की सामूहिक उत्सवप्रियता, सामूहिक आनंदोल्लास की पुराचीन परंपरा, भारतीय जनता की अद्भुत सहिष्णुता और संकीर्णता के बावजूद जनता में प्रवाहित उदार मानवीयता का स्रोत। यही कारण है कि मलारी और उसकी मां रो-रोकर गले लगती हैं और महीचन अपना बैर भूलकर आंखें पोंछता है। ताजमनी का जितेंद्र के साथ हवेली में रहना सहज स्वीकार किया जाता है, गांव की महिलाएं जितेंद्र के प्रति आत्मीयता से उमड़ती हैं, राजनीतिक लंगीबाज लुत्तो को अंत में मुंह की खानी पड़ती है--गांव में भी और घर में भी। घोर अपमान और भर्त्सना के बावजूद मुंशी जलधारीलाल दास अपनी कर्मठता का उपयोग लोकमंच उभारने में करते है--शिवभद्र, बलभद्र सभी अपनी दुश्मनी भूल जाते हैं।

स्वतंत्र्योत्तर कालमें गांव को प्रभावित करने वाली एक घटना है। बढ़ता शिक्षा प्रचार। हरिजन जाति में भी शिक्षा की सुविधाओं ने जागृति उत्पन्न की है। रैदास टोली की मलारी सुंदर है परंतु शिक्षित भी। इसीलिए वह सुवंशबाबू का प्यार पा सकी और उससे विवाहबद्ध हो सकी। इस शिक्षा ने उसके पारिवारिक जीवन में कुछ तनाव अवश्य पैदा किए हैं परंतु कुल मिलाकर परिणाम अच्छे ही निकले। मलारी सुंदर है और इसके कारण गांव की अनेक स्थितियों पर प्रकाश डालने का अवसर रेणु को मिला है (बीमा-पालिसी और हिन्नूचागर-मागरम प्रसंग, मलारी का फोटू, हरिजन उद्धार, चौबेजी-मलारी, प्रेमकुमार दीवाना का कलात्मक प्रेम) और इन प्रसंगों में विनोद की प्रसन्न धारा बहती है। रैदास टोली में मलारी अपने सौंदर्य के बावजूद इतनी पाक साफ और गदंगी से दूर रह सकी है, यह रेणु की रोमांटिक दृष्टि का परिणाम है। रेणु का वैशिष्ट्य है कि इसके संदर्भ में गांव के अनेक यथार्थ के पहलुओं को प्रकाश में लाया गया है—स्कूलों में 'चमाइन मास्टरनी' का प्रवेश, स्कूल के टीचरों के आपसी झगड़े, कालेज में पढ़ने वाली और छुट्टियों में गांव आने वाली युवकों की टोली, उनपर पड़ने वाला प्रगतिशील विचारों का प्रभाव और पुरानी पीढ़ी के विरोध के बावजूद जितेंद्र से उनका हार्दिक संपर्क, उनकी रसदार बातें। रेणु की चित्रांकन शैली की एक विशेषता यह है कि जीवन के कतिपय तथ्यों और प्रसंगों को अत्यंत स्पष्ट परंतु अल्प रेखाओं में मूर्त्तता देते जाते हैं। इन रेखाचित्रों का गांव के बृहत् कैनवास पर सामूहिक प्रभाव तो होता ही है—वैयक्तिक प्रभाव भी कम प्रत्ययकारी नहीं होता। 'रेणु' के आशावान मन को शिक्षा प्रसार (समस्त कमियों

के बावजूद) में भी भारतीय जन-मानस के उन्नयन के संकेत दिखाई पड़ते हैं। जातीयता के संकीर्ण संस्कार भूलकर सभी नवयुवक जितेंद्र की हवेली में आने लगे हैं, मलारी-सुवंश विवाह के प्रति सहानुभूतिशील भी हैं और ग्रामीण जनता के गलत गुस्से का सामना करने में जितेंद्र का साथ भी देते हैं। वाचनालय की सरकारी मदद का विवरण देकर यथार्थ के एक पहलू को उजागर करते हुए रेणु उसके माध्यम से कुछ मनोरंजक स्थितियों को भी उभारते हैं। हास्य, व्यंग्य और विनोदप्रिय रेणु का व्यक्तित्व प्रायः सभी परिस्थितियों में कुछ-न-कुछ अपनी प्रवृत्ति के चरितार्थ के लिए मसाला ढूंढ़ ही लेता है।

गांव के आन्तरिक यथार्थ की पकड़

वाह्य यथार्थ को मूर्त्त करते हुए मनुष्य के आंतरिक यथार्थ को प्रकट करने में भी रेणु अपनी अन्तर्दृष्टि एवं मनोवैज्ञानिक सूझ-बूझ और पकड़ का परिचय देते हैं। 'रेणु' की दृष्टि इस उपन्यास में गांव के सामूहिक जीवन के चित्रांकन पर है। रेणु ने सामान्यतः भारतीय देहात की और विशेषतः परानपुर देहात की मानसिकता को व्यक्त किया है—इसको ग्रामीण मनोविज्ञान का (विलेज साइकोलाजी) एक नया अध्याय ही मानना होगा।

भारतीय ग्रामीण जनता में हजारों वर्षों से जातीयता के संस्कारों ने परस्पर विद्वेष की भावना अवश्य पैदा की है; परन्तु अपनी जाति के प्रति अभिमान की भावना भी। लुत्तो का कहना है : "नहीं चाहिए लुत्तो को ऐसी जमीन, जिससे जाति की इज्जत माटी में मिल जाए। और छोटी जाति के लोग तो अपनी जगह पर ठीक हैं। आजकल हरिजन भी कहलाने लगे हैं। लेकिन खवास ?···न जलो, न थलो। बाभनों की चालाकी खूब समझता है लुत्तो। समझकर मन-ही-मन कुढ़ता है। सियार पंडित, डोम, चमार, काली-हांडी को तो गांव से बाहर बसाया। शूद्रों में कुछ साफ-सुथरे घराने का पानी चला दिया, नहीं तो पानी खुद भरकर पीना होगा। दही, चूड़ा का भार कौन ले जाता ढोकर—बीस कोस, पच्चीस कोस बहंगी में टांगकर, दुलकी लगाते ?" (पृ० 44) ऊंच-जाति की चालाकी से निम्न जाति के कुछ समझदार युवक चिढ़े हुए हैं, परंतु बड़े बूढ़ों में जातीयता का संस्कार कुछ इस प्रकार दृढ़मूल है कि नवयुवक छटपटाकर रह जाते हैं। नट्टिन टोली की ताजमनी मेले में तम्बू ले जाने का अपना पेशा नहीं अपनाती है, तो नट्टिन टोली की औरतें खार खाती हैं कि जात की इज्जत चली जाती है। इनका दुःख है—"गांव क्या वही गांव है कि बबुआन टोली के एक-एक घर में चार-चार नट्टिनें गुजर करती थीं।—अब तो बबुआन टोली का लड़का कब जवान होता है, नट्टिन टोली की परेवा-पंखी भी नहीं जानती।" सुवंश बाबू के साथ मलारी विवाह कर भाग जाती है, तो महीचन की फिक्र है कि, "जातिवालों को भात कहां

से दें रे साली ? तेरी बेटी ने सरकारी शादी की है, तो कहे न सरकार-बाप से-जातिवालों का भात कहां से आवेगा ? बोल ?" (पृ० 374) मलारी-सुवंश विवाह पर समूचे गांव की प्रतिक्रिया—"मलारी और सुवंशलाल गांव छोड़कर भाग गए। घर-बार खेत-खलिहान, डगर-सड़क और गली-गली में बस एक ही चर्चा—हद हो गई। जुल्म हो गया। जितन का भी कान काट लिया। हरिजन उद्धार हो गया।" इस अंतर्जातीय विवाह ने गांव के जातीय संस्कारों को बहुत झकझोरा। परंतु रेणु ने यह भी संकेतित किया है कि यह संस्कार धीरे-धीरे डगमगा रहा है। शिक्षा, औद्योगीकरण, आधुनिकीकरण से उत्पन्न स्थितियों के प्रभाव से गांव भी मंथर गति से क्यों न हो, आंदोलित हो रहे हैं। अत: विरोध संघर्ष का रूप नहीं लेता। भारतीय देहाती मन अब सोचता है—"लेकिन देवी परमेसरी रैदास की बेटी पर कैसे सवार हुई ? रैदास हुई तो क्या हुआ ? आजकल आदमी छुआछूत नहीं मानता, देव-देवी क्या मानेंगे ?" (पृ० 120) राजनीतिक काम करने वाले तो जाति-बंधन नहीं ही मानते। मलारी जैसी सुंदरी को देखकर चौबे जी अपने जातीय संस्कार को तिलांजलि देने को सहर्ष तैयार हैं। नाटक जैसी सामूहिक कला में तो सब एक मंच पर आ जाते हैं।

गांव के मंथर गति से चलनेवाले जीवन में जब तेजी आ जाती है, तब गांव में अपूर्व उत्साह फैल जाता है। लैंड सैटलमेंट के समय—"छै महीने में ही गांव का बच्चा-बच्चा पक्की गवाही देना सीख गया।" कानूनगो साहब और उसके चपरासी को भी बासमती चावल, घी आदि से खुश करने लगा। भाई भाई में, पिता-पुत्र में, मां-पुत्र में फूट और अविश्वास उत्पन्न हुआ। 'जमीन' गांव के हर व्यक्ति का सर्वस्व है, जिसके लिए किसी भी मूल्य को वह दे सकता है। गांव का हर व्यक्ति उत्सव-प्रिय होता है। उसकी भाषा चित्रात्मक होती है और दूसरे की न्यूनता अथवा कमी को ढूंढ़कर उसको चिढ़ाने की उसकी आदत होती है। 'नकबजना', 'पोंपी', 'पगलैंट', 'घरघुमनी', 'चमाइन मास्टरनी', 'लुत्तो खवीस', 'छापीवाली मलारी' प्रेम कुमार दीवाना इ० नाम इसी प्रवृत्ति से ईजाद हुए हैं। एक-दूसरे की ओर देखने का दृष्टिकोण ही न्यूनताशोधक और व्यंग्य, वक्रतापूर्ण होता है। किंचित् बुद्धिमान आदमी अपने प्रति जबर्दस्त आत्मविश्वास रखता है। इसी आत्मविश्वास के बल पर सुचितलाल मडर जितेंद्र से 'जिरह' करना चाहता है, लुत्तो खवास अपने को 'बालिस्टर' मानता है। थिम्मल मामा अपने सिवा सबको वनस्पतिया घी समझते हैं, गरुड़धुज झा अपने को नारद का अवतार समझ लेते हैं। सामबती पीसी जबर्दस्त आत्मविश्वास से घर-घर घूमकर हर बात में दखल देना चाहती है। मकबूल अपने को पैदायशी लीडर और पार्टी के सिद्धांतों का मौलिक व्याख्याता समझता है। जलधारीलाल दास भी दागनेवाले मुंशी के रौब में घूमते हैं और अपनी कलम की नोंक पर जबर्दस्त अभिमान रखते हैं। गंगाबाई

नट्टिन टोली की महारानी से अपने को कम नहीं समझतीं। बालगोभिन भी रैंदास टोली की लीडरी अपना मौरूसी हक समझता है। गांव के अन्य लोग भी इन पैदायशी लीडरों को सम्मान देते हैं परंतु गांव का कुछ गुण ही ऐसा है कि जब इन लीडरों को मुंह की खानी पड़ती है तब यही लोग उसका भी मज़ा पर्याप्त उत्साह से ले लेते हैं। लुत्तो को 'खवास' घोषित करने पर गांव की जनता की यह मानसिक सामहिक प्रतिक्रिया, "ऐं खवास लिखा हुआ है ? तब बालिस्टरी सटक गई लुत्तो की।" बबुआन टोली के लड़के सुचितलाल को 'जपानी-पोंपी' कहते ही हैं। उसके आगे यह नाम घोषित किये जाने पर—"अब क्या ? अब तो नाम सर्वे के पांच-पांच रेकट में दर्ज हो गया। अब तो पोंपी ही—!" गांव के लोग भी अपने नाम के संबंध में बड़े नाजुक दिल होते हैं। 'पोंपी' कटवाने के लिए सुचितलाल कुछ भी कर सकता है। सारांश, गांव का मन प्रायः उस पानी की भांति होता है—जो रंग उसमें डाल दिया जाए, वह रंग वह ले लेता है।

गांव के भावुक और तर्कशून्य मस्तिष्क में न गुस्सा बहुत समय तक टिका रह सकता है, न द्वेष। लुत्तो के प्रभाव में आकर वे जितेंद्र के विरोध में ताल ठोंककर खड़े हो सकते हैं, पत्थर मारते हैं तो दूसरे क्षण उसकी प्रशंसा भी करते हैं। पनघट पर जितेंद्र के प्रति प्रच्छन्न आत्मीयता ही नहीं प्रकट होती, एक-दूसरे को मीठी चिकोटियां भी काटी जाती हैं। मलारी, ताजमनी के सौंदर्य की किंचित् ईर्ष्या से तारीफ करेंगी और गालियां भी देंगी। गांव की स्त्रियों को जरा-सा भी पुचकारो, तो गुलाम बनने को तैयार। पुरुषों की भी स्थिति भिन्न नहीं है।

गांव के लोकगीत, पुरानी गीत-गाथाएं, किंवदंतियां, परिकथाएं, गांव के देवी-देवता, प्रकृति, ज़मीन सबके प्रति असीम आत्मीयता का सागर इनके मन में लहराता रहता है। इनमें लचीलापन है, इसलिए स्थितियों के उग्र प्रवाह में वे झुकते अवश्य हैं, परंतु टूटते नहीं हैं। राजनीति की शतरंजी चाल ने इनको प्रभावित अवश्य किया है, परंतु अभी विकृत नहीं किया है। रेणु ने विश्वास दिलाया है कि इनके सांस्कृतिक स्रोतों को सूखने नहीं दिया जाए, नौकरशाही और सत्ताधारी पक्ष कुछ अधिक कर्मठता, कर्त्तव्यपटुता और ईमानदारी का परिचय दे, तो भारत की उर्वरा भूमि पर महान संस्कृति के बीज अंकुरित हो सकते हैं।

गांव के सामूहिक मानस चित्र का परिचय देते हुए रेणु की दृष्टि व्यक्तियों पर भी केंद्रित होती है और रेणु ने अपने व्यक्तियों को आंतरिक और बाह्य दोनों प्रकार की विशेषताओं से युक्त दिखाया है।

व्यक्तित्व की अप्रतिभता

रेणु के सामने प्रत्येक व्यक्ति अपने शारीरिक या भाषिक वैशिष्ट्य के साथ

आता है और भीड़ से अलग किया जा सकता है। अंत तक व्यक्ति की बोलचाल, करतूत, व्यवहार, चाल-ढाल उस वैशिष्ट्य के साथ होगी। उर्दू सीखने के प्रयास में प्रत्येक शब्द को खकारते हुए बोलनेवाला मकबूल, लंबे गरुड़धुज झा, घर-घुमनी और बतंगड़ सामबजीपीसी, चोंचवाले मुंह का गोविंदो, पीले दांतवाला दिल बहादुर, कलम से खेलनेवाले कर्मठ जलधारीलाल मुंशी, नकबजना सुचितलाल 'पोंपी', सदैव होंठों पर जीभ फेरनेवाला रोशनबिस्वां, शब्द-क्रीड़ा में पटु भिम्मलमामा, गाल पर के बड़े काले दाग सहलानेवाले कुबेरसिंह—कतिपय पात्र अपने वैशिष्ट्यों के साथ आते हैं। वैयक्तिक राग-द्वेष पर राजनीतिक रंग चढ़ाने वाले और प्रतिहिंसा, खीझ और जलन में कुढ़नेवाले लुत्तो को मनोवैज्ञानिक सूक्ष्म संदर्भ देकर रेणु ने विस्तार से प्रस्तुत किया है। वस्तुतः रेणु के पास मनोवैज्ञानिक सूझबूझ की कमी नहीं है, जैसा कि कुबेरसिंह, जितेंद्र आदि के चित्रण में प्रकट हुआ है। परंतु प्रस्तुत उपन्यास में वैयक्तिक मनोविज्ञान की गहरी छानबीन के लिए अवकाश नहीं है। इसमें महत्त्वपूर्ण है गांव के समस्त लोगों की मानसिकता और इसमें रेणु को अद्भुत सफलता मिली है। आंचलिक उपन्यासों में किसी एक छोटे से गांव को लेकर गांव की बोली में वाह्य रीतिरिवाजों का चित्रण करने की प्रथा परवर्ती आंचलिक साहित्य में खूब प्रचलित हुई, परंतु रेणु की भांति गांव के सामूहिक मनोविज्ञान की पहचान बहुत कम लेखक दे पाए। सामान्यतः गरीबी और अशिक्षा के साथ भोलापन, निष्पक्षता, मानवीय करुणा आदि का बलात् आरोप किया जाता है और रईस वर्ग के साथ अन्याय, अत्याचार और शोषण के प्रति लापरवाही आत्मकेंद्रितता, वासना प्रबलता आदि को जोड़ा जाता है। रेणु के पास वर्गीय चश्मा न होने के कारण अथवा गांव के मन की पूरी वस्तून्मुखी पहचान होने के कारण पूर्वसिद्ध चौखटा लेकर रेणु चरित्रांकन नहीं करते। अतः रेणु की गांव की दुनिया में लुत्तो, गरनड़धुज झा जैसे काइयां लोग भी हैं, तो सामबती पीसी, महीचन जैसे अच्छे-बुरे के मेल से युक्त थी। कुबेरसिंह और राय-चौधुरी जैसे विपरीत स्वभाववाले भी लोग हैं। गोविंदो, दिलबहादुर सिपाही रामपखारन सिंह जैसे मामूली लोग भी पाठक के मन पर अपनी एक अलग छाप छोड़कर जाते हैं। किसी भी रचनाकार की कुशलता कलाकार या दार्शनिक जैसे अद्वितीय व्यक्तित्व के निर्माण में होती है। रेणु ने सामान्य व्यक्तित्वों के बीच के महान कलाकार का रघ्घु रामायनी के रूप में जो रूपांकन किया है, वह रेणु के लिए गौरव की वस्तु है। यह चित्रण इसलिए सफल हुआ कि रेणु स्वयं एक महान कलाकार थे। रेणु के प्रायः सभी पात्र स्थिर हैं, विकास उनमें नहीं होता। उनमें प्रतिभा भी नहीं है। मानसिकता के ऊपरी स्तर पर वे सदैव जीवन व्यतीत करते हैं—संभवतः प्रकृति के क्रोड़ से अधिक दूर न जाने के कारण इनकी चेतना की पर्तें उतनी उलझी हुई नहीं हैं। ऐसे पात्रों को जीवंतता तथा पृथक् व्यक्तित्व

देने के लिए उनके खास 'ट्रेट' को मद्देनज़र रखना पड़ता है। यही कारण है कि रेणु के ये छोटे पात्र महत्त्वहीन होते हुए भी अनपहचाने नहीं रहते। जहां मनोवैज्ञानिक जटिलता का संकेत रेणु ने किया है, वहां पूरी शक्तिमत्ता के साथ किया है, यद्यपि केवल सूक्ष्म संकेत ही है : भिम्मल मामा और जितेंद्र, सुधना और ताजमनी, इरावती और जितेंद्र, शिवेंद्र मिश्र और गीता मिश्र, लुत्तो और जितेंद्र, कुबेरसिंह और जितेंद्र, इनके बीच के संबंधों का जहां मनोवैज्ञानिक जटिलता के स्तर पर संकेत करना था, वहां रेणु ने किया है। जाते-जाते दो-चार वाक्यों में मनोवैज्ञानिक स्पर्श देने की रेणु की कला देखिए—"लुत्तो ने पुकार कर कहा—ए बिठौलीवाली ! तुम्हारी यह आदत बहुत बुरी है। पीठ दागेगा लबेज कहां से सीखी है ? कौन साला दाग सकता है?—रे बंगटा ! आजसे तू भैंस खुल्ला रख। देखें कौन क्या कर लेता है ?" (पृ० 195) लुत्तो का समस्त अतीत, उसकी समस्त मानसिकता यहां विस्फोटक रूप में व्यक्त हुई है। "नाटक में भी कभी ऐसा पार्ट नहीं लेते, जिसमें जितन के विरुद्ध कुछ कहना पड़े।—घंटों, एकटक जितन को देखते—कभी-कभी एकान्त में।" इसी संदर्भ में ताजमनी के जितेंद्र की हवेली में आने पर भिम्मल मामा की तीखी अजीब प्रतिक्रिया भी देखने योग्य है। उसी तरह सुधना के बारे में—"जब कभी ताजमनी, जितनबाबू के कमरे में जाती है; सुधना दम साधकर अपने गुस्से को रोके रहता है।··· कभी-कभी दिन-भर भूखा रहता है।" "मातृसत्ताक-संसार से कुढ़े हुए जितेंद्र ने कुबेर-पुरुष से दोस्ती कर ली।" (पृ० 429)

रेणु पूरे गांवके मूड का संकेत कुछ इने-गिने वाक्यों में कर देतेहैं—"चपरासी आज जयहिंद लेते-लेते परीशान हो गए हैं; पान खाते-खाते ओंठ काले पड़ गए हैं। हाकिम के मन की बात थोड़ा चपरासी भी जानता होगा।" मलारी सुवंश के भागने पर गांव की प्रतिक्रिया—"···हद हो गई। जुल्म हो गया। जितन का भी कान काट लिया। हरिजन उद्धार हो गया" (पृ० 306) "हः हः ! आम के टोकरे हवौया जहाज में उड़े। अन्याय बात है। आदमी से बढ़कर साला आम का टोकरा हो गया ? अंधेर कर रहे हैं जितनबाबू !"(पृ० 99) "जयमंगल ने खूब रसीला लेक्चर देना सीखा है, कालेज में।···बात कहां से शुरू किहिस और कहां-से कहां फेंक दिहिस। समझते ?ब्रमपिशाच ?"—ऐसे कतिपय स्थल हैं, जहां रेणु सामूहिक मनोभाव को नाट्यात्मक रूप में मूर्त्त करते हैं। गांव के सामूहिक मनोविज्ञान पर इतनी पकड़ हिंदी में अन्यत्र कहां है ?

कथा अथवा चरित्र संबंधी पूर्व निर्धारित चौखटे लेकर जो पाठक नहीं चलते अथवा उत्तम साहित्य कृति को एक आवेग में, एक प्रवाह में और सांस रोके रखकर पढ़ने की वस्तु नहीं मानते और जो उपन्यास को भी काव्य की भांति शब्द-शब्द पर ध्यान केंद्रित कर पढ़ने का धैर्य रख सकते हैं, ऐसे पाठकों के लिए

रेणु की कला में कुछ ऐसे वैशिष्ट्य मिल सकते हैं, जो उनके लिए उपन्यास को अंत तक रोचक बनाए रख सकते हैं। रेणु के शब्द प्रयोग में ध्वन्यात्मकता का सौंदर्य है, चित्रात्मकता है, वक्रता है, सूझ है और जीवंत नाटकीयता भी।

कथावाचक रेणु

रेणु ने 'परती:परिकथा' को लिखते समय सामान्यतया एक ऐसे कथा-निवेदक का मूड या मुद्रा धारण की है जो परानपुर का वाशिंदा हो, वहां का कोई कीर्तनिया हो। रेणु की शैली कथावाचक की शैली है। इस कथा-निवेदक के मन में अपने कथ्य के प्रति विलक्षण आत्मीयता है। परानपुर के प्रदेश को वह उत्कटतापूर्वक प्यार करता है। परानपुर की उर्वरा-अनुर्वरा धरती, परती ज़मीन, नदियां, पशु-पंछी, परानपुर के शिक्षित-अर्धशिक्षित, अपढ़-गंवार जन, बामनी से लेकर रैदास टोली तक की मुखर-अमुखर नारियां—सब कुछ जो परानपुर में संबद्ध है, रेणु के अपार स्नेह का विषय हो गया है। रेणु की तेज आंखें भीत, मूंगा, पंडुकी, भूली, पहाड़ी चकई प्रत्येक की आंतरिकता को व्यक्त करनेवाली सूक्ष्म वाह्य अभिव्यक्ति को पकड़ती हैं, रेणु की आँखों से भी अधिक तेज हैं, उनकी श्रवणेंद्रियां। नाद के प्रति रेणु को विलक्षण आकर्षण है। वस्तुएं, प्राणी और मनुष्य रेणु के सामने अपना ध्वनिमय संसार लेकर ही उपस्थित होते हैं। यही कारण है कि रेणु प्रत्येंक पात्र को ठोस आकार देते हुए, उसकी बोली के वैशिष्ट्य को पकड़ते हैं। नाक बजना सुचितलाल मडर, उर्दू प्रेमी मकबूल, घरघुमनी सामवती पीसी, जितेंद्र की माता की छाया में पली ताजमनी, शब्द-क्रीड़ा में माहिर भिम्मलमामा, विशिष्ट ठुनक से बोलने वाली परानपुर की औरतें–सब जैसे रेणु के सामने अपनी भंगिमाएं, रंग और ध्वनि के साथ अवतरित होते हैं। रेणु का कथानिवेदक परानपुर का तेज परंतु ग्रामीण कीर्तनिया है, जो परानपुर की बोली में, अन्तर्निहित लय में और किस्सागोई शैली में आकार, रंग और ध्वनियों की दुनिया खड़ी कर देती है। ये वैशिष्ट्य काव्य के निकट जाते हैं। रेणु की भाषा वस्तुतः सुनाने के लिए ही लिखी गयी है। अतः ग्रांथिक भाषा के नियमों पर गलतियां खोजना शैली के मर्म को न पकड़ पाना है। बीच-बीच में साहित्यिक सुसंस्कृत मुद्रा लेकर भी रेणु अवतरित होते हैं। खासकर जब इतिहास के पृष्ठ पलटने हों, डायरी के पन्ने हों या शिक्षित व्यक्ति के मूड के माध्यम से कथा निवेदित करनी हो। मिसेज गीता मिश्र की डायरी के पन्नों में भी रेणु प्रेम में सराबोर नारी की भावभीनी लय पकड़ते हैं। गांव की लय तो किसी भी पृष्ठ पर मिल सकती है : "वाह! लुत्तो ने तो हसन इमान बालिस्टर को भी मात कर दिया। हसन इमान ने कचहरी में गीत पेश करवाया था कभी? नहीं, तब? लुत्तो ने गीत पेश किया है, साक्षी पक्ष को ओर से।" "ऐ! खवास लिखा हुआ है? सब बालिस्टरी सटक गयी लुत्तो

की !" "अरे मुबलग जमा एक पगलेट भिम्मल मामा से ही तो सारा गांव परेशान था। अब इस नये पागल के नये-नये उत्पातों से भगवान बचावें। पांच भाषा में बकेगा ! ओ बाबा !"—"खबरदार। निरसू भगता दही खा रहा है, मत कहो। बोलने का ढंग नहीं ? कहो, परमाबाबा रहे हैं ! निरसू भगता के मुंह मारफत परमा बाबा भोग लगा रहे हैं।" "—फोटू हो रहा है फोटू ! ऐ सब कोई मुंह करो। नहीं तो सब दिन दांत निकला रहेगा फोटू में।" "अगिन सागर ! साढ़े पांच हाथ लंबा, डेढ़ हाथ चौड़ा और सवा हाथ गहरा अगिन सागर !" "बगल में ही चुह-चुहकर हिन्दू चा गरमागरम पीते हैं लोग।" "अरे लीला साइकल पर चढ़कर आ रही है। देखो-देखो मर्दों का कान काटती है साइकिल चलाने में। घंटी भी बजाती है ? टिंडिग-टिंडिग।" "बकला का फोंक-फोंक सुनकर, पहले से ही आतंकित और जंजीर में बंधे भीत ने तीन बार 'बाख' किया।" "खन्तर गुलाब छड़ी वाला ! गुलाबछड़ी कड़कड़ बोले, लड़किन सबके मनुआं डोले।" "ईसफगोल की भूसी दही के साथ खाते हैं, फिर भी दिमाग तेजी से जलजल करता रहता है।" "गरुड़ झा ने खैनी थूकते हुए कहा—"जितने काने कोढ़ी और पागल हैं, सब सर्वोदय में ही आकर जमा हुए हैं क्या ? पेशाब से मोती बनायेंगे ?"—इन वाक्यों को संदर्भ में ध्यान से पढ़ा जाय तो गाव की बोली की लय के साथ गजब की वक्रता और नाट्यात्मकता छिपी हुई प्रतीत होगी।" व्यंग्य, वक्रता, चुलबुलापन, मीठी चुटकियां, उलहने, हास्य, विनोद, परिहास—कथन भंगिमा के नानाविध और विपुल मार्गों का रेणु की शैली ने प्रयोग किया है—यह एक सहज अभ्यास हो गया है। शब्द के साथ क्रीड़ा तो रेणु की शैली की एक विशेषता, है और भिम्मल मामा के माध्यम से उन्होंने अपनी इस प्रवृति को विशेष रूप में चरितार्थ किया है। अंग्रेजी शब्दों के ग्रामीण रूप परिवर्तन को भी रेणु ने कलात्मक सूझबूझ के साथ प्रयुक्त किया है।

नाद ब्रह्म

नाद के प्रेमी रेणु संगीत प्रेमी हों, तो आश्चर्य नहीं। बीच-बीच में और विशेषत: अंत में वाद्यवृंद की सम्मिलित ध्वनियों का जो नादब्रह्म रेणु ने उपस्थित किया है, उसको देखकर पाठक की लगभग वही मानसिक प्रतिक्रिया होती है, जो जितेंद्र की हुई थी—रघ्घु रामायनी की सारंगी और कथा की ध्वनियों की घुलावट पर—"जितन बाबू और सुरपति की आंखें आपस में मिलीं—अपूर्व।" विविध ध्वनियों के सम्मेलन से एक आर्केस्ट्रा का-सा वातावरण शब्दों के माध्यम से बनाना सचमुच अद्‌भुत है। टेपरेकार्डर, लाउडस्पीकर, टाइपराइटर, ट्रैक्टर, रेकार्ड प्लेयर—कोई भी ध्वनियुक्त निर्जीव चीज हो, रेणु उसे अपना खास वैशिष्ट्य प्रदान करते हैं। रेणु के परानपुर में उपन्यास के आरंभ में ही भवेश और सुरपति

कैमरा और टेपरेकार्डर लेकर आते हैं। रेणु की आंख भी इस कैमरा की भांति दृश्यों को अंकित करती है और श्रवणेंद्रियां सूक्ष्म ध्वनियों को पकड़ लेती हैं। रेणु के अतिशय संवेदनशील दिमाग में चित्रवाणी की भांति दृश्य प्रस्तुत होता है।

भीड़ या समूह का चित्र समग्रता में देने की क्षमता रेणु में संभवतः अपूर्व रूप में है। जितेंद्र का विरोध करने के लिए आयी हुई परानपुर की जनता हो अथवा दस-पांच गांव के लोग हों, लुत्तो द्वारा बुलायी गई सभा हो या गोध्वनि करके जितेंद्र के माथे पर पाप रखने वाली जनता हो—रेणु इस प्रकार के चित्रण में कलात्मक क्षमता का समर्थ प्रत्यय देते हैं। रेणु विनोदपूर्ण हास्योत्पादक प्रसंगों के चित्रण में जितने माहिर हैं, उतने करुण और भावभीगे प्रसंगों का चित्रण करने में नहीं। मलावी-सुवंशबाबू के मिलन का प्रसंग, ताजमनी-जितेंद्र का भावोद्रेकपूर्ण प्रसंग उतनी सफलता से चित्रित नहीं हो पाये हैं। भावों और विचारों का सूक्ष्म आलोड़न-विलोड़न दिखाकर उपन्यास के बौद्धिक स्तर को ऊंचा उठाने की क्षमता का परिचय इसमें नहीं मिलता। उल्लास, विलासमय प्रसंगों का निर्वाह करने की जितनी क्षमता रेणु में है, उतनी करुणा से आपूरित प्रसंगों को उभारने की नहीं। लुत्तो द्वारा आयोजित सभा, कचहरी का वातावरण, दलितों का नाटक, रैदास और नट्टिन टोलियों की औरतों के झगड़े, सामवती पीसी का घर-घर घूमना इत्यादि ऐसे हास्योत्पादकप्र संगों के चित्रण में रेणु को कमाल हासिल है।

संरचना का विश्लेषण

रेणु की 'परती : परिकथा' में रूपबंध का नया प्रयोग है, यह भी वस्तुतः भ्रम है। रेणु के उपन्यास में क्रांतिकारी अनेक तत्त्व हैं—भाषा, सामान्य ग्रामीण जनता की सामूहिक मानसिकता को मूर्त करने की रेणु की अपूर्व क्षमता। अधिकांश कथा गांव के सामूहिक मूड या मनःस्थिति के माध्यम से गांव-मनोविज्ञान (विलेज साइकोलाजी) का ख्याल रखते हुए गांव की बोली और लय में कही गयी है। अतः नयेपन का आभास यह कथा अवश्य देती है, परंतु कथा के उन्हीं उपकरणों और निवेदन की उन्हीं शैलियों का रेणु ने प्रयोग किया है, जो हिन्दी के पूर्ववर्ती साहित्य में हुआ है।

रेणु आरंभ में गांव की कथा के लिए उपयुक्त सेटिंग तैयार कर लेते हैं। गांव की रचना और प्रचलित लोककथाओं के द्वारा इतिहास की झांकी प्रस्तुत की गयी है। सुरपतिराय और भुवेश गांव का यह मिथिकल संदर्भ देखते हैं। गांव की आबादी, स्कूल, पुस्तकालय, नाटकशाला आदि का वर्णन कर गांव की वर्तमान स्थिति में विशेष हाथ बंटाने वाली हवेली और हवेली में रहने वाले जितेंद्र का परिचय देते हैं—गांव की स्थिति विशेष का चित्रात्मक, नाट्यमय और रोचक ढंग से परिचय देने के बाद रेणु गांव

को जड़-मूल से हिला देने वाली सरकारी घटना का वर्णन करते हैं—लैंड सर्वे सेटलमेंट। रेणु के कथा विकास का ढंग यह है कि गांव के किसी विलक्षण व्यक्तित्व का परिचय देते हैं और उसके संदर्भ से कथा को विस्तार भी देते हैं, गांव जीवन के किसी पक्ष पर प्रकाश डालते हैं और कथा को किंचित् आगे बढ़ाते हैं। बुझक्कड़ भिम्मल मामा, लुत्तो, गरुड़धुज झा, रोशनबिस्वां, वीरभद्दर आदि का परिचय देते हुए कथा के मुख्य केंद्र में वर्तमान लुत्तो और जितेंद्र के बीच के संघर्ष के मूल बीज को संकेतित करते हैं।

रेणु की इस कथा में ज़मींदार और खेतों में काम करने वाले किसानों के बीच का संघर्ष नहीं है। इस पक्ष की नितान्त अवहेलना (लुत्तो की सभा की भाषणबाजी के बावजूद) उपन्यास की एक सीमा निश्चित करता है। यह पाठक के लिए जिज्ञासा का विषय है कि वर्गीय संघर्ष के रूप को जातीयता, रूढ़िवाद, अन्य राजनीतिक आक्रमण ने किस प्रकार उलझा कर रखा है—यह जिज्ञासा इस उपन्यास में पूरी तरह शांत नहीं होती। उपन्यास के अन्तर्गत है जितेंद्र और लुत्तो के बीच और अधिकांश व्यूह रचना लुत्तो के द्वारा ही की जाती। सौभाग्य से जितेंद्र उसमें नहीं फंसते। लुत्तो के मन की जितेंद्र के प्रति तीखी प्रतिहिंसा अस्वाभाविक नहीं है और लेखक ने तीन-चार स्थानों पर उसकी पृष्ठभूमि विश्वसनीय ढंग से व्यक्त की है। सर्वे सेटलमेंट हो, जमीन पर तनाजे देने की बात हो, लुत्तो ही लोगों को जितेंद्र के खिलाफ भड़काता है, लुत्तो की सभा, निरसू भगत पर परमादेव की सवारी, गोहत्या का पाप सिर पर डालने के लिए जमा भीड़-सबके पीछे लुत्तो है। परती जमीन सरकार लेना तय करती है, तो इसके पीछे जितेंद्र की कारवाई है, यह कहकर लुत्तो ही जनता को भड़काता है और कोसी प्रोजेक्ट की योजना में पानी के नीचे आने वाले गांवों के वाशिंदों को भी गलत-सलत बातें कहकर लुत्तो ही जितेंद्र के खिलाफ जुटाता है। यह बात दूसरी है कि हर समय शासकीय पार्टी के इस कार्यकर्त्ता की हार होती है। इस मुख्य कथा को सजाने के लिए मलारी-सुयंश प्रेम कथा है, कांछी-दिलबहादुर प्रेम कथा है, ताजमनी-जितेंद्र के अनोखे सम्बन्ध हैं, अनेकों हास्योत्पादक प्रसंग और व्यक्तित्व हैं। लुत्तो-जितेंद्र संघर्ष को केंद्र में रखकर घटनाओं का पूर्वापार संबंध देखा जाए, तो बहुत कुछ सरलीकरण के भागी हो जाते हैं रेणु। लुत्तो की कुटिल कारंवाइयों के पीछे कोई राजनीतिक चेतना अथवा सामाजिक सत्य नहीं है, बल्कि वैयक्तिक प्रतिहिंसा है। लुत्तो का बाप लरेना खवास जाति का व्यक्ति था, अतः जमींदार वर्ग की अवहेलना, उपेक्षा, अपमान, शोषण और अन्याय का सहज शिकार दिखाकर उपन्यास को कुछ अधिक यथार्थ रूप दिया जा सकता था, परंतु रेणु ने इन संबंधों को भीषण, उग्र और आतंककारी रूप में न दिखाकर जमींदार वर्ग की मानवतावादी दृष्टि को ही अधिक उभारा है। लरेना को मिला हुआ दंड (यह प्रसंग बहुत प्रभावपूर्ण ढंग

से रेखांकित हुआ है) वैयक्तिक कुटिलता और बेइमानी का परिणाम है और पाठक उसकी भीषण सजा में काव्यात्मक न्याय ही देखता है। अतः कथा की घटनाओं के विकास के मूल में कोई ऐसा तत्व नहीं है, जो पूर्ववर्ती साहित्य में न आया हो।

फिर कथा विलक्षण ताजगी का आभास क्यों देती है ? एक कारण यह है कि किसी एक के मुख से कथा न कहलवाकर गांव के सामूहिक मन के माध्यम से कही गयी है, गांव की बोली की लय, नाट्यात्मकता और जीवंतता उसमें अद्भुत चैतन्य उत्पन्न करती है। हिन्दी में प्रायः सर्वथा अपरिचित ध्वनिमय संसार का समृद्ध वैभव सुनने को मिलता है। चित्र, नाद और वाणी तीनों के सम्यक् योग से कथा प्रवाहित होती है। बरसाती बादलों की निश्चित दिशा इसमें है, परंतु गति उनकी भांति ही कभी मंथर, कभी त्वरापूर्ण, कभी स्वच्छन्द, कभी फैलती हुई अग्रसर होती है। राजनीति, धर्म, सामाजिकता, सांस्कृतिक धरोहर एकमेक हो गयी हैं। वैज्ञानिकता और अनागरता, सामान्यता और व्यक्तित्व विशिष्टता, विश्वात्मकता और स्थल काल निश्चिति से आयी आंचलिकता का अलौकिक साक्षात्कार यहां एक स्तर पर होता है।

मूल्यांकन

रेणु की 'परती : परिकथा' का मूल्यांकन आज आवश्यक हो गया है। 'मैला आंचल, और 'परती : परिकथा' रेणु ने दो ऐसे मानदण्ड स्थापित किये हैं कि उनकी ऊंचाई को छूना प्रायः असंभव दिखता है। बहुचर्चित उपन्यास 'अलग-अलग वैतरणी', 'आधा गांव' कुछ अंशों में वहां तक आते हैं, परंतु रेणु की ऊंचाई को नहीं छूते। अथक परिश्रम, गहरी समझ, लोक-जीवन के समस्त पहलुओं से गहन पहचान, भारतीय परंपराओं का स्वस्थ आकलन, सामयिक परिस्थितियों के आंचलिक जीवन पर अभिक्रमण का ज्ञान इत्यादि बातों के अभाव में आंचलिक उपन्यास रचने की आकांक्षा बांझ नारी की पुत्रोत्पति की कामना करना है। रेणु के इन मानदण्डों ने इस बात को मनवा लिया। रेणु सांस्कृतिक संकट के भय से आतंकित नहीं हैं, क्योंकि सांस्कृतिक संकट उनके लिए भयावह है, जिनकी जड़े इस देश की मिट्टी में मजबूत नहीं हैं। भारतीय मिट्टी के प्रति रेणु की अवस्था अंधी नहीं है, न वह किसी आधुनिकता के ऊपरी बोध से मोहान्ध होने वाली है। यद्यपि आज करीब 15-20 वर्षों के बाद रेणु की आस्था किंचित् भावुकतापूर्ण लगती है, परंतु अयथार्थ नहीं। सांस्कृतिक स्रोतों से जीवन में चेतना लाने की आकांक्षा गलत नहीं है क्योंकि अभी भी भारतीय ग्रामीण जनता सांस्कृतिक गतिविधियों के माध्यम से संस्कारित होने लायक सम्वेदनशील है। राजनीति के कटु परिणामों के बावजूद वह जागरूक हो रही है और फैलाव की ओर अधिक ध्यान देने वाली शिक्षा का

गांवों में अच्छा परिणाम देखने को मिल रहा है। खेद की बात है कि हमारे सांस्कृतिक जीवन के कर्त्ताधर्त्ता गांवों से संपर्क तोड़े हुए हैं और फिर भी गांवों के बारे में बोलना चाहते हैं। नौकरशाही, राजनीतिक नेता और उनके सहायक कार्यकर्त्ताओं की लंगीबाजियों का जाल आज अधिक विकृत रूप में सामने आने लगा है।

रेणु ने भावुक और आयासहीन आंचलिक उपन्यास लेखन की परंपरा साहित्यिक स्तर पर खत्म की। गांव की गरीब जनता पर मार्क्सवादी दृष्टिकोण से आरोपित कटुता की पुनः परीक्षा करने के लिए बाध्य बनाया। भारतीय संस्कृति की जड़ में संचारित प्रेम के जल को प्रवाहित करने की जरूरत को समझाया। जमींदारों और कृषकों की ओर केवल वर्गीय दृष्टिकोण की अपेक्षा मानवीय दृष्टि से देखे जाने की संभावना को सामने रखा।

गांव के सामूहिक मूड के माध्यम से कथावस्तु को उभारने की कला को प्रतिष्ठित कर हिन्दी में नयी शैली का प्रवर्तन किया, जिसका प्रभाव 'आधा गांव' पर पड़ा हुआ है। वर्णन के स्थान पर नाट्यात्मक चित्रीकरण की शैली को महत्व मिला। गांव के समाज की, मानसिकता की, परम्पराओं और विश्वासों की खोज कितनी विभिन्न दिशाओं में हो सकती है, इसका एक प्रमाण प्रस्तुत किया। यह एक ऐसा दस्तावेज है, जिसको अनदेखा करके कुछ कहना, लिखना बेमानी होगा। नागर भाषा की व्यंजना की क्षमता का प्रमाण 'नदी के द्वीप' में मिलता है तो आंचलिक भाषा की नादमयता की समृद्धि के दर्शन से रेणु चमत्कृत करते हैं।●

कब तक पुकारू

रांगेय राघव के उपन्यासों के सही विश्लेषण एवं मूल्यांकन में उनका मार्क्सवादी होना या तो बाधक होता है अथवा दिशा-भ्रम उत्पन्न करता है। 'कब तक पुकारूं' जैसे उपन्यास के संदर्भ में इस कथन की सार्थकता समझी जा सकती है। यद्यपि रांगेय राघव के 'कब तक पुकारूं' का श्रेष्ठ आंचलिक कथा के रूप में प्रायः सर्वत्र उल्लेख कर दिया जाता है, फिर भी इस रचना की जमकर की गई समीक्षा अभी देखने में नहीं आयी। परिणामतः रांगेय राघव के उपन्यास लेखन के कतिपय वैशिष्ट्य प्रायः अनदेखे रह गए हैं। पाठकों की रुचि उस दिशा में उन्मुख करने का सजग प्रयत्न नहीं किया गया है।

दो पूर्वाग्रह और मूल्यांकन की बाधा

रांगेय राघव के 'कब तक पुकारूं' के वैशिष्ट्य नजरअंदाज होने का कारण संभवतः दो पूर्वाग्रह हैं—एक, यह रचना आंचलिक है और दूसरा रांगेय राघव मार्क्सवादी लेखक हैं। इन दो पूर्वाग्रहों से जब इस रचना को पढ़ा जाता है, तब इसमें वे वैशिष्ट्य प्राप्त नहीं होते जो होने की अपेक्षाएं रखी जाती हैं और इसकी रसवत्ता को भी नकारा नहीं जा सकता। अतः इस दुविधा में चलते हाथों आशीर्वाद देकर छुटकारा प्राप्त करने की प्रवृत्ति चल निकली हो, तो स्वाभाविक है। इन दोनों पूर्वाग्रहों को दूर रखकर उपन्यास के केंद्रीय अनुभव से टकराया जाय, तो बहुत नए तथ्य प्रस्तुत किए जा सकते हैं।

'कब तक पुकारूं' की आंचलिकता

आंचलिक कथा के सभी वैशिष्ट्य 'कब तक पुकारूं' में विरल रूप में ही पारिलक्षित होते हैं। आंचलिक कथा के कार्य-व्यापार की भूमि निश्चय ही ग्राम-भूमि होती है, अंचल विशेष होता है जिसका अपना एक खास रूप होता है, अपनी खास पहचान होती है। यह रूप वहां की चिरकाल से रहते आए ग्राम्य-समाज की सुनिश्चित और दृढ़ परंपराओं से आकारित होता है। प्रदेश विशेष की प्राय·

अपरिवर्तनीय प्रकृति, खास स्थानों के वैशिष्ट्यों की स्थानीय समाज पर अमिट छाप, सैकड़ों वर्षों से जनमानस पर अंकित विश्वासों का सामूहिक बोध, जीवन-यापन के साधनों की सामान्यतः सामुदायिक पद्धति या रीति-नीति लोक प्रचलित मनोरंजन की विधियां, लोकगीत, खास काट की बोली, टोलियों एवं जातियों में संगठित रूप से रहने, सोचने और निर्णय लेने की पद्धति, सामूहिकता को वैयक्तिकता पर किसी भी कीमत पर तरजीह देने की वृत्ति, व्यक्तिगत चालाकी व बुद्धिमता के बावजूद एक किस्म का भोलापन, अपने संस्कारों एवं क्रिया-विधियों (Rituals) को सुरक्षित रखने की अदम्य आकांक्षा—आंचलिक जीवन के ये वैशिष्ट्य 'कब तक पुकारूं' में उस प्रकार से नियोजित नहीं किए गए हैं, जिस तरह आंचलिक साहित्य में सहज रूप में सन्निविष्ट रहते हैं। 'कब तक पुकारूं' के आंचलिक होने में खास बाधक तत्व उनके पात्रों का जरायम पेशा है, जो किसी एक स्थान विशेष से, जमीन से बद्ध नहीं हैं, अत; उनमें गांव की खास ललक कम होती है। दूसरी बात यह भी है कि आंचलिक उपन्यास उस प्रवृत्ति की उपज हैं, जिसमें लेखक का ध्यान व्यक्तित्व से परिवेश की ओर, ऊंचाई या गहराई से समतल की ओर, विशिष्ट से सामान्य की ओर, व्यष्टि से सामूहिकता की ओर प्रायः रहता है। इसके विपरीत 'कब तक पुकारूं' में लेखक का प्रयास सुखराम, प्यारी, कजरी, रुस्तुमखां तथा अन्य खास व्यक्तित्वों के अलग विशिष्टता देने का है। सुखराम और प्यारी के, सुखराम और कजरी के, प्यारी और कजरी के अनोखे, स्वतंत्र भाव विश्वों को आकार देने का प्रयत्न रांगेय राघव इसमें करते हैं। अतः इस 'भाव विश्व' के दर्शन तथा रसास्वादन करते समय इनको हम समूह से अलग करके ही देखते हैं। आंचलिक साहित्य के नितांत विपरीत यह दशा है। बार-बार यह महसूस होता है कि लेखक प्यार और विश्वास के, घृणा और हिंसा के, ममता और वात्सल्य के जो रमणीय भाव-चित्र रेखांकित करता है और पाठक को उस दुनिया में ले चलता है, वह सामान्यों की दुनिया नहीं है। यद्यपि वह सब अस्वाभाविक एवं अयथार्थ भी नहीं है। आंचलिक उपन्यासों में प्रायः उपेक्षित का सामान्यत्व या मामूलीपन दिखलाया जाता है; जबकि रांगेय राघव ने उसमें सामान्य या साधारण को उसके अनोखे, गहन, असामान्य भाव रूप में उपस्थित किया है। लेखन की दृष्टि का फोकस भी कुछ व्यक्तियों और उनके पारस्परिक सघन भाव संबंधों पर एकाग्र होता है—पार्श्व पर नहीं। ये सारे वैशिष्ट्य संभवतः 'कब तक पुकारूं' को आंचलिक बनने से रोकते हैं।

फिर इसमें ऐसा क्या है जो इसे आंचलिक कहलवाने का भ्रम पैदा करता है? संभवतः जरायमपेशा करनटों के जीवन का अनदेखा अनपहचाना चित्रण, जो पहली बार 'कब तक पुकारूं' में हुआ है। यह गलत धारणा है कि उपेक्षित दलित जीवन के चित्रण का प्रयत्न आंचलिकता का निदर्शक है। यह प्रायः व्यापक रूप

में फैला हुआ भ्रम है कि हर अनछुए प्रांतर का चित्रण अवश्यमेव आंचलिक होता है।

महत्त्वपूर्ण प्रश्न है कथा को आंचलिक मान लेने पर उसके मूल्यांकन में कौन सी बाधाएं या अड़चनें उपस्थित होती हैं। यह रचना उपेक्षित रह गई, इसका कारण यह भी हो सकता है कि रचना को आंचलिक मान लिए जाने पर उस दृष्टिकोण से इसमें सारे लक्षण नहीं पाए गए, अत: रचना ही सफल नहीं मानी गई हो। वैसे 'गोदान' जैसी रचना भी आंचलिकता की कसौटी पर न उतरेगी और आंचलिकता को स्वरूप निर्देशन के रूप में न मानकर मूल्यांकन का निकष मान लिया जाए, तो वह भी उपेक्षित हो जाती!

'कब तक पुकारूं' और मार्क्सवादी दृष्टिकोण

लेखक मार्क्सवादी रहा है और शायद आग्रही मार्क्सवादी भी, परंतु सौभाग्य की बात है कि रांगेय राघव की इस उपन्यास की रचना-प्रक्रिया में उनके पूर्वाग्रह बहुत कुछ धुल गए हैं। पूरे उपन्यास को पढ़ते समय वह प्रभाव नहीं पड़ता, जो एक मार्क्सवादी लेखक के लिए अभीष्ट है। आर्थिक दृष्टि से दरिद्र जीवन और दरिद्र वर्ग का आर्थिक सामाजिक, नैतिक सभी दृष्टियों से अपरिसीम शोषण निश्चय ही इस रचना की विभिन्न घटनाओं की नींव में है। भारतीय समाज के दृढ़ जातिवाद के कारण हुई मानवीय मूल्यों. की क्षति की ओर लेखक ने संकेत किया है। समाज में प्रचलित सामंतीय अंधविश्वासों और जर्जर रूढ़ियों का पर्दाफाश किया है और उसमें प्रगतिवादी दृष्टि का परिचय अवश्य मिलता है। फिर भी कुछ ऐसे तत्त्व हैं, जिनके कारण उपरोक्त प्रगतिवादी दृष्टि से वैशिष्ट्य उभरकर सामने आने से और संवेदित कराने से रह जाते हैं। लगता है लेखक की सर्वाधिक रुचि एक कथा कहने में है—कथा, जो वैचित्र्यपूर्ण घटनाओं से आद्योपांत भरी-पूरी हो। कथा की घटनाओं के बीच के अंतराल को लेखक ने प्यार, घृणा, वात्सल्य, प्रतिहिंसा, ईर्ष्या, डाह, रूठन इत्यादि भावों के प्रबल आवेगों से इतना पुष्ट बना दिया गया है कि इन भावों की उर्मियों में ही पाठक रस लेने लगता है—ऊब-डूब में तल्लीन हो जाता है। यह भारतीय साहित्यशास्त्र के अंतर्गत संविद् विश्रान्ति है, जो अपने आप में प्रयोजनीय है। परिणामत: समाज के अंतर्विरोधी तत्त्वों, संघर्ष और तनावों के मूल कारणों की ओर ध्यान जाने की अपेक्षा आदिम रस की ओर चित्त उन्मुख रहता है। मार्क्सवादी लेखक की दृष्टि प्राय: परिवेश पर केंद्रित रहती है, जबकि रांगेय राघव की दृष्टि इस उपन्यास में व्यक्ति के भाव विश्व पर केंद्रित है। मार्क्सवादी लेखक घटनाओं की नाटकीयता, बचाव और बुनावट की अपेक्षा इसके व्यावहारिक, सामान्य और सामाजिक होने में अधिक विश्वास करता है। रांगेय राघव ने अपनी उदार

मानवीयता का इसमें इतना अधिक परिचय दिया है कि व्यक्ति के वर्गीय संस्कारों के कारण उत्पन्न गलतियों एवं अपराधों के लिए भी उनकी कलम पर्याप्त मात्रा में भीगी है—कट्टर मार्क्सवादी लेखक में संभवतः संवेदन की यह उदारता नहीं पाई जाती। स्वयं लेखक निश्चय ही इसके कारण अंतर्द्वन्द्व का अनुभव करता है—"यह सच है कि इस कथा की वर्णनात्मकता मेरी है, परंतु तथ्य उसी के दिए हुए हैं ! जब मैं लिखता, तब मैं अक्सर सोचता कि मैं इस अजीब-सी कहानी को क्यों लिख रहा हूं। तब मुझे महसूस हुआ कि रजवाड़ों की इस मध्यकालीन संस्कृति को अभी तक मशीन आकर बदल नहीं सकी है।" "—तुम ! तुम नए साहित्य को पढ़ते हो। लो, इसे भी पढ़ो। जीवन उतना ही नहीं है, जितना तुम समझते हो !" "यह कहानी चार पीढ़ियों तक फैली हुई है, जिसमें सामंतीय व्यवस्था का भूत पुकार रहा है, लहू से इसकी नींवें रंगी हुई हैं। इसमें एक बहुत सुनहरा छलावा है, जो आज की विषमताओं को कभी-कभी छल में लगाता है, परंतु यह स्वयं किसी नरेश की भूली हुई-सी बात है।" यह महत्त्वपूर्ण है कि लेखक इस सुनहरे छलावे के अधिक वशीभूत हो गया है।" लेखक यह भी लिखता है—"उन लोगों की नैतिकता को सोचकर मैं घबरा नहीं रहा हूं, पर मेरे आलोचकों को हैरानी ज़रूर हो जाएगी। पर उन्होंने जिंदगी को नहीं देखा।" उसी के साथ—"क्या सचमुच प्रेम में इतनी शक्ति है ? आधुनिक विज्ञानवादी तो कहते हैं कि वासना केवल उच्च वर्गों का ही खिलवाड़ है। क्या वही सीमित दृष्टि अपने आप में पूर्ण है ? प्रेम की शक्ति की प्रतीति से यह अभिभूत अवस्था, जो समूचे उपन्यास में ओतप्रोत है, प्रायः वर्गीय दृष्टिकोण को अपनाकर चलने पर दुर्लभ हो जाती है। यह आत्मालोचन और खुलापन भी द्रष्टव्य है—"और वह मशीन का-सा मेरा विवेचन क्या मनुष्य के अध्ययन के लिए अपने आपमें पूर्ण है? नहीं, मनुष्य इन सब छोटे चिंतनों से बड़ा है। उसकी महत्त्वाकांक्षा बहुत बड़ी है।" फिर यह जिज्ञासा–"मैं वर्ग-संघर्ष के वैज्ञानिक विश्लेषण से यह नहीं समझ पा रहा हूं कि यह क्यों उस नटनी से प्रेम करने लगा है। इसलिए कि वह उससे कुछ वर्ग-स्वार्थ-साधना करना चाहता है ?" फिर यह अंतर्द्वन्द्व अधिक प्रस्फुटित होता है, "मैं अपने कुत्सित समाजशास्त्र पर स्वयं ही जघन्यता का अनुभव करने लगा हूं। क्या मैं सचमुच चंदा और नरेश की इस कथा को लिखकर मनुष्य के विकास के रास्ते में रोड़े बिछा रहा हूं ?" यह एक प्रकार से अच्छा ही हुआ कि रांगेय राघव पूर्व निश्चित दृष्टि की संकीर्णता से बाहर आकर और वर्गीय कठघरे को तोड़कर मनुष्य की गहन भाववीचियों का लास्य देख सके। यह भी द्रष्टव्य है कि भावोर्मियों का आलेखन करते हुए लेखक बार-बार पवित्रता, भव्यता, दिव्यता निष्कलुषता आदि शब्दों का प्रयोग करता है; जो एक जड़वादी तार्किक के लेखन में मुश्किल से फिट बैठेंगे।

प्रेरणा और केंद्रीय भाव : प्रेम

'कब तक पुकारूं' की प्रेरणा लेखक को चंदा और नरेश के प्रारंभिक युवावस्था के अतिशय मादक, उत्कट, तीव्र, गहन, परिवेश-निरपेक्ष, कल्पना से रंगीन, परंतु अत्यंत सहज मानवीय प्रेम की दर्दनाक परिणति के कारण मिली। इस प्रेम की सहज रमणीयता को मद्देनजर रखते हुए तथा उसके उद्भव को ध्यान में लेते हुए कहीं भी वर्ग भावना की गंध नहीं मिली। उसकी प्रेम संबंधी धारणाएं झकझोर उठीं। प्रेम के संबंध में—युवावस्था के प्रारंभिक प्रेम के संबंध में उसकी धारणा क्या थी ? यौन संबंध की अभिव्यक्ति, प्रकृति के कारण पारस्परिक मिलन की चाहना, उसका अंत संतान में इत्यादि। इन प्रेम विषयक धारणाओं पर नरेश और चंदा के प्रेम की शक्ति, निर्भयता, गांभीर्य और प्रशांतता देखकर आघात होता है, उसकी समाजशास्त्रीय या वैज्ञानिक व्याख्या उसको कुत्सित तथा मानवीय महानता पर धब्बा लगाने वाली लगती है। प्रेम के आध्यात्मिक स्तर को छूनेवाले रूप ने मानो उसे झकझोरा है। चंदा और नरेश के सहज मानवोचित प्रेम के आड़े आने वाली दिक्कतों के मूल में अवश्य 'ठाकुर का अधिकार' उसे दिखाई देता है—"मैं उस अधिकार की व्यापकता को देखकर सिहर उठता हूं, क्योंकि वह धर्म की आड़ लेकर इतिहास की शताब्दियों रूपी पसलियों में भाला बनकर धंसा हुआ है।" वह तिलमिला उठता है—"यह सत्य है कि हमारा प्रेम समस्त कोमल भावनाएं—सब पर समाज का भीषण अंकुश है।" यद्यपि लेखक विभिन्न व्यक्तियों के बीच के प्रेम के सुखद-दुःखद, हर्षमय-व्यथामय क्षणों और प्रसंगों को परिपुष्ट करने में तल्लीन होता है, फिर भी उसके मूल में निहित सामाजिक विषमता की ओर भी वह संकेत करता जाता है। चंदा और नरेश की व्यथा भरी कहानी को देखते और सुनते हुए उसे जो मिला, वह है—"मैं जीवन में अमर प्रेम चाहता हूं क्योंकि मुझे घृणा की छलनियों में टपकती करुणा की बूंदें मिलती हैं। क्या यही मेरे जीवन का संतोष बन सकता है ? —मैं अब अनुभव कर रहा हूं कि जब मेरा पांव पक रहा था, तब मैं स्वस्थ था; किंतु अब जब मेरा पांव ठीक हो गया है तब मैं सचमुच अस्वस्थ हो गया हूं—।" इस प्रकार मनुष्य के भावात्मक जीवन का गहन आलोड़न-विलोड़न देखने के बाद उत्पन्न होनेवाली बेचैनी, कशमकश, मानसिक उलझाव संभवतः जीवन की ओर एक सुनिश्चित दृष्टिकोण को अपनाकर चलनेवाले व्यक्ति में नहीं दिखाई पड़ेगा। जीवन को नापने की अपनी-अपनी फुटपट्टियां और इतिहास-चक्र के प्रति सुनियोजित दृष्टिकोण जब नामाकूल पड़ता हुआ दीखता है, तभी इस प्रकार का मानसिक उद्वेलन होता है। जीवन के अपरिचित, अनिश्चित और गूढ़ रूप को देखने का परिणाम यह है।

असल में लेखक को कहानी सुनने और सुनाने का भी मोह कम नहीं है, जिसके कारण वह सुखराम का याचक-सा बन गया है। चंदा और नरेश की कहानी चार पीढ़ियों तक फैली हुई कहानी है—उसका मुख्य कथ्य है व्यथा से ओतप्रोत, करुणा से भीगा-भीगा मादक, उन्मत्त और तीव्र प्रेम।

अपनी जाति, कुल अधिकार और मान-मर्यादा को छोड़कर यायावर जीवन अपनाने के लिए अभिशप्त ठकुरानी को आश्रय मिलता है, तो खानाबदोश करनटों में। बदला लेने की भावना से उन्मत्त उस ठकुरानी की अश्नाई होती है तो निम्न जाति के एक दरबान से। उसकी नियति का अजीब दांव यह कि उसका जेठ ही उसे न पहचान कर उससे आंख लगा बैठता है। उसके द्वारा दिए गए हीरों और जेवरातों को पीसकर दरबार में भेजनेवाली ठकुरानी दरबान के साथ भाग भी जाती है जो (कहां ?–)पकड़वाकर मार डाली जाती है। ठाकुर और नटों के बीच के प्रेम-संबंधों ने इस उपन्यास को रक्त और मांस से सशक्त, प्राणवान् और पुष्ट बनाया है। सुखराम का बाप ठाकुर होने का दंभ पाले हुए है; परंतु वह विवश है अपने अदम्य, दुर्निवार प्रेम की प्यास बुझाने के लिए, करनटनी बेला के प्रति समर्पित होने में। उसका ठकुराई का दंभ, यौन संबंधों में नारी से निष्ठा की अपेक्षा, अधिकार की आकांक्षा, सब कुछ बेला के पैरों के नीचे कुचल जाता है। सुखराम को जीवन में जो थोड़ा-सा सुख मिला, वह उस समय जब अपने ठाकुर होने का दंभ भूलकर अपने समझौते कर सका और दुख मिला इसी कारण से कि अपने ठाकुर होने का दंभ और अधूरे कीले का मालिक होने का गर्व वह नहीं भूल सका। (तुमने बुरा किया सुखराम! मैंने कहा, 'तुमने उनको अपना नहीं समझा, जिन्होंने तुम्हें आदमी बनाकर जिंदा रहने का हक दिया। तुमने इंसान को इंसान से नफरत करने की बात को इतना बड़प्पन देकर अपने दिल के दूध को पिला-पिलाकर इस ज़हरीले सांप को पाला है, जो भीतर ही भीतर तुम्हें डस रहा है और तुम्हें बेहोश किए दे रहा है।') चंदा और नरेश के बीच यह ठकुराई का दंभ अभेद्य दीवार बनकर खड़ा है, जिसकी खिड़कियों के बीच से झांक कर वे व्याकुल होते हैं, तड़पते हैं, परंतु मुक्ति का उपाय न देखकर सींकचों पर सर पटक-पटककर खून बहाते हैं। ('वह देखता रहा! तब जैसे चंदा और ठकुरानी दोनों मुस्कराने लगीं। वह सब एक थीं। वह कभी सुख से नहीं रहती। कभी धनी होकर गरीब को चाहती है, कभी उसकी इज्जत लूटती है, कभी वह गरीब होकर धनी को चाहती है।) अधूरा कीला संभवतः उसी ठकुराई के अवशिष्ट अहंकार का प्रतीक है जो ठकुरानी, सूसन, चंदा, सुखराम का बाप और सुखराम सभी के अवचेतन में भयानक रूप से कुंडली मारकर बैठा हुआ है और समय-समय पर सबको नचाता रहता है। सुखराम प्यारी से शारीरिक रूप में संबंध प्रस्थापित करने में तब तक समर्थ नहीं होता, जब तक प्यारी की मां के

उलहने उसके पौरुष को नहीं चेतते। उम्र के लिहाज से जो प्यारी और उसके कंजर साथी कर सकते हैं, उसके लिए सुखराम किंचित् बोदेपन का परिचय क्यों देता है ? संभवतः उसके अवचेतन में पिता द्वारा लगाई हुई आग है—ठाकुर होने के अभिमान की। वह नटों एवं कंजरों की तरह किसी लड़की से फंसता नहीं है, न किसी को फंसाता है, न शराब पीता है, न चोरी करता है। वह मेहनत करके सम्मानित ढंग से रोटी पाना चाहता है, दूसरे शब्दों में उसके नीति-नियम ठाकुरों के हैं—करनटों के नहीं। फिर प्यारी के यौवन की उष्णता उसके शरीर को, अंतर्मन को भी परितृप्ति देती है, परंतु प्यारी के साथ उसके संबंधों में शारीरिकता अधिक है—मानसिकता का परास्पर्श तब हुआ, जब प्यारी रुस्तुम के यहां बैठने की ठानती है। "मैं सदा से ही उसके रूप को प्यार करता रहा था। मुझे बहुत जोश आता था, मैं उससे गुस्सा भी हो जाता था, पर उसे पास देखकर मैं जानवर-सा बोदा हो जाता। मैं उसके बदन को देर तक हाथों से सहलाया करता था।" परंतु रुस्तुमखां के यहां जाने के पहले की रात को वह महसूस कर चुका था, "आज मैंने देखा था वह औरत नहीं थी। उभरी छातियों, पतली कमर, उसकी भारी जांघें, आज मुझे रोज़ की तरह बावला नहीं बना रही थीं। तब मैंने महसूस किया कि औरत सिर्फ इतनी ही नहीं है, वह देवी भी है।" सुखराम—'पशु का उन्नयन' हुआ था। "प्रेम की असाधारण शक्ति ने उसके हृदय की अंधकारमय गुहा में जीवन की ज्योति प्रज्वलित कर दी थी।" संभवतः नारी के सदैव गंदे किए जानेवाली देह के बावजूद जो करनट उसको प्यार करते हैं, वे ही उच्चवर्गीय नैतिक बंधनों के परे जाकर अनुभव कर सकते हैं कि प्यार का मूल्यवान अनुभव क्या होता है। यही अनुभव सुखराम के बाप को बेला से सम्बद्ध किए रहता था, सोनो को इसीला के साथ बांध रखता था। शरीर की पवित्रता के मध्यवर्गीय मूल्य के परे अपनी सहजता से जा सकने के कारण ही सोनो (प्यारी की मां) इसीला से बार-बार पिटकर भी कहती है : "इसीला ! तू मेरी जवानी का यार है। मैंने सदा तुझे चाहा है। मैं तेरी आशिक रही हूं। जा, मैं तुझे फिर माफ करती हूं।" यह सहज अकृत्रिम प्यार है, जो उतना उदार और सहनशील भी बन सकता है। इसी प्यार ने ठकुराई के गर्व को चुनौती देकर बेला को अपने अंतर्मन की गहन व्यथा को उंड़ेलने में बाध्य किया था। "तू जिस पत्तल में खाता है, उसी में सूराख करता है। तेरा बाप मरा था, तब तू छोटा ही था। मेरे बाप ने तुझे पाला था। कितने नट मुझे चाहते थे, पर मैंने तेरा ही हाथ पकड़ा। क्या मैं जानती थी कि तू मुझे नफरत करता रहेगा। तूने कभी मुझे प्यार नहीं किया ज़ालिम। तूने मेरे पेट से एक ठाकुर होने के लिए अपना सुपना पूरा करने के लिए मुझसे प्यार का स्वांग रचा था ? तेरे लिए मैंने अपने-आपको मिटा दिया। दारोगा हरनाम मुझे अपनी रखैल बनाकर सारे आराम देने को तैयार था, वह तेरे लिए

मैंने ठुकरा दिया। जब दारोगा करीमखां ने तुझे गिरफ्तार कर लिया था, तब मैंने जीवन का सौदा करके तुझे छुड़ाया था। जब अकाल पड़ा था, तब तेरे और तेरे बच्चे के लिए गांव में जाकर परायों के संग रातें काटकर कमाकर लाती थी, ताकि तुझे बचा सकूं। और मेरे नटों ने मुझसे कभी घिन नहीं की, पर तू मुझसे मन ही मन नफरत करता रहा।"

'कब तक पुकारूं' में अधिकांश रूप में स्त्री-पुरुष के बीच के विभिन्न प्रेम संबंधों को ही चित्रित किया गया है। यह प्रेम अधिकतर आदिम रस के रूप में स्त्री-पुरुष के बीच के यौन-आकर्षण के रूप में व्यक्त हुआ है। इस यौन आकर्षण की दो परिणतियां या दो परस्पर विपरीत दिशाएं दिखाई गई हैं। प्रेम का प्रारंभ शारीरिक आकर्षण में है।

प्रेम संबंधों की विविधता

ठकुरानी और दरबान की अश्नाई का मूल यौन-आकर्षण में है और परिणति मृत्यु में। ठकुरानी की मृत्यु के मूल में ठाकुरों का जातीय अहं और धन से उत्पन्न गर्व है। बेला और सुखराम के बाप के यौन-आकर्षण को मानसिकता की गहराई मिलती है, परंतु यहां भी सुखराम के बाप को बघेरों के द्वारा मृत्यु मिलती है। सोनो को इसीला से प्यार है क्योंकि वह उसकी जवानी का यार है, परंतु उसकी मृत्यु के बाद सोनो दूसरे करनट को पकड़ने के लिए विवश है—वह उसकी जाति की नीति है। प्यारी और सुखराम का प्यार वेदना के रास्ते से अत्यंत उदारता में परिणत होता है। कजरी और सुखराम के शारीरिक आकर्षण को परस्पर की मानसिकता के कारण शिखरप्रायः ऊंचाइयां और गरिमा मिलती है। कजरी और प्यारी दोनों लात खाकर मरती हैं, परंतु परितृप्ति और सार्थकता अनुभव करने के बाद। चंदा और नरेश के तरुणाई का अनिवार प्रेम ठकुराई की दीवार पर पटक-पटककर दोनों को मार डालता है। संक्षेप में प्रायः सभी के प्रेम का रास्ता बेहद वेदना का है और अंतिम परिणति मृत्यु। कजरी और प्यारी और सुखराम के प्यार को दिव्यता और भव्यता दी गई है—बाकी सब प्रायः अतृप्ति और असंतुष्टता में मिट गए।

इसमें बांके, रुस्तुमखां और लारेंस अपनी-अपनी जाति और मानमरातब के बावजूद बलात्कार के पाशवी स्तर पर उतरते हैं और लेखक ने उन्हें काव्यात्मक न्याय दिया है। इसमें मंगू और रामू की बहू का जोड़ा है, करनटों का राजा और उसकी अतृप्त रानी है, डाकुओं का मुखिया और उसकी हरजाई है—वासना से लबालब भरे पीपे की तरह औरत। प्रायः सभी के बीच संबंध हैं नर और मादा का—आदिम जीवन की आदिम गंध। कभी परिणति, अतृप्ति, असंतोष और मृत्यु में, तो कभी मृत्यु के बावजूद संतृप्ति और सार्थकता में।

अत: 'कब तक पुकारूं' में प्रेम संबंधों की अभिव्यक्ति अनेक स्त्री-पुरुषों के माध्यम से हुई है, फिर भी लेखक की दृष्टि का मुख्य बिंदू है सुखराम-प्यारी-कजरी के परस्पर संबंधों पर।

वासना और प्रेम

प्यारी और सुखराम के प्रेम के बीच यौवन और शारीरिकता का हिस्सा अधिक है। सुखराम ठकुराई के सारे अहं के बावजूद प्यारी का शरीर सामने आने पर अवश हो जाता है। कंजरों के द्वारा गंदी किए जाने के बावजूद सुखराम को उसकी बांहों में कांटे नहीं चुभते। दरोगा का बुलावा आने पर प्यारी ने उसे सहज भाव से स्वीकार किया है। "औरत को तो औरत का ही काम करना पड़ता है। इसमें ऐसी बात ही क्या है?" और फिर ठाकुर सुखराम को सत्ता के आगे झुकना ही पड़ता है। सुखराम को जूतों से पीटा जाता है, चोरी के झूठे आरोप में हवालात में बंद कर दिया जाता है, प्यारी के शरीर दान के बाद छोड़ दिया जाता है। लहू-लुहान सुखराम को देखकर प्यारी की यह प्रतिक्रिया, "मुझपर नजर पड़ी तो बड़ी बेमुरव्वत से मुस्कराई।" परंतु उसी रात में प्यारी के उसके पास आ लेटने के बाद सुखराम का गुस्सा हवा हो जाता है। प्यारी अपने यौवन के बल पर सबको नचाती है और उसका उसे गर्व भी है, जिससे चिढ़कर उसकी मां कहती है। "कुछ दिन की बहार है लाड़ली। फिर मैंने क्या ये दिन देखे नहीं?" प्यारी सुखराम पर भी हुकूमत करती है, क्योंकि वह अपने को उसका रक्षक भी मानने लगी है। औरों को शरीर देती है और सुखराम के पास आने पर कहती है, "अभी नहीं, मैं अभी थकी हूं। अभी तो बौहरे का बेटा गया है।" परंतु यही प्यारी सुखराम को ठोक-बजाकर कहती है, "देख! मैं भंगिन चमारिन नहीं, जो मर्द की गुलाम बनकर रहूं। मैं तो खेलूंगी। पर मेरा मन तेरा है। जिस दिन मन तुझसे हट जाएगा, मैं तुझे छोड़कर चली जाऊंगी।" फिर सुखराम का गुस्सा भी झेलती है, मार-पीट भी सह लेती है क्योंकि, "तेरा प्यार देखने को ही तो मेरा हिया तरसता है।" असल में प्यारी ने तन का और मन का जो विभाजन किया है, वह अपवादात्मक स्थितियों में समर्थित भी हो सकता है, परंतु उसको जब एक जीवन का महत्वपूर्ण तत्व मानकर वह चलती है, तब उसके दुखांत जीवन के बीज उसमें निहित रहते हैं। इसी वजह से एक ओर सुखराम शराबी भी हो गया है और दूसरी ओर प्यारी का मर्दों से खेलने का क्रम अबाध रूप से जारी है। इसी में रुस्तुमखां के पास रखैल बनकर रहने का प्रस्ताव भी आता है। वस्तुत: प्यारी के इस प्रस्ताव के स्वीकारने में रुस्तुमखां का डर उतना नहीं है—रुस्तुमखां के वैभव का, हुकूमत और मान-तलब का, साख का भी हाथ कम नहीं है। आराम के साधनों का मोह भी उसमें है और रुस्तुमखां के माध्यम से अपने बैरियों का बदला लेने की

भावना भी है। वह अपने करनटों की मदद करना चाहती है। असल में प्यारी के सुखराम के प्रति प्यार में वह ऊंचाई, समर्पित भाव, वह निष्टा तब तक पैदा नहीं हुई, जब तक उसे रुस्तुमखां के असली रूप का और कजरी के सच्चे प्यार की गहराई का बोध नहीं हुआ। वह अपने प्रति जितनी खुली है, उतनी ही सुखराम के प्रति बंद। रुस्तुमखां के पास जाते समय वह सुखराम से वचन लेती है, "किसी दूसरी लुगाई से वह नाता न जोड़ेगा।" यह नहीं कि उसके प्यार में ऊंचाइयों की संभावना नहीं थी। आखिरी रात वह सुखराम के पास सोती है तब कहती है, "मैं समझती हूं जिन रातों किया था, वे अपनी न थीं। आज तू मेरा है। उससे कोई मन नहीं मिल जाता है। प्रीति तो मन की होती है।" परंतु यह एहसास उसके व्यक्तित्व में पूरी तरह घुलमिल नहीं गया था। अभी और आग की जरूरत थी।

प्यारी रुस्तुमखां के यहां बैठ जाती है और सुखराम के शून्य जीवन को कजरी भर देती है। एक ओर प्यारी तन और मन के बंटवारे की दर्दनाक परिणति का अभिशाप भोगने के लिए छोड़ दी गयी है, तो दूसरी ओर शारीरिक वासना की स्थूल सीढ़ियों पर चढ़ती हुई कजरी तन और मन के मिलन के परिणामस्वरूप उत्पन्न प्रेम की ऊंचाइयों को छूने लगती है। कजरी सुखराम की ओर आकर्षित हुई है, इसके मूल में कोई मानसिक धरातल पहले नहीं था। यह तो कुछ गंदे शराबी कुर्री से ऊबी हुई कजरी का सुंदर सजीले जवान के प्रति शारीरिक आकर्षण था। कजरी साफ-साफ कहती भी है—"सफेदी भी करे तो अच्छे मकान पर। क्या टूटे खंडहर का सजाना!"

परंतु यह शारीरिक आसक्ति धीरे-धीरे शरीर के माध्यम से आत्मिक ऊंचाइयों तक विकसित होता है। दोनों में इस प्रेम की सच्चाई और तीव्रता के फलस्वरूप निखार आने लगता है। कजरी को अब मर्दों को फंसाकर पैसा कमाने में रस नहीं रहा, घिन होने लगी और संभवतः सुखराम के सान्निध्य में आने पर किसी पराये पुरुष के प्रति समर्पण से बच जाती है। सुखराम की शराब की आदत भी कम हो जाती है। दोनों का अधूरे कीले की ओर जाना, उसमें घुसकर खतरों के बीच से गुजर कर सुरक्षित वापस लौटना, सुखराम का धूपो के लिए बांके से बैर मोल लेना और उसमें अपनी अजब शक्ति का परिचय देते हुए लठैतों से घायल होना, घायल सुखराम की कजरी द्वारा सेवा-चर्या, सुखराम की शक्ति की चमारिनों से सुनकर पुलक उठना, अपने को परितृप्त समझना, कजरी-प्यारी की अजीब ढंग की पहली मुलाकात और दोनों के बीच सुखराम की रक्षा के समान उद्देश्य से घनिष्ठता उत्पन्न होना—ये ऐसी घटनाएं हैं, जिनकी वजह से सुखराम-कजरी के प्रेम का निरंतर विकास और परिष्कार होता जाता है। यहां तक कि कजरी और प्यारी के सौतिया डाह का भी उसमें पूरा होम हो जाता है। सौतों का बहनों की भांति वह प्यार और एक-दूसरे के प्रति समर्पित होने की ललक, प्रका-

रांतर से कजरी और सुखराम के प्रेम का चरम विकास है, जहां अधिकार की भावना, शारीरिक वासना, आत्मकेंद्रितता का पूर्णतया लोप हो गया है।

यह मानसिक उदात्तता प्यारी में भी उत्पन्न हुई है, परंतु उसके लिए उसे भयानक कीमत देनी पड़ी—अपने फूल जैसे शरीर की, अपने प्यारे सुखराम की और प्रेमपूर्ण वैवाहिक जीवन की। रुस्तुमखां से मिली सूजाक की बीमारी उसके भयानक नीच स्वभाव का ज्ञान, उसके और बांके के हथकण्डे, धूपो चमारिन पर किया गया बलात्कार, घोर शारीरिक स्तर पर एक पशु सदृश्य रुस्तुमखां का घिनौना सहवास, सुखराम को हाथ से खोने की गहरी पीड़ा—ये कुछ ऐसी बातें हैं, जिनके कारण दुःख की आंच में तपकर प्यारी का मन मंज जाता है। सुखराम-कजरी के साथ वह जिस प्रौढ़ता, सामंजस्यता और संतुलन का परिचय देती है, वह उसके प्यार की गहराइयों के स्पर्श का परिणाम है।

प्यारी के प्रारंभिक प्रेम से सुखराम दब्बू बनता गया, बोदा बनता गया और अंदर की निराशा के कारण शराबी भी बनता गया। कजरी के प्यार ने उसे खोल दिया, उदार बनाया, साहसी और क्रियाशील बनाया। उसके ठकुराई के अभिमान की धार को सामान्यता मंद कर दिया।

प्यारी और सुखराम, कजरी और सुखराम, प्यारी और कजरी के मानसिक और उदात्तर बनते जाने वाले स्नेह संबंधों के विपरीत रुस्तुमखां और प्यारी, बांके और धूपो, लारेंस और सूसन के यौन संबंधों की निर्घृणता और पाशविकता दिखाकर लेखक ने विरोधी रंगों के द्वारा उत्पन्न सौंदर्य की झलक दिखाई है, जो उपन्यास के टेक्स्चर को ऐश्वर्यवान बनाती है।

प्रेम का उत्कट और अभूतपूर्व चित्रण

रचनाकार इस उपन्यास में प्रेम के प्रसंगों को गहन रूप में चित्रित करने का प्रयास कर रहा है और अप्रत्याशित सफलता उसे मिली है। हिंदी-उपन्यासों में वर्णित प्रेम-प्रसंगों का अध्ययन एक स्वतंत्र लेख की मांग करता है। हिंदी उपन्यासों में वर्णित प्रेम-प्रसंगों को पढ़ते समय प्रायः यह लगता है कि लेखक के मन पर से नीति के, दर्शन के, आत्म-प्रदर्शन के संस्कार मिट नहीं रहे हैं और परिणामतः लेखक प्रेम-प्रसंगों का खुले रूप में अपने पात्रों की मानसिकता से तदाकार होकर चित्रण नहीं कर सकते। कभी प्रेम के अनुभवों पर दार्शनिकता और बौद्धिकता की पर्त रहती है, जिसके कारण प्रेम अपने शुद्ध यथावत् रूप में व्यक्त ही नहीं होता। इसकी दूसरी प्रतिक्रिया प्रेम को केवल पशु सदृश्य शारीरिकता पर चित्रित करने में भी होती है। 'गोदान' में झुनिया और गोबर, होरी और धनिया के बीच के संवादों को पढ़ते समय, जो कलात्मकता का, लेखक की तदाकारता का, रसात्मकता का आस्वाद मिलता है, उस तरह का आस्वाद कम उपन्यासो में

मिलता है। रांगेय राघव को इस बात का श्रेय अवश्य देना चाहिए कि कतिपय प्रेम के प्रसंगों और संवादों को अत्यंत तल्लीनता और कलात्मकता से चित्रित किया है। प्यारी और सुखराम का प्रारंभिक मिलन, कजरी और सुखराम का मिलन, सुखराम और कजरी की अधूरी कीले की सैर, कजरी का चमारिनों द्वारा की गई प्रशंसा को सुनकर निहाल हो जाना, घायल सुखराम के प्रति कजरी की चिंता, कजरी और प्यारी के साथ सुखराम का डांग प्रांत की ओर जाते समय का प्रेमपूर्ण संवाद आदि कतिपय प्रसंग विशुद्ध प्रेम के संवादों से भरे पड़े हैं। इनके मन पर नीति, सामाजिकता, बौद्धिकता, दार्शनिकता किसी प्रकार का दबाव नहीं है। ये प्रेम के चित्र अपनी विशुद्धता और उत्कटता के साथ ऐंद्रियता के लिए निश्चय ही याद किये जायेंगे।

सुखराम-बांके की लड़ाई, धूपो पर पाशवी बलात्कार के उपरान्त उसकी आत्महत्या, खड्‌गसिंह के साथ सुखराम का सामना, राजा और सुखराम का हवालात से भाग जाना, करनटों का शराब पीकर बेहोश होना और नाचना, सूसन पर बलात्कार के बाद बदला लेना, सुखराम की शेर के साथ लड़ाई इत्यादि कतिपय प्रसंग रसात्मक चित्रण के लिए उल्लेखनीय हैं।

जहां लेखक का प्रसंग या भाव के साथ तादात्म्य नहीं हो पाया है, ऐसे प्रसंग रसात्मक नहीं बन सके हैं। चमारों का रुस्तुमखां को घेरना, कजरी और प्यारी की मृत्यु के बाद सुखराम के पागलपन का वर्णन, चंदा की हत्या तथा उसके बाद नरेश की मनःस्थिति का वर्णन, लारेंस के बलात्कार का प्रसंग—ऐसे प्रसंगों में कृत्रिमता आयी है या अतिरेकपूर्ण आवेश, जिससे भड़कीलापन आया है। यह भी लगता है कि लेखक पर कहीं फिल्म सृष्टि का प्रभाव हावी हो गया है, परंतु अन्य भावपूर्ण एवं कलात्मक प्रसंगों की तुलना में ऐसे प्रसंग कम हैं।

कुछ ऐसे प्रसंग भी हैं, जो स्वाभाविक या विश्वसनीय नहीं बन पाये हैं और तारतम्य से युक्त भी नहीं लगते। लारेंस के बलात्कार के फलस्वरूप सूसन का गर्भवती हो जाना स्वाभाविक है, परंतु कजरी की मृत्यु के बाद सुखराम का चंदा को गांव की ओर ले आना या सूसन का अपने पेट की बच्ची को सुखराम पर सौंपना, उतना स्वाभाविक नहीं बन पड़ा है। सुखराम के वे सारे तनाव, सूसन की तथा उसके पिता सारेन की पीड़ा और विवशता अधिक स्पष्ट होनी चाहिए थी। चंदा जैसी लाड़ली और प्राणों से प्रिय पुत्री को गला घोंट कर मार डालना, महज इसीलिए कि ठकुरानी की भटकती आत्मा को मुक्ति मिल जाये, अस्वाभाविक-सा लगता है। जिस संयम और समझदारी के दर्शन बारबार सुखराम में होते रहते हैं, वे पाठकों को चंदा की हत्या के लिए तैयार ही नहीं करते। फिर इस सुखराम पर जन्म और पुनर्जन्म, पाप और पुण्य, आत्महत्या या हत्या,पाप है, इत्यादि भारतीय संस्कार प्रचुर मात्रा में दिखाये गये हैं। इनका आध्यात्मिक मूल्य कुछ हो,

न हो—भारतीय मन के अवचेतन को ये बातें अधिक स्वस्थ, कम भयंकर एवं कम आकस्मिक विस्फोट करने वाला बनाती हैं। चंदा की नीलू के साथ शादी के प्रेम के गहन अनुभवों के बीच से गुजरने वाले सुखराम के अनुकूल नहीं पड़ती। वैसे देखा जाय, तो चंदा और नरेश की समूची कथा मूल वस्तु से उतनी सफलतापूर्वक नहीं जुड़ती।

बौद्धिकता के आयाम से अस्पर्शित कथा

उपन्यास की कथा में जितना भावात्मक प्रसंगों को स्थान एवं अवसर है, उतना बौद्धिकता के लिए नहीं। इसका एक कारण यह दिया जा सकता है कि यह जरायमपेशा जीवन की कथा है। इन शिक्षा के संस्कारों से वंचित खानाबदोश लोगों ने, पता नहीं, पुनर्जन्म जैसे भारतीय सांस्कृतिक विचारों को कैसे और कहां से ग्रहण किया है। पुनर्जन्म में आस्था इस कथा का प्रमुख आधार ही प्रतीत होता है। सुखराम का विश्वास है कि ठकुरानी ही चंदा सूसन का रूप लेकर अपनी आत्मा की तड़प को व्यक्त कर रही है। आत्मा की अमरता तथा गुप्त धन और रक्षक नाग के मिथक में विश्वास, जातिवाद में आस्था, इन लोगों मे दृढ़ता से अंकित है। सोना, प्यारी, कजरी आदि में बीच-बीच में ठकुरानी का अनुकरण करने की आकांक्षा उठती रहती है, परंतु वह क्षणिक है—घोर विद्रोह का रूप कभी नहीं लेती। भारतीय सस्कृति का ही वह वैशिष्ट्य है। "पूर्व और पश्चिम का भेद अब समझ में आ रहा था, परंतु इनका पुनर्जन्म का सिद्धांत इनको मरने नहीं देता। उसके कारण ये कुचले जाने पर सिर नहीं उठाते, उसे भी पापों का मूल मान लेते हैं; परंतु जितना भी वैभव और तृष्णा हो, इनका मूल चिंतन नहीं घबराता।" अपने करनट होने का अभिमान बीच-बीच में उफनता ही रहता है—भारतीय समाज की जाति-व्यवस्था की नींव इतनी दृढ़ है और उसमें उच्च वर्ग के द्वारा किये गये अपमान को पी जाने की ऐसी आदत पड़ जाती है कि शायद ही कहीं कटुता या हिंसा उत्पन्न होती है। करनटों की रहन-सहन की पद्धति, उनके खानपान के साधन, रीति, उनके व्यवसाय, कला, गीत, बोली, खेल इत्यादि बातों का संकेत हैं, परंतु लेखक उनके भाव-विश्व की गहराई दिखाने में ऐसे व्यस्त है कि इन सब बातों का जमकर वर्णन करने की उसे जैसे फुर्सत ही नहीं। इस बृहत् उपन्यास में चमारों की टोली का वर्णन है, निरोती ब्राह्मण है, बनिये हैं, ठाकुर है, दारोगे और पुलिस के सिपाही भी हैं, परंतु लेखक की दृष्टि सुखराम-प्यारी-कजरी पर केंद्रित है। उनके प्रेम के सागर पर उठने वाली उर्मियों पर लेखक मुध है। परिणामतः लेखक ने उपन्यास को वैचारिक धरातल पर सूक्ष्म एवं गहन होने से बचाया है। विभिन्न जातियों और व्यक्तियों के पारस्परिक टकराहट के चित्रण में दूर तक सामाजिक विश्लेषण करने की आवश्यकता से भी बचाया है। अतः

उपन्यास का बौद्धिक पक्ष सशक्त नहीं हो सका है। लेखक सामान्य पात्रों के कंधों पर से देखकर भी अपनी क्षमता का परिचय दे सकता है, जबकि प्रस्तुत लेखन में पात्रों से तदाकार हो गया है। वस्तुतः शिल्प को देखा जाय तो लेखक तटस्थ है और सुखराम, कजरी आदि उपन्यास के पात्र हैं। फिर भी लेखक में तद्रूपता, भाव-विभोरता अधिक पाई जाती है। तटस्थ होकर विश्लेषण करने की ओर ध्यान कम है। अतः अपने को कहानी का निवेदक बनाकर जो लेखक ने अपेक्षा जगाई थी, उसे पूरा नहीं कर पाया। उपन्यास में रसभीगापन तो अवश्य पैदा हुआ है परंतु बौद्धिक पैनापन नहीं। उपन्यास हृदय को आंदोलित करता है, परंतु बुद्धि को प्रभावित, प्रक्षुब्ध नहीं। वस्तुतः इसमें ऐसी समस्या है जिसका सर्वांगीण विवेचन उपन्यास की कलात्मकता का निर्वाह करते हुए किया जा सकता था और उपन्यास को बौद्धिक आयाम से युक्त कर अधिक शक्ति-संपन्न बनाया जा सकता था। यह समस्या है देह की पवित्रता और प्रेम की। परिवार व्यवस्था के आधार-भूत तत्त्वों का संदर्भ यहीं विचारणीय हो उठता है। संतान के पिता होने का अधिकार जो भारतीय पुरुष के लिए अहं का एक महत्त्वपूर्ण उपादान है, परिवार व्यवस्था का आधारभूत तत्त्व भी है, कहां तक आवश्यक है। जरायमपेशे में भी संतान के प्रति पुरुष का क्या दृष्टिकोण होता है, सम्पति का प्रश्न न होने के फल-स्वरूप वह कहां तक उसके मन को किस दिशा में प्रभावित करता है, इसका विश्लेषण किया जा सकता था। प्यारी की मां सोनो प्यारी के पिता की मृत्यु के तुरंत बाद दूसरे पुरुष का हाथ पकड़कर चली गई—विवश थी। उसने प्यारी को कहां तक उद्वेलित किया? क्यों नहीं किया? जरायमपेशा समाज में संतान और मां-बाप के बीच संबंध ऐसे ही होते हैं? फिर पारिवारिक स्नेह-बंध की नींव पर उत्कट प्रेम का—दम्पति प्रेम का महल खड़ा होता है, उसके अभाव में प्रेम प्रसंग ही ढुलमुल नहीं लगते? क्या वे मात्र शारीरिक आकर्षण तक सीमित होते हैं! संतान के प्रति किंचित् निस्संग भाव रामा की बहू में भी अपने लड़के के प्रति दिखाया गया है। इसके विपरीत करनटों के द्वारा दूसरों के बच्चों के पालन का भी उदाहरण दिया गया है। असलियत क्या है? अगर संतान के प्रति प्रेम महज पशु-स्तर पर अर्थात् सहज प्रवृत्ति पर ही आधारित है तो समाज का काल की गर्त में जल्दी समा जाना स्वाभाविक है; परंतु लेखक को जैसे अपनी प्यार से ओतप्रोत कहानी कहने की व्याकुलता है—इसमें उठने वाले विभिन्न प्रश्नों की ओर उसकी जैसे दृष्टि नहीं है। वृहत्काय उपन्यास में यह उदासीनता खटकती है।

कथा और लेखक का संबंध

लेखक ने यह कथा सुखराम के माध्यम से बताई है। अर्थात्, इसमें एक

अच्छा परिवर्तन किया है। वैसे लेखक कथा स्वयं वर्णित करता है, परंतु इस ढंग से कि सुखराम वर्णन कर रहा हो। लेखक ने बीच-बीच में टिप्पणियां दी हैं, भावनात्मक उद्वेलनों की कल्पना कर उन्हें शब्द दिए हैं। वस्तुतः यह इसलिए किया गया है कि पाठकों को लेखक विश्वास दिलाना चाहता है कि कथा कल्पित नहीं, प्रत्यक्ष घटित है। वस्तुतः पता नहीं, यह क्यों मान लिया जाता है कि कथा का 'सत्य' उसके घटित होने के एहसास में है। वास्तविकता यह है कि कोई भी प्रबुद्ध पाठक इस बात को नहीं स्वीकार करता कि कोई कथा प्रत्यक्ष घटित होने से साहित्यिक स्तर पर वह 'सत्य' के निकट आती है। प्रबुद्ध पाठक को इससे बिल्कुल सरोकार नहीं है कि उपन्यास की घटनाएं एवं व्यक्ति प्रत्यक्ष सृष्टि के हैं अथवा उपन्यासकार द्वारा कल्पित। उसकी केवल यही मांग होती है कि उपन्यास के विश्व में जो भी कुछ होता हो, वह विश्वनीय (कनविंसिग) लगे। स्विफ्ट के छः-छः इंच के लोगों को भी हम स्वीकार कर लेते हैं। आधारभूत बातों को एक बार मानने पर बाद में सब कुछ उसके सामने तर्कसंगत एवं औचित्यपूर्ण रूप में आ जाए। जिस तरह खेल शुरू करने के पहले शतरंज में यह मान लिया जाता है कि कौन फर्जी है और कौन वजीर; कौन घोड़ा है, कौन हाथी और प्रत्येक की चाल कैसे और कितने पर होगी। बाद में ये सवाल नहीं उठाए जाते कि घोड़ा ढाई घर ही उचककर क्यों चले, हाथी सरल रेखा में और ऊंट तिरछा ही क्यों चले।

एक मजे की बात 'बाणभट्ट की आत्मकथा' के बारे में हर कोई लिखता है— द्विवेदी जी ने सत्य के आभास के लिए मानो आत्मकथा की प्राचीन पोथी उपलब्ध होने की बात की है। वस्तुतः 'बाणभट्ट की कथा' का वाचक जो भी होगा, वह निश्चय ही इतना बच्चा नहीं होगा कि साहित्यक सत्याभास के लिए की गई इस युक्ति से प्रभावित हो जाए। इस युक्ति से जो प्रभावित होते हैं, वे संभवतः साहित्य के गहरे रसज्ञ नहीं होंगे या 'बाणभट्ट की आत्मकथा' की सारी सूक्ष्मता को समझने की भी योग्यता उनमें नहीं होगी।

सुखराम जैसे एक अशिक्षित व्यक्ति के मुंह से कथा सुनकर उसे प्रस्तुत करने में निस्संदेह अनेक कलात्मक अड़चनें आने की संभावना थी। उपन्यासकार जिन भावों के आलोड़न-विलोड़न की कल्पना करके अभिभूत हुआ था, उसके भार को झेलना सुखराम के बस की बात नहीं थी। अतः लेखक ने इस अड़चन को प्रारंभ में ही हल किया है : "इसमें अनुभूतियों की गहराइयों के वर्णन स्पष्ट है मेरे हैं, सुखराम के नहीं।" प्रबुद्ध पाठक इसको स्वीकार कर सकता है, परंतु भावों की गहराइयों के अतिरिक्त घटनाओं के स्थूल ढांचे और व्यक्तियों के संबंध में जानकारी के लिए निस्संदेह पाठक सुखराम की ओर देखेगा। ऐसी कोई घटना या व्यक्ति विषयक जानकारी इस उपन्यास में नहीं आनी चाहिए, जिसका भोक्ता या नेता सुखराम न हो। इस दृष्टि से देखने पर रचना विषयक कतिपय बातें इसमें

खटकती हैं। रुस्तुमखां और प्यारी के परस्पर संबंधों का, खासकर दोनों की बीमार अवस्था में, जो बारीकी से वर्णन किया गया है, उसका भोक्ता या दर्शक सुखराम नहीं था। सुंदर वर्णन के बावजूद लगता है लेखक ने अपना पहला कला संबंधी बंधन ठुकरा दिया है। बांके और धूपो के प्रसंग का ब्योरेवार वर्णन, सुखराम द्वारा बताई गई घटित की जानकारी का लेखक द्वारा किया गया कल्पनात्मक वर्णन है। चमारिनों द्वारा की गई प्रशंसा का भोक्ता भी सुखराम नहीं है। कजरी-प्यारी की पहली मुलाकात का आंखों देखा वर्णन सुखराम नहीं कर सकता, परंतु इन प्रसंगों में इतनी चित्रवतता और मूर्त्त मांसलता है कि पाठक को इस बात का ख्याल ही नहीं रहता कि सुखराम निवेदन कर रहा है अथवा लेखक; परंतु कुछ बातें आवश्यकता से अधिक सुखराम के द्वारा देखने का प्रयास लेखक ने किया है—सूसन और उसके पिता का वैचारिक धरातल तथा उस पर पड़े हुए लेखक के प्रभाव का वर्णन सुखराम के बस की बात नहीं है। भारतीय और पाश्चात्य संस्कृति के तुलनात्मक विवेचन में भी लेखक ने यही छूट ली है। अतः केवल भावों की गहराइयों के ही नहीं, घटनाओं और पात्रों के व्यक्तित्व वर्णन में भी लेखक ने पहले के कलात्मक नियंत्रण तोड़ दिए हैं। फिर विचारणीय यह है कि सामान्य उपन्यास विधान के अनुसार सुखराम को कथा-निवेदक न बनाकर स्वयं सर्वज्ञाता लेखक की भूमिका अपनाकर लेखक ने उपन्यास लिखा होता, तो क्या हानि थी ? अगर लेखक स्वयं ही निवेदक होता, तो बिना किसी संकोच या कलात्मक अटकाव के कतिपय जीवन विषयक बौद्धिक समस्याओं का भी विवेचन कर सका होता और उपन्यास प्रायः जो भावुकता के स्तर पर आ बैठता है, वैसा न होता। मुझे लगता है अगर लेखक स्वयं निवेदक होता, तो करनट और ठाकुर, करनट और पुलिस विभाग के कर्मचारी इत्यादि के बीच के संघर्ष को अधिक तीखे रूप में व्यक्त करता। यहां संभवतः उतना तीखापन नहीं आया है। इसके दो कारण हैं : एक, सुखराम की सीमित समझदारी का बंधन; दो, भारतीय सामान्य जनता की यंत्रणा को सहने की प्रवृत्ति। फिर भी चमारों पर किए गए वर्णनों में कुछ तीखापन आ गया है।

वैसे देखा जाए, तो भावात्मक प्रसंगों के संदर्भ में भी खुद लेखक अनावश्यक रूप में अपना अस्तित्व पाठकों पर लादता रहता है। भावों की गहराइयों के वर्णनों में लेखक ने 'हिस्टारिक' का बहुत आश्रय लिया है जो अकलात्मक हो गया है। उदाहरण के लिए पृ० 208 पर "अभिलाषा का अंत...जागरित होती है।" तक का वर्णन, पृ० 209 पर 'वह निर्धूम गरिमा ...रोक दिया था" तक का वर्णन पृ० 297 पर "अंधियारा और घना हो गया ...उसे कोई नहीं काट सकता" तक का वर्णन, पृ० 407 पर "चारी के वे लंबे-लंबे ...चले जा रहे हैं" तक का वर्णन—ये उद्धरण अपने आप में अच्छे गद्य का भले ही आनंद देते हों, परंतु जिन स्थानों पर

आए हैं, वहां अकलात्मक हो गए हैं। इसके विपरीत पृ० 57 पर लेखक की भावोद्भूत टिप्पणी अत्यंत आवश्यक है—"वह था उसके पशु का उन्नयन…"

क्वचित् लेखक बीच-बीच में घुसकर अपने पात्रों को अनावश्यक रूप में समर्थन भी देता है। कजरी लारेंस को देख रही थी एक नारी के नाते। परंतु उन्नयन के बावजूद उसके मूल करनटनी स्वभाव की वह अत्यंत स्वाभाविक अभिव्यक्ति थी। लेखक ने उसका अनाश्यक समर्थन देकर उसकी मनोवैज्ञानिक मार्मिकता ही चौपट कर दी है। "वह सचमुच इतनी मार देखकर विचलित हो गई थी। वह उससे आकर्षित हुआ था। कजरी के मन में इसका स्नेह था। और यह एक जीवन का बड़ा सत्य है कि स्त्री विवाहित होकर भी अनजाने ही एक काम करती है। जब तक उसमें जवानी रहती है, तब तक वह अपने ही दूसरे लोगों की आंखों की कसौटी पर अपने रूप और यौवन को आंका करती है। वह देखती है कि उसमें अब भी कोई आकर्षण है या नहीं। और यदि है तो अवश्य वह अपने पति को अभी तक अच्छी लगती होगी। बस, उसमें इससे अधिक कोई भाव नहीं रहता।" (पृष्ठ 571) वास्तव में कजरी को अनावश्यक नैतिक समर्थन देकर उसकी पूरी जीवंतता पर और विशिष्टता पर पानी फेर दिया गया है। लेखक की नैतिक मान्यताएं अनजाने किस तरह पात्र पर हावी होती हैं, इसका एक दिलचस्प उदाहरण है।

एक प्रश्न यह उठता है—क्या ससून को बलात्कार के फलस्वरूप मिली संतान को अंग्रेज पिता द्वारा वही घृणा मिलती, जो एक भारतीय पिता द्वारा मिलती है? क्या ससून का बाद का विरक्त जीवन लेखक की यूरोप पर आरोपित भारतीय दृष्टि की ज्यादती नहीं है?

मूल्यांकन

'कब तक पुकारूं' कतिपय त्रुटियों के बावजूद एक श्रेष्ठ उपन्यास है। मुख्यत: यह मनुष्य के प्रेम के कतिपय रूप साकार करता है। प्रेम के, भाव विभोरता के, तल्लीनता के, समर्पण और निष्ठा के, गहराई और व्यापकता के, गहनता और तीव्रता के कतिपय चित्र लेखक ने पूरी नाटकीयता के साथ अत्यंत रसात्मक रूप में प्रस्तुत किए हैं। इन भावों का संवादों के माध्यम से चित्रण करते समय लेखक ने अपने मानसिक नियंत्रणों (Inhibitions) को दूर रखा है। वर्णन और बौद्धिक ऊहापोह से दूर हटकर दार्शनिकता के मुखौटे को एक ओर रखकर, संकोच और बड़बोलेपन से किनारा काटकर पात्रों के व्यक्तित्वों से तदाकार होकर किए गए प्रेम प्रसंगों के, विशेषत:, संवादों के चित्रण में लेखक की अभूतपूर्व क्षमता छिपी हुई है। टालस्टाय, दोस्तोवस्की, काफ्का इत्यादि महानुभावों से तुलना करने की स्थिति में हम अभी नहीं हैं; परंतु हिंदी उपन्यास साहित्य में 'कब तक

पुकारूं' का योगदान महत्त्वपूर्ण माना जाना चाहिए। यह कथा बार-बार पढ़ी जाएगी, क्योंकि आधुनिकता, सामयिकता, खुरदरे यथार्थ का आग्रह और यथा-वतता की मांग के बावजूद भी भारतीय प्रबुद्ध पाठक अभी यंत्रवत्, भावनाहीन एवं जीवन की संभावनाओं से निराश नहीं हुआ है। (इस स्थिति में तो साहित्य की सार्थकता भी खत्म होती है और लिखने-पढ़ने का प्रयोजन केवल कैरियर या अर्थार्जन रहता है) वह आज भी गीतों की संगीतात्मकता से प्रभावित होता है, मनुष्य और मनुष्य के बीच के प्रेम संबंधों को विशुद्ध व निर्मल रूप में सुरक्षित रखना चाहता है, पाश्चात्यों की प्रगति की भागदौड़ में उनको मिली अमानुषिकता, नीरसता व यांत्रिकता के दबाव से वह सबक सीखना चाहता है। वासना को मानसिकता का धरातल देना चाहता है और मनुष्य संबंधों को स्वार्थ निरपेक्ष करने की आवश्यकता में विश्वास करता है। जब तक भारतीय पाठक की यह दशा रहेगी, तब तक रांगेय राघव की कृति 'कब तक पुकारूं' बार-बार पढ़ी जाएगी। आत्मकेंद्रित मन के विकसित होने के लिए आवश्यक भाव-द्रवित अवस्थाएं अनुभव करने को मिलेंगी। इसमें कुछ मानवीय आत्माओं से सुखद संस्पर्श होता है और मनुष्य की क्रूरता तथा पाशवीपन से परिचय भी होता है। इस परिचय में घृणा उत्पन्न होती है जो पाठक की आत्मा को अधिक निखार देती है। प्रेम और प्रेम के दर्द का रसात्मक अनुभव देने वाली यह रचना जब तक मनुष्य में भावा-त्मकता शेष रहेगी, तब तक निश्चय ही रुचि से पढ़ी जाएगी—किसी भी लेखन की सार्थकता के लिए यह कम नहीं है।•

अमृत और विष

अमृतलाल नागर की रचना 'अमृत और विष' उनके बहुचर्चित एवं अत्यंत यशस्वी उपन्यास 'बूंद और समुद्र' के बाद प्रकाशित होने के कारण निश्चय ही उसकी समीक्षा एवं मूल्यांकन में वह वस्तून्मुखी स्पष्टता नहीं आ पाई, जो इस वृहत्काय और महत्त्वाकांक्षी रचना के मूल्यांकन में आनी चाहिए थी। लगता है 'बूंद और समुद्र' की रचनागत विराटता ने 'अमृत और विष' जैसी वृहत्काय रचना की समीक्षा को एक विशेष ढंग से प्रभावित किया है। 'अमृत और विष' का नया शिल्प भी उपन्यास के मूल्यांकन को कुछ प्रभावित कर सका है जबकि शिल्प विषयक नवीनता से अधिक महत्त्वपूर्ण प्रश्न है नये शिल्प के चुनाव में बाध्यता कितनी है अर्थात् आशय की भीतरी मांग कितनी प्रबल है या वह सिर्फ प्रयोगशील मन की लीला मात्र है, शिल्प ने किन नई मानव जीवन विषयक स्थितियों को उजागर किया है, उपन्यास ने परंपरागत उपन्यास साहित्य में किस स्तर पर और किस दिशा में नया योगदान किया है, पाठक की संवेदना को किस रूप में समृद्ध करते हुए ताजगी का उत्तेजक अनुभव दिया हैं, स्वयं नागरजी के उपन्यास साहित्य में इस रचना ने क्या जोड़ा या घटाया है, ये प्रश्न महत्त्वपूर्ण हैं।

चक्रव्यूह में फंसे सूत्रधार

यह उपन्यास के अंतर्गत उपन्यास है। इसके सूत्रधार हैं अरविंदशंकर—हिंदी के एक प्रख्यात, पुरस्कार सम्मानित शीर्ष कोटि के लेखक। नागरजी ने अरविंद शंकर की षष्ठिपूर्ति के समारोह के अवसर पर भारत की राष्ट्रभाषा के सर्वश्रेष्ठ लेखक के पारिवारिक, सामाजिक और राजनैतिक परिवेश के भीतर चल रही दुर्गति और आंतरिक व्यथा और विषाद को उसी की वाणी में अंकित कर भारतीय भाषा की स्थिति, गति और नीति के प्रति झकझोरने वाले तथ्य प्रस्तुत किए हैं। अरविंदशंकर बाह्यत: सम्मानित हैं, परंतु उनकी षष्ठिपूर्ति के समारोह का आयोजन एक राजनीतिक चाल है और विशुद्ध साहित्यिक अभिरुचि का वह परिणाम नहीं है, यह बात अरविंदशंकर को सालती रहती है। इस आयोजन में

सम्मिलित होने के लिए उन्हें उनके आई०ए०एस० परीक्षा में सफलता चाहने वाले लाड़ले बेटे उमेश ने भी आग्रह किया है और उनकी सहधर्म-चारिणी माया ने भी। अरविंद शंकर को अपनी सिद्धांतवादिता को कुछ ताक पर ही रखकर इस समारोह में एक प्रमुख मोहरा बनना पड़ता है और आज के विषम जीवन की एक दर्दनाक सच्चाई पर प्रकाश पड़ता है। सजग और दृढ़ संकल्पशील व्यक्ति भी आज माया-मोह में लिप्त होकर अपनी स्वतंत्रता को सुरक्षित नहीं रख सकता। अरविंद शंकर की मानसिक पीड़ा को बेबाक रूप में प्रस्तुत कर नागरजी ने कतिपय सामाजिक, सांस्कृतिक, राजनैतिक एवं नैतिक स्थितियों की असलियत खोल दी है। भारतीय भाषाओं में सर्वाधिक रूप में बोली और समझी जाने वाली भाषा के इस अच्छे लेखक की षष्ठिपूर्ति के दिन सुबह प्रकाशक के पुत्र का धमकी भरा पत्र आ जाता है कि पेशगी रकम लेकर भी उपन्यास लिख देने का आश्वासन अरविंद शंकर ने पूरा नहीं किया है। अकादमी पुरस्कार में मिले पांच हजार रुपयों में साढ़े तीन हजार पुराना कर्ज पाटने में चले गए और पांच सौ घर-भर के कपड़े-लत्ते, गृहस्थी की आवश्यक वस्तुएं खरीदने में चुक गए। उसे अब अनुवाद का काम लेकर गृहस्थी चलानी पड़ेगी। अभावों में पले उसके महत्त्वाकांक्षी बेटे समाज में सम्मानित अपने पिता से नाराज हैं, क्योंकि वे हिंदी जैसी पिछड़ी भाषा के लेखक हैं और उनके लेखक होने के परिणामस्वरूप उन्हें पग-पग पर अपनी आकांक्षाओं और अपेक्षाओं को दबाना पड़ता है। बड़ा बेटा अपने शालीन ढंग से धार्मिक पुराणपंथी रीति-रिवाजों को दृढ़ता से अपना कर पिता के प्रति विद्रोह कर रहा है। मंझौला लड़का भवानीशंकर पिता के परामर्श की अवमानना कर अंतर्जातीय विवाह कर लेता है, परंतु अपना कैरियर बिगाड़ लेता है। हिंदी लेखक का यह पुत्र अंग्रेजी का भक्त है और विवाह के कुछ ही वर्षों के उपरांत दो बच्चों को जन्म देकर अपनी पत्नी को बच्चों समेत उसके मायके बूढ़े मध्यवर्गीय पिता के सिर पर भार बनाकर छोड़ आता है। अरविंद शंकर इस दुःख को पके फोड़े की तरह मन में पाल रहे हैं, क्योंकि ससुर के रूप में भवानी के बच्चों और उसकी पत्नी की नैतिक जिम्मेदारी वे खुद उठाना चाहते हैं, परतु आर्थिक अड़चनों के कारण उनकी पत्नी उन्हें यह करने नहीं दे रही है। न वे अपनी पत्नी को दोषी टहरा सकते हैं। जीवन-भर निर्द्वंद्व रहने वाले व्यक्ति को बुढ़ापे में एक मिथ्या अपराध-भावना से, बंधा रहना पड़ता है।

लेखक का छोटा लड़का अनेक गुणों से युक्त होते हुए भी पिता के विपरीत चल रहा है—संबंध बढ़ाने, बनाए रखने और बड़े-बड़ों की चापलूसी करके वह सत्ता और स्थिर जीवन के लिए सरकारी यंत्रणा का पुर्जा बनना चाहता है। लड़की राजरोग के चपेट से मरते-मरते मुश्किल से बचाई गई है। स्थिति का करुणतम संकेत है : 'अड़सठ-उनहत्तर हद सत्तर की आयु पाने तक मैं शर्तिया

इन सब सांसारिक चिंताओं से मुक्त हो जाऊंगा। तब फिर हम तुम हनीमून मनाने निकलेंगे।'

अभिमन्यु ? नहीं, भीष्म !!

अरविंद शंकर की आर्थिक परिस्थितियां निश्चय ही दम तोड़ने वाली हैं और हमारे सांस्कृतिक जीवन को गति एवं शक्ति देने वाले लेखक की यह अवस्था निश्चय ही हमारी सामाजिक-आर्थिक व्यवस्था के प्रति और झूठी तथा गलत जीवन विषयक मूल्य सारणी के प्रति गुस्सा पैदा करती है। अरविंद शंकर की नैतिक मूल्यों के संदर्भ में खींचा-तानी और दृढ़ता के बावजूद जीवन में समझौते करते रहने की बाध्यता को लेकर होने वाली वेदना ठसकती रहती है। अरविंद शंकर स्त्री-पुरुष संबंध को लेकर पर्याप्त उदार हैं और वह स्वयं भी दूध के धोए नहीं हैं। पुरानी नैतिक कठोर दृष्टि काल-वाह्य हो चुकी है। फिर भी आज बढ़ते स्वेच्छाचार से वे काफी चिंतित हैं, क्योंकि उनके द्वारा लिखे गए उपन्यास में लाल वहीदन के प्रसंग में नायक रमेश वासनातृप्ति की असंयत व्यभिचार लीला के परिणामस्वरूप उत्पन्न होने वाली संतान की भयानक परिणति देखकर बार-बार घृणा व्यक्त करता है। लेखक के मन में छिपी नैतिकता रमेश में संक्रांत हो जाती है। वहीदन के साथ रद्धूसिंह को रखकर और उनके विरोध में रद्धूसिंह की तरुण, परंतु चारित्रिक दृष्टि से उज्ज्वल व्यक्तित्ववान सुमित्रो को रखकर उसकी प्रभा में रद्धूसिंह-वहीदन संबंधों की कलंक गाथा को अधिक ठोस, जुगुप्सामय और घृणित रूप में प्रस्तुत किया है और पाठकों पर नैतिक मूल्यों के प्रति सजग होकर चिंतन करने की जिम्मेदारी रखी है। कुल मिलाकर लेखक अरविंद शंकर वासना पर नियंत्रण रखने का, अति वैयक्तिकता को सामाजिक जिम्मेदारी के पक्ष में संयत करने का समर्थक है। नैतिकता के प्रति उनकी जागरूकता ने ही उनमें आत्मसम्मान का ऊंचा भाव एक सीमा तक अक्षुण्ण रखा है क्योंकि स्वातंत्र्योत्तर काल में अपने जेल-मित्रों को राष्ट्रभक्ति की सेवाओं को भुनाते देखकर भी अरविंद शंकर स्वयं सत्ता के पास नहीं जाते; परंतु लेखक अरविंद शंकर में आत्मपरीक्षण का साहस है और वह अपने को बचाकर रखना नहीं चाहता, न अपनी दुर्बलताओं का गलत समर्थन भी करना चाहता है। वह यह स्वीकार करता है कि वह यह चाहता था कि उसके दोस्त उसे स्वयं बुलाकर राजनीतिक पद प्रदान करें। यह नहीं हो पाता। लेखक ने यह दिखाया तो नहीं है—दिखाता तो अधिक प्रभावपूर्ण होता—कि अरविंद शंकर जैसा सरल एवं सच्चा व्यक्ति राजनीति के क्षेत्र में आज अवांछित एवं अनुपयोगी बन गया है। इससे उपन्यास को एक और आयाम मिलकर रचना अधिक पुष्ट बनती—आंतरिक रूप में, वाह्य कलेवर के रूप में नहीं। परंतु सजग पाठक यह अनुमान

कर ही सकता है। परिणामतः लेखक अरविंद शंकर अपनी शक्तियों को साहित्य-सर्जन में लगा देता है। यह स्पष्ट नहीं हो पाता कि सर्जनात्मक कार्य करने की अंतःप्रेरणा ने अरविंद शंकर को राजनीति के क्षेत्र से बचाया कि उसके अहं ने। पाठक को लगता है—दूसरे पक्ष ने ही। अरविंद शंकर की एक कमज़ोरी यहां उजागर हो जाती है। अरविंद शंकर के मन में राजनीति के प्रति जो घोर घृणा और विद्रोह का भाव पैदा हुआ है, उसका यह मूल उद्‌गम उसके प्रति श्रद्धान्वित नहीं करता। नागरजी अरविंद शंकर के प्रति तटस्थ लगते हैं। लेखक अरविंद शंकर कहता है—अंधेरे और उजाले का कोई एक-दूसरे से निरपेक्ष विभाजन नहीं किया जा सकता। आदमी के निर्णय पूर्णतः अनैतिक, पूर्णतः नैतिक, पूर्णतः स्वार्थी या पूर्णतः स्वार्थ निरपेक्ष नहीं होते। अरविंद शंकर के प्रति पाठक सहानुभूतिशील होता है, क्योंकि अपनी मानसिकता को व्यक्त करते समय वह कोई नैतिक पूर्वाग्रह या आत्म समर्थन का कवच लेकर नहीं आता; परंतु कुछ निराश भी होता है कि अपनी अपूर्णता, दुर्बलता और अनिश्चयता को स्वीकार करने के बावजूद उसके मन में परस्पर विरोधी विचारों, भावों एवं संवेदनों का जो अंतर्मंथित करनेवाला तनाव और फलस्वरूप तीव्रता उत्पन्न होनी चाहिए, वह नहीं होती। साहित्यकार को उजाले-अंधेरे के सम्मेलन का, दुर्बलता और त्रुटिपूर्णता का बौद्धिक स्वीकार नहीं करना चाहिए, उसकी मानसिक परिणति जिस विरोधपूर्ण तंतुओं के घालमेल में होती है, अनुभूति की जटिल बुनावट में होती है, उसे भी प्रत्यक्षवत् करना चाहिए। यहीं पर अरविंद शंकर के व्यक्तित्व का विघटन प्रकट हो जाता है। अरविंद शंकर को नागरजी ने प्रायः सच्चे रूप में ही सामने रखा है। साठ वर्ष पूरे कर चुकने के बावजूद अभी ईश्वर, भाग्य, जन्म-पुनर्जन्म, पाप-पुण्य, नैतिक-अनैतिक आदि बातों की तह में पहुंचकर निष्कर्षों तक आने का झूठा दंभ नहीं भरते। "मेरा एक दुर्भाग्य यह भी है कि भाग्य, पुनर्जन्म, धर्म, दर्शन आदि विषयों पर कभी गंभीरतापूर्वक सोच ही नहीं पाया।" यद्यपि यह वस्तुसत्य की स्वीकृति है और झूठी विनम्रता भी नहीं है, अतः पाठक को पसंद भी आता है। आधुनिकता की आज की शब्दबहुल चर्चा के बीच यह आत्मस्वीकृति अधिक सुखद भी लगती है, परंतु साहित्यकार से इससे अधिक कुछ अपेक्षित है। इन विषयों पर गंभीरतापूर्वक सोचने के बाद भी निष्कर्षों तक आना सरल या संभवनीय है—यह भी नहीं कहा जा सकता। अंततोगत्वा एक दृष्टिकोण (एटीट्यूड) बन जाता है—इतना ही। क्योंकि दोनों ओर से प्रबल तर्क एवं युक्तियां दी जाती हैं। उपन्यासकार से यह अपेक्षा भी नहीं है, परंतु दूसरी अपेक्षा उपन्यासकार से रखी जाती है। वह यह कि उपन्यासकार इन प्रश्नों से बौद्धिक नहीं—अधिक आभ्यंतरिक स्तर पर जूझ रहा है कि नहीं, यह महत्त्वपूर्ण है। इस आभ्यंतरिक संघर्ष के परिणामस्वरूप उड़नेवाली चिंतन और भावना की

चित्रात्मक चिनगारियां पाठक को चमत्कृत करें और उसमें भी आत्मसंघर्ष की आग भड़काएं। लेखक अपने पात्रों को ऐसी घटनाओं, प्रसंगों या परिस्थितियों के बीच से गुजारे कि उपरोक्त प्रश्नों का तीव्र दाहक उबाल पाठक के प्रति संप्रेषित हो। इस संदर्भ में पक्षरहित दृष्टि, अनिर्णय की मानसिक स्थिति संभवतः सर्जनशील साहित्य का भला ही करेगी, क्योंकि लेखक के मानसिक उद्वेलन की संभावना वहां अधिक रहेगी। इन प्रश्नों के उत्तर पाने की तीव्र तृष्णा ही साहित्यकार का सही क्षेत्र है। खेद की बात है कि स्वयं अरविंद शंकर इन स्थितियों का सामना क्षीण और विरल रूप में ही करते हैं। जहां करते हैं, वहां वर्णनात्मकता का आश्रय लेते हैं। अरविंद शंकर की क्षीण जागरूक जिज्ञासा का स्थूल परिचय मात्र मिलता है—रसदीप्त स्थितियां नहीं मिलतीं। परिणामतः अरविंद शंकर के उपन्यास में ऐसा कोई पात्र नहीं है, जो इन प्रश्नों से जूझता हो और लेखक का यह आश्वासन कि उपन्यास में बौद्धिक वर्ग का लेखा-जोखा है, निर्बल-सा लगता है। वस्तुतः जिन जवानों के द्वारा यह लेखा-जोखा प्रस्तुत किया है, वह वर्ग अपनी रोजमर्रा की जिंदगी को कम असह्य बनाने के लिए ही इतनी मेहनत और समझौते करने को बाध्य है कि इन प्रश्नों से जूझने के लिए उसके पास फुर्सत नहीं है। डा० आत्माराम, मि० खन्ना, ये व्यक्तित्व अपने राजनैतिक या अंतर्राष्ट्रीय मामलों में ऐसे उलझे हुए हैं कि भारत के हिंदी पाठकों के लिए उनके जीवंत चित्रात्मक दर्शन ही दुर्लभ हैं—अरविंद शंकर के वर्णनों के माध्यम से वे जितने आते हों सामने, उसी पर संतोष करना पड़ता है। यह तर्क दिया जा सकता है कि संभवतः अरविंद शंकर डाक्टर आत्माराम की आध्यात्मिक छटपटाहट न दिखाकर ही व्यंजित करना चाहते हैं कि भारतीय बौद्धिक ही अधूरेपन का जीवन जी रहा है, परंतु यह तो दूर की कौड़ी हुई। महात्मा गांधी ने सूरदास द्वारा राधा की विरह पीड़ा का वर्णन न किए जाने का बड़ा मनोरंजक समाधान प्रस्तुत किया है। उनकी युक्ति यह थी कि सूरदास ने गोपियों का विरह वर्णन तो किया, परंतु राधा की पीड़ा इतनी अवर्णनीय है कि शब्दों में न लाकर मौन से ही उसकी अथाह गहराई का सूरदास ने संकेत किया है। यह श्रद्धाशील भाष्य बहुत अच्छा है, परंतु इससे सभी मूक व्यक्ति दुनिया के जबर्दस्त ज्ञानी मान लिए जाने की संभावना है। फुर्सत का तर्क भी विश्वसनीय नहीं लगता। क्योंकि दोस्तोवस्की के विपन्न पात्र भी आध्यात्मिक पीड़ा से छटपटाते दिखाए गए हैं। जीवन विषयक दर्शन की गहरी परख या खोज व्यक्ति की स्वाभाविक और सहज प्रवृति होती है, उसके लिए फुर्सत की अलग से आवश्यकता नहीं। अतः यही मानना पड़ेगा कि अरविंद शंकर का उपन्यास 'व्यक्ति और समाज का सप्त आयामी दर्पण' ठोस प्रतिच्छाया नहीं देता। अरविंद शंकर अपने तीनों पुत्रों के प्रति कमोबेश रूप में असंतुष्ट ही है, क्योंकि बड़कू पिता के विपरीत स्थितिप्रिय व्यवहारिक, अत्यधिक धार्मिक और

ज़िंदगी को सतह पर जीनेवाला है, कनिष्ठ पुत्र उमेश अनेक अच्छाइयोंके बावजूद पद-प्रतिष्ठा और अर्थार्जन के लिए समझौते करनेवाला कैरिआरिस्ट है। उसकी नितांत भौतिकता एवं सुखवादी प्रवृत्ति अरविंद शंकर को बेधती रहती है, परंतु अरविंद शंकर की गहरी वेदना भवानी शंकर को लेकर है, क्योंकि अंतर्जातीय प्रेम विवाह करने के बावजूद उसने अपनी जिम्मेदारी ही त्याग नहीं दी, वह किसी प्राध्यापिका गुप्ता का रखैल बन गया है—शिश्नजीवी हो गया है। अरविंद शंकर की आंतरिक नीति विषयक परंपरागतता यहां प्रकट होती है और कुछ अनुदारता भी। अरविंद शंकर ने अपने बेटे के कैरियर बिगड़ जाने की व्यथा को निश्चय ही सशक्त रूप में वाणी दी है, परंतु अपनी परंपरागत नैतिक कर्मठता की कठोर परीक्षा नहीं की है। भवानी की अपनी पत्नी से नहीं पट रही है तो अरविंद शंकर का यह विचार कि भवानी की ज्यादती है, कुछ अपर्याप्त-सा लगता है। इस दिशा में अरविंद शंकर पाठकों को नहीं ले गए हैं, क्योंकि वे खुद नहीं जाना चाहते थे। फिर मिस गुप्ता और भवानी के बीच के संबंधों को एक प्रतिभाशाली ख्याति प्राप्त लेखक ने दूर से देखा मात्र है—परखा नहीं है, समझने का भी प्रयत्न नहीं किया है। भवानी को शिश्नजीवी कहनेमें अरविंदशंकर का गुस्सा और परंपरागत नैतिक मानों का अंतर्मन पर पड़ा हुआ प्रभाव तो उजागर होता है, परंतु अरविंद-शंकर का मानसद्रष्टा, लेखकीय व्यक्तित्व निश्चय ही लांछित होता है। युवा पीढ़ी के साथ कदम रखने का बाना रखनेवाले अरविंदशंकर को परंपराएं निश्चय ही पीछे खींचती रहती हैं। अपने उपन्यास में नौजवानों की आशाओं-आकांक्षाओं और कुंठाओं को चित्रित करने का उद्देश्य रखनेवाले अरविंदशंकर जो सहानुभूति लच्छू को दे सके, गैहाबानों को दे सके, वह अपने बेटे को नहीं दे पाए। समर्थन दिया जा सकता है कि उपन्यासांतर्गत पात्रों के प्रति सहानुभूति 'प्रतिभा के दिव्य क्षणों का परिणाम है, परंतु असलियत यह है कि लेखक अरविंद शंकर अपने मन की परंपरागत नैतिक जकड़न को शिथिल कर उसके परे नहीं जा पाए। अरविंद-शंकर को भी इसका एहसास नन्हीं के मुसलमान द्वारा गर्भवती बनाए जाने पर होता है। पत्नी माया के कारण विपत्ति अवश्य टल गई, परंतु वहां अरविंद शंकर के मन में रूढ़ियों के कसाव में आबद्ध मन और प्रगतिशील विवेक के संघर्ष का और आत्मग्लानि का जो आत्मरस द्रवित होना चाहिए था, वह नहीं होता। नहीं लगता कि अरविंद शंकर को स्थितियों ने भीतर तक झिझोड़ा है। नन्हीं के राज-रोग की बात ससुरालवालों से छिपाए न रखने का निश्चय करनेवाले अरविंद शंकर इस प्रसंग के बाद इस निर्णय पर आते हैं, "अब मुझे नन्हीं के हाथ पीले कर ही देने होंगे। चार-पांच हज़ार रुपया उसके लिए चाहिए!"

अरविंद शंकर ने बचपन में टोपी न पहनने का विद्रोह किया था और उसको लेकर एक मनोरंजक किस्सा भी उन्होंने सुनाया है। लगता है अनजाने इस घटना

के निमित्त से लेकर नागरजी ने अरविंदशंकर के विद्रोह का रूप तो प्रतीकित नहीं किया है ? उग्र सम्मोहक समुद्र में महामत्स्य के साथ संघर्ष करनेवाला बूढ़ा मछेरा अरविंदशंकर का आदर्श—ध्रुवतारे की भांति ही आदर्श परंतु दूरस्थ प्रतीत होता है। "इस समय भी मेरे दो जीवनाधार तो हैं ही, एक तो धुर बचपन में मुझे ढकेल-ढकेलकर अपने साथ दौड़ा ले चलने वाला मेरा अनन्य साथी बछेड़ा और दूसरा वह औपन्यासिक नायक मछेरा।" अरविंदशंकर का यह उद्धरण उद्धृत करने के बाद धर्मवीर भारती अपनी समीक्षा में टिप्पणी देते हैं, "अरविंदशंकर के लिए इनमें से पहला ही बिम्ब अधिक सहज और सत्य है।" यह बात बहुत ही ही दूर तक अरविंदशंकर पर प्रकार डालती है।

अरविंदशंकर नैतिक सामाजिक समस्याओं के प्रति एक सीमा तक सजग लेखक हैं जो अपने पारिवारिक जीवन में विष ज्यादा पा रहा है, अमृत कम; परंतु अपने विष को पचाकर पाठकों को अमृत देना चाहता है—साहित्य सर्जन के रूप में। इस विष के लिए उसकी परिस्थितियां विशेष रूप में जिम्मेदार हैं और उसका विवेकशील मन भी। फिर भी वह व्यावहारिक और समन्वयवादी व्यक्ति है। अपनी पारिवारिक जिम्मेदारियों को पूर्णतया उठाना चाहता है। बीच-बीच में जीवन के निरर्थक होने की, अपनी सैंतीस-अड़तीस छोटी-बड़ी किताबें लिखने का श्रम बेकार होने की, देश-प्रेम, मानवता, सत्य, न्याय और ईमानदारी की बातें निस्सार प्रतीत होने की, मानसिक अवस्थाएं उसमें उत्पन्न होती रहती हैं। परंतु इस उदासी को, थकान और मुर्दनी को वह कर्मरत व्यक्ति उस हेमिंग्वे के जुझारू मछुआरे को सामने रखकर फेंक देता है, अपने काम में लग जाता है—सर्जन के कार्य में। वही तो जीवन की सार्थकता का एहसास करानेवाली अनुभूति है।

रचना-प्रक्रिया और लेखक का व्यक्तित्व

उपन्यासकार अरविंदशंकर के व्यक्तित्व एवं उसके परिवेश का विशेष विवेचन इसलिए आवश्यक था कि उसके उपन्यास से उसका बड़ा संबंध है। अरविंदशंकर प्रतिभा का धनी अवश्य है परंतु उसके उपन्यास के स्वरूप एवं प्रेरणा को समझने के लिए उसकी प्रतिभा की जाति एवं गुणवत्ता की परख भी आवश्यक है। वस्तुतः उपन्यास की परख करते समय लेखक के दयनीय जहरीले परिवेश को देखना उतना आवश्यक नहीं है जितना कि उसके लेखनतर व्यक्तित्व को। अज्ञेय ने एक संदर्भ में लिखा है, 'पारखी मोती की परख करता है, गोताखोर के असफल प्रयत्नों की नहीं।' अतः अरविंदशंकर के उपन्यासों की गुणवत्ता का मूल्यांकन करते समय जिन विकट परिस्थितियों से अरविंदशंकर या उस रूप में हिन्दी का लेखक सामान्यतः गुजरता है, उनका उपयोग उपन्यास विषयक समझ बढ़ाने

के लिए और उससे भी अधिक उपन्यासों की कमजोरियों का उत्स खोजने के लिए हो सकता है।

अरविंदशंकर उपन्यास लिखने के लिए आर्थिक कारणों से बाध्य है और उसके कारण निश्चय ही उपन्यास का कलेवर बढ़ाने के लिए अनावश्यक अध्याय भी जुड़ते चलते हैं। अपने नगण्य पात्रों की पीढ़ियों का इतिहास देना, बूटासिंह डाकू को पकड़ने के लिए, जिसका कथ्य से कोई संबंध नहीं है, पन्ने के पन्ने खर्च करना तथा शापवाली कथा का क्षेपक, सहदेई विवाह कथा इत्यादि कतिपय बातें सार्थक ढंग से कथ्य से नहीं जुड़तीं। अरविंद शंकर के सामने उपन्यास का कोई धुंधला प्रारूप भी नहीं होता। यद्यपि इससे एक लाभ यह होता है कि लेखन चौखटे में बद्ध होने से बच जाता है और उसमें सर्जनकार को पर्याप्त स्वतंत्रता मिलती है, रचना में सर्जन की ताज़गी-उत्तेजकता और तरल जीवंतता उत्पन्न होती है। फिर भी बृहत् संदर्भपूर्ण कथा के विन्यास के लिए अगर लेखक स्फूर्ति की अनियमितता, उत्तेजना की प्रतीक्षा और अन्तर्मन की प्रबलता पर निर्भर रहकर लेखन को एक आटोमैटिक (स्वचालित) प्रक्रिया बना देता है तो रचना कलात्मक अनुशासन से विहीन, गठन के सौष्ठव से एवं बौद्धिक नियंत्रण से शिथिल बन जाने की संभावना होती है। यहां कलाकार के लिए एक धोखा भी है। जब से थैकरे ने कहा कि पात्र उसकी अंगुली पकड़कर उसे घसीट ले जाते हैं तब से अनेक लेखकों को पात्र अपने साथ घसीटने लगे। परंतु कभी-कभी यह अनुशासन-विहीनता की छूट या एक मुद्रा-भर बन रह जाता है। अरविंदशंकर बार-बार अपने लेखन को स्वचालित मानकर चलता हैं, प्रतिभा को वह ईश्वरी या प्राकृतिक देन मात्र समझ लेता है और उसके वशीभूत होने की दुहाई देता है। यह सब विश्वसनीय नहीं प्रतीत होता। यह नहीं कि आर्थिक उद्देश्य को सामने रखकर लिखी गई रचना के कारण ऐसा कहा जा रहा है। बल्कि अरविंदशंकर के मानसिक गठन को ध्यान में रखते हुए कहा जा रहा है। अरविंदशंकर में निश्चय ही एक मध्यवर्गीय नैतिकता का भार है, उसमें सामाजिकता के मूल्यों के प्रति आंतरिक समर्पित वृत्ति है, अपनी वैयक्तिक सुख-दुःख की वांछा को अवरुद्ध नहीं संयत करने की प्रवृत्ति है। ऐसे व्यक्तित्व प्राय: बहिर्मुखी होते हैं। ऊपर अरविंद शंकर की मानसिकता के जो संकेत किए गए हैं, उनसे यही बात प्रमाणित हो जाती है। स्वचालित लेखन के लिए मुझे लगता है अत्यंत अन्तर्मुख व्यक्तित्व की अपेक्षा होती है। हिन्दी में वह जैनेद्र कुमार को मिला है—इलाचंद्र जोशी को भी नहीं।

प्रतिभा की प्रकृति : सपाट वर्णन का मोह

अरविंदशंकर के व्यक्तित्व के साथ उसकी प्रतिभा की विशिष्ट प्रकृति की पहचान की जाए तो उपरोक्त बात पर प्रकाश पड़ सकता है। अरविंदशंकर को

उपन्यास लेखन की प्रेरणा कैसे मिलती है ? (हमें यह मान कर चलना होगा कि अरविंदशंकर ने इसको ईमानदारी से प्रस्तुत किया है।) अरविंदशंकर जीवन के किसी भावोद्वेलित करने वाले प्रसंग से, किसी विलक्षण व्यक्तित्ववान व्यक्ति की वेदना से अथवा किसी समस्या से गहरे स्तर पर उद्वेलित होकर उसको अपने ही अन्तर्जगत् में स्पष्ट रूप से देखने की व्याकुलता से अथवा अनुत्तरित प्रश्नों की खोज में छटपटाते हुए प्रेरणा लेकर उपन्यास लेखन में प्रवृत्त नहीं होते। प्रायः अरविंदशंकर की प्रतिभा वर्णनात्मक या विवरणात्मक शैली को अपनाकर चलती है। अपने उपन्यास का प्रारंभ ही वे बारात के दृश्य से करते हैं। इसमें संदेह नहीं कि चित्रात्मक मूर्त्त वर्णन करने में अथवा वर्णन को नाट्यात्मकता से जीवंत बना देने में, वर्णन की बारीकियों से उसे रोचक बनाने की कला में नागर जी की कलम का लोहा मानना ही पड़ता है। परंतु इसमें संदेह नहीं कि इस उपन्यास को अरविंदशंकर ने जिस ढंग से लिखा है, उसके कारण दुबारा पढ़ते समय वर्णन छोड़ दिए जा सकते हैं और किसी उपन्यासकार के लिए यह अच्छी बात नहीं समझी जाएगी। अरविंदशंकर की प्रतिभा की इस प्रकृति को अनेक प्रकार से समझा जा सकता है। उपन्यास के प्रारंभ में बारात वर्णन काण्ड विवाह होने पर उपन्यास रुक जाता है। दूसरा भाग शुरू करने के पहले अरविंदशंकर लिखते हैं—"एकाएक इच्छा हुई कि चौराहे पर जाकर लड़कों और उनके अभिभावकों के चेहरे देखने चाहिए। मन में विचार उठा कि दृश्य की और बातों की ताज़गी से मेरे उपन्यास का नया परिच्छेद अनुप्रेरित हो जाएगा।" फिर परीक्षाफल वर्णन से उपन्यास शुरू होता है। इस रमेश-रानी प्रेम काण्ड के बीच में ही अन्तर्कथा के रूप में बूटासिंह डाकू काण्ड के विस्तृत वर्णन में लेखक रस लेने लगता है जिसका उपन्यास की स्थिति एवं गति से विशेष संबंध नहीं है। फिर बीच में कीर्तन वर्णन का क्षेपक है। रामगंज स्टेशन वर्णन तथा सारसलेक का वर्णन करने का अवसर लेखक नहीं छोड़ता। फिर गाड़ी अटक जाती है। कल्पना शक्ति जमकर काम करने से इन्कार कर देती हे तो गोमती की बाढ़ लेखक को वर्णन का नया अवसर देती है। उपन्यास का बाढ़-वर्णन गतिशील होता है और तरुण छात्रसंघ कांड का जमकर वर्णन शुरू होता है। इसी में लेखक को लालसाहब और वहीदन मिल जाते हैं। सचमुच उपन्यास डर्बी के घोड़े की तरह दौड़ा है—उसे बस लक्ष्यपूर्ति का भान है, पहुंचना है। इधर-उधर देखने-सोचने की जैसे कोई आवश्यकता ही नहीं है। बाढ़ के बाद लेखक अरविंदशंकर छात्रों के विद्रोह की खबरें पढ़ते हैं तो इस विद्रोह का वर्णन उपन्यास में करने का एक अच्छा अवसर फिर से प्राप्त होता है। उपन्यास में तरुण छात्र संघ बनाम लाल रूपचंद का संघर्ष दिखाया गया है। इसमें अनशन और सत्याग्रह का भी एक रूप हैं और छैलू के माध्यम से आगजनी की घटनाएं भी वर्णित की गई हैं। यहां भी छैलू के विशिष्ट विद्रोह भरे मन की पृष्ठ-

भूमि के रूप में उसके पिता के समलैंगिक आचरण का चित्रण है ही। लेकिन यह इतिहास के रूप में अधिक आ गया है—मनोविश्लेषणात्मक तीखेपन के रूप में नहीं। उधर लच्छू को रूस भिजावाकर रूस वर्णन का अवसर लेखक ने निकाल लिया है। वस्तुत: लच्छू को रूस भिजवाने के पीछे एकमात्र अरविदशंकर का उद्देश्य रूस के जीवन की कुछ झांकी देने का है। रूस के युवा जीवन का वहां जो विकास हो रहा है, उसकी तुलना भारतीय युवा जीवन से करते हुए संभवत: समाजवाद के प्रति अपना रुझान व्यक्त करने का उद्देश्य अरविंदशंकर का हो सकता है, अन्यथा इस वर्णन की भी कोई उपन्यास के लिए विशेष सार्थकता नहीं थी। कुछ अंशों तक उपन्यास की काया पुष्ट होने के बाद सोलहवें अध्याय में हम देखते हैं कि लेखक को 'जबलपुर के हिंदू-मुसलमान दंगे ने आंतरिक पीड़ा पहुंचाई' और एक ओर हिन्दू-मुसमान संबंधों पर लेखक चिंतन करने लगता है तो दूसरी ओर इस घटना से मिलती-जुलती परिस्थितियां बनाकर और घटनाएं निर्मित कर लेखक ने उपन्यास को आगे बढ़ाया है। वैयक्तिक वासना की परि-तृप्ति के बीच एक चालू किस्म की लड़की की हत्या रईसों के पुत्रों द्वारा होती है और उस हत्या को पचाने के लिए रईस पिता पानी की तरह रुपया बहाकर हिन्दू-मुसलमान दंगे का रूप उसपर चढ़ाते हैं। इस घृणित सामाजिक सत्य का उद्‌घाटन किया गया है। फिर लच्छू को नौजवान भारत के प्रतीक के रूप में चित्रित करना चाहती हैं। यहां लच्छू की कोई अपनी व्यथा वेदना नहीं है। रमेश, लच्छू डा० आत्माराम सब जैसे लेखक के दिमाग में उभरने वाले चित्रों में साधन के रूप में आते-जाते रहते हैं, अत: लेखक का यह दावा कि पात्र उसे अपनी गति से चालित करते रहते हैं, अविश्वसनीय लगता है। लेखक बाहरी घटनाओं से प्रभा-वित होता है, उनसे उसके दिमाग में कुछ चित्र उभरते हैं और उन चित्रों में अपने उपन्यास के लिए वह सामग्री देखता है। वर्णन की कला में माहिर होने के कारण ये चित्र निश्चय ही जीवंत, मूर्त्त, और रोचक बनते हैं, परंतु लगता है हम चित्र शाला में चलचित्र देख रहे हैं—दृश्य देखते जा रहे हैं। व्यक्ति की मनोव्यथा, व्यक्ति का वैयक्तिक मानसचित्र, सफल-असफल संघर्ष, फिर वह सामाजिक हो, नीतिगत हो या धार्मिक-राजनीतिक हो, यहां रागात्मक स्तर पर कम चढ़ता है।

लेखक की प्रतिभा की प्रकृति के संबंध में जो निष्कर्ष हम दे रहे हैं, उसका एक अन्य महत्वपूर्ण प्रमाण है अरविंदशंकर का अपने पात्रों की दो-चार पीढ़ियों का इतिहास देने का मोह। अरविंदशंकर अपनी चार पीढ़ियों का इतिहास दे ही देते हैं, अपने उपन्यासान्तर्गत पात्रों की पीढ़ियों का भी इतिहास देते हैं। परिवार का विशद् वर्णन करने के प्रति भी मोह कम जोरदार नहीं है। रानीबाला का इतिहास, परिवार वर्णन शैलू और लच्छू का इतिहास, डा० आत्माराम का इति-

ह्रास, लाल साहब का परिवार वर्णन, हाजी नवीब बख्श और हाजी साहब का परिवार, चोइथराम, सहदेई आदि का परिवार वर्णन। यह कहना कठिन है कि इस इतिहास वर्णन में लेखक मूल्यगत परिवर्तन का संकेत करता जाता है अथवा अनुवांशिक तथ्यों की ओर ध्यान आकर्षित करना चाहता है या विभिन्न परिवारों के वर्णनों से समाज की विविधतापूर्ण झांकी प्रस्तुत करना चाहता है। इन परिवारों के तथा उनकी पीढ़ियों के संबंध में अधिक विश्लेषण किया जाय तो उपरोक्त संकेतों में से कोई संकेत यहां लक्षित नहीं होता।

ऐसे उपन्यास पढ़ते समय एक खतरा यह होता है कि इस दूसरी बार पढ़ते समय ऐसे भारस्वरूप वर्णन आसानी से छोड़ दे सकते हैं और उससे मूल अभिप्राय या कथ्य को पकड़ने में कोई गलती नहीं होती। क्योंकि ऐसे वर्णनपरक प्रसंगों में व्यंजना की विच्छिति, उत्कट रागात्मकता, चिरंतन अथवा स्थायी भावधारा का रमणीय आस्वादन, कला की सूक्ष्म सूझबूझ का प्रत्यय प्राय: कम मिलता है। सी० एस० लेविस ने एक जगह पर कलाकृति की श्रेष्ठता की चर्चा करते हुए लिखा है कि कोई रचना हम कितनी बार पढ़ते हैं और उसे हृदयंगम करते समय हम अपनी समस्त रसास्वादन की शक्तियां लगाकर अपने को कितना समर्पित करते हैं—अपने को दे देते हैं, ये दो कसौटियां महत्वपूर्ण हो जाती हैं। 'अमृत और विष' के संबंध में इस दृष्टि से निराश ही करता है।

शिव-धनुष उठाने की आकांक्षा

अरविंदशंकर के व्यक्तित्व का, प्रतिभा की विशिष्ट प्रकृति का, परिणाम न केवल संरचना पर पड़ा है, पात्रों की परिकल्पना, प्रसंगों का निर्माण एवं कथ्य पर भी जबर्दस्त रूप में पड़ा है। नागरजी ने इसमें अरविंद शंकर जैसे हिंदी के लेखक की अस्तित्वगत समस्याओं के भीतर से उसके उपन्यास लेखन की प्रक्रिया को मूर्त्त करने का प्रयत्न किया है और हिंदी में निश्चय ही यह पहली बार हुआ है। एक सफल लेखक की रचना-प्रक्रिया को अपनी प्रत्यक्षता में प्रस्तुत करने का यह प्रयास निश्चय ही महत्त्वाकांक्षी भी है। इस 'रचना प्रक्रिया' पर अरविंदशंकर के व्यक्तित्व का प्रभाव अटल है। अन्तवर्ती उपन्यास के सूत्र बहिर्मुख व्यक्तित्व के बाह्य परिस्थितियों के अवलोकन के अधीनस्थ हैं। इससे उत्पन्न दरारों का स्पष्टीकरण पीछे किया जा चुका है। लेखन प्रक्रिया के बारे में यह कहा जा चुका है कि लेखन को वाह्य जीवन में घटित घटनाओं से प्रेरणा मिलती है और उन घटनाओं में वर्णन करने की संभावना की तलाश उसकी विशिष्ट प्रतिभा करती है। बहिर्जीवन में घटित घटना अनजान में लेखक के अन्तर्मन पर प्रभाव डालती है परंतु ये स्थितियां अरविंद शंकर में कम हैं और जो है वे उतनी विश्वसनीय नहीं हैं। क्योंकि अंतर्मन कैमरे की भांति अनजान में अंकित करता जाए, ऐसा तरल कल्पना से ओत-

प्रोत एवं लचीला मन अरविंदशंकर का नहीं है, वह तो व्यावहारिक, दृढ़ संकल्प शक्ति पर भरोसा रखने वाला, बाह्य जीवन में विशेष ध्यान देने वाला व्यक्तित्व है—नगेंद्रजी ने प्रेमचंद के व्यक्तित्व का पैना अवलोकन करते हुए लिखा था कि प्रेमचंद 'युटिलिटेरियन' या 'उपयोगितावादी' हैं। ठीक अरविंदशंकर के बारे में भी यही कहा जा सकता है। अतः उसकी सीमाएं लेखन की सीमाएं बन जाती है। फिर भी अरविंदशंकर के अन्तर्मन पर पड़े प्रभाव किसी विशिष्ट क्षण में सजग, साकार और जीवंत बनकर लिखने के लिए उकसाते रहते हैं। टी० एस० इलियट ने इसी कारण से लिखा था, "...the poet has, not a personality to express but a particular medium, which is only a medium and not a personality, in which impressions and experiences combine in peculiar and unexpected ways."

अरविंदशंकर काव्य के संबंध में लिखे इस वक्तव्य को उसमें निहित संभावनाओं के साथ कहां तक स्वीकार करेगा, पता नहीं। संभवतः नहीं करेगा, परंतु रचना-प्रक्रिया की आकस्मिकता, प्रभविष्णुता और दैवी वरदान के रूप में उसे बनाए जाने की (उसके बहाने लेखक के ऊंचे धरातल पर उठने की) दृष्टि से टी० एस० इलियट के मन्तव्य को कवियों ने ही नहीं उपन्यासकारों ने (जिन्हें अधिक स्थिर मति, चिंतनोन्मुख एवं कुछ-कुछ चेतन मन के ही व्यापार पर निर्भर होने की आवश्यकता होती है) अपना लिया है। लेकिन जेम्स जायस शायद बहुत विरल लोग हो सकते हैं। अरविंदशंकर का पृष्ट 70 पर दिया गया अंतिम पैराग्राफ उपरोक्त विवेचन के संदर्भ में ही पढ़ने पर उचित मूल्यांकन हो सकता है।

समानान्तर सृष्टियों की मिलन-भूमि

अरविंदशंकर प्लाट का चौखटा तैयार नहीं करता। लिखने के प्रति समर्पित होने के बाद प्रक्रिया के दौरान ही उसे नायिका मिल जाती है, कुछ विषय भी आकार ग्रहण करने लगता है। लेखक की पारिवारिक स्थितियां, व्यथाएं और आकांक्षाएं भी इसमें योग देती हैं। लेखक ने अपने लड़के भवानी के अन्तर्जातीय प्रेम विवाह का असफल रूप देखा है, अव्यावहारिकता को कैरियर पर तरजीह देकर उसने अपने जीवन को यौवन की उमंग दांव पर लगा दिया और हार गया। अरविंद शंकर को उसका दुःख सालता रहा। संभवतः रमेश और रानी को अन्तर्जातीय विवाह करने की सुविधा देकर तथा दोनों को नितान्त व्यावहारिक दिखाकर उनके वैवाहिक जीवन को सफलता में चित्रित कर अरविंद शंकर अपने मन की व्यथा को निकाल देना चाहता है। भवानी का कैरियर विवाह के कारण चौपट हुआ। वह एम० ए० थर्ड डिवीजन में पास कर सका। इसके

विपरीत रमेश डा० आत्माराम का सेक्रेटरी बनने का मोह रानी की व्यवहार-पटुता के बल पर त्याग देता है और एम० ए० करने के बाद खन्ना साहब के आश्रय से 'इंडिपेंडेंट' का रिपोर्टर हो जाता है (एम० ए० जिस फर्स्ट क्लास के लिए रमेश करना चाहता है, उसके बारे में अरविंदशंकर कुछ नहीं बताते)। संभवत: उनकी नायिका रानी वह कार्य करती है जो लेखक अरविंदशंकर अपनी बहू उषा से चाहते थे। कभी लेखक के द्वारा देखे गए, मन के अतल में पड़े हुए व्यक्तित्व ऊपर उठकर उपन्यास के विश्व में आने के लिए मचलते रहते हैं। जैसा कि भंगड़ पाधा पुरोहित उपन्यास में पुत्ती गुरु बन जाते हैं, लेखक की अपनी पत्नी माया के दर्शन रमेश की मां और पुत्ती गुरु की पत्नी के रूप में होते हैं, बच्चूसिंह रानी के पिता रद्धूसिंहके व्यक्तित्व के आरंभिक निर्माण में प्रेरणा बनकर आते हैं। उपन्यास को कुछ गति मिलते ही ये पात्र असली दुनिया के प्रतिरूप नहीं रहते। लेखक ने अनुभव-रसायन में अनगिनती चेहरे, घटनाएं घुल-मिलकर नवीन रूप धारण करते हैं। यह प्रक्रिया अत्यंत आंतरिक एव अवचेतन धरातल पर होती रहती है। लिखने के पहले लेखक कुछ ऊर्जा-सी अनुभव करता है और लिखने बैठता है। लिखनेके उपरान्त जब पीछे मुड़कर देखता है तब अपनी ही निर्मिति पर आश्चर्य व्यक्त करता है। देखिए—'रद्धूसिंह का चरित्र इतने आकस्मिक रूप से लिखते हुए विकसित हो गया कि अब तो खुद मुझे भी इस चरित्र के प्रति आकर्षण हो गया है। अपने जिस सहपाठी कुंअर बच्चूसिंह के ध्यान से मेरे मन में इस पात्र की कल्पना आई थी, वह अब इस चरित्र से बहुत दूर चले गए। मेरे कुंअर रद्धूसिंह अपनी रूपरेखा में अब खुद मुझे एकदम नये से लगते हैं। पर नयापन क्या ऐसा है जिसे पहले कभी नहीं देखा? ना, लगता तो नहीं।' मिसेज माथुर की आक्रामकता के मूल में लेखक के जीवन में आई हुई एक लड़की है—धन्नो। फिर सारस लेक की प्रौढ़ वासना क्रीड़ा के पीछे भी लेखक अरविंदशंकर के जीवन में कोल्हापुर में आई हुई एक सभ्रांत रति चतुर महिला का अनुभव है। युसूफ की कल्पना के पीछे अरविंदशंकर का मित्र हिदायत है। यद्यपि लेखक कहता है कि लच्छू के रूप में लेखक का एक रूप प्रतिच्छायित हुआ है, फिर भी लच्छू आर्थिक उन्नति के लिए उसी प्रकार शिश्न-जीवी दिखाया गया है जिस प्रकार अरविंदशंकर का बेटा भवानी बन गया था। अरविंदशंकर के कतिपय परिवार के सदस्य नाम और चेहरे बदलकर उपन्यास में आ गये हैं। रद्धूसिंह की पत्नी सुमित्रो में जो तेज और आत्माभिमान की भावना है, वह संभवत: लेखक अरविंदशंकर की बहू उषा का प्रतिरूप है। उषा ससुराल चली आने पर इसी अभिमान से दमकती हुई लेखक को दिखलाई पड़ी थी। लेखक का लड़का उमेश और उपन्यास का नायक रमेश दोनों में पर्याप्त समानता है—दोनों की विभिन्न परिणति के बावजूद। उधर अरविंद शंकर का

उमेश पुरी साहब के सहारे ऊपर उठना चाहता है तो इधर रमेश मिस्टर खन्ना के। व्यावहारिकता में, लोगों को पटाने में, प्रशंसा का मक्खन लगाकर काम निकालने में रमेश और रानी दोनों सिद्धहस्त हैं–उमेश की भांति। रमेश को प्राण-संकट से बचाकर अरविंदशंकर पाठकों को अमृतपान ही कराता है परंतु उसे अपने लड़के की आत्महत्या का विष पीना पड़ता है।

समझौतावादी नायक : शिवधनुष के नीचे

अरविंदशंकर का नायक रमेश भारत के उद्भावना से युक्त क्रियाशील युवकों का प्रतिनिधि है। युनिवर्सिटी का वह मेधावी छात्र है, परंतु वह बहिर्मुखी और समझौतावादी अधिक है—प्राय: मीडियाकर व्यक्तित्व का ही परिचय देता है। वह परिवार में अतिरिक्त बोझ सहन कर रहा है। पिता के कर्त्तव्य उसके कंधों पर आ गए हैं परंतु फिर भी वह पिता के प्रति अश्रद्धा और अनादर से नहीं देखता, न स्नेहहीन है। बहन के ब्याह के अवसर पर लच्छू के साथ बसन्तूमल हलवाई की भावज को पटाने में लच्छू का साथ देता ही है, उसके द्वारा दिए गए जबर्दस्त उपहारों को स्वीकार करते समय उसकी मानसिकता उसी दर्जे की दिख पड़ती है जो सामान्यत: मध्यवर्गीय गरीब परिवारवालों की होती है। कहीं भी उसे अनौचित्य, संकोच अथवा ग्लानि का भाव नहीं छूता। रानी की मदद के सिलसिले में इंडिपेडेंट के खन्ना दम्पति की मदद लेते समय रानी एवं रमेश दोनों में से किसी के आत्माभिमान पर खरोंच तक नहीं आई। जैसे-जैसे उपन्यास अग्रसर होता जाता है, वैसे-वैसे यह तथ्य अधिकाधिक चुभन उत्पन्न करता है कि रानी और रमेश दोनों के खन्ना दम्पति के प्रति व्यवहार में आंतरिक विशुद्ध श्रद्धा के स्थान पर व्यावहारिक लाभ का ही अधिक हाथ है। दोनों खन्ना दम्पत्ति की कृपा के ऐसे आदी बन जाते हैं कि स्वार्थ की डोर से हो बंधे प्रतीत होते हैं। 'रानी ही रमेश की व्यावहारिक मति, गति और मुक्ति है।' और इन दोनों को मिलकर बहनजी और खन्ना साहब का उत्तराधिकार लेना है। 'रानी कहती है, जैसे बाढ़ में जान लड़ाई थी, हिम्मत दिखाई थी, वैसा ही चमत्कार अब भी दिखला दो तो बहनजी को पटा के हम लोग भी डेलीगेशन में विदेश यात्रा करने चलेंगे। राजा बेटा रमेश अपनी रानी के अनुसार ही जान लड़ाकर समाजवाद के लिए काम कर रहा है।' यहां स्पष्ट होता है कि अरविंदशंकर के बार-बार कहने के बावजूद रमेश समाजवादी नहीं है। यद्यपि उपरोक्त वाक्य में अरविंदशंकर का रुख (एटीट्यूड) रमेश और यानी दोनों के प्रति कुल व्यंग्यात्मक ही लगता हैं, फिर भी सर्वत्र यह दृष्टिकोण स्पष्टत: अख्तियार नहीं किया गया है। परिणामत: यह अंदाज लगाना मुश्किल हो जाता है कि रमेश लेखक का प्रिय मानसपुत्र है अथवा भारतीय युवकों की आदर्शवादिता के नीचे छिपी हुई स्वार्थ की असलियत को खोलने का एक

साधन है। लच्छू के बारे में यह भ्रम नहीं रहता। एक स्थल पर लेखक कहता है: 'लच्छू भले ही समाजवादी रूस के दर्शन करने पहुंच गया हो, पर सच्चा समाजवादी रमेश ही है। असल में रमेश के समाजवादी होने के लक्षण कहीं नहीं दिखाए गए हैं। बाढ़ पीड़ितों की सहायता, इंडिपेडेंट पत्र में सनसनीखेज पत्राचार आदि बातों से उसके क्रियाशील होने का प्रमाण अवश्य मिलता है परंतु उसके राजनैतिक, आर्थिक विचारों का स्पष्ट चित्र नहीं दिखाई पड़ता। असल में नैतिक समस्याओं को लेकर रमेश का दकियानूसी दृष्टिकोण गेहाबानो के संदर्भ में अधिक स्पष्ट उजागर होता है। अरविंदशंकर अपने पात्र को किसी गहन चिंतन की उलझन की स्थितियों में नहीं डालते। वैसे अमूर्त्त चिंतन की ओर उन्मुखता न अरविंदशंकर में है—न रमेश में। प्रसंगों एवं परिस्थितियों के विकट उग्र और भंवरदार बनने के पहले ही अपने पात्रों को उनमें से अरविंदशंकर बचा ले जाते हैं। परिणामतः उपन्यास आगे जरूर बढ़ता है परंतु वह गहनता, तीव्रता, उत्तेजकता– गुणों से प्रायः असंपृक्त रह जाता है। परिस्थितियों के भीषण बनने के पहले ही कुछ राहत की सामग्री इकट्ठी होने लगती है। बारात में बसन्तूमल हलवाई की भावज देवी बनकर आती है, रूपचंद के खिलाफ संघर्ष में राजनैतिक पार्टियों के नेता ही बीच-बचाव कर जाते हैं, बाढ़ के अवसर पर भाग्य बचा ले जाता है, अन्तर्जातीय विवाह में खन्ना दम्पत्ति के आधार रूप में खड़े होने के कारण सब कठिनाइयां हवा हो जाती हैं। गेहाबानो के प्रसंगों में डूबने से पहले एक गोता-सा लगाकर रमेश किनारे पर आ जाता है, इंडिपेडेंट को जलाने के प्रसंग में खोखा मियां की डायरी भाग्यवशात् हाथ में आ ही जाती है (अतः पूरा प्रसंग हिन्दी फिल्मों की भांति लगता है)। अतः रमेश का अंतिम वाक्य 'युद्ध, हर मोर्चे पर युद्ध !'—प्रभावपूर्ण रूप से प्रतीत जगाकर आश्वस्त नहीं करता। सारांश, रमेश लेखक के मूल अभिप्राय को व्यक्त करने योग्य इमोशनल इक्विवेलेंट नहीं बन पाता।

वैसे पूरे उपन्यास में मिस्टर और मिसेज खन्ना ने आकर रमेश और रानी का, लच्छू का पूरा साथ दिया है। रानी की शिक्षा, उसकी आत्मनिर्भरता के लिए छोटी-सी नौकरी, रानी के परिवार में सौतेला भाई होने के समय पर कठिन स्थितियों में मिसेज खन्ना, बहन की सहायता, रद्धूसिंह की नौकरी इत्यादि कतिपय बातें खन्ना परिवार के वरदहस्त के कारण हो जाती हैं। पुराने उपन्यासों में यह कार्य तिलस्मों, ऐय्यारों द्वारा या भाग्यचक्र या नियति के द्वारा अथवा ईश्वरेच्छा के द्वारा सम्पन्न होता था। आज चतुर उपन्यासकार कुछ पात्रों का सहारा लेकर यह कार्य संपन्न करने लगे हैं। परिणामतः उपन्यास का यथार्थबोध फीका भले ही लगे परंतु अयथार्थता का आभास नहीं होता। फिर भी उपन्यास की जीवन सदृश्यता खत्म हो जाती है—कहानी का मोह हावी हो जाता है। सबसे

बड़ी हानि यह होती है कि उपन्यास में सरलीकरण उत्पन्न हो जाता है, जटिलता और तनाव दोनों की अनुपस्थिति उपन्यास को कुछ [आधुनिक एवं अप्रासांगिक भी बना देती है।

इस बृहत्-काय उपन्यास में वर्णन इतने आए हैं कि चरित्र का ठोस उभार कम हो पाया है। रद्धूसिंह, लच्छू, रमेश, रानी, सुमित्रा—इन पात्रों को छोड़ दें तो बाकी सारे पात्र कहानी के दौरान लिए गए हैं और छोड़ भी दिए गए हैं। रेवती रमन, लाल साहब, वहीदन, गेहाबानो, हाजी साहब किंचित् उत्सुकता जगाकर चले जाते हैं। बीच में ऐसे भी पात्र आ जाते हैं जिनका उपन्यास में संबंध और प्रयोजनीयता दूरागत ही प्रतीत होती है—शत्रुघ्नसिंह, रामगंज का स्टेशन मास्टर, सहदेई, बाबू साहब इत्यादि। कभी तो छैलू जैसे व्यक्ति कुछ चमक कर गायब हो जाते हैं। जो पात्र कुछ प्रभाव डालते हैं, वे भी ऐसे कुछ नये से नहीं लगते। उनकी विशिष्टता की छाप अंकित होती है। 'बूंद और समुद्र' में ताई अपने आपमें हिन्दी साहित्य में एक अमर चरित्र की कल्पना थी परंतु लगभग उतने ही कि 'अमृत और विष' में एक भी पात्र उसके कहीं निकट नहीं आता। 'बूंद और समुद्र' में नागरजी की कीर्ति को अमर करने वाले वैसे कतिपय पात्र हैं, इस दृष्टि से 'अमृत और विष' निराश ही करता है।

नकली समाजवादी

अरविंदशकर ने इसमें दो तबकों का चित्रण किया है—निम्न मध्य वर्ग और रईस वर्ग। निम्न मध्यवर्ग के चित्रण में नागरजी को कमाल हासिल है। निम्न मध्यवर्ग के दरिद्र परंतु मेधावी युवकों की अस्तित्व बनाए रखने की अथवा कुछ सुविधापूर्ण जीवन पाने की आकांक्षा में उन्हें कितने समझौते करने पड़ सकते हैं, इसका थोड़ा उजला रूप रमेश में है और कुछ जुगुप्सामय रूप लच्छू के माध्यम से प्रस्तुत किया गया है। लेकिन दोनों चित्र सापेक्ष हैं। लच्छू के मन में भी अपने साधनों के प्रति जुगुप्सा है, इसीलिए वह अंततः नितांत पतन से उबरता भी है। दोनों के चित्र आशाजनक या संभावना के प्रति आश्वस्त करने वाले नहीं हैं। रमेश का समाजवाद डा० आत्माराम के सहायक मिस्टर खन्ना की अविचल श्रद्धायुक्त सेवा में खत्म हो जाता है। अतः इसकी नैतिकता की जांच आवश्यक हो जाती है। डा०आत्माराम अखबारों के मालिक हैं और उनके आधार पर राष्ट्रीय ही नहीं, अन्तर्राष्ट्रीय स्तर पर भी वे काफी वजनदार व्यक्ति बन गए हैं। इससे मुख्यमंत्री तक कतराते हैं। इनके सारस लेक में ही नौकरशाही का जो घृणित रूप दिखलाया गया है, उससे तथा डा० आत्माराम की जो असंपृक्ति दिखाई गई है, उससे यह विश्वास ही नहीं होता कि डाक्टर आत्माराम सचमुच वैसे आदर्शवादी और समर्थ है, जैसाकि लेखक ने उन्हें बताना चाहा है। डा० आत्माराम अगर किसी

वर्ग के प्रतिनिधि हैं तो भारत के इनेगिने बुद्धिजीवियों के जिन की सद्भावनाएं शंकास्पद नहीं हैं परंतु जो समाज से सर्वथा कटे हुए अतः केवल बड़बोले बनकर रह गए हैं। अतः डा० आत्माराम का समाजवाद नारों से या अपनी अपराध भावना को सुलाने के लिए अपनाई गई एक मुंद्रा से भिन्न नहीं है—भले ही यह मुद्रा अनजान में अपनाई गई हो। अपराध भावना अपनी समृद्धि को लेकर। डा० आत्माराम ने जिस पैक्तृक पूंजी पर अखबारों की दुनिया खड़ी की है वह भी शोभाराम के द्वारा अर्जित है पर श्री शोभाराम बहुत अच्छे व्यक्ति नहीं दिखाए गए हैं। उनका गोरों को अपने मातहत नौकर रखकर अपनी राष्ट्रीयता की भावना को जगाए रखना, अपने ऐशो-आराम की जिंदगी का एक 'कन्फेशन' भर है। डा० आत्माराम की पूंजी का आधार पाप है और किसी भी समाजवादी को पूंजी के स्रोत की ओर देखना ही चाहिए। डा० आत्माराम की छत्रछाया में पलने वाला रईसवर्ग भारतीय उच्चस्थ नौकरशाही का प्रतिरूप अवश्य है। इन नौकरशाहों का आंतरिक भ्रष्ट-जीवन, अर्थ-प्राप्ति, अधिकार लालसा, सम्मान की आकांक्षा और वासनापूर्ति के पीछे लगे हुए इन अधिकारियों का आपसी वैमनस्य, प्रतियोगिता और एक दूसरे को उखाड़ने के दांव-पेंच और परिणामतः प्राप्त होने वाला जीवन की निस्सारता या खोखलेपन का बोध इत्यादि बातों का पर्याप्त सफल संकेत अरविंदशंकर ने किया है। रमेश इस वर्ग के बीच में नहीं है, इसीलिए वह 'लच्छू' नहीं बनता। लच्छू भी रमेश की तुलना में नैतिकता के मूल्यों को कम मानकर चलने वाला नहीं था और रमेश भी लच्छू की तरह ही दुर्बलता जो गेहाबानो के संदर्भ में स्पष्ट हो चुका है। रमेश इसीलिए निष्कलंक बच निकलता है कि उसका साथ रानी देती है, वह सारस लेक वातावरण में नहीं जाता, उसके आश्रयदाता मिस्टर खन्ना डा० आत्माराम के सहायक होते हुए भी सारसलेक से दूर हैं। परंतु यह भूल नहीं जाना चाहिए कि रमेश अंततोगत्वा डा० आत्माराम के समाजवाद (?) को ही कंधा दे रहा है।

तो क्या फिर घूम-फिरकर हम उन्हीं शब्दों की शरण में नहीं आते हैं जिनको हम दकियानूसी मानकर त्याग आये हैं—भाग्य, नियति, अंध-इतिहास, देवता आदि ? अरविंद शंकर का झुकाव भी इस ओर है और परिणामतः उपन्यास में स्थितियों की उग्रता व भयावहता से बचने का सहारा भी मिल गया है।

रमेश के सामने समाजवाद का निश्चित रूप नहीं है, उसके कार्यक्रम से नहीं लगता कि वह इस दिशा में काम कर रहा है। वह सुख-सुविधामय जीवन यापन के लिए मिस्टर खन्ना को प्रसन्न करने में ही लगा हुआ है। सनसनीखेज रिपोर्टिंग में ही अपनी समस्त क्रियाशक्ति चुका देता है। क्या अरविंद शंकर इसी रूप में उसे प्रस्तुत करना चाहते हैं ? प्रायः नहीं। क्योंकि उससे क्या सिद्ध होने वाला है ?

जमाने का रूप

अरविंदशंकर ने अपने पूर्वजों का इतिहास बताया है, परंतु क्या सचमुच उस इतिहास के द्वारा वे विक्टोरिया युग से अंग्रेज़ों के चले जाने तक का मूल्यगत, राजनैतिक, सामाजिक, आर्थिक परिवर्तनों का या विभिन्न वर्गों के उत्थान-पतन का विश्लेषण करना चाहते हैं ? राधेलाल, सदानंद, किशोरी, भवानीशंकर इन चार पीढ़ियों को लें और श्री शोभाराम, डा० आत्माराम, पुत्ती, गुरु-रमेश, रुप्पन लाला—उनके पुत्र, लाल साहब—उनके बेटे, इत्यादि पीढ़ियों को देखें तो कुछ मूल्य-विषयक चेतना के विकास एवं परिवर्तन का आलेख मिलता है, यह सिद्ध करना कठिन हैं। विभक्त परिवार के प्रति बढ़ती रुचि, हिंदू-मुसलमान समस्या का रूप, अंतर्जातीय विवाह की परिणति आदि विषय हिंदी उपन्यासों के लिए नये नहीं रह गए हैं। अरविंदशंकर के परदादा राधेलाल अर्थोपार्जन के प्रति दत्त-चित्त परंतु इसमें भी नैतिकता को मानकर चलते थे। न फकीर मुहम्मद पच्चीस हजार रुपया लेना चाहते हैं, न ये अपने पास रखना। इसी राधेलाल की पांचवीं पीढ़ी में भवानी और रमेश की स्थितियां देखी जाएं तो लगता है हमारे समाज पर अर्थदेवता की प्रतिष्ठा का और उसके लिए मूल्यहीन भागदौड़ का लेखा-जोखा अरविंदशंकर संभवतः प्रस्तुत करना चाहते हैं। परंतु यह जमाने का प्रभाव है या वैयक्तिक दृष्टिकोण का प्रभाव ? अरविंदशंकर के उपन्यास में प्रायः पिता-पुत्र तक दो पीढ़ियों का ही विवरण है। उसकी साक्ष्य विपरीत पड़ती है। पुत्ती गुरु-रमेश, रद्धूसिंह-रानी, बाबू सत्यनारायण-लच्छू, छैलू-उसके पिता इत्यादि पीढ़ियों पर दृष्टि डालें और हाजी नबीबख्श—उनके बेटे, रेवतीरमन आदि लोगों को देखें तो पीढ़ियों को लेकर अच्छी-बुरी बातें की गई हैं, ऐसा नहीं लगता। अरविंदशंकर ने पीढ़ियों का जो इतिहास दिया है, वह कथा को रोचक बनाने के लिए, उपन्यास का कलेवर बढ़ाने के लिए। यह कहना भी उतना युक्तियुक्त नहीं लगता कि मूल्यहीनता का दौर या प्रतिक्रांति स्वातंत्र्योतर काल में शुरू हो गई है। स्वातंत्र्यपूर्व युग की मूल्य विषयक जागरूकता की बात हम केवल राजनीतिक क्षेत्र को मद्देनजर रखकर करते रहते हैं। थोड़े से सक्रिय देशभक्त बुद्धिजीवियों की अपेक्षा उन बुद्धिजीवियों का वर्ग बड़ा नहीं था जिन्होंने अंग्रेजी का हर प्रकार से साथ देकर मूल्यहीनता का निम्न स्तर छू लिया था ? असल में भारतीय नौकर शाही स्वातंत्र्यपूर्व और स्वातंत्र्योत्तर काल में अपने रूप को बदल ही नहीं सकी है। पाप का मूल तो सत्ता के निकट ही कहीं होता है। असल में अरविंद शंकर, लच्छू और रमेश के माध्यम से उस युवा पीढ़ी को धन्यवाद देते नजर आते हैं जो अपनी विषम परिस्थितियों में भी मूल्यगत विवेक जागरूक रखने का प्रयास करना चाहते हैं—यह बात दूसरी है कि इनका मूल्यगत विवेक विशाल परिप्रेक्ष्य को

लेकर नहीं है। इस तरह के मूल्यों के प्रति जागरूक हर पीढ़ी में होते हैं—संख्या में कम। वस्तुतः उपन्यास के एक अत्यंत गौण पात्र के माध्यम से नागरजी ने एक बड़ी बात कहलवाई है, "मास्टर जगदंबा सहाय बोले —हां यार पंडितजी। जमाने का रंग एक-सा नहीं। न अच्छाई में, न बुराई में।"

सामर्थ्य और सीमा

'अमृत और विष, का 'बूंद और समुद्र' के संदर्भ में विचार करने पर निश्चय ही यह बृहत्काय नागरजी की कीर्ति में विशेष कुछ नहीं जोड़ता। जहां तक कथ्य का संबंध है, नागरजी ने अरविंदशंकर के माध्यम से हिंदी के अच्छे लेखक की व्यथा-वेदना का, चिंता और बोझ का जो प्रत्ययपूर्ण चित्र खींचा है, वह अवश्य मौलिक एवं महत्वपूर्ण माना जा सकता है। अरविंदशंकर का उपन्यास सौष्ठव, जीवन का जटिल प्रारूप, व्यक्ति-चित्रण, चिंतन की सशक्तता, उद्वेलित करने वाले भावात्मक प्रसंगों का सुंदर रूपायन, संघर्षपूर्ण नाट्यात्मक धटनाएं, मन का आस्वादन कराने वाले काव्यात्मक अंश इत्यादि दृष्टियों से सफलता की सुखद प्रतीति नहीं जगाता। परंतु एक लेखक की रचना प्रक्रिया पर उपन्यास विधा में पहली बार सर्जनशील साहित्य के माध्यम से प्रकाश डालने का यह प्रयत्न अवश्य ऐतिहासिक महत्त्व का मानाजा यगा।●

आधा गांव

'आधा गांव' हिन्दी के ऐसे बहुचर्चित उपन्यासों में से एक है जिसके संबंध में बहस का मुद्दा उतना साहित्यिक एवं कलात्मक नहीं रहा--साहित्य-बाह्य ही अधिक रहा। एक मुसलमान लेखक की यह रचना ऐसे कतिपय प्रश्न और संदर्भों से जूझती है जिसका हमारे सामयिक जीवन से घनिष्ठ संबंध है। साहित्यिक रचना के मूल्यांकन में इससे बाधा भी पहुंचने का खतरा रहता है। इस उपन्यास संसार में प्रतिबिंबित सामाजिक एवं राजनैतिक प्रश्नों की चर्चा अगर अधिक विस्तार में, अधिक गहराई में जाकर और सटीक हुई होती, तो भी कितना महत्वपूर्ण होता! परन्तु इसके विरोधकों ने इसकी भाषा पर, भाषा में आई हुई गालियों पर और सामान्यतः शालीन, सुसंस्कृत वर्ग के लिए वर्जित जुमलों, वाक्प्रयोगों पर अपनी समस्त दृष्टि केंद्रित की, कुछ सेक्स के वर्णनों को लेकर एतराज जाहिर किया या कभी रचनागत दुर्बोधता और उससे उत्पन्न नीरसता का ऐलान किया तो इसके समर्थकों ने शिया जीवन का महत्वपूर्ण दस्तावेज मानकर साहित्यिक उत्कृष्टता का इसे पर्याय समझा। कभी एक मुसलमान लेखक के प्रति प्रशंसा का स्वर इसलिए भी ज़्यादा बुलंद हुआ कि उसके बीच में अपने देश का हिंदुत्ववादी अहंकार कुचल जाए। यह रचना राही मासूम रजा की न होकर किसी राधाकृष्ण शर्मा की होती तो क्या इतना ध्यान पा लेती? किसी ने मासूम रजा को सीधे-सादे लोगों के अनायास सहज चित्रण के लिए सराहना दी और उनके अंकन में जो अकुंठित, अवर्जित नजरिये का निखालसपन है, उसके लिए बधाई दी। परंतु रचना के कथ्य और रूप दोनों दृष्टियों से सम्यक् विश्लेषण का प्रयास कहीं देखने में नहीं आया।

प्रेरणाएं

'आधागांव' लिखने के मूल में दो प्रेरणाएं जबर्दस्त रूप में प्रेरक रही हैं। एक प्रेरणा किसी भी रचनाकार की पहली कृति में जो प्रायः दिखाई पड़ती है—आत्मकथन की नास्ताल्जिक प्रवृत्ति 'आधा गांव' में जोरदार रूप में प्रकट हुई हैं।

गांव के नारी-पुरुषों का जिस आत्मीयता से चित्रण किया गया है, उसमें कलाकार की आत्मीयता से अधिक उन लोगों के संबंध में लेखक की भावुक आत्मीयता ही अधिक है। फुलन मियां और जवाद मियां जैसे लोगों के दोषों एवं अपराधों के बावजूद, लेखक उन्हें जो आत्मीयता दे सका है, कतिपय यौन संबंधों के प्रति खुलापन रखने के साथ-साथ जो रसात्मक दृष्टि व्यक्त हो गई है, उसका स्तर अनुभवों के वैविध्य से अभिभूत कलाकार का न होकर अपनी बचपन में देखी हुई दुनिया के प्रति अनिवार मोह का परिणाम है। कलाकार जिस वस्तुनिष्ठ निर्ममता से अपने अनुभवों को संस्कारित करता है, उनका चयन और चुनाव करता है, कलात्मक तटस्थता से उन्हें सजाता-संवारता है, जिस परिपक्व रूपचेता दृष्टि से कथ्य को रचनात्मकता प्रदान करता है, वह कलात्मक औचित्य-विवेक और सौंदर्य संपन्न दृष्टिबोध यहां परिलक्षित नहीं होता। इसके विपरीत अपनी निरीक्षित, ज्ञात, स्मृति में जीवित समूची जानकारी राही ने इसमें भरने का प्रयास का किया है। इसका कारण यह है कि इस कथ्य के प्रति उनका नास्ताल्जिक मोह उनके कलाकार पर हावी हो गया है।

दूसरी प्रेरणा अधिक मूल्यवान है। यह प्रेरणा है उस पीड़ित, बिद्ध, व्याकुल भारतीय मन की जो अपनी गंगौली की मिट्टी, संस्कृति और उत्कट मानवीयता को ध्वस्त होते देखकर कराह उठा है। वैसे ही गंगौली को कलकत्ते ने घेरा है, खींचा है, चूसा है—जैसा कि हर गांव के साथ यांत्रिकीकरण के कारण शहर ने किया है। यह भी समस्या कम महत्त्वपूर्ण नहीं है। रज़ा को इसका भान है परंतु उनके रचना-विधान का महत्त्वपूर्ण ताना-बाना यह नहीं है। प्रारंभ में ही लेखक इस स्थिति की ओर संकेत करता है कि किस तरह 'कलकत्ता की चटकलों में इस शहर के सपने सन के ताने-बाने में बुनकर दिसावर भेज दिए जाते हैं।' परंतु चूंकि राही' आधे गांव' की ही कहानी बताना चाहते हैं, संपूर्ण गांव की नहीं ; सैय्यादों की तथा उनके द्वारा उत्पन्न की गई हरामकी संतान की कथा मुख्यत: बताना चाहते हैं, इस व्यापक संदर्भ को नहीं समेटना चाहते। राही ने इस सीमा-संकोच का कारण भी दिया हैं,···मैंने पूरे गांव को नहीं चुना, बल्कि केवल गांव के उस टुकड़े को चुना, जिसे मैं अच्छी तरह जानता हूं। कथाकार के लिए यह जरूरी है कि वह उन लोगों को अच्छी तरह जानता हो जिनकी कहानी वह सुना रहा है।"यह एक बहुत बड़ा कलाकार का धर्म है कि वह अपनी जानी हुई दुनिया की ही बातें करे। परंतु यह एक सीमा भी हो सकती है अगर वह जानी हुई दुनिया कलाकार की अपनी कल्पना शक्ति का, सौंदर्य संवेदना का और अनजाने अपरिचित प्रदेशों में यात्रा करने की प्रातिभ चुनौती का अवरोध करती हो। मासूस रज़ा की पहली औपन्यासिक रचना में ऐसा हुआ है। यह निस्संदेह एक सीमा है कि 'आधे गांव' की इस कहानी में गांव से सम्बद्ध शेष आधे गांव की, जो

संभवत: दस सैय्याद घरानों से भी बड़ी हो सकती है, जिसमें राक़ी हैं, जुलाहे हैं, भर हैं, चमार हैं, जमींदारों द्वारा पीड़ित और शोषित जनता है, संभवत: कुछ हिंदू परिवार भी हैं, कहानी नहीं आपाई है, गांव से संबद्ध शहर की कथा कम आ पाई है। विशेषत: सैकड़ों पात्रों के इस जमघट में, एक-दूसरे के कंधों को छीलकर जाने वाली इस भीड़ में भी यह आधे गांव की कहानी कलाकार की सीमा का ही भान करती है। फिर भी अपनी मिट्टी, अपने लोगों, अपनी जमीन, अपनी परंपराओं को उनकी समस्त कमजोरियों को जानने के बावजूद प्यार करने वाले भारतीय मुसलमान की गहन पीड़ा एवं तीव्र कथा को जो सशक्त वाणी इसमें मिली है, वह उपन्यास को सामाजिक एवं राजनैतिक दृष्टि से न सही, मानवीय दृष्टि से ऊंचा उठाती है। राही की व्यथा है—"इधर कुछ दिनों से गंगौली में गंगौली वालों की संख्या कम होती जा रही है और सुन्नियों, शियों और हिंदुओं की संख्या बढ़ती जा रही है।" राही के उपन्यास संसार के पात्र ऐसे हैं, "यह कहानी सच पूछिए तो उन्हीं गुब्बारों की है या शायद उन बच्चों की जिनके हाथों में मरी हुई डोर का एक सिरा है और जो अपने गुब्बारों को तलाश कर रहे हैं और जिन्हें यह नहीं मालूम कि डोर टूट जाने पर उन गुब्बारों का अंजाम क्या हुआ।" राही की व्यथा यह है कि राजनीति के फांस ने गंगौली के सीधे-सादे भोले जीवों को हांपने पर ऐसा बाध्य किया कि अपने अनकिए गुनाहों के लिए उन्हें प्राणांतक सजाएं मिल गईं। राजनीति और सड़ियल धर्म-नीति की पैंतरेबाजी ने कुछ चुनिंदा व्यक्तियों को नौकरियां दिलवाई हों, मानभरा तब और रुतबा दिया हो, निरपराध लोगों के खून से सिंचित ऐशो-आराम के साधन जुटाए हों, भारत की मासूम जनता तो अनचाहे ही पाटों में पिसकर खत्म हुई।

राही का गांव और उसके लोग

'राही' अपनी गंगौली के जर्रे-जर्रे को प्यार करता है—बेहद। आज के भारतीय मुसलमान की व्यथा है कि उसकी आत्मीयता, उसके प्यार, उसकी देशभक्ति को शक की निगाह से देखा जा रहा है, उसे बाहर से आया हुआ अतएव पराया माना जाता है, इतिहास के चक्र के नीचे उसकी मानवीयता को कुचला जा रहा है। वह इस बात से भी व्यथित है कि शक की निगाह से उसे देखा जाए, ऐसी स्थितियां भी जाने या अनजाने निर्मित हो गयी हैं। राही का प्रश्न है—"मैं किसी को यह हक नहीं देता कि वह मुझसे यह कहे—राही! तुम गंगौली के नहीं हो। इसलिए गंगौली छोड़कर मिसाल के तौर पर रायबरेली चले जाओ।" राही गंगौली को वहां के लोगों को प्यार करता है। उपन्यास को पढ़ने पर पता चलता है राही गंगौली की मिट्टी की गंध में, कीचड़ और गोबर में, गाय और बैलों में, खेतों-खलिहानों में, प्राकृतिक शोभा में उतने नहीं रमते हैं जितने गंगौली के लोगों

में। उन मामूली लोगों के सुख-दुख में, खुशहाली और फिक्र में, परस्पर संबंधों के भावुकतापूर्ण ताने-बाने में राही की रुचि अधिक है। राही को इन मार तमाम लोगों में मोह इतना जबर्दस्त है कि उनकी अच्छी खासी भीड़ जुटाई है राही ने। कभी चार-छ: बार पढ़ने पर भी पता नहीं चलता कि अग्गू मियां, और अब्बू मियां एक हैं या दो व्यक्ति हैं, जरगाम जिसको थका देता है वह जैनबिया है या सरवरी, फुस्सू मियां और मंजूर मियां में ठीक क्या रिश्ता है, अब्बू मियां, लड़की सईदा का तन्नू से खास क्या रिश्ता हैं। इनके आपसी रिश्तों और संबंधों को समझने में बड़ी खटपट करनी पड़ती है और यह खटपट कोई सार्थक खटपट नहीं है। लगता है राही के अपने मन में इनके रिश्ते साफ हों परंतु कलाकार अपने पाठकों के प्रति भी जिम्मेदार होता है कि व्यर्थ का बौद्धिक कष्ट उसे न दिया जाय। राहीजी इस बात को अगर नहीं समझ सके हैं तो कलाकार के नाते वह खामी है। संबंधों की आपसी उलझन और जटिलता दूसरी चीज है। यहां तो लोगों का ऐसा गड्डमड्ड हो गया है कि 'आधे गांव' के दस सैयाद परिवारों के चित्र भी स्पष्ट नहीं हो जाते। इसका कारण यह नहीं कि राही कुछ मितव्ययता का परिचय दे रहे हैं। असल में राही अपने लोगों के चुनाव में और उनके प्रस्तुतीकरण में इतने लापरवाह हैं कि बीच-बीच में पूर्वापार संबंध के औचित्य को खूंटी पर रखकर भी किसी-किसी मामूली कथा-वस्तु की दृष्टि से अत्यधिक फालतू पात्र के पुश्तों का इतिहास देने लग जाते हैं। इसका कारण यही है कि राही अपने सभी लोगों को प्यार करते हैं और प्यार में डूबा व्यक्ति कलाकार की 'दूरी' का ख्याल नहीं रखता।

राही ने अपने मियां लोगों का जमकर वर्णन किया है और प्राय: यह समस्त वर्णन गंगौली के मोहर्रम के दिनों के संदर्भ में किया गया है। यह अवश्य एक कठिन चुनौती है। मोहर्रम के दिन खुशियों के नहीं, मातम के, रोने-धोने के दिन होते हैं परंतु उनकी सारी तैयारियां देखते हुए लगता है इनके स्वभाव में एक जबर्दस्त 'स्प्लिट' है—दरार है। इस मोहर्रम का ऐसा जबर्दस्त प्रभाव है कि "सच तो यह है कि उन दिनों सारा साल मोहर्रम के इंतजार में ही कट जाता था। ईद की खुशी अपनी जगह, मगर मोहर्रम की खुशी भी कुछ कम नहीं हुआ करती थी। बकरीद के बाद ही से मोहर्रम की तैयारी शुरू हो जाती है।" सारे लोग बूढ़े, बच्चे, स्त्रियां, मोहर्रम की मजलिसों की तैयारी में लग जाते हैं। दस दिनों की करीबन चालीस मजलिसों में भरसिए और नौहे गाना, मातम करना, रोना-कलपना वस्तुत: इतना कृत्रिम, ऊबाऊ, नीरस और झूठ है कि केवल परंपरा के भार से जबर्दस्त दबी हुई जनता ही इसे ढो सकती है। राही ने इस असंगतिपूर्ण माहौल का यथावत् वर्णन करने के लिए व्यंग्य और विनोद के हथियार का उपयोग किया है जो सब प्रकार की असंगतियों के आधार पर ही पनपता है। राही

की किस्सागोई शैली के प्रवाही भाषा के चुस्त शब्द-प्रयोग ने इस मोहर्रम की मजलिसों की अनेक विसंगतियों से परिपूर्ण अनुभव को शब्दांकित किया है। राही ने अपने लोगों के प्रति ममत्व को, लोगों के नाज-नखरों को, अंदाज़े बया को, अदाओं को इतनी बारीकी से देखा और शब्दबद्ध किया है कि समस्त विसंगतियों, ढोंग और झूठ के बावजूद ये सारे लोग बड़े ही प्यारे लगने लगते हैं।

इन सैयद घरानों के स्त्री-पुरुषों में बड़ा अभिमान है अपनी विशुद्ध सैयद नस्ल का, अपनी पाक हड्डी का। यह अभिमान तो एक समय इतना जबर्दस्त रहा कि दद्दा जैसी सुंदर गौरी सैयदन को मासूम के दोहाजू, कुरूप और काले दादा से ब्याहा गया 'अच्छी हड्डी के सिवाय शायद जिनके पास कुछ नहीं था'। इस हड्डी के व्यर्थ अभिमान ने कितनी ही सैयद लड़कियों की जिंदगी तबाह कर डाली। पुरुष-प्रधान समाज में खून को शुद्ध रखने की जिम्मेदारी सिर्फ स्त्रियों पर थी, क्योंकि प्रायः प्रत्येक मियां किसी-न-किसी जुलाहिन से, चमारिन और मेहतारिन से फंसा हुआ रहता था। इस बात को सैयदन स्त्रियों ने सहज रूप में अपनाया था— "मर्द हैं तो ताक-झांक भी करेंगे, रखनियां भी रखेंगे।" परंतु उनके लिए यह गले उतारना मुश्किल था कि मौलवी बेदार हुसैन बछनिया को ब्याहना चाहें क्योंकि "अब तक किसी सैयद ने किसी रखनी की लड़की को पयाम नहीं दिया था।" पुरुष-प्रधान जमींदारी समाज की परंपराओं ने स्त्रियों को इस कदर कुंठित कर रखा था कि उन्हें यह खलता नहीं था। सिवा अपनी खानदानी खून की अकड़ के कोई जीने का, सुखोपभोग का अधिकार नहीं है। वैसे देखा जाय तो 35-40 वर्ष पहले का यह गंगौली गांव आश्चर्यजनक रूप में पिछड़ा हुआ दिखता है जबकि हकीम साहब सैयदों में पहले व्यक्ति थे जिन्होंने रेल देखी थी और रेल खरीदने का सपना भी देखने लगे थे। आम जमींदारों की लड़कियों को यह भी नहीं पता था कि सिनेमा क्या होता है, और सिनेमा में चित्र हिलते-बोलते कैसे हैं। उनको यह भी भ्रम था कि हवाई जहाज से पाखाने में जानेवाली औरतों को लोग देखते हैं। स्थिति को यथावत् रूप में सहना और यथावतता को जो ललकारता है उसको कयामत का पूर्व लक्षण समझना गंगौली के लोगों के लिए स्वाभाविक बन गया था।

गंगौली के इस स्थिर जीवन में चहल-पहल का अवसर होता है—मोहर्रम की मजलिसों की तैयारियां। इन मजलिसों में गजब की रूढ़ि जर्जरता थी। बैठने के स्थान, नौहे पढ़नेवाले व्यक्ति तक निश्चित थे और अगर कोई नज्जन मिरासी दक्षिणी पट्टी की तरफ से सोज़खानी करेंगे तो कोई 'सैयदजादा उसका बाजू नहीं बन सकता था। उत्तर पट्टी के हुसैन मियां नज्जन मिरासी को गरीबान पकड़कर तख्ते से उतार देते हैं और अपमानित करते हैं—"तौहरदोई, मजाल हो' मई क बइठ गयो सोज़खानी करे।" किंचित् नाराज़गी और गुस्से की भावना उत्पन्न होकर

फिर खत्म हो जाती है। यहां तक कि दो सौ लाठियां रखनेवाले फुन्नन मियां भी अपनी जगह छोड़कर दूसरी जगह बैठते तो उन्हें घुड़क दिया जाता था। गंगौली के मोहर्रम में बदलाव आता तो इतना ही कि बूढ़ों के मरने पर दूसरे उनकी जगह लेते थे और बच्चे जवान बनने पर सोज़खानी करते थे। गंगौली के शांत जीवन में तूफान करनेवाली और जो दो-तीन स्थितियां थीं, उनमें एक थी दक्खिन पट्टी और उत्तर पट्टी के बीच की स्पर्धा। वैसे इस स्पर्धा का भी एक अपना वैशिष्ट्य था। उत्तर पट्टी के गुलाम हुसैन अपनी बेटी बदरुन की होने वाली ससुराल के लिए दक्खिन पट्टी के झगड़ों को भूलकर फुस्सु मियां के घर से हलवा तैयार करा लेते, फुन्नन मियां की गैरकानूनी पत्नी कुलसुम से दही-वड़े बनवा लेते और बशीर मियां की लड़की की सरवसी की काढ़ी हुई चादर भी बदरुन के नाम पर दे आते। गया अहीर के वाजिद मियां को ललकारने पर हकीम साहब बिरादरी के नाम पर उसे डांटते हैं और गया को भी मुंह की खानी पड़ती है। परंतु दक्खिन पट्टी के बड़े ताजिये की पापुलेरिटी को देखकर तथा लखनवी औरतों को बड़े ताजिये पर मातम करते देखकर उत्तर पट्टीवालों का दिमाग ऐसा फिर जाता था कि उसके कारण किए गए दांव-पेंचों में निरपराध कोमिला फांसी पर लटकता है और फौजदारी भी होती है। परंतु मज़े की बात यह कि फौजदारी के बाद भी मजलिस में दक्खिन पट्टीवाले अपनी-अपनी जगह पर हाज़िर।

गंगौली के मियां के लोग सैयद के नाम पर एक थे परंतु आपस में पट्टीदारी के साथ आपसी बैर भी कम नहीं था। फुन्नन मियां और हयाद मियां का झगड़ा, अंत तक चलता है। गंगौली के सैयादों का खून खौलता था जब जुलाहिनें, चमारिनें या हरामी संतानें सैयदिनों को ललकारती थीं। औरतों की आपसी तू-तू मैं-मैं भी कम नहीं थी जिसमें सबके चरित्रों की खरी या कल्पित कहानियों की बौछार हो जाया करती थी। परंतु झगड़े के आखिरी टुकड़े पर खिड़कियां बंद भी होती थीं तो कुछ थोड़े से समय के लिए। सैयद परिवारों की औरतों की सबसे बड़ी समस्या है उनकी लड़कियों के ब्याह की। एक-एक परिवारों में ऐसी ढेर सारी लड़कियों की खेप पैदा होती है कि ब्याह कराकर ठिकाने से लगा देने में ही सारी ज़िंदगी खत्म हो जाती है। सुगरो, कुबरा, मगफिए, सैय्यदा, सावरी, मज़रा, नजमा, फिरोजा—नाम अलग; लेकिन इतिहास एक। यही कारण है कि झगड़े होने पर एक-दूसरे की जवान लड़कियों को लेकर बदनाम किया जाता है, बददुआएं दी जाती हैं। परंतु यह सब होते हुए भी अगर तन्नू फुस्सु मियां की लड़की से ब्याह करने से इंकार करता है तो अब्बू मियां की बीबी कुलसुम भी नाराज़ होती है। अगर कोई सैयद रंडी के रूप में चमारिन मेहतारिन को रख लेता है तो बहुत बड़ी बात नहीं हो जाती परंतु अगर मिगदाद सैफुनिया से बाकायदा विवाह करता है तो बिरादरी से खारिज कर दिया जाता है। आए दिन विवाह, बाह्य संबंधों की

वारदातें गंगौली में घटती ही रहती हैं···कभी अब्बास सितारा को इस स्थिति में लाकर रख देता है कि नज्जन परिवार गंगौली छोड़ने को बाध्य हो जाता है। सिफरवा बछिनिया को भगा ले जाता है। चमारिनों और नाइनों से तो बड़े-बड़े सैयद भी फंसे हुए रहते हैं। उसमें से मिगदाद-सैफुनिया की ट्रेजेडी भी पैदा होती है। जाते-जाते तन्नू भी लतिफिए को कुछ इस तरह भोग लेता है कि लगता है सैयद परिवार के दस घरों में अनाचार का एक अड्डा-सा खुला हुआ है।

गंगौली के सैयद परिवारों का रुतबा और ठाठ धीरे-धीरे खत्म हो जाता है। असल में सैयद परिवारों का पाक हड्डी का गरूर जमींदारी पर निर्भर है। जब किसी जमींदार परिवार का मकान पुख्ता बनता है, घर के सामने दो-चार भैंसें खड़ी रहती हैं तो वहां की नईमाबी जुलाहिन का सम्मान भी बढ़ता है। परंतु धीरे-धीरे जमींदारी खत्म होने के बाद मिगदाद और फुन्नन मियां के अलावा जो जमींदारी पर नहीं, अपनी शारीरिक ताकत पर, श्रम पर निर्भर हैं; सब टूट जाते हैं। एक अजीब तनहाई का दर्द सबको घेर लेता है। जमींदारी खत्म होना, पाकिस्तान बन जाना, जवान लड़कों का अपनी बीवियों और बच्चों को बूढ़े बाप-दादा के कंधों पर छोड़कर कैरियर बनाने के लिए पाकिस्तान चला जाना, 'तनहाई' के प्रमुख कारण है। एक ओर अपनी मिट्टी न छोड़ने की तमन्ना परंतु दूसरी ओर अपनी ही मिट्टी अपने पैरों तले से खिसकती देखने के एहसास के बीच मायूस करने वाला तनाव राही ने भली-भांति चित्रित किया है। सभी मियां लोग किसी-न-किसी कारण तनहा हैं। तन्नू के चले जाने पर फुस्सु मियां का घर, सद्दन के चले जाने पर और हकीम साहब के बूढ़े कंधों पर बड़ा बोझ आ जाने के कारण हकीम साहब 'तनहा' हो गए हैं। तिस पर कम्मू ने उनकी मिट्टी अपनी होमियोपैथी की दवा से और पलीद कर दी। अपने दोनों लड़कों को खोने के कारण फुन्नन मियां 'तनहा' हैं···जवान मगफिए को तीन बच्चों के बाप से ब्याह देकर भी समस्या कम नहीं होती। जिस जवाद मियां को हड्डी नापाक होने के कारण जलील किया जाता था, उसके बेटे डा० कमलुद्दीन के दवाखाने में दो-दो सैयद बेटे नौकर बन गए। फुस्सु मियां को जमींदारी का घमंड भूलकर जूतों की दूकान खोलनी पड़ी और पाक हड्डी के अभिमानी अब्बू मियां को भी उनकी दूकान से जूतों की जोड़ियां उधार लेनी पड़ीं। कांग्रेस के राज में चमार परसुरमवां को वोट ही नहीं देना पड़ा, सम्मान देकर उसके सामने सैयदों को झुकना भी पड़ा। हकीम साहब तो परसुरमवां के बाप के कर्जदार हैं और कर्ज अदा करने के लिए समन भी मिलते रहते हैं। सैयद हुसैन अली मियां को अपनी पाक हड्डी का गरूर भूलकर जवाद के फिद्दू और जैबनिया का रिश्ता भी स्वीकार करना पड़ता है··· परंतु अब उस प्रकार की तेज लहर गंगौली में नहीं उठती। एक प्रकार से 'आधा गांव' सैयद लोगों के सर्वथा ह्रास और उतार की कहानी है। इनमें खून के नापाक हमाद

मियां और जवाद मियां ही टिकते हैं। इसका कारण निश्चय ही उनकी जमींदारी नहीं है।

'आधा गांव'—राजनैतिक रवैया

'आधा गांव' भारत के सभी अन्य गांवों की तरह थानेदार कासिमाबाद के अत्याचारों से पीड़ित रहा। युद्ध में भी अन्य भारतीय गांवों की तरह जवान भर्ती हुए, दो-चार को छोड़कर सब मारे भी गए। वैसे जब तक पाकिस्तान के नारे मजबूती से नहीं बुलंद किए जा रहे थे; गंगोली गांव के हिंदू और मुसलमान एक-दूसरे की चीजों को भले ही छूते या खाते-पीते न थे परंतु नफरत नहीं करते थे। गुलाबी जान हरनारायन प्रसादसिंह की रखैल थी परंतु वफादार थी। एक ओर फुन्नन मियां को जेल में बंद करवाने के लिए मिन्नतें मांगती थीं तो दूसरी ओर थानेदार के साथ सोने के बाद नहाकर अल्लाह मियां से माफी भी मांगती थी कि पेट की वजह से उसे एक काफिर के साथ सोना पड़ता है। सुलेमान की चमारिन रखैल झंगटिया वो भी किसी पतिव्रता से कम नहीं थी परंतु तीन-तीन बच्चों को पैदा करने के बावजूद दोनों खाने-पीने की चीज़ें छूते नहीं थे। एक-दूसरे के धर्म का ख्याल अवश्य रखते थे। हुसैन खां ने हरनारायन प्रसादसिंह को मिठाई का टोकरा भिजवाया, वह भी हिंदू हलवाई झिंगुरी के यहां से। मियां लोग दशहरे के लिए चंदा देते थे। जहीर मियां ने मठ के बाबा को पांच बीघे जमीन की माफी दे दी थी तो फुन्नन मियां ने मंदिर बनवाने के लिए जमीन भी दी थी।

परंतु पाकिस्तान के सपने अलीगढ़ विश्वविद्यालय से गंगौली में पार्सल होने लगे कि हिंदू-मुसलमानों के सदियों के हार्दिक संबंधों पर खरोचें आने लगीं। मुसलमानों के ध्यान में नहीं आया कि अचानक मुसलमानों के लिए अलग पनाह-गाह की जरूरत क्यों आ गई। गंगौली के लोगों की यह उम्मीद भी मिट्टी में मिल गई कि मुसलमानों के इस पनाहगाह में अधिक जी-जान से नमाज पढ़े जाते हों, इबादतें की जाती हों, मर्सिए और नौहे लगन से पढ़े जाते हों। हां, पाकिस्तान से भारत आनेवाला अपनी तनख्वाह हजार-बारह सौ बताता था परंतु भारत में कुछ भी नहीं आता था। फुन्नन मियां की यह समझ में नहीं आता था कि चार सौ वर्षों के पहले हिंदुओं को तकलीफ देने वाले बादशाह की करतूत की सजा आज के मुसलमानों को क्यों? उनकी यह भी समझ से परे था कि गुनाह कलकत्ता के मुसलमानों ने किया तो बारिखपुर के मुसलमानों को उसका दंड क्यों? पाकिस्तान का जहर फैलने के बावजूद बारिखपुर के मुसलमानों को बचाने के लिए ठाकुर साहब जयपालसिंह तैयार हैं तो फुन्नन भी सैयदों के खिलाफ ठाकुरों को समर्थन देकर अपनी बिरादरी से बाहर हो जाना भी स्वीकार कर लेते हैं। ये सारे वर्षों के बनाए संबंध बदल रहे थे और अपने-अपने स्थान पर हिंदू और

मुसलमान-दोनों व्यथित थे। परंतु देश का दुर्भाग्य रहा है कि पाकिस्तान का निर्माण मुसलमान सामान्य जनता का सजग निर्णय नहीं था। बल्कि धर्म के नाम पर उत्पन्न तूफान का वह परिणाम था। इस बात का साक्षी था कि इतिहास-चक्र किसी नैतिक, तार्किक, गणितीय नियमों के अनुसार नहीं चलता बल्कि वह अंध गति से परिचालित रहता है। राही ने इस स्थिति को काफी सबल रूप में अभिव्यक्त किया है। तन्नू पाकिस्तान का विरोध करता है परंतु सईदा को न भूल सकने के कारण पाकिस्तान चला जाता है। अब्बास पाकिस्तान का समर्थन करता है परंतु पाकिस्तान में नहीं जाता। फुन्नन मियां के दामाद और सद्दन तीन-तीन बच्चों का भार बूढ़ों पर छोड़कर पाकिस्तान चले जाते हैं। कांग्रेस जमींदारी तोड़ देगी क्योंकि ज्यादातर जमींदार मुसलमान हैं, इस नारे ने अपना काम किया। पाकिस्तान बनने के माहौल को मद्देनजर रखा जाए तो महसूस होता है कि यह एक दु:स्वप्न था जो खरा उतर आया। तन्नू ने कहा था—"नफरत और खौफ़ की बुनियाद पर बननेवाली कोई चीज़ मुबारक नहीं हो सकती। पाकिस्तान बन जाने के बाद भी गंगौली यहीं हिंदुस्तान में रहेगा और गंगौली फिर भी गंगौली है।"—नफ़रत और भय की फसल भारत में रहनेवालों को काटनी पड़ी।

मासूम रज़ा मियां ने भारतीय मुसलमानों की व्यथा और गाथा को बहुत ही प्रभावपूर्ण ढंग से प्रस्तुत किया है। वैसे हिंदू और मुसलमानों की दिली हमदर्दी के कतिपय जज़बाती चित्र हिंदी उपन्यास में आ चुके हैं। यद्यपि मासूम रज़ा मियां के चित्र में कथ्य की दृष्टि से कोई नवीनता नहीं है, फिर भी जिस सहानुभूति की प्रखर आंच से यह सारा लेखन किया गया है, उसके कारण उपन्यास को शक्ति अवश्य मिली है।

लोगों की भीड़ में तनेदार पेड़

वैसे 'आधा गांव' की भीड़ में मियां लोगों को अलग-अलग करना बड़ा मुश्किल हो जाता है। फिर भी शायद किसी भी अच्छी रचना की शर्त है कि उसमें जब तक कुछ मानवीय व्यक्तित्व अपने सुख-दु:खों और हर्ष-खेद के अनुभवों के साथ प्रस्तुत नहीं किए जाते तब तक उसमें हार्दिकता उत्पन्न नहीं होती, न अपेक्षित ऊंचाई पैदा हो सकती है। यद्यपि यह युग 'नायक' के ह्रास का है फिर भी उसको 'व्यक्तित्व' के ह्रास का पर्याय समझना संभवत: बड़ी भूल होगी। कुछ लेखक नायक के ह्रास को ही व्यक्तित्व का ह्रास समझ बैठे हैं जिसकी वजह से साहित्यिक संसार की क्षति हुई है। जैक लंडन की कुत्तों और भेड़ियों को केंद्र मानकर लिखी हुई पुस्तक को हम एक से अधिक बार पढ़ते हैं तो निश्चय ही उसकी अति सूक्ष्म निरीक्षण क्षमता से प्रभावित होकर नहीं, बल्कि प्राणियों को दिए गए मानव

सदृश व्यक्तित्व के कारण अथवा मानवीय संवेगों के कारण। आंचलिक रचनाओं में भी उभरे हुए व्यक्तित्व हमारी साहित्यिक सहानुभूति के भागी हो जाते हैं। आधा गांव के कुछ व्यक्तित्व निस्संदेह पृथकता एवं अप्रतिमता के नज़रिये से वैशिष्ट्यपूर्ण हो गए हैं।

फुन्नन मियां का व्यक्तित्व गंगौली के विशिष्ट माहौल का, मिट्टी और परिवेश का अवश्यंभावी परिणाम है। यद्यपि वह भी एक छोटा जमींदार है, फिर भी वह उसकी शक्ति नहीं है; उसकी शक्ति है उसके दो-ढाई सौ लठैत। मुसलमान रूढ़ियों और परंपराओं का, पारिवारिक एवं बिरादरी के रीति-रिवाजों का आदर वह करता है परंतु उसके व्यक्तित्व के भीतरी मर्म-स्थान को दंश करनेवाली किसी भी चीज़ को वह नहीं सह सकता। भीतर से जो भी कुछ अतर्क्य रूप में उभर आता है, उसकी पूर्ति के लिए फुन्नन मियां प्राणों का संकट मोल लेने से बाज़ नहीं आते। इसीलिए दूसरे की ब्याही कुलसुम को भीतरी प्राणशक्ति से चाहा तो उसे उड़ा ले आए और विवाहित नारी के रूप में निष्ठा के साथ रखा। आस-पास के तमाम लोग जब चमारिनों, मेहतरानियों, जुलाहिनों से उलझते थे, फुन्नन मियां अजस्र शक्ति के बावजूद कुलसुम के प्रति समर्पित रहते हैं। बुढ़ापे में अनेक ठोकरें खाने के बाद भी यह प्रेम अविचल रहता है—वे कुलसुम को एक बार फिर से भगा ले जाना चाहते हैं। फुन्नन मियां पैसे के मामले में साफ नहीं हैं परंतु उनके व्यक्तित्व में मित्रता के प्रति समर्पण है। इस एक मूल्य के सामने उनकी धार्मिकता एवं लाभ-हानि का विचार महत्त्वपूर्ण नहीं रहता। इसीलिए वे सैयदों के खिलाफ ठाकुरों की मदद करते हैं। उनमें अपनी जाति का अभिमान है और उसको लेकर जुलाहों को वे ललकारते भी हैं। फुन्नन मियां के व्यक्तित्व को उत्कर्ष देनेवाले दो प्रसंग हैं—एक, जबकि उनकी पुत्री मृत्यु के अवसर पर हकीम साहब के पास वे गिड़गिड़ाने नहीं जाते और अपने दो-चार हिंदू-मुसलमान मित्रों के साथ रुक्कये की लाश फूंक आते हैं। उसी समय मासूम रज़ा ने एक बहुत ही कलात्मक रेखा का उपयोग कर चित्र में विलक्षण जीवंतता उत्पन्न की है। वैसे यह पूरा प्रसंग अपनी सूक्ष्म परंतु अंत में एक बांकी रेखा के कारण चित्र सशक्त, प्राणवान हो गया है : "फुन्नन मियां जब गंगौली में दाखिल हुए तो बदरुन की पालकी जा रही थी। आगे-आगे एक खड़खड़िया में मुईनुद्दीन था। उसकी लकड़ी की टांग खुली हुई एक तरफ रखी हुई थी। फुन्नन मियां ने जाती हुई बारात के लिए रास्ता छोड़ दिया।"

फुन्नन मियां के फक्कड़पन का चित्रण तो लेखक ने बार-बार किया है। ठाकुर कुंवरपालसिंह के साथ फुन्नन मियां की लाठियों से लड़ाई हुई। उस समय का तथा उसके बाद का वर्णन दोनों के व्यक्तित्वों को प्रकर्ष देता है। फुन्नन मियां थानेदार कासिमाबाद से सतत् संघर्ष और खासकर हरनारायन, प्रसादसिंह

से उनकी टकराहट, गुलाबी जान, चंदाबाई और अशसफुल्ला खान के लौंडे के साथ फुन्नन मियां का अक्खड़ व्यवहार, अपने अभिमान पर चोट होने पर हर धोखे को झेलना, अपने लड़के के स्थान पर क्षमा न मांगकर लंबी जेल की सज़ा भुगतना, ये उनके व्यक्तित्व की विशेषताएं उनके स्वतंत्र सबल व्यक्तित्व को अप्रतिम रूप में मूर्त्त करती हैं। फुन्नन मियां का अंत भी लेखक ने बड़ी कलात्मक सूझ-बूझ से दिखाया है। बाहर से तना हुआ और बहिर्मुखी दिखनेवाला यह व्यक्तित्व भीतर से मुलायाम है, जिसकी झांकी शहीद लोगों में अपने लड़के का ऐलान करते समय हो जाती है। धीरे-धीरे यह व्यक्ति बिखर जाता है। मानसिक संतुलन खोने की अंतिम सीमा-रेखा को पार करने के पहले ही चुपके से हमले का शिकार होकर मर जाता है।

फुन्नन मियां और मिगदाद में बहुत समानता है। दोनों अपनी शारीरिक क्षमता में आश्वस्त हैं। दोनों बहुत ही मुंहफट, अक्खड़ और निडर हैं। दोनों अपनी भीतरी आत्मा को किसी भी बात से अधिक महत्त्व देते हैं। और दोनों अपनी प्रेयसियों के प्रति वफादार और विलक्षण रूप में आकर्षित हैं। फुन्नन मियां को टाट से बाहर कर दिया जाता है तो मिगदाद को भी। मिगदाद भी टूट जाता है--सैफुनिया उसके बाप की बेटी है यह रहस्य जानकर। मिगदाद सैफुनिया की आसक्ति को धीरे-धीरे गंभीर प्रेम के रूप में लेखक ने क्रमशः परिवर्तित कर दिया है। "उन दोनों को यह तो मालूम नहीं था कि इश्क का दस्तूर क्या है। उन्हें यह भी नहीं मालूम था कि मोहब्बत करनेवाले बात नहीं किया करते हैं। उन्हें तो सिर्फ यह मालूम था कि उनका रिश्ता बदन से ज्यादा मजबूत है।" प्रेमी और पति का रूप तथा उसका पिता का रूप—तीनों रूप सम्मोहक हैं। मिगदाद को पता चलता है कि सैफुनिया हम्माद की ही बेटी है और उसकी बहन हो जाती है; यह पूरा प्रसंग अत्यंत कलात्मकता से अंकित किया गया है। यहां भी रज़ा ने एक फ्लैश दिखाया है।—"सैफुनिया हमारी कोई होय। बाकी नक्को हमरी बेटी है। सुन रहें न आप लोग, नक्को हमारी बेटी है।"—फिर सब को धमकाकर कि यह बात सैफुनिया को कोई न बताए, वह वहां से चल देता है। उसके बाद सैफुनिया मिगदाद के बदले हुए संबंध भी बड़ी सूक्ष्मता के साथ उरेहे गए हैं।

हकीम साहब गंगौली के मियां लोगों की तहजीब के प्रतिनिधि हैं। सैयद खून का अभिमान, स्वार्थ और सेवा का अजीब घुलामिला रूप, पट्टीदारी की भावना, लड़के की जवानी के और समृद्धि के सपने, प्रत्यक्ष में बुढ़ापे में नाती-नवासियों के बोझ के बीच दबकर भी लड़के को साफ-साफ लिखने के संकोच के पीछे छिपा हुआ खानदानी अभिमान; ये सारी विशेषताएं हकीम साहब के व्यक्तित्व को पुष्ट करती हैं। हकीम साहब बदलते जमाने में टूट जाते हैं। जमींदारी का खात्मा, सद्दन का पाकिस्तान में चले जाना, उसकी तीन संतानों, बहू

और बेटियों का बोझ, सुखरमवां चमार का कर्जा और उसके सम्मन, उनकी हकीमी को कमलुद्दीन द्वारा दिया गया चैलेंज—इन सबने हकीम साहब को 'तनहा' बनाकर तोड़ दिया। हकीम साहब का यह अंत भी बड़ा कलापूर्ण है। सबसे बड़ा दुख उनकी ही बेटी का डाक्टर कमलुद्दीन के यहां से सफेद गोलियां ले आना और उससे भी बड़ा नियति का दांव यह कि खुद हकीम साहब का बीमारी में होमियोपैथी की गोलियां खाने के लिए मजबूर हो जाना। धीरे-धीरे यह व्यक्तित्व भी अंदर से कुतर-कुतर कर छूंछा हो जाता है और टूट जाता है।

गंगौली के ये तीनों सबल व्यक्तित्व अंततोगत्वा अरअरा कर गिर जाते हैं। 'आधा गांव' इनके टूटन से यह आभास देता है कि यह गांव ही उजड़ रहा है। इस गांव की शक्ति, चेतना, चहल-पहल नष्ट होती जा रही है और गांव वीरान होता जा रहा है।

रोचकता के नुस्खे

मासूम रज़ा मियां के इस उपन्यास पर अरोचक एवं नीरस होने का आरोप किया गया है। वस्तुतः रोचकता एवं नीरसता भी एक सापेक्ष चीज़ है और किसी के लिए दोस्तोवस्की के उपन्यास भी नीरस हो सकते हैं तो कोई गुलशन नंदा के उपन्यास के पचास पृष्ठ बड़ी ऊब महसूस करते हुए पढ़ सकेगा। अतः मासूम रज़ा का उपन्यास अगर नीरस है तो कहां तक इसकी चर्चा करनी होगी। मासूम रज़ा के उपन्यास में ऊब पैदा करनेवाली बातें अवश्य हैं। संरचना के प्रति एकदम उदासीनता, पात्रों की बेतरतीब भीड़, जानकारी को कला के स्तर पर चढ़ाने से पहले ही ठूंस देने का मोह, अनावश्यक प्रसंगों का तारतम्य के विचार से विहीन समावेश। इसके बावजूद आधा गांव अच्छा उपन्यास बन सका है तो मासूम रज़ा के कुछ जानदार प्रसंगों, सशक्त व्यक्तित्वों और वर्णन की विशिष्ट प्रणाली के कारण। रज़ा की शैली बतकहिया शैली है और उसमें व्यंग्य, विनोद, वक्रता का पर्याप्त उपयोग किया गया है। भोजपुरी, उर्दू की प्राकृतिक चित्रवत्ता और मिठास, पिछड़े हुए अंचल के लोगों की बोलचाल, विचार, रहन-सहन और संवादों में प्रतीत होनेवाली गज़ब की स्वच्छंदता, उनके भोलेपन में छिपी हुई बेवकूफी की सीमा को छूनेवाली सादगी, चुलबुलापन, अनागरिकता और खुरदरापन ये चीज़ें इस उपन्यास को रोचक बनाती हैं। रज़ा ने उपन्यास को आकर्षक बनाए रखने के लिए एक खास नुस्खे का प्रयोग किया है—स्त्री-पुरुष संबंधों का प्रचुर उपयोग। यह सही है कि यह चित्रण ताजगी और आदिमता के कारण पाठक का मन बहुत ही आकर्षित करता है। परंतु लगता है कि मासूम रज़ा ने ऐसे प्रसंगों के वैविध्य और अर्थवत्ता का बहुत विचार न करते हुए इस प्रकार इस्तेमाल किया है कि वे उपन्यास को जानबूझकर अतिरिक्त नमकीन बनाने का प्रयास कर रहे हैं। फिर

भी कुछ प्रसंगों के कारण उपन्यास पुनः पुनः वाचनीय बन जाता है। अब्बास और सितारा के बीच का यौवन के द्वार पर का शारीरिक आकर्षण, जो अंत में सितारा के परिवार को गंगौली छोड़ जाने को बाध्य करता है, अत्यंत स्वाभाविक और मनुष्य की आदिम गंध से प्रतीतिपूर्ण हो गया है। फुन्नन मियां के पहले दर्शन का गुलाबीजान की भावना के माध्यम ने किया हुआ वर्णन काफी रोचक है। मौलवी बेदार हुसैन का बछिनिया को पयाम भेजना और सैयदिनों का सत्याग्रह, सिफरवा-बछिनिया का भाग जाना; इस हास्यपूर्ण प्रसंग की परिणति झंगटिया बो की आत्महत्या में और सुलेमान की आत्महत्या में दिखाकर राही ने मनुष्य की मूल्यवान निष्ठाओं का भी परिचय दिया है। फुन्नन मियां और ठाकुर कुंवरपालसिंह के संघर्ष का प्रसंग भी पुराने ज़माने के निर्भीक वीरों का स्मरण दिलाता है। तन्नू के छः वर्षों के उपरांत गंगौली लौटने के बाद की तमाम मन:स्थितियां, व्यवहार एवं आचरण नास्ताल्जिक मनोवस्था का अंकन अत्यंत सूक्ष्मता एवं उत्कटता में अनुपम हो गया है। इस प्रकार का दूसरा वर्णन संभवतः हिंदी साहित्य में नहीं है। असल में चूंकि यह पूरी दृष्टि समूचे उपन्यास की केंद्रीय प्रेरणा है; यह अंश बहुत ही प्रभावपूर्ण बन गया है। फुन्नन मियां का अपनी बेटी की लाश को दफना देने के लिए बाध्य हो जाना उनके अभिमान को मूर्त्त करता हुआ बिरादरी की अमानवीयता पर भी चौड़ा प्रकाश डालता है। मिगदाद सैफुनिया के प्रेम की प्रारंभिक दशा को लेकर उसकी अंतिम परिणति तक की क्रमिक स्थिति मन को खींच लेती है। हकीम बेदार हुसैन की 'तनहाई' का चित्र भी समग्र एवं प्रभावपूर्ण हो गया है।

संरचना की दरारें

अपनी बात को नुकीली और तेज बनाकर किस्सागोई शैली में प्रस्तुत करने की मासूम रज़ा की कला अगर विज्ञ पाठक को भी पूर्णतया संतुष्ट नहीं करती तो उसका प्रमुख कारण संरचना के प्रति उनकी लापरवाही है।

मासूम रजा अपने 'आधा गांव' के बारे में बहुत कुछ जानते हैं और यह जानकारी, यह ज्ञान, तजुर्बा उन पर इस कदर हावी हो जाता है कि उनका कलाकार दब जाता है और परिणामतः न औचित्य का ख्याल रखा जाता है, न अनुपात का। 'मेरा गांव, मेरे लोग' में मासूम भाई साहब के साथ भाग रहा है। अम्मी पीछा करती है। मासूम वहां प्रसंग को तोड़कर सैयद घरानों के वैवाहिक संबंधों की जानकारी देने में तथा अपने लोगों का ब्यौरेवार वर्णन देने में इस प्रकार व्यस्त हो जाते हैं कि नज़मुल मियां, दमड़ी बो जैसे पात्र भी आ जाते हैं जिनका उपन्यास के कथ्य से कोई संबंध नहीं है। फिर उसको याद आनेवाली घटनाओं का वर्णन शुरू होता है, फिर लारी के गंगौली आने के बाद का वर्णन है, रब्बन

बी और झंगटिया बो की आपबीतियों का जिक्र है, मजलिसों का बयान है। हम मान लेते हैं कि चूंकि मासूम रज़ा विशिष्ट लोगों एवं घटना-प्रधान कथा का चित्रांकन नहीं करना चाहते हैं, इन बातों का आना 'आधा गांव' के रूप के लिए आवश्यक है। परंतु वर्णन में क्रम नहीं है और विशिष्ट अनुपात भी नहीं है। संपूर्ण उपन्यास में यह तारतम्य नहीं है। क्रम को अगर तोड़ा-मरोड़ा गया है तो उसकी भी अपनी अनिवार्यता या प्रयोजन होना चाहिए। वह यहां नहीं दिखता। हम यह आग्रह नहीं करते कि कार्य-कारण भाव से औपन्यासिक घटनाओं को या कहें कथावस्तु के हिस्सों को, जीवन के पहलुओं को नियोजित किया जाए। विभिन्न औपन्यासिक हिस्सों में कार्य-कारण के अतिरिक्त स्मृत्यात्मक, साहचर्यात्मक, भावनात्मक या सौंदर्यात्मक किसी भी प्रकार के संबंध हो सकते हैं। नवचिंतन के संदर्भ में 'अब्सर्डीटी' को व्यंजित करनेवाले संबंध भी हो सकते हैं; परंतु राही को कम-से-कम इस रचना में इसका भान नहीं दिखाई पड़ता। जिस बेतरतीबी से सारी घटनाएं आई हैं, उनके कारण उद्देश्यात्मक, वस्तुदर्शनात्मक या सौंदर्यात्मक दृष्टिकोण से कुछ शक्ति उत्पंन्न हुई हो ऐसा नहीं है। 'उद्गम' प्रकरण में झंगटिया बो के अकेलेपन से प्रारंभ किया गया है, फिर पूरी कथा नज्जन परिवार के उखड़ जाने की है। अब नज्जन परिवार की कथा का गंगौली की कहानी में कितना महत्त्वपूर्ण भाग है ? 'उद्गम' में इस सारे प्रकरण की बलपूर्वक उद्घाटना से कौन-सा उद्देश्य सिद्ध होता है ? यही रचना-गत शिथिलता 'मियां लोग' में भी है। हकीम साहब की ख्वाहिशों का वर्णन है और 85 पृष्ठ पर वाक्य है—"उनकी झोली में एक छोटी-सी ख्वाहिश थी।" यहां से बड़ा ताजिया और इमाम चौक के बीच के संघर्ष को लेकर मियां लोगों की पट्टीदारी का वर्णन है। राही यह बताने की आवश्यकता नहीं समझते कि हकीम साहब की झोली में तीसरी छोटी ख्वाहिश कौन-सी है—पूरा वर्णन पढ़ने के बाद कड़ी जुड़ जाती है।

राही प्रसंगों को विश्वसनीय बनाने में पूरी सतर्कता नहीं बरतते। इमाम चौक और बड़े ताजिये के बीच के संघर्ष का परिणाम कोमिला को फांसी की सज़ा होने में होता है। राही की निरपराध कोमिला को फांसी दिलवाने की घटना को विश्वसनीय बनाने की सारी कोशिश व्यर्थ हो जाती है। क्या थानेदार कासिमाबाद ही सर्वेसर्वा है जो एक निरपराध व्यक्ति को फांसी पर लटका सकता है ? न्याय तंत्र इतना शिथिल हुआ है ? वकील, जज आदि सब थानेदार के हाथ में हैं ? उसी प्रकार गोवरधन के सपनों को विश्वसनीय नहीं बनाया गया है। लाखों रुपयों के व्यापार का ख्याली पुलाव खानेवाला व्यक्ति अपने आसपास के सभी लोगों को बेवकूफ बनाए और थानेदार कासिमाबाद भी ऐसा बेवकूफ हो कि गोबरधन के व्यापारिक सपनों को सही मानकर चले।—यह तो बयानेबाजी का शौक रखनेवालों की कल्पना का अतिरेक है। यही 'गोबरधन' थाने पर हमला

करनेवालों में सबसे आगे है। हो सकता है ऐसा पात्र राही ने देखा भी हो परंतु जिस प्रकार से यह सब चित्रित हुआ है, उससे विश्वास नहीं होता। उसी तरह गांव की सभी स्त्रियों को सैफुनिया की जन्म कहानी मालूम है और वह अंत तक केवल मिगदाद और सैफुनिया के लिए अज्ञात रहती है, यह भी घटना को रोचक और नाट्यात्मक बनाने के लिए ढूंढ़ा हुआ नकली नुस्खा है। खासकर जिस गांव के लोग मुंहफट हैं, एक-दूसरे की सही और गलत, खरी और खोटी वारदातों का जाहिरातौर पर उल्लेख करते रहते हैं, कोई चीज़ छिपाकर नहीं रख सकते। ऐसे गांव में एक खास नाट्यात्मक प्रसंग की चरम सीमा के रूप में फुन्नन चाचा हम्माद मियां का बदला लेने के लिए रहस्योद्घाटन करते हैं—यहां 'आधा गांव' बना-बनाया उपन्यास लगने लगता है। यह दूसरी बात है कि पूर्वापार संबंधों को छोड़ दिया जाए तो यह प्रसंग मार्मिक बन गया है, विशेषतः मिगदाद की सारी मानसिकता का ठोस रूपांकन।

प्रसंगों के नियोजन में भी कच्चेपन का सबूत बहुत बार मिलता है—एक उदाहरण पर्याप्त है। 'गाथा' में हम्माद मियां को वाज़िद मियां और हकीम साहब डांटते-फटकारते हैं, तब घर में बैठे हुए हम्माद मियां बाहर आ जाते हैं। उनके साथ मिगदाद भी। बाद की घटना का वर्णन करना छोड़कर राही मिगदाद का नाम आने पर उसकी पूरी कथा बताने लगते हैं। मिगदाद-सैफुनिया के प्रेम-संबंध (यह अपने आप में रोचक है अवश्य) की कहानी जो शुरू होती है, वह उनके विवाह के निश्चय पर खत्म होती है।

प्रकरण का नामकरण करते समय भी राही विशेष जागरूकता का परिचय नहीं देते। 'प्यास' में तन्नू के गंगौली में पुनरागमन की कथा है—बड़ी सशक्त। उसके नास्ताल्ज़िया को—'प्यास' नाम सार्थक लग सकता है। सईदा-तन्नू के संबंधों के लिए भी वह ठीक है। परंतु उसमें पाकिस्तान की बात आने पर कथा का स्वर बिखर जाता है, तारतम्य खत्म होता है। इसी में मिगदाद के टूटने की कथा आई है जिसका 'प्यास' से कैसे संबंध जोड़ा जाए?

राही के उपन्यास के रचना-विधान के प्रति शिकायत करते समय हमारे मन में रचना की किसी प्रकार की विशेष परिपाटी का आग्रह नहीं है, किसी विशिष्ट विधान के प्रति आग्रह नहीं है। रचनागत कथ्य के अपने नियम होते हैं; स्वतंत्र, स्वयंभू—हम यह मानते हैं। परंतु किसी भी औपन्यासिक आशय की कला का स्तर प्रदान करने के लिए जो रचनागत प्राथमिक नियमों का पालन आवश्यक है, उनकी ओर से लापरवाही राही दिखाते हैं—परिणामतः रचना शिथिल, सौष्ठव-हीन, बेतरतीबी से कहीं फैली हुई, तो कहीं अत्यधिक संकुचित हो गई है। मिगदाद की पत्नी सैफुनिया मर जाती है—उसकी बीमारी के अवसर पर मिगदाद अभिमान को भूलकर कमलुद्दीन या हकीम साहब के पास आता है—प्रसंग सुंदर है।

परंतु राही ने अधिक सजगता से काम लिया होता तो सैफुनिया की बीमारी का संबंध मिगदाद की बदली प्रवृत्ति से अथवा उन दोनों के रिश्ते के ज्ञान से दिखाकर सैफुनिया को टूटी हुई दिखा सकते थे। यहां अनावश्यक रूप में राही ने जल्दबाजी की जिससे सैफुनिया की बीमारी एक सामान्य घटना बनकर प्रस्तुत हुई—औपन्यासिक वस्तु बनकर नहीं। फुन्नन मियां के व्यक्तित्व को अधिक आंतरिकता देकर प्रस्तुत किया होता तो उनके अंत में विघटित होने की तथ्यात्मकता में अधिक बल आ जाता। ज़िंदगी के यथार्थवादी प्रारूप को प्रस्तुत करते समय भी विश्वसनीयता, औचित्य, तारतम्य, अनुपात आदि का ध्यान लेखक को रखना चाहिए। राही यह नहीं रख सके। परिणामतः रचना आशयगत समृद्धि के बावजूद कभी नीरस या कभी दम उखाड़नेवाली हो गई है।

अज्ञात या अल्पज्ञात संसार की रोचक यात्रा

राही के उन्यास ने रचनागत बारीकियां, शिल्पगत सौंदर्य, एवं शैलीगत अनुपमता की दृष्टि से हिंदी साहित्य को समृद्ध किया है—ऐसा नही कहा जा सकता। ज़िंदगी के जिस रवैये को उन्होंने प्रस्तुत किया है, वह विशेष रूप में अप्रतिम नहीं है क्योंकि हिंदू-मुसलमानों के वर्षों के भावनात्मक संबंधों की राजनीतिक खतरनाक परिणति का चित्रण वैचारिक धरातल पर हिंदी साहित्य के लिए नया नहीं है, न भावनात्मक स्तर पर ही। फिर भी राही के उपन्यास का महत्त्व इसलिए माना जाएगा कि उन्होंने अपने परिचित 'आधा गांव' के शिया मुसलमानों की आंतरिकता, बाह्य जीवन-व्यापार, सुख-दुःखमय भावनात्मक संसार, उनके जीवन की कुंठाएं, प्रेरणाएं, अवरोध, तनाव आदि को सशक्त अभिव्यक्ति देकर अल्पज्ञात संसार की यात्रा कराई और समस्त कमियों के बावजूद यह यात्रा काफी रोचक रही। भोगे हुए यथार्थ का औपन्यासिक विधान करते समय जो शक्ति किसी कलाकार को सहज में उपलब्ध होती है, वह राही को प्राप्त हुई है, इसलिए फुन्नन मियां, मिगदाद, हकीम साहब, झंगटिया बो जैसे अमर व्यक्तित्वों का निर्माण वे कर सके। परंतु कलाकार भोगे हुए यथार्थ को ही अपने आप में संपूर्ण मानकर चलता है तब जो सीमाएं उत्पन्न हो जाती हैं, वे भी 'आधा गांव' में उत्पन्न हुई हैं।

राही मासूम रज़ा ने एक भारतीय मुसलमान का अंतरंग जो खोलकर प्रस्तुत किया है, उसके माध्यम से जो प्रश्न उठाए हैं, उनको नजरअंदाज नहीं किया जा सकता। क्या हिंदुओं को भारतीय मुसलमान को समझने में एक अच्छा साधन राही नहीं देते? औपन्यासिक गुरुता के लिए इतना पर्याप्त है। इसमें भाषा को लेकर जो अपनत्व प्रकट हुआ है, उर्दू को लेकर जो एक व्यंग्यात्मकता उभरी है, उसका भी अपना महत्त्व है।

फिर भी, एक सवाल अनुत्तरित रह जाता है। यह सही है कि राष्ट्र बनने के लिए कई पीढ़ियों को संघर्ष के बीच से गुजरना पड़ता है। आज करीब 25 वर्ष हो गए हैं। पाकिस्तान की दूसरी नस्ल जो वहां पैदा हुई है और तन्नू के शब्दों में जहर पर पली हुई है, वह क्या सोच रही है ? उनका सोचना इसलिए महत्त्वपूर्ण है कि उसका परिणाम यहां की मुसलमान पीढ़ी पर हो रहा है। सद्दन और तन्नू की संतानें भारत के प्रति क्या सोच रही हैं। इसका उत्तर तन्नू और सद्दन का गंगौली की मिट्टी का प्यार दे सकता है ? हिंदू-मुसलमान संबंध केवल गंगौली की मिट्टी को प्यार करनेवाली जनता पर कितने निर्भर हैं ? अगर भारतीय गांव का कोना भी न देखनेवाले और कपड़ों पर मिट्टी का धब्बा भी न लगने देनेवाले जिन्ना साहब अलीगढ़ के विश्वविद्यालय के युवकों के जरिये पाकिस्तान का निर्माण कर सकते हैं तो फिर 'गंगौली' के हिंदू-मुसलमान संबंधों की पहचान से समस्या का सही केंद्र-बिंदु उजागर होता है ? असल में महत्त्वपूर्ण प्रश्न है—अलीगढ़ की सईदा अब क्या सोचने लगी है ? राहीजी कह सकते हैं, वह दुनिया उनकी देखी नहीं है या वे केवल 'आधा गांव' की कहानी ही बताना चाहते हैं—फिर भी यह स्वीकार करना पड़ेगा कि 'आधा गांव' की भी यह अधूरी कहानी है।●

अलग-अलग वैतरणी

शिवप्रसाद सिंह 'अलग-अलग वैतरणी' की तट-चर्चा में लिखते हैं—"मैं बार-बार सोचता हूं कि ये मौज़े नाचिरागी क्यों हुए ··? बाढ़, विप्लव, युद्ध, सूखा, अकाल या और कुछ ?"

यह एक प्रकार से उपन्यास की प्रमुख प्रेरणा का संकेत है। इस संकेत से किसी भी रचनात्मक कृति की शक्ति और सीमाएं स्पष्ट हो जाती हैं और हो सकता है कि पाठक या समीक्षक के मन में पूर्वाग्रह भी उत्पन्न करने में ऐसे संकेत योग दें। उपरोक्त प्रश्न से लगता है उपन्यासकार एक अहम समस्या से टकरा रहा है और यद्यपि यह समस्या किसी एक 'करैता' गांव की न होकर संपूर्ण भारत के ग्रामीण जीवन की है, फिर भी चिंतन के केंद्र में समस्या है, अनुभव नहीं है। ऐसी रचना का दस्तावेज़ बनने का खतरा रहता है। सौभाग्य से शिवप्रसादजी की औपन्यासिक प्रतिभा ने इसे दस्तावेज़ से भी अधिक कुछ बनाया—ग्रामीण जीवन के अपने उत्कट अनुभव की एक व्यापक और कुछ अंशों तक गहन रचना बनाया। 'अलग-अलग वैतरणी' को आंचलिक माना जाए, इस बात से भी शिवप्रसादजी सहमत नहीं दीखते। यह कथा केवल 'करैता' की न होकर संभवत: समस्त भारतीय देहातों की कथा है और इसमें कुछ व्यक्तित्वों और भावात्मक प्रसंगों के माध्यम से लेखक ने विश्वात्मकता (Universality) भी उत्पन्न की है। अत: आंचलिक कथा के संबंध में अगर यह धारणा है कि उसमें परिवेश का अधिक महत्त्व होता है, परिवेश की तुलना में व्यक्तित्व कम उभरते हैं, सामूहिकता के संदर्भ में व्यक्ति-चित्र गौण हो जाते हैं और विशिष्टता के आयाम को इतना अपरिसीम महत्त्व मिलता है कि 'यूनिवरसालिटी' धोखे में आती है तो शिवप्रसाद सिंह की असहमति को समझा जा सकता है। जिस समस्या को लेकर शिवप्रसादजी चिंतित हैं उसे उपन्यास के माध्यम से उठाते समय केवल सामाजिक जीवन के बाह्य यथार्थ की पहचान और अनुभव पर्याप्त नहीं है, सामाजिक जीवन के मूल सूत्रों की और उनके परस्पर उलझे रूप संबंधों की भी पकड़ आवश्यक है जिनके कारण यह जीवन कठोर यथार्थ की भयानक आंच में झुलस रहा है। निश्चय ही गांव के जीवन को प्रभावित करने-

वाले प्राकृतिक तत्त्वों के साथ-साथ, नगर और गांव के संबंधों और यांत्रिक जीवन के आक्रमण की सूक्ष्म पहचान जरूरी है। राजनीतिक स्थिति, नए शैक्षणिक सांस्कृतिक प्रकल्प और गांव की जनता पर पड़ने वाले उनके अच्छे-बुरे प्रभाव, गांव की विभिन्न जातियों और वर्गों का परस्पर-उलझनपूर्ण संबंध इत्यादि का भान प्रत्यक्ष अथवा परोक्ष रूप में कलाकार को होना चाहिए। फिर भी यह सारा ज्ञान अगर 'अनुभव' का रूप नहीं ग्रहण करता तो दस्तावेज़ बन जाता है। अगर यह अनुभव बन गया है—दस्तावेज़ सृजन के स्तर पर चढ़कर रचना का रूप धारण करता है तो किस प्रकार—इसकी चर्चा आवश्यक है। ऐसे उपन्यासों में एक डर यह भी होता है कि कभी प्रश्नों के बौद्धिक ढंग से उत्तर मिल जाने से सरलीकरण आता है, यांत्रिकता उत्पन्न होती है। भूमिति के प्रमेयों को हल करते समय जो अनुभव-हीन बौद्धिकता कार्यांवित होती है, उससे रचना निर्जीव बन जाती है। चतुर लेखक इसमें से रास्ता निकालता है—कभी कामोत्तेजक वर्णनों से 'गोसिपिंग' के स्तर की बतकहियों का समावेश कर कथा को रोचक बनाने से। अर्थात्, समझदार पाठक को वह बहुत भुलावे में नहीं रख सकता।

परिवेश

अपने केंद्रीय प्रश्न को लेखक ने 'करैता' के जग्गन मिसर के माध्यम से करीबन अंत में प्रस्तुत किया है—"गांव का क्या होगा ? गांव कोई आदमी है कि उसका कुछ होता रहेगा ? अरे भाई, यह तो खेमा है। कभी उखड़ता है, कभी गड़ता है; कभी बुरे दिन आते हैं, कभी अच्छे दिन आते हैं; कभी बिगड़ता है, कभी संवरता है; असली चीज़ तो धरती है। आप क्या समझते हैं कि अब दुनिया को धरती से कोई मतलब नहीं रहा ? धरती ही सब कुछ देती है, विपिन बाबू !" (पृष्ठ 687) लेखक ने करैता गांव के माध्यम से भारत के उजाड़ होते जानेवाली देहाती दुनिया की कथा बताने की चुनौती स्वीकार की है और प्रकारांतर से धरती और मनुष्य के सूखते संबंधों के प्रति चिंतित होकर अपनी व्याकुलता को, व्यथा को औपन्यासिक विधान दिया है।

शिवप्रसाद सिंह ने मार्क्सवाद का या किसी भी वाद का चश्मा नहीं लगाया है (एक प्रकार से किसी भी कलाकार को सर्वथा तटस्थता रखना असंभव है, फिर भी एक सीमा तक तटस्थता रखी जा सकती है जिससे परिवेश चित्रण वस्तुन्मुखी हो सके।) अत: उनकी दृष्टि यहां यथार्थ को अधिक खुली दृष्टि से देख सकी है। उपन्यास में यद्यपि दो-तीन पीढ़ियों का चित्रण किया गया है, फिर भी विपिन के करैता आगमन से लेकर उसके कालेज की नौकरी पर उपस्थित होने तक के बारह-तेरह महीनों का काल प्रत्यक्ष घटनाओं के घटित होने का काल है। विपिन को तटस्थ द्रष्टा के रूप में रखा गया है। यद्यपि बीच-बीच में वह कुछ घटनाओं में

भाग लेता है, आंदोलित, उद्वेलित होता है। परंतु गहरे स्तर पर वह कहीं संपृक्त नहीं है। इसके कारण जहां कथा में कुछ वैशिष्ट्य उत्पन्न हुए हैं, वहां आघात भी पहुंचे हैं, जिनकी चर्चा आगे की जाएगी।

शिवप्रसाद सिंह ने गांव का जीवन अपनी आंखों से देखा है; वहां की परंपराओं, रूढ़ियों का अनुभव किया है; विभिन्न जातियों, वर्णों और वर्गों के स्त्री-पुरुषों की गहरी पहचान उनको है और उनके सुख-दुःख, हास-विलासों, व्यथा-वेदनाओं को पर्याप्त सहानुभूति भी वे दे सके हैं।

रचना के आधार-फलक के रूप में जो जीवन चुना गया है, वह उतना सरल, सादा, उलझनहीन आज नहीं रह गया है! समस्त उपन्यास में दर्जनों पात्र ऐसे वाक्य बोलते पाए जाते हैं जिनसे इस जिंदगी का भारीपन बेढंगापन और बेतरतीबी स्पष्ट प्रकट होती है—"जिंदगानी कट जाए, यही बहुत है", "देखते नहीं कैसा निहंग जमाना है", "क्या जमाना आ गया", "का करें! कहां जाए!" "जिधर देखता हूं अजीब कुहराम है। सभी परेशान हैं, सभी दुःखी!", "ये राज में तो सुखदेव रामजी अंग्रेजी जमाने से भी ज्यादा विपत बढ़ गई। जाने का हो गया है कि कहीं कुछ सूझता ही नहीं।" —संभवतः किसी हिंदी के आलोचक ने चेखव की कहानियों की चर्चा करते समय यही लिखा था कि उनकी कतिपय कहानियों में ज़माने की व्यथा और किंकर्त्तव्यविमूढ़ता की अभिव्यक्ति करने वाले वाक्य दस्तकें मारते रहते हैं। शिवप्रसादजी ने शायद इससे प्रेरणा लेने की चतुराई अवश्य बरती है। अर्थात्, उनके ये वाक्य निश्चय ही विभिन्न चरित्रों का दुःख, बोझ, थकान, ऊब, किंकर्त्तव्यविमूढ़ता अवश्य व्यक्त करते हैं।

जमींदारी टूट गई है। सब कुछ ताश के पत्ते की तरह हल्के-से, धक्के से बिखर गया है। जमींदार इसके फलस्वरूप अवश्य टूट गए हैं परंतु श्रमजीवी जनता को विशेष लाभ हुआ हो, ऐसा भी नहीं दिखता। जहां एक जमींदार राज करता था और शोषण के साथ एक किस्म का 'न्याय' भी अपनी प्रजा के साथ करता था, वहां अब कतिपय छुटभइये जमींदार एक-दूसरे की टांग खींचते ही हैं, गरीबों पर सब प्रकार से अन्याय भी कर रहे हैं। थानेदार के सामने कैफियत देते समय जग्गन मिसर इस बात को विस्तार से बताते हैं। "—पहले गांव में जुलुम जमींदार के लोग करते थे। कारिंदा, सीरवाह, पटवारी, अमीन, कानूनगो, सबकी मिलीभगत थी।…जमींदारी टूट गई। उस समय जिन पर जुलुम होता था, वे उससे बरी हो गए। अचम्भा ई देखकर होता है सुखदेव रामजी कि जिन पर उस वक्त जुलुम होता था वे ही आज जालिम बन गए हैं। छुटभइये लोग दो पैसे के आदमी हो गए, तो आंख उलट गई। आज जुलुम कौन करता है गांव में? वही छुटभइये, जो पहले जमींदारों के बूटों से रौंदे जा रहे थे। अब छुटभइये गोल बनाकर अपने से कमजोरों, गरीबों को सताते हैं। लूटते हैं। आप ही बताइए न,

खलील मियां की जमीन किसने छीनी ? जमींदार ने ? धनेसरी का खस्सी कौन खा गया ? जमींदार ? झनकू चमार को गांव-निकाला किसने दिया ? जमींदार ने ? गांव की बहू-बेटियों को भद्दी-भद्दी बातें जमींदार कह रहा है ? बेचारे शशिकांत मास्टर की आंख में बालू डालकर उनका रुपया जमींदार ने छीना ? लोगों की खड़ी फसलें चोरी से जमींदार काटता है ? बोलिए, यह सब कौन करता है ? वही छुटभइये, जो कभी गरीब थे, सताए हुए थे। और आज चूंकि उनके ऊपर कोई अंकुश नहीं है, इसलिए वे जो भी करें, कोई पूछनेवाला नहीं है। जमींदार था तो एक खोल थी। जो कुछ होता था उसकी खोल के नाम नत्थी कर दिया जाता था। इसलिए उस वक्त में लड़ाई बड़ी साफ थी। अब किससे लड़ें। अपने ही भीतर के लोग खोल ओढ़कर डाकू, लुटेरे और जालिम बन बैठे हैं।" जग्गन का यह लंबा व्याख्यान जमींदारी प्रथा के टूटने की व्यथा को व्यक्त करता-सा प्रतीत होता है, परंतु वास्तविकता यही है, यह किसी भी वर्गीय चश्मे को न लगानेवाले व्यक्ति को स्वीकार करना होगा। उपन्यासकार ने इस मंतव्य को विभिन्न परिवारों की कथा के माध्यम से औपन्यासिक संदर्भ दिया है। सभी बुराइयों का मूल जमींदारी प्रथा में देखनेवालों के सामने यह उपन्यास एक झकझोरने वाला प्रश्नचिह्न रख देता है। सरजू-बुझारथ की पुश्तैनी दुश्मनी के मूल में जमींदारी प्रथा नहीं है परंतु उसके परिणामस्वरूप गांव का वातावरण पर्याप्त विषाक्त, हिंसक और षड्यंत्रकारी बन गया है और गांव के बाहर के शशिकांत जैसे मास्टर को भी इसमें खींचने का प्रयत्न किया जाता है। जमींदारी के टूटने से नीच जाति और वर्ग के लोगों में एक उठान की, विद्रोह की और चुनौती की चेतना अवश्य उत्पन्न हुई है जिसमें राजनीति का काफी हाथ है (प्रस्तुत उपन्यास में यह राजनैतिक संदर्भ क्षीण है)। जमींदारी के टूटने से नजराने देना लोगों ने बंद किया है, परिणामतः गांव के सामूहिक त्यौहारों की रौनक खत्म हुई है, खर्चीली प्रथाओं को शुरू रखने में जमींदार असमर्थ हो गए हैं। अपनी बाह्य प्रतिष्ठा को बनाए रखने के लिए उन्हें तरह-तरह के झूठ का सहारा लेना पड़ता है। सूखा, अकाल इत्यादि नैसर्गिक आपत्तियों के साथ बढ़ती आबादी ने घोर दरिद्रता और बेकारी पैदा की है। गांव के अच्छे लड़के भी गांव छोड़कर बाहर काम-धंधा खोजने के लिए बाध्य हो गए हैं। दरिद्रता ने सबका अवमूल्यन किया है। सबसे बड़ी बात यह है कि "बात यह है विपिन बाबू कि अब हमारे गांव उस स्थिति में पहुंच गए हैं जहां दर्द की इंतहा ही दवा बन जाती है। दर्द का हद से गुजरना है दवा हो जाना···। हमारी मानसिक स्थिति धीरे-धीरे इस ढंग की हो जाती है कि लगने लगता है कि जो है वही ठीक है, क्योंकि वे ठीक मानने से चित्त को दुःख ही होगा।···अब तो रोगी की यह हालत है कि उसे उपचार करने वालों से ही डर लगने लगा है।" (पृ० 442) शिवप्रसाद सिंह के चरित्रों

के मुंह से निकले ये वचन इसलिए उद्धृत किए हैं कि समस्त औपन्यासिक संसार में इनके लिए जीवंत भूमिका बनाई गई है। शशिकांत अपने स्कूल में अनुभव करता है कि उसका हर अच्छा प्रयास मुंशी जवाहरलाल के द्वारा या तो असफल बनाया जाता है अथवा पग-पग पर उसे निराश किया जाता है। स्थिति को बनाए रखने में और उसे अधिक खराब करने में ही मानो वे संतोष पा रहे हैं। झिनकू चमार कहीं विद्रोहात्मक बातें करता भी है तो ज़मीन से उखाड़ दिया जाता है और वह चुपके से रास्ते पर मजूरी करने चला जाता है। विपिन और देवनाथ अपने हथियार परिवार और परंपरा के सामने डाल देते हैं और गांव से, परिवार से भागने में ही निस्तार पाते हैं। निर्वसन की एक लंबी कतार ही लग गई है इस गांव में।

तटस्थता की दीवार में छेद

ग्रामीण जीवन की आर्थिक अवनति के पीछे जाने का बहुत बड़ा प्रयास इस उपन्यास में परिलक्षित नहीं होता है। लगता है शिवप्रसादसिंह में जमींदारी व्यवस्था के प्रति एक मोह है जो उन आधुनिक विचारधारा के प्रभाव के कारण संभवतः अवचेतन में छिपा पड़ा है। जैपालसिंह के व्यक्तित्व को प्रभावपूर्ण ढंग से चित्रित करने में इस मोह ने उन्हें उत्साहित किया है। उस कोटि का अन्य चरित्र किसी निम्नस्तरीय व्यक्ति का उन्होंने नहीं दिया। सरूप भगत का चरित्र बुझे अंगारों के रूप में है, जग्गन मिसर स्पष्टतः जमींदारी प्रथा के टूटने से व्यथित है। विपिन तो इस पूरी व्यवस्था से इतना तटस्थ लगता है कि उसकी तटस्थता उसकी पक्षधरता का ही एक प्रमाण है—द्रौपदी वस्त्र-हरण प्रसंग में भीष्म, द्रोण की भांति उसकी स्थिति है। अन्य पात्रों से तो कुछ अपेक्षा नहीं रखी जा सकती थी। दूसरे स्तर पर निम्न जाति के प्रति व्यंग्य करते समय उपन्यासकार आवश्यक तटस्थता नहीं बरत सका है। चूंकि शिवप्रसाद चतुर लेखक हैं, आधुनिकता के मानवीय संस्कारों के प्रति समर्पित हैं (बौद्धिक स्तर पर) ऐसे प्रसंगों पर सावधानी बरत सके हैं। परंतु मेरी आंतरिक प्रेरणा यह बताती है कि नीचे निर्देशित स्थलों पर शिवप्रसाद सिंह का उपरोक्त मोह छलक ही गया है। सौ से अधिक पृष्ठों में जैपाल के व्यक्तित्व का चित्रांकन के बाद भी उनके सम्मोहनकारी व्यक्तित्व के कुछ पहलू जन-मानस की स्मृतियों के माध्यम से बार-बार आते रहे हैं। यह कहा जा सकता है और तार्किक दृष्टि से एवं वास्तविकता के नज़रिये से, वह सही भी हो सकता है कि जैपालसिंह का व्यक्तित्व गांव के जीवन पर बरगद के पेड़ की तरह छा गया था, अतः उनका बार-बार अंकन स्वाभाविक है। प्रश्न यह उठता है कि जैपालसिंह के शोषण का, दाव-पेंचों का, शिकार जिनको होना पड़ा, उनके माध्यम से भी कुछ झांकियां पेश क्यों नहीं की गईं। ऐसा होता तो एक संतुलन हो जाता। चुनाव

के प्रसंग में हरिया चमरौटी के वोटरों का मज़ाक उड़ाता हुआ कहता है–"हरिया नाक के पास रूमाल हिलाते हुए बोला, 'सुखदेव रामजी के वोटरों पर गुलाब पानी से छिड़केंगे।' (इसी प्रकार का 'यथार्थ' का संकेत 'परती : परिकथा' में भी आया है परंतु वहां स्वयं चमार टोली की औरतें कहती हैं–बामन टोली की औरतों को हमारी महक आती है। अंतर द्रष्टव्य है।) कुछ इसी प्रकार का मज़ाक उस प्रसंग पर भी हुआ है जब चमारों ओर ठाकुरों में लड़ाई हुई थी और चमारों की बटोर जैपालसिंह के पास न्याय मांगने आई थी। जैपाल के चातुर्य से चमार परास्त ही नहीं हुए थे, किसुन चमार हाथ जोड़कर माफी भी मांगता है। यहां चमारों के परास्त होने का बड़ा कलात्मक प्रसंग-चित्रण हुआ है। यथार्थ का, अवांछनीय ही क्यों न हो, वह रूप है परंतु आगे के वर्णन में लेखक की पक्षधरता उजागर हुए बिना नहीं रहती। "चारों तरफ खुशी की लहरें मचल उठीं। चरनी पर बैठे, ठकुराने के लठैत एक-दूसरे की ओर कनखी ताक कर मुसकरा उठे। उन्हें हंसते देखकर भी घायल चमारों के मन में उद्वेग नहीं आया। चौधुरी लोगों को प्रसन्न देख चमारिनें भी अपनी बेइज्जती करनेवालों की ओर लाज-भरी चितवनों से देखने लगीं। जैसे उन्हें बलात्कार को स्वीकार करने में भी खुशी हो रही हो। चारों ओर शांत रस की अद्‌भुत शीतल धारा बह उठी।" इसको वास्तविकता का पहलू मानकर ग्रहण करने में विशेष सुख नहीं होता। न इसकी कलात्मक आवश्यकता भी थी। पूरे उपन्यास में एक पात्र विशिष्ट किस्म का मिला—सुगनी चमारिन डोमन चमार की बेटी। उसकी सभी हरकतों के केंद्र में उसकी दरिद्र जीवन की दयनीयता अगर संकेतित की जाती तो संभवत: अधिक यथार्थ भी होता, अधिक व्यापक सामाजिक स्तर भी मिलता। सरजूसिंह के घर में डाल आने के प्रसंग में भी लेखक लिखता है : 'पास में एक टूटी दीवाल का सहारा लिए सुगनी खड़ी है। इस मौके पर भी वह सिंगार-पटार से बाज़ नहीं आई। चटक साफ लुग्गा पहने है।" चमारों और उच्च जाति के ब्राह्मणों के बीच का एक प्रसंग 'गोदान' में है : सिलिया चमारिन और मातादीन को लेकर। उस प्रसंग में जो विस्फोटकता, तेजस्विता और चमारों के विद्रोह की चमकदार चिनगारियां दृष्टिगोचर होती हैं, उनकी तुलना में बटोर, गोलबंदी, भाषण और खून के बावजूद 'अलग-अलग वैतरणी' का प्रसंग फीका लगता है। 'गोदान' में प्रसंग की जड़ में जहां सिलिया जैसी नेक, निष्ठावान और प्रेम-धर्म सर्मपिता नारी है जिसके व्यक्तित्व के कारण समूचे प्रसंग का औचित्य निस्संदिग्ध हो जाता है, जबकि इस अकटो विकट प्रसंग के मूल में हरजाई सुगनी और लेखक की अनवधानता पर खीझ होती है कि दोनों ओर से यह मूलभूत प्रश्न नहीं उठाया जाता कि जिसको लेकर इज्जत के लिए इतना बवेला मचाया जा रहा है, वह सुगनी क्या है—सुगनी जैसी हरजाई को लेकर यह वितंडवाद प्रसंग के प्रति तटस्थता को खंडित करनेवाले लेखकीय मोह का या पक्षधरता का प्रमाण है।

पटनहिया भाभी, पुष्पा बच जाती हैं या बचाई जाती हैं। खलील मियां की ज़मीन हड़पनेवाला यादव-वंशी देवी चौधरी या जगेसर है। देवा के खून को पैसे के लिए पचाना चाहनेवाले जैपालसिंह के अन्यायों का अधिक विशद् वर्णन किया जाता तो शायद संतुलन उत्पन्न होता और लेखक की तटस्थता के प्रति शंका न उठती। यथार्थ चित्रण की इस एकांगिता को बुझारथ द्वारा पुष्पी के घर की कुर्की (रोमांटिक ढंग से उसको बचाया गया है विपिन के द्वारा दो बार), सरूप भगत एवं देवीचक चमारों की उज्ज्वलता, "परेम का सारा संकट गरीबों के सिर पर डालकर भागते काहे को हो ?" या "ठीक कहते हो बाबू ! गरीबी और वारदात जोड़ुवां बहनें हैं। जिधर चलती हैं साथ-साथ चलती हैं।" जैसे वाक्य कुछ थोड़ा-सा संतुलित करते हैं जरूर, परंतु मोह का बाट ही जबर्दस्त पड़ता है। ध्यातव्य है कि प्रेमचंद ने कतिपय उपन्यासों में जमींदारों के प्रति सहानुभूति रखते हुए भी उनकी असलियत की पोल शक्तिमत्ता के साथ खोली है। शिवप्रसादजी जैपालसिंह के सम्मोहन में उसका पर्याप्त भान नहीं रख सके हैं।

व्यापक संदर्भ—परिवारों की कथा

शिवप्रसादजी ने 'करैता' के माध्यम से गांव की विभिन्न जातियों के अंतः-संबंधों का, उन बदलती परिस्थितियों का और उसमें उत्पन्न होनेवाले नए विचारों का पर्याप्त विस्तार के साथ दर्शन कराया है। अधिकतर 'करैता' के सिंह परिवारों का ही चित्रण बृहत् अंश में आया है। जैपालसिंह, धरमूसिंह, वंशीसिंह, मेघनसिंह, हरखूसिंह इत्यादि ठाकुर परिवारों की पारिवारिक झांकी मिलती है और इस चित्रण में लेखक की हेतुपरकता की बनिस्वत विभिन्न परिवार विषयक जानकारी को उपन्यास में संबद्ध करने का मोह भी अधिक उत्कट हुआ जान पड़ता है। इन परिवारों के उभरने की स्थिति का संकेत है, मिटने की प्रक्रिया को अधिक सजगता से चित्रांकित किया है क्योंकि वह सामयिकता का सत्य है। ठाकुर जाति गुण-दोषों, परंपराओं, रीति-रस्मों, रूढ़ियों का आंखों देखा ही नहीं अनुभूत वर्णन लेखक ने किया है—पर्याप्त रसवत्ता के साथ। जिसकी वजह से उपन्यास 'रचना' हो गई है—दस्तावेज़ मात्र नहीं। जैपालसिंह और मेघनसिंह की पुश्तैनी दुश्मनी और देवपाल-राजो की ट्रेजेडी की रोमांटिक कथा को पढ़ते समय यद्यपि कुछ हिंदी फिल्मों और 'रोमियो जूलिएट', 'एज यू लाइक इट' जैसे शेक्सपियर के नाटकों के रोमांटिक प्रसंग मन के सामने उभरते हैं, फिर भी असाहित्यिक नहीं हो पाए हैं। मौलिकता की ताजगी का स्पर्श वहां न होते हुए भी लेखक ने पर्याप्त कारीगरी के लक्षण दिखाए हैं। पुश्तैनी रईसी न होते हुए भी अपनी शारीरिक मेहनत और मितव्ययता के बल पर उभर उठनेवाले वंशीसिंह के परिवार की कथा अनेक दृष्टियों से रोचक—विशेषतः कल्पू और

कल्पू बो (पटनहिया भाभी) के संदर्भ में—हो गई है। धरमूसिंह के परिवार का छावनी में छोटे-बड़े काम करते हुए निर्वाह करना गांव की कतिपय परिवारों की वास्तविकता पर प्रकाश डालता है और इसी कारण पुष्पी-विपिन के संबंधों के उद्‌गम, विकास और विशिष्ट परिणति की कथा विश्वसनीय हो गई है।

ठाकुर परिवारों के बाद महत्त्व मिला है ब्राह्मण परिवारों को। जग्गन मिसर की कथा ने उपन्यास की गुणवत्ता को विलक्षण रूप में उभारा है। असल में भाभी-देवर प्रसंगों को लेकर रस के कुछ छींटे कतिपय उपन्यासकारों ने उंड़ेल दिए हैं परंतु शिवप्रसाद सिंह ने जग्गन मिसर और मिसराइन के संबंध को ब्यौरेवार रूप में चित्रित करने की बहुत बड़ी चुनौती सफलतापूर्वक झेली है। यह चुनौती थी इसलिए कि आज हमारी परंपरा में इस प्रकार के संबंध को स्वीकार नहीं किया जाता, अतः ऐसे प्रसंगों के चित्रण से रसात्मकता के स्थान पर शबल रसाभास ही निर्मित होने की संभावना थी। शिवप्रसाद ने उसका जिस तरह धीरतापूर्वक संयत चित्रण किया है, उससे प्रसंग की वैधता-अवैधता का प्रश्न तिरोहित होकर उत्कट रसात्मकता का अनुभव पाठक को मिलता है। भाभी-देवर के संबंध महज वाक्-विनोद की सीमा को लांघकर कितने आंतरिक और रसभीने हो सकते हैं, किस तरह विभिन्न मोड़ लेकर पति-पत्नी के रूप में (यद्यपि दोनों ने विधिपूर्वक विवाह नहीं किया है) परिणत हो सकते हैं, इसका आद्योपांत चित्र लेखक ने दिया है। इससे भिन्न परंतु अधिक करुणापूर्ण और व्यथा से सराबोर चित्र दिया है राजेंद्र बेदी ने 'एक चादर मैली-सी' में। वहां मानव जीवन की विवशता और आर्थिक जरूरत उसके मूल में है जबकि शिवप्रसाद के उपन्यास में भाभी-देवर के संबंध कतिपय खीझ, घृणा, असंतोष, निराशा, उद्विग्नता, व्याकुलता, बौखलाहट इत्यादि संचारी भावों के बावजूद प्रायः मधुर ही हैं। यह चित्रण कलाकार ने बिना किसी संकोच, झिझक और भय के अत्यंत कलापूर्ण ढंग से किया है। जग्गन मिसर की आरंभिक सहज मधुर उन्मुखता, भाभी के कार्य-कौशल, चातुर्य, सेवा, चिंता और जग्गन मिसर के प्रति अनजाने आकर्षण के कारण धीरे-धीरे आसक्ति में बदल जाता है और एक रात को पूंजीभूत आकर्षण की भाप विस्फोटक रूप में दोनों को मिला देती है। इस विस्फोटक चिनगारी का काम दोनों की शरीर आसक्ति ने किया। यही होना था। जग्गन मिसर में पाप-बोध पैदा होता है परंतु धीरे-धीरे भारतीय किसान की समझौता-परस्त प्रवृत्ति के अनुसार जग्गन मिसर भी स्थिति के साथ समझौता कर लेते हैं—पाप-बोध को आत्मनिंदा या आत्मताप और क्लेष की सीमा तक नहीं चढ़ने देते। फिर भी बीच-बीच में अपनी लोक-विलक्षण स्थिति को लेकर तथा भाभी की बीच-बीच की विशिष्ट बीमारी के कारण उत्पन्न होने वाली द्विधा अवस्था को, खीझ और घृणा को, व्यर्थता के बोध को और अपार करुणा को पर्याप्त सशक्त रूप में व्यंजित कर लेखक ने मानवीय अंतरंग के प्रति

अपनी पहचान का अच्छा परिचय दिया है। जग्गन मिसर को इतने विशद् रूप में यहां चित्रित किया गया है कि उसकी तुलना में मिसराइन के चातुर्य को, दूर-दृष्टि को, व्यावहारिक बुद्धि और सहज मानवीय वासनात्मकता की मांसलता को व्यक्त करते हुए भी उसके प्रति लेखक ने हमारी एक जिज्ञासा को अधूरा छोड़ दिया है—जिज्ञासा यह है कि भारतीय परंपरा के प्रति सहज समर्पित इस नारी के देह-धर्म ने जो खींचकर ले लिया, उसे उसके मन ने कैसे स्वीकार किया। क्या सहकर ? उसमें कहीं भी अपराध-बोध कैसे नहीं है ? क्यों नहीं है ? निश्चय ही उसकी मानसिकता उतनी निम्न-स्तर की नहीं है कि चुभन के ये कांटे उसमें घुस ही न पाएं।

जग्गन मिसर के साथ झब्बूलाल उपाध्याय परिवार जुड़ा हुआ है, उनके डाक्टर बेटे के माध्यम से शिक्षित व्यक्ति के द्वंद्व को और दो पीढ़ियों के दृष्टिकोणों की टकराहट को लेखक ने प्रस्तुत किया है। आश्चर्य है कि नई पीढ़ी पुरानी पीढ़ी को कोसती हुई भी अंततोगत्वा उसी ढंग की व्यावहारिकता को अपनाती है जिस पर चलने के लिए पुरानी पीढ़ी उनसे कहती रहती है—इसको मैच्युरिटी भी कह सकते हैं या संवेदना का भोथरापन। गोगई परिवार का भी एक ढंग है इस जमघट में।

उधर यादव-वंशीय चोधरी परिवार का वर्णन है। प्रायः बड़ी जमींदारी के खत्म होने के बाद ये अधिक मजबूत और उन्मत भी होते हैं; और वही अत्याचार, अन्याय और धोखाधड़ी का दमन-चक्र जारी रहता है। जिस तरह धर्म परिवर्तन करनेवाला व्यक्ति अधिक कर्मठ और कठोर होता है, वैसे ही नए उभरते परिवारों के लोग अधिक उन्मत होते हैं। तिस पर ये अगर कहीं मामूली-सी सरकारी नौकरी पर होते हैं तो इतने टुच्चेपन से काम लेते हैं कि सारा भुक्कड़पन और संस्कारहीन विद्रूप प्रकट हो जाता है। अपने से नीच जातवालों पर या गरीबों पर अन्याय करते हुए जग्गन मिसर जैसे उच्च वर्णीय व्यक्ति को भी नीचा दिखाने की आकांक्षा रखते हैं। जमींदारी के टूटने के बाद की स्थिति को बड़े सशक्त ढंग से व्यंजित करने में लेखक ने जगेसर परिवार का बहुत कलात्मक उपयोग किया है।

इन सबका भार और मार सहने को आज भी मौजूद हैं चमार परिवार। स्वराज्य की गंगा यादव-वंश तक आई परंतु शंकर की जटा में वह मानो वहीं उलझकर रह गई। कहीं नीचे रास्ता ही नहीं मिल पा रहा है। चमारों में भी अनेक परिवार हैं—घूम-घामकर मजूरी करनेवाले स्वाभिमानी देवीचक चमार हैं, घर बसाकर गांव के जीवन से सम्पृक्त रहनेवाले परंतु गांव की सड़ांध को पचाने के लिए विवश बने हुए दरिद्र चमार, डोम परिवार भी हैं। आर्थिक, नैतिक तथा अन्य हर प्रकार से शोषित ये चमार परिवार फिर भी कहीं गर्दन उठाते हैं

तो भयानक रूप से रौंद दिए जाते है। कोई एक शिक्षित लच्छीराम नेता बनता भी है तो शहर में रहना पसंद करता है और गरीब बंधुओं से पैसा वसूलता है। कोई पढ़ा-लिखा 'कौलजिया लड़का' सूरजभान भी है तो अपने उग्र, विद्रोही परंतु अपरिपक्व विचारों से स्थिति को अधिक भयानक ही बनाता है। निदान खोजने की क्षमता उसमें है नहीं। आश्चर्य है कि इस भाषणबाज़ लड़के के भी दिमाग में नहीं आया कि जिस सुगनी को लेकर जाति की इज़्ज़त का सवाल वह उठा रहा है, वह कहां तक जाति के गौरव का सेहरा है। आश्चर्य तो यह भी है कि बाद की बढ़ी हुई वारदात में यह लड़का अपने समस्त ज्ञान के साथ लेखक की कृपा से गायब हो गया है।

लेखक की जबर्दस्त सहानुभूति का एक पात्र है खलील मियां। खलील मियां भारत की मिट्टी के प्रति वफादार, नेक और विचारवान मुसलमानों का प्रतिनिधित्व करते हैं। उनकी व्याथा को व्यापक और गहरे स्तर पर चित्रित किया है शिवप्रसाद सिंह ने। व्यापक इसलिए भी कि समस्त राष्ट्रीय मुसलमानों की व्याकुलता इसमें व्यक्त हुई है और व्यापकता इसलिए भी कि किसी समय के ठाट, शान और रुतबे से रहनेवाले खलील मियां को तंगहाली में दिन काटने की स्थिति तक किस प्रकार फिसलना पड़ा, इसका चित्रण किया गया है। हिंदुओं के होली-जैसे त्योहारों के अवसर पर प्रकट होने वाली उनकी उदारता, दरियादिली और ऊंची तहजीब का चित्रण है और उनके बेवफा बच्चों के पाकिस्तान भाग जाने के कारण उत्पन्न गहन व्यथा का भी चित्र खींचा है। अपनी मिट्टी को, गांव की धरती और लोगों को प्यार करनेवाला और अन्य धर्म के रीति-रिवाजों का सम्मान करनेवाला यह व्यक्ति गांव से उखाड़ दिया जाता है। खलील मियां के माध्यम से लेखक ने हिंदु-मुसलमानों के दुखते संबंधों पर मार्मिकता से उंगली रखी है।

व्यक्तियों की व्यथा

शिवप्रसादजी ने अपने उपन्यास को आंचलिक मानने से आग्रहपूर्वक इन्कार किया, इसका प्रमुख कारण संभवतः यह है कि आंचलिकता का परिवेश व्यक्तियों को उठने नहीं देता। उनकी समृद्धि, उभार और गठन को विशिष्ट सांचे में ढाल देता है जबकि शिवप्रसाद सिंह की असली रुचि सामाजिक संदर्भ से अधिक पारिवारिक संदर्भ में और पारिवारिक संदर्भ से भी अधिक व्यक्ति के सुख-दुःख में, उसकी अप्रतिभता में है। शिवप्रसादजी को मनुष्य के मन में रुचि ही नहीं, पैठ भी है और कतिपय संगठनात्मक दोषों, बौद्धिक और नैतिक दुर्बलताओं और एकांगिता के बावजूद उनके उपन्यास को अमर करनेवाले घटक हैं, उनके विभिन्न व्यक्तित्व। ये व्यक्तित्व निश्चय ही अपनी समर्थ रंगरूपता और गहन आंतरिकता, मनोवैज्ञानिक सूझ-बूझ के कारण स्थाई प्रभाव मन पर छोड़ते हैं। संभवतः इस

उपन्यास में जैपालसिंह, जग्गन मिसर, कनिया अपने व्यक्तित्व की गरिमा के कारण, कल्पू और पटनहिया भाभी मनोवैज्ञानिक सूझ-बूझ के कारण, खलील मियां तथा सरूप भगत अपनी भलमनसाहत और संत सदृश उच्चता के कारण चिरकाल तक जीवित रहेंगे।

जैपालसिंह के प्रति उपन्यासकार के मन में निश्चय ही मोह है और पहले सौ पृष्ठों में प्राय: मुख्य रूप में और अंत तक बीच-बीच में जैपालसिंह आते रहते हैं। जमींदार के बाह्यत: दृढ़, आतंककारी, प्रभावशाली व्यक्तित्व का चित्रण अनेक पात्रों के मुंह से, अनेक प्रसंगों के निर्माण से किया गया है। उनकी बुद्धिमत्ता, दांव-पेंच, लड़ने की क्षमता, मनुष्य को पहचानने की कला, अपनी प्रजा के साथ व्यवहार करने की कुशलता, पूरे गांव पर छा जाने की, उनको आतंकित कर रखने की तथा समय-समय पर उनसे लाभ उठाने की धूर्त्तता का मूर्त्त चित्र जयपाल में दिया गया है। देवपाल-राजो के प्रसंग में उनकी कठोरता और मृदुता के जो सम्मोहक दर्शन होते हैं, उनसे पाठक के मन में उनके प्रति सहानुभूति उत्पन्न होती है और अपनी बहू कनिया के भीतरी दर्द को हर क्षण हृदय में अनुभव करते रहने की जैपाल की सहृदयता से पाठक अभिभूत होता है। जमींदार के रूप में जैपाल और परिवार के मुखिया के रूप में जैपाल; दोनों चित्रों में विरोध होते हुए भी उनका व्यक्तित्व विभाजित नहीं लगता—यह लेखक की खूबी है। जैपाल के प्रभाव को अनेक गंभीर और हल्के-फुल्के प्रसंगों के माध्यम से व्यंजित किया गया है, इसीलिए सामान्य पाठक सदैव अभिभूत रहता है।

जैपालसिंह के साथ जमींदार ठाकुर परिवार की समस्त परंपराओं की गरिमा को अपनी पीड़ा और मर्यादा के पहियों पर वहन करनेवाली कनिया भी पाठक को अभिभूत करती है। वैसे उपन्यास के प्राय: सभी पात्र निरपवाद रूप में टूटते, गिरते, संकुचित होते जाते हैं, परिवेश के बदलाव के सामने झुकने और समझौता करने को बाध्य हैं। जैपाल करैता छोड़कर मीरपुर चले जाते हैं और यह अनुभव कर कि उनका पुत्र बुझारथ वंश-वृक्ष को जड़-मूल समेत उखाड़ देगा, टूटकर मर जाते हैं। कनिया भी अपने वंश को सुरक्षित रखने की जी-तोड़ कोशिश में समेटने लगती है। चमारों ओर ठाकुरों की लड़ाई के अवसर पर जग्गन मिसर अनुभव करते हैं: "जग्गन मिसर को अचानक खलील मियां की सफेद मुर्गी याद आ गई। वह अपने चूज़ों को घेरकर लगाकर पैंतरा बदलते कुत्ते या बिल्ली की ओर मुंह करके बड़ें विश्वास.के साथ ऐसे ही घूरती रहती थी।" जग्गन मिसर सोचते हैं: "किस्मत ही रूठी है, इस गांव की। जब बहुरानी अपना पराया देखने लगी, तो भगवान ही मालिक है इस गांव का।"—कनिया की अपने ससुराल के प्रति निष्ठा, ससुर जैपाल को दिए हुए वचन को अंत तक पालने की दृढ़ता, देवर विपिन पर मातृ-सदृश छाया करने की वत्सलता, कुमार्गगामी पति से संबंध तोड़कर और

उससे उत्पन्न वेदना को मन में पालते हुए भी अपने गरिमामय तेजस्वी व्यक्तित्व से उसे आतंकित करके रखना, बुझारथ के कैद होने पर उसका गुस्सा, निराशा और उत्सर्ग, विपिन को बिदा करते समय समस्त चिंता और व्यथा को झेलने की करुणा—इन विशेषताओं के कारण कनिया की गरिमामयी करुण-मूर्ति पाठक को विलक्षण करुणा से द्रवित करती है।

जग्गन मिसर भी एक अनोखा व्यक्तित्व है। बचपन के नटखटपन से लेकर वृद्धावस्था की गंभीर, शांत परिपक्वता तक का उसका विकसनशील चरित्र गांव की मिट्टी गांव की परंपराओं, शान और प्रतिष्ठा के साथ इस कदर जुड़ा हुआ है कि गांव के प्रति उस अकेले व्यक्ति की सम्पृक्ति मातृभक्ति की तरह उत्कट दिखाई पड़ती है। विपिन से वह अंत में कहते हैं : "तोहमत लगाकर लोग मेहरारू छोड़ते हैं, महतारी नहीं।" तब पाठक को लगता है समूचे गांव में अगर इस प्रकार के वाक्य को कहने का एकमात्र अधिकारी व्यक्ति है तो जग्गन मिसर। उसका अक्खड़पन और उसकी नम्रता, किसी भी व्यक्ति के सामने गलत बात के लिए न झुकने का स्वभाव और परिस्थिति के साथ बदलते रहने की सहजता, खलील मियां, विपिन, शशिकांत मास्टर, देवनाथ और कनिया के प्रति उसकी सजग आस्था और उनकी व्यथा से पीड़ित होने की मृदुता, हरिया, सिरिया, छबिलवा जैसों के प्रति उसका उग्र भाव और किसी भी विपत्ति के अवसर पर अपने को न बचाते हुए झोंक देने का उसका साहसी स्वभाव, व्यर्थ के संघर्ष को समझा-बुझाकर खत्म करने की समझदारी इन सभी विशेषताओं से पाठक जग्गन मिसर के प्रति आत्मीयता अनुभव करता है। इन सभी बहिर्मुखी विशेषताओं के साथ अपनी भौजाई के साथ के अंतःसंबंधों के सुख-दुःख मिश्रित भाव और तनाव में पाठक अपनी वैयक्तिक नैतिक कर्मठता को किनारे रखकर सहानुभूति देता है --यही लेखक की सफलता का द्योतक है।

पाठक को अपने चरित्र के अनोखेपन से प्रभावित करनेवाला एक अन्य पात्र है हरिया। विपिन, देवू, शशिकांत, कल्पू सभी से अधिक प्रभविष्णु पात्र है हरिया। कल्पू को बुरी सोहबत में पड़कर खत्म होनेवाले लड़कों के प्रतिनिधि के रूप में लेखक ने प्रस्तुत किया है। उसके पारिवारिक संदर्भ ने उसके विशिष्ट व्यवहार को स्वाभाविक पृष्ठभूमि भी दी है। परंतु वह एक 'केस' अधिक लगता है, व्यक्ति कम। परंतु हरिया की ऊपरी दुष्टता के आवरण के बावजूद उसकी दृढ़ आत्मशक्ति के कारण उसे वैयक्तिकता मिली है। उसकी तेज बुद्धि और ऊपर से लापरवाही, पढ़ाई के प्रति समर्पित और आवारागर्दी, दूसरे की बौद्धिक क्षमता से अभिभूत होने की प्रवृत्ति और छोटे-छोटे प्रसंगों में भी अपमान की यातना से तिलमिला जाने की आदत, उसकी परिवार के प्रति गहरी दायित्व-भावना और

सबके प्रति उदग्र उद्दण्डता, उसकी अजस्र वाचालता और दूसरे को झूठमूठ भड़का देने की कुशलता, एक ओर समाज परिवार सबके प्रति वितृष्णा का भाव लेकर अंदर ही अंदर धुंधवाते रहने की प्रवृत्ति तो दूसरी ओर यह प्यास कि कोई उसे समझ ले, अपना ले—इन विरोधी रंगों से अंकित हरिया का चित्रण सफल चरित्रों में से एक है। उसकी यह खीझ—"यह अंधा समझता है कि मैं इसे कांवड़ में बिठाकर ढोता रहूंगा"—एक प्रकार से उसकी पिता के प्रति प्रतिक्रिया पारिवारिक बोझ ढोने को विवश सभी युवाओं की वेदना है। असल में अकाल, सूखा, बढ़ता परिवार, बच्चे, बुढ्ढू पत्नी—ये सारी स्थितियां उसको विस्थापित करती हैं; परंतु अंततोगत्वा उसका सही दर्द है–"वह कितना नीच है, जो ये बातें कनिया से कहने चला। कनिया को क्या वह जानता नहीं। मगर वह करे क्या ? सुरजू, बुझारथ, पुष्पा, विपिन, कनिया कोई भी उसे नहीं समझ सकता। सब बड़प्पन दिखाते हैं, उसे नीच समझते हैं, छोटा समझते हैं।"—और यह बुद्धिमान लड़का और सब कुछ सह सकता है, ढो सकता है परंतु यह नहीं सह सकता कि 'सब उसे नीच समझते हैं, छोटा समझते हैं।'—वह भागा। शिवप्रसाद सिंह ने उसके भागने के लिए परिस्थितियों और प्रसंगों का जो क्रमशः संगठन किया है, वह और बारीकी से विश्लेषित किया जा सकता है क्योंकि उसमें बड़ी कलात्मकता है। जैसे किसी कठोर वस्तु को तोड़ने के लिए क्रमशः घाव लगाए जाते हैं और अंतिम आघात से वह टूट जाती है।

पटनहिया भाभी के चरित्र को विशेष नया रूप दिया है और संभवतः हिंदी साहित्य में यह नया रूप है। अच्छे परिवार में लाड़-प्यार में पली यह लड़की कल्पनाथ जैसे नामर्द के पल्ले बांध दी जाती है। मर्यादाओं को वहन करनेवाले परिवार में यह पली है। कुछ पढ़ी-लिखी भी है। अतः उसके भारतीय संस्कारों के अनुरूप ही उसकी मानसिकता भी है। यही कारण है कि देवनाथ, विपिन, मास्टर साहब जैसे युवकों के संपर्क में एक सीमा तक खुलेपन का, उन्मुक्तता का व्यवहार अवश्य करती है परंतु अपनी नारी-सुलभ निष्ठा को (नपुंसक पति के प्रति भी) त्याग नहीं सकती। बच्चों को नंगा कर देखने की उसकी आदत भूखी वासना का एक सीमित रूप है परंतु इसके आगे वह जा ही नहीं सकती। यह तथ्य भी ध्यान में रखना होगा कि वह इस स्थिति को एक सीमा तक झेल सकती है क्योंकि उसने वासना के ज्ञान का फल अभी चखा ही नहीं है। पटनहिया भाभी की उत्तेजक शारीरिक गठन के परिणामस्वरूप विपिन, शशिकांत, देवनाथ उत्तेजित होते हैं परंतु पटनहिया भाभी के अवचेतन में मर्यादा का जो प्रच्छन्न बोध है, वह उसकी रक्षा करता है। पटनहिया भाभी पर विपिन आघात करता है :"अभी आपका भी किसी मर्द से पाला नहीं पड़ा।" इस आघात को झेलती हुई भी पटनहिया भाभी भूलती नहीं है और विपिन बाबू के द्वारा एक बार एकांत में हाथ पकड़ लिए जाने

पर करारा व्यंग्य करती है : "ऐसे भी कोई किसी का हाथ पकड़कर छोड़ता है? ऐसे ही मर्द हैं आप?" अपने पैरों पर खड़ी होना चाहती थी भाभी, परंतु लोग उस पर 'किरपा' ही करना चाहते थे। कोई कारण नहीं है कि उसके अंतिम पत्र पर अविश्वास किया जाए।

वैसे इस उपन्यास में ऐसे अनेक छोटे-बड़े पात्र हैं जो अपनी विशेषता के कारण स्पष्ट और न भूलनेवाला प्रभाव छोड़ जाते हैं : सरूप भगत, जगेसर, सिरिया, बुझारथसिंह, सुरजूसिंह, हरखूसिंह, घुरबिनवा, झिनकू, बुल्लू पंडित इत्यादि। स्त्रियों में पुष्पी अपनी मासूमियत और अकारण प्राप्त पीड़ा की शिकार के रूप में, मिसराईन अपनी मांसल उत्तेजक शारीरिकता के कारण, सुगनी अपनी शोख चंचल हरजाईपन के कारण प्रभाव डालती हैं।

निर्वासन (Alienation)

वैसे समूचा 'अलग-अलग वैतरणी' मनुष्य के किसी-न-किसी रूप में निर्वासन की करुण कहानी बताता है। सब 'करैता' को छोड़ रहे हैं। अपनी उच्च शिक्षा का उपयोग गांव की मिट्टी को देने के लिए उत्साह से आए हुए विपिन, देवनाथ भयानक रूप में ऊब कर चले जाते हैं। विपिन की यह प्रतिक्रिया—"मारो साले गांव को गोली।—साल-भर तक मैंने इस गांव में रहकर यह जान लिया है कि यहां किसी भले आदमी का रहना मुश्किल है। यह एक जीता-जागता नरक है जिसमें वही आता है जिसके पुण्य समाप्त हो जाते हैं। चारों ओर कीचड़, बदबूदार नाबदान, गू-मूत, बीमारियां, कुलबुलाते कीड़े, मच्छर, जहरीली मक्खियां—इसके बीच भुखमरी, डरावनी हड्डियों के ढांचे, किचरीली आंखों और बीमारी से फूले पेट वाले छोकरे, घरों में बंद गंदगी में आपाद-मस्तक डूबी औरतें जो एक-दूसरी को खुलेआम चौराहे पर नंगियाने में ही सारा सुख और खुशी पाती हैं, धुंधवाते मन के अपाहिज जैसे नवयुवक जो अंधेरी-बंद गलियों में बदफैली करने का मौका ढूंढ़ते फिरते हैं, हारे-थके प्रौढ़ जो न गृहस्थी के जुए को उतार पाते हैं, न उसमें उत्साह से जुटा पाते हैं, मौत का इंतजार करते बुड्ढे अपने ही बेटों-बेटियों से उपेक्षित बिलबिलाते रहते हैं—यही है न हमारी जन्मभूमि करैता।" —इस लंबे भाषण में जो यथार्थ का वर्णन है उसको उतने ही प्रखर रूप में लेखक ने उपन्यास में चित्रित किया है, ऐसा नहीं कहा जा सकता। औरतों के बारे में जो तथ्य दिया है, वह सही है; परंतु प्रस्तुत उपन्यास में उसका चित्रांकन नहीं है (रेणु की 'परती : परिकथा' में वह है)। परंतु विपिन ने जो 'नरक' देखा, उससे वह दूर भागना चाहता है—प्रश्न तो उसके भी सामने है : लेकिन जाए कहां? करैता की बंजर भूमि में विश्वास और अनन्य परिश्रम से गुलाब के फूल उगाने की आकांक्षा रखनेवाला शशिकांत एक दिन बदनाम होकर भाग जाने को विवश

हो जाता है। यह ध्येयोन्मुख आदर्शवाद का 'करैता' से पलायन है। खलील चाचा की कथा इन सबमें अधिक वेदनापूर्ण और अधिक गहन भी है। उनका उखड़ना एक पाक, दरियादिल भारतीय मुसलमान का उखड़ना है और उसकी हमें जबर्दस्त कीमत देनी पड़ सकती है। मेधावी, परिश्रमी परंतु हठी हरिया का परिवार, समाज, गांव सबसे निर्वासन; एक तरह से कर्मरत व्यक्ति की हार है। पुष्पी विवाह का फांस गले में बांधकर चली जाने को बाध्य है और यह विवाह उसके साथ घटी दुर्घटना का परिणाम है। जैपालसिंह भी मृत्यु से पहले 'करैता' छोड़कर मीरपुर चले गए थे। पारिवारिक बोझ, कुमार्गगामी पति और ढहती जमींदारी की दीवारों के नीचे कनिया के आत्म-संकोच की करुण-कथा आत्मा को दुःखी बना देती है। जगेसर चौधरी ने गांव से जाते समय "मन ही मन कसम खा ली कि अब वह भी इस बीरबावनपुर नगर में लौटकर नहीं आएगा।" बिधेसरी लुहार चार-चार दिन फाके करने की मजबूरी से भयानक रूप में तंग आकर मिर्जापुर के जंगल में लकड़ी काटने के लिए जाने पर विचार करता है। सुरजितवा ने पिता से झगड़कर गांव की दरिद्रता से तंग आकर कस्बे में लाण्ड्री खोली है। झिनकू ज़मीन से उखड़कर सड़क बनवाने के काम में जुट गया है। गांव के प्रायः सभी काम करनेवाले शहर जाते हैं—सब रास्ते शहर की ओर। रहते हैं जग्गन मिसर तथा उन जैसे बूढ़े। जग्गन मिसर निष्कर्ष देते हैं : "आप जा रहे हैं विपिन बाबू, जाइए। कोई आपको उसके लिए दोष भी नहीं देगा। सभी जाते हैं। हमारे गांवों से आजकल इकतरफा रास्ता खुला है—निर्यात। सिर्फ निर्यात। जो भी अच्छा है, काम का है, वह यहां से चला जाता है। अच्छा अनाज, दूध, घी, सब्जी जाती है। अच्छे मोटे-ताजे जानवर, गाय-बैल, भेड़-बकरे जाते हैं। हट्टे-कट्टे मजबूत आदमी जिनके बदन में ताकत है, देह में बल है, खींच लिए जाते हैं पल्टन में, पुलिस में, मलेटरी में, मिल में। फिर वैसे लोग, जिनके पास अक्ल है, पढ़े-लिखे हैं यहां कैसे रह जाएंगे ? वे जाएंगे ही। जाना ही होगा।"

'अलग-अलग वैतरणी' का सारा वातावरण, अकाल, सूखा और चिलचिलाती धूप से भरा पड़ा है। यहां के मेले, त्यौहार, स्कूल, सामूहिक जीवन के अन्य माध्यम—पंचायत, बिरादरी की बटोर, सब तेजी से अपनी रौनक, जीवंतता और शान खोते जा रहे हैं। बीच नवम्बर की धूप के, घास की सौंधी सुगंध के प्राकृतिक वर्णन उपन्यास की प्रत्ययकारिता को तीव्रता देते हैं।

'अलग-अलग वैतरणी' का बौद्धिक और नैतिक स्तर

शिवप्रसाद सिंह के उपन्यास की प्रमुख सीमा उनके बौद्धिक स्तर की साधारणता है। समस्त उपन्यास के तीन पात्र—जग्गन मिसर, विपिन, शशिकांत मास्टर—इस दृष्टि से विवेच्य हैं। इनकी बहुत बड़ी सीमाएं हैं जो उपन्यास में

महत्त्वपूर्ण काम करने से इन्हें रोकती हैं और उपन्यास के बौद्धिक स्तर को ऊंचा नहीं उठने देतीं। परिणामतः उपन्यास में वह प्रखरता, काठिन्य और पुष्टता (जो स्वास्थ्य की द्योतक है) आने से रह जाती है जो किसी भी श्रेष्ठ रचना के लिए आवश्यक है। जग्गन मिसर की शिक्षा-दीक्षा की कमी उन्हें बहुत गहरे जाने नहीं देती—"मिसर की यह एक अजीब आदत है। जब तक बातचीत सतह पर चलती रहेगी, वे एक कुशल तैराक की तरह धक्के दे-देकर लहरों के ऊपर लेटकर लहरों से खिलवाड़ करते रहेंगे। मुंह में पानी भर-भरकर कुल्लियां छोड़ते रहेंगे। मगर सहसा कहीं बातचीत का कोई अंश गले के नीचे उतर जाए तो मिसर सुस्त होकर किनारे पर आकर बैठ जाएंगे"— लेखक द्वारा किया गया यह मूल्यांकन सही है जिसके लिए मिसर दोषी नहीं है; परंतु उपन्यास संसार का स्तर अवश्य नीचे गिरता है। उनके माध्यम से देवर-भौजाई संबंध की नैतिक समस्या को लेकर बहुत ऊंचे स्तर पर उपन्यास को उठाया जा सकता था; क्योंकि वहां मानवीय वासना परंपरागत सत्य को झकझोर देती है; परंतु मिसरजी के पाप-बोध की गहनता अधिक नहीं थी। उनकी चिंता यही थी कि जग-हंसाई न हो जाए। वे अपने सौम्य से अपराध-बोध से समझौता करते हैं। मेधावी हरिया की संभावनाएं युवावस्था में ही समाप्त हुईं। शशिकांत मास्टर के विवेचन की सीमा केवल नई पीढ़ी पर पड़नेवाले दुष्परिणामों तक सीमित है—कल्पनाथ और मुंशी जवाहर मास्टर के निमित्त से इन दुष्प्रभावों को उदाहृत किया गया है। वस्तुतः यहां भी लेखक की बौद्धिक सीमा स्पष्ट हो जाती है। कल्पनाथ 'बुरी सोहबत' में पड़कर गंदी आदतें सीखता है और परिणामतः नपुंसक होकर उसके जीवन का सर्वनाश हो जाता है। लेखक ने कल्पनाथ के पारिवारिक संदर्भ और उसके शरीर की सुंदरता इत्यादि के वर्णन की आवश्यक पृष्ठभूमि अवश्य दी है परंतु समस्त विवेचन् अतिरेकपूर्ण है। लगता है इस वैद्यकीय समस्या को लेकर लेखक अनावश्यक रूप में चिंतित हो उठा है। ऐसे मामलों में लेखक ने हैवलाक एलिस जैसे उस विषय के गहन अध्येता की साक्ष्य ली होती और लेखक किसी भारतीय शिवानंद स्वामी से प्रभावित न हुआ होता तो समस्या को उतना महत्त्व न दिया जाता। इस समस्या की ओर अधिक संतुलित रूप में संकेत इससे पहले किया है—अश्क ने 'गिरती दीवारें' में। वस्तुतः बुल्लू पंडित और कल्पनाथ की मानसिकता का अधिक सही और विशद् विश्लेषण होता तो हिंदी साहित्य में यह अनोखी रचना होती।

इस उपन्यास का सबसे कमजोर पात्र है विपिन। पुष्पी को चार सौ रुपये थमाना, जग्गन मिसर के पक्ष को लेकर थानेदार को चुनौती देना और बुझारथ-पुष्पी प्रसंग में दोष अपने माथे पर लेना —इसके सिवा वह गांव की सभी घटनाओं का तटस्थ उदासीन द्रष्टा मात्र है। बुझारथ-पुष्पी वाला प्रसंग समूचा नाटकीय है—

एक ओर सिरिया सरजूसिंह और दूसरी ओर खुदायक्ष जैसे लोगों के सामने विपिन का झूठा दोष माथे पर लेना कोई विशेष मानी नहीं रखता। विपिन का यह 'उत्सर्ग वीर' रूप भावुक पाठक की सहानुभूति भले ही बटोर ले, हास्यास्पद लगता है। घराने की प्रतिष्ठा जैसे सामंतवादी मूल्य को अनायास तरजीह मिलती है, सो अलग। इतिहास में एम० ए० करनेवाले इस मेधावी परीक्षार्थी की जन्म-भूमि का सुधार करने की आकांक्षा कितनी कच्ची बौद्धिक नींव पर और पिलपिली भावुकता पर खड़ी है!! इस व्यक्ति में जमींदारी के टूटने पर अच्छी अथवा बुरी कोई प्रतिक्रिया नहीं जगती। गांव के सामाजिक जीवन में वह रस नहीं लेता। घराने की प्रतिष्ठा और मर्यादाओं तथा परंपराओं के बारे में कहीं प्रश्नचिह्न से यह व्यक्ति आलोड़ित-विलोड़ित नहीं होता। अंत तक वह अपने आत्म-केंद्रित सीमित घेरे में ही बंद रहता है। वस्तुत: शिवप्रसाद सिंह भी जानते हैं कि वह कापुरुष और कमजोर है। प्रश्न उनके जानने का नहीं है। ऐसे निष्क्रिय और आत्म-केंद्रित पात्र की योजना करने के कारण औपन्यासिक प्रसंगों और स्थितियों में जो तनाव, विरोध, रस्सी-खेंच होनी चाहिए, वह नहीं होती। जटिलता के स्थान पर सरलीकरण होता है। उपन्यास भावुक स्तर पर ही चलता है। विपिन का व्यावहारिक सूत्र जो पुष्पा के प्रसंग को लेकर वह कहता है—"जो हो रहा है, वही हो। इस होने से रोकने की कोशिश में वह बेदाग नहीं बचेगा।" यह तट-स्थता, निष्क्रियता, आत्मसंकोच—"वह बेदाग नहीं बचेगा' वाली प्रवृत्ति उसके गांव सुधार को, उसकी विरल भावात्मक प्रतिक्रियाओं को 'बड़बोलापन' सिद्ध करती है। वह कहीं भी गहरे स्तर पर संपृक्त नहीं होता—न परिवार से, न गांव से, न अपनी भाभी कनिया से भी। पटनहिया भाभी का व्यंग्य सही था—'ऐसे मर्द है आप।' इस शिक्षित और प्राध्यापक बननेवाले व्यक्ति की मानसिकता इतनी लचर है कि वह पुष्पी को स्वीकार नहीं करता, इसलिए कि गांव में उसकी अप्रतिष्ठा हो गई है। पटनहिया भाभी के संबंध में सोचता है: "एक ही हरामज़ादी थी यह भी औरत।" उसका मित्र देवनाथ भी कहता है, "क्या ? उस हरामज़ादी कुतिया ने ऐसा लिखा है भाभी को ?"–लगता है उपाधियां पाने के बावजूद गांव के हरिया, सिरिया में और इनमें स्त्री को लेकर अधिक संमानित दृष्टिकोण नहीं है—वही सामंतवादी दृष्टिकोण है! अत: जब अंत में विपिन कहता है—"सिर्फ अपने प्रति पहले से ज्यादा ध्यान देना चाहता है।" (यहां लगता है, लेखक खुद उन साधारण शिक्षितों को समर्थन देता है जो विपिन की तरह भागने को विवश हुए हैं—इसकी क्या जरूरत थी ?) तब आश्चर्य नहीं होता। खेद भी नहीं, क्योंकि वह उसका शुरू से दृष्टिकोण रहा है। इससे गिला-शिकवा भी नहीं है। हो सकता है उसके माध्यम से संपूर्ण शिक्षित युवा पीढ़ी को शिवप्रसादजी प्रस्तुत करना चाहते हों परंतु उसके दुर्बल कंधों पर आवश्यकता से अधिक भार देने का

अकलात्मक कार्य उपन्यासकार ने किया है परिणामतः औपन्यासिक रचना का बौद्धिक स्तर ही उतना समर्थ, पृथुल और पुष्ट नहीं बन पाया है ।

ऊपर निर्वासन (Alienation) की बात उठाई गई है । एक स्पष्टीकरण उसके संबंध में देना आवश्यक है । जिस मार्क्सवाद और अस्तित्ववाद के संदर्भ में यह समस्या प्रचुर रूप में उठाई जाती रही है, वह मानसिक, बौद्धिक संदर्भ शिवप्रसादजी अपने उपन्यास को नहीं दे सके हैं । स्थिति के यथावत् वर्णन के स्तर पर ही समूचा उपन्यास रहता है—दार्शनिक कोण से, साहित्यिक नहीं । संभावना चरितार्थ नहीं हुई—यही संकेत देना था । पता नहीं शिवप्रसादजी का इन आधुनिक दर्शनों का अध्ययन कितना मूलग्राही है, परंतु अगर हो भी तो उसके परिणामस्वरूप प्रस्तुत उपन्यास को कोई दार्शनिक आयाम मिला है, ऐसा प्रतीत नहीं होता ।

शिवप्रसाद सिंह और फणीश्वरनाथ 'रेणु'

यद्यपि किसी एक रचनाकार की तुलना दूसरे रचनाकार से करना खतरे से खाली नहीं होता, फिर भी रचना के प्रति अधिक स्पष्टता और मूल्यांकन के संबंध में अधिक निर्भ्रांति उत्पन्न होने के लिए यह आवश्यक है। यद्यपि शिवप्रसादजी अपने उपन्यास को 'आंचलिक' कोटि में नहीं रखना चाहते, फिर भी ग्राम्य जीवन के चितेरा के रूप में 'गोदान', 'मैला आंचल', 'परती : परिकथा' जैसी पूर्ववर्ती सशक्त रचनाओं के साथ तुलना अनिवार्य-सी हो जाती है ।

आधुनिक साहित्य तेजी से पुरानी भावात्मक दृष्टि और शैली को त्यागता जा रहा है, फिर भी जीवन का प्रतिरूप बनाने की आकांक्षा रखनेवाले उपन्यासकार को संसार के कर्म-व्यापार में निहित भावात्मकता को अनदेखा नहीं करना चाहिए । ग्रामीण जीवन तो आधुनिकता की प्रक्रिया से अभी दूर है, अतः भावात्मकता की वहां अधिकता होना स्वाभाविक है । फिर चूंकि ग्राम्य जीवन प्रकृति के अधिक निकट है; गांव के वाशिंदों का राग-द्वेष, घृणा-प्रेम अधिक उत्कट और तीव्र होना स्वाभाविक है, भले ही उसमें जटिलता न हो । आज के संदर्भ में नगर-जीवन की जटिलता के निकट धीरे-धीरे आनेवाले गांवों के भाव-जीवन का जो बदलता रूप है, उसको शक्तिमत्ता के साथ वर्णन करना उपन्यासकार की कसौटी है । रेणु ने महत्त्वपूर्ण दिशा-निर्देशन इस संबंध में किया है ।

'रेणु' गांव के सामूहिक जीवन को पूरी नाट्यात्मकता के साथ ठोस और जीवंत रूप में मूर्त्त करते हैं । शिवप्रसाद सिंह के मेले, त्यौहार के वर्णनों से तथा बटेर, कुश्ती के दंगल आदि के वर्णनों से रेणु के वर्णनों की तुलना की जाए तो स्पष्ट हो जाता है कि रेणु की सफलता तक शिवप्रसादजी नहीं पहुंचते । शिवप्रसादजी की दृष्टि व्यक्ति पर अधिक केंद्रित रहती है—रेणु जहां नट्टिन टोली

को समस्त बारीकियों के साथ प्रस्तुत करते हैं, वहां शिवप्रसादजी की दृष्टि का केंद्र 'सुगनी' है। फिर भी व्यक्ति की अपनी खास बोली, शारीरिक गठन, स्वभाव के विशिष्ट पहलू इत्यादि का सशक्त संकेत करते हुए उसको भीड़ में भी औरों से अलग करने की जो क्षमता 'रेणु' में है, वह शिवप्रसाद में नहीं है। शिवप्रसाद के समस्त पात्रों में एक सिरिया है जो 'जेबा से' का प्रयोग करता है—अन्य पात्रों के भाषणों में विशेष अंतर नहीं है। किसी भी पात्र को उसकी विशिष्ट बोली, अदा, विशिष्टता नहीं मिली है। भाषा की ध्वन्यात्मक, सूचनात्मक समृद्धि का पग-पग पर चकित करनेवाला जो अंश रेणु खोलकर पाठक के सामने रख देते हैं, वह शिवप्रसाद नहीं कर सकते। संगीत, कीर्तन, नाच आदि कला के रसात्मक प्रसंगों का प्रतीतिकारी चित्रण करते हुए कलाकार के व्यक्तित्व को साकार करने की क्षमता रेणु में है—शिवप्रसादजी उसका वर्णन करते हैं। गांव के मनोविज्ञान की जानकारी दोनों को है परंतु रेणु जितना वैविध्य में उसका रेखांकन करते हैं, उतने व्यापक और वैविध्यपूर्ण रूप में शिवप्रसाद सिंह नहीं कर सकते। रेणु की दृष्टि उल्लासमय प्रसंगों पर अधिक रमती है जबकि शिवप्रसाद की दुःखमय। परंतु वेदनामय जीवन के रेणु के चित्र शिवप्रसादजी की तुलना में कम सशक्त नहीं हैं। बौद्धिकता के विविध विलासों का समृद्ध प्रत्यय रेणु के उपन्यासों में अनेक स्तरों पर आ जाता है—विचार, भाव, शब्द-शक्ति, संभाषण कला, शैली की विदग्धता इत्यादि। शिवप्रसाद के उपन्यास में विदग्धता और वक्रता के वैसे चमत्कारपूर्ण दर्शन कम मिलते हैं। रेणु का कैनवस भी अधिक व्यापक होता है राजनीति की गहरी छाया के फैलने से गांव का जीवन नीचे से ऊपर तक कैसे उद्वेलित होता है, इसका चित्रण जैसा रेणु में है वैसा शिवप्रसाद में नहीं। ले-देकर शिवप्रसाद के उपन्यास में एक सुखदेव है और कभी-कभार लच्छीराम आ जाते हैं या बीच में एक बार सूरजभान आकर तेज-तर्रार भाषण दे जाता है। रेणु के उपन्यासों में विविध पार्टियों के कार्यकर्त्ता गांव में उधम मचाते हैं। जीवन के नैतिक, प्रश्नों को लेकर पाठक को सोचने को बाध्य करना, महान उपन्यासकार की एक कसौटी मानी जाए तो यहां भी 'रेणु' बेशी पड़ते हैं। रेणु के उपन्यास को पढ़ते समय हम अपनी परंपराओं के मूल स्रोतों तक पहुंचना चाहते हैं। शिवप्रसाद बहिर्मुख जीवन के चित्रण में अधिक रमते पाए जाते हैं। शिवप्रसाद में सब कुछ स्पष्ट है। स्तर पर है। अधिक गहरे जाने का, गूढ़ और रहस्यमय उलझन में फंसने का डर वहां नहीं है।

सामर्थ्य और सीमा

परिवेश के प्रति पर्याप्त सजगता और उसका ब्यौरेवार वर्णन करने की ओर प्रवृत्ति होते हुए भी यह उपन्यास दस्तावेज नहीं बना है। इसका मुख्य कारण

मनुष्य में शिवप्रसादजी की विशेष रुचि है। मनुष्य के मन में पैठने की क्षमता और विभिन्न व्यक्तित्वों को अपेक्षित सीमा तक मूर्त्त करने की क्षमता के कारण यह रचना सर्जनात्मक कृति हो जाती है—एक अच्छी सशक्त रचना। परिवेश की प्रामाणिक पहचान के कारण इनके उपन्यास का वातावरण जहां स्वाभाविक, सहज, विश्वसनीय और प्रत्ययकारी बना है, वहां इस परिवेश में क्रियाशील दुर्बल-सबल चरित्रों में रुचि रखने के कारण पर्याप्त जीवंतता उपन्यास में आ गई है। कनिया, जग्गन मिसर, जैपाल, हरिया, पटनहिया भाभी जैसे जीवंत पात्र पर्याप्त मनोवैज्ञानिक सूझबूझ से उभारे गए हैं और इन्हीं के कारण उपन्यास कतिपय दोषों के बावजूद, सीमाओं के रहते हुए भी अगर हो जाता है। जग्गन मिसर और मिसराइन के संबंधों की भावात्मक अंतर्कथा उपन्यास के रसात्मक प्रसंगों में सिरमौर है। पटनहिया भाभी से संबद्ध प्रसंग भी विविध प्रकार से रस-सिक्त हैं। विविध प्रसंगों के माध्यम से उभारी गई अमुखर कनिया की व्यथा ने उपन्यास को बहुत बड़ी प्राणवत्ता दी है। उसकी व्यथा की समग्र विभावन सामग्री का कुशल उपयोजन कनिया को एक 'दुःख मूर्ति' के रूप में साकारता देता है। खलील मियां की मानवीय व्यथा ने उपन्यास के धरातल को व्यापकता और गहराई के आयाम देकर 'महत्त्वपूर्ण' बनाने में योग दिया है। जगेसर चौधरी की कथा अपनी ओर से रंग जमाती हुई छुटभैये जमींदारों की नई वास्तविकता को उजागर करती है और स्वातंत्र्य के युग में नौ रईसों की तरह नए संस्कारहीन एवं परंपराहीन जमींदारों का जो वर्ग पैदा हो गया है, उसकी आक्रामक उद्दंडता के फलस्वरूप सामान्य जनता किस प्रकार अधिक पीड़ित है; इसका प्रभावपूर्ण चित्र खींचती है। चमार टोली के कथा-भाग से भी उपन्यास का सामाजिक आशय अधिक समृद्ध हुआ है। घुरबिनवा-सुगनी संबंध ('परती : परिकथा' में राजमनी-सुधना संबंधों से तुलनीय) में बाल-मनोविज्ञान का अच्छी तरह उपयोग किया गया है। यद्यपि प्रतिभा, बौद्धिकता या चिंतनपरकता से ओतप्रोत व्यक्तित्वों का निर्माण शिवप्रसाद सिंह नहीं करते, फिर भी सामान्य व्यक्तित्व की पीड़ा, व्यथा, ईर्ष्या, प्रतिहिंसा, क्रोध, लालसा, वासना, आसक्ति, प्रणय, निराशा, चातुर्य, इत्यादि भावों का परिपुष्ट चित्रण शिवप्रसाद सिंह कर सकते हैं। प्रकृति चित्रण में शिवप्रसादजी प्रायः अभिधात्मक स्तर पर ही रहते हैं—प्रतीकों या अन्य व्यंजनाओं से काम नहीं लेते। फिर भी कातिक के आसपास का वर्णन प्रत्ययकारी है। पानी की प्रतीक्षा में सूखती धरती का चित्र भी प्रभावपूर्ण है।

अनेक कमियों के बावजूद 'गोदान', 'मैला आंचल', 'परती : परिकथा' के बाद एक महत्त्वपूर्ण ग्राम्य जीवन की गाथा के रूप में हिंदी साहित्य में 'अलग-अलग वैतरणी' का नाम निस्संदेह गौरव के साथ लिया जा सकता है।●

ऋतुचक्र

श्री इलाचंद्र जोशी का 'ऋतुचक्र' समसामयिक, सांस्कृतिक एवं सामाजिक विचारधाराओं तथा राजनैतिक कुटिल परिवेश से उत्पन्न मूल्यहीन भ्रष्ट जीवन प्रणालियों के विरोध में वैचारिक धरातल पर सशक्त स्वर उठाता है। 'ऋतुचक्र' का 'अनुभव-विश्व' भावनात्मक आलोड़न-विलोड़न, भंवरदार तूफानी आवेग या आर्त्त आक्रोश तथा भयानक चीख-पुकार से प्रायः मुक्त है; यद्यपि उक्त स्थिति के ंयत संकेत इसमें आ गए हैं। सामयिक युवा-जीवन और उनके द्वारा रचित अधिकांश साहित्य में नारकीय, घिनौने और ऊबाऊ यथार्थ के यथावत् अंकन का बोलबाला है। संत्रास, ऊब, खीझ, मितली, निरर्थकता, घृणा, खोखलापन, अकेलापन, बेमानीपन, घुटन, दबाव, पीड़ा, गुस्सा, तलखी, हत्या, आत्महत्या, अहं का विगलन या अतिरेकी विस्फोट, आत्मनिर्वासन, सर्वथा नकार इत्यादि शब्दों और इन शब्दों से संकेतित मन:स्थितियों की भीड़ लगी हुई है—बहुतांश में फैशन के या नकली अनुकरण के तौर पर। अपनी 'आइडेंटीटी' को भूल जाने के साथ-साथ मानवीय 'अहं' के अस्तित्व के प्रति शंका उठाई जाने लगी है। प्राकृतिक तथा मानवीय सौंदर्य की स्वाभाविक पिपासा, आदर्श एवं उदात्त के प्रति सहज आकर्षण, मानवीय गरिमा एवं मूल्यवत्ता, गतिशील रोमांटिकता, स्त्री-पुरुषों के बीच का सहज नैसर्गिक एवं उच्च आत्मिक प्रेमानुभव, मानवीय निष्कलुष स्नेह, विशाल सहानुभूति, जीवन के ऐंद्रिय तथा अतींद्रिय छोटे-बड़े सुख, नियति के प्रति सश्रद्धा-समर्पण, शाश्वतता या चिरकालिकता में आस्था इत्यादि मानवीय स्थिति के पहलुओं की आज के अधिकांश साहित्य में उपेक्षा, अवहेलना अथवा कुटिल निंदा पाई जाती है। श्री जोशी ने इस साहित्यिक फैशन के विरुद्ध गंभीर, सशक्त एवं प्रासंगिक आवाज उठाई है। इस सशक्त स्वर को पुनरुत्थानवादी कहकर मजाक भी उड़ाया जा सकता है या इसे 'अल्ट्रा-मॉडर्न' विद्रोह भी कहा जा सकता है—यह दृष्टिकोण पर निर्भर है। चूंकि इसमें तथाकथित आधुनिकता का प्रतिशोध ही सही, परंतु वैचारिक धरातल पर सशक्त विश्लेषण है—इसे सहज ही में पुनरुत्थानवादी रोमांटिकता का लेबल नहीं लगाना चाहिए। इस समस्त चिंतन

के मूल में आधुनिक विचारधाराओं से परिचय ही नहीं, घनिष्ठ लगाव भी है; प्रतिबद्धता से उत्पन्न आंतरिक व्याकुलता और सरोकार है। चूंकि यह उपन्यास विचार-प्रधान है, इसके 'अनुभव-विश्व' की समीक्षा वैचारिक स्तर पर भी होनी चाहिए। इसमें चित्रांकित स्वस्थ रोमानी सौंदर्य से ओतप्रोत, उल्लास-पुलक से भरपूर, रंगीनी और रसवत्ता से सराबोर जीवन की स्थितियों के कारण इसे जो भावनात्मक सप्राणता मिली है, उसके कारण समीक्षा उस स्तर पर भी होनी अवश्यंभावी है।

ऋतुचक्र : जीवन-दर्शन

प्रस्तुत उपन्यास में इलाचंद्रजी ने मुख्यतः अस्तित्ववादी दर्शन के विरोध में आवाज उठाई है। परंतु इसके विवेचन में एक महत्त्वपूर्ण अड़चन यह उत्पन्न होती है कि श्री जोशीजी का 'अस्तित्ववाद' के संबंध में मूल रुख या वैचारिक कोण पकड़ना मुश्किल हो जाता है। मुश्किल इस कारण होती है कि यह पता नहीं लगता कि श्री जोशी मूलभूत अस्तित्ववादी जेन्युइन मान्यताओं का प्रत्याख्यान कर रहे हैं या अस्तित्ववाद से हल्के ढंग पर जो प्रभाव ग्रहण किया है, उस अधकचरे, अधपचे प्रभाव से विरोध दर्शा रहे हैं। पृष्ठ 113 पर दादा नकुलेश को अस्तित्ववादी कहते हैं और लगे हाथों यह भी सुनाते हैं, "तुम अस्तित्ववादी हो, ठीक है। बने रहो। इससे मेरा कोई विरोध नहीं है। पर अपनी व्यक्तिगत प्रतिक्रियाओं और उलझनों को अस्तित्ववादी सिद्धांतों में मत घोलो।" यहां स्पष्टतः लगता है नकुलेश की मुद्रा अस्तित्ववादी है, असल में वह जैन्युइन अस्तित्ववादी नहीं है। परंतु उपन्यास में हर बार उसे 'अस्तित्ववादी' माना गया है—मजाक या व्यंग्य के रूप में नहीं। यह विवेचन भी शंकित करता है—"अस्तित्ववादी विचारधारा का जो अत्यंत विकृत रूप आज के बुद्धिजीवियों के सस्ते बाजारों में पाया जाता है, वह आज के सामूहिक भ्रष्टाचार और विश्वव्यापी पागलपन के युग में अच्छा अवसर पाकर बड़ी तेजी से कच्चे मस्तिष्कों में घर करता चला जा रहाहै।" (पृ० 218) इस प्रकार के विवेचन से जोशीजी के असली अस्तित्ववाद का अभिप्राय समझना मुश्किल हो गया है। इलाचंद्रजी की सम्मानित नायिका चित्रा सार्त्र और कामू को लेकर जिस प्रकार डांटती है, उससे यह मुश्किल और बढ़ जाती है, "सार्त्र और कामू ने अस्तित्ववाद को सड़ाकर जो शराब तैयार की है, उससे अपनी आत्मा को गलाकर तुम केवल एक बनावटी बीटनिक बनकर रह गए।" (पृ० 51) यह भाषा खासी धोखा पैदा करनेवाली है। फिर नकुलेश और चित्रा दोनों को अस्तित्ववादी करार कर चित्रा को अधिक प्रौढ़, स्वतंत्र, चिंतनशील नारी माना गया है और उसके 'क्षणवादी' जीवन दृष्टिकोण से उत्पन्न 'मृत्यु' विषयक भयहीन, निस्संग समर्पण की सराहना भी की गई

है। अतः अस्तित्ववाद के प्रत्याख्यान के केंद्र में असली अस्तित्ववादी चिंतनधारा है या उसका छिछला और घटिया रूप, जो आज के युवा-वर्ग पर पड़ा हुआ है; वह है ?

फिर भी इससे वैचारिक स्तर पर कुछ क्षति पहुंचती अवश्य हो, औपन्यासिक सौंदर्य एवं महत्ता को बहुत हानि नहीं पहुंचती। इलाचंद्र जोशी ने जिन मानसिक स्थितियों का प्रस्तुतीकरण किया है, चिंतन के जिस धरातल का निर्देश किया है, सुविधा-भोगी समाज की खोखली वैचारिकता का जो पर्दाफाश किया है; वह सब आज विस्तृत रूप में बुद्धिजीवी वर्ग पर यथावत् लागू हो जाता है। आधुनिकता के फैशन को गलत ढंग से उठाए जाने के मोह में अस्तित्ववाद की असली स्थिति या मानवीय सरोकार को न समझकर, उसके गलत प्रभावों से, अपनी निष्क्रिय, कुंठित, अवदमित और घोर रूप से नकारात्मक मनःस्थिति के साथ संगति देखकर उस दार्शनिक मुद्रा को अपनाए जाने के फलस्वरूप आज एक बहुत बड़ा युवा-वर्ग निश्चय ही गुमराह हो रहा है। इस गुमराह युवा-वर्ग को सशक्त रूप में श्री जोशीजी ने चुनौती दी है और यह कार्य कम श्रेयस्कर नहीं है।

आदर्श और यथार्थ : द्वंद्वात्मक स्थिति में ?

आज के तथाकथित आधुनिक युवा-वर्ग का एकांगी दृष्टिकोण, आदर्श और यथार्थ, रोमांटिकता और यथार्थ के द्वंद्व को चिरंतन मानने में प्रकट होता है। वस्तुतः क्या ये दोनों प्रवृत्तियां इतनी विरोधी हैं कि इनमें सतत् संघर्ष की ही कल्पना की जाए ? कृष्ण के हाथ में गदा है, चक्र है तो कमल भी है। यथार्थ के अधिकाधिक विकट रूप को देखने के मूल में क्या संवेदनशील मन की आदर्श परकता एवं रोमानी आकांक्षा नहीं है? इनके अभाव में क्या यथार्थबोध निरंतर जड़ नहीं होता जाएगा ? यथार्थ को नंगे रूप में देखने के प्रयास में जीवन की विषमता, दरिद्रता, राजनैतिक षड्यंत्र, हिंस्रता, स्वार्थ, छल-कपट, सड़न और गलन पर दृष्टि अधिक केंद्रित होती है। परिणामतः मनुष्य की स्थिति 'ऋतुचक्र' के माणिक-लाल जैसी हो गई है जो बचपन में टैनिंग फैक्टरी की भयानक दुर्गंध से इतना अस्वस्थ हो जाता है कि उसका समूचा मनोकोष ही विस्फोटित एवं अव्यवस्थित हो जाता है और जीवन में सब जगह दुर्गंध ही दिखाई देती है। सुंदर फल के रस, गंध और स्वाद की अपेक्षा उसकी सड़न से ही वह आविष्ट हो जाता है। रंग, रस, गंध का यथार्थ उसके हाथ से खिसक जाता है और रह जाता है अपनी ही सड़ी आक्रामकता का जहर। माणिकलाल की यथार्थ के गंदे और सड़ते हुए पहलू को देखने की 'इनट्वीशन' का मजाक उड़ाते हुए दादा कहते हैं, "गलनशीलता के तत्त्व का अस्तित्व इतना सुस्पष्ट और स्वयंसिद्ध है कि उस पहाड़ी अंचल की सभी पगडंडियों के किनारे-किनारे पेड़ों से झड़े हुए सेवों और प्लमों की जो सड़न

बिखरी पड़ी है वह चिल्ला-चिल्लाकर उसकी घोषणा कर रही है।···इनट्वीशन तो चाहिए उस गलनशीलता की खाद से सार पाकर नित नए वसंत में उगते रहने-वाले सफेद और गुलाबी फलों की बहार को देख पाने में, जो ऋतु आने पर फिर रंग-बिरंगे ताजा सेवों और टटके प्लमों को उगाकर फिर नए सिरे से पेड़ों की टहनियों को उनके भार से झुका देते हैं।" (पृ० 245)

इलाचंद्र जोशी ने आज नारकीय यथार्थ का परिचय देने वाले ढेरों उपन्यासों के विपरीत जीवन के, रस, रंग, गंध, सौंदर्य का तथा ऐंद्रिय या अतींद्रिय सुखद अनुभूतियों के यथार्थ का संसार सर्जित कर प्रस्तुत किया है। आज इस ताज़गी का झोंका साहित्य में आवश्यक भी है जिससे हमारी रुचि, स्वाद, क्षमता और संस्कारिता संतुलित रह जाए और गंदगी की बू से अभ्यस्त बननेवालों को कुछ सावधान करे। इलाचंद्रजी ने युगीन पीड़ा या वैयक्तिक जीवन की निरर्थकता के बोध का उपचार 'रोमांटिक अनुभूति को उसकी पूरी गहराई और ऊंचाई तक' उभारने में देखा है। (पृ० 152-53) यह रोमांटिक अनुभूति कहां है, यह आज अनेक वर्षों तक पूछा गया है। जोशीजी पूछ रहे हैं—कहां नहीं है? अभावों से ग्रस्त जीवन के संघर्ष में बांसुरी बजानेवाले चरवाहे में, लकड़ियों का भार मीलों तक ले जाने को बाध्य सोनी के चुहल-भरे गीतों और नाच में, प्रतिपल परिवर्तित होने वाले प्रकृति के सहज सुंदर विराट् रूपों में, नारी को समानता के स्तर पर प्रतिष्ठित और सम्मानित रूप में देखकर उसके साथ मानसिक, शारीरिक उत्कट क्रीड़ा में, कठिनाइयों के बीच भी जिजीविषा और आशा को अक्षुण्ण रखनेवाली जानकी के संघर्षयुक्त जीवन में, सामान्य अशिक्षितों के मेलों और उत्सवों में—सब जगह यह रोमांटिकता है। आज के जीवन की विकटता एवं जटिलता को अस्वीकारा नहीं जा सकता, परंतु उसी के नीचे दबकर निःशेष भी नहीं हुआ जा सकता। भयावह स्थिति को देखकर मनुष्य के सामने उपाय क्या है, इसका संकेत प्रतिभा करती है, "इसलिए साधारण जन के लिए अब केवल दो ही रास्ते शेष रह गए हैं—या तो आत्महत्या कर लेना या फिर बाह्य प्रवृत्ति से पाई हुई सौंदर्य-चेतना की कुंजी की सहायता से अंतर्जगत के बंद पड़े हुए दरवाजे खोलकर देखना।" (पृ० 261) इलाचंद्र जोशी ने रोमांटिक अनुभूति की मानवीयता, मूलभूतता, प्राकृतिकता तथा आनंदधर्मी सर्जनशीलता का जो विशद विवेचन स्थान-स्थान पर किया है उससे असहमत होना मुश्किल है।

इस संदर्भ में दो-तीन बातें और भी हैं। इस अंतर्विरोध की ओर ध्यान जाना चाहिए कि मुट्ठी-भर बुद्धिजीवियों के लिए यथार्थ का रूप भयानक पीड़ा पहुंचाने वाला सिद्ध हो रहा है और जीवन की निपट निरर्थकता उन्हें आत्महत्या की ओर प्रवृत्त कर रही है जबकि शारीरिक जरूरतों की पूर्ति करने के कठिन संघर्ष में लगी हुई सामान्य जनता जीवन को सुखमय ढंग से जीने का प्रयास कर रही है।

(पृ० 80) दादा कहते हैं, "मैं यह बताना चाहता था कि जीवन में उतना संत्रास नहीं है जितना कि तुम और तुम्हारे साथी बताते हैं—जो संत्रास उन्हें दिखाई देता है, वह उनकी मंद दृष्टि और जीवन को एक विशेष कोण से देखने के कारण उत्पन्न हुआ भ्रम है।" (पृ० 81) फिर जीवन के भयानक यथार्थ से जूझने और उसकी यंत्रणा को कम करने के किसी सामूहिक उपाय को, क्रांति को ही सही, अपनाकर तथाकथित बुद्धिजीवी वर्ग अगर सक्रिय हो जाता तो भी कुछ बात होती। परंतु सामूहिक उपचार के प्रति भी अनास्था का सुविधापरक रुख अपनाकर सर्वथा नकार और निष्क्रियता का जड़-रूप (एक किस्म की आत्महत्या) अपनाने की अपेक्षा क्या यह वैयक्तिक मुक्ति और आनंद प्राप्ति का मार्ग अधिक श्रेष्ठ नहीं है? इसमें ढोंग भी कम है, आत्मवंचना भी नहीं है और संवेदना के ताजेपन के कारण किसी अपवादात्मक स्थिति में आवश्यकतावश सक्रिय भी होने की संभावना अधिक है। जैसा कि दादा एक जगह कहते हैं कि आवश्यकता पड़े तो यह बूढ़ा सीमाओं की रक्षा के लिए युद्ध भी कर सकता है। इसे पलायन कहा भी जाए तो यह नकारवादियों से कम हानिकर है। ये प्रश्न सशक्त रूप में 'ऋतुचक्र' उठाता है।

जीवन के सुख

जीवन की निरर्थकता, दुःखपरकता और संत्रासमयता विपरीत औपन्यासिक स्तर पर उत्तर देने के लिए श्री जोशीजी ने स्थान-स्थान पर जीवन के छोटे-बड़े सुखों का चित्रमय, मांसल और ठोस अंकन किया है।

पृष्ठभूमि के रूप में प्रकृति के विराट् सौंदर्य का नैपथ्य कलात्मक सूझ-बूझ से उपस्थित किया गया है। पहाड़ी प्रदेश के उस नितांत रमणीय और भव्य स्थान से हिमालय की दुग्ध-धवल ऊंचाई और भव्योदात्तता के दर्शन किए जा सकते हैं और ऋतुचक्रों के अनुसार सौंदर्य के नानाविध रूप देखे जा सकते हैं। विराट् सौंदर्य के दादा और प्रतिभा के ही नहीं, अस्तित्ववादी नकुलेश के प्राण भी रोमांचित हो उठते हैं। मां के आंचल की स्निग्ध-सरस छाया के नीचे अपना अनमनापन, खीझ और संत्रास भूलकर चित्रा और नकुलेश भी बच्चों की तरह प्रकृति के आंचल में मचलते दिखते हैं। बर्फ के इंद्रधनुषी रंग, घाटियों को घेरनेवाले कुहरे और धूप की आंख-मिचौनी, वर्षा की सुखद फुहार, पंछियों की उन्मादक ध्वनियां, चिड़ियों की मीठी सीटियां, देवदार, बुरुंस जैसे वृक्षों की सघन छाया, अनादिकाल की रहस्यमयी अनुभूतियों को जागृत करनेवाले झरने, मीठे सेब, रसदार खुबानियां, मधुर लीचियां—इस समस्त रस, रंग, गंध की दुनिया का उपभोग दादा ही नहीं, नकुलेश और व्यथित चित्रा भी करती है। ये संत्रस्त आत्माएं जीवन का पुलक भी अनुभव करती हैं। चरवाहे की बांसुरी, उजली-

गोरी नवयुवती सोनी की मीठी गीतियां, सम्मिलित स्वर में गाया हुआ लड़कों का गान—'ज्योति से ज्योति लगाते चलो', युवक-युवकों का उन्मुक्त नाच और अपने-अपने साथी को पाने की विकलता—इस जीवंत वातावरण में तदाकार न हो सकनेवाला कोई माणिकलाल ही अभिशापमय जीवन भोगने को बाध्य होता है। हमारी दैनंदिन जीवन की जरूरतों का भी इतना रोमांटिक वर्णन सौंदर्य-प्रेमी इलाचंद्र जोशी ने किया है कि उनके प्रति एक नया आसक्त भाव उत्पन्न होता है। खुली हवा में सीना भर-भरकर सांस लेते हुए घाटियों को पार करने में जो सुख मिलता है, उसके बाद भूख की तीखी नोंक से जो मीठी पीड़ा होती है, उसके परिणामस्वरूप अस्तित्ववादी नकुलेश तक डटकर भोजन का आनंद उठाता है। भोजन, फल, चाय, नाश्ता इत्यादि के गंध-ऐश्वर्य से युक्त वर्णनों से भी पता चलता है कि जीवन की इन नगण्य समझी जानेवाली बातों का भी 'सुख' कितना अपूर्व होता है। दादा की तम्बाकू की गंध और चिलम और गुड़गड़ी का ठाट तो कुछ ऐसा है कि इनको न छूनेवाला व्यक्ति भी एक बार पीने को मचल जाए।

इससे भी बढ़कर जीवन का महासुख है परस्पर प्रेम से आकृष्ट दो व्यक्तियों के चुंबन, आलिंगन और काम-केलि में; अगर हर दूसरे के प्रति विरोध-भाव से ही सम्पृक्त न हों। (अस्तित्ववाद में इस विरोध-भाव पर ही अधिक बल दिया जाता है।) दादा और प्रतिभा अपनी ढली जवानी, प्रौढ़ता, आसपास का परिवेश सब भूलकर इस 'महासुख' का रस ले सकते हैं, इसका कारण दोनों 'सेक्स' को महज शारीरिक राहत पाने का साधन ही नहीं समझते, बल्कि आत्मिक स्नेह की ही उत्कट अभिव्यक्ति मानते हैं। सेक्स को उन्नत मानसिकता की खाद मानते हैं। इसके विपरीत माणिकलाल और गिडवानी की काम-पीड़ा है जो क्षणिक संतुष्टि परंतु अखंड असंतोष की लड़ी-सी पिरोती है। दादा-प्रतिभा का संयत और सौंदर्यपूर्ण काम-जीवन आत्मिक आकर्षण की नींव पर प्रतिष्ठित होने के कारण सचमुच 'महासुख' बन जाता है। प्रकृति के खुले आंगन में सोनी-रामबाबू का प्रणय तथा अस्सी वर्ष के बूढ़े चाचा की सुखमय गृहस्थी नागर संस्कृति की कुंठाओं पर सफल चोट है। प्रकृति से दूर होकर मानव सेक्स के सौंदर्य, सहज सुख और उत्कट आनंद से प्रायः वंचित ही हो गया है।

इलाचंद्र जोशी ने जीवन के कतिपय ऐंद्रिय और अतींद्रिय सुखों का विशद् चित्रांकन कर जीवन को निरर्थक और संत्रास माननेवालों के सामने प्रश्नचिह्न खड़ा कर रखा है। क्या इन सुखों की वास्तविकता इंकार की जा सकती है?

छोटे-बड़े सहज सुखों की यह बात मौलिक नहीं है परंतु सामयिक, साहित्यिक वातावरण में प्रासंगिक एवं आवश्यक निश्चय ही है। जीवन जीना एक यंत्रणा है; कैद व अभिशाप है; अस्तित्व का बोझ लादा गया है; मृत्यु की काली, विकराल छाया से जीवन भयावह बन गया है; कान्शंस जैसी कोई चीज ही नहीं है; नीति

और मानवीय मूल्यों की अपेक्षा क्षणिक सुख की उत्कटता भोग्य है; मनुष्य क्षण में जीता है, अतः उसका न कोई अतीत है, न भविष्य के प्रति कोई दायित्व है; अहं जैसा अनुभवों को 'इंटिग्रेट' करनेवाला कोई तत्त्व नहीं है; मनुष्य पूर्णतया निरपेक्ष रूप में स्वतंत्र है–इत्यादि चलन में आए आधुनिक विचारों की वैचारिक स्तर पर औपन्यासिक सौंदर्य की सुरक्षा करते हुए 'ऋतुचक्र' में खासी खबर ली गई है।

उपन्यास का वैचारिक पक्ष दादा के माध्यम से मुख्यतः रखने में जोशीजी ने औचित्य का ख्याल रखा है। दादा यूनिवर्सिटी में प्राध्यापक रह चुके हैं। जीवन में वैयक्तिक स्तर पर घोर संघर्ष कर चुके हैं। राजनीतिक गंदगी ने विद्यालयों का वातावरण खराब कर रखा है, अतः दादा पहाड़ी प्रदेश में आकर रहने लगे हैं। चिंतन और मनन का जीवन बिता रहे हैं। इलाचंद्रजी ने बार-बार दादा के मुख से कहलवाया है कि वे पुस्तकों का अध्ययन कर अनुशासनबद्ध दार्शनिक प्रणालियों के आधार पर नहीं बोलते, बल्कि जीवन के गहन अनुभव की चोट से उनके चिंतन ने गहराई ग्रहण की है। पुस्तकों के पठन-पाठन की अपेक्षा प्रत्यक्ष चिंतन, संवेदना की ताजगी और सूक्ष्मता, 'कामनसेंस' में दादा को अधिक आस्था है। विकट उलझनों से जटिल बनी हुई जिंदगी में अंततोगत्वा मनुष्य की कान्शंस, मानवीय विवेक, मनुष्य का पथप्रदर्शक है, तार्किक और बौद्धिक विश्लेषण की अपेक्षा जीवन में इनट्वीशन का महत्त्व अधिक है—ये सारी मान्यताएं लेखक इलाचंद्र जोशी को एक छूट भी दे सकी हैं। वह छूट यह कि उनके द्वारा प्रस्तुत या समर्पित मान्यताओं को किसी विशिष्ट दर्शन के संदर्भ में पढ़कर दोष दिखाने का अवसर उन्होंने नहीं रखा है। लेखक विशिष्ट जीवन-दर्शनों का 'विधिवत्' प्रत्याख्यान नहीं कर रहा है—इससे उपन्यास तत्त्व भी सुरक्षित रहा है।

भारतीयता

दादा का समस्त दृष्टिकोण संतुलित चिंतक का है और उसकी मूल नींव में भारतीयता दृढ़ रूप में अवस्थित है। दादा आत्मा का अस्तित्व मानते हैं, जन्म-पुनर्जन्म पर आस्था रखते हैं, जीवन को मृत्यु से सीमित और रुद्ध करने की अपेक्षा उसकी अनंतता एवं अखंडता में आश्वस्त हैं। पूर्वजन्म के संस्कारों का महत्त्व स्वीकार करते हैं और केवल जन्म और मृत्यु से सीमित जीवन में सभी मनोवैज्ञानिक जटिलताओं के उत्तर देखनेवाले मनोवैज्ञानिकों का विरोध भी करते हैं। प्रकृति की रहस्यमय लीला में दादा की श्रद्धा है और उसके अटल नियमों की अवहेलना करनेवाले मनुष्य को सुख, श्रेय, अस्तित्व सभी का होम करना पड़ेगा; ऐसा दादा का दृढ़ विश्वास है। दादा नियति की सर्वोपरि शक्तिमत्ता को स्वीकार करते हैं। इसी कारण 'मृत्यु' उनके लिए भयावह स्थिति नहीं रह जाती, वह एक सहज स्थिति है। जीवन दारुण भी हो सकता है परंतु सही दृष्टि के बल पर उसे भी

सहा जा सकता है। सहा ही नहीं जा सकता बल्कि आनंदमय यात्रा में परिवर्तित किया जा सकता है। 'भव मय दारुणम्' वाले जीवन के भय को जीत पाने में दादा पुरुषार्थ देखते हैं। जीवन का अंत मृत्यु न मानने के कारण ही दादा का जीवन-बोध मृत्यु-भय से पंकिल या कलुषित नहीं हुआ है।

सीमा का भान

इलाचंद्र जोशी का दावा यह नहीं है कि उन्हें आज के जीवन को सही दिशा देने की एकमात्र कुंजी मिली है, जैसा कि मार्क्सिज़्म या फैसिज़्म के संबंध में कहा जाता था। किसी व्यक्ति का समाज को गुमराह होने से बचाने का प्रयास करने का दम भरना, उस पंछी के समान प्रयास है जो आसमान टूटने के भय से एक पैर ऊपर करके सोता था ताकि आसमान को गिरने से रोक सके। अतः दादा की आकांक्षा सीमित है--"सर्वत्र भ्रांति, संदेह, त्रास और निराशा का कुहासा छाया हुआ है। चारों ओर अविचार और अव्यवस्था का बोलबाला है। सब कुछ उलट-पलट रहा है। कोई भी मूल्य स्पष्ट और स्थिर नहीं हो पाता। कभी नया ही पुराना लगने लगता है और कभी पुराना नया। ऐसी स्थिति में नए और पुराने की चिंता के चक्कर में न पड़कर, निजी संस्कार, सामर्थ्य और विवेक के अनुसार जीते चले जाने में ही भलाई है।" (पृ० 173) संभवतः संत्रास वाली निष्क्रियता एवं सर्वथा नकार की ओर ले जानेवाली वैयक्तिक फिलासफी से यह दृष्टिकोण अधिक जीवनपरक, अधिक यथार्थ के निकट और अधिक संभावनापूर्ण भी प्रतीत होता है क्योंकि इसमें जीवन जीने के प्रति बलवती आस्था है।

सामयिक जीवन की स्थिति और उसका उपचार

इलाचंद्रजी ने सामयिक भयावह स्थिति का निर्देश किया है--प्रत्यक्ष चित्रांकन कम। यह निर्देश उनके पात्रों के भाषणों, संवादों और चर्चाओं के माध्यम से उन्होंने किया है। आज की युवा-पीढ़ी के एक मर्मस्थल पर उन्होंने उंगुली रखी है—"सभी क्षण-क्षण की विविध भावनाओं में जीते हुए भी, अनजाने ही अपने अंतर् के भी अंतर् में मूलतः मां की ही खोज में भटक रहे हैं, और यही खोज उन्हें अज्ञात रूप से जीने का अहसास दे रही है।" आज मध्यवर्ग के युवकों को पारिवारिक विघटन और अति व्यक्तिवादिता के फलस्वरूप पारिवारिक जीवन में मां का प्रेम नहीं मिल रहा है, यह वास्तविकता है। पाश्चात्य देशों में जो स्थिति पिछले साठ-सत्तर वर्षों में युवकों को भोगनी पड़ी, उसके कुपरिणाम अकेलेपन की पीड़ा, मादक पदार्थों का सेवन, बेहोशी के अन्यान्य उपाय, घर और देश को छोड़कर सुख या सार्थकता की खोज में दुनिया में याचक की तरह भटकन; इत्यादि रूपों में युवा-पीढ़ी में दिखाई पड़ रहे हैं।

भारतीय परिवारों में उसके आरंभिक चिह्न दिखाई पड़ रहे हैं। इलाचंद्रजी ने युवा-पीढ़ी को संकेतित किया है, "आत्म-रक्षा का कोई धुंधला और अस्पष्ट संस्कार उन्हें बता रहा है कि विशाल विश्व ने जिस आत्मीयता और स्नेह से उन्हें वंचित कर रखा है, उसके बिना वे खोखले हो रहे हैं। इसलिए वे एक ऐसी मां की खोज में हैं जो उनकी अंतर्-पीड़ा को, उनके विद्रोह के औचित्य को, समझ सके; जो उनके उपद्रवों को सहज स्नेह से सहन कर सके; जो उन्हें स्वतंत्रता के उपभोग की खुली छूट देते हुए भी, उनके चारों ओर सहज स्नेह की अदृश्य दीवार खड़ी करके उनमें यह अहसास जगा सके कि तुम अपने-आप में पूर्ण और स्वतंत्र हो; पर एकाकी, उपेक्षित और विश्व समाज से कटे नहीं हो।" (पृ० 179) नकुलेश प्रतिभा में माता का रूप देखता है। उसकी प्रेयसी चित्रा भी उससे एक-दो वर्ष बड़ी है। बच्चा जिस तरह मां पर सर्वाधिकार चाहता है, ईर्ष्या रखता है, उसी तरह नकुलेश की स्थिति है। उसकी स्वतंत्रता की बौद्धिक धारणा मानसिक आवेगों के सामने अवरुद्ध बनती है, कुंठित होती है। यह माता कहां है? इलाचंद्र-जी ने इसका उत्तर दिया है, "आदि-माता प्रकृति! आज अनेक कृत्रिम बंधनों में बंधे हुए मनुष्य ने अपने को प्रकृति से एकदम छिन्न कर दिया है। उसके सारे रोगों की जड़ यही है।" (पृ० 180) घटनास्थल के रूप में जोशीजी ने प्रकृति के विराट् रूप को चुना है। इसका रहस्य यहां खुलता है। नागर संस्कृति की मार से पीड़ित सब यहां आ जाते हैं। नकुलेश का मन साफ होने लगता है, चित्रा को थोड़ी देर के लिए मानसिक शांति का लाभ यहां होता है, प्रतिभा और दादा के महामिलन की रंगस्थली यही है। यहां तक कि माणिकलाल जैसे कुटिल व्यक्ति का 'कान्शंस' भी यहां जागृत होना प्रारंभ होता है। इन पात्रों की परिणति कुछ भी हो, प्रकृति के स्पर्श ने इन्हें ताजगी दी; इसमें संदेह नहीं है। रामबाबू जो इंटर तक पढ़े हैं, अब जैंटलमैन नहीं बनना चाहते। सोनी जैसी, लकड़ियों का भार उठाकर जीवन-यापन करनेवाली सौ-नंबरी ग्रामीण युवती के साथ घर बसाकर आनंद लूटना चाहते हैं। दादा की श्रद्धा है, "प्रकृति स्वयं अपनी किसी रहस्यमयी योजना की पूर्ति के लिए मनुष्य की बुद्धि और भावना को साधना बनाकर उनका संचालन-सूत्र अपने हाथों में लेकर उन्हें इच्छानुसार नचा रही है।—प्रकृति के विरुद्ध यांत्रिक और मानसिक विद्रोह से नहीं, वरन् उसके साथ पूर्ण सहयोग से, उसकी मूल चेतना के साथ अपनी चेतना करके पूर्ण तादात्म्य से ही मनुष्य के—व्यक्ति और समूह दोनों के—वास्तविक कल्याण-पथ की वज्र-अवरुद्ध दिशाएं खुल सकती हैं।" (पृ० 310) मानो यांत्रिक जीवन की टैंनिग फैक्टरी की महादुर्गंध का उपचार रस, रंग, गंध के ऐश्वर्य से समृद्ध आदिम प्रकृति है। इसी से संबद्ध एक और उपचार दादा ने बताया है, "रोमांस बहुत बड़ी चीज है नकुलेश। उसकी जैसी उपेक्षा और तिरस्कार आज के व्यवसायिक,

वैज्ञानिक और भ्रष्ट राजनीतिक युग में हो रहा है, उससे उसका महत्त्व तनिक भी नष्ट नहीं हो जाता। आज के छिन्न-भिन्न केंद्रच्युत और सामूहिक पागलपन के युग में वैयक्तिक जीवन की जिस निरर्थकता से सारा युग पीड़ित है, उस मर्म-पीड़ा का एकमात्र और मूलगत उपचार है—रोमांटिक अनुभूति को उसकी पूरी गहराई और ऊंचाई तक उभारना। पर आज की दुनिया को इस बात का विश्वास दिला सकना संभव नहीं है। आधुनिक युग के सामूहिक रोग का यह सबसे विकट लक्षण है।" (पृ० 153) नकुलेश अपनी आत्मघाती कुंठाओं को रोमांटिक स्पर्श से पूर्णतया खोल नहीं सका, इसीलिए उसे नाटकीय जीवन में पुनः भाग जाना पड़ा। चित्रा ने आत्महत्या के क्षणों को भी शांति से सहा, इसके मूल में रोमांटिक जीवन के कुछ अनुभव हैं। दादा-प्रतिभा, रामबाबू, बूढ़े चाचा इस जीवन से संपृक्त हैं; अतः जीवन के सुख का एवं सार्थकता का अनुभव करते रहते हैं।

असल में आज रोमांटिक शब्द का जो अवमूल्यन हुआ है, उसका कारण रोमांटिकता को यथार्थ के पूर्णतः विरोध में, विपक्ष में रखकर उसे पलायनवादी प्रवृत्ति करार कर देने में है। वस्तुतः रोमांटिक प्रवृत्ति के साथ जिस प्रकार अतीत में खो जाने की, कल्पना में लवलीन होने की, अद्भुत और अपूर्व की खोज करते रहने की, यथार्थ के पीड़ादायक अनुभव को टालकर एकांत में पलायन करने की प्रवृत्तियां जुड़ी हुई हैं; उसी तरह कल्पना और नवीनता के आकर्षण से साहसपूर्वक यथार्थ का सामना करने की, अद्भुतता और रमणीयता के पीछे पागल होकर सत्य को अंवेषित करने की आदर्शोन्मुख प्रवृत्तियां भी रोमांटिकता में समाविष्ट हैं। जीवन का सुख, हर्ष, आनंद सब रोमांटिक प्रवृत्ति से संबद्ध है; और यथार्थ और रोमांटिक प्रवृत्तियों के संतुलन की कल्पना वस्तुतः न अकल्पनीय है, न नितांत नई भी। एलिजाबेथ के युग में जीवन और साहित्य दोनों में इन प्रवृत्तियों का सुखद सम्मिश्रण हुआ था। शिवाजी के मराठा उत्कर्ष युग के बारे में भी यही कहा जा सकता है। असल में जीवन का कण-कण में भोग रोमांटिक संवेदना के अभाव में असंभव है और उस भोग को संभव बनाने के लिए यथार्थ का आकलन और स्वीकार आवश्यक है। इलाचंद्रजी ने आज के वैचारिक फैशन में प्रचलित रोमांटिक शब्द के अवमूल्यन की समस्त दिशाओं को व्यंजित कर वैचारिक पेंडुलम को चरम बिंदु तक जाने देने से रोका है। यह महत्त्वपूर्ण कार्य है।

मूल 'शुभ' में आस्था

जीवन के घोर नारकीय रूप को, यथार्थ के भयावह पहलू को, व्यक्ति और सामूहिक जीवन के संत्रास को इलाचन्द्रजी देखते हैं; परंतु उनकी दृढ़ आस्था है कि अंततोगत्वा जीवन का मूल रूप शुभ है। जीवन पर शासन करनेवाली रहस्यमयी

प्रकृति का चरम उद्देश्य शुभ है। "जीवन के सामूहिक गंदगी के मूल केंद्र के भीतर कण-कण में केवल पवित्रता ही पवित्रता भरी हुई है, केवल मंगल ही मंगल खील की तरह बिखरा हुआ है।" (पृ० 244) उसी प्रकार—"अपने दैनिक जीवन के अनुभवों से वह कई बार नरक के अनुभव की उक्त मन:स्थिति से होकर गुजर चुके थे और हर बार उन्हें यही लगा जैसे वह अनुभूति ही जीवन का मूल स्थाई-भाव और वज्र सत्य है। पर आश्चर्य उन्हें तब होता था जब किसी एक साधारण कारण से नरक की अनुभूति की वह वज्र दीवार नींव से ही ढह पड़ती थी और उसके स्थान पर एक मूलत: नई अनुभूति पवित्रतम आनंद के पुलक स्पंदन से उनकी संपूर्ण चेतना को रोमांचित कर देती थी।" (पृ० 270) या "नरक की अनुभूति अपने आप में घोर यथार्थ है, पर वह मूलगत तत्त्व नहीं, वह उस परम आनंदमय अनुभूति को पनपाने के लिए अत्यंत अनिवार्य रूप से आवश्यक पृष्ठ-भूमि या खाद-मात्र है।" (पृ० 278)

इस मूलभूत आनंद स्रोत की प्रतीति दादा और प्रतिभा को ही नहीं आती, अस्तित्ववादी भटकन के बाद सही रास्ते पर आनेवाली चित्रा को भी आती है। "मैं अपने में जिधर दृष्टि डालूं, उधर ही एक चिर-उज्ज्वल और चिर-चंचल, चिर-मुक्त और चिर-सुंदर, चिर-प्रफुल्ल और चिर-अशंक जीवन-विस्तार देखकर चकित रह जाऊं—चकित, विस्मित, पुलकित! कहां से आ गई हंसते-खेलते, किलकते-फुदकते, गाते-रोते, रस-सिद्ध मतवाले जीवन की वह विस्तृत अखंड झांकी।" (पृ० 380) ये अनुभव हैं चित्रा के—आत्महत्या के निर्णय के बाद लिखे पत्र में।

जीवन के रस ऋतुचक्र प्राणों में नित्य नई चेतना का संचार करते हैं और इससे अभिभूत ये पात्र जीवन की शिवता में, मांगल्य में, सौंदर्य में, और शुभ में आस्था दृढ़तम करते जाते हैं। यह चिरंतन भारतीय दृष्टि है।

मनोविज्ञान : भारतीय कोण से

इलाचन्द्रजी वर्षों तक मनोवैज्ञानिक उपन्यासकार के रूप में जाने-माने गए और उनके लेखन पर पड़ा हुआ फ्रायड, एडलर, युंग के प्रभाव का अध्ययन भी हिंदी समीक्षकों ने किया है। छायावाद को क्षतिपूर्ति सिद्धांत के आधार पर व्याख्यायित करने का महत्त्वाकांक्षी प्रयोग भी इलाचंद्रजी ने किया था। इधर पिछले पंद्रह वर्षों में मनोविज्ञान के संबंध में जोशीजी के दृष्टिकोण में मूलभूत परिवर्तन उत्पन्न हुआ है और उनकी भारतीय दृष्टि अधिक स्वच्छ, स्पष्ट होकर निखर गई है। 'जहाज का पंछी' से यह परिवर्तन अत्यंत स्पष्ट होता दिखता है। 'ऋतुचक्र' में उसे पूर्ण प्रौढ़ता प्राप्त हुई है।

अब अनुभव की रहस्यमयता, अज्ञात प्रेरणा की जीवन में अवस्थिति एवं

उसका अपरिसीम महत्त्व, स्वप्नों के भविष्योन्मुखी निर्देश या संकेत, मनुष्य के चेतन और अवचेतन के परे उसे संचालित करनेवाली प्रकृति, मनुष्य की आत्मा की अनश्वरता और उसका स्वस्थ अहं या 'आत्मस्थ' इत्यादि भारतीय जीवन एवं विचारधारा में महत्त्वपूर्ण समझी गई संकल्पनाओं की इलाचंद्र जोशी केवल तार्किक एवं वैज्ञानिक व्याख्या नहीं करना चाहते। तर्क एवं विज्ञान की सीमाएं वे स्वीकार करते हैं; मनुष्य की विजिगित्सु ज्ञान पिपासा की भी।

प्रतिभा पहाड़ी प्रदेश पर आई है और अज्ञात प्रेरणा से यह समझकर कि मिलनानंद मिलनकुमार चटर्जी ही होंगे। दादा ने जीवन में यौन अनुभव नहीं पाया था परंतु यह अभाव उन्हें कुंठाग्रस्त नहीं बना सका, अपितु उसके परिणामस्वरूप दादा की जो मन:स्थिति हुई है, उसे मनोविज्ञान का उन्नयन या उदात्तीकरण (Sublimation) भी नहीं परिभाषित कर सकता; क्योंकि उसका संबंध अधिक उच्च तत्त्व से जुड़ा हुआ प्रतीत होता है। "उस सहज-भोग के आजीवन त्याग की निर्वात-निष्कंप लौ मणिदीप की तरह अपने अंतर् में संजोए, बाहर से वह सहज-स्वाभाविक, भाव-विह्वल और आनंद-उज्ज्वल जीवन बिता रहे थे।··· सभी मनोवैज्ञानिकों की तथाकथित 'स्वयंसिद्धियों' और सिद्धांतों को झुठलाते हुए उन्होंने उस प्रकट अभिशाप को सहज ही एक महामंगलमय वरदान में परिणत कर दिया था।" (पृ० 231) तिरपन वर्ष की अवस्था में प्रतिभा से उनके महामिलन का समाधान दादा इस प्रकार देते हैं, "जीवन की मूल परिचालिका किस रहस्यमयी शक्ति की यह पूर्व-निश्चित-सी योजना थी? और इस योजना के पीछे नियति का क्या उद्देश्य हो सकता है?" (पृ० 232) जीवन के मूलत: मंगलमय या शुभ होने की आस्था का भी समर्थन पाश्चात्य मनोविज्ञान से नहीं, भारतीय जीवन-दर्शन से ही होता है। उनके स्वस्थ 'अहं' की अवस्थिति का विवेचन (पृ० 410-11) तथा मृत्यु को जीवन की सहज स्थिति के रूप में ग्रहण कर उससे भयभीत न होने की क्षमता का समर्थन भारतीय दृष्टि से ही हो सकता है। क्षण की उत्कट अनुभूतियों को संजोकर उनको विशिष्ट व्यक्तित्व के कोण से संयोजित एवं एकात्म कर, उन्हें सुरक्षित रखकर आवश्यक अवसर पर उनके पुन: प्रत्यय का आनंद 'अहं' के कारण ही संभव है—यह भारतीय दृष्टि है।

इलहाम (Profecy)

इलाचंद्रजी के पात्रों को कभी-कभी इलहाम होता रहता है। चित्रा को भयानक काले अंधकार में भी अनुभव मिलता है, "धीरे-धीरे एक अस्पष्ट प्रकाश जैसे अपने अंतर् के भी अंतर् से निकलता हुआ पा रही हूं।" (पृ० 70) प्रतिभा के शांत और संयत व्यक्तित्व को देखकर भी दादा की यह शंका एक प्रकार की प्रोफेसी ही है—"पर कहीं, मन के किसी अज्ञात और सूक्ष्म छिद्र से, उस स्थिर

विश्वास में छीजन तो आरंभ नहीं हो गया है ? पता नहीं, यह शंका दादा के मन में कैसे उत्पन्न हुई ।" (पृ० 95) नकुलेश को चित्रा के बारे में लगता है—'मेरी प्रेतात्मा के प्रेम ने फांसी का एक ऐसा फंदा उसके गले में डाल रखा है जिससे वह चाहने पर भी मृत्युपर्यंत मुक्त नहीं हो सकती ।"(पृ० 130) दादा माणिकलाल को चेतावनी देते हैं, "तुम्हें निकट भविष्य में ही बहुत बड़े खतरे का सामना करना पड़ेगा । मेरी यह चेतावनी कान खोलकर सुन लो ।" (पृ० 221) माणिक-लाल का यह अनुभव—"मेरे अंतर् से रह-रहकर एक अस्पष्ट आवाज उठ रही थी, जो मुझे रोक रही थी और संभवतः यह बता रही थी कि मुझे अपने कृत्य की कुछ और ही परिणति दो-एक दिन के भीतर ही देखने को मिलेगी ।"(पृ० 262)

ये भविष्य-विषयक सूचनाएं उपन्यासकार के जीवन-विषयक दृष्टिकोण को तो व्यक्त करती ही हैं; उपन्यास में गंभीर स्तर पर बौद्धिक और भावनात्मक जिज्ञासा का कलापूर्ण वातावरण भी निर्मित करती हैं ।

इसी संदर्भ में दादा, प्रतिभा और चित्रा के मन में स्थान-स्थान पर बौद्धिक अंतर्दृष्टियां उत्पन्न होती रहती हैं । उनका भी कलात्मक योगदान स्वीकार करना चाहिए । उपन्यास के बौद्धिक माहौल को गरिमा और ऊंचाई प्रदान करने का श्रेय इन अंतर्दृष्टियों को देना चाहिए ।

औपन्यासिक सौंदर्य

जिस अनुभव-विश्व का स्वरूप मुख्यतः वैचारिक है, उसके साहित्यिक सौंदर्य की रक्षा करना बहुत ही जटिल एवं कलाकार के लिए एक चुनौती-भरा काम होता है । उपन्यास के पात्रों, घटनाओं और उनके विचारों में एकमेक होना आवश्यक हो जाता है । 'ऋतुचक्र' को पढ़ते समय लगा कि इलाचंद्रजी का अन्य उपन्यासों में दोष की सीमा तक पहुंचा हुआ भाषणबाजी का मोह यहां दोष रूप में प्रस्तुत नहीं होता है । क्योंकि यहां प्रायः सारी चर्चा स्वाभाविक और आवश्यक रूप में आ गई है ।

प्रारंभ में प्रकृति के विराट् दृश्य का जीवंत नेपथ्य सजाया गया है जिसमें रंग, ध्वनि और रूप की प्रचुरता है । इसके बाद दादा के महनीय एवं सम्मानित व्यक्तित्व का अंकन आसपास के जन-जीवन के छोटे-छोटे चित्र देकर किया गया है । दादा एक किस्म की रिटायर्ड लाईफ जी रहे हैं—पूर्णतः आनंद और रस के साथ । आसपास के सामान्य जीवन से उन्हें लगाव भी है और छोटे-बड़े काम करने में रस भी वे लेते हैं । इस खुले वातावरण और उदार हृदय दादा के व्यक्तित्व की पृष्ठभूमि पर तथाकथित अस्तित्ववादी नकुलेश और चित्रा के बीच घृणा, गुस्सा और ईर्ष्या की तेज चिनगारियां दहकने लगती हैं । चूंकि पहाड़ी प्रदेश के होटल को सभी क्रियाओं, व्यापारों का केंद्र बनाया गया है; इनका आपस में

मिलना-जुलना, चाय-नाश्ता करना, परिचय घनिष्ठ होना या दुराव पैदा होना, एक-दूसरे की जिंदगी में रस लेने की बाध्यता, उत्पन्न होना और इस सबके बीच से उपन्यास का सहज रूप में विकसित होना अत्यंत स्वाभाविक हो गया है। चूंकि सभी पात्र ऊंचे तबके के शिक्षित और वैचारिक स्तर पर विचार करनेवाले हैं, उनके परस्पर संवादों में जीवन-विषयक विभिन्न विषयों की चर्चा नितांत स्वाभाविक है। ये प्राय: सभी पात्र चिंतन का बोझ लिए हुए आए हैं और परस्पर की निकटता में इस बोझ को बांट सकते हैं। दादा और प्रतिभा को व्यस्क दिखाकर उनके संबंधों की रोमांटिकता का शारीरिक-मानसिक-आत्मिक स्तर पर चित्रांकन करने का अवसर लेखक ने पा लिया है। एक ओर पुरानी पीढ़ी के दादा-प्रतिभा जो अपनी जवानी के दिनों में विलक्षण क्रियाशील, आदर्शवादी, सामाजिक चेतना और दायित्व से युक्त रहे हैं, उम्र की वयस्कता में भारतीय संस्कारों के प्रति समर्पित एवं गहरे स्तर पर संतुलित दिखाए गए हैं (यह कहा जाता है, प्रत्येक बुद्धिमान व्यक्ति जवानी में क्रांतिकारी होता है और बाद में वयस्कता में प्रति-क्रांतिकारी)। दूसरी ओर नई प्रीढ़ी के नकुलेश-चित्रा, माणिकलाल-लिली, फैशन-परस्त विचारों के बहाव में कुछ असंयत, असंतुलित और धुरीहीन दिखाए गए हैं। दादा-प्रतिभा उम्र की प्रौढ़ता के बावजूद जीवन का रस छन-छनकर भोगने की स्थिति में दिखाए गए हैं तो युवा-पीढ़ी के व्यक्ति जीवन के क्षण को उत्कटता से जीने का दम भरते हुए भी अनुभव करते हैं कि जीवन मुट्ठी से खिसकता जा रहा है। प्रतिभा-दादा के आंतरिक मिलन के सुखमय क्षणों के अधिकाधिक रसमय, रंगमय बनते जाने के अवसर पर चित्रा की आत्महत्या, गिडवानी की हत्या, माणिकलाल की जेल, नकुलेश का अपने ही विष से अस्वस्थ होनेवाले प्राणी की तरह तड़प-तड़पकर चला जाना, सहृदय के मन पर विरोधपूर्ण स्थितियों के बीच के तनाव का प्रभाव उत्पन्न होता है। इन सबकी परिणतियों के मूल में जीवन विषयक दृष्टिकोण है, अधकचरा या प्रौढ़ चिंतन है। अत: उपन्यास में चर्चित विचारों की, जीवन-दर्शन की अनिवार्यता स्वयं-सिद्ध है।

इन नागर व्यक्तियों के सुख-दु:खों, चिंताओं के समानांतर पहाड़ी जीवन के अनागर व्यक्तियों के जीवन की स्वस्थ झांकियों ने प्रकृति से दूर गए हुए नागर-जीवन की विरूपता को अधिक ठोस रूप देकर जोशीजी ने व्यंग्यात्मक कोण को नुकीलापन दिया है। रामबाबू और सोना के विवाह की अंतर्कथा मानो नकुलेश, चित्रा, माणिकलाल, लिली सभी पर कसकर व्यंग्य करती हुई अपनी ताजगी से उपन्यास को अनेक रसीले स्पर्श देती है। उसी तरह जानकी के जीवन-संघर्ष की और लंगड़े पति के प्रति सहज समर्पित अपनत्व ने उपन्यास के बौद्धिकों के संघर्ष की एवं मानसिक यंत्रणा की मानो खिल्ली उड़ाई है। नागर अनागर जीवन का यह विभाजन और विरोध का दर्शन इतना सर्वपक्षी है कि रचनात्मक स्तर पर

यांत्रिकता का आभास उत्पन्न होता है, कुछ सरलीकरण-सा हो गया है।

उपन्यास के मुख्य कथ्य के लिए अत्यावश्यक जीवन के सहज सुखों के रसात्मक चित्रांकन की चर्चा ऊपर की गई है। इन सहज सुखों के चित्रों ने निश्चय ही उपन्यास को स्थान-स्थान पर रससिक्त भी किया है और वैचारिक बोझिलता से बचाया है।

आज नारी के संबंध में पुनः शताब्दियों पुराना शाक्त-पंथी दृष्टिकोण नए शब्दों के सहारे युवा-वर्ग में प्रतिष्ठित होता हुआ दिख पड़ता है। श्री जोशी ने क्षणवाद, नीति-अनीति के परे सुखवाद आदि के नाम पर नारी को 'भोग्या' के स्तर पर लानेवाली आत्मकेंद्रित नई पीढ़ी की वैचारिक नकली 'मुद्रा' का कलात्मक पर्दाफाश किया है—चित्रा और नकुलेश के माध्यम से।

कुछ कुलबुलाते प्रश्न

इसमें संदेह नहीं कि 'ऋतुचक्र' हिंदी के कुछ सफल उपन्यासों में गिना जाएगा। फिर भी कुछ प्रश्न कलात्मक संरचना के प्रति मन में असंतोष उत्पन्न करते हैं। चित्रा का चरित्र जटिल अवश्य है परंतु कहीं विश्वसनीयता भी कुछ क्षीण हो जाती है। दादा उसका जिस ढंग से वर्णन करते हैं, उसको देखते हुए गिडवानी से अंगूठी लेना या उसके साथ मेल-जोल बढ़ाकर उसकी असंस्कृत मित्रता सहना उसके व्यक्तित्व के अनुकूल नहीं जान पड़ता। चित्रा के विवाह की आप-बीती को भी विश्वसनीय नहीं बनाया गया है। पुरुष मित्रों के साथ हंस-बोलकर कुख्याति प्राप्त करनेवाली चित्रा के साथ उसी यूनिवर्सिटी में पढ़नेवाला सामान्य किस्म का परंतु आर्थिक व्यवहारों में चालाक लड़का शादी करेगा, सो भी स्वयं नपुंसक होने की स्थिति में; यह असंभव-सा लगता है। उसके पति की नपुंसकता चित्रा के व्यक्तित्व की तेजस्विता के कारण हीनग्रंथि से उत्पन्न हुई दिखाई जाती तो संभवतः अधिक विश्वसनीय होती। फिर गिडवानी जैसे व्यक्ति को सहनेवाली चित्रा अपने पति के प्रति बहुत समंजसता का व्यवहार नहीं करती। चित्रा ने अपने दार्शनिक-फैशन के मूड में पति को एक सीढ़ी के रूप में इस्तेमाल किया है और इस बात की कोई ग्लानि चित्रा में नहीं है। चित्रा की आत्महत्या के बाद चित्रा के पति को सूचना दिए बिना ही दाह-कार्य होता है, यह भी युक्तियुक्त नहीं लगता। चित्रा को कुमारी रखने में उसके जीवन की करुणा अधिक उभरती है और नारी-विषयक समाज की भोंडी दृष्टि पर कुछ प्रकाश भी पड़ता है परंतु यह संशय रह-रहकर ऊपर सिर उठाता है कि कहीं जोशीजी का नैतिकता के प्रति पवित्रतावादी दृष्टिकोण या यौन-संबंधों के बारे में कुछ कर्मठ वर्जनावादी दृष्टिकोण तो इसके मूल में नहीं है ? युवकों का सफल नेतृत्व करनेवाली प्रतिभा

भी और दादा भी वयस्क अवस्था तक वासनापूर्ति से अलग रहे—यह बार-बार बल देकर क्यों कहा जाता है ?

दादा लिली को गर्भ बहन की सलाह देते हैं। नियति के द्वारा दी गई चुनौती, नियति के दान का स्वीकार, मूक विद्रोह आदि मान्यताओं के बावजूद दादा की सलाह युक्तिपूर्ण नहीं प्रतीत होती। व्यक्ति को अगर समाज में रहना है तो सामाजिक मान्यताओं को एक सीमा तक ही चुनौती दी जा सकती है और आज के सामाजिक संस्कारों के संदर्भ में अवांछित संतान का इस प्रकार समर्थन न लिली के लिए उचित है, न आनेवाली संतान के लिए। इसके पीछे भी कुछ परंपरावादी नैतिक दृष्टि ही स्थित है।

महत्त्वपूर्ण प्रश्न है—क्या नकुलेश या चित्रा सचमुच अस्तित्ववादी हैं ? कभी सही अस्तित्ववादी रहे हैं ? अगर सही अस्तित्ववादी होते तो भारतीय चिंतन और अस्तित्ववादी चिंतन के बीच की टकराहट के सही बिंदु सामने आते और उपन्यास को अधिक गंभीर दार्शनिक स्तर प्राप्त होता। यहां भारतीय चिंतन के खिलाफ अस्तित्ववादी को अधकचरे रूप में समझकर ओढ़नेवाले लोग हैं।

मूल्यांकन

फिर भी 'ऋतुचक्र' ने हिंदी उपन्यास साहित्य में महत्त्वपूर्ण कार्य किया है। प्रचलित वैचारिक फैशन में आनेवाले प्रायः सभी मुद्दों को मद्देनजर रखकर जोशीजी ने उसके विरोध में पर्याप्त सशक्त आवाज उठाई है। इससे वैचारिक टकराहट और लेन-देन की भूमि प्रशस्त होगी। हिंदी में इसके बाद विचार-प्रधान अनुभव-विश्व का प्रस्तुतीकरण करनेवाले श्रेष्ठ उपन्यासकार को श्री जोशी के 'ऋतुचक्र' को टालना असंभव होगा। इस प्रकार की रचनाओं से विचारों के क्षेत्र में अतिवादिता की ओर झुका हुआ पेंडुलम लौटकर नए संतुलन को जन्म देता है।

आज के सामयिक जीवन में तीव्र, बेतरतीब और बेरोक प्रवाह में ऊब-डूब करनेवालों के लिए आधारभूमि के रूप में प्रस्तुत उपन्यास की विचार संपदा निश्चय ही काम देगी। वैचारिक मान्यताओं की पुनर्परीक्षा करने को बाध्य बनानेवाली रचना निश्चय ही श्रेष्ठ मानी जानी चाहिए। यह सब इस विश्वास पर कहा जा रहा है कि हमारे अनुभव-विश्व में साहित्यिक रचनाओं का स्थान महत्त्वपूर्ण होता है।

इलाचंद्र जोशी के पूर्ववर्ती उपन्यासों में जिस द्विधा का अनुभव होता था, वह इसमें नहीं होता। मनोविज्ञान और आदर्शवाद, यथार्थोन्मुखता और मूलभूत

रोमांटिकता, औपन्यासिक सौंदर्य और जीवन-दर्शन के बीच जो द्वंद्व पूर्ववर्ती उपन्यासों को कुछ अंशों तक छिन्न-भिन्न करता था, वैसा इस उपन्यास में नहीं होता। क्योंकि इनके बीच की समन्वित और संतुलित स्थिति पर इलाचंद्रजी स्थित हैं। मूलभूत भारतीय-दर्शन में आस्था दृढ़ होने के फलस्वरूप आंतरिक द्विधा और संदेह को खत्म किया है, जिसके परिणामस्वरूप अनन्य साधारण एकाग्रता या इंटीग्रेटी उपन्यास में उत्पन्न हुई है और उपन्यास के सौंदर्य-पक्ष की अपरिसीम वृद्धि हुई है। ●

जैनेंद्रकुमार और उनका 'मुक्तिबोध'

जैनेंद्रकुमार के उपन्यासों के अध्ययन में अनेक भ्रांतियां हो गई हैं। चूंकि विचारक जैनेंद्र का व्यक्तित्व उपन्यासकार जैनेंद्र के समान ही सशक्त है और उनके विचारक ने उपन्यासों को सशक्त आधार ही नहीं, ऊंचाई और गहराई भी प्रदान की है। प्राय: जैनेंद्र के विचारक को उपन्यासों पर थोपा जाता है या उपन्यासों के पात्रों, प्रसंगों और उनकी परिणतियों के माध्यम से विचारक के रूप में एक जीवन-दर्शन की मांग की जाती रही है। इसमें यह भुला दिया जाता है कि जैनेंद्र सूक्ष्म और गहन चिंतन के साथ अत्यंत सजग, यद्यपि सहज, उपन्यास-शिल्पी हैं और भाषा से लेकर कथा के नियोजन, पात्रों के नाट्यात्मक प्रस्तुतीकरण तक सभी बातों में गजब की सतर्क (यद्यपि ऊपर से यह मुद्रा कि सब कुछ स्वयं चालित है) कलात्मक कुशलता का प्रयोग वे करते रहते हैं। शब्द, भाषा, वर्णन, निवेदन, पात्रों और प्रसंगों का उपयोग, उपन्यास का आकार इत्यादि के संबंध में अत्यधिक मितव्ययता का, कलात्मक विवशता या अनिवार्यता का तथा सतह पर ठेठ भाषा से उत्पन्न निरीहता के आभास का जो वे परिचय देते हैं, उससे उनकी असली महानता की खरी पहचान पाठक को नहीं होती। जैनेंद्र के उपन्यासों को पढ़ते समय उस महंत का रूप सामने आ जाता है जो ऊपर से विपन्न और बेचारा दिखने के बावजूद विलक्षण समृद्ध व्यक्तित्व से युक्त होता है—जिसका बहुरंगी, बहुढंगी व्यक्तित्व दीदारवाले से नहीं छिपता। परंतु इस ऊपरी सादगी और निश्छलता में भी कहीं छद्म, झूठपन की मुद्रा नहीं है। जैसे कि आइंस्टाइन छोटी बच्ची को बड़े प्रेम से आलजिब्रा के उदाहरण समझा रहा हो।

जैनेंद्र के उपन्यासों में एक ही समय चिंतक और भावुक की, सत्यप्रेमी और सौंदर्यधर्मी की, अमूर्त्त और सूक्ष्म, गहन स्तर पर विचरनेवाले दार्शनिक और ठोस, जीवंत, ऐंद्रिय प्रतीति में ही विश्वास करनेवाले कलाकार की, चिरंतन समस्याओं के भान से व्यथित; परंतु सामयिक महत्त्वपूर्ण समस्याओं से विद्ध आधुनिक नागरिक की, निगूढ़ आध्यात्मिक अनुभूतियों के प्रति उत्कट रूप में उन्मुख परंतु भौतिक सुखानुभूतियों के प्रति आसक्त व्यक्ति की जो आश्चर्यकर

प्रतीति होती रहती है; उससे उनके उपन्यासकार के असली स्वरूप के संबंध में पर्याप्त भ्रम उत्पन्न होता है। एक ओर मानवीय मन की गहरी पर्तों को अनायास रूप में प्रत्यक्ष करनेवाले जैनेंद्र को मनोवैज्ञानिक उपन्यासकार की सीमाओं में आबद्ध कर देखने से और उससे भी अधिक उन्हें कुंठाओं से ग्रस्त व्यक्ति के रूप में देखने से पर्याप्त गलतफहमियां उत्पन्न हुई हैं और मनोविज्ञान का एक सीमा तक उपयोग करनेवाले उनके कलाकार के प्रति न्याय नहीं हो सका है। यह कुछ ऐसा प्रयत्न है जैसा कि अंधों के द्वारा हाथी का एक भाग पकड़कर कहना कि हाथी का यही रूप है।

जैनेंद्र के उपन्यासों का अध्ययन करते समय, विचारक जैनेंद्र को, जो उनके निबंध साहित्य से सामने आता है, दूर रखना चाहिए। वैयक्तिक धारणाओं को लांघकर उपन्यास का कविता की भांति अध्ययन करना चाहिए—वस्तून्मुखी दृष्टि से तथा केवल रचनागत शब्दों से जीवित उपन्यास-संसार को दृष्टिगत रखते हुए।

प्रायः यह ध्यान में नहीं लिया गया है कि जैनेंद्र में अपने प्रमुख पात्रों के प्रति एक संपूर्ण समर्पित वृत्ति रहती है। मतलब यह कि कलाकार जैनेंद्र उस समय तक के लिए पूर्णतया उस व्यक्ति के शरीर और मन में प्रवेश करके तदाकार हो जाते हैं। इस तदाकारिता में उनका अपना व्यक्तित्व उस समय तक के लिए ऐसे अंतर्धान हो जाता है और अजब नाट्यात्मकता का प्रवेश उपन्यास में होता है। उनके साहित्य में निश्चय ही भाषा की एकरूपता हर रचना में प्रतीत होती रहती है परंतु ऐसी कुछ पारदर्शिता है उनकी भाषा में कि अपनी ओर अलग से ध्यान न आकृष्ट करती हुई (यद्यपि वह —भाषा—विलक्षण रूप में व्यक्तित्ववान है—अत्यंत विशिष्ट, अत्यंत अर्थ-प्रचुर, समृद्ध और सादगी में भी गहन-सी गूढ़—ठीक महात्मा गांधी की भांति।) वह रचना विशिष्ट पात्र से पूर्णतः हमें एकमेक कर देती है।

जैनेंद्र का 'मुक्तिबोध' भी उपरोक्त वैशिष्ट्यों से युक्त है और इसीलिए उपन्यासांतर्गत अनुभव से भिडने से पहले यह सब लिखना पड़ा।

एक बात और। जैनेंद्र 'क्राइसिस' के लेखक हैं, यह प्रायः उनके बारे में नहीं लिखा गया है। 'सुनीता', 'त्यागपत्र', 'सुखदा', 'कल्याणी','जयवर्धन', 'मुक्तिबोध', 'अनन्तर' सभी उपन्यासों का प्रारंभ एक ऐसी स्थिति में होता है जबकि उनके प्रमुख पात्र पर्याप्त वैचारिक और भावनात्मक अंतर्मंथन के बाद भी अनिर्णय की स्थिति में रहते हैं और उपन्यास के प्रारंभ में स्थितियां सीमा तक आ जाती हैं। इस 'क्राइसिस' की तीव्रता, उनके पात्रों की वैचारिक दृढ़ता और तीव्र संवेदनशीलता के कारण जितनी है, उतनी ही स्थिति के, वस्तु या विषय के अनेक पहलुओं को एक साथ देख सकने की क्षमता में है। विविध स्तरों और विरोधी पहलू को

देख सकने और उसे समझ सकने की क्षमता जैनेंद्र के पात्रों में इतनी जबर्दस्त है कि उनके निश्चित निजी मत के संबंध में भ्रांतियां उत्पन्न होती हैं। फिर जैनेंद्र की रचनाओं को पढ़ते समय यह बार-बार लगता है (लगना चाहिए) कि क्या जिंदगी में किसी निर्णय पर जब भी आया जाता है, वह स्थिति विचारों और तर्कों के सहारे निष्कर्षित की जा सकती है। विचार, भाव, रुझान, तात्कालिक प्रेरणा, बाह्य वास्तविकता, विविध व्यक्तित्वों के संबंध या संघर्ष इनके साथ वह अव्यक्त, अनिर्दिष्ट, अव्याख्येय तत्त्व भी सम्मिलित हैं जिसे हम रहस्यमय ही कह सकते हैं—इत्यादि का विचित्र घुलाव है जो व्यक्ति को प्रायः निर्णय लेने के लिए सिद्ध करता है। अगर कोई लेखक वह 'घुलाव', वह संमिश्र रसायन, अजब मूर्त्त और जीवंत रूप में प्रस्तुत करता है तो क्या वह उसकी कलात्मक महानता का द्योतक नहीं है ? जैनेंद्र यह करते हैं और इसीलिए तार्किक कार्यकारण-भाव पर, स्थूल भावनात्मक संघटन तत्त्व पर आधारित उपन्यासों की स्पष्टता और सरलता के बावजूद जैनेंद्र की गूढ़ता, रहस्यमयता या अर्थपरकता में अधिक जीवन-सदृश्यता और विपुल जीवंतता का प्रत्यय मिलता रहता है। स्थितियों की निविड़ता और गहनता के प्रति सजग व्यक्ति क्या यह नहीं अनुभव करता जो उनका सहाय करता है—"मालूम होता है कोई भी अपने में नहीं है। जाने क्या ताना-बाना यहां फैला है कि उसमें होकर व्यक्ति का चलना-हिलना, करना-धरना उस पर निर्भर नहीं रह जाता। वह उसका नहीं होता, उसके द्वारा होता है।···जीवन के इस खेल के पीछे क्या लीला काम कर रही है, पता नहीं। प्रगट उसमें कोई तुक नहीं दीखती। यदि पीछे कोई आशय है, संगति है, तो खुलने में नहीं आती। समय शायद उसका ही उद्‌घाटन करता हो, लेकिन इस लीला की व्यंजना का कालपर्यंत अंत तो कहीं है नहीं। इसलिए कहीं जाकर उसका अर्थ भी समाप्त या संपन्न क्या हो पाएगा।"

इसे जैनेंद्र का मत मानने की जल्दबाजी हम न करें, 'मुक्तिबोध' के नायक सहाय का भी जीवन-विषयक निष्कर्ष समझने की भूल हम न करें और विशिष्ट 'क्राइसिस' अनिर्णयात्मकता की पीड़ा में व्यक्त एक जीवन-विषयक 'तथ्य' के रूप में ही ग्रहण करें तो कितनी सूचनाएं इसमें निहित प्रतीत होती हैं। इन वाक्यों के पीछे 'लीलायमान' जीवन की झांकी अगर लेखक हमें दे तो क्या रचनात्मक संसार उसी रूप में सार्थक नहीं माना जाएगा ? असल में विविधता के पीछे किसी एक मूल या आदि कारण की खोज के अभ्यस्त हम 'विविधता' को ही मूल स्थिति के रूप में ग्रहण करने से हिचकते हैं—परिणामतः हम चाहते हैं स्पष्टता, सरलता और कुछ ठोसपन, जिस पर हम खड़े होकर न डगमगाएं। हम अपने को ही आधार देना चाहते हैं—आधार की वास्तविकता को नजरअंदाज करते हुए। जैनेंद्र चूंकि आधार की विविध रंगी वास्तविकता की ओर संकेत करते

हैं और वह हमारे लिए शायद उतना सुपाच्य नहीं है। हम उनके कलाकार की शक्ति की ही अवमानना करते हैं।

क्राइसिस

'मुक्तिबोध' में प्रारंभिक वाक्य में ही 'क्राइसिस' का संकेत है—"इधर कुछ दिनों से ठीक नींद नहीं आती है। रात तीसरे पहर टूट जाती है और मन भटकने लगता है। सहसा कोई विश्वास नहीं करेगा। कारण, मेरे नाम के साथ दुविधा की संगति कोई जोड़ नहीं पाता है। पर इस चव्वन बरस की वय में स्वीकार करना चाहिए कि मुझ में दुविधा उग रही है। मेरे जैसे के लिए सोचना और लिखना जरूरी हुआ जा रहा है।" इस उद्धरण का अगर उस प्रकार से अध्ययन किया जाए जो दिशा—इधर शैलीविज्ञानात्मक आलोचना के अंतर्गत निर्देशित की गई है तो कतिपय सौंदर्य-स्थल पहचान में आ सकते हैं। यह वयस्क की 'दुविधा' है। ऐसे 'वयस्क' व्यक्ति की कि 'सहसा कोई विश्वास नहीं करेगा' कि उसमें भी 'दुविधा' उग सकती है। वह भी इस सीमा तक कि नींद टूट जाती है और करनेवाले व्यक्ति को 'सोचने' की बाध्यता पैदा होती है—लिखने की भी। छोटे से इस पैराग्राफ में तनाव के विविध रूप जैसे एकाग्र हो गए हैं और पूरा कसाव है।

यह दुविधा कहीं से एकदम पैदा नहीं हुई है—ठाकुर भी कहते हैं—"जरूर रोग का बीज तुम में पहले भी रहा होगा।" तमारा भी जानती है कि "राजनीति के पुरुष तो काम-धाम में रहते हैं और उससे ऊपर देखने की फुर्सत अपने को नहीं देते हैं। पर तुम्हारे बाबूजी एक उनमें अलग हैं जो ऊंचाई और गहराई में सोचते हैं।" स्वयं सहाय का समस्त मानसिक धरातल ही अलग किस्म का है; जो राजनीति के दंद-फंद से कतराते हैं।

तनाव का मूल : जटिल व्यक्तित्व

श्री सहाय जो दुविधा अत्यंत तीव्र रूप में अनुभव कर रहे हैं, उसके मूल में स्थितियों के प्रभाव के साथ उनके विशिष्ट व्यक्तित्व का भी हाथ है। वस्तुतः जैनेंद्र की कलात्मकता का परिचायक एक प्रारंभिक चिह्न यह है कि उन्होंने सहाय को एक सामान्य राजनीतिक न बनाकर विशिष्टता दी है। यद्यपि स्वयं सहाय मानते हैं कि उनमें दुविधा आना औरों के लिए आश्चर्यजनक है, फिर भी वस्तुतः वैसा नहीं है। यह अत्यंत जटिल व्यक्तित्व है, अतः उसकी प्रतिक्रियाएं भी सरल एवं सहज नहीं हैं। 'मुक्तिबोध' के 'क्राइसिस' के अध्ययन के लिए श्री सहाय के जटिल व्यक्तित्व की पहचान अत्यावश्क है।

स्वयं सहाय कहते हैं कि 'आदत नहीं है लिखने की या सोचने की'। दूसरा

ही वाक्य है, 'कर डालनेवाला आदमी समझा जाता हूं'। वे समझे जाते हों 'कर डालनेवाले' या 'एडमिनिस्ट्रेशन' में रुचि लेनेवाले परंतु असल में वैसे नहीं हैं। उनमें राजनीतिक का सूक्ष्म अभिमान है और वे कहते हैं—"···विचार से वास्ता खाली आदमी का होता है, असली आदमी बाहर इंसान से निपटता है।" सहाय के अपने संबंध में दिए गए वक्तव्य 'अंतिम सत्य' के रूप में लेना युक्ति-युक्त नहीं है, क्योंकि जटिल व्यक्तित्व अपनी जटिलता की तहें ठीक तरह से जानता ही हो; ऐसा नहीं कहा जा सकता। 'चरित्र' की असलियत को दिखाने का कुशल लेखक का हथियार एक और होता है : अन्य चरित्रों के माध्यम से उस पर प्रकाश। सहाय के संबंध में तमारा, ठाकुर महादेवसिंह, कुंवर, नीला आदि के मंतव्य ध्यान में लिए जाएं तो सहाय केवल निर्द्वंद्व राजनीति-पटु नहीं हैं; जो अच्छे-बुरे की, अनीति-नीति का विचार ताक पर रखकर तथा कर्म में से विचार या तत्त्व का रस निकाल फेंककर सिर्फ अपनी सत्ता को और अधिकार को ही सुरक्षित करते जाते हैं। देश के खंडित होने की संभावना से वे पीड़ित हैं, राजनीति के नीतिहीन बन जाने की स्थिति से उद्विग्न हैं, जनता के सुख-दुःख के विचार से दूर निकल गए नेताओं से उन्हें घृणा है, जीवन की सार्थकता, सारता-निस्सारता के विचार से वे विद्ध हैं, अस्तित्व की तथा मृत्यु आदि की नितांत दार्शनिक चिंतना से कभी-कभार उद्वेलित भी होते हैं, भोग की ओर उन्मुख परंतु त्याग और सेवा का खोखला जप करनेवाली जीवन की प्रवृत्ति के ढोंग से तथा गांधी की आत्मा को प्रत्यक्ष देश-कार्य से निर्वासित करनेवाले राजनीतिज्ञों से उन्हें घोर वितृष्णा है। ये सारी चिंतन की स्थितियां श्री सहाय को सत्तामद में उन्मत्त हुए राजनीतिज्ञों से अलग विशिष्टता देती हैं और उसके मानसिक उद्वेग की, टेंशन या क्राइसिस की कलात्मक आधार पर नींव रखती हैं। चूंकि जैनेंद्र का व्यक्तित्व अंतर्मुख है, चिंतक का है, उन्हें सहाय को इस प्रकार प्रस्तुत करने में सहज सफलता मिली है। उपरोक्त वैशिष्ट्यों को जिन अत्यल्प शब्दों में, बिना किसी प्रकार के शाब्दिक आडंबर के, निप्ट देशी ठाट में रखा गया है, उससे जैनेंद्र की शैली की अद्भुत क्षमता का प्रमाण मिलता है। चूंकि पूरा उपन्यास आत्म-कथात्मक शैली में लिखा गया है। (दुविधा, क्राइसिस, अनिर्णय की स्थितियों के लिए संभवतः अन्य कथन-पद्धति उतनी लाभदायक न हो सकती।) मानसिकता का सूक्ष्म धरातल प्रत्यक्ष साकार करने में अतिरिक्त मदद मिली है।

श्री सहाय की विशिष्टता को जैनेंद्र ने एक-दूसरे माध्यम से भी मूर्त्तता दी है। वह माध्यम है—उसका अन्य चरित्रों से अंतस्संबंध। इस संदर्भ में सहाय की अपनी पत्नी, प्रेयसी नीला, ठाकुर महादेवसिंह, पुत्र वीरेश्वर, पुत्री अंजलि और दामाद कुंवर तथा अन्य सहयोगी भानुप्रताप, बी० पी० इत्यादि के साथ के संबंधों का अध्ययन किया जा सकता है। इन संबंधों की कुछ विशेषताएं हैं जो

सहाय को पृथक स्तर देती हैं। राजनीतिज्ञ अन्य मनुष्य का अपने लिए उपयोग करने में कतई संकोच नहीं करते। उनके सभी मानवीय संबंधों का आधार उपयोगिता होता है। हम देखते हैं कि सहाय में कहीं भी यह संबंध उपयोगिता पर टिका हुआ नहीं है। वैसे पत्नी उनकी सहधर्मचारिणी है, समर्पिता और पूर्णतया परंपरानिष्ठ पतिव्रता है परंतु उसके व्यक्तित्व की गहराई को देखकर सहाय गहन स्तर पर प्रतिकूल होते हैं : "इधर पत्नीत्व की संस्था में मुझे अर्थ प्रतीत होने लगा है। पत्नी बच्चों की माता हो सकती है, पर उभर आने पर उसकी गहरी वत्सलता पति को ही प्राप्त होती है। अर्थात्, विवाह का सार वय की नवीनता में नहीं मिला, अब अधिकता में मिल रहा है।" ('इधर' शब्द की व्यंजना द्रष्टव्य है जो 'नवीनता' और 'अधिकता' से अधिक गहन होती है—नीला के साथ संबंधों पर विचार करने से इन शब्दों की गजब की अर्थवत्ता ध्यान में आ सकती है।) इस राजनीतिज्ञ पति की मानसिक प्रतिक्रिया भी उन्हें विशिष्टता देती है : "मैंने पत्नी की तरफ देखा। उसने जीवन-भर साथ दिया था और निरी अनुगता समझकर मैंने कभी उसे ध्यान में नहीं लिया था। एकाएक मुझे लगा कि मैं किस बेमानता में रहता आया था : मौका नाजुक होने पर केलि-विनोद में जरा उसको बहला-भर लिया करता था, नहीं तो घर-गिरस्ती के सामान-असबाब से ज्यादा किसी तरह नहीं मानता था। मेरा वह मान टूटा और मुझे जाने कैसी एक कृतार्थता का अनुभव हुआ।···और मैं अवसन्न रह गया, यह अनुभव करके कि पत्नी ने स्वयं में निस्स्व बनकर मेरे स्व को ऐसा पराजित कर दिया है कि मैं कृतज्ञता में भीग उठा हूं।" पत्नी के प्रति आरंभिक, कुछ व्यावहारिक दृष्टि की यह प्रतिक्रिया किसी मानवीय मूल्य से संस्कारित व्यक्तित्व में ही हो सकती है। 'नीला' तो प्रेयसी ही है और जो पति को पत्नी में नहीं मिला, वह सहाय को नीला में मिला—रस, सौंदर्य, समान स्तर पर स्थित उत्कट बंधन-रहित प्रेम। यहां भी उन दोनों के संबंधों का आधार काम, वासना, शरीर-मात्र नहीं है। वह है परंतु उतना ही जिससे स्त्री-पुरुष के संबंध मांसल और रसवान बनते हैं। अधिकतर दोनों में वह उच्च मानसिक या आत्मिक संबंध हैं जो शरीर के माध्यम से ही सही परंतु ऊपर चढ़कर विलक्षण चैतन्य प्रदान करनेवाले हो जाते हैं और जिन्हें स्थूल प्रचलित शब्दों से परिभाषित नहीं किया जा सकता—'काम' 'प्रेम' बन जाता है। ध्यातव्य है, नीला-सहाय केवल 'एक बार' तन्मय क्षण भोग चुके हैं परंतु वह दोनों के लिए 'अमर' बन गया है। विवाह के बाद तीन वर्षों में नीला एक बार आई है दिल्ली—सहाय से मिलने। 'सूरजकुंड' के प्रसंग में सहाय का उखड़ापन भी उनके नैतिक सोच का परिणाम है। वहां सहाय का राजनीतिज्ञ अपने 'अहं' को नहीं भूल सका है क्योंकि वह ऐसी स्थिति का अभ्यस्त बन गया है कि उसे स्वार्थी और आकांक्षी लोग ही घेरे रहते

हैं। इसी कारण से भानुप्रताप को तमारा का और ठाकुर महादेवसिंह को नीला का सहाय के पास आना पसंद नहीं है। राजनीति सिर पर चढ़कर बोलने लगती है तो सारे मानवीय संबंध स्वार्थ से सने दिखने लगते हैं। नीला उसके 'अहं' पर उसके मानवीय संबंधों को संशयग्रस्त दृष्टि से देखने की वृत्ति पर करारी चोट करती है। उस समय तो नहीं, परंतु बाद में सहाय राज के कहने पर क्षमा भी मांगता है। सहाय और नीला के समस्त संबंधों को ध्यान से देखने पर एक बात ध्यान में आती है—ये संबंध ऐसे उदात्त, ऐसे मानवीय, ऐसे रसवान हैं कि संस्कृति या मानवीय ऊंचाई से वंचित राजनीतिज्ञ उस प्रकार की कल्पना भी नहीं कर सकते। नीला-सहाय संबंधों ने सहाय के व्यक्तित्व को एक अलग स्वर, भिन्न आयाम, बहुत बड़ी गरिमा और गहराई प्रदान की है। ये संबंध स्वार्थ से रहित हैं, यद्यपि श्री सहाय ने मिस्टर दर के लिए कुछ भी नहीं किया है; ऐसा भी नहीं है परंतु इसके लिए नीला लाचार या याचक नहीं बन गई है (पृ० 64, तुम समझते हो···)। वह यह भी सुना सकती है : "एहसान मैंने किया है कि तुमसे बात की है।" इन संबंधों का आधार है, "तुम जानते हो तुम्हें अब चापलूसी की जरूरत नहीं है। मैं जीती जा चुकी हूं।"; "आदमी सपने के लिए जीता है और औरत उस सपने के आदमी के लिए जीती है। दर के साथ मैं रहती थी, जीती तुम्हारे लिए भी।"; "मैं तुम्हारा अंतःकरण बनना चाहती थी।

अपने पुत्र को ठिकाने से लगा न सकनेवाला, इंडस्ट्री के बजाय उसे किसानी में लगानेवाला, सेवा, सादगी, श्रम-जमीन से संबंध, समाज की थाती के रूप में सत्ता का उपयोग इत्यादि गांधीप्रणीत आदर्शों के संस्कार करनेवाला यह पिता, जीवन का स्तर सामान्य व्यक्ति से अधिक बड़ा होने के कारण 'गिल्ट' महसूस करनेवाला यह गृहस्थ आज के राजनीतिज्ञों से सैकड़ों कोस दूर है; यह जोर देकर कहने की जरूरत नहीं है। उसे पुत्र और पुत्री से लगभग वही पीड़ा, अपमान और घोर असंतोष मिला जो गांधीजी को संभवतः मिला होगा। पिता-पुत्र के ये संबंध राजनीतिज्ञ सत्ताधीशों के पूर्णतया विपरीत हैं। सहाय अपनी पुत्री को डांटते हैं, दामाद के एक काम में मदद नहीं दे सके हैं जिसकी वजह से दामाद उनको अपने काम में बाधक ही मानते हैं। अपने अधिकार और मान-मरातब के प्रयोग में एक गहरी नैतिक मूल्य-दृष्टि से वे काम लेते हैं, यद्यपि यह मूल्य-दृष्टि बौद्धिक निष्कर्षों में नहीं परिभाषित की जा सकती।

मित्र ठाकुर महादेवसिंह के प्रति उनमें गहरी कृतज्ञता है, उनके प्रति आदर भी है और डर भी। इसके विपरीत भानुप्रताप उनके नाम को आगे रखनेवाले होकर भी उनको अधिक महत्त्व नहीं देते। क्योंकि ठाकुर महादेवसिंह राजनीति के मैदान में रहकर भी प्रेमपूर्ण मानवीय संबंधों के प्रति समर्पित हैं। भाभी राजेश्वरी और वीरेश्वर से उनके संबंधों का अधिक विश्लेषण इसको उदाहृत कर

सकता है। इसके विपरीत भानुप्रताप, सहाय को एक राजनीतिक मोहरे के रूप में ही इस्तेमाल करना चाहते हैं। बी० पी० अधिक अच्छे हैं क्योंकि देश की दशा से सचमुच व्यथित हैं और सहाय जैसे संस्कारी व्यक्ति का राजनीति में सक्रिय होना आवश्यक समझते हैं।

इन मानवीय संबंधों के विश्लेषण से एक बात स्पष्ट हो जाती है, वह यह कि श्री सहाय का व्यक्तित्व निर्द्वंद्व, राजनीतिक व्यक्ति का नहीं है। तीस वर्षों की राजनीति ने सहाय के संवेदनशील मूल्यों के प्रति समर्पित और गहन विवेक-दृष्टि का परिचय देनेवाले व्यक्तित्व को बधिर नहीं किया है, दबाया नहीं है; यह उनकी सुदृढ़ नैतिक दृढ़ता का द्योतक है।

सहाय जिस प्रकार से अपने संबंधियों का, दोस्तों का, पत्नी का, प्रेयसी का विश्लेषण करते हैं, उससे उनकी जन्मजात प्रखर प्रज्ञा का परिचय तो मिलता ही है और उनकी प्रतिक्रियाओं से उनके तरल, रसार्द्र, अभिजात व्यक्तित्व का साक्षात्कार भी होता है। ठाकुर साहब के संबंध में—"ठाकुर साहब का मैं कायल हूं। पढ़े-लिखे विशेष नहीं हैं, इसलिए दबंग हैं। शक्ति से अलग कोई संस्कृति होती है, इस भूल में वह नहीं रह सकते।"; "जानता था कि सारी सख्ती वह शब्दों में खर्च कर देते हैं, इसलिए अंदर से एकदम कोमल हैं।" भानुप्रताप के बारे में—"प्रताप चले गए और मेरे मन में हो गया कि यह मेरे और बी० पी० के बीच बिगाड़ करके छोड़ेंगे।"; "मन भानुप्रताप की याद पर जाकर सुख नहीं मानता था। दूसरी तरफ हमारे ठाकुर हैं। एक होशियार, दूसरा हार्दिक। ठाकुर के समक्ष मन भींचता नहीं, खुलता है।—राजनीति भी अजब ताने-बाने से बनती है।" नीला के संबंध में—"नीला कुछ अलग ही है। मानो उसके लिए कहीं रोक नहीं है। वह दबने में विश्वास नहीं करती, दमन में भी नहीं करती। जीवन जैसे उसके लिए लहराता तत्त्व है। सत्य, वह भी लहराए रहना चाहती है। कुलीनता की कमी उसमें नहीं है, न शिष्टाचार की। किंतु उसके साथ यह सब कृत्रिम नहीं रहता, अनायास हो जाता है। उसकी अकृत्रिमता को सामाजिक सद्व्यवहार ढंक नहीं पाता। जीवन में तैरती-सी चलती है और कहीं उसे निषेध ज्ञात नहीं होता। मानो 'कर्त्तव्य' उसके लिए वह है जो उससे होता है। किसी 'चाहिए' का दबाव वह साथ नहीं लेती। मानो जो है, वही उसे चाहिए।"—"मैं समझ नहीं पाता हूं कि नीला की शक्ति क्या है; पर शक्ति का अनुभव करता हूं। साथ होता हूं तो लगता है वातावरण उससे बनता है, मुझसे नहीं। परिस्थिति में मोड़ आता है, उससे आता है। विस्मय यह कि यह अनुभव उस समय मुझे अप्रिय भी नहीं होता। बाद में सोचना पड़ता है कि अप्रिय होना चाहिए था। अपने पुरुषोचित सम्मान-अभिमान का उसकी उपस्थिति में मुझे ध्यान नहीं रहता है, जो रहना तो चाहिए।" नीला के बारे में अपनी अंतरंग

प्रतिक्रिया व्यक्त करते समय ही अनायास उपन्यास की घटनाओं या प्रसंगों के सूत्रों की संचालिका शक्ति के रूप में जैनेंद्र उसकी ओर सहज संकेत करते हैं। समीक्षक भी इसीलिए नीला के मंतव्यों को अधिक सावधानी और सतर्कता से पढ़ता है और उपन्यास के मूल अभिप्राय की कुंजी भी उसके हाथ लगती है। नीला के साथ सहाय के संबंध बड़ी जटिलता से युक्त हैं। इन संबंधों में नीति-अनीति की कचोट है, सामाजिक संकोच है, गृहस्थ की झिझक है, आत्मिक उल्लास की स्फूर्ति है, राजनीतिक परिवेश की अनचाही लपेट है, देह की सुगंध है और अंतःकरण की निर्मलता भी है, आत्म-सम्मान को बचाने की सावधानी है, आहत अभिमान की चोट भी है। एक-दूसरे के प्रति विलक्षण आसक्ति होते हुए भी निस्संग या बिना लगाव से एक-दूसरे की ओर से देखने की क्षमता भी है। निश्चय ही ये सारी बातें सहाय को अन्य राजनीतिक नेताओं से अलग करती हैं। जिस राजनीति में "उपयोगिता की बेदी पर हार्दिकता को इंसान कुर्बान करने लग जाता है।" यह सब नहीं उत्पन्न हो सकता था।

सहाय को मूलतः एक संवेदनशील और संस्कारी दार्शनिक का व्यक्तित्व मिला है। असल में उसकी दुविधा के मूल में उसकी यह दार्शनिक प्रवृत्ति ही मुख्यतः है।

सहाय जीवन-विषयक ऊहापोह में ऐसे बिंदु पर पहुंचे हैं जबकि जीवन की सार्थकता-निरर्थकता का प्रश्न ही अहम् हो जाता है। "अंदर तो कोलाहल है, कुछ सुन नहीं मिलता" जैसी मनःस्थिति या "मंत्रित्व एक काम था जो आत्यंतिक बन गया था। अब सोचने को जी होता है कि क्या वह काम भी था। लेकिन फुर्सत बिलकुल नहीं छोड़ता था। यद्यपि मन में निश्चय बढ़ता जा रहा है कि मंत्रित्व काम नहीं होता है, तो भी उसके बिना तो इधर मैं और भी अपने को बेकार लग रहा हूं। तब व्यर्थ ही सही, एक व्यस्तता तो थी। अब सार्थकता की तलाश में एकदम शून्य हुआ बैठा हूं।" जैसी अनुभूति बिना दार्शनिक चिंतन-परकता के असंभव है। आज की अस्तित्ववादी विचारधारा की मूल भित्ती के विपरीत यह मान्यता, "कहते हैं मूल में अस्तित्व है, उसी को बचाना और बनाना है। इस आधार पर लोगों ने जीवन को समझा है, समझाया भी है। लेकिन अस्तित्व स्वयं अपना प्रयोजन हो तो अंत में मृत्यु क्यों आए ? इसलिए लगता है कि अंतिम प्रयोजन को मृत्यु की, अनस्तित्व की, भाषा में खोजना होगा। निज की समाप्ति और अर्पण-विसर्जन की भाषा से।" दार्शनिक सिद्धांतों के पठन से नहीं उपलब्ध होगी—गहरे चिंतन से निकलती हैं। इस छोटे-से उपन्यास में जो दार्शनिक चिंतनपरक मंतव्य यत्र-तत्र प्रकट हुए हैं, वे उपन्यास की 'वस्तु' से एकमेक तो हैं ही, चरित्र की मूल प्रवृत्ति से भी मेल खाते हैं।

यह दार्शनिक चिंतनपरकता न केवल जीवन के अंतिम मूल्यवान प्रश्नों के

बारे में दिखाई पड़ती है, यह राजनीति में व्याप्त अनीति के प्रति भी चिंतित है और 'दुविधा' को बढ़ा रही है। मनुष्य का उपयोग किया जाता है, संबंधों का आधार प्रेम नहीं, उपयोगी होना होता है, वैयक्तिक अनुशासन को नहीं, प्रशासन को अत्यधिक महत्त्व मिलता है, 'राजनीति में जोर ही चला करता है, प्रेम नहीं चला करता है।' महत्त्वपूर्ण व्यक्ति को जीवन में संबंधों की स्वतंत्रता नहीं होती। या तो चारों ओर से स्वार्थी व्यक्तियों से घेर लिया जाता है अथवा निश्छल संबंधों के बारे में भी वह स्वयं भी और उसके आस-पास के निगरानी करनेवाले लोग भी संशयग्रस्त होने लगते हैं। पारिवारिक जीवन में भी यह स्वार्थ घुलने लगता है—मन में खीझ उत्पन्न होती है। "जैसे कहीं अभिसंधि की दुर्गंध हो और स्रोत का पता न हो।" (पृ० 99) परिवार का आधार—प्रेम सूखने लगता है। भारतीय राजनीति में महात्मा गांधी द्वारा बताए गए सब तत्त्व खत्म होते जा रहे हैं। सबसे अधिक घिनौनी बात यह कि राजनीति में व्यक्ति दूसरों के हाथ का मुहरा बनता है–अपना वैयक्तिक व्यक्तित्व खो देता है। सहाय, जो 'व्यक्तित्व' को सर्वाधिक महत्त्व देते हैं, देश और समाज से मनुष्य को प्राथमिकता देते हैं, इस राजनीति से आजिज आ गए हों तो यह सर्वथा स्वाभाविक है।

दुविधा : स्थितियों का घना घिराव

सहाय की 'दुविधा' के मूल में सहाय के विशिष्ट व्यक्तित्व का रूप है और उन समस्त संदर्भों का अत्यंत संकेतपूर्ण परंतु मूर्त्त रूप में अंकन कर जैनेंद्र ने दुविधा के अनुभव को विविधता, विस्तार और गहनता में चित्रित किया है।

व्यक्तिगत रूप में जीवन की सार्थकता तथा अंतिम उद्देश्य के संबंध में आत्म-ज्ञान के प्रश्नों ने सहाय को विचलित कर दिया है। ठाकुर महादेवसिंह इसे 'उसूल' कहते हैं। सहाय अब राजनीति के रूप से भी ऊब गए हैं जिसमें अनीति, विवेकहीन शक्ति और स्पर्धा, मानवीय संबंधों की विरूपता है। त्याग, सेवा, सादगी, जनता प्रेम, जनतंत्र की दुहाई देते हुए इसके ठीक विपरीत को अपनाया जाता है। परंतु सहाय राजनीति को छोड़ने का निर्णय भी नहीं ले पाते। अनिर्णय की यह स्थिति गहरानेवाली कतिपय स्थितियों का संकेत करके सहाय के मानसिक रस्सी-खेंच को, तनाव को अत्यंत गहन स्तर पर चित्रित किया गया है। इन विरोधी शक्तियों में ठाकुर महादेवसिंह हैं जिनके बल पर सहाय पार्लियामेंट में चुने जाते हैं। ठाकुर महादेवसिंह सहाय को नहीं छोड़ना चाहते, क्योंकि उनके विपक्षी विक्रम का जोर बढ़ेगा और बारह-पंद्रह वर्षों में कन-कन इकट्ठी की हुई शक्ति विघटित होगी और परिणामतः ठाकुर महादेवसिंह के इलाके में उन्हें मुश्किल होगी। जैनेंद्र ने सूचित किया है कि असल में पार्लियामेंट का उछल-कूद करनेवाला व्यक्ति जनतंत्रवाद में किस प्रकार दूसरों के हाथ में बंधा हुआ होता है,

जनतंत्रवाद की यह सफलता ही है। ठाकुर महादेवसिंह साफ हैं कि राजनीति लेन-देन पर आश्रित है। ठाकुर महादेवसिंह जैसे विश्वसनीय हितैषी मित्र ने सहाय के पुत्र वीरेश्वर को कुछ ठिकाने से लगा दिया है जो सहाय की दुखती रग बन गई है। फिर भानुप्रताप जैसे कार्यकर्त्ता और साथी मित्र भी हैं जो सहाय के आत्मिक द्वंद्व को न समझकर निकट समय में इस्तीफा देना देश के साथ, पक्ष और संघटना के साथ, राजनैतिक मित्रों के साथ विश्वासघात मानते हैं। उधर सहाय के परिवार के लोग भी घोर रूप से असंतुष्ट हैं। अंजली और कुंवर का मंत्री की कोठी में आकर रहना और बाद में होटल में रहना काफी व्यंजनापूर्ण है। जैनेंद्र ने इस प्रकार की जो बारीकियां दिखाई हैं, वे अनजान में नहीं, कुशल शिल्पी की सजगता उसके पीछे है। परिवार में पत्नी के जीवन-भर के कष्टों ने भी सहाय को कम अनिर्णय में नहीं रखा है। वे बार-बार पत्नी से पूछते हैं समाधान के लिए, सो इस बात का निदर्शक है कि मंत्री-पद त्याग कर सबसे अधिक पत्नी को ही वे कष्ट में डालने-वाले हैं। जैनेंद्र की कलात्मक सूझ-बूझ और मनोवैज्ञानिक अंतर्दृष्टि का प्रमाण यह है कि बार-बार पत्नी से पूछने के पीछे वस्तुतः मंत्री-पद का मोह कार्यांवित है—यह मोह अंदर छिपा बैठा है। सहाय मंत्री-पद नहीं छोड़ना चाहते हैं परंतु इस व्याधि को पालने के लिए मजबूर होने की या किए जाने की बाध्यता का सारा भार पत्नी पर डालना चाहते हैं। पत्नी, जो पति के हर काम में, उनके साथ है, का सर्वथा समर्पण भी इसीलिए उन्हें सहज नहीं होता। पत्नी के द्वारा यह कहे जाने पर कि "हे भगवान, अंत में तुमने मेरी प्रार्थना सुन ली"—सहाय अनोखे अनुभव से अभिभूत अवश्य होते हैं और तत्क्षण सुखी भी होते हैं—"पहली बार अनुभूति मिली कि दुविधा कट रही है और अनायास एक समाधान-सा भीतर से आता जा रहा है।" परंतु कलाकार जैनेंद्र तुरंत दूसरा वाक्य भी लिख देते हैं—"पर मैं शंका उठाना चाहता हूं।"—वस्तुतः सहाय पत्नी का बल और समर्थन चाहते हैं–मंत्री-पद को ग्रहण करने में। परंतु समस्त बुराइयों के होते हुए मंत्री-पद के स्वीकार में अपनी अंतर् की ज्योत का भी समाधान चाहते हैं और उन्हें यह मिलेगा उसका कुछ भार पत्नी पर डालकर। बहुत ही गहरी आंतरिक पैठ है यह। पत्नी यह जानती है कि पति समर्थन और आग्रह चाहता है – "कह चुकी हूं मैं इनसे कि हम घरवालियों का मन अलग होने के लिए नहीं होता है। फिर भी पूछते हैं तो अलग राय देनी होती है। नहीं तो पूछने का मतलब क्या है?" (पृ० 33) पत्नी पति को बहुत ही अच्छी तरह जानती है—भीतर तक। इसीलिए बाद में कह देती है—"अब भी कहती हूं कि भगवान का रास्ता यह नहीं है। उस पर तुम चलोगे, तभी मुझे असली सुख होगा। तब कहा था, अब भी कहती हूं। लेकिन तुममें और जो बातें आती हैं, तुम चल भी पड़े तो वे तुम्हें उधर बढ़ने नहीं देंगीं। इसलिए कहती हूं।" जहां तक इसमें संकेतित सहाय की मूलभूत प्रवृत्ति

का प्रश्न है, उन्हें जाननेवाली दोनों नारियां उन्हें नंगे रूप में जानती हैं। पत्नी कहती है-–"तुम तो जीतने के लिए बने हो। मैंने देखा है और तुम भी ऐसा ही कहते आए हो। तब त्याग-विराग की बातें हम-औरतों जैसी मुझे न लगतीं तो क्या लगतीं। तुम्हारे लायक तो वह नहीं है न!" (पृ० 15) यही नीला भी जानती है—"दुनिया में उलटी जानेवाली राह तुम्हारी होती, कामयाबी तुम्हारी उसी तरफ होती, तो अब तक वह राह तुम्हें छिपी क्यों रहती ?···सपने से लौट-कर वापिस जिस तरफ जाओगे, वहां तुम्हें अपनी आत्मा नहीं मिलेगी।"(पृ०87) अत: सहाय की मूल प्रकृति ही मर्दों की है—शक्ति, सत्ता, ओहदा, विजय पाते रहने की है। सहाय की 'दुविधा' के मूल में कहीं निराशा है, परास्त हो जाने की भावना है, और राज और नीला दोनों नारियों ने इसकी ओर संकेत किया है। राजश्री कहती है–"यह तो मैं मानती हूं कि ओहदों में या दूसरे तरहके बड़प्पन में असल सुख नहीं है। पर तुम मर्दों का उधर से मन हटे न ? हटता है तब जब बढ़ने की सूरत नहीं रहती, या अंदर शक्ति नहीं रहती।" (पृ० 33) नीला भी कहती है—"लेकिन लगता है कहीं किसी ठोकर से तो तुम नहीं लौट रहे हो।"; "मैं तो मानती हूं कि मूल में निराशा है। रोष जो तुम में उठा था, मन के झगड़े में से आया था। निश्चय जो बना है, हठ में से बना है···।" (पृ० 87) संभवत: सहाय को भीतर तक जाननेवाली दोनों नारियों की इस बात पर सहमति, कि सहाय की दुविधा का मूल गांधी का दर्शन नहीं है बल्कि कुछ जटिल मनोवैज्ञानिक ग्रंथि है, सत्य से दूर नहीं है। प्राय: ठाकुरसिंह को लेकर सभी सहाय से कहते हैं कि वह 'गांधी' नहीं है। जैनेंद्र ने सहाय की मूल प्रकृति के जटिल स्वरूप को ठीक कलात्मक कुशलता से उद्घाटित किया है क्योंकि स्वयं सहाय का अंतर्मन भी उसको लेकर द्विधा-चित्त थे।

सहाय की दुविधा को गांठ पर गांठ देनेवाली अन्य भी स्थितियां हैं। सहाय जिसको आंतरिक प्रेरणा का तकाजा मानते हैं, उसी को ठाकुरसिंह, भानुप्रताप, नीला, राज 'पलायन' भी कहते हैं। सहाय का हठ इसी विरोध से बल पाता है। अंजलि का घोर स्वार्थ में लिपटा आग्रह, वीरेश्वर की पिता के सिद्धातवाद के प्रति घोर चिढ़, अपने को औरों के हाथ का पुतला या खिलौना बना लिए जाने की आशंका, दूसरों के अस्तित्व के लिए आधार बना लिए जाने की कल्पना, गहरी चाल चलनेवाले अपने ही जमात की स्वार्थपरता इत्यादि स्थितियों ने सहाय की हठवादिता को बार-बार ऐंठा और मजबूत करने का प्रयत्न किया। सहाय में मूलत: अहं की भी कमी नहीं है जो नीला के साथ उसके संबंधों ने भली भांति प्रकट किया है। जैनेंद्र ने सहाय की दुविधा को वैयक्तिक, पारिवारिक, सामाजिक स्तर के साथ अंतर्राष्ट्रीय स्तर भी दिया है—रूस के राजनैतिक खेल की बड़ी ही कलात्मक सूचना दे करके। तमारा, अंजलि, कुंवर सब इस षड्यंत्र के हिस्सेदार

हैं जो वीरेश्वर को अपना भागीदार बनाकर उसके पिता को खरीदना चाहते हैं। सहाय के टेंशन, क्राइसिस—अनिर्णय या दुविधा के मूल में सघन रूप से गुंफित स्थितियों के ताने-बाने को देखते हैं तो जैनेंद्र की आश्चर्यजनक कुशलता या कलात्मक रचाव की प्रतीति से अवाक् हो जाना पड़ता है। सहाय के मूल व्यक्तित्व और समस्त परिवेश के परस्पर संघर्ष से दुविधा का अनेक आयामी गहन चित्रांकन प्रस्तुत कर जैनेंद्र ने एक सर्वथा अछूते अनुभव-विश्व में हिंदी के पाठकों को ले जाने का मौलिक प्रयत्न किया है।

निर्णय की निगूढ़ स्थितियां

अनिर्णय की स्थितियों का रूप जितना वैविध्यपूर्ण, उलझनदार, सघन रूप में सगुंफित, वैचित्र्य से युक्त और जटिल-सूक्ष्म है, उसी तरह 'निर्णय' की स्थिति भी निगूढ़ है। अंत में सहाय मंत्री बन जाते हैं—क्यों? कोई एक कारण नहीं है—अनेक कारणों और स्थितियों ने उन्हें यह निर्णय लेने को बाध्य किया है। इसमें जमीन पर काम न कर सकने की विवशता शामिल है, पसीने के श्रम की अनभ्यस्तता भी शामिल है। पत्नी राजश्री और नीला का उनकी मूल प्रकृति के प्रति सशक्त संकेत का भी हाथ कम नहीं है। वीरेश्वर को कुंवर साहब के जाल से बाहर निकालकर ठिकाने से लगाने के पिता के दायित्व का भी कर्त्तव्य-बोध है। पैसे के प्रति ऊपरी वितृष्णा के बारे में नीला के द्वारा उघाड़ी गई असलियत ने भी कम भूमिका नहीं अदा की है। ठाकुर महादेवसिंह के प्रति मित्रता, कुनबे की सुविधा, भानुप्रताप का अनुरोध, वी० पी० का आग्रह; इन सब बातों ने सहाय को अंत में निर्णय लेने को बाध्य किया। जैनेंद्र ने इस निर्णय के संबंध में भी कुछ स्पष्ट नतीजे निकालने की हालत में पाठकों को नहीं छोड़ा है—यह इस महान कलाकार की अप्रतिमता है। अनेकांगी स्थितियों को उभार कर निर्णय लेने का या अनिर्णय की स्थिति में अनेक प्रकार के निष्कर्ष निकालते रहने का बौद्धिक सुख लेते रहने का कार्य पाठकों पर सौंप दिया है। एक ओर यह आभास उत्पन्न किया गया है कि मंत्री-पद लादा गया है परंतु इस निष्कर्ष को छेद देनेवाली स्थितियों का संकेत भी उपन्यास में किया गया है। सहाय किसी चीज को लाद दिए जाने के कारण वहन करनेवाले नहीं हैं। वीरेश्वर को संभालने के बावजूद और मंत्री-पद के स्वीकार करने के लिए पुष्ट तर्क देने के बावजूद सहाय अपनी प्रेयसी नीला को वचन देना स्वीकार नहीं करते हैं। वी० पी० के सामने अपने सिद्धांतों की, राजनीति के स्वरूप की एवं अपने जमात के तहकीकात की स्थिति स्पष्ट रखने के बावजूद भी वी० पी० ने अनुरोध किया, इस्तीफा देने की बात कही; तब मंत्री-पद स्वीकार किया गया। मंत्री-पद को 'प्रतिष्ठा का आसन' नहीं, बल्कि कांटों का आसन और 'उत्सर्ग की चुनौती' मानकर दायित्व स्वीकारने की आकांक्षा से

सहाय ने उसे स्वीकार किया। यहीं पर वीरेश्वर की वे सारी बातें भी ध्यान में आती रहती हैं जिनमें उसने अपने पिता का असली रूप अपनी दृष्टि से खोलने का प्रयत्न किया था। एक तरह से अपनी जमात को उचित न्याय देने की बात भी इसमें थी जो उनके नैतिकता के बोध की सही परीक्षा थी। एक हलके स्तर पर यह शंका भी मन में उठती है कि अपने रिश्तेदारों को बचाने के लिए मंत्री-पद का उपयोग किया जाएगा; और कुंवर और तमारा की प्रकारांतर से यह विजय थी। लेखक ने चतुराई से राजश्री के बेटी के पास भागकर खबर देने का संकेत किया है, इससे इस शंका की पुष्टि होती है परंतु अंतिम वाक्य से—"और मैं कमरे में अकेला रह गया कि अपने तेवरों को आप ही संभालूं और जो भाग्य हो उसे आप ही झेलूं।" संभ्रम की स्थिति को बढ़ाया है।

यह अनिश्चितता कलात्मक इसलिए है कि स्वयं सहाय के अंतर्मन में कुंवर के अपराध को लेकर स्पष्ट कर्त्तव्य-बोध नहीं है। जीवन इतना बड़ा, इतना महान और इतना संमिश्र है कि उसमें पाप-पुण्य के, नीति-अनीति के, सही-गलत के निश्चित मानदंड नहीं हैं। 'मुक्तिबोध' उपन्यास का एक महान वैशिष्ट्य यह है कि बार-बार यह रचना जीवन की जटिलता और उसके बारे में बौद्धिक निष्कर्ष निकालकर व्यवहार करने की अशक्तता का सशक्त संकेत करती रहती है। अंततोगत्वा कुछ सामान्य से सिद्धांत होते हैं—कुछ मूलभूत-से, जिनको लेकर चलना होता है और व्यक्तित्व, उत्सर्ग, सेवा, त्याग, क्षमा, सजा, सही, गलत, पाप, पुण्य; सबका विचार उनकी अनुकूलता में करना पड़ता है। क्या इस प्रकार के कुछ सामान्य मूल्य प्रस्तुत रचना में व्यंजित हुए हैं? इसकी चर्चा करने से पहले उपन्यास के अंत के संबंध में यह कहना आवश्यक है कि जिसे 'ओपन नावेल' कहा जा सकता है, उस प्रकार का वह अंत यह है। इस अनुभव का आदि-मध्य-अंत नहीं है—जीवन का प्रवाह है जिसमें से कुछ स्थितियां उठाई गई हैं। उपन्यास जहां खत्म हुआ है वहां नए उपन्यास का प्रारंभ भी हो सकता है। यह आधुनिक टेकनीक है।

'मुक्तिबोध' की नैतिकता

ऊपर कहा गया है कि जीवन की सभी समस्याएं सापेक्ष होती हैं। सभी विचार या मूल्य सापेक्ष होते हैं। जीवन विराट् है। वह मुट्ठी में नहीं आता, फिर वह मुट्ठी कितनी भी बड़ी हो। फिर भी कुछ ऐसे तत्त्वों की ओर संकेत किया जा सकता है जो संभवतः रचना की मूल नैतिक नींव में स्थित हैं।

जैनेंद्र ने जीवन को एक ऐसा प्रवाह माना है जिस पर मनुष्य का बहुत अधिक नियंत्रण नहीं होता। अपने स्थान के कारण गर्व और शंका पालनेवाले सहाय को नीला डांटती है, वे सारे विचार इस दिशा में हमारी मदद कर सकते हैं। "तुम

लोग समझते हो, सब तुम्हीं करते हो। ठीक है, दर साहब के लिए कुछ हुआ, और कुछ मौके बने; लेकिन ओहदों पर पहुंचकर तुम मत मान लेना कि तुम जिंदगी के औजार नहीं हो, उसके मालिक हो। जिंदगी अपने तरीके से चलती है। तुम्हारी जगह कोई और हो सकता है; और दर साहब की और मेरी जगह पर कोई दूसरा हो सकता है। मैं फिर कहती हूं कि जिंदगी हम सबके साथ खेल करती है। जो खेल नहीं मान सकते हैं वे ही एक-दूसरे की शिकायत, आलोचना करते हैं।" (पृ० 64) नीला सहाय को फोन पर डांटती है, "तुम लोग आदि-शक्ति में अविश्वास करते हो और अपने नियम-कानूनों में विश्वास करने लग जाते हो। कभी तो अपने को उस शक्ति के हाथों में छोड़ा करो जो आदिम और सनातन है और जिसके अलावा कोई दूसरा सच नहीं है। क्यों तुम लोग ढंकाव पसंद करते हो। क्यों प्रकृति के स्पर्श से बचते हो और संस्कृति का बेठनें उस पर लपेटते हो।" नीला का यह विश्वास है कि, "देश-समाज तो यहीं रह जाते हैं और वह चल देता है। यानी इन नामों पर जो किया जाता है, आखिर होना है वह अपने अंदर से और अपने खातिर है।" (पृ० 88) स्वयं सहाय भी फिर इन्हीं बातों को अनुभव करते हैं, 'मालूम होता है कोई भी अपने में नहीं है। जाने क्या ताना-बाना यहां फैला है कि उसमें होकर व्यक्ति का चलना-हिलना, करना-धरना उस पर निर्भर नहीं रह जाता। वह उसका नहीं होता, उसके द्वारा होता है। (पृ० 118) इन विभिन्न मंतव्यों को ध्यान से पढ़ा जाए को एक ओर विलक्षण विनम्रता है इस बोध में कि जिंदगी की लीला चलती रहती है, मनुष्य निपट एक माध्यम है। फिर प्रश्न यह उठता है कि मनुष्य के कार्य-अकार्य का आधार क्या है ? नीला यह मानती है कि किसी प्रकार कार्य से बचना नहीं है। (पता नहीं मनुष्य को उसके कर्तृत्व से वंचित कर कार्य से न बचने का बोध कैसे हो सकता है।) और इस कार्य का नैतिक आधार है : "जिसको तुम नीतिनिष्ठ होना कहते हो, उस हिसाब से पद की जिम्मेदारियों को संभालो और निबाहो।" (पृ० 135) दूसरा महत्त्वपूर्ण आधार है, संभवतः वह अधिक स्वीकार्य भी हो सकता है, "···असली यह है कि अपने सब संबंधों में हमें प्रेम और स्नेह का काम करते रहने देना चाहिए।" (पृ० 136) (यह स्पष्ट नहीं होता है कि प्रेम और स्नेह किसके प्रति और एक के प्रति प्रेम और स्नेह दूसरे के विरोध में पड़े तब क्या किए जाए।) 'करणीय' को चुनने के संबंध में कसौटी एक बताई गई है, "···मेरी निपट निजता में से आने दो जो आए। अच्छा-बुरा, स्वार्थ-निस्वार्थ, जो भी हो वही ठीक होगा। ···कर्तृत्व जिसमें न मेरा हो, न तुम्हारा हो; बस एक ऐसी अनिवार्यता हो जिसमें मैं-तुम कुछ रहें ही नहीं।" (पृ० 145) नीला भी समर्थन करती है, "सबके अंतरंग में बात वह है जो एक है सब है, और इसीलिए परम है और भाग्य है।" इसी को 'मुक्ति का बोध' कहा जा सकता है। नीला के

मंतव्य दुविधाग्रस्त सहाय की अपेक्षा उपन्यास की नैतिकता की परख के लिए अधिक विश्वसनीय माने जा सकते हैं, क्योंकि पुरुष और प्रकृति की इस लीला में नीला उदासीन पुरुष को प्रेरित कर कार्य करवा रही है। (क्या यह आध्यात्मिक तत्त्व नीला-सहाय संबंधों में नहीं उभरता?) यह मुक्ति का बोध संभवतः सर्वमान्य नहीं होगा परंतु इसमें आस्था रखनेवालों की कमी नहीं है। स्पष्टतः यह दृष्टि अस्तित्ववादी विचारधारा के विपरीत है। अस्तित्ववाद में अस्तित्व को सर्वप्रथम माना गया है। इसमें अस्तित्व के परे 'एक' की 'परम' की स्थिति मानी गई है। दूसरे शब्दों में अस्तित्व से सार को प्राथमिकता दी गई है। अस्तित्ववाद में व्यक्ति को अनेक विकल्पों से वरण की स्वतंत्रता है और फिर दायित्व-बोध की बात की गई है। इसमें 'स्वतंत्रता' नहीं है, वह अहं है। इसमें अनिवार्यता है और व्यक्ति माध्यम है। अस्तित्ववाद में जिंदगी को अभिशप्त मानकर भी उस पर नियंत्रण करने की मनुष्य की सामर्थ्य में, उसकी सृजनशीलता में आस्था रखी गई है। 'मुक्तिबोध' के दर्शन में जिंदगी अभिशप्त नहीं है; अगर 'प्रकृति' को अस्वीकार कर या 'सभ्यता' के आवरणों में लपेटकर न रखा जाए। यह रिजेक्शन पर बल नहीं देती, बल्कि 'स्वीकार' पर बल देती है।

'मुक्तिबोध' के रचयिता ने सामयिक, तथाकथित अनेक फैशनपरस्त विचारों के सामने प्रश्नचिह्न खड़े किए हैं। आज मंत्री-पद और राजनीति के प्रति भयानक कसैलापन व्याप्त है। जैनेंद्र की 'नीला' सवाल रखती है—"तुम्हारी जगह कोई और हो सकता है।"—ऐसी स्थिति में क्या विचारवान व्यक्ति का मंत्री-पद से और राजनीति से भागना निपट पलायन नहीं है? यह पलायन और भी खतरनाक है क्योंकि अधिक अंशशक्ति से मुक्त अयोग्य व्यक्ति के स्थान पर आने की संभावना है। क्या संपूर्ण सैद्धांतिक आदर्श संभव है? नीला कहती है, "यहां आदर्श की तरफ सीधे चलना नहीं हुआ करता, जैसे कभी-कभी तुम चाहते हो। चलना मिल-जुलकर होता है। इसी में से जितनी आदर्श की सिद्धि हो, वही वास्तव है। नहीं तो महत्त्वाकांक्षा है। उसमें ही आदमी अकेला बनता है और अपने और दूसरों के लिए समस्याएं पैदा करता है। (पृ० 134) जैनेंद्र ने निपोटिज़्म, इंडिविडुआजिज़्म जैसे शब्दों के प्रति भी एक विचारणीय पहलू सामने रखा है। वीरेश्वर पिता के काम में सहायक भी हो सकता है और नैतिक निगरानी करनेवाला दक्ष आलोचक भी—नीला का यह विश्वास है। (हल्के स्तर पर यह माना जा सकता है कि आज की स्थितियों में सत्ताधारियों के लिए यह एक 'बाइबल' के रूप में प्रस्तुत किया गया है; परंतु जैनेंद्र यह कहकर आसानी से छुट्टी पा सकते हैं कि यह जीवन-दर्शन नहीं है— यह तो किसी मिस्टर सहाय का 'क्राइसिस' के अंतर्गत जीवन का अनुभव है। और क्या इससे इंकार भी किया जा सकता है? फिर भी इसकी मौलिकता को इंकारा नहीं जा सकता।)

स्त्री-पुरुष संबंधों के बारे में भी एक नई स्थिति सामने रखी है —नीला-सहाय को लेकर। क्या स्त्री-पुरुष के संबंधों को 'विवाह' के आधार पर नियंत्रित किया जा सकता है? संभवत: यहां भी मूल्यों की सापेक्षता की बात ही सामने आती है। क्या वह संबंध झूठा है जहां मनुष्य अपनापा और अहं खोकर क्षण को उत्तेजक रूप में भोगता है? "मैं साफ-साफ समझ नहीं पाता हूं। पति-पत्नी का संबंध केंद्र है। वह ध्रुव है कि जिसके आधार पर परिवार की एकत्रता और समाज की मर्यादाशीलता खड़ी है। सही-गलत सब उसके संदर्भ से बनना चाहिए। लेकिन मैं नहीं जानता कि नीला को लेकर मुझमें क्या होता है। एक आत्मिक स्फूर्ति-सी मिलती है। राजश्री को लेकर वह नहीं हो पाता। वह विवाहित है। मैं विवाहित हूं। इसी कारण उस सुख-सौहार्द को क्या निषिद्ध बना देना होगा?" (पृ॰ 52)।

इसमें एक द्वंद्व और उभरा है--जमीन और इंडस्ट्री का। भारत के सामने वह कम महत्त्वपूर्ण नहीं है क्योंकि अभी ये दोनों एक दूसरे की पूरक न बनकर प्रतिद्वंद्विता में उतरते हैं। कभी यह सुखद भ्रम भी होता है कि जैनेंद्र ने ठाकुर महादेवसिंह और कुंवर को प्रतीकात्मक शक्तियों के रूप में तो खड़ा नहीं किया है?

'मुक्तिबोध' का विचार करते समय हमें सहाय तथा अन्य चरित्र और उनके परस्पर संबंधों के साथ उस समस्त राजनैतिक, सांस्कृतिक, सामाजिक, पारिवारिक परिवेश के और कतिपय सामयिक समस्याओं के भी चिंतन में उतरना पड़ता है—अनिवार्य रूप में और सहज रूप में। और यह अनुभव होता है: "अजब मालूम होता है कि एक अनेक से किस तरह बंधा है।" (पृ॰ 20) महान रचना का यह एक निदर्शन है कि उसकी चर्चा करते समय हम अनायास समस्त जीवन की चर्चा में उतरते हैं। 'मुक्तिबोध' में जो अनुभव-विश्व समाविष्ट है, वह समस्त जीवन की ओर सशक्त संकेत करता रहता है। छोटी-सी इस रचना में बृहत्तर जीवन के जो अनेक आयामी संदर्भ प्रत्यक्ष या अप्रत्यक्षत: आए हैं, उससे रचना श्रेष्ठत्व की कसौटी पर खरी उतरती है।

क्राइसिस, क्राइसिस की नींव में स्थित मूल तत्त्व--जटिल व्यक्तित्व और क्राइसिस को अनेक प्रकारों से तीव्रतम बनानेवाली स्थितियों का उपरोक्त विश्लेषण उपन्यास के अनुभव-विश्व की गति और विकास का, स्वरूप और वैशिष्ट्य का भी अध्ययन है।

रचनात्मक कौशल

जैनेंद्रकुमार के इस लघुकाय परंतु महत् आशय से समृद्ध रचना के कतिपय वैशिष्ट्यों को देखते समय उनकी कलात्मक सूझ-बूझ का यत्र-तत्र प्रसंगवशात्

संकेत किया जा चुका है। जैनेंद्र ने यह रचना भले ही 'आकाशवाणी' के निमित्त लिखी हो और हर रविवार को एक परिच्छेद लिखा हो, उनकी शिल्प-विषयक सजगता का प्रत्यय पंक्ति-पंक्ति में मिलें बिना नहीं रहता।

रचना आत्मकथात्मक शैली में है और प्रसंगों के घटित होते समय डायरीकी भांति लिखी गई प्रतीत होती है। जिस आंतरिक और गहन स्तर में से दुविधा, जो इस उपन्यास का केंद्रीय अनुभव है, उपजी है; उसके चित्रांकन के लिए यही शिल्प अनिवार्य था। इसमें मानसिकता को 'वर्णन' या 'विवरण' के इतिवृत्तात्मक ठंडे स्पर्श से बचाया गया है और चिंतन का धरातल साक्षात् रूप में सामने रखने का प्रयत्न किया गया है—'दुविधा' के क्राइसिस में उत्पन्न अनुभूत्यात्मक चिंतन का आलोड़न-विलोड़न ही प्रमुख आशय होने के कारण यह आत्मकथात्मक रूप सबसे अधिक समीचीन है।

'दुविधा' के कारण अनिर्णय की स्थिति में नींद का उचट जाना, पतिव्रता और अत्यंत समझदार पत्नी का व्यथित होना और दोनों के आत्मीय संवाद में समाधान को पहुंचना अत्यंत स्वाभाविक है। पति-पत्नी का आत्मीयता के रस से सिंचित गृहस्थ जीवन की प्रौढ़ ममता का स्वरूप निश्चय ही पाठक को रसार्द्र और विभोर कर देता है। प्रसंग के अंत में 'समाधान' तक पहुंचने का आभास देकर फिर सहाय की आभ्यांतरिक प्रवृत्ति के कारण एक विपरीत धक्का भी दिया गया है। इसी में पुत्र-विषयक कर्त्तव्य और उसको पूरा न कर सकने के गहरे दुःख का संकेत स्वाभाविक रूप में दिया गया है। फिर ठाकुर महादेवसिंह, भानुप्रताप, वी० पी० और तमारा को सामने लाकर 'दुविधा' के अनुभव को विविध आयाम दिए गए हैं। तमारा का आगमन अत्यंत सूचक है। वह यह आश्वासन पाकर चली गई है कि सहाय इंसान को देश से अधिक महत्त्व देते हैं। आगे की कुंवर-तमारा-अंजलि की बड़ी स्कीम का यह 'निरीह' सा प्रारंभ बड़ा कलात्मक लगता है। मंत्रित्व छोड़ने के निर्णय के विरोध में शक्तियां संगठित हो रही हैं—ठाकुर महादेवसिंह, धर्मपत्नी अंजलि, वीरेश्वर (यद्यपि वह प्रत्यक्ष उपस्थित नहीं है), कुंवर, भानुप्रताप, वी० पी०। इनके अपने-अपने उद्देश्य नितांत भिन्न-भिन्न हैं और इसी ने रचना के अनुभव-विश्व को विस्तार और वैविध्य प्रदान किया है। 'दुविधा' बाह्य जीवन में जितनी विस्तार पा रही है, उतनी ही आंतरिक जीवन में भी। यहां ठाकुर महादेवसिंह द्वारा 'प्रकृति' का प्रश्न उठाया जाता है। नीला के साथ वे होते हैं तो "परिस्थिति में जो मोड़ आता है, उससे आता है।" (पृ० 58)—यह अंत तक निभाया भी गया है। जीवन के आगमन से 'दुविधा' का प्रश्न 'सूरजकुंड' के एकांत के बहाने अधिक नंगे रूप में सहाय की मूलभूत प्रवृत्तियों एवं प्रकृति-धर्म को लेकर उपस्थित किया जाता है। सूरजकुंड के एकांत स्थान और धूप-स्नान के संदर्भ की सूचकता विलक्षण प्रतिभा-समृद्ध है। नीला दिल्ली

के होटल में चाहे सज-धजकर नागरिक भले बनती हो, सहाय से उसे प्रकृत रूप में ही मिलना है। वह आवरणों को उतारकर बेदिंग सूट में लहराती जा रही है। सहाय ने सिर्फ कोट उतारा है। नीला के अनुरोध के बावजूद कि वह कुछ अधिक प्रकृतिस्थ हों—कपड़े उतार दें। नीला सचमुच चाहती है कि सहाय प्रकृति के क्रोड में खुलेंगे तो उनकी 'दुविधा' भी कट जाएगी—ये प्रतीकात्मकता मन पर गहरा प्रभाव डालती है। यह अधिक दार्शनिक और सैद्धांतिक स्तर पर भी ले जाया गया है और नीला ही यह गहन रूप में आभ्यांतरिक कार्य कर सकती थी। क्योंकि एक तरह से सहाय के समान स्तर पर वह थी—बौद्धिक और भावनात्मक दृष्टियों से। फिर सहाय के गर्व को, प्रतिष्ठा को, कर्तृत्व के अहंभाव को, चुनौती देकर उसे अंतर् के प्रति खोलने को, अंतर्मन की वास्तविकता को तल से ऊपर उठाकर दिखाने का कार्य नीला ही कर सकती थी। होटल में जाम भले सहाय ने न पिया हो, परंतु नीला, जैसा कि सहाय ने कहा है, इसके लिए जाम भी थी। जिस तरह जाम से आदमी खुलता है, नीला के कारण ही सहाय भी खुलता है।

यहां तक दुविधा के प्रायः सभी पहलू सामने आ जाते हैं। फिर भी अनिर्णय है—"क्या चाहता हूं मैं अपने से, या क्या चाहिए; ठीक कुछ समझ नहीं आता।" (पृ० 100) यह स्थिति है। यहां राजश्री भी अपने ढंग से सहाय की मूल प्रकृति पर अंगुली रखती है। सामान्यतः जहां तक आंतरिक प्रकृति का प्रश्न है, सहाय के सामने अब सब स्पष्ट है। इसी समय बाह्य स्थितियों में कुंवर-तमारा की एक स्कीम अधिक आक्रामक रूप धारण करती जा रही है, जिसमें 'वीरेश्वर' को एक मोहरे के रूप में इस्तेमाल में लाया जा रहा है। यद्यपि राजनीति का यह एक जुगुप्सामय रूप प्रकट हो रहा है, फिर भी सहाय जैसे व्यक्ति के लिए यह एक चुनौती भी है। यह एक ऐसा चरम बिंदु है जब आभ्यांतरिक और बाह्य दोनों स्थितियां 'निर्णय' की मांग कर रही हैं। मंत्री-पद स्वीकारने का निर्णय लिया जाता है परंतु दुविधा का यह तात्कालिक अंत है क्योंकि जब तक जीवन है तब तक संघर्ष भी है। यहां फिर नीला के कुछ पहले कहे गए वाक्य गूंजते हैं—"जीना अंत तक संघर्ष में से होता है। बीच में सब शांति चाहने लगते हैं। शांति वह पुरुषार्थ की नहीं होती, हार की होती है। नहीं, वह शांति ही नहीं होती। सिर्फ बचाव होता है।" (पृ० 92) विज्ञ पाठक जानता है कि यह निर्णय नए संघर्ष का, अनिर्णय की पीड़ाओं का अंतहीन प्रारंभ है।

जैनेंद्र की शिल्प-विषयक कुशलता के और भी उदाहरण प्रस्तुत किए जा सकते हैं। जैनेंद्र अपनी ओर से कुछ नहीं कहते। परिणामतः जो स्थितियां और तथ्य सहाय के लिए अज्ञात हैं या धीरे-से खुलनेवाले हैं; उस संबंध में व्याकुलता, प्रतीक्षा, प्रौढ़ पीड़ा इत्यादि विविध भावों का तो चित्रण हुआ ही है, पाठक की

उत्सुकता भी बड़े स्वाभाविक, सहज एवं अकृत्रिम ढंग से बढ़ाई गई है। तमारा-कुंवर षड्यंत्र के संबंध में कुछ-कुछ सूंघने की स्थिति में सहाय की अनुभूति है, "मन में एक खीज और ऊब थी। जैसे कहीं अभिसंधि की दुर्गंध हो और स्रोत का पता न हो।" (पृ० 99) इस अभिसंधि को तमारा के द्वारा जानने के प्रयत्न में जो रौब, दक्षता और नीति-निपुणता के दर्शन सहाय में होते हैं, वे दर्शनीय हैं। कुंवर का आग्रह है कि अखबार में छपी खबर का उत्तर कर्म से देना चाहिए—"जवाब एक्शन से हो सकता है और वो तत्काल—" (पृ० 112) कुंवर के इसी वाक्य का प्रयोग तमारा के सामने कर सहाय उन दोनों की अभिसंधि को पकड़ने का सफल प्रयत्न करते हैं। तमारा के अधूरे वाक्य को पूर्ण करते हुए तमारा से वे कहते हैं, "···शब्द से नहीं, कर्म से होगा।" (पृ० 115) इसी वाक्य के बाद छोटी-सी परंतु कलापूर्ण पंक्ति है : "मैंने वाक्य पढ़ा और कड़ी निगाह से तमारा को देखा। वह सफाई-सी देती बोली—" संपूर्ण वाक्य शिकार पर ताने निशाने की तरह प्रभाव डालता है। फिर तमारा-कुंवर अभिसंधि का पता लगाने के बाद भी यह प्रौढ़, व्यवहारकुशल, राजनीतिपटु व्यक्ति अपनी क्षमाशील, उदार मानवीयता का और अपनी शक्ति का भी परिचय देता हुआ कहता है–"मैंने देखा, जैसे मेरे लहजे से तमारा कुछ दहशत में आती जा रही है। और मैंने हंसकर कहा––'तमारा, मैंने गुस्सा करने को तुम्हें बुलाया था; पर तुम गुस्से के लिए नहीं हो। तुम अभी बहुत जवान हो, नाजुक हो, प्यारी हो। एक बात कहता हूं; देखना, चतुर बनने की कोशिश न करना।" (पृ० 116)। वीरेश्वर को 'इंडस्ट्री' में लेने की बात को लेकर कुंवर किस प्रकार एक 'पिता' से खेल रहा है और अपनी गहरी चाल पर आवरण चाहता है; इसका कलात्मक विकास दिखाई पड़ता है और वह जैनेंद्र के शिल्प-कौशल के प्रति चकित करता है। वीरेश्वर और सहाय में दो पीढ़ियों के बीच का संघर्ष भी विलक्षण जीवंत बनाया गया है। आवेग में लड़का अपना गुस्सा ही नहीं उगल रहा है; बाप के प्रति शिकायत करते हुए उनकी आंतरिकता भी उघाड़ता है। वह कहता है—"नामवरी मिल जाती थी; लेकिन जिनको कुछ नहीं मिलता, उनके बारे में इन्होंने कभी सोचा है? आप हमारे परिवार से हमदर्दी रखती हैं आंटी, लेकिन इनका यह ढोंग है कि पद नहीं चाहिए। पद के लिए तो सारा त्याग तपस्या का रूप है! ऊपरी जो है, नखरा है। इसलिए है कि आग्रह-अनुरोध और हो, और यह जाहिर कर सकें कि पद ने नहीं बल्कि इन्होंने पद पर कृपा की है।" (पृ० 129) इन वाक्यों में पिता सहाय का केवल अपमान नहीं है, पुत्र वीरेश्वर का केवल गुस्सा व्यक्त नहीं हो रहा है; बल्कि कुशल लेखक अपने चरित्र को और उपन्यास को एक और नया परिमाण दे रहा है। वस्तुतः सहाय के अंतर्मन में यह नहीं हो ऐसा भी नहीं है। स्वयं सहाय की यह प्रतिक्रिया. "वीरेश्वर की बातों को मैं सुनता रह गया। मुझे वह चुभती मालूम

होती थीं। शायद इसलिए कि स्वयं मुझमें से उनकी सच्चाई की प्रतिध्वनि आ-आ जाती थी।" वीरेश्वर के मंतव्य को वजन देती हैं। जैनेंद्र ने इस प्रकार अपने चरित्रों की आंतरिकता की निगूढ़ता की ओर बार-बार संकेत किए हैं। स्थान-स्थान पर जैनेंद्र ने कड़ियों को तोड़ा है। बातचीत को या प्रसंगों को सहज रूप में मोड़ दिए हैं। जिनके कारण कथा में अधिक उत्सुकता बनी रह सकी है। पाठक अधिक तन्मयता से आगे के हिस्से को पढ़ता है। उदाहरण के लिए राजश्री अपने पति को अपना मंतव्य साफ-साफ नहीं कहती, टालती रहती है—परिच्छेद दो में। इससे राजश्री के मंतव्य के प्रति पाठक अतिरिक्त उत्सुक रहता है। नीला और सहाय के बीच की अतीत की बातों को अत्यंत अल्प शब्दों में, सूचकता से व्यंजित किया है जिनसे पाठक तरह-तरह की अच्छी-मीठी कल्पनाएं, अनुमान करता रहता है और इससे दोनों के अभिजात स्वभाव पर भी प्रकाश पड़ता है।

फिर भी लगता है उपन्यास के अंत में कुछ गति आई है तो अनावश्यक त्वरा भी हुई है। जिस ढंग से वीरेश्वर का समाधान किया गया है, वह ढंग उतना विश्वसनीय नहीं बन पाया है। 'वीरेश्वर' के मानसिक परिवर्तन को कुछ कुंवर-तमारा की स्कीम से अधिक ठोस रूप में जोड़ा जाता और कुंवर की 'वास्तविकता' वीरेश्वर के द्वारा अधिक कटु रूप में भोगी हुई दिखाई जाती तो अच्छा होता। नीला का पुरुष सहाय पर प्रभाव सहज विश्वसनीय है। इसका वीरेश्वर पर प्रभाव कुछ शंकित ही करता है। अपने पिता के प्रति वीरेश्वर की इस उदारता पर विश्वास सहज नहीं होता।

जैनेंद्र की सर्वथा मौलिक शैली भी गजब का आकर्षण छिपाए हुए होती है। ऊपर से निरीह, ठेठ देशी शब्दों से मुक्त, सादी-सी परंतु असल में विलक्षण वक्र और व्यंजकता से भरपूर। जिस प्रकार उनकी कला ऊपर से सादेपन का आभास देती हैं परंतु होती है बड़ी क्षमताशाली, उसी प्रकार उनकी भाषा रचना का आभास न देती हुई भी अर्थ की गहराई तथा सूक्ष्मताओं से ओतप्रोत होती है। भावों को अत्यंत अल्प शब्दों में व्यंजित करना और दार्शनिक सिद्धांतों को भी कुछ-कुछ देहाती गंध देनेवाली भाषा में अत्यंत शक्तिमत्ता के साथ बांधना जैनेंद्र के लिए सहज कार्य होता है। जैसे समृद्ध व्यक्तित्व अत्यंत अल्प प्रयास से समस्त वातावरण को प्रभावित करता है उसी प्रकार उनके छोटे वाक्य प्रभाव डालते हैं। इस भाषा की अपनी सूक्ष्म लय है जो अर्थ की गंभीरता को वहन करती हुई अपने स्वतंत्र ठाट से चकित कर देती है। अज्ञेय अपनी कविता को ठेठ देशी भाषा के ठाट में उपस्थित करते हैं, परंतु गद्य में संस्कृत प्रचुर अभिजात शैली का प्रयोग करते हैं। इसके विपरीत जैनेंद्र के अपने उपन्यासों में ठेठ देशी भाषा का अभिजात्य प्रकट होता है।

जैनेंद्र की इस रचना में प्रायः हिंदी में सर्वथा नए विषय को, अछूते अनुभवे-

विश्व को साकार किया गया है। 'दुविधा' का इतना जटिल, इतना गहन, इतना विस्तृत चित्रांकन शायद ही कहीं किया गया हो। पद के स्नेह के प्रति एक रिजेक्शन की भावना प्रायः आम हो गई है परंतु उसके दूसरे पक्ष को अत्यंत मौलिक और सशक्त रूप में समर्थ तर्क और युक्तियों से अनुभव के धरातल पर प्रस्तुत करने में जैनेंद्र ने अपनी बौद्धिक समता की तथा कला की नई अपूर्वता दिखाई है। अत्यंत प्रौढ़ और प्रगल्भ मन के भावना-संसार को सहज रूप में प्रकट किया है। प्रौढ़ और परिपक्व प्रेम-भावना की अभिव्यंजना भी अत्यंत संयत ढंग से करके इस लघुकाय उपन्यास को एक ऊंचा स्तर दिया है। संकेत रूप में बिखरे कितने ही विचारों में सामयिक जीवन की कतिपय बौद्धिक जिज्ञासाओं को अभिव्यक्ति देकर उपन्यास के अनुभव को समृद्धि का आयाम दिया है। यह कहने में कोई हिचक नहीं होनी चाहिए कि इधर जैनेंद्र की प्रतिभा का यह नया परिपक्व-फल हिंदी की श्रेष्ठ रचनाओं में आदरणीय माना जाएगा। ●

धूपछांही रंग

'धूपछांही रंग' के भारी-भरकम आकार, कृति की अर्पण-पत्रिका और 'दो शब्द' में उपन्यास के संबंध में कुछ सैद्धांतिक मान्यताओं को देखकर संमिश्र मानसिक प्रतिक्रिया उत्पन्न हुई। एक ओर लेखक की शालीनता और निर-हंकारिता ने सम्मोहित ही नहीं किया, कुछ आकांक्षाएं भी जगाईं और दूसरी ओर भारी-भरकम आकार ने शंका भी उत्पन्न की कि क्या लेखक अपनी प्रतिज्ञाओं का पालन कर सका होगा ? प्रारंभ में ही कह दूं, अपनी प्रतिज्ञाओं को सफल रूप में प्रतिफलित करने में लेखक को पर्याप्त सफलता मिली है। इस कृति को मैं अंत तक 'बोर' न होते हुए पढ़ पाया। आकार को देखते हुए यह लेखक के लिए प्राथमिक ही सही, उपलब्धि की बात है। यह भी कह दूं कि लेखक ने रचना के माध्यम से मुझे अनजाने क्षेत्र में ले जाकर मेरी सीमाओं का भान कराया और कहीं-कहीं मानसिक क्षितिज को विस्तार देकर विस्मित भी किया।

अनुभव-क्षेत्र

आज के हिंदी कथा-साहित्य में सन्निविष्ट क्षेत्र को देखते हुए गिरीश अस्थाना को इस बात का श्रेय देना चाहिए कि उन्होंने उपन्यास के प्रारंभिक भाग में एक सर्वथा अछूते क्षेत्र को स्पर्श करने का महत्प्रयास किया है। इस उपन्यास के मोटे तौर पर दो विषय-क्षेत्र हैं। पहले भाग में द्वितीय महायुद्ध में सैनिक बनकर प्रत्यक्ष युद्धभूमि पर किए गए अनुभवों का प्रत्ययपूर्ण वर्णन है। दूसरे भाग का विषय सर्वथा अछूता नहीं है परंतु वह जिस विशिष्ट कोण से उठाया गया है, वह अवश्य नया है। इधर स्वातंत्र्य प्राप्ति के बाद छोटे-बड़े व्यापारियों पर उद्योगपति-करोड़पति बनने की जो धुन सवार हुई है, और सौभाग्य से उनको अपेक्षित जलवायु भी प्राप्त है, उसका इसमें चित्रण है। इस प्रचंड आपाधापी में बुद्धिजीवी शिक्षित वर्ग अपनी भावना, बुद्धि, संस्कार और व्यक्तित्व तक को बेचकर एक उच्चवर्गीय जिंदगी बिताने के लिए उत्सुक होकर शामिल होता है और अपनी आत्मा तक को गिरवी रखकर एक अच्छा-सा

भौतिक जीवन-स्तर प्राप्त करने के प्रयास में अनेक तनावों को झेलता हुआ और भयानक स्पर्द्धा के बीच से घोर मानसिक अशांति को भोगता हुआ रसहीन इक्षु-दंड की भांति रस निचोड़ लिए जाने पर फेंक दिया जाता है। इस मध्यम वर्ग-व्यवस्था में अपने को फिट करने के प्रयत्न में अपनी समस्त मूल्य-विषयक चेतना को धीरे-धीरे क्षीण करता हुआ वह बधिर हो जाता है और सेक्स और शराब इत्यादि में अपनी मानसिक चुभन को ढील देता हुआ क्षणिक शारीरिक उत्तेजना मोल लेता है। ऊंची कुर्सी का ध्यान रखनेवाले इस मध्यवर्ग का बड़ा ही सहानुभूतिपूर्ण परंतु तटस्थ चित्रांकन करने में गिरीश अस्थाना को पर्याप्त सफलता मिली है। हिंदी कहानियों ने इस क्षेत्र को काफी रौंदा है; पर मैं जिस अछूते कोण की ओर संकेत कर रहा था वह मात्र यही नहीं है। गिरीश अस्थाना ने एक चित्रकार-कलाकार की व्यथा का, कष्टों का और सुख-दुःखपूर्ण धूपछांही रंगों का विस्तारपूर्वक विश्लेषण करने का प्रयत्न किया है—वह इस बुद्धिजीवी मध्यवर्ग की मानसिक यातनाओं का सही प्रतिनिधित्व करने के लिए उचित अधिकार भी रखता है। आज के युग में संस्कृति का संवाहन-संवर्धन इसी वर्ग की जिम्मेदारी है और कलाकार के अपने दायित्व भी हैं। यही वह मौलिक कोण है।

गिरीश अस्थाना ने अपने विषय को, अनुभव-क्षेत्र को शब्दांकित करते समय एक 'रिस्क' अवश्य लिया है। किसी भी नए क्षेत्र को विस्तारपूर्वक शब्दांकित करते समय पाठकों की परंपरागत साहित्यिक अभिरुचि रचना के आस्वादन में रुकावट पैदा करती है। मुझे आश्चर्य नहीं होगा कि कुछ पाठक प्रथम भाग को पढ़ते समय 'वोर' हो जाएं। किसी भी नए विषय-क्षेत्र का स्वागत दो बातों पर निर्भर है—पाठकों का नई रचना का सामना करने का उत्साह और रचनाकार की कलात्मक क्षमता। गिरीश अस्थाना ने अपनी कलात्मक क्षमता का प्रमाण अवश्य दिया है।

महायुद्ध का अनुभव

पहले भाग में नायक सुकान्त द्वितीय महायुद्ध में एक सैनिक के रूप में सम्मिलित होकर युद्धभूमि के रोमांचकारी अनुभव साक्षात् रूप में प्राप्त करता है। संभवत: पहली बार सैनिकों के युद्धानुभवों का अत्यंत तटस्थ और आवेशरहित वर्णन किया गया है। ब्रिटिश और भारतीय सैनिकों के बीच के सूक्ष्म तनाव का वर्णन करते हुए द्वितीय महायुद्ध में भारतीय सैनिकों द्वारा किए गए भीम पराक्रम का, साहस का और अत्यंत क्रिटिकल स्थितियों में उनके द्वारा किए गए महत्त्वपूर्ण योगदान का परिचय संभवत: पहली बार दिया गया है। युद्ध में ब्रिटिशों और भारतीय सैनिकों के साथ किया जानेवाला विषम व्यवहार, भारतीय सैनिकों को आगे करते हुए तथा युद्ध-यज्ञ में उनको बलि देते हुए विजय का श्रेय हड़पनेवाले

ब्रिटिशों की धूर्त्तता, छोटी-बड़ी सभी बातों में हर सांस में दिखनेवाला गोरों का जातीय गर्व इत्यादि बातों का पर्दाफाश किया है। खान-पान, निवास, वेतन, विलास-क्रीड़ा इत्यादि सभी में विषमता का परिचय देनेवाले ब्रिटिशों की तथा-कथित न्यायशीलता की पोल खोली गई है। इस प्रकार से व्यंग्य के लिए नया क्षेत्र चुनकर गिरीश अस्थाना ने महत्त्वपूर्ण ऐतिहासिक कार्य भी किया है। यह सब करते हुए ब्रिटिश अधिकारियों की स्वाभावगत् वैयक्तिक विशेषताओं का भी संकेत करके लेखक ने अपनी वस्तून्मुखी दृष्टि का प्रमाण दिया है। सैनिकों की समुद्र पर से जहाज-यात्रा, देश-विदेश की रेल-यात्रा, युद्धभूमि पर लड़ी जाने-वाली आधुनिक लड़ाइयों का स्वरूप, बम-वर्षा, युद्ध–तोपों का और हवाई-जहाजों का, परस्पर घमासान संघर्ष, खाइयां खोदना, रास्ता-पुल बनाना, राइफलों से शत्रु सेना का मुकाबला इत्यादि प्राय: युद्ध-विषयक सभी स्थितियों का बड़ा प्रत्ययकारी वर्णन गिरीश अस्थाना ने किया है। यह सब देखकर लगता है लेखक ने 'सृजनशक्ति' द्वारा 'मायावी संसार' न रचकर अपने व्यक्तिगत भोगे हुए अनुभवों का, आंखों-देखा संसार पुन:सर्जित किया है। आज के टकसाली शब्द का प्रयोग करना हो तो द्वितीय महायुद्ध का यह महत्त्वपूर्ण 'दस्तावेज' है। परंतु सृजनशील रचना इससे भी कुछ अधिक की मांग करती है।

व्यक्तित्व की सीमा

वैसे भी युद्धभूमि का कठोर अनुशासन या नियंत्रण, यह एक ऐसी व्यवस्था होती है कि वहां व्यक्तित्व के कोण घिसकर नष्ट होते हैं। ऐसे में रचनाकार की कठिनाइयां बेहद बढ़ जाती हैं। दूसरे, युद्धभूमि पर लड़ने-खपनेवाले सैनिकों के पास न इतना समय होता है न उत्साह कि विभिन्न व्यक्तित्वों का आकलन किया जा सके तथा विभिन्न देशों, समाजों का पूर्णता में, सम्यक्ता में और विशिष्टता में परिचय प्राप्त किया जा सके। परिणामत: दौड़ती हुई रेलगाड़ी में बैठे हुए धूल के झक्कड़ के बीच से खिड़की के बाहर जितना देखा-सुना जा सकता है, उतना ही वर्णित भी होता है। खासकर लेखक ने इन सैनिकों में से किसी विशिष्ट व्यक्ति के कोण से जब पूरी कथा बताई हो तो यह सीमा अनिवार्यत: आ जाती है। अस्थानाजी ने यह पूरी कथा मुख्यतया सुकान्त के कोण से कही है। सुकान्त का व्यक्तित्व नार्मल, बहिर्मुखी व्यक्तित्व है। परिणामत: पहले भाग में लेखक जितना विस्तारोन्मुखी हुआ है, उतना मानव-मन की गहराइयों में नहीं जा सका है। परिणामत: दूसरे भाग की तुलना में इस भाग में सपाटता आई है। फिर भी पहले भाग में कुछ ऐसे व्यक्तित्व हैं जिनके कारण रचना निरा दस्तावेज बनने से बच गई है। डंडास्वामी को लेखक स्वतंत्र व्यक्तित्व दे सका है। परंतु साढ़े सात सौ पृष्ठों को पढ़ जाने के बाद भी अगर पाठक के मन में किसी की सूरत

बिसूरती रहती है तो वह है भोली मासूम प्यारी-सी शहनाज की। उसके ये शब्द 'खुदा की मखलूक ने अपने आपको इन छोटे-छोटे मसनूई टुकड़ों में न जाने क्यों बांट लिया है ?' पाठक की दुःखती रग पर हाथ रखते हैं। उसके वे छोटे प्यार-भरे पत्र पाठक को भी उसी संवेदनशील स्थिति में रख देते है जिसमें सुकान्त को उन्होंने रख दिया है : "प्यारे सुवकन भाई! —हाये···एक नशा-सा छाने लगता है पढ़कर।" उसकी वह आतुरतापूर्ण मनुहार—"इस बदबख्त को आप अब भी नहीं भूले ? भूल जाइए ना, रेत का महल बनाने से फायदा ?—आपकी बदनसीब नाजो।"—सहृदय को चीरती-सी जाती है। डंडास्वामी और शहनाज तथा अगले भाग में जौहरी जैसे व्यक्तित्व निर्मित करनेवाले लेखक में मनुष्य की खोज करने की क्षमता नहीं है, यह कौन कहेगा ? फिर भी कुछ कमियां खटकती हैं अवश्य। कुछ असंतोष भी होता है। इसकी मीमांसा करने से पहले दूसरे भाग पर विचार किया जाए।

जिंदगी की वास्तविकता

दूसरे भाग में सुकान्त 'नविनिप्रम' का एक छोटा अफसर बन गया है। इससे पहले द्वितीय महायुद्ध की समाप्ति पर भारत लौटकर वह शादी भी कर चुका है—उसी चपला से जिसके साथ उसके मां-बाप ने रिश्ता पहले से ही तय कर रखा था। सुकान्त के मन में कोई असंतोष नहीं है। वह चपला को पाकर एक स्वस्थ व्यक्ति की भांति वैवाहिक जीवन में काफी खुश है। वैसे चार वर्षों तक उसने 'फ्रीलांसिंग' की है (एक सुविधा यह भी थी कि युद्ध की चार-साढ़े चार हजार की पूंजी पास में जमा थी।) और अपने चित्रकारी के शौक को पूरा करने का प्रत्यन किया है। फिर पूंजी समाप्त होने पर और गृहस्थ-जीवन को गिरती अवस्था में देखकर जौहरी साहब के कहने-फुसलाने पर कलकत्ता में उनके फर्म में अफसर भी बनता है। जैसा कि ऊपर बताया जा चुका है यहां तीन बातों पर ध्यान रखा गया है : एक, स्वातंत्र्य-प्राप्ति के बाद करोड़पति बननेवालों की असलियत को खोलने का प्रयत्न; दो, सुखमय जीवन के लोभ में पड़कर अपने को स्वाहा करनेवाले बुद्धि-जीवी मध्यवर्ग की दयनीय अवस्था; तीन, एक कलाकार की मानसिक व्यथा का अंकन। आभिजात्य से रहित संस्कारहीन भारतीय करोड़पतियों के बीच की स्पर्धा तथा मछली-न्याय को सफलतापूर्वक रेखांकित किया गया है। मनुष्य की सबसे बड़ी कमजोरी—भाई-भतीजावाद को भी सशक्त रूप में निर्देशित किया गया है। आखिर ऊंची कुर्सी पाने में इतना जो अपने को व्यय करना पड़ता है उससे अंततोगत्वा क्या लाभ है; यह प्रश्न सार्थक रूप में पाठक के मन में अपने आप बड़ा हो जाए, ऐसी व्यवस्था की गई है। फ्रायड से भी एडलर संभवतः अधिक महत्त्वपूर्ण बात कह गया है—मनुष्य की अधिकार-लालसा की बात, शक्ति अर्जित

करने और दूसरों पर उसका प्रयोग आजमाने की बात। सुकान्त जैसे होनहार कलाकार के तनावों को भी एक सीमा तक लेखक उभार सका है। एक ओर कलाकार की सर्जनशीलता की मांग, उसकी अपने व्यक्तित्व के प्रति चेतना और स्वतंत्रता, और दूसरी ओर बाजारू कला का अर्थ-लाभ की दृष्टि से आकर्षण, गृहस्थी की जिम्मेदरियां, (एक अच्छी-सी पत्नी की सम्मानपूर्ण जीने की अत्यंत स्वाभाविक मांग को न पूरा कर पाने की वेदना, बच्चे के भविष्य की चुभती चिंता), व्यक्तित्व और स्वतंत्रता का गला घोंटनेवाली सामाजिकता और इनके बीच के तनाव को लेखक ने व्यंजित करने का प्रयत्न किया है।

एक बात और। एक आलोचक ने कहा है कि लेखक अपने से महान पात्रों का निर्माण नहीं कर सकता। (इसका एक उदाहरण प्रेमचंद द्वारा निर्मित अंतर्राष्ट्रीय ख्याति के दार्शनिक श्री मेहता का चित्रण है। मेहता के वक्तव्य वैसे बहुत हास्यास्पद हैं।) अपने पात्र का कलाकार के रूप में वैशिष्ट्य दिखाते समय आवश्यक हो जाता है कि लेखक स्वयं उस कला का जानकार हो। इस दृष्टि से देखा जाए तो अस्थानाजी का नायक सचमुच चित्रकार है क्योंकि एक चित्रकार के पास जो पैनी आंख होनी चाहिए, जो दृक्-प्रयत्यय की क्षमता होनी चाहिए, वह सुकान्त के पास है; जैसा उसके द्वारा किए गए वर्णनों से प्रतीत होता है। जहाज-यात्रा वर्णन, समुद्र वर्णन, रेलगाड़ी-यात्रा के वर्णन, विविध स्कैच के संदर्भों में किए गए वर्णन को पढ़कर चित्रकार के रूप में सुकान्त निश्चय प्रत्ययकारी मालूम पड़ता है।

गहनता की कमी

फिर भी खुले दिल से लेखक को अभिनंदन ही अभिनंदन नहीं दिया जा सकता। लेखक ने इस उपन्यास को आत्मकथात्मक ढंग से नहीं लिखा है–परंतु समूचे कृतित्व को सुकान्त के कोण से प्रस्तुत किया गया है। यहीं पर कुछ हिचक पैदा होती है। सुकान्त कलाकार होते हुए भी एक नार्मल व्यक्ति है। प्रेमचंद के व्यक्तित्व को नार्मल करार देते हुए नगेंद्र ने एक बहुत बड़ी बात कही थी—नार्मल व्यक्तित्व में तनाव, पेंच, फ्रस्ट्रेशन्स कम आ पाते हैं, परिणामतः लेखन में अपेक्षित गहराई नहीं उत्पन्न होती। बहरहाल, मैं गिरीश अस्थाना के बारे में कुछ नहीं कहूंगा। सुकान्त एक नार्मल और बहिर्मुखी व्यक्ति अवश्य है। आरंभ में वह जीवन में झुकनेवाला, समझौता करनेवाला, साधारण जिंदगी व्यतीत करने की आकांक्षा करनेवाला व्यक्ति है। उसके व्यक्तित्व के आयाम बहुविध नहीं हैं, उसका दायरा भी सीमित है। राजनीति, संस्कृति, सामाजिक समस्याएं इत्यादि के प्रति वह विशेष सचेत नहीं है। युद्ध में भरती होने के पीछे घर की किचकिच से मुक्त होने की सीमित इच्छा है। सैनिक के रूप में गोरे-काले के बीच के भेद से उसमें हलकी-

सी खीझ उत्पन्न होती है, परंतु वह कोई क्रियात्मक रूप ग्रहण नहीं करती। गोरे अधिकारियों द्वारा किए गए अपमानों से वह क्षुब्ध होता है परंतु समूचे स्नायविक संस्थान को झकझोर देनेवाली प्रतिक्रिया वह अनुभव नहीं करता। किसी गोरे अधिकारी की खिलाड़ी वृत्ति एवं क्षमाशीलता या उदारता देखकर सामान्य भारतीय की भांति गदगद् भी होता है। अनुशासन संबंधी छोटी-सी चूक होने पर क्षमा मांगकर निबाह लेता है और तुरंत उस प्रसंग को भूल जाता है। समझौते की उसकी प्रवृत्ति यहां तक है कि टंटे-बखेड़े को, झगड़े को, जहर का घूंट पीकर वह टाल देना ही उचित समझता है। (जान के साथ बड़े दिन की पार्टीवाला प्रसंग, ड्राइवर सिम्सन के लड़के का प्रसंग।) उसके मित्र भी प्राय: नार्मल हैं। ऐसा व्यक्तित्व जीवन की बदबूदार गली में विवशतावश भले ही रहे, परंतु वहां की असलियत से दूर रहता है। परिणामत: उसके चारों ओर मध्य-वर्गीय नैतिक मान्यताओं का घेरा रहता है और उसकी जकड़ को वह विशेष महसूस भी नहीं करता। यही कारण है कि युद्ध के अवसर पर अनुशासन को तोड़कर जरा इधर-उधर भटकनेवालों से वह बचता ही रहता है और परिणामत: स्खलनशील स्थितियों से दूर ही रहता है। वैसे आदमी भला है, अच्छा भी है और लड़की व्याहनी हो तो बेखटके ऐसे व्यक्ति को तरजीह दी जा सकती है, परंतु कलाकार के रूप में कुछ कमजोर ही पड़ता है। यद्यपि युद्ध के माहौल में व्यक्तित्व के नुकीले कोण घिस जाते हैं, फिर भी उन घिसते कोणों की कर्कश ध्वनियां भी कलात्मक स्तर पर सार्थक मालूम पड़ती हैं। यहां शिकायत यह है कि सुकान्त के व्यक्तित्व के कोण ही कंटीले-नुकीले नहीं हैं। अगर उसका व्यक्तित्व कुछ नोंकदार होता तो छुट्टियों के दिनों में सैनिकों के व्यवहार में वह विशेष रस लेता। संभवत: यहां सैनिक की वर्दी के पीछे का नंगा मनुष्य उसको दिखाई पड़ता। सुकान्त के व्यक्तित्व में पैनी चिंतनशीलता भी नहीं है। अपनी व्यावहारिक जिंदगी के मोटे प्रश्नों को छोड़कर बाकी सारे संदर्भ जैसे उसके लिए वर्जित हैं। कभी उसकी संवेदनशीलता के बारे में भी संदेह होता है। बारह वर्ष की बहन की मृत्यु का सरसरी तौर पर उल्लेख खटकता है। ऐसा व्यक्तित्व नारी के साथ संपर्क स्थापित करता भी है तो वह मात्र संयोग के कारण। वह भी कुछ-कुछ व्यावहारिक धरातल पर। शहनाज के प्रति उसके किशोर मन में जबर्दस्त आकर्षण था—उम्र का तकाजा। परंतु भली-सी पत्नी पाने पर शहनाज की छाया को जिस सहजता से वह भूल सका है, उससे उसके गृहस्थ मन की तारीफ करने की इच्छा होती है। ऐसे नार्मल व्यक्ति के सुख-दु:ख या तनाव उतने खतरनाक नहीं होते, अस्वस्थ करनेवाले नहीं होते। यही कारण है कि जिस सहजता से वह शहनाज को भूल जाता है उसी सहजता से 'नविनिप्रम' में नौकरी भी स्वीकार करता है। अंततोगत्वा उसकी समस्या कलाकार के स्वातंत्र्य

की, व्यक्तित्व के विकास की नहीं है—चिंतनशील सर्जक व्यक्तित्व के आज की सर्वनाशी समाज-व्यवस्था में होनेवाले फ्रस्टेशन की उतनी नहीं है। सुकान्त की समस्या इतनी है कि आर्थिक दृष्टि से सुस्थिर और सम्मानित जीवन बिताया जा सके, व्यवस्था में इतना अवसर हो और चित्रकला के शौक के लिए पर्याप्त अवकाश हो। सुकान्त का चित्रकार भी नार्मल है। वह आत्माभिव्यक्ति के लिए व्याकुल नहीं होता। उसे यश चाहिए। ऐसा व्यक्ति चित्रकार होने पर और यशस्वी होने हर भी वान गाग नहीं बन सकता। सुकान्त एक अन्य दृष्टि से भी भाग्यवान है। उसकी पत्नी काफी समझदार और भली औरत है। इसके कारण सुकान्त के तनावों का जोर वैसे भी कम हो गया है। परिणामत: नविनिप्रम की नौकरी स्वीकारते समय भी और छोड़ते समय भी वह गहरे स्तर पर संवेदित नहीं होता। अतः उसने नौकरी छोड़ते समय जो संकल्प-बल दिखाया, उसका मुक्त कंठ से अभिनंदन करने को मन नहीं करता। आत्मा में गहरे स्तर पर उत्पन्न करने की क्षमता सुकान्त के 'त्यागपत्र' में नहीं है। इस प्रसंग में मंथन जैनेंद्र की याद आए बिना नहीं रहती।

सुकान्त के नार्मल व्यावहारिक बहिर्मुखी व्यक्तित्व की इतनी चर्चा आवश्यक थी। इतने बृहद् उपन्यास में मन को तल तक झकझोरनेवाले, प्रक्षुब्ध करनेवाले अथवा गहन पीड़ा-बोध करानेवाले प्रसंग क्षीण रूप में आए हैं और इसका प्रमुख कारण इस कथा का विशिष्ट कोण है। व्यावहारिक बहिर्मुखी व्यक्तित्व जितनी मात्रा में बाह्य परिस्थितियों की विषमता से, असंगतियों से पीड़ित हो सकता है उतना ही मामूली अंतरंग स्पर्श इस उपन्यास की वस्तु को हुआ। दूसरी महत्त्वपूर्ण बात यह भी है कि लेखक का सुकान्त के व्यक्तित्व से इतना तादात्म्य हुआ कि बहुत बार यह आभास होता है कि यह उपन्यास आत्मचरित्र या चरित्र के धरातल पर उभरता है। चरित्र की भाषा-शैली और एक कल्पना-निर्मित उपन्यास की भाषा-शैली के बीच की रेखा बहुत बार धुल-पुंछ गई है। जीवन के यथार्थ के नाम पर इस तरह की असाहित्यिकता का समर्थन नहीं किया जा सकता।

दो उपन्यास ?

इस उपन्यास के दो भाग हैं और लगता है दोनों का नायक सुकान्त होते हुए भी दो भिन्न उपन्यास जोड़े गए हैं। यह महत्त्वपूर्ण बात है। युद्धभूमि पर सैनिक के रूप में सुकान्त और नविनिप्रम में अफसर के रूप में सुकान्त यद्यपि एक हैं, फिर भी उपन्यास दो क्यों लगते हैं? जैसे पहले खंड का दूसरे खंड से घनिष्ठ संबंध नहीं है। सुकान्त के साथ घटनाएं घटती जाती हैं। उसका उपभोक्ता का रूप प्रखर नहीं हो पाता। फलत: सैनिक जीवन के अनुभव 'नविनिप्रम' के सुकान्त

को कोई नींव नहीं देते। नायक के व्यक्तित्व का विकास (Growth) जैसे होता ही नहीं। सुकान्त सैनिक के कपड़े बदलकर अफसर के कपड़े चढ़ाता है—व्यक्तित्व में जो क्रमशः प्रगल्भता आनी चाहिए थी, वह नहीं आती। बृहत् उपन्यास में यह बात बहुत खटकती है। चित्रकार सुकान्त जौहरी साहब द्वारा आफिसरी के सब्जबाग दिखाए जाने पर अपनी विगत जिंदगी को क्रमशः याद करता है। ध्यातव्य है कि विगत जिंदगी उसके व्यक्तित्व के अभिन्न अंग के रूप में आग की धधकती लपटों की भांति ऊपर उठकर नहीं आती। वह ठंडे रूप में स्मृतियों को दुहराता है। जैसे किसी दूसरे की जिंदगी देख रहा हो। जब जीवन में घटनाएं घटती जाती हैं और व्यक्तित्व की आंतरिकता उससे निर्लिप्त रहती है तब यही होता है। "भविष्य का सपना देखते-देखते जाने कैसे उसका मन अतीत की भूल-भुलैयां में भटकने लगा। चित्रकारी का चस्का उसे बचपन में ही लग गया था। अब भी कभी-कभी किसी खामोश-सी उदास-उदास शाम को, जब हवा थिर हो और नीम-शीशम की फुनगियों से गुलाबी धूप आखिरी बार गले मिल रही हो, सुकान्त को बचपन की स्मृतियां आ घेरती हैं···" (पृ० 51) यहां स्मृतियों के रेखांकन की शैली का प्रश्न मैं नहीं उठा रहा हूं। 'शेखर : एक जीवनी' में शेखर अपनी स्मृतियों को बौद्धिक स्तर पर ले जाकर अपने व्यक्तित्व के संघटन के मूल तत्त्वों की खोज करता है—प्रत्येक स्मृति में जैसे अंवेषण की, तलाश की धार है। यहां सुकान्त स्मृतियों को क्रमिक घटनाओं के सिलसिले के रूप में देखता है—जैसे इनका संबंध किसी भी नार्मल व्यक्ति के साथ हो सकता है। व्यक्तित्व और परिवेश का घुला-मिला रूप नहीं दिखाई पड़ता। सुकान्त जैसे पानी के ऊपर तैरते कार्क का आभास देता है। संक्षेप में चूंकि सुकान्त के व्यक्तित्व में 'ग्रोथ' नहीं है; उपन्यास के दो खंड दो उपन्यास मालूम होते हैं।

सुकान्त की 'नार्मेल्सी' क्या लेखक के व्यक्तित्व की सीमा से उद्भूत हुई है? यहां दो बातें कहना चाहूंगा। एक यह कि व्यक्तित्व नार्मल होते हुए भी प्रतिभा का चमत्कार कुछ ऐसा होता है कि लेखक अपनी सीमाओं से (लौकिकता में दिखनेवाली) ऊपर उठ सकता है। मुझे बहुत खुशी होगी अगर यह मालूम पड़े कि सुकान्त की जिंदगी लेखक की अपनी जिंदगी नहीं है और बीच-बीच में आत्म-कथा या चरित्र का अभास या तो मेरी पकड़ की कमी है या लेखक के कृतित्व की। लेकिन इसके लिए दूसरी रचना की प्रतीक्षा करनी पड़ेगी। दूसरे, 'धूपछांही रंग' में जौहरी साहब के व्यक्तित्व ने मुझे आश्वस्त किया है कि लेखक 'नार्मल' से हटकर भी अपनी कला की करामात दिखा सकता है। यहां भी जौहरी साहब जैसे बुद्धिजीवी 'ग्रेट मैन' की समस्त असंगतियों के मूल में निहित 'फ्रस्ट्रेशन' को अधिक क्षमता और स्पष्टता के साथ रेखांकित किया जाता तो यह पात्र अमिट छाप छोड़ता।

बृहत् उपन्यास की अन्विति के तत्त्व निश्चय ही अलग होते हैं और प्रत्येक रचना की अन्विति के तत्त्व भी अलग एवं विशिष्ट हो सकते हैं। जीवन के जिन संदर्भों को उपन्यास में समाविष्ट किया जाता है, उनके तारतम्य से विशिष्ट प्रसंगों की सार्थकता होती है। औपन्यासिक साकल्य (Whole) को कहां तक अर्थ प्रदान करने की क्षमता विशिष्ट प्रसंग में हो सकती है, यह उसकी सार्थकता की कसौटी हो सकती है। प्रस्तुत उपन्यास में कुछ घटनाओं को आसानी से निकाल दिया जा सकता था जैसे कि जान के भंग पीने के प्रसंग अथवा चंदूलाल तार-बाबू का प्रसंग। ये सुकान्त के व्यक्तित्व से पूरी तरह जुड़ नहीं पाए हैं और ऐसे प्रसंग-चरित्र कथा का आभास कराते हैं। जान-सुकान्त, सुकान्त-सुनील, सुकान्त-मृणाल के परस्पर मित्रतापूर्ण संबंध बहुत प्रिय लगे। आज की जिंदगी में ऐसे भी लोग मिल जाते हैं। (हिंदी कथा-साहित्य से ये प्रायः अदृश्य हो गए हैं।) और सुकान्त के ही शब्दों में "ऐसे सीधे-सच्चे लोगों का स्नेह पाकर कौन अपने को धन्य नहीं मानेगा ? बहुत बल मिलता है ऐसे लोगों के संग-साथ से।..."

जीवन के इन 'धूपछांही रंगों' ने मुझे बहुत प्रभावित किया। हो सकता है औपन्यासिक व्यक्तित्व की तुलना में 'रंग' मुझे कम प्रभावित करते हों। फिर भी इस बृहत् उपन्यास को पकड़कर गिरीश अस्थाना की आगामी कृतियों की बहुत प्रतीक्षा रहेगी।●

आपका बंटी

मन्नू भंडारी के 'आपका बंटी' को तलाकशुदा पति-पत्नी के बच्चे की विवश और करुणापूर्ण स्थितियों का प्रतिनिधिक चित्रण समझकर पढ़ना संभवत: उसकी वास्तविकता और असली मर्म को समझने में मदद नहीं करेगा। उसी तरह आधुनिक जीवन की एक अहम् समस्या का विश्लेषण मानकर भी उसके सम्यक् सौंदर्य को नहीं पकड़ा जा सकता। क्योंकि इस सबके साथ उसमें बहुत कुछ है, जिसको समझने पर ही मन्नू भंडारी के साथ न्याय किया जा सकता है। यह सही है कि बालक के मानस का इतना सर्वांगपूर्ण और वास्तविक चित्रण पहली बार हिंदी साहित्य में हुआ है; यह भी सही है कि बंटी की कतिपय समस्याएं माता-पिता से जुड़ न पाने की विवशता से उभरी हैं और यह भी सही है कि कुछ अंशों तक यह आधुनिक जीवन की जटिलता का शाप है जिसे हम पहचानते तो हैं परंतु जिसका समुचित हल या निदान हमारे पास नहीं है। 'आपका बंटी' इस दृष्टि से कोई आदर्श, कोई उत्तर, कोई हल प्रस्तुत नहीं करता। आधुनिक जीवन के कुछ सीमा तक व्यापक, गहन एवं वास्तविक संदर्भ में अत्यंत संवेदनशील व्यक्तियों को एक-दूसरे से टकराते, जुड़ते, टूटते और तोड़ते हुए दिखाकर मन्नू भंडारी ने हमारी जीवन की समझ को अधिक समंजस, अधिक व्यापक, अधिक गहन और प्रौढ़ बनाने का यशस्वी प्रयत्न किया है।

बंटी : बाल मन की जटिलता

मन्नू भंडारी ने बालक-मन का अत्यंत वास्तवपूर्ण चित्रण पहली बार हिंदी साहित्य में किया है और बाल-मनोविज्ञान का कितना निस्संग परंतु कलापूर्ण उपयोग किया जा सकता है, इसका उदाहरण प्रस्तुत किया है। बालक-मन के संबंधों में साहित्य-जगत् में प्रचलित कतिपय नकली और झूठे तथ्यों एवं स्थितियों की कृत्रिमता और अशक्तता सिद्ध की गई है। बालक का मन उतना सरल, निष्पाप, देवता-सदृश कोमल इत्यादि नहीं होता; बल्कि वह बहुत ही जटिल, कुटिल और अच्छे-बुरे आवेगों से भरा पड़ा होता है, इसकी अच्छी कल्पना 'आपका बंटी'

पढ़ने पर आ जाती है। इसको 'भावुक' उपन्यास करार कर देनेवालों की समझ पर आश्चर्य होता है। बंटी के जटिल अनुभव-विश्व को जानने के लिए आधुनिक परिवेश का समग्र संदर्भ और मनोवैज्ञानिक सूक्ष्मता को जानने की क्षमता पाठक में अपेक्षित है।

'आपका बंटी' बंटी के व्यक्तित्व के अत्यधिक जटिल, कुंठित एवं उलझनपूर्ण बनते जाने की क्रमिक प्रक्रिया का कलात्मक अंकन है। यह मन की अवस्था का विश्लेषण नहीं है, बल्कि उसके गतिशील रूप का चित्रांकन है जो अच्छे कलाकार के लिए चुनौती है। उसकी आंतरिकता में वेदनामय अकेलेपन की, संत्रासपूर्ण रिक्तता की, जीवन को एक बोझ रूप में ढोते रहने की विवशता की स्थितियां धीरे-धीरे संगठित हो रही हैं। जिनकी अंतिम परिणति संभवतः जीवन को सहज रूप में ले न सकने की यातना में हो सकती है। मन्नू भंडारी की कलात्मक क्षमता का वैशिष्ट्य यह है कि इस प्रक्रिया को उन्होंने अत्यंत प्रतीतिपूर्ण ढंग से, मूर्त्त रूप में परंतु प्रौढ़ कलात्मक संयम के साथ प्रस्तुत किया है। इस प्रक्रिया को उत्तरोत्तर विकसित रूप में देखते हुए लेखिका की शिल्प-कुशलता का सुखद प्रत्यय भी मिलता रहता है।

बंटी कुछ हद तक पैदाइशी 'प्राब्लेम चाइल्ड' है। उसकी पैदाइशी मानसिक जटिलता को सुलझाने एवं 'बाह्य' के साथ 'एडजस्ट' करने में मदद करने के स्थान पर उसके माता-पिता के तनावपूर्ण संबंधों ने अधिकाधिक उलझा दिया है। आज के ज्ञान की यह सीमा है कि इस प्रश्न का उत्तर नहीं मिलता कि "कैसे आदमी एक छोटे-से अणु में अपना चेहरा, मोहरा, आदत, स्वभाव, संस्कार, सब कुछ अपने बच्चे में सरका देता है।" बंटी में निश्चय ही अजय और शकुन दोनों का प्रचण्ड 'अहं' संक्रांत हुआ है। दोनों एक-दूसरे का अपने आगे समर्पण चाहते हैं— बंटी भी यही चाहता है। दोनों में 'पजेसिवनेस' है जो बंटी में उतरा है। दूसरे के समर्पण पर आत्मविजय के नशे में दोनों अपने को दूसरे के लिए लुटा सकते हैं परंतु तब तक दूसरे को तोड़ने का ही प्रयत्न करेंगे। बंटी में भी यही विशेषता उसके अमि और ममी के साथ के संबंधों में परिलक्षित होती है। ऐसे व्यक्तित्व या तो अपने सामने दूसरे को समर्पित रूप में देखना पसंद करते हैं या उसके समर्पित होने के लिए विलक्षण, स्वस्थ, आत्मानुशासित, मानव-मन की गहरी परख रखनेवाले अत्यंत समंजस और शक्तिशाली व्यक्तित्व की आवश्यकता होती है। मीरा के साथ अजय जुड़ जाता है क्योंकि मीरा का सहज समर्पण उसे सुखी कर सकता है और डॉक्टर जोशी के प्रचंड व्यक्तित्व के सामने शकुन अपने को प्रारंभ से हारा हुआ, छोटा मानकर चल सकती है, इसलिए संघर्ष टल गया है। अर्थात्, डॉक्टर जोशी के साथ जुड़ने में विवाहोत्तर अकेलेपन की यातना का सात वर्षों का अनुभव, दुनियादारी की समझ, मानसिक प्रौढ़ता, ढलती जवानी में 'कहीं जुड़

जाने की मजबूरी' का एहसास, वयस्कता इत्यादि बातों का भी बहुत अधिक हाथ है। बंटी से अपने को तोड़कर अपना वैयक्तिक जीवन जीने की आकांक्षा भी है।

भारतीय मध्यवर्ग का पारिवारिक जीवन एक जटिल स्थिति से गुजर रहा है। परिवार के लिए आवश्यक समन्वय वृत्ति एवं सहनशीलता दूसरे की कमियों के बावजूद उसको सहने का कर्त्तव्य-बोध धीरे-धीरे लुप्त होता जा रहा है और वैयक्तिक स्वतंत्रता तथा व्यक्तिगत सुख पाने की आकांक्षा के कोण अधिक नुकीले बनते जा रहे हैं। साथ-साथ स्थिति को बौद्धिक स्तर पर विश्लेषित कर निर्णयों तक पहुंचने की निस्संगता भी हममें अभी नहीं आ पाई है और बहुत कुछ परंपरागत भावुकता हममें शेष है, अतः जीवन में प्रायः झकझोरनेवाली, मथने और विचलित करनेवाली स्थितियां बार-बार आती रहती हैं। इस पारिवारिक संदर्भ ने बंटी-शकुन के संबंधों को अधिक उलझनपूर्ण एवं विचित्र बनाया है।

बंटी एक अतिशय संवेदनशील बालक है। ड्राइंग के प्रति उसका लगाव; छोटी-सी उम्र में भी फूल-पत्तियों, पौधों और बगीचे के प्रति आत्मीयतापूर्ण झुकाव; काल्पनिक परियों, जादूगरों और डाइनों की कहानियों में रुचि; खिलौनों के प्रति आसक्त एकाधिकार का भाव; विलक्षण जिद्दी स्वभाव; मान-अपमान के प्रति अतिशय जागरूकता; वकील चाचा, कालेज की प्राध्यापिकाएं, पड़ोसी इत्यादि के झूठ को, व्यंग्य और वक्रता को पहचानने की क्षमता; आत्माभिमान का प्रखर भान; अपने को बड़ों द्वारा विशेषतः ममी द्वारा उपेक्षित अथवा दुर्लक्षित किए जाने का अहसास तथा उसके कारण तिलमिलाती वेदना; अपने अधिकारों के प्रति अतिशय सजगता; बड़ों की भाषा को समझने की बुद्धिमानी; अपने को एक सीमा तक संयत और समझदार कर पाने का प्रयास—ये कुछ ऐसे स्वभाव वैशिष्ट्य हैं जो बंटी को उम्र के लिहाज से प्रौढ़ता देते हैं और विशिष्टता भी। कतिपय छोटे-बड़े प्रसंगों के माध्यम से इन विशेषताओं को जीवंत और मूर्त्त रूप दिया गया है। यह लेखिका की कलात्मक सिद्धि का प्रमाण है। इनमें से प्रायः सभी प्रसंग बंटी के विशिष्ट व्यक्तित्व से ही इतने संबद्ध हैं कि अन्य किसी बालक के बारे में ये स्थितियां संभवतः नहीं उत्पन्न हो सकतीं। इसीलिए बंटी बालकों का सामान्य प्रतिनिधि नहीं लगता। बंटी को विशिष्ट व्यक्तित्व मिला है।

अकेलापन

मन्नू भंडारी ने विशिष्ट व्यक्तित्ववान बंटी के अकेले पड़ते जाने की प्रक्रिया को दिखाने के लिए बंटी के घनिष्ट रूप में लगाव की स्थितियों का संदर्भ प्रस्तुत किया है। जिसके कारण उसके टूटते-बिखरते संबंधों की करुणा की गहन स्तर पर

प्रतीति होती रहती है। बंटी अपनी ममी से विलक्षण रूप में जुड़ा हुआ है। ये संबंध किंचित् अबनार्मल स्तर पर लेखिका ने चित्रित किए हैं। बंटी का ममी से सटकर रहना, उसके साथ पलंग पर सोने के लिए ललकना, उसके गालों के तिल को सहलाते रहना, (अजय की स्मृतियों को बड़ी सूझ-बूझ के साथ इसके द्वारा उभारा गया है और ममी के अजय के साथ जुड़ने की सूक्ष्म आशा का भी संकेत किया गया है।) ममी को अपने से तोड़नेवाली स्थितियों और व्यक्तियों के प्रति घोर ईर्ष्या, अधिकार-भावना, डॉक्टर जोशी के घर जोशी-ममी के कमरे को देखकर वह कमरा अपने और ममी के लिए निश्चित कर रखना—ये कतिपय संकेत बंटी के ममी के साथ के संबंधों का एक विशिष्ट रूप सूचित करते हैं। इसके साथ-साथ ममी के घर का अपना कमरा, बग़ीचा, बगीचे के अपने पौधे, डांटने-वाली परंतु प्यार लुटानेवाली फूफी, पापा के द्वारा दिए गए ढेर सारे खिलौने, चित्रकारी का शौक, स्कूल—यह सब बंटी से घनिष्ट रूप में जुड़े हैं और इन सभी के साथ बंटी बाद में धीरे-धीरे टूटता है और अकेला पड़ जाता है। इस टूटने की और अकेले पड़ते जाने की प्रक्रिया को लेखिका ने बहुत ही संयम, धीरज और लगाव के साथ चित्रित किया है।

बंटी को अकेला करनेवाली स्थितियां बड़ी बारीकी से निर्देशित की गई हैं और यह इतिवृत के स्तर पर न होकर नाट्यात्मक स्तर पर हैं। प्रारंभ से ही ममी बंटी के सामने दो चेहरे या दो रूप लेकर आती है—एक घरेलू ममी जो बंटी को अतिशय प्यारी है, दूसरा ममी का प्रिंसिपल वाला रूप—सख्त, कठोर, अधिकार जतानेवाला, डांटनेवाला (इसी रूप में वह अजय से मिली जो विघटन का कारण बना।) ड्रेसिंग टेबल पर की शीशियां मानो ऐसा रूप परिवर्तन करती हैं ममी का जैसा कि सोनल रानी का होता है। (वेष बदलनेवाली परियों की सूचनाएं इस संदर्भ में द्रष्टव्य हैं—कलात्मक दृष्टि से।) ममी इन दो रूपों में संतुलन नहीं कर सकी, यही बंटी की वेदना का एक मुख्य कारण भी है। जब वह शीशियों के सहारे प्रिंसिपल बनती है या मिसेज जोशी तब बंटी की ममीवाला रूप पूर्णतः भूल जाती है। फिर एकांत में ममीवाला रूप इतना जरूरत से ज्यादा उभरता है कि उसमें वह निस्संग, तटस्थ या अनुशासित बन ही नहीं सकती। ममी और बंटी के परस्पर संबंधों का विकास या रूप-परिवर्तन देखा जा सकता है: "धत्, ममी को कभी नहीं छोडूंगा।" (पृ० 13); "ममी चलेंगी तो चलूंगा।" (पृ० 55); "ममी के पास जाऊंगा।" (पृ० 58); "रात में मैं ममी के बिना रह नहीं सकता।" (पृ० 73); "न हों पापा खुश। वह ममी को ही खुश करेगा। खुश नहीं, सुखी करेगा। उसके सिवाय ममी का है ही कौन?" (पृ० 79); "और थोड़ी देर पहले की अपराध-भावना और पश्चात्ताप फिर गुस्से में घुलने लगा। पर इस बार का गुस्सा ममी की जगह डॉक्टर जोशी के लिए था। क्यों आते हैं यहां इतना?"

(पृ० 98); "बस केवल बंटी था जो चुप था, सबसे अलग और सबसे अकेला। एक ममी ही तो उसकी थीं, पर वे भी उन्हीं लोगों में जाकर मिल गईं।" (पृ० 102); "बंटी का मन हो रहा है कि वह दौड़कर ममी से लिपट जाए। रोए, चीखे। पर एकाएक शीशी ने जैसे उसे बुरी तरह दबोच लिया और चीख जैसे भीतर-ही-भीतर घुटकर रह गई।" (पृ० 112); "बंटी को लगा, घर से चला था तो बीच रास्ते में आकर उसका अपना घर और बगीचा ही छूट गया था। यहां आकर ममी छूट गई।" (पृ० 145); "अच्छा है, वह चाहता है कि ममी परेशान हों, दुःखी हों।" (पृ० 153); "यहां आकर जाने कैसे ममी की परेशानी और दुःख के साथ उसका संतोष और सुख जुड़ गया है। एक बदला···" (पृ० 164); मन ही मन में एक संतोष है, कुछ ऐसा कर डालने का जो नहीं करना चाहिए··· ममी को परेशान करने का।" (पृ० 173)। इन संवेदना के सूचक अंशों को पढ़ने से पता चलता है कि प्रारंभ में ममी के प्रति गहन स्तर पर जुड़ा हुआ बंटी धीरे-धीरे उखड़ ही नहीं जाता है; ममी को दुःख देने की, परेशान करने की ओर उसमें संतोष पाने की अजीब-सी कुंठा उसके मन में उत्पन्न होने लगी है। मन्नू भंडारी ने इस विचित्रता को प्राप्त करनेवाले अनुभव संसार को कलात्मक स्तर पर शब्दांकित कर अत्यंत स्वाभाविक तथा विश्वसनीय रूप में संप्रेषित किया है।

बंटी और ममी के टूटने-बिखरनेवाले प्रेम-संबंधों के आस-पास बहुत कुछ है जिसने बंटी की मानसिकता को जटिल बना दिया है। इसमें पापा को और तलाक को लेकर कुत्सित और गंदे सवाल पूछनेवाले पड़ोसी हैं। बंटी का भाई या बहन के अभाव में अकेलापन भी उसके संबंध को विशिष्टता देता है। शकुन के स्नेहहीन जीवन की रिक्तता संपूर्णतः भरने का सौभाग्य या दुर्भाग्य बंटी को प्राप्त हुआ है जिसके कारण वह अति जिद्दी, आग्रही और पज़ेसिव हो गया है। दूसरे शब्दों में एडजस्टमेंट के नाकाबिल बन गया है। इस संबंध में फूफी, वकील चाचा, डॉक्टर जोशी सभी एक मत के हैं कि बंटी के प्रति शकुन का अतिरेकी प्यार बंटी के स्वस्थ मानसिक विकास की दृष्टि से समर्थनीय नहीं है। आत्म-परीक्षण के दौरान स्वयं शकुन भी इसे स्वीकार करती है। फिर इस बात का भी शकुन को तीखा और कटु अहसास बार-बार होता है कि अजय और अपने बीच बंटी को हथियार के रूप में इस्तेमाल वह कर रही है। "बंटी केवल उसका बेटा ही नहीं है, वह हथियार भी है जिससे वह अजय को टारचर कर सकती है, करेगी।" (पृ० 47) वकील चाचा के मुताबिक उसने बंटी के कोण से कभी उसके जीवन को देखा ही नहीं। अपनी उम्र के लड़कों में न रह पाने की वजह से भी बंटी में मनोवैज्ञानिक जटिलता बढ़ गई है—अजय का यही मत है।

बंटी : मनोवैज्ञानिक केस

बंटी धीरे-धीरे मनोवैज्ञानिक केस बन जाता है और उसके मूल में अन्य निर्देशित कारणों के साथ महत्त्वपूर्ण कारण उसकी ममी का उसके प्रति बदला हुआ रूप है। इस बदलाव का कलापूर्ण अंकन किया गया है। ममी पर के उसके एकाधिकार को चुनौती मिलने की सूक्ष्म आहट पाते ही बंटी बहुत चौकन्ना हो जाता है। इसीलिए उसे ममी का प्रिंसिपल वाला रूप सहन नहीं होता। ममी और पापा के संबंध कानूनी तौर पर खत्म होने के बाद ममी की व्यथा का अनुभव बंटी भी करता है—"ममी का रोना बंटी को एकदम बड़ा बना गया। ममी की पापा से लड़ाई हो गई है, पक्कीवाली।...और ममी के एकमात्र सहारे बंटी के ऊपर जैसे हजार-हजार जिम्मेदारियां आ गई हैं, ममी को प्रसन्न रखने की।" (पृ०78)। फिर वह पापा से संबंधित सभी चीजों को अलमारी में बंद कर देता है—पापा की तस्वीर भी। "न हों पापा खुश। वह ममी को ही खुश करेगा। खुश नहीं, सुखी करेगा। उसके सिवाय ममी का है ही कौन ?" (पृ० 79) और इस निश्चय के बाद वह 'समझदारी' का परिचय देता है—एक अजीब बोझ का वहन करता हुआ। परंतु इसी समय उसे पता चलता है कि ममी उसे छोड़कर कहीं अन्यत्र जुड़ रही है। ममी का उसे न बताकर डॉक्टर जोशी के प्रति ईर्ष्या-भाव उसमें जागने लगता है—"और तब बंटी का मन हुआ कि फूट-फूटकर रो पड़े।"

ममी के प्रति अधिकार-भाव और जोशी के प्रति ईर्ष्या उसमें जागृत होती है। ममी को नई किताबों पर कवर चढ़ाने के लिए कहता है। "ममी, अब अपना काम सुन लो।"—आवाज में आदेश भरा हुआ है। (पृ० 93) मनोविज्ञान समर्थन करता है इस बात का कि संदेह और डर से भरा हुआ मन अधिक आक्रामक होता है। ममी कवर चढ़ा नहीं सकी और डॉक्टर जोशी के साथ घूमने गई। बंटी का गुस्सा और ईर्ष्या उबलने लगती है, "तुम्हें मेरी बिलकुल परवाह नहीं रह गई है। मत करो मेरा कोई काम। बस, डॉक्टर साहब के पास बैठकर चाय पियो।" (पृ० 95) ममी कवर चढ़ाती है परंतु बंटी का मन अनेक संमिश्र भावों का जैसे एक विराट् रंगमंच बन गया। "और थोड़ी देर पहले की अपराध-भावना और पश्चात्ताप फिर गुस्से में घुलने लगा। पर इस बार का गुस्सा ममी की जगह डॉक्टर जोशी के लिए था। क्यों आते हैं यहां इतना ?" (पृ० 98) फिर ममी डॉक्टर जोशी के परिवार के साथ जुड़ने लगती है तो बंटी की ईर्ष्या परिवार के प्रति और गुस्सा ममी के प्रति तीव्र होने लगता है—"बस, केवल बंटी या जो चुप था, सबसे अलग और सबसे अकेला। एक ममी ही तो उसकी थीं, पर वे भी उन्हीं लोगों में जाकर मिल गईं।" (पृ० 102)

अब ममी जोशी साहब से अधिक आत्मीयता बरतने लगती है तो बंटी किसी-न-किसी बहाने ऊधम खड़ा करके अपनी नाराजगी, गुस्सा, ईर्ष्या व्यक्त करता है। पापा के भेजे हुए खिलौनों को लेकर ममी से झगड़ा करता है और पहली बार ममी गाल पर 'तड़ाक्' से चांटा मारती है। यह चांटा बंटी के गाल पर नहीं, उसके समस्त व्यक्तित्व पर पड़ता है—अपमान, गुस्सा, ईर्ष्या, कुछ न कर सकने की असहायता, खीझ, वेदना, इत्यादि कतिपय भावों के घुलाव को बंदूक से ठांय-ठांय उड़ाना चाहता है बंटी। यह वस्तुतः उसकी घुटन है जो विस्फोटित हो रही हैं। परिणामतः "गुस्सा, दुःख, अपमान, भूख, और डर ने मिलकर बंटी को भीतर से बिलकुल थका दिया। थक ही नहीं गया, जैसे भीतर से कहीं बिलकुल सुन्न हो गया। अब तो न गुस्सा आ रहा है, न रोना।" (पृ० 111); "कुछ क्षणों के लिए बंटी का मन होता है कि ममी से लिपट जाए; परंतु···पर एकाएक शीशी ने जैसे उसे बुरी तरह दबोच लिया और चीख जैसे भीतर ही भीतर घुटकर रह गई।" (पृ० 112)।

ममी की शादी होने के बाद बंटी ऐसे बिंदु पर पहुंच जाता है जहां से पूर्ववत् स्थिति में आना असंभव है। शादी के साथ उसके सारे स्नेह के बंध जैसे टूट गए थे–फूफी, बगीचा, घर–सब। बंटी के मन में यह एडजस्ट न होने का एक निरंतर विद्रोह मूक रूप में सवार है। अब वह अपनी उपेक्षा के प्रति अतिरिक्त खबरदार बन गया है। डॉक्टर जोशी के बच्चों के प्रति ममी का स्नेह उसे अतिरिक्त लगता है और अपने फालतू, तीसरा बच्चा होने का बोध कचोटता रहता है। सुहाग-रात के पहले ही दिन उसने अपने व्यवहार से ममी को शर्मिंदा किया ओर यह क्रम जारी रखा। ममी को शर्मिंदा करने में उसे सुख मिलने लगा। "हां मिलता है सुख···जरूर करूंगा शर्मिंदा। तुम नहीं कर रही हो मुझे शर्मिंदा ! यहां दूसरों के घर लाकर पटक दिया।" (पृ० 144) फिर डॉक्टर जोशी को विवस्त्र अवस्था में ममी के साथ देखकर उसका मन बड़ा ही विचित्र हो जाता है—"मन जाने कैसा हो रहा है उसका। थ्रिल भी है उसके मन में—जुगुप्सा भी—ममी के इस व्यवहार की शर्म भी, गुस्सा भी, और जाने क्या ?" (पृ० 148) पहले ही दिन स्कूल जाते समय सू-सू करता है, छिछू दबा जाता है। फिर बिस्तर पर सू-सू करने का क्रम चलता है। प्रबल विद्रोह, घुटन और ममी का ध्यान खींचने का यह अवचेतन का प्रयत्न है। जबर्दस्त अपराध-भावना से वह पीड़ित भी होता है, बिखर भी रहा है। छोटी-छोटी चोरियां करने लगता है—डॉक्टर जोशी के दिए हुए सेंट की बोतल को खाली कर देता है, डॉक्टर जोशी की अलमारियों में चुपचाप झांकता रहता है। गोपन के प्रति जिज्ञासा उत्पन्न होती है। डॉक्टर जोशी की कार से स्कूल नहीं जाता। उनकी अलमारी का उपयोग नहीं करना चाहता। उसके लिए बनाए गए मेज पर किताबें रखना नहीं चाहता। ममी को परेशान

करने के उपाय खोज-खोजकर उसे तकलीफ देता रहता है। "मन-ही-मन में एक संतोष है, कुछ ऐसा कर डालने का जो नहीं करना चाहिए—ममी को परेशान करने का।" डॉक्टर जोशी से भी ममी को परेशान कराने में उसे अधिक सुख मिलता है। वह डॉक्टर जोशी को पापा नहीं कहना चाहता और उसके पास लाजवाब तर्क है—उसके पापा हैं कलकत्ते में; तो वह जोशी को पापा क्यों कहेगा ? कभी बगीचे में भाग जाता है और अपेक्षा करता है कि ममी उसे लेने आए, मनाए और खूब लाड़ करे। वह चुपके-से पापा को चिट्ठियां भी लिखता है। वह चाहता है ममी उसके आगे झुककर उसे स्वयं अपना सारा प्यार लुटा दे और तब संभवतः वह मान जाएगा। पापा के साथ गाड़ी में बैठकर कभी न आने के निश्चय से जाते समय भी मन में दुबकी इच्छा है कि ममी न भेजे, उससे अंतिम क्षण लिपटकर खूब रोए और जाने से मना करे। मन्नू भंडारी ने इस प्रसंग को अत्यंत संवेदनापूर्ण बनाया है।

बंटी को होस्टल भेज दिया जा रहा है—एक वेदनापूर्ण समस्या की गहरी पीड़ा से विद्ध होकर पाठक के मन में प्रश्न उठता है—सुधरेगा बंटी होस्टल में ? यही मन्नू भंडारी की सफलता है।

शकुन : आधुनिकता का तनाव

'आपका बंटी' के अनुभव-विश्व का एक महत्त्वपूर्ण भाग है शकुन की मानसिकता। एक तरह से आधुनिक नारी के सुख-दुःखों, समस्याओं और संघर्षों को शकुन के माध्यम से प्रस्तुत किया गया है। उपन्यास के विधान के मूल में आधुनिकता का अभिशाप है। आधुनिक नारी को पहला शाप दुहरे स्तर पर जीने की बाध्यता है। वह पूर्णतया बंटी की ममी बनकर घर में रहती है—कोमल, सुंदर प्यार-भरी। परंतु प्रिंसिपल बनती हैं तो ड्रेसिंग टेबल की शीशियां उसका बाह्य रूप ही नहीं, अंतरंग भी परिवर्तित करती हैं—सख्त, कठोर और डांटनेवाली। दूसरा अभिशाप है—अपने व्यक्तित्व के प्रति सजगता के साथ-साथ आत्म-सम्मान के प्रति अतिरिक्त दक्षता। दूसरे शब्दों में आधुनिकता अहं को जितना खाद-पानी डालती है, उतना दूसरे के व्यक्तित्व का आदर करने का, सह पाने का भाव परिपुष्ट नहीं करती। अजय और शकुन के बीच समझौता नहीं हो सका; इसका कारण है दोनों का प्रचंड अहं। "समझौते का प्रयत्न भी दोनों में एक अंडरस्टैंडिंग पैदा करने की इच्छा से नहीं होता था वरन् दूसरे को पराजित करके अपने अनुकूल बना लेने की आकांक्षा से।" (पृ० 37) शकुन के प्रिंसिपल बनने के पीछे भी अजय को पराजित करने की भावना इतनी जबर्दस्त है कि उसका अजय पर कुछ परिणाम न देखकर उसे सब कुछ निरर्थक लगने लगता है। विवाहोत्तर सात वर्ष मानो अजय को झुकाने की अदम्य आकांक्षा से शकुन ने सब कुछ किया था। बंटी

को प्यार किया तो अजय को टारचर करने के साधन रूप में भी और अपने शून्य को, रिक्तता को भरने के उद्देश्य से भी। जीवन की आधुनिकता की नींव में ही जैसे यह अपने लिए जीने की शर्त है। बंटी के साथ शकुन के संबंध उतने सरल नहीं हैं परंतु वैसे भी नहीं हैं जिसका उत्तर फ्रायड में मिल सकेगा। डॉक्टर जोशी बंटी के हजबंडींग का, चूमने-चाटने, लिपटने का व्यंग्यात्मक उल्लेख करते हैं; परतु ग्रंथिमय भी ये संबंध नहीं हैं। मन्नू भंडारी ने इन संबंधों की सूक्ष्मता, अस्पष्टता और निगूढ़ रहस्यमयता को यथावत् रूप में प्रस्तुत कर अपनी कलात्मक सामर्थ्य का परिचय दिया है। यह संबंध किताबी मनोवैज्ञानिक नहीं लगते बल्कि अधिक ठोस, अधिक वास्तविक और विश्वसनीय लगते हैं।

मन्नू भंडारी की सराहना इसलिए भी की जानी चाहिए कि बंटी का सहानुभूति-पूर्वक चित्रांकन करते हुए भी शकुन के प्रति वे निंदात्मक, कटु या निषेधात्मक रुख नहीं अपनातीं। उनके कलात्मक सूझ-बूझ का प्रत्यय इसमें मिलता है कि एक ओर बंटी के चित्रण को गहन स्तर पर चित्रित करते हुए भी दूसरी ओर शकुन की मानसिकता का निस्संग विश्लेषण कर पाठक के सामने यह प्रश्न खड़ा किया है कि क्या किसी पक्ष को सही-गलत जैसा निर्णायत्मक कुछ कहा जा सकता है? जिंदगी कितनी पेचीदा है कि कितने ही निर्णयों को ठीक या गलत कहना मुश्किल हो जाता है। डॉक्टर जोशी के साथ जुड़ने में शकुन ने गलती की? वकील चाचा ने स्पष्ट कह दिया था भविष्य की दृष्टि से शकुन बंटी की माता ही न बनी रहे, अपने लिए भी जिए अन्यथा बंटी की मां बनी रहकर भी जीवन के साथ और बंटी के साथ वह न्याय नहीं कर सकेगी। अजय अपना रास्ता अपना चुका है और शकुन के जोशी साहब से जुड़ने में उसकी सहानुभूति अवश्य है। डॉक्टर जोशी ने पूरी समझदारी एवं जिम्मेदारी के साथ उसे अपनाया है। एक ओर छोटे-बड़े कतिपय प्रसंगों के द्वारा शकुन का बंटी के प्रति गहन स्नेह चित्रित करते हुए दूसरी ओर स्वतंत्र रूप में जीवन का विचार करने के औचित्य को भी व्याख्यायित किया है और इस बीच की जटिल मनःस्थिति को प्रभावपूर्ण रूप में उभारकर शकुन के प्रति सहानुभूति उत्पन्न की है। किसी भी समझदार व्यक्ति को शकुन का स्वतंत्र रूप में जीने का अधिकार अमान्य करना कठिन होगा। बंटी के प्रति अपने कर्त्तव्य को अंतिम स्थिति तक ले जाकर वह निभाती है और बड़ी तीखी पीड़ा झेलती है। बंटी और स्वतंत्र जिंदगी के बीच के तनाव को—रस्सी-खेंच को, वैलक्षण प्रत्ययकारिता से मन्नू भंडारी ने प्रस्तुत किया है। किसी भी लेखक की कलात्मक क्षमता का यह प्रभाव है कि वह संघर्ष की सभी विरोधी प्रवृत्तियों को इस प्रकार चित्रित करे कि पाठक सचमुच गड़बड़ा जाए या निर्णय न कर पाए कि कौन-सी प्रवृत्ति (अथवा चरित्र) अधिक सही है—पूर्णतः सही होने की बात तो आधुनिक साहित्य में हो ही नहीं सकती। बंटी तो गलत नहीं है, वह आधुनिक

जीवन के अभिशापों का मारा है। शकुन भी गलत नहीं है क्योंकि उसके पास डॉक्टर जोशी से जुड़ने के सिवा दूसरा कोई विकल्प नहीं है। किसी भी रचना में निष्कर्षों तक पहुंच जाने में कठिनाई प्रतीत हो, यह रचना की प्रौढ़ता का निदर्शक है। कौन गलत, कौन सही; कितना गलत, कितना सही, जो कुछ हुआ है उसके स्थान पर दूसरा हो ही क्या सकता है; इत्यादि प्रश्नों का अनुत्तरित होना (अर्थात्, जीवन की जटिलता, अनेकविधता और संमिश्रता के परिणामस्वरूप) कलाकार के आधुनिक युग-बोध का एक महत्त्वपूर्ण प्रमाण है। मन्नू भंडारी की रचना पर भावुकता का या अश्रुविगलितता का आरोप करनेवालों को चाहिए कि अपनी मान्यताओं पर इस संदर्भ में पुनर्विचार करें। एक बात उठाना यहां पर प्रचलित साहित्य-चर्चा को देखते हुए आवश्यक जान पड़ता है। क्या साहित्य में आंसुओं को सर्वथा निषिद्ध समझा जाए ? क्या यह 'भावुकता' का ही पर्याय है ? यह इस संदर्भ में ध्यान में रखना चाहिए कि उम्र की प्रौढ़ता में विज्ञ मनुष्य अधिक भावनाशील बनता जाता है। क्या यह अप्रौढ़ता का द्योतक है ?

बंटी और शकुन के 'अनुभव-विश्व' का स्वरूप ही कुछ ऐसा है कि उनके संबंधों में भावना का प्रचुर आलोड़न-विलोड़न अनिवार्य है। अन्यथा माता-पुत्र के संबंधों की कल्पना ही कैसे की जा सकती है ? फिर भी मन्नू भंडारी ने अपने पात्रों को सरल रूप में चित्रित नहीं किया है—फूफी को भी नहीं। बंटी और शकुन के धौले-उजले, काले-कजरारे; सभी पहलुओं को, उनके गुणों और दोषों को निस्संगता से चित्रित किया है। उनके प्रेम में मनोविज्ञान का स्पर्श है—उतना ही जितना भारतीय परिवेश के अनुकूल है। प्रेम और घृणा, लगाव और गुस्सा, खीझ और अपनापा, गर्व और विनय, अभिमान और उत्सर्ग, ऊब और आकर्षण के द्वंद्वों में बंटी और शकुन के संबंध अपरिमित कंपनों से लहरदार रूप धारण करते हैं। जो शकुन अजय के साथ अहं के कारण 'एडजस्ट' नहीं कर पाई, वही शकुन डॉक्टर जोशी के संपर्क में आने पर अनुभव करती है—"छोटा बनकर जीना उसके अहं को बर्दाश्त नहीं और बड़ा होकर जीने लायक उसके पास कोई पूंजी नहीं। तब एक अजीब-सी मानसिक यातना में वह अपने को पाती हैं।" (पृ० 114) परंतु यही शकुन बाद में अनुभव करती है, "अपने को पूरी तरह देकर, निर्द्वंद्व-भाव से समर्पित करके आदमी कितना कुछ पा लेता है।" (पृ० 124) जो कुछ वह अजय में नहीं पा सकी, वह जोशी में पा सकी। यह प्रश्न बेमानी है कि यह क्यों हुआ। आधुनिक जीवन में आधुनिकता के आग्रही लोगों में 'अहं' का जो अस्वस्थ रूप देखने को मिलता है, उस पर मन्नू भंडारी ने अंगुली रखी है और संभवतः संवेदनशील हृदय में इससे गहन स्तर पर तिलमिलाहट हुए बिना नहीं रहेगी। यह आधुनिक जीवन का 'सत्य' शकुन के जीवन के अनुभवों से मथकर निकला है, इसलिए प्रभावपूर्ण हो गया है। शकुन के अहं, द्वेष, स्पर्धा, गर्व, अभिमान, ईर्ष्या, गुस्सा, जीत की

आकांक्षा, संदेह, घृणा, प्रेम, आत्मीयता इत्यादि भावों के वैविध्यपूर्ण पुंज को उभार कर उसके व्यक्तित्व को जीवंतता और विश्वसनीयता दी गई है। जोशीजी के साथ जुड़ने में कैशर्योचित या युवावस्था का उन्मादक आकर्षण या प्रेम नहीं था, वासना की अतृप्त भूख भी नहीं थी। यह नहीं कि आकर्षण या देह-धर्म का अंश इसमें नहीं था परंतु अन्य बातें भी थीं। "उसे साफ लगता था कि जोशी या किसी का भी चुनाव उसे करना है तो जैसे अपने लिए नहीं करना है, अजय को दिखाने के लिए करना है—मीरा की तुलना में करना है।" (पृष्ठ 48) उसी तरह—"आज डॉक्टर को लेकर वह जहां पहुंच गई है, उसके मूल में उस समय कहीं बंटी को अपने से मुक्त करने की इच्छा ही नहीं थी? यों शायद और भी बहुत कुछ था, पर बंटी भी कहीं था तो सही ही।" (पृ० 114)

शकुन की मानसिकता को प्रस्तुत करते समय एक स्थिति का विशेष बारीकी से चित्रण करने में अपनी अंतर्दृष्टि का परिचय मन्नू भंडारी ने दिया है। शकुन और अजय दूर रहते हैं। शकुन जानती है कि फिर एक होना असंभव है; फिर भी कहीं आशा का सूक्ष्म तंतु था कि बंटी सेतु का काम करेगा। इसी में से बंटी के प्रति कभी अजीब किस्म का दुलार उमड़-उमड़ आता था। इस पहलू को सूक्ष्म दृष्टि से स्थान-स्थान पर चित्रित कर मन्नू भंडारी ने शकुन के भारतीय संस्कार को सुरक्षित रखा है या यह कहना अधिक ठीक होगा—भारतीय परिवेश में आधुनिक नारी का यह चित्रण था। शकुन की मानसिक पीड़ा का सशक्त चित्रांकन तो हुआ है ही, समस्त अनुभव-विश्व की भारतीयता पर जो दृष्टि केंद्रित हुई है उसके कारण पता चलता है कि शकुन जैसी आधुनिक नारी के लिए भी तलाक जैसी घटना कितनी पीड़ादायक है—यह तथ्य उपन्यास के अनुभव-विश्व को प्रौढ़ता देता है।

प्रौढ़ता के अन्य पहलू

यह उपन्यास हिंदी उपन्यासों में प्रौढ़ता की विशेष प्रतीति देता है। उपन्यास के अनुभव-विश्व में संचार करनेवाले पात्र केवल शिक्षित ही नहीं हैं, आधुनिक प्रौढ़ दृष्टिकोण से अनुशासित भी हैं। यद्यपि बंटी को शकुन अजय को टारचर करने के हथियार के रूप में कभी उपयोग में लाने का विचार करती है, फिर भी अजय से मिलने, घूमने, फिरने और खिलौनों की भेंट दिए जाने में एतराज नहीं करती। पिता के प्रति गलत-सलत बातें बताकर बंटी का मन अजय के प्रति कलुषित नहीं करती। बल्कि ऐसे कलुषित विचार आ भी जाएं तो अपने को संयत करती है। कहीं भी गलत ढंग से भावुकता का प्रदर्शन नहीं करती। कटुता होते हुए भी बंटी का मन रखने के लिए अजय को घर आने का अनुरोध करती

है। तलाक के संबंध में किसी प्रकार से संकुचितता का व्यवहार नहीं करती। मीरा के गर्भवती होने की स्थिति में वह अजय को मानसिक टारचर दे सकती थी; परंतु मीरा के प्रति ईर्ष्या होने के बावजूद ऐसा नहीं करती। डॉक्टर जोशी के घर अजय के साथ बंटी के भविष्य को लेकर चर्चा करती है। डॉक्टर जोशी स्वयं अजय को ले आने, बंटी को छोड़ने कार लेकर स्टेशन पर जाते हैं। अजय को घर में ही ठहरने का अनुरोध भी करते हैं—मनःपूर्वक। यह प्रौढ़ 'डीसेंसी' का व्यवहार जो इन पात्रों में परिलक्षित होता है, वह आधुनिकता के संस्कारों का शुभ परिणाम है। डॉक्टर जोशी और शकुन दोनों बंटी को या अमि-ज्योत को लेकर समझदार समंजसता का व्यवहार करते हैं। इनके व्यवहार में जो सौहार्द्र और आत्मीयता है, वह जिमेदारी की भावना के कारण है। इस 'डीसेंट' व्यवहार से समस्त उपन्यास के अनुभव-विश्व में एक उच्च स्तर का अभिजात्य प्रकट होता है। शकुन-जोशी के विवाह के बाद की पहली सुहाग-रात के आचरण में भी अंडर-स्टैंडिंग का गरिमामय रूप झलकता है। ये स्थितियां कुछ ऐसी थीं जहां भावुकता का ज्वार खड़ा किया जा सकता था परंतु ऐसा कहीं भी नहीं हुआ है। प्रौढ़ता या प्रगल्भता के ये चिह्न महत्त्वपूर्ण हैं और हिंदी उपन्यास के विकास की स्थिति को रेखांकित करते हैं।

कुछ अनवधान की भूलें

इस सर्वांग सुंदर उपन्यास में कुछ चीजें खटकनेवाली हैं। बंटी 9-10 वर्ष का लड़का है। एक ओर इसमें इतनी समझदारी है कि टीटू की मां के उलाहनों को भी वह समझ लेता है परंतु दूसरी ओर वकील चाचा की छड़ी में जादू की कल्पना भी कर लेता है जिसे छूकर ममी के रूप बदलते रहते हैं। बंटी को उम्र की तुलना में अधिक संवेदनशील दिखाया गया है और अधिक सजग भी है। ममी को मक्खन लगानेवाली मिसेज सक्सेना को पहचान सकता है; परंतु आश्चर्य इस बात का अधिक होता है कि पिता के साथ मीरा की शादी की बात उससे प्रायः अंत तक छिपाई जाती है और उस पर उसकी कोई प्रतिक्रिया भी नहीं होती। जोशी को बंटी मां के साथ पहली रात को नग्न रूप में देखता है। यद्यपि लेखिका ने इस घटना के मानसिक परिणामों का बहुत सुंदर उपयोग बाद में कर लिया है, फिर भी दोनों समझदार व्यक्तियों के बारे में यह घटना विश्वसनीय नहीं लगती। भावना के आवेग में रोनेवाला बंटी खिड़की से आने-वाली रोशनी में यह सब देखे, यह गढ़न का आभास देता है; परंतु इन असावधानी के कारण हुई भूलों से उपन्यास की गरिमा विशेष क्षत नहीं होती।

मूल्यांकन

मन्नू भंडारी का यह प्रौढ़ उपन्यास भारतीय परिवेश से जुड़ी हुई आधुनिक नारी की तथा नई परिवार-व्यवस्था में पहले वाले बच्चों की मानसिकता की प्रभावपूर्ण प्रतीति देकर पाठक को जीवन के संबंध में अधिक गंभीरतापूर्वक सोचने की स्थिति में रख देता है। उसके अनुभव-विश्व को गहन स्तर पर विचलित कर विस्तार देता है। आधुनिकता और परंपरा के बीच छटपटाते हृदय और दिमाग को जीवन की विशद्ता का अनुभव देकर प्रचलित मूल्यों के संबंध में अधिक लगाव से सोचने को बाध्य करता है। यह शक्ति कम महत्त्वपूर्ण नहीं है।●

अपने अपने अजनबी

हिंदी में हर नई विचारधारा का स्वागत एवं विरोध तीव्र उत्तेजनापूर्ण स्थितियों में होता है। इस स्वागत में तटस्थ वैचारिक धरातल से उत्पन्न दृढ़ता का प्राय: अभाव होता है और विरोध में अपने संस्कारों की जड़ों तक हिलाए जाने की बेचैनी का सृजनात्मक पहलू कम उजागर होता है। हिंदी में अस्तित्ववादी विचारों एवं दृष्टियों के स्वागत एवं विरोध में यही तीव्र एकांगिता सातवें दशक में परिलक्षित हुई। यह एकांगिता वैचारिक स्तर पर अभी कुछ कुंद होती जा रही है और एक संतुलन-सा उत्पन्न होने लगा है। इस स्थिति में यह सुखद आश्चर्य एवं गौरव की बात है कि 1961 में प्रकाशित 'अपने अपने अजनबी' में वैचारिक एवं सृजनात्मक, दोनों धरातलों पर विलक्षण संतुलन का परिचय दिया गया है। इसकी कलात्मक उपलब्धियां भी कम अभिमान की बात नहीं है।

यह प्राय: सभी ने स्वीकार किया है कि 'अपने अपने अजनबी' मृत्यु से साक्षात्कार का आख्यान है। परंतु, केवल इसी को केंद्र मानकर समस्त उपन्यास को परखने के प्रयास में उपन्यास का बृहत्तर अनुभव, जो परस्पर भिन्न जीवन-दृष्टियों और व्यक्तित्वों की टकराहट से व्यंजित होता चला है, उपेक्षित हो गया है। इसी में कुछ भारतीय-यूरोपीय दृष्टिकोण को सर्वथा दो ध्रुवांत मानकर उपन्यास के प्रमुख पात्रों पर आरोपित करने के परिणामस्वरूप उपन्यास के वैचारिक पक्ष की भी अनवांछित क्षति हुई है और इस बंधे हुए दृष्टिकोण के भीतर न सिमटनेवाली कतिपय बातों को न केवल अनदेखा किया गया है, वरन् अकलात्मक भी ठहराया गया है। अत्यंत मितव्ययी और संरचना तत्त्व के प्रति अतिशय सतर्क कलाकार के अनुभव को जहां तक हो सके, यथावत् रूप में पकड़ने के लिए कुछ अधिक समर्पित आस्वाद प्रक्रिया की आवश्यकता भी है। जिससे रचना को ही अपनी ओर से अधिक कहने दिया जाए और आकलन के लिए कुछ अधिक चिंतन की आवश्यकता भी है। वैसे इस प्रकार की शर्त बदनेवाले लेखक होते ही कितने हैं?

'अपने अपने अजनबी' के अस्तित्ववादी विचार-सूत्रों का आकलन करने से पहले

इस बात का उत्तर खोजना आवश्यक है कि एक सजग भारतीय उपन्यासकार योके और सेल्मा को ही अपने अनुभव को आविष्कृत करने के लिए क्यों चुनता है, मीरा और सावित्री को क्यों नहीं ? इसके उत्तर में कतिपय अनुमान बताए जा सकते हैं। मृत्यु-बोध के प्रति भारतीय-मन में वह तीव्र जिज्ञासा नहीं जो पारिवारिक विघटन और युद्ध के कारण पश्चिमी-मन में उत्पन्न हुई है। हमारी उपनिषद् परंपरा इस अनुमान का समर्थन नहीं कर सकती। फिर युद्ध का साक्षात् अनुभव शायद हमारे लिए उतने भयावह रूप में न मिला हो, (वस्तुत: अनुभव एवं संवेदना के लिए साक्षात् की सीमा-रेखा क्या है, यह भी विचार करने की बात है। डूबती नाव, जलती इमारत, अकाल का सर्वग्रासी रूप, बाढ़ या बांध के टूट जाने से उत्पन्न स्थितियां भी मृत्यु के प्रति साक्षात्कारी स्थितियां उत्पन्न कर सकती हैं।) उसकी मार से हमारा संवेदनशील कलाकार दहल नहीं गया हो, ऐसा नहीं है। क्या मृत्यु-संकट को विश्वसनीय बनाने के लिए जिस बर्फानी परिवेश की कल्पना की गई है, उसके लिए विदेशीय चरित्रों की कल्पना करनी पड़ी ? यह भी बचकाना तर्क लगता है। फिर योके और सेल्मा दोनों के मन पर युद्धोत्तर विभीषिका का कोई प्रभाव परिलक्षित नहीं होता है। योके जीवन के अंत में युद्धोत्तर स्थितियों की विडंबना का शिकार हो जाती है। योके और सेल्मा, दोनों का मृत्यु-विषयक अनुभव उनके वैयक्तिक संवेदन एवं चिंतन से उपजा है, बाह्य स्थिति उसके लिए उत्तेजक है, आत्यंतिक अनिवार्य नहीं। मतलब बर्फानी तूफान में कैद दो नारियों का यह अनुभव मात्र उस स्थिति से उत्पन्न भय का परिणाम नहीं है। किंकर्त्तव्यता से पैदा हुई मानसिक स्थितियां नहीं हैं। (योके के बारे में वह कुछ अंशों तक माना भी जा सकता है, सेल्मा के बारे में बिलकुल नहीं।) यह अनुभव दो जीवन-विषयक दृष्टिकोणों का परिणाम है; इससे भी अधिक सही यह होगा कि दो भिन्न प्रकार के व्यक्तित्व संघटनों का परिणाम है। अत: 'अपने अपने अजनबी' की कलात्मकता की सही पहचान के लिए तथा अंतर्ग्रथित अनुभव के आकलन के लिए उन समस्त बारीकियों का उद्‌घाटन करना होगा जो प्रारंभ से परिणति तक उपन्यास में कलात्मक ढंग से सुनियोजित हुई हैं। यह अनुभव न भारतीय है, न यूरोपीय है। यह एक तरह से स्थल-काल की सीमाओं को अतिक्रांत करनेवाला अनुभव है। समृद्ध वैचारिक क्षमता एवं सम्पन्न व्यक्तित्व की धनी सेल्मा गड़रियों की मां है। कस्बे में छोटी-सी दूकान में निर्भय होकर व्यवसाय करनेवाली सामान्य महिला वह कभी रह चुकी है; जिस मान के साथ उसने सहजीवन जिया, वह भी एक सामान्य दूकानदार है। दर्शन के विधिवत् अध्ययन की बात दूर ही रही, प्रत्यक्ष जीवन से उद्‌भूत चिंतन के सहज रूप को छोड़कर किसी प्रकार के ज्ञान एवं दर्शन का संस्कार उस पर नहीं है। योके कुछ अधिक प्रबुद्ध है। अत: भारतीय-यूरोपीय ही नहीं, अनुभव के चिंतन

की सहज मौलिक क्षमता के अतिरिक्त सेल्मा के पास कुछ भी नहीं है जिस पर कुछ लेबिल चिपकाया जा सके। अत: सब प्रकार से निर्वस्त्र कर रखने का कलात्मक उद्देश्य यही हो सकता है कि यह चिंतन यथा-संभव मौलिक हो, अनुभव-जन्य हो, सनातन और वैश्विक स्तर को स्पर्श करनेवाला हो। वस्तुत: सेल्मा की दृष्टि न भारतीय है, जैसा आरोपित किया गया है, न योके की पश्चिमी। दोनों दृष्टियों में ऐसा बहुत कुछ है जो विशिष्ट देश व काल से सीमित नहीं किया जा सकता। इसी संदर्भ में यह भी ध्यातव्य है कि अज्ञेय ने उस क्षेत्र का नाम तक नहीं बताया है जहां यह अधिकांश कथा-भाग संपन्न होता है।

बर्फ की तूफान में कैद हो जाने के बाद उपन्यास के अनुभव का प्रारंभ होता है। यह अनुभव जिन दो विभिन्न व्यक्तित्वों की परस्पर टकराहट का परिणाम है, उन दो व्यक्तित्वों का विरोधपूर्ण संघटन अत्यंत सूक्ष्म कलात्मक कौशल से लेखक ने दिखाया है। यह विरोध दोनों की जीवन-दृष्टियों, प्रतिक्रिया करने की विशिष्ट पद्धतियों, मानसिक स्थिति के भिन्न आवेगों और मूडों को लेकर भिन्न परिणतियों तक व्याप्त है।

योके उम्र में जवान परंतु मन से कुछ रुग्ण है और मृत्यु से सतत् डर उसकी मानसिकता का स्थाई-भाव बन गया है। इस मृत्यु-भय को वह प्रारंभ में अपने से, सेल्मा से छिपाना चाहती है परंतु यह संभव नहीं होता। योके को सेल्मा की चिंता होती है परंतु यह मानवीय करुणा की सहज अभिव्यक्ति नहीं है। 'वे दब जाएंगे' के भयावह बोध से पलायन करने के लिए मिला हुआ एक निमित्त है—"तुरंत ही चिंता करने को कोई दूसरी बात मिल गई जिससे उसका ध्यान तूफान की ओर से हट जाए।" लेकिन सेल्मा तो 'प्रार्थना' कर रही है और उलटे योके से ही सहज प्रश्न पूछ रही है—"क्यों योके, तुम डर तो नहीं गईं?" डर को लेकर योके में रुखाई है, नापसंदगी का भाव है, खीझ भी है; तो योके के द्वारा सहज में आया 'आंटी' संबोधन सेल्मा को अच्छा भी लगता है। "सेल्मा एकेलोफ के चेहरे पर एक स्निग्ध मुसकान खिल आई।" इस प्रकार 'खीझ' और 'स्निग्ध मुसकान' का अंतर लेखक बार-बार आलोकित करता गया है। यह क्षणिक अनुभूति का प्रकटीकरण नहीं है, स्थाई प्रवृत्ति का सहज परिणाम है। बर्फ के साथ पूरी चट्टान के गिरने की 'कल्पना से योके सिहर' उठती है तो सेल्मा 'पूरा क्रिसमस' मनाने की तैयारी में लग जाना चाहती है जबकि क्रिसमस तक जीवित रह पाना भी उस कैंसर से ग्रस्त बूढ़ी महिला के लिए मुश्किल चीज है। योके के मन में सेल्मा के बुढ़ापे को लेकर कुछ-कुछ घृणा का भाव है जबकि सेल्मा के मन में जवान योके के प्रति कौतुक। योके अपनी आंतरिक आशंका और भय को बार-बार दबाना चाहती है जबकि सेल्मा का दृढ़ निवेदन है, "खतरे की कोई बात नहीं है।" फिर, "निरे अजनबी डर के साथ कैद होकर कैसे रहा जा सकता है?" यहां से आगे

सेल्मा की ओर से बहुत-सी बातें करने का निमंत्रण है, परिचय और स्नेह का आग्रह है; जबकि योके अपने ही में बंद रहना चाहती है—हां 'डायरी' उसकी अनिवार्यता है; क्योंकि वह सेल्मा के सम्मुख खुलना नहीं चाहती।

योके के मन पर कब्र के हांटिंग इमेज का पूरा प्रभाव है। उसके भीतर 'दूषित विचार' उठते रहते हैं, "सेल्मा के चेहरे पर अचानक कभी-कभी एक भाव दीखता है जो मानो इस लोक का नहीं है।" और इसको देखकर योके न केवल बेचैन हो उठती है बल्कि 'कुछ तोड़-फोड़कर' बैठने का मन भी होता है। हिंसा की यह प्रथम आहट है। बुढ़िया में स्निग्ध मुसकान, शिष्ट हल्का-सा विनोद-भाव है, जीवन जीने के लिए कुछ करते रहने की इच्छा है; और योके को बुढ़िया के प्रति गुस्सा, खीझ, मत्सर भी है जो आगे चलकर न केवल तोड़-फोड़ करने की मानसिक इच्छा तक सीमित रहता है बल्कि गला घोंटने तक उसे विवश बना देता है। लेखक ने इस तोड़-फोड़ के हलके भाव का क्रमशः जो विकास दर्शाया है, वह कलात्मकता का एक महत्त्वपूर्ण पहलू है। स्वतंत्रता की आकांक्षी जवान योके पग-पग पर अपनी स्वतंत्रता की सीमाएं देख रही है। वरण के विकल्पों की सीमाएं देखती है और आंतरिक आक्रोश को, भय और ऊब को सेल्मा की ईश्वर-सदृश्य उपस्थिति के प्रति घृणा के माध्यम से व्यक्त करती है। फ्रायड, एडलर, युंग ने मनोविज्ञान के क्षेत्र में जिन प्रवृत्तियों को केंद्र में रखा था; अस्तित्ववादी विचारकों ने उनसे आगे बढ़कर मानवीय मनोविज्ञान के कतिपय अनदेखे पहलुओं को प्रस्तुत किया। 'अपने अपने अजनबी' में अस्तित्ववादी विचार-सूत्रों का ही नहीं, अस्तित्ववादी मनोविज्ञान का भी कलात्मक उपयोजन हुआ है। योके सेल्मा के प्रति अपने विरोध-भाव को छिपाने का असफल प्रयास करती रहती है—"साधारणतया मैं उसकी ओर प्रायः नहीं देखती, क्योंकि मुझे डर लगा रहता है कि कहीं मेरी आंखों में कोई छिपा हुआ विरोध-भाव उसे दीख न जाए।" एक-दूसरे की उपस्थिति का, एक-दूसरे की मानसिक अवस्था पर किस प्रकार प्रभाव पड़ता रहता है; इसका बड़ा रोचक व्याख्यान सार्त्र ने किया है। 'अपने अपने अजनबी' में औपन्यासिक धरातल पर यह अतिरिक्त स्वचेतना का पीड़ादायी-भाव मूर्त्त हो गया है। योके के लिए बुढ़िया एक निरीक्षण की चीज बन गई है। और चूंकि संवेदनशीलता और मूल्य-विवेक के विचार से वंचित योके भी नहीं है; सेल्मा के समूचे व्यक्तित्व का बड़ा संमिश्र-सा, उलटा-तिरछा-सा, अजीब-सा प्रभाव उसके मन पर पड़ता है—"आंखों की कोरों से जो रेखाएं फूटती हैं और एक जाल-सा बनकर खो जाती हैं, उनमें कहीं बड़ी करुणा है—एक कर्मशील करुणा, जो दूसरों की ओर बहती है। ऐसी करुणा नहीं जो भीतर की ओर मुड़ी हुई हो और दूसरों की दया चाहती हो।" यहीं पर योके के मन में तीव्र ईर्ष्यालु जिज्ञासा उत्पन्न होती है—"बुढ़िया के जीवन का रहस्य क्या है—क्या बात है उसके अनुभव-संचय में जिस तक मैं पहुंच नहीं

पाती हूं।"— पाठक भी इस जिज्ञासा में तीव्रता से सहभागी होता है। यह करुणा कुछ ऐसी है कि योके जो अपने व्यक्तित्व में इससे सर्वथा विरोध ही देखती है, सह नहीं पाती—"उससे भी अधिक अस्वीकार्य और असह्य है उस ठोस प्रेत का कारुण्य-भाव—एक बाहर को बहता हुआ, सब कुछ को सहलाता हुआ कारुण्य।" "···वह प्याला, तश्तरी भी उठाती है, या कि आग की ओर भी हाथ बढ़ाती है, तो मानो इन निर्जीव चीजों को भी दुलराती और असीसती है। आग को असीसती है–वह, जिस आग को देखकर रिरियाना चाहिए···" और उसका प्रभाव योके पर क्या पड़ता है ? "उसे देखते-देखते मेरा मन होता है कि जोर से चीखूं, कि जलती हुई लकड़ी उठाकर उसकी कलाइयों पर दे मारूं जिससे उसका आग को असीसने का दुस्साहस करनेवाला हाथ नीचे गिर जाए—एकाएक जिसके सदमे से उसकी हृदयगति बंद हो जाए।" योके के सेलमा के प्रति समस्त भावों के विकास में, गहन बन जाने में, एक क्रम है। खीझ और गुस्से की प्रारंभिक प्रतिक्रिया को क्रमशः पृष्ठ पलटते हुए हम गला घोंटने तक के आरोह पर चढ़ते देखते हैं।

योके काठबंगले को कब्रघर कहती है, क्रिसमस में संत निकोलस के स्थान पर शैतान के आगमन की कल्पना करती है। अपने शरीर में कैंसर जैसा मृत्यु का दूत पालकर भी सेलमा क्रिसमस मनाना चाहती है, जागना चाहती है, गाना चाहती है और अपने गाने को कराहने के रूप में पहचाने जाने पर अपनी विवशता पर दुःखी भी होती है। (जीवन की रिक्तता भरने के लिए जीवन के रिच्युअल का कितना उपयोग होता है !) मृत्यु को देखते हुए भी जीवन की उसकी आस्था खत्म नहीं होती जबकि जवान योके हमेशा मृत्यु का ध्यान रखती है। सेल्मा उससे पूछती है, "योके, तुम्हारा ध्यान हमेशा मृत्यु की ओर क्यों रहता है ?" योके की प्रतिक्रिया देखिए : "मुझको हठात् गुस्सा आ गया। मैंने रुखाई से कहा—क्योंकि वही एकमात्र सच्चाई है—क्योंकि हम सबको मरना है।" यह मृत्यु को लेकर दोनों की अवधारणाओं व प्रतिक्रियाओं का अंतर समूचे अनुभव-विश्व में व्याप्त है और वह परिस्थितिवश नहीं है, वह जीवन-दृष्टि का परिणाम है। उसे परिस्थितिवश मानने की शंका भी करना उपन्यास के आकलन की सीमाएं व्यक्त करना है। मृत्यु की विकराल बाढ़ के नीचे आकर भी सेल्मा की जीवन-विषयक यह आस्था केवल जिर्जाविषा नहीं है, उससे भी कुछ अधिक है, मूल्यवान है। और इसीलिए 'रहस्यमय' लगनेवाली इस बुढ़िया के प्रति योके की घृणा इतना भयानक रूप लेती है कि सेलमा से वह बच नहीं जाती—योके के समस्त छिपाव के प्रयत्नों के बावजूद। वह एकाएक पूछती है—"योके, तुम चाहती हो न कि मैं मर जाऊं ?" योके सेलमा के सामने निर्वस्त्र हो जाती है और योके के लिए सेलमा की उपस्थिति अधिकाधिक असहनीय-सी बनती जा रही है। सेलमा गीत में ही नहीं, मौनता में भी देव-शिशु के सहज आगमन की बात करती है तो योके के

लिए मृत्यु की उपस्थिति बौखलाहट उत्पन्न करती है—"मैं यहां हूं, बर्फिस्तान के नीचे, घुटन में; और मेरे साथ है वह, वह, वह···।" यह एक ऐसा अनुभव है योके के लिए कि वह अपने प्रेमी पाल के प्रति भी एक अजीब प्रकार की ईर्ष्या अनुभव करती है—"पर वह बर्फिस्तान के ऊपर है। खुली हवा में, न जाने किसके साथ; और मैं--मैं यहां हूं···।" यही ईर्ष्या जो तर्कातीत होते हुए भी सोलहों आने सही है, योके के लिए पाल को अजनबी बना देती है। अनुभव का, खासकर भयानक हिंस्र-अनुभव का, एक परिणाम यह होता है कि वह सदा के लिए भोक्ता को औरों से अलग कर देता है। (सार्त्र के 'मेन विदाऊट शैडो' में बलात्कार के भयानक अनुभव के बीच से गुजरी हुई एक लड़की अपने प्रेमी के प्रति एक जबर्दस्त ठंडापन अनुभव करती है।) यह अस्तित्वादी मनोविज्ञान का एक महत्त्वपूर्ण पक्ष है। सेल्मा जब देव-शिशु के आगमन का गीत गाती है तब योके मृत्यु के पंजे को अपने ऊपर अनुभव कर रही है—"अवतरण अगर हुआ है तो मृत्यु का और वह मृत्यु ऐसी नहीं हैं कि गान से उसका स्वागत किया जाए। वह मेरे कंधों पर सवार होकर मेरा गला घोंट रही है। कैसा बेपनाह है वह पंजा, जो छोड़ेगा नहीं लेकिन जिसकी उंगलियों की छाप भी नहीं पड़ेगी। मैंने कल्पना की, मेरे हाथ बुढ़िया के गले पर हैं और उसे घोंट रहे हैं—बेपनाह हाथ--नहीं जानती कि उनकी पकड़ भी ऐसी है या नहीं कि कोई छाप न छोड़े; लेकिन बुढ़िया के गले की रक्तहीन पारदर्शी त्वचा तो पहले ही ऐसी है कि उस पर कोई छाप क्या पड़ेगी।"—यही कल्पना बाद में चलकर प्रत्यक्ष हो जाती है। ये 'बेपनाह हाथ' आगे चलकर निरात्म मन से चलकर बुढ़िया का गला घोंटना चाहते है। मन की अतल गहराइयों में न जाने कितना कुछ है जो आदमी को विवेकहीन कर देता है--'वरण' यह नहीं होता, यह बह जाना होता है—बेइंतिहा। योके की इस बेचारगी और बाद के गिल्ट के बोध से स्वतंत्रता की सीमाएं भी लक्षित हो जाती हैं। इसके विपरीत सेल्मा के व्यक्तित्व में कुछ ऐसा है जो उसको सहज रूप में आलोकित किए है। दोनों एक ही स्थिति में हैं लेकिन कितनी भिन्न? योके के ही शब्दों में "वह जानती है और जानकर भी मरती हुई जिए जा रही है। और मैं हूं कि जीती हुई भी मर रही हूं और मारना चाह रही हूं।"—यह अंतर कैसे आया? यह समस्त व्यक्तित्व के संघटन का ही अंतर है। पानी मिलाकर दो-चार कहवे के घूंट पीनेवाली सेल्मा कहती है—"मैं कल्पना कर रही हूं कि बाहर खूब खुली धूप है—बड़ी निखरी हुई स्निग्ध धूप, जिसके घाम में बदन अलसा जाए।" योके की आत्म-केंद्रित प्रतिक्रिया है: "ऐसी कल्पना से फायदा? और बाहर धूप हो भी तो हमें क्या जो···।" इस नितांत जड़वाद का प्रत्याख्यान सेल्मा करती है—"हमें क्यों न कुछ? जो हमारे भीतर नहीं है, वह हम बाहर कैसे दे सकते हैं--कैसे देना चाह सकते हैं? खुली, निखरी हुई, स्निग्ध, हंसती धूप—मैं

बाहर उसकी कल्पना करती हूं तो वह मेरे भीतर भी खिल आती है और मैं सोच सकती हूं कि मैं उसे औरों को दे सकती हूं। नहीं तो—कितना ठंडा अंधेरा होता है उसके भीतर, जिसे मरना है और सिवा मरने के कुछ नहीं करना है।"

सेल्मा कैंसर से पीड़ित ही नहीं है। जानती भी है कि उसे अधिक क्रिसमस नहीं देखने हैं, वह आखिरी है। वह यह भी जानती है कि मनुष्य की स्वतंत्रता की सीमाएं हैं, वरण की सीमाएं हैं। फिर भी वह अगर किसी बात पर खीझ उठती है तो अपनी सर्वथा असहाय स्थिति पर—मृत्यु की आसन्न-निकटता से नहीं—कि उसे अपने को लेकर योके के लिए बोझ सिद्ध होना पड़ा। उसने चाहा था कि मरते समय कोई साक्षी नहीं हो, लेकिन इस छोटी-सी इच्छा की भी पूर्ति नहीं हुई। अपनी असहायता को लेकर उसमें एक खीज है और इस खीज को, टूट को, हार को देखकर अत्यंत विकृत ढंग का कमीना संतोष होता है योके को। अपनी असहायता को लेकर सेल्मा बर्तन के छूटने पर अपने हाथ को गाली देती हुई कहती है : "निकम्मा मुर्दा हाथ।" और योके के आ उपस्थित होने पर सकपका भी जाती है। फिर एक बड़ा ही प्राणदायी प्रसंग खड़ा किया है लेखक ने; जबकि न केवल सेल्मा प्रकृतिस्थ होती है दोनों के बीच का तनाव भी कम हो जाता है। वह प्रसंग बड़ा नहीं है परंतु उसकी सूझ और रेखांकन बड़ा कलात्मक है। "बुढ़िया सकपका गई और थोड़ी देर विमूढ़-सी मेरी ओर देखती रही। फिर खिलखिलाकर हंस पड़ी—एक अद्भुत अप्रत्याशित, अकल्पनीय खिलखिलाहट…।"

सेल्मा का यह पूरा व्यक्तित्व कुछ ऐसा प्रभावित करता है पाठक को कि योके को अपना ही प्रश्न दुहराते हुए वह पाता है—"वह क्या है जो तुम्हें सहारा देता है, जबकि मुझे डर लगता है?" यहां वह उत्तर देती है, "पूरे नकार का ज्ञान ही सच्चा ईश्वर-ज्ञान है। बाकी सब सतही बातें हैं, और झूठ हैं।" लेकिन इस पूरे नकार को जानकर भी जीवित रहना, सृजनात्मक ढंग से अपने जीवन को अर्थ देते रहना बुढ़िया जानती थी। "मैं नहीं हूं" की अवस्था में जी सकना, इतना निरहंकार और अनासक्त होकर जीवित रहने का प्रयास करना ही मृत्यु के बोध को जानना है। सेल्मा के व्यक्तित्व की धुरी के ये वाक्य हैं : "तुम जो अपने को स्वतंत्र मानती हो वही सब कठिनाइयों की जड़ है। न हम अकेले हैं, न हम स्वतंत्र हैं। बल्कि अकेले नहीं हैं और हो नहीं सकते, इसलिए स्वतंत्र नहीं हैं; और इसीलिए चुनने या फैसला करने का अधिकार हमारा नहीं है—ऐसी सब स्वतंत्रताओं की कल्पनाएं निरा अहंकार हैं—और उसी से स्वतंत्रता को छोड़कर कोई दूसरी स्वतंत्रता नहीं है।" स्वतंत्रता की, वरण की सीमाओं को जान लेने पर ही व्यक्तित्व में वह दृढ़ता, वह संतुलन, वह प्रगल्भता आती है जिसके कारण सेल्मा से योके ने कहा—"लेकिन तुम स्वतंत्र हो। और शायद तुम्हारा यह कहना ठीक है कि मैं स्वतंत्र नहीं हूं।"

जीवन की स्वतंत्रता, वरण की स्वतंत्रता के प्रति अतिरिक्त कल्पनाओं के कारण ही योके को कभी लगता है—"जीवन पैरों के घिसटने के सिवा कुछ नहीं है, और उसके बीच-बीच में जो मुझे अपना ध्यान आना है, वह धोखा है। मैं नहीं हूं और केवल पैरों का घिसटना है।" जीवन को वह कार्यकारण की संगति में पकड़ना चाहती है और उसको न अंटते देख जिंदगी को कैंसर कहती है। प्रश्न है—ईश्वर को अमोघ नकार का रूप मानकर अथवा जिंदगी को अनेक स्तरों पर, अनेक प्रकार की सीमाओं को स्वीकार कर, व्यक्ति की स्वतंत्रता तथा वरण के विकल्पों की सीमाओं से समझौता कर तथा कार्यकारण-भाव जैसे सीमित सूत्र में जिंदगी की समस्त वास्तविकता को परिभाषित करने की जुर्रत न करते हुए जीवन को सार्थक किया जा सकता है अथवा नहीं ? और अगर सार्थक किया जा सकता है तो कैसे ?—सेलमा का पूरा जीवन और व्यक्तित्व इसका संकेत करता है ।

लेकिन कभी ऐसा भी था कि सेलमा और योके में अंतर नहीं था। वही प्रबल विरोध-भाव, अहंकार, आत्मकेंद्रितता, घृणा, हिंस्रता, जीवन को सेक्युअर करने के लिए घटिया हरकतें सेल्मा के जीवन की विशेषताएं थीं। फिर यह अंतर कैसे आया ? जीवन-विषयक दृष्टिकोण में बदलाव कैसे आया ?

इस संगत प्रश्न के उत्तर में सेल्मा के पूर्व जीवन की कथा कलात्मक अनिवार्यता भी है और कथ्य की संपूर्णता की मांग भी।

सेल्मा के पूर्व जीवन के कुछ स्वभाव वैशिष्ट्यों को ध्यान में रखना होगा। सेल्मा डलबर्ग की दूकान है और लोगों की शौकिया अथवा अनिवार्य जरूरतों से फायदा उठाकर सौदा करना उसका व्यवसाय। इस व्यवसाय को चलाते समय बीहड़ परिस्थिति का मूल्य कूतकर फायदा उठाना सेल्मा की आदत बन गई है। परंतु उसे एक विवेक-बोध भी मिला है जिसके कारण उसमें कहीं गहरे में आत्मग्लानि का भाव है और इस आत्मग्लानि की तीखी चुभन को कुंद करने के लिए सेल्मा ने सब-कुछ से विरोध-भाव का रिश्ता कायम किया है। इसी के कारण वह यान को एक ठोस पर पारदर्शी दीवार की ओट में खड़ी रहकर देख सकती है। यान और फोटोग्राफर की मित्रता, यान की घृणा और फोटोग्राफर की बीमारी, पागलपन और आत्महत्या; उसे कभी अपने घेरे से बाहर आने को बाध्य भी करते हैं परंतु दूसरों की घृणा उसे फिर अपने अंदर जाने को बाध्य करती है—"अपने चायघर के भीतर, अपने ही भीतर; जहां न डूबता हुआ फोटोग्राफर है, न घृणा करता हुआ यान। जहां आत्मविश्वास है और सुरक्षा है और भविष्य की अनुकूलता है। यह नहीं कि डर बिलकुल नहीं है, लेकिन उस डर की बात अभी सोचना जरूरी नहीं हैं।" सेल्मा इस दीवार को अधिक दृढ़ करती है। अपने अकेलेपन को उसने कवच के रूप में धारण किया है। चूंकि

सेल्मा एक तीव्र संवेदनशील और चिंतनशील व्यक्ति है, समस्याएं उसकी जटिल हो गई हैं। उसके परिवर्तन की नींव भी उसका यह स्वभाव है। सेल्मा सो नहीं सकती, चाय की भीगी पत्तियां चबाकर अपने मुंह के कसैलेपन का स्वाद लेती रहती है। यान उसके मन पर, उसकी आंखों पर छाया है। फोटोग्राफर की मृत्यु के लिए अपने तर्क और अपनी जिद के बावजूद कहीं वह अपने को अपराधी मानती है। लेखक ने उसका वर्णन नहीं किया है, संकेत किए हैं। छोटी-छोटी क्रियाओं और मानसिक स्थितियों के व्यापारों से सारे दृश्य आंखों के सामने साकार होते हैं—"वह जिधर मुड़ी, उधर भी वही दृश्य था—क्योंकि वह उसकी आंखों के सामने नहीं, आंखों के भीतर था। उसकी उबकाई ने एकाएक मतली का रूप ले लिया और वह बेचैन-सी भीतर दौड़ गई।" उबकाई और मतली का साभिप्राय प्रयोग गहरी अर्थवत्ता रखता है। सेल्मा की आंतरिक परिवर्तन प्रक्रिया के ये दृढ़ गोचर चिह्न हैं। इसकी पृष्ठभूमि में अस्तित्वादी मनोविज्ञान ही है।

सेल्मा यान के साथ विवाह की इच्छा व्यक्त करती है और अपनी जिंदगी की कमाई का वसीयतनामा उसके नाम कर देती है। इतना बड़ा परिवर्तन कैसे हो गया ? यह प्रश्न कलात्मक सौष्ठव की दृष्टि से भी विचारणीय है और कथ्य के ठीक आकलन, आस्वादन के लिए भी चिंतनीय है। लेखक ने बहुत ही कुशलता-पूर्वक इसको संभव बनाया है। सेल्मा का चिंतनशील स्वभाव, विवेक करने की क्षमता, अपनी मनःस्थितियों की गहराइयों में झांकने की सामर्थ्य इत्यादि बातें तो आधारभूत ही हैं—इनके बिना उपन्यास ही संभव न होता। यान और फोटोग्राफर की सम्मिलित घृणा और दोनों के सम्मिलित सहयोगी जीवन ने सेल्मा की दीवार में छेद पैदा किए हैं। उसको लगता है कि उसके विरोध की दीवार नींव में कमजोर हो गई है। फोटोग्राफर की पागल हंसी देखकर "सेल्मा का जड़ित मोह एकाएक टूट गया।" कुछ फिर वह अपनी दीवार की ओर चली जाती है परंतु अब वहां बेचैन, कड़ुवाहट, कसैलापन, उबकाई और मतली हैं। यान के साथ अंतिम सौदा करते समय वह फिर कमजोर पड़ जाती है परंतु अपमानित अहं गवारा नहीं करती—"विरोध—एकमात्र ध्रुव—जीवन का सहारा···।"; "हार वह नहीं मानेगी, कभी नहीं मानेगी। अपमान से तो और भी नहीं।" अपने विरोध की दीवार को मजबूत बनाने के लिए उसके पास काफी तर्क थे। परंतु "सेल्मा के पास तर्क की कमी नहीं थी। लेकिन कुछ था जो कि उसे कोस रहा था।" मानसिक मंथन का चित्र लेखक ने पूरी शक्तिमत्ता से चित्रित किया है। इस चित्र की रेखाएं ठोस, गहरी और काफी जटिल हैं। यान की माफी और उसकी फटकार ने सेल्मा को अपने ही सामने पूरी तरह उघाड़ दिया है। "बल्कि अकेली तो तुम अब भी हो, जबकि मैं नहीं हूं। और शायद मर ही चुकी हो—जबकि मैं अभी जिंदा हूं।"; "तुम माफी दे कैसे सकोगी ? कोई भी जो

अपनी बेचारगी नहीं देखता, दूसरे को क्षमा नहीं कर सकता। मैं तो तुम्हारी मदद ही कर रहा हूं।" (इसके बाद लेखक की ये दो पंक्तियां—परिवेश को समग्रता में अंकित करनेवालीं "थोड़ी देर फिर सन्नाटा रहा—तरह-तरह के विचारों और भावनाओं के बोझ से टीसें मारता हुआ सन्नाटा।) यान का अंतिम भोजन साथ-साथ करने का अनुरोध सेल्मा को प्रायः पूर्णतः ढहा देता है। विरोध की दीवार पूरी ढह जाती है और विवाह का प्रस्ताव सेल्मा सामने रखती है। यह वरण नहीं है, हो भी तो इसको तर्क का, युक्ति का, लाभ-हानि के विचार का स्पर्श नहीं है। यह अत्यंत आंतरिक प्रक्रिया है जो गूढ़ और गहन है। अस्तित्ववादियों का 'वरण' शब्द शायद यहां छोटा पड़ता है। उसका प्रस्ताव भी यान स्वीकार करता है तो तर्क के आधार पर नहीं। कितनी छोटी लगती है दुनिया तर्क की, कार्य-कारण संबंधों की। (इस संदर्भ में योके-सेल्मा का विवाद फिर ध्यान में आ जाता है।) यान ने उसी आंतरिकता से सेल्मा को स्वीकारा। दोनों एक भयानक अनुभव के बीच से गुजर गए थे और इस अनुभव ने उन्हें निकट ला दिया था। (सेल्मा-योके, योके-पाल संबंध तुलनीय)। "सहसा एक अप्रत्याशित स्निग्ध मुसकान यान के चेहरे पर खिल गई थी। धूप से भी अधिक खिली हुई, आकाश से भी अधिक गहरी, नदी से भी अधिक द्रव एक मुसकान; जो केवल उन दोनों के बीच थी···जिसमें कहीं अस्वीकार नहीं था, प्रत्याख्यान नहीं था, विरोध नहीं था—पर ध्रुवता थी, एक अटल स्वीकारी ध्रुवता, जैसे अंतहीन आकाश में बना हुआ आलोक···।" एक प्रश्न विचारणीय है—सेल्मा की तरफ से यान को क्या मिला? यान का समूचा समृद्ध व्यक्तित्व सेल्मा के सामने स्पष्ट था लेकिन यान ने सेल्मा में क्या देखा? एक सीमा तक तर्कसंगत उसका उत्तर दिया जा सकता है। यान ने सेल्मा में देखा—जीवन दे डालने की क्षमता, सब आश्वासन छोड़कर साझा करने की निश्चयात्मकता, एक सामर्थ्यशील व्यक्तित्व के सही रास्ते पर आने में निहित जीवन की प्रचंड संभावनाएं। यही कारण था कि तथाकथित शिक्षा और नागर सभ्यता से दूर, सब प्रकार की आधुनिकता के ऊपरी साधनों से अनछुए जीवन में उन्होंने "अर्थवत्ता के न जाने कितने पंछी उन्होंने पकड़े···" (आधुनिकता को नागर-जीवन एवं बीसवीं सदी तक सीमित करनेवालों को आधुनिकता और दिक् काल के आयामों के संबंधों की जांच करने के लिए यह उपन्यास काफी कुछ दे जाता है।) एक प्रश्न फिर उपस्थित होता है। सेल्मा और योके के लगभग एक ही प्रकार के स्वभाव की परिणतियां क्यों भिन्न होती हैं जबकि उन्हें लगभग एक ही मृत्यु-साक्षात्कारी परिस्थितियों के बीच से गुजरना पड़ा? यह दो भिन्न पीढ़ियों की परिणतियों का संकेत है अथवा दो भिन्न व्यक्तित्व संघटनों का?

योके का अहं उतना ही प्रबल है जितना कि सेल्मा का था। अपनी, केवल

नितांत अपनी किसी दृष्टि या मान्यता के अतिरिक्त किसी अन्य धारणा के लिए योके के पास जगह नहीं है। सेल्मा की कहानी योके को झूठी लगती है। सेल्मा की बात उसे दूसरी दुनिया की बात लगती है। दुःख और दर्द को बोध द्वारा अनुशासित करने की बात पर जवान योके का विश्वास नहीं है। योके का इतर सबके प्रति बोध अपने होने को लेकर है। आधुनिक मनुष्य के जीवन में अतिरिक्त स्वचेतना से बेचैनी उत्पन्न हुई है। योके पल-पल उसका अनुभव करती है और उसके साथ-साथ यह अनुभव भी कि वह पूरी तरह से जी नहीं पा रही है। मृत्यु की कल्पना से वह बेहद डरी हुई है। सब जगह फैली हुई मृत्यु-गंध को वह सूंघती है। मृत्यु-गंध अपनी देह में से आती उसे प्रतीत होती है। अकेलेपन की पीड़ा उसे मृत्यु के सदृश तीव्र लगती है। ईश्वर के प्रति उसके मन में भयानक घृणा पैदा हो गई है। कहीं क्षीण रूप में मनुष्य और मनुष्य के बीच के सहानुभूतिपूर्ण परस्पर संबंधों को लेकर उसे लगता है कि यही ईश्वर है, इस आत्मिक भाव से सेल्मा के प्रति व्यापक करुणा का भाव उसके मन में उदित हुआ। लेकिन इस क्षणिक अनुभूति को वह झटककर फेंक देती है—"करुणा गलत है, बचाव उसमें नहीं है। घृणा भी नरक का द्वार है तो दया भी नरक का द्वार है। मैं दया करके भी वहीं गिरूंगी जहां घृणा करके गिरती।" उसे जीवन एकांत गुफा-सा लगता है। जीवन का समस्त पुरुषार्थ 'एक अकेली गुफा से बढ़कर दूसरी गुफा तक पहुंचना' मात्र लगता है। इसमें संदेह नहीं, योके एक भीषण अनुभव के बीच से गुजर जाती है परंतु योके वह नहीं बन सकी जो 'सेल्मा' बनी। क्यों? वास्तव में सेल्मा से अधिक योके के परिवर्तन के लिए अधिक अवसर थे। सेल्मा स्वयं मृत्यु-साक्षात्कारी अनुभव से गुजरी और यान के व्यक्तित्व के माध्यम से जीवन का एक सृजनात्मक रूप देखकर बर गई। योके भी उसी मृत्यु-साक्षात्कारी परिस्थिति से गुजरी। उसके सामने उसी परिस्थिति में सेल्मा का व्यक्तित्व था। शायद यान से अधिक प्रगल्भ, स्वयं योके में अधिक स्वचेतनता भी थी। क्या कारण है कि सेल्मा और यान के सम्मिलित जीवन ने अर्थपूर्ण जिंदगी का प्रचुर अनुभव किया और सेल्मा एक प्रगल्भ, संतुलित, अनासक्त वृत्ति अपना सकी; एक विलक्षण सहज-शक्ति अपना सकी कि योके के लिए वह ईर्ष्या की चीज बन जाए? संभवतः इसका उत्तर भिन्न व्यक्तित्व-संगठन ही है। लेकिन इसका कुछ स्पष्टीकरण लेखक के ही संकेतों के सहारे किया जा सकता है। योके और सेल्मा के बीच महत्त्वपूर्ण विवाद का प्रश्न था स्वतंत्रता की सीमाएं और वरण की सीमाएं। "कौन स्वतंत्र है? कौन चुन सकता है कि वह कैसे रहेगा, या नहीं रहेगा?" सेल्मा का यही कथन अधिक स्पष्ट रूप में—"तुम जो अपने को स्वतंत्र मानती हो, वही सब कठिनाइयों की जड़ है। न तो हम अकेले हैं, न हम स्वतंत्र हैं। बल्कि अकेले नहीं हैं और नहीं हो सकते, इसलिए स्वतंत्र नहीं हैं; और इसीलिए चुनने या फैसला करने का अधिकार हमारा नहीं है।...

ऐसी सब स्वतंत्रताओं की कल्पनाएं निरा अहंकार है—और उसी से स्वतंत्रता को छोड़कर कोई दूसरी स्वतंत्रता नहीं है।" यह योके और सेल्मा के बीच का महत्त्वपूर्ण विभाजन-बिंदु है। सेल्मा इस बात से समझौता कर सकी—योके नहीं कर सकी। सेल्मा के मंतव्य की परिस्थितियों में सच्चाई देखकर भी योके का अहंकार इतना जबर्दस्त रहा कि उसने अपनी हार को हार नहीं माना। वह चुनौती देती रही। उसको खोजते हुए आनेवाले पाल को भी वह अजनबी ही समझी।

वस्तुत: इसके बाद योके की परिणति का संकेत-मात्र आवश्यक था। उसके विशद् विवरण की कथा अज्ञेय के कलाकार को अभीष्ट नहीं थी। योके के व्यक्तित्व की संभावनाएं चुक गई थीं या कहें उपन्यास में पूर्णत: व्यक्त हो चुकी थीं। अपने अहंकार से जूझती योके के जीवन की घटनाएं भिन्न हो सकती थीं। अंत:सूत्र वही होते। योके के लिए पाल अंत तक अजनबी ही रहा। शायद योके के लिए हर कोई दूसरा 'अजनबी' ही रहता। स्वतंत्रता और वरण की सीमाएं फिर भयानक ढंग से योके के सामने स्पष्ट हो जाती हैं—अब इस दुर्घटना की पृष्ठभूमि में युद्ध जैसी निर्वैयक्तिक विभीषिका है। जर्मनों का बलात्कार एक विचारधारा और अंतर्राष्ट्रीय परिस्थिति को प्रतीकित करता है। योके अंत में अपनी हार को स्वीकार करती है—"मैंने कभी कुछ नहीं चुना। जब से मुझे याद है कभी कुछ चुनने का मौका मुझे नहीं मिला। लेकिन अब मैंने चुन लिया। जो चाहा, वही चुन लिया। मैं खुश हूं।"—वह मरना नहीं चाहती थी लेकिन अब आत्मघात करना चाहती है। बस एक अच्छे आदमी के पास मरने की उसकी इच्छा है। यही उसका अंतिम चुनाव है। वस्तुत: योके के समस्त ट्रैजिक जीवन का बोध कराने के लिए इतना पर्याप्त है—एक गहरे स्तर पर, बौद्धिक स्तर पर ही इस ट्रैजिक घटना में निहित व्यथा को महसूसा जा सकता है। अश्रु-विगलित करनेवाली यह ट्रैजिडी नहीं है। पागलपन की सीमा-रेखा पर योके का यह अंतिम वक्तव्य "कह दूंगी कि मैंने चुना, स्वेच्छा से चुना। सब कुछ कह दूंगी। सारी हरामी दुनिया को बता दूंगी कि एक बार मैंने अपने मन से जो चुना, वही किया। हरामी—हरामी दुनिया। नाथन्··· अच्छे आदमी···मुझे माफ कर दो।"—यह समस्त प्रसंग ही बौद्धिक करुणा और गहनतम व्यथा की सृष्टि करता है। इस वक्तव्य में योके के सभी आग्रहों, जिद्दी धारणाओं और हठी जीवन-प्रणालियों की हार व्यक्त हुई है। ईश्वर पर शायद अब भी उसे भरोसा नहीं है परंतु मानवीय उपस्थिति के रूप में ईश्वर को उसने जगन्नाथन् के रूप में देख लिया है (सेल्मा इसी रूप में ईश्वर को देखती थी।) और उससे वह क्षमा भी मांगती है। इस संदर्भ में जगन्नाथन् की टिप्पणी यथार्थ-पूर्ण है—"और शायद वही कहना ही वह सारवस्तु है जिसके लिए वह जैसा भी जीवन जियी है···।"

एक प्रश्न उठाया गया है—जगन्नाथन् को उसने अच्छे आदमी के रूप में कैसे जाना-समझा ? वस्तुतः यह प्रश्न उतना रेलेवंट नहीं है क्योंकि महत्त्व जगन्नाथन् के अच्छे-बुरे होने का नहीं है, योके की मन:स्थिति एवं जीवन-लीला का है। फिर भी इसका संगत उत्तर नहीं दिया जा सकता है। प्राण-रक्षा की दौड़ में शामिल भीड़ के बीच एक व्यक्ति ऐसा निकला जो तीन दिन के खाने की चीज नष्ट कर दिए जाने पर भी सहानुभूति से पूछता है—"वह तुमने क्या किया ? क्या लाचारी थी ?" व्यक्तित्व शब्दों के इस्तेमाल पर आजमाया जाता है। फिर जगन्नाथन् का दूसरा प्रश्न—"लेकिन जब मैंने तुम्हें दिखाया तब तुम इतना तो कह सकती थी कि तुम्हें खेद है ?"—फिर मार खाने की अपेक्षा में प्रस्तुत, योके के सामने जगन्नाथन् का लज्जित होना, 'वेश्या' शब्द पर वाणी का अटक जाना—यह सब इतना स्पष्ट है कि योके को उसके अच्छे होने में कोई संदेह ही नहीं रहा—"स्त्री थोड़ी देर एकटक उसकी ओर देखती रही और फिर खिलखिलाकर हंस पड़ी।" इस समय योके की चूक नहीं हो सकती थी। एक और प्रश्न—जगन्नाथन् क्यों ? जॉन क्यों नहीं ? शायद लेखक के लिए भारतीय परंपरा की वरणीयता उस युद्ध की पृष्ठभूमि पर दिखानी हो। इस परंपरा में संस्कारित व्यक्तित्व ही जगन्नाथन् की तरह प्रतिकृत हो सकता है।

एक और प्रश्न का उत्तर खोजना आवश्यक है। 'अपने अपने अजनबी' में असामान्य स्थितियों को ही क्यों चुना गया है ? लेखक ने स्वयं इसका उत्तर दिया है—"सांस की बाधा ही जीवन-बोध है, क्योंकि उसी में हमारा चित्त पहचानता है कि कितनी व्यग्र ललक से हम जीवन से चिपट रहे हैं। इस प्रकार डर ही समय की चरम माप है—प्राणों का डर···" वस्तुतः इस उपन्यास में जो मानव-नियति के संबंध में कतिपय प्रश्न उठाए गए हैं, वे सामान्य जीवन में उठनेवाले नहीं हैं। अस्तित्ववादी विचारधाराओं ने ये प्रश्न उठाए हैं। यद्यपि पूर्णतः मौलिक अपूर्व रूप में नहीं, लेकिन शक्तिपूर्ण ढंग से अवश्य। इन विचारधाराओं की पृष्ठभूमि में यूरोप की अस्त-व्यस्त मानसिकता भी है और युद्ध, कांसट्रेशन कैम्प, अणुबम के विस्फोट में महानगरों का विनाश जैसी असामान्य घटनाएं भी हैं। एक दूसरा उत्तर भी है: मानव-नियति के इन प्रश्नों को प्रासंगिकता मिली उपरोक्त असामान्य घटनाओं के कारण, लेकिन वैसे ये प्रश्न सनातन भी हैं और अत्यावश्यक भी। जब तक इन प्रश्नों का उत्तर नहीं मिलता या ढूंढ़ लिया जाता जिससे मन को संतोष हो सके; मानवीय जीवन में शांति और व्यवस्था का आना ही असंभव है। फिर किसी यूरोपीय समाज में मानव की खाने-कपड़ों की समस्या हल भी हो गई हो, तो भी ये जीवन की मूलभूत जिज्ञासाएं ज्यों-की-त्यों रहनेवाली हैं। एक दायित्ववान लेखक का अपने समय के सनातन प्रश्नों के प्रति सजग रहने का यह प्रयत्न है।

अब तक 'अपने अपने अजनबी' की कथा, (अगर इसे कथा कहा जाए) व्यक्तित्व और उसके वैचारिक आशय के मेल से अनुभव का जो संसार प्रकट हुआ है, उसका विश्लेषण किया है। इस विश्लेषण के दौरान संरचना संबंधी प्रासंगिक व महत्त्वपूर्ण वैशिष्ट्यों की चर्चा भी की गई है। अब उपन्यास के वैचारिक आशय को अधिक स्पष्ट रूप में देखना आवश्यक है क्योंकि उसको लेकर अनेक प्रकार की भ्रांतियां उत्पन्न हुई हैं।

'अपने अपने अजनबी' में अस्तित्ववादी मनोविज्ञान का प्रयोग कलात्मकता एवं कथ्य का तकाजा है। क्योंकि उसमें अस्तित्ववादी चिंतकों द्वारा प्रस्तुत मानव जीवन एवं व्यक्ति के जीवन के संबंध में कतिपय महत्त्वपूर्ण सूत्र उपन्यास के अनुभव-संसार का आधार बन गए हैं।

अज्ञेय को अस्तित्ववादी कहना (या उससे भी आगे बढ़कर क्षणवादी कहना ?) कितना गलत और मूर्खतापूर्ण है, इसका स्पष्टीकरण स्वयं अज्ञेय ने स्थान-स्थान पर किया है। प्रस्तुत उपन्यास के वैचारिक सूत्रों के आधार पर यह स्पष्ट किया जा सकता है कि अज्ञेय की अस्तित्ववादी विचारकों से सहमति अथवा असहमति किन मुद्दों को लेकर है।

इससे भी महत्त्वपूर्ण प्रश्न यह है कि कुल जीवन के संबंध में अज्ञेय की कथ्य-धारणा इसमें व्यक्त हुई है। यह न योके के सहारे कहा जाना चाहिए, न केवल सेल्मा के; बल्कि कुल उपन्यास के समग्र कथ्य एवं प्रभाव के आधार पर ही चर्चित होना चाहिए।

'अपने अपने अजनबी' की चर्चा करते समय आलोचकों ने कुछ अस्तित्ववादी सूत्रों को गिनाया जरूर है लेकिन उपन्यास के कुल-संगठन में उन सूत्रों का प्रयोग किस तरह हुआ है और क्यों; इसकी विस्तृत समीक्षा करने में अपने को बचाया ही है। 'अपने अपने अजनबी' में मृत्यु के भय को लेकर दो महत्त्वपूर्ण रुख आद्योपांत प्रकट हुए हैं। मृत्यु भयावह रूप में उपस्थित तब हुई जब सृष्टि के संचालक के रूप में ईश्वर के अस्तित्व पर ही प्रश्नचिह्न लगाया गया। मनुष्य का जीवन जन्म और मृत्यु की दो आकस्मिक घटनाओं के बीच की ही केवल अवधि मानी गई। समाज अथवा मानव-भवितव्य जैसी निर्वैयक्तिक बात में अपने अस्तित्व के प्रमाण की संभावना नितांत अपर्याप्त प्रतीत होने लगी। समस्त मानवीय सृष्टि के ध्वंस की कल्पना नित्य जीवन का ठोस तथ्य बनी। इसी में अपने को अपनी इच्छा-अनिच्छा के बावजूद फेंककर अकेले कर दिए जाने की पीड़ा ने मनुष्य की विवशता को अधिक उजागर कर उसे सहजीवन के सहज सुख और सौंदर्य से उदासीन कर दिया। एक ओर जीवन की अशाश्वतता को लेकर जीवन की सार्थकता के संबंध में उसके मन में यातना देनेवाले प्रश्न उठने लगे तो दूसरी ओर मृत्यु की सर्वव्यापी दुर्गंध से हर चीज को गलते-सड़ते देख उसकी जिजीविषा भी शंकित और भय-ग्रस्त

बन गई। अगर देखा जाए तो अतिशय संवेदनशील व्यक्ति समस्त समृद्धि के बीच भी आज वही अनुभव करता है जो योके और सेल्मा ने बर्फ के तूफान में घिरे काठबंगले में अनुभव किया। (यह अनिच्छा से काठबंगले में बंद होना आज की समस्त जिंदगी की स्थिति को भी प्रतीकित करता है–यह बात दूसरी है कि किसको कितने महीने या वर्षों की कैद प्रीतिकर या अप्रीतिकर होगी। समय को अगर अनुभव की तीव्रता के माप से नापा जाए, जैसा कि बार-बार योके कहती रहती है तो योके के तीन महीने तीस वर्षों से अधिक अनुभव देनेवाले थे। इसी संदर्भ में प्रस्तुत उपन्यास में बार-बार किया हुआ काल और अनुभव से संबद्ध चिंतन का संदर्भगत औचित्य प्रकट हो जाता है।) मृत्यु संबंधी रुख अगर योके का अपना लिया जाए तो उसकी तार्किक परिणति यह होगी कि क्या तीन महीने, क्या तीस वर्ष, क्या जिंदगी के सौ साल—सबका एक ही अर्थ होगा—निरर्थक जीवन में "अपने अकेलेपन को पहचानकर और अपने-आप से डरकर अपनी कोठरी से सुरंग खोदना"—अथवा वह कैंसर· जिसे हम जिंदगी कहते हैं—अपना 'जीवन पैरों के घिसटने के सिवा कुछ नहीं है'। परिणामतः मृत्यु इतनी भयानक रूप में यातना देती है—"व्यर्थ। सब व्यर्थ। वह मृत्यु-गंध नहीं दबती, न दबेगी। सब जगह फैली हुई है, सब कुछ में बसी हुई है। सब कुछ मरा हुआ है,सड़ रहा है, घिनौना है, बेपनाह है···।"

इस मृत्यु की भयावह वास्तविकता का सामना कैसे किया जाए ? स्वयं सेल्मा भी ईश्वर के उस रूप में आस्थावान नहीं है जिस रूप में एक आस्तिक विचारक होता है। वह मृत्यु के बाद के जीवन की कल्पना नहीं करती। जीवन (अस्तित्व) और मृत्यु, (अनस्तित्व, न-कुछ, समग्र और अमोघ नकार) ये दो स्थितियां तो वह भी स्वीकार करती है। फिर मृत्यु के भय से कैसे बचा जा सकता है ? उसका एक उत्तर है–मृत्यु से पहचान। मृत्यु को अजनबी माना जाए, अजनबी से दूर रहने का प्रयत्न किया जाए तो वह बड़ा भ्रम है। अजनबी को पहचाना जाए, फिर वह अजनबी 'अजनबी' नहीं रहता–"लेकिन धीरज में डर का एक ही चेहरा होता है, और उसे देखे बिना काम नहीं चलता। उसे पहचान लेना ही अच्छा—तब उतना अकेला नहीं रहता। निरे अजनबी डर के साथ कैद होकर कैसे रहा जा सकता है ?" सेल्मा इस अजनबी से समझौता कर चुकी है। जो अटल है उसे स्वीकार करके ही जीवन की सार्थकता का विचार किया जा सकता है। "मुझे किसका सहारा है। मैं नहीं जानती हूं। ईश्वर का है, यह भी मैं किस मुंह से कह सकती हूं ? शायद मृत्यु का ही सहारा है। वह है, बिलकुल पास है, सामने खड़ी है—लगता है कि हाथ बढ़ाकर उसे छू सकती हूं।"; "पूरे नकार का ज्ञान ही सच्चा ईश्वर-ज्ञान है। बाकी सब सतही बातें हैं और झूठ हैं।" यह परंपरागत ढंग से ईश्वरीय अस्तित्व में आस्था रखनेवालों की दृष्टि नहीं है। सवाल को

लेखक ने अधिक संगत रूप में रखा है—ईश्वर में आस्था न रखकर भी मृत्यु-भय से कैसे छुटकारा पाया जा सकता है और जीवन को सार्थक बनाया जा सकता है ? इसके उत्तर में सेल्मा के द्वारा बार-बार बताए गए अनेक अनुभव-सूत्रों पर विचार होना चाहिए। मुख्य बात यह है कि अपने को सर्वथा स्वतंत्र मानना और जीवन की सभी स्थितियों में चुनने या फैसला करने के अपने अधिकार को अनियंत्रित और अबाध मानना पहला भ्रम है जो मनुष्य को असफलता की पीड़ा से तिलमिला देता है। फिर मनुष्य का यह बोध भी, कि हम अकेले हैं, उसको साझे जीवन की सुखद अनुभूतियों से वंचित कर देता है। अत: जिन स्वतंत्रताओं की कल्पनाओं के कारण यह सब भंवर पैदा होता है, उससे अपने को स्वतंत्र रखना नितांत आवश्यक है। सेल्मा ने ये सारी कल्पनाएं यान के संबंध में आने के बाद छोड़ दी थीं। यही कारण है कि उसने सार्थक जीवन के अनेक वर्ष बिताए—'उस टूटे हुए अर्थहीन पुल' से दूर जाने पर एक अद्‌भुत परिवर्तन सेल्मा के जीवन में आया, "यह आरंभ तो खुला आकाश था—जिसमें से एक नया जीवन उपजा—एक नया अनुभव, एक नई गृहस्थी, तीन संतानें, सुख-दु:ख के साझे का एक जाल जिसमें जीवन की अर्थवत्ता के न जाने कितने पंछी उन्होंने पकड़े··· फिर वह दिन आया कि यान नहीं रहा; पर वह अर्थवत्ता नहीं मिटती। पाए हुए सारे अर्थ चाहे छिन जावें।" सेल्मा को वह अर्थवत्ता—न मिलनेवाली अर्थवत्ता कैसे प्राप्त हुई ? इसलिए कि जीवन को उसने सौदे की चीज नहीं समझा; बचाकर रखने की, कस-कर पकड़ रखने की वस्तु नहीं माना; जीवन को सार्थक ढंग से जीने के लिए साझीदारी ही नहीं, दांव पर लगाने की आवश्यकता भी समझी। मृत्यु की अटलता को धीरज से स्वीकार कर; और उसके भय को जीवन के समुचित भोग से ही निरस्त किया जा सकता है। उपन्यास के अनुभव संसार की धुरी का वह महावाक्य लक्षणीय है—"जीवन सर्वदा ही वह अंतिम कलेवा है जो जीवन देकर खरीदा गया है और जीवन जलाकर पकाया गया है और जिसका साझा करना ही होगा क्योंकि वह अकेले गले से उतारा नहीं जा सकता—अकेले वह भोगे भुगता नहीं। जीवन छोड़ ही देना होता है कि वह बना रहे और भर-भरकर मिलता रहे सब आश्वासन छोड़ देने होते हैं कि ध्रुवता और निश्चय मिले। और इतर सब जिया और मरा जा चुका है, सबकी जड़ में अंधेरा और डर है। यही एक प्रत्यय है जो नए सिरे से जिया जाता है और जब जिया जाता है तब फिर मरा नहीं जाता; जो प्रकाश पर टिका है और जिसमें अकेलापन नहीं है···।"

यह अनुभव-सूत्र, न ईश्वर और न जन्म-पुनर्जन्म में आश्वस्त एवं मृत्यु को विसर्जन माननेवाली भारतीय परंपरा को दुहराता है न निराशावादी अस्तित्व-वादियों की जीवन-विषयक दृष्टि का समर्थन ही करता है। यह कुछ-कुछ बौद्ध-दर्शन के समीप जरूर आता है; क्योंकि बाहर की ओर बहती करुणा की दृष्टि का

इसमें संकेत है, शून्यवाद की स्वीकृति है, सामाजिक सहजीवन की सहमति है, अंदर खिली धूप को बाहर फैला देने की अजस्त्र आकांक्षा है। फिर भी पूरी तरह यह बौद्ध-दर्शन की स्वीकृति भी नहीं है। आस्तिक अस्तित्ववादी चिंतकों की कुछ अंतर्दृष्टियों का समाहार इसमें हुआ है। मनुष्य की जिजीविषा से अधिक सर्जनशील क्षमता पर बल है। (सार्त्र को भी बाद में इसी पर बल देना पड़ा था।) यह एक चिंतनशील व्यक्तित्व का आज की बौद्धिक महत्त्वपूर्ण समस्या पर स-अर्जित मंतव्य है। इसकी जड़ें विभिन्न विचार-प्रणालियों में फैली हुई होकर भी यह सर्वथा संगतिपूर्ण, समग्र और सार्थक, और रेलेवंट जीवन-दृष्टि है।

मृत्यु को पहचान कर, उसकी अटलता को स्वीकार कर उसके प्रति अभय का भाव रखना असंभव नहीं है, अगर पुनर्जन्म की कल्पना में विश्वास रखकर तथा अनपहचाने ईश्वर में आस्था रखकर मृत्यु के प्रति अभय-भाव से जिया जा सकता है; तो यह भी संभव है। असल में प्राय: भय अजनबी से ही होता है। फिर व्यक्तित्व संगठन की एक पूरी दृष्टि 'अपने अपने अजनबी' में व्यक्त हुई है—सेल्मा के माध्यम से। जीवन में महत्त्वपूर्ण समस्या मनुष्य के अकेलेपन की है और 'दूसरे' से संबंध के स्वरूप की है। कुछ अस्तित्ववादियों ने मनुष्य को नितांत अकेला माना है और दूसरे के साथ उसके संबंधों में विरोध-भाव की कल्पना कर हर 'दूसरा' व्यक्ति के लिए नरक माना है। यह सही है कि जीवन में अनेक क्षण अकेलेपन के होते हैं और यह अनुभूति कभी भयानक रूप से पीड़ादायी भी होती है। मनुष्य के जीवन पर स्थाई प्रभाव डालती है। फिर हर मनुष्य को दूसरे की उपस्थिति नरक के समान प्रतीत होती है, इसका एक कारण मनुष्य के निजी मन का नरक भी है। नरक बाहर नहीं, अंदर है —सार्त्र के एक नाटक का यह अनुभव है। फिर हर व्यक्ति आज के यांत्रिक और पूंजीवादी समाज में दूसरे की ओर साधन के रूप में देखता है और साधन के रूप में उसे इस्तेमाल भी करता है। यह अनुभव कि हम साधन बनाए गए हैं; नितांत ऊबा देनेवाला, अरुचिकर और खीज पैदा करनेवाला होता है। परिणामत: व्यक्ति दूसरे के संबंध में सदैव विरोध-भाव से जुड़ने का अनुभव ही करता है। ऐसी स्थिति में दूसरे की उपस्थिति भी अपनी स्वतंत्रा पर बंधन की तरह लगने लगती है। अगर दूसरे की उपस्थिति में रहने की बाध्यता हो तो व्यक्ति में घृणा और हिंस्रता की भावना बढ़ने लगती है। योके की सेल्मा के प्रति प्रतिक्रिया इस संदर्भ में समझी जा सकती है। फिर सेल्मा का व्यक्तित्व, जीवन-दृष्टि, मानसिक संतुलन—संपूर्ण जीवन योके की मानसिकता पर जबर्दस्त चोटें करता था। (यह लड़ाई केवल एकतरफा नहीं है योके के आयुध अलग हैं, सेल्मा के निराले; यही बड़ा अंतर है और वह बड़ा कलात्मक है।) बूढ़ी सेल्मा के सामने जवान योके हर क्षण अपनी हीनता, असहायता, दुर्बलता का कटु अनुभव कर रही है और अभिमानी योके के लिए वह सब भयानक

यंत्रणा पहुंचाता है। अतः इस तरह 'का 'दूसरे' की उपस्थिति का योके गला घोंटना चाहती है। यह एक तरह से उन स्थितियों का प्रतीकात्मक संकेत है जो खास योके-टाइप अस्तित्ववादी मनःस्थितियों के प्रचलन से संभव है। संभवतः दुनिया का एक बहुत बड़ा युवा-वर्ग इसी रास्ते पर चलने को तैयार हो गया है।

योके की मानसिकता का समर्थ प्रत्याख्यान सेल्मा करती है। सेल्मा के लिए मृत्यु भय नहीं है। ईश्वर को भी मृत्यु के माध्यम से समझने की कल्पना वह करती है। सेल्मा के लिए दूसरे की उपस्थिति ही ईश्वर है। दूसरे से वह करुणा-भाव से जुड़ी हुई है। अस्तित्व की मजबूरी को उसने सहज-भाव से स्वीकार किया है और स्वतंत्रता तथा वरण की सीमाओं का उसे अच्छी तरह ज्ञान है। "वरण की स्वतंत्रता नहीं है लेकिन रचना फिर भी संभव है और उसमें मुक्ति है।" सेल्मा के सामने वरण का एक अभूतपूर्व प्रसंग आया था। उसने यान के साथ सहजीवन बिताने के लिए अपनी कमाई को ही नहीं छोड़ा, अपने विरोध-भाव को भी छोड़ा, अभिमान और अहंकार को भी छोड़ा। यान के साथ साझीदारी की। अर्थवान जिंदगी को उसने चुना। यह चुनाव, यह वरण, उसे पूर्णतः लाभकारी सिद्ध हुआ। सही चुनाव कर सकने में समर्थ हुई सेल्मा फिर भी वरण की सीमाओं को स्वीकार करती है। मनुष्य की सीमाओं का ज्ञान और उनका स्वीकार कर जिंदगी को अर्थ देना सेल्मा की जीवन-दृष्टि है। इसमें व्यंजित गृहस्थ-जीवन के प्रति झुकाव निश्चय ही भारतीय परंपरा को समर्पित करता है। इसके विपरीत योके का एक अच्छे आदमी की उपस्थिति में मरने का वरण करना उसके समस्त जीवन पर व्यंग्यात्मक आघात है। यह आघात अतिशय मार्मिक और योके की जीवन-स्थितियों को दूर तक उजागर करता है। सही वरण का अवसर योके को भी मिला था परंतु उसने उसे खो दिया। सेल्मा के प्रति एक व्यापक करुणा का भाव उसके मन में उदित हो आया था। इसकी अनेक संभावनाएं थीं। परंतु योके ने सही चुनाव नहीं किया—"लेकिन एकाएक योके ने अपने को झटककर इस पिघलने के भाव को रोक दिया। करुणा गलत है, बचाव उसमें नहीं है। घृणा भी नरक का द्वार है तो दया भी नरक का द्वार है। मैं दया करके ही वहीं गिरूंगी जहां घृणा करके गिरती—।" फिर न वह पाल को कभी अपना सकी। न जीवन के सही ढंग को कभी चुन सकी।

'अपने अपने अजनबी' में आज के वैश्विक-वैचारिक धरातल पर प्रवाहमान दो भिन्न जीवन-दृष्टियों का संघर्ष और उसकी परिणतियों का भव्य आख्यान कलात्मक स्तर पर प्रस्तुत हुआ है। इस अनुभव के वैचारिक अंश में भारतीय और यूरोपीय दृष्टियों की टकराहट देखना कथ्य का सरलीकरण करना है और संदर्भ को अनदेखा करना है। इसमें संदेह नहीं कि भारतीय और यूरोपीय चिंतकों की गहन चिंताधाराओं का सृजनशील समावेशन इसमें हुआ है, परंतु इसकी प्रमुख

पृष्ठभूमि में दो महत्त्वपूर्ण वैश्विक जीवन-दृष्टियों की टकराहट है। अत्यंत कम शब्दों में, कम घटनाओं और व्यक्तित्वों के माध्यम से अत्यंत जीवंत और मार्मिक रूप में इसे मूर्त्त करना अज्ञेय जैसे महान कलाकार के लिए ही संभव था। अच्छे काव्य में अनिवार्य गुण, शब्दों की मितव्ययता और अनुभव का विलक्षण तनाव-पूर्ण रूप–ये विशेषताएं गद्य में अत्यंत सशक्त ढंग से प्रयुक्त कर सशक्त कलापूर्ण व्यक्तित्वों के निर्माण से औपन्यासिक प्रारूप में विशद् महाकाव्यीय-अनुभव की गरिमा भर देना अद्भुत प्रतिभा का काम है। अज्ञेय के चिंतन का चरम विकास 'अपने अपने अजनबी' में हुआ है और संभवतः यह सेल्मा की तरह सही और स्थायी चुनाव है। भाषा के स्तर पर ही नहीं, चिंतन और कलात्मक प्रौढ़ता के स्तर पर भी 'अपने अपने अजनबी' ने हिंदी को वैश्विक स्तर पर रखने में महत्त्व-पूर्ण योगदान किया है—भविष्य यह श्रेय लेखक को अवश्य देगा।●

विपात्र

'विपात्र' मध्यवर्ग के बुद्धिजीवी के मानसिक संसार की गाथा है। यह गाथा बहुत ही त्रासद, आत्मपीड़ा और आत्मग्लानि की चुभन से तड़पानेवाली, व्यंग्य की एक धार से वर्गीय वास्तविकता को काटती हुई तो दूसरी धार से लेखकीय व्यक्तित्व को काटनेवाली गाथा है।

लेखक के मानसिक संसार में कतिपय समस्याएं हैं जो उसे बेचैन कर रही हैं। वैसे समस्याएं बाह्य जीवन की भी हैं परंतु उनका आंतरिक रूप ही 'विपात्र' में लेखक के मानसिक धरातल पर प्रस्तुत किया गया है। आत्मा के स्तर पर चलनेवाली अंतस्संघर्ष की यह कथा है। इस आत्मसंघर्ष एवं अंतर्द्वंद्व में भावना और बुद्धि दोनों का एकरूप उद्वेलन है। मुक्तिबोध ने जिसे 'ज्ञानात्मक संवेदन' और 'संवेदनात्मक ज्ञान' कहा है, उसका पर्याप्त सशक्त बोध यहां प्राप्त होता है।

विपात्र की प्रमुख समस्या व्यक्ति की स्वतंत्रता पर होनेवाले सूक्ष्म और स्थूल खतरों से जूझकर स्वतंत्रता का स्फुलिंग जागृत रखने की है। इसी से संबद्ध मनुष्य और मनुष्य तथा मनुष्य और वर्ग के बीच के फासलों को पाटने की है। इन समस्याओं से टकराते हुए लेखक के चिंतन-प्रवाह में आज के बुद्धिजीवी मध्यवर्ग के खोखलेपन, सार्थक आचरण की अक्षमता, किंकर्त्तव्यविमूढ़ता, संकल्पविहीनता, बेचारगी, विवशता, दुर्बलता, बौद्धिक और संवेदनात्मक पुंसत्वहीनता इत्यादि पर आघात है। चूंकि इन आघातों के मूल में आत्मावलोकन और आत्मालोचन की अंतर्मुखी यात्रा है, यह निर्मम, करारी व्यंग्यात्मकता हृदय को शक्तिपूर्ण ढंग से स्पर्श करती है।पाठक में तीखे आत्मसंघर्ष के बीज डालती है।

लेखक एक विद्या केंद्र में नौकरी करने को बाध्य है और इस नौकरी के कारण उसकी बाह्य जीवन की समस्याएं कुछ-कुछ हल हो गई हैं। अपने सात बच्चों और बूढ़े मां-बाप को वह किसी-न-किसी प्रकार पाल रहा है। लेकिन इसी विवशता के कारण उसका अंतस्संघर्ष तीव्र हो गया है। विद्या केंद्र में उसके साथी अच्छे हैं, बुरे नहीं हैं। प्रकृति की रमणीय पृष्ठभूमि में इस विद्या केंद्र की स्थापना हो गई है। यह विद्या केंद्र एक अवकाश-प्राप्त धनी अरिस्टोक्रैट व्यक्ति ने खोला

है और यही लेखक के तनावों का एक महत्त्वपूर्ण कारण है। तमाम बाह्य निश्चितताओं के बावजूद लेखक अपनी स्वतंत्रता पर चहुं-तरफा आक्रमण महसूस करता है। चूंकि यह आक्रमण बहुत ही सूक्ष्म है, वह अधिक मानसिक दृष्टि से उत्पीड़क भी बन गया है।

लेखक की पीड़ा का उत्स देखने के लिए तथा उसके संत्रास का स्वरूप समझने के लिए उसके परिवेश को देखना भी आवश्यक है।

विद्या केंद्र प्राकृतिक रमणीय स्थल में अवस्थित है। इसके संस्थापक प्रत्यक्ष क्रियात्मक जीवन से अवकाश ग्रहण कर चुके हैं और अब उनकी रुचि सांस्कृतिक जीवन जीने में हो गई है। उन्होंने स्थानीय नरेश के एटर्नी के पद पर रहकर धन प्राप्त किया है और विलायती मिल के असिस्टेंट मैनेजर भी रह चुके हैं। सेठ-साहूकारों पर उपकार किए हैं। उनका एक गुण है, "लोगों पर एहसान करके उन्हें अपनी कठपुतली बनाने में बड़ा मजा आता था।" वे प्रभावशाली थे। आदमी को देखकर या सूंघकर भी उसकी पहचान बता देते थे। चेहरे की शिकन देखकर दिल को ताड़ जाते थे। (लेखक की पीड़ा का यह एक महत्त्वपूर्ण कारण था—अपनी विरोध-भावना के खुल जाने का सतत् अंदेशा लेखक को रहता था।) समय काटना उनकी समस्या थी। इसीलिए वे विद्या केंद्र के कर्मचारियों में बैठकर अपना समय व्यतीत करते थे। वैसे वे सहायता के लिए दौड़नेवाले व्यक्ति थे। लोगों को खिलाने-पिलाने में उन्हें आनंद आता था। गपशप करने में भी बड़ा रस लेते थे। गपशप के लिए कोई भी महत्त्वपूर्ण या फालतू विषय चल सकता था। बात सोद्देश्य विचार-विमर्श की नहीं होती थी, न किन्हीं निष्कर्षों पर आने की व्याकुलता थी। महज एक सांस्कृतिक आबोहवा का झूठा आडंबर खड़ा करना था और उसमें अपने को धन्य मानना था। लेकिन यहीं पर गड़बड़ी थी। उनके प्रेम में अधिनायकत्व की भावना अधिक थी। शासक की तानाशाही का ही यह रूप था। लेखक के संवेदनशील मन को इन तमाम बातों में अपनी वैयक्तिक स्वतंत्रता पर आक्रमण जैसा लगता था। ये प्रेम से दूसरों के जीवन-निर्माण करने में मजा लेते थे। यह संघातक आक्रमण था। किसी भी व्यक्ति के लिए, जो सुविधापूर्ण जीवन बसर करना चाहता हो, इसमें खटकनेवाली कोई बात नहीं थी। बल्कि ऐसे व्यक्ति के आश्रय में रहकर वह अपने भाग्य को सराहता। परंतु लेखक की मानसिकता दूसरे किस्म की थी। वह अपने मालिक के गुणों को जानता है। एक हद तक उनकी सराहना भी कर सकता है परंतु उनका यह प्रेमपूर्वक शासन उसे मान्य नहीं है। फालतू गपशप में समय बिताना, जबकि वह सांस्कृतिक होने की ऊपरी मुद्रा हो, लेखक को रास नहीं आता। उसमें शामिल होने की अनिवार्यता लेखक में चिढ़ उत्पन्न करती है। लेखक सोचता है, उनके एहसान और प्रेम से दबकर उनका साथ देना; जिससे वे वक्त काट सकें, महज एक धनी व्यक्ति का

साधन बनना है; दूसरे शब्दों में रखैल बनना है। (यह साधन बनाए जाने के प्रति विलक्षण चिढ़ लेखक ने अंत में भी दिखाई है; जब उसके छात्र की प्रेयसी उसके साथ गपशप करती है और समय काटना चाहती है।) अपनी वैयक्तिक स्वतंत्रता के प्रति सदैव सतर्क लेखक के मन में ऐसी स्थितियां बेहद त्रास उत्पन्न करती हैं। ऐसे सतर्क व्यक्तियों का किसी भी व्यवस्था में खप जाना या एडजस्ट होना प्रायः असंभव होता है। इस स्थिति के द्वारा लेखक ने अप्रत्यक्षतः एक सामाजिक जीवन के महत्त्वपूर्ण प्रश्न को उठाया है—क्या बहुसंख्यक मध्यवर्ग धनीवर्ग की राहत का साधन ही नहीं बन गया है? विद्या केंद्र के संस्थापक का दरबार भी उन सामंतशाहों के दरबारों का आधुनिक संस्करण बन गया है। इनसे लेखक को इसलिए चिढ़ अधिक है कि एहसान, प्रेम और संग द्वारा दूसरों की गतिविधियों पर शासन कर अपना प्रभुत्व-लाभ पूरा करते थे। इसका परिणाम उनके मातहतों पर भी पड़ता था। लोग एक-दूसरे को काटने को दौड़ते थे, टांग खींचते थे, अपने को बॉस के सामने दूसरों से अधिक उपयोगी साबित करने का प्रयास करते थे। 'अजीब कैद थी' जिसमें प्रत्येक व्यक्ति अपने आपको विफल अनुभव कर रहा था। धनी आदमी चाहता था कि उसके सहकर्मी खास स्टैंडर्ड की जिंदगी जिएं। अतः वे गंदी बस्तियों में नहीं जाएं; गंदे होटलों में चाय नहीं पिएं; गली-मुहल्ले के अशिष्ट, अनपढ़ लोगों से अपने को बचाएं। अपने दायरे में रहकर सुख व प्रतिष्ठा प्राप्त करें। लेखक को यह समाज से कटना, समाज से फासला रखना, नागवार महसूस होता था; अपनी स्वतंत्रता पर बंधन लगता था। आत्म-प्रसार को तथा समाज-संपृक्ति को रोकनेवाली यह अलिखित, परंतु दृढ़ शर्त लेखक को नामंजूर थी। फिर एक वयस्क व्यक्ति का युवा-वर्ग की स्वाभाविक प्रवृत्तियों पर अनचाहा दबाव भी उसे खलता था।

लेखक ने 'विपात्र' में मध्यवर्ग के बुद्धिजीवी वर्ग की नपुंसकता को बड़ी सूक्ष्मता से संकेतित किया है। इसके लिए उसने कुछ पात्रों को चुना है। एक हैं रावसाहब। ये अपने बॉस के पदचिह्नों पर चल रहे हैं और जाने-अनजाने उनकी नकल करते हुए एक जड़ व्यक्तित्व को ढो रहे हैं। रावसाहब के व्यक्तित्वांतरण की प्रक्रिया बड़ी कलात्मकता से अंकित की गई है। बॉस सुंदर फूलों को प्यार करता है, अतः रावसाहब भी। लेखक को यह सब झूठा अतएव घृणित लगता है। रावसाहब ज्ञान को ओहदों की ऊंची सीढ़ियों पर चढ़ने का या अन्य भौतिक लक्ष्यों की पूर्ति का एक साधन मानते हैं। जो ज्ञान उन्हें ऊंचा स्टैंडर्ड, ऊंचा पद, प्रतिष्ठा, इत्यादि सीढ़ियों पर नहीं ले जाता; उसके प्रति उनमें अरुचि ही नहीं, सूक्ष्म घृणा भी है। मानव की सांस्कृतिक उपलब्धियों के प्रति आस्थावान लेखक को यह ज्ञान के प्रति अवहेलना का भाव तथा स्वार्थ की धुरी पर टिका दर्शनीय अपनत्व चेतना के सूक्ष्म धरातल पर दंश करता प्रतीत होता है। बुद्धिजीवी वर्ग

का बहुत बड़ा हिस्सा अपनी सारी चतुराई, बुद्धि, शासकीय कार्य में चुका देता है और उसका ज्ञान, कला, सौंदर्य के प्रति नकली रवैया जीवन-मूल्यों को कलुषित करता है। समाज में गलत मानदंड प्रस्थापित करता है। रावसाहब के विपरीत है जगतसिंह। यह ज्ञान को, सांस्कृतिक विचार-विमर्श को, मानव की पवित्र उपलब्धि मानता है। ज्ञान तथा साहित्य का पठन-पाठन मन को संस्कारित करने के लिए वह नितांत आवश्यक समझता है। वैसे जगतसिंह के विचारों को अभी कोई सुनिश्चित चिंतन की दृढ़ भूमि नहीं मिली है; बल्कि वह अमरीकी सभ्यता के प्रति आकृष्ट है। लेखक के निजी विचारों से उसके विचार मूलभूत मामलों में अलग भी हैं। लेखक यह भी मानता है कि किसी अन्य स्थान पर दोनों की मित्रता न भी होती; क्योंकि मित्रता के लिए बुनियादी विचारों की समानता लेखक आवश्यक समझता है। परंतु लेखक का मन, जो व्यक्ति की स्वतंत्रता का हामी है, जगतसिंह की स्वतंत्रता को स्वीकार करता है। इतना ही नहीं, उसे यह भी मान्य है कि अमरीकी लेखकों में जो वैचारिक उदारता है, उसने जगतसिंह की आंतरिकता को काफी उदार, संस्कृत एवं शिष्ट बना दिया है। मानवीय अनुभव के प्रति खुलापन, जीवन-मूल्यों का सौंदर्य, अमरीकी लेखकों के जीवंत संपर्क के कारण जगतसिंह संक्रांत हो गया है। विचारों की विभिन्नता के बावजूद दोनों यह मानते हैं कि काव्य-सौंदर्य केवल एस्थेटिक महत्त्व नहीं रखता, वरन् जीवन में निष्कर्षपूर्ण महत्त्व भी रखता है। उसके अनुसार वृत्तियां बनाई जा सकती हैं, आचरण भी किया जा सकता है। लेकिन लेखक को जगतसिंह से भी शिकायत है—उसके पास ज्ञान का सामाजिक उपयोग करने की दृष्टि से कोई पाज़िटिव-दर्शन नहीं है। इसके अभाव में वह यथास्थिति से समझौता करता है; यथास्थिति के साथ संघर्ष नहीं कर सकता। मध्यवर्गीय बौद्धिक की नपुंसकता का यह एक पहलू है।

लेखक के सहयोगियों में एक और चरित्र है—सुनहरे चेहरे का मारवाड़ी युवक भनावत। यह है तो मारवाड़ी, जिसके बाप ने सूदखोरी से पैसा जुटाया है। भनावत इस सूदखोर जाति से संबंध तोड़ना चाहता है—एक आत्मग्लानि की कचोट से वह विद्ध है। अपनी जाति के पाप को वह धो डालना चाहता है—लोगों से मिलजुलकर, लोकभाषा को अपनाकर, गंदे धुएंदार होटलों में चाय पीकर। उसका एक और आत्मग्लानि को धुलाने का साधन है—वह प्रतिष्ठित व्यक्तियों का मजाक उड़ाता है। मिस्टर भनावत एक ओर बॉस से एहसान भी लेता था तो दूसरी ओर उसकी बुराई भी करता था। यहां लेखक ने एक प्रश्न उठाया है—जो व्यक्ति सहायता करता है उसकी आलोचना की जाए अथवा नहीं। वस्तुतः यह प्रश्न मध्यवर्गीय बुद्धिजीवी को सालता रहता है—मध्यवर्ग की यह विवशता है कि उसे व्यवस्था में अंग बनकर रहना तो पड़ता है, परंतु अपनी

बौद्धिक संस्कार संपन्नता के कारण उस व्यवस्था के पुरोधाओं का मन से समर्थन नहीं कर सकता। उसे अपनी स्वतंत्रता बेचनी पड़ती है। भनावत की विवशता देखिए: "सच कहता हूं, इसलिए बदमाश कहा जाता हूं। मैं अब तक व्यक्ति, स्थिति और परिस्थिति को न देखकर बातें करता था; मैं बदमाश था। अब सोच-समझकर, अपने आपको भीतर छिपाकर, 'मौका' देखकर के बात करता हूं, इसलिए लोग मुझे 'अच्छा' समझते हैं।" मध्यवर्ग की यह विवशता है, नपुंसकता का एक सूक्ष्म रूप है। इस माहौल में लेखक का यह वेदनापूर्ण अनुभव है, "वास्तविकता यह है कि अलग-अलग लोग अलग-अलग ढंग से पूंछ हिलाते हैं। मेरा भी पूंछ हिलाने का अपना तरीका है।" यह बड़ा दर्दनाक अनुभव है—एक स्वतंत्रता-प्रेमी संवेदनशील मन के लिए।

रावसाहब, जगतसिंह, भनावत के माध्यम से लेखक ने अपनी भी विवशता, लाचारी और मजबूरी को देखा तो वह बहुत उदास हो गया। "एक गमगीन सूना दिल में घिर रहा था, दिमाग में अंधेरे के पंख भन्ना रहे थे, भयानक व्यर्थता का भाव रह-रहकर मंडरा आता था और अपनी असमर्थता का भान घुटनों में दर्द और दिल में कचोट पैदा करता था।" चिंतनशील, संवेदनशील व्यक्तित्व का यह अनुभव है—बहुत ही तीव्रता से व्याकुल करनेवाला।

लेखक जिन लोगों के बीच रहता है, उनके प्रति उसके मन में वितृष्णा उत्पन्न होती है। फिर भी कभी-कभी उसके हृदय का गर्म खून सभी वितृष्णाओं को लांघकर मानवीय स्तर पर सबसे मिलना चाहता है। लेखक की अपनी पारिवारिक जिम्मेदारियां हैं और आत्महत्या के विचार के कल्पना-विलास की सुविधा भी अब उसके लिए अग्राह्य है। फिर उसकी एक और विवशता है, "मेरे सामने यह सवाल था कि मैं कहीं अगले संघर्षों में ही टूट तो नहीं जाऊंगा। क्योंकि अब मेरा शरीर भी साथ नहीं देता।" यहां एक घटना का जिक्र है—ऊपर से बहुत ही छोटी, फालतू; परंतु असल में बहुत ही महत्त्वपूर्ण। मिश्रा और जगत में गुत्थमगुत्थी हुई और मिश्रा ने कहा, "हमारे-तुम्हारे बीच कोई झगड़ा नहीं है, जगत। तुम्हारा-हमारा प्राकृतिक सहअस्तित्व है क्योंकि हम दोनों एबीलाड्र्स हैं।" उपरोक्त सभी प्रसंगों एवं व्यक्तित्व-चर्चाओं का यही निष्कर्ष था। और यहीं पर लेखक की अंतरात्मा में एक संकल्प का दुर्निवार क्षण उत्पन्न होता है—"और एकाएक अपने दिल की धड़कन सुनी कि निर्बल होकर संत और···बनने के बजाय, सबल होकर, सृजन-शक्ति को तेज और तेज करूंगा, भले ही लोग मुझे बदनाम करें···मगर मुझे उसे तेज रखना ही पड़ेगा।" यह अपूर्व आत्मशक्ति की कालजयी प्रेरणा थी जो परिस्थिति को मात देती है। मुक्तिबोध के नाम पर रोनेवालों को परिवेश की विकरालता और आत्मशक्ति के इस द्वंद्व एवं आत्मसंकल्प की दुर्धर्षता पर गौर करना चाहिए।

लेखक ने एक दूसरी महत्त्वपूर्ण समस्या को उठाया है—वैयक्तिक तथा वर्गगत फासले की समस्या को। वह देखता है; अपनी निष्क्रियता—ख्याली धुंध में जीते रहने की आदत। परिणामत: "बेकार छिछला भीतरीपन—और थोथा बाहरीपन।" उसके मध्यवर्गीय दोस्त भी इसी निष्क्रियता से जड़ होते जा रहे हैं। ख्याली धुंध में खोना, निचली सीढ़ी के लोगों को हीन समझना, खटकनों और अखरनों को दिमागी तलघर के अटाले में डालकर जीना—मध्यवर्गीय व्यक्तियों की एक आदत बन गई है।

लेखक इस फासले का तथा उस फासले को बनाए रखनेवाले शब्दों का तथा विचार-खंडों का विश्लेषण करता है और मानवीय सार्थक संबंधों की तलाश व पहचान भी करना चाहता है।

लेखक दो प्रकार के फासलों की कल्पना करता है, "हम अपनी ऊंचाई पर खड़े होकर नीचेवालों से फासला रखते हैं और समतल मैदान पर खड़े होकर अपने जैसे दूसरे लोगों से।" मानवीय गहन स्पर्श के लिए आकुल मन की अकुलाहट बार-बार प्रकट होती है।

लेखक ने इन फासलों को लेकर जो विश्लेषण किया है, उसमें कई पहलू उभर आए हैं—हर आदमी चाहता है कि दूसरा उसे पहचाने, लेकिन हर एक को घमंड है कि उसका आत्मवैभव अद्वितीय है। इस विसंगति पर लेखक की टिप्पणी है, "मुक्ति अकेले में, अकेले की, नहीं हो सकती। मुक्ति अकेले में अकेले को नहीं मिलती।" यह लेखक की विचार-प्रणाली का एक महत्त्वपूर्ण आधार-बिंदु भी है और कॉफी-हाउस संस्कृति पर कटु व्यंग्य भी है।"

लेखक यहीं पर उन महत्त्वपूर्ण विचार-बिंदुओं पर प्रकाश डालता है जो आज हमारे चिंतन में महत्त्व का स्थान प्राप्त कर चुके हैं और जिन्हें शायद वेद-वाक्य की-सी मान्यता मिल चुकी है। एक ओर आज का संवेदनशील व्यक्ति प्रेम का भूखा है, परंतु मात्र अस्तित्व-रक्षा के लिए जो संघर्ष करना पड़ रहा है, उसके कारण हारे-थके लोग अधिकाधिक अहंबद्ध होते जाएंगे यह भय है। अत: इस संदर्भ में वेदना कर्म का उत्साह उत्पन्न नहीं करती; वेदना आत्मा को कुचलती है। मनुष्य अपने को हीन और अक्षत अनुभव करने लगता है। (यह 'दु:ख सबको मांजता है' का प्रत्याख्यान लगता है। परंतु यह वेदना और अज्ञेय के द्वारा विवेचित 'दु:ख' में मूलत: अंतर है—यह भी ध्यान में रखना होगा। मुक्तिबोध जीवन में रोटी-कपड़ा-मकान के लिए चल रहे संघर्ष की वेदना की बात कर रहे हैं जो अत्यंत महत्त्वपूर्ण है। अज्ञेय इन प्राथमिक आवश्यकताओं की पूर्ति के बाद उत्पन्न होनेवाली समस्याओं के संदर्भ में 'दु:ख' का विवेचन कर रहे हैं। इस संदर्भ को भूलने से चिंतन में गड़बड़ी पैदा होती है।) उसी तरह वासना की अधिकता मनुष्य को घनघोर रूप से आत्मबद्ध करती है। वासनाशील व्यक्ति

अपने रंगीन सपनों की दुनिया में रहता है। लेखक स्वीकार करता है कि वेदना और वासना में भावों की तीव्रता अधिक होती है परंतु उसकी सीमा यह है कि भावों में औदार्य लाने का काम इनसे नहीं होगा। निष्कर्ष यह कि व्यक्तिबद्ध वेदना और व्यक्तिबद्ध वासना मनुष्य के फासलों को नहीं घटाती। ऐसा साहित्य जो औदार्य उत्पन्न नहीं करता, फासलों को घटाने में योगदान नहीं करता।

मनुष्य और मनुष्य के बीच के संबंधों का रूप, विशेषत: दोनों के बीच के व्यवधान का रूप, जगतसिंह और लेखक की बातचीत का महत्त्वपूर्ण अंग है। पढ़े-लिखे लोग जिस जीवन-प्रणाली के लिए संघर्षरत हैं, उसमें बर्बरता है और अपनी बर्बरता को ढंकने के लिए रवीन्द्र की जयंतियां मनाते हैं। अमरीका जाने की आकांक्षा रखते हैं परंतु अपने ही शहर की गंदी बस्तियों के घरों में झांककर नहीं देखते। वे सेठों द्वारा खरीदे जाते हैं, अपनों के लिए करुणा से भीग उठते हैं, व्यक्ति-स्वतंत्रता का नारा लगाते हैं; लेकिन स्वतंत्रता को खरीदने और बेचने की व्यवस्था को बरकरार रखते हैं। लेखक इनसे घृणा करता है और अपनी संवेदना को इन्हीं की तरह जड़ीभूत होने से बचाने के लिए और व्यापक मानवीय संपृक्ति के लिए निम्नवर्गीय चायघरों में जाता है। चायघरों में जाना वर्ग से संपृक्त होने का एक प्रकीकात्मक रूप है।

लेखक की अत्यधिक जकड़बंद वर्गीय-दृष्टि जगतसिंह को पसंद नहीं है। उसे मध्यवर्ग उतना मूल्यहीन नहीं लगता। "मैं हजारों ऐसे आदमी बता सकता हूं जो सचाई न सिर्फ पसंद करते हैं प्रत्युत उसकी लौ में रहते हैं।" जगतसिंह लेखक की वर्गीय विचारधारा का प्रत्याख्यान करता हुआ कहता है : मध्यवर्ग में न्याय की भावना है, उनकी सहानुभूति दिन के समय किरणें बिखेरनेवाले तारों की-सी है, जो किरणें बिखेरते अवश्य हैं परंतु वे दीखने में नहीं आतीं। जगतसिंह को लेखक का, अपने वर्ग का, संपूर्ण बायकाट सही कार्य की दिशा के रूप में युक्तियुक्त नहीं जंचता। इस फासले को मिटाने का उपाय है, "अपनी विद्या-बुद्धि द्वारा संस्कृति, समाज और मानवता के विकास में अपनी-अपनी प्रतिभा के अनुसार, किंतु पूर्ण हृदय से, योग देना।" गंदे होटलों में चाय पीना भी जगत की दृष्टि से एक पलायन ही था—अनार्किक रोमांटिसिज्म का रूप। यहां पर लेखक अपने बचपन के संस्कार को बताता हुआ अपनी वर्गीय सहानुभूति की व्यापकता का बयान भी देता है। इस संवाद के बीच एक महत्त्वपूर्ण प्रश्न उठाया गया है। वह यह है कि व्यक्ति की अच्छाई-बुराई का प्रमाण क्या है? जो अपने साथ अच्छा है, वह अच्छा है या उसका कोई वस्तून्मुखी मानदंड भी निश्चित किया जा सकता है। लेखक की कसौटी यह है : "जो व्यक्ति सत्यपरायण और न्याय-भावना से प्रेरित है, साथ ही जिसका व्यक्तिगत हित जन-सामान्य के हित के ऊपर नहीं, उसके नीचे रखता है, और जिसके हृदय में हमारी गरीब जनता के लिए एक

नदी लहराती है, वह मेरे ख्याल से अच्छा आदमी है; उसी में सच्चा सौजन्य है।" लेखक को गरीब जनता और ऊंचे वर्ग के लोगों के बीच का फासला किसी भी रूप में नापसंद है।

लेखक हर क्षण अपने मन को तलाशता है, तराशता है, हर क्षण निरीक्षण करता हुआ आत्मलोचन भी करता है। बुद्धिजीवी वर्ग में भी एक अहं होता है जिसके कारण फासले पैदा होते है और स्वयं लेखक भी इस फासले के लिए स्वयं अपने को जिम्मेदार मानता है। एक फटेहाल टीचर और उसकी प्रेयसी के साथ अपने संबंधों का विवरण देकर लेखक अपने मन की संकीर्णता उघाड़ता है। फिर वह भी एडना विसेंट मिले की भांति आत्मदान की आवश्यकता महसूस करता है। वह अनुभव करता है : फासले सही अर्थ में मिटाने हों, मन को अखरनेवाले शून्य से भागना हो तो एक ही उपाय है—"I want to be in the thick of things as Mille tried to be; yes to be in the thick of things." एवीलार्ड बनने की प्रक्रिया को रोकने का उपाय था सृजनशक्ति को तेज रखना और शून्य से जूझने का उपाय है लोक में गहरे स्तर पर घुस जाना।

'विपात्र' में एक स्तर पर अपने आपको तलाशते, तराशते जाने की आत्मावलोकन और आत्मलोचन की धारदार प्रवृत्ति है जो बौद्धिकता को रसात्मकता प्रदान करती है तो दूसरी ओर जीवन-सत्यों को सामने रखकर हमारी समझ को विस्तृति देने की संवेदनात्मकता भी प्रखर रूप में प्रकट हुई है। 'विपात्र' मध्यवर्ग की मजबूरियों, कमजोरियों और दुर्बलता का उद्घाटन करता जाता है परंतु इसकी व्यंग्यात्मकता महज आघात करनेवाले हिंसक व्यक्ति की निषेधात्मकता का जहर नहीं उगलती, न दूसरों पर आक्रमण कर आत्मसंतोष करनेवाले की आत्मबद्ध अहंता को। चूंकि लेखक स्वयं अपनी नपुंसकता के दर्शन करते हुए आत्म-ग्लानि से विद्ध है, उसके व्यंग्य को एक ऊंचा स्तर मिलता है। मानवीय सार्थक संबंधों की तलाश व पहचान के लिए व्याकुल आत्मा से 'विपात्र' में जो साक्षात्कार होता है, वह पाठक को उदात्त भूमि पर ले जाता है।

व्यक्ति की स्वतंत्रता के प्रति इतना चौकस व्यक्तित्व पूंजीवादी व्यवस्था में एडजस्ट नहीं हो सकता, यह तो सरल है परंतु किसी भी प्रकार की व्यवस्था में शांति एवं संतोष अनुभव कर सकता हैं ? शायद यह अशांति और असंतोष ही अधिक सुंदर जीवन के लिए, अत: अधिक सुंदर व्यवस्था के लिए, चिरंतन रूप में विकल रहता। मुक्तिबोध की महानता इसी में है। अपने को साधन के रूप में इस्तेमाल न किया जाए; इस बात के लिए चौकन्ना यह व्यक्तित्व संभवत: किसी भी वैचारिक स्थिरता के बिंदु पर नहीं पहुंचा था। उसके कवि-व्यक्तित्व का प्रखर आत्मावलोकन, फैंटसी, आत्मालाप क्या इसी बात का संकेत नहीं करते ?

अगर उपन्यास में हम कथा, चरित्र का सांगोपांग विवरण देखने के आदी हैं तो 'विपात्र' को औपन्यासिक रचना मानने में हमें संकोच हो सकता है। परंतु व्यक्ति और समाज के संबंधों से जटिल जीवन का अनुभव अगर उपन्यास का कथ्य है तो 'विपात्र' निश्चय ही अच्छा उपन्यास है। वह बाह्य जीवन का केवल सूचन करता हुआ आंतरिक जीवन को आलोकित करता है। यह उपन्यास की अंतर्मुखी यात्रा का एक (फ्रायड से प्रभावित धारा से भिन्न प्रकार का) महत्त्वपूर्ण स्तंभ है। इसकी तुलना संरचनात्मक दृष्टि से कामू के 'द फाल' से हो सकती है।●

राग दरबारी

अनेक कारणों से 'राग दरबारी' एक विशिष्ट उपन्यास है। **विशिष्ट इस** अर्थ में कि हिंदी की किसी भी स्थापित प्रवृत्ति का लेबल उस पर नहीं चिपकाया जा सकता। यह भ्रम हो सकता है कि यह एक नगर से कुछ ही दूरी पर स्थित गांव की जिंदगी का दस्तावेज है, अतः इसे आंचलिक करार दिया जाए। लेकिन इधर आंचलिक उपन्यासों में जो विशेषताएं पाई जाती रही हैं, उनमें से कतिपय महत्त्वपूर्ण वैशिष्ट्यों का 'राग दरबारी' में अभाव है। आंचलिक उपन्यास की मूल महत्त्वपूर्ण प्रवृत्ति रोमांटिक रही है। (रोमांटिक प्रवृत्ति जीवन की एक स्थाई और महत्त्वपूर्ण प्रवृत्ति है।) यद्यपि प्रदेश विशेष की वास्तविकता खोजने, उसके सांस्कृतिक-सामाजिक स्तरों का उद्घाटन करने की प्रवृत्ति यथार्थ के प्रतिकूल नहीं है; फिर भी आंचलिक उपन्यासों में नागर-जीवन से ऊबे मन की नास्ताल्जिक प्रवृत्ति शक्तिपूर्ण ढंग से प्रकट होती रही है। उसके साथ-साथ ग्रामांचल के प्राकृतिक ऐश्वर्य एवं सौंदर्य के भाव-विभोर चित्र देने की प्रवृत्ति भी बलवती रही है। गांव के जीवन का चित्रण 'अहा ग्राम्य' जीवन ही क्या है' वाली भावुक, आदर्शोन्मुख प्रवृत्ति से न किया जाता रहा हो; फिर भी आदिम जीवन की मांसल, उत्कट गंध सूंघने की ललक अवश्य उछालें मारती रही है। भारतीय संस्कृति से कट रहे, नागर-जीवन की बढ़ती मरुभूमि से भयभीत संवेदनशील लेखक आंचलिक जीवन में भारतीय संस्कृति के जीवन-स्रोत खोजने के आकांक्षी अवश्य रहे हैं। लोकगीतों, लोकनृत्यों के माध्यम से लोकभाषा के प्रति अटूट लगाव से तथा प्रकृति से जुड़े जीवन के आवेगों के माध्यम से नए उत्साह की अपेक्षा करने की कुछ आकांक्षा अवश्य बलवती रही है। श्रीलाल शुक्ल के मन में ऐसी कोई भी भ्रांति नहीं रही दिखती है।

'राग दरबारी' का लेखक अपनी 'वस्तु' से अत्यधिक तटस्थ है। अपने आंचल के प्रति कोई मोह, कोई आवेग, कोई रसभीना तंतु उसके मन में शेष नहीं रह गया है। एक वैज्ञानिक की निस्संगता से उसने अपने उपन्यास-विषय का निरीक्षण किया है—अपने बौद्धिक पूर्वग्रहों एवं भावनात्मक आवेगों को दूर रखकर। इसमें

न अतीतोन्मुखी रोमानी वृत्ति का कहीं आभास है, न आंचलिक जीवन के किसी विशेष पहलू के प्रति रोमानी आकर्षण। लेखक के सामने 'शिवपालगंज' है—ठोस, खुरदरा, विद्रूप, जघन्य। अपनी जुगुप्सामय लीला से हर क्षण संवेदनशील पाठक पर आघात करता हुआ। यह आघात अतिशय ठंडेपन से होता है। पाठक को प्रभावित करने के लिए शायद भाषा की वक्रता को छोड़कर लेखक ने किसी भी अन्य उपादान का उपयोग कर अतिरिक्त आकर्षण उत्पन्न करने का प्रयास नहीं किया है। जिस शिवपालगंज को उसने चुना है, वह न प्रकृति-सौंदर्य से संपन्न है, न जीवन के रमणीय शोभा-मंडित व्यवहारों से अनुगूंजित। वह न देहात है न शहर। राजनीति के बलात्कार से वह कलंकित हुआ है और उसकी कलंक-गाथा ही 'राग दरबारी' का कथ्य है। 'राग दरबारी' में लेखक किसी व्यक्ति के भावात्मक संघर्ष में, मानसिक उद्वेलन में सीधे रस लेता नहीं दिखता; फिर भी अपरोक्ष रूप में कुछ व्यक्तियों को उसने खड़ा करने में अवश्य सफलता पाई है। यह चित्रण की पद्धति निश्चय ही नई है—परिवेश-चित्रण के माध्यम से व्यक्ति-चित्रण का प्रयास है। जीवन के चित्रण से कटकर मनुष्य के अंतर्मन की अंधेरी झांकियां दिखाने में लेखक भले ही रुचि न दिखाता हो; परिवेश की मार से कुंठित व्यक्तित्वों का बौनापन दिखाने में तथा शिवपालगंज की सामूहिक मानसिकता को उजागर करने में लेखक ने सफलता पाई है। परंपरागत ढंग से लेखक कथा प्रस्तुत नहीं करता, क्योंकि उसे शिवपालगंज की वास्तविकता का उद्‍घाटन करना है—दस्तावेज प्रस्तुत करता है। दस्तावेज और कथा दोनों का अद्‍भुत सम्मीलन बहुत बड़े कलाकार का काम है—प्रेमचंद, टालस्टाय, गोर्की का। शिवपालगंज का यह यथार्थ नए की खोज नहीं है; जो है उसका अनावरण मात्र है। चूंकि यह अनावरण बीभत्स नग्नता का है, लेखक की कलात्मक क्षमता को चुनौती है जिसको उसने शक्तिपूर्ण ढंग से झेला है।

श्रीलाल शुक्ल ने उपन्यास में रंजकता उत्पन्न करने में परंपरागत नुस्खों को प्रयत्नपूर्वक टाल दिया है। नारी-पात्र क्षीण झलक दिखाकर तिरोहित होते हैं। वैद्यजी के दरबार में जैसे नारी का प्रवेश निषिद्ध है, वैसे ही शिवपालगंज पर लिखे इस उपन्यास में नारी तथा उससे संबद्ध यौनाकर्षण का विशेष अंकन नहीं है। यौन जीवन के लिजलिजे संकेत देकर उपन्यास का स्वाद बढ़ाने का प्रयास कहीं नहीं है। नारी-समाज की करीबन अनुपस्थिति यथार्थ के एक महत्त्वपूर्ण पक्ष का अभाव अवश्य सूचित करती है।

जिंदगी का दस्तावेज

श्रीलाल ने जिंदगी के दस्तावेज़ को शिवपालगंज की कुछ संस्थाओं को केंद्र में रखकर दिखाने का प्रयास किया है। स्वतंत्र भारत में व्यक्तियों का कृतित्व ऐसी

संस्थाओं के संचालन में ही प्रकट होता है और व्यक्ति संस्था बन गए हैं; संस्थाएं व्यक्ति के अदृश्य रूप के प्रभावित। यह व्यक्ति और संस्थाओं का अन्योन्य संबंध तथा संस्थाओं का शासन और खास व्यक्तियों के बीच का संबंध 'राग दरबारी' के केंद्र में आना स्वाभाविक था। क्योंकि आज के जीवन का एक बड़ा सत्य वह है।

शिवपालगंज के छंगामल इंटरमीडिएट कॉलेज को 'राग दरबारी' का केंद्रीय घटनास्थल समझना चाहिए। क्योंकि इस कॉलेज के माध्यम से समस्त शिवपालगंज ही नहीं, समूचे देश की दशा-दिशा का परिचय प्राप्त होता है। फर्जी प्रस्ताव पास करवाकर कॉलेज के लिए जमीन दिलवाने की और अपना नाम अमर करने की करतूत से इस संस्था का जन्म होता है और तब से उसकी जीवन-कहानी ही अद्‌भुत है। डाक-बंगला, अस्तबलनुमा कुछ इमारतें, गुमटी इत्यादि से निर्मित यह कॉलेज, सरकारी अनुदान से बनाए गए सामुदायिक मिलन केंद्र का भी उपयोग करता है। जुता हुआ ऊसर कृषि-विज्ञान की पढ़ाई के काम आता है। जगह-जगह ज्वार भी उगती है जो प्रिंसिपल की भैंसों के काम आती है। 'छंगामल विद्यालय इंटर कालिज' की स्थापना देश के नवनागरिकों को महान आदर्शों की ओर प्रेरित करने एवं उन्हें उत्तम शिक्षा देकर राष्ट्र का उत्थान करने के हेतु हुई थी। इस कालिज के छात्र, प्राध्यापक और प्रिंसिपल पढ़ाई छोड़कर अन्य सभी बातों में आस्था रखते हैं—विशेषत: गुटबंदी कर एक-दूसरे की टांग खींचने में और किसी के हाथ का हथकंडा बनकर सामाजिक भ्रष्टाचार का क्षेत्र बढ़ा देने में लेखक ने पढ़ाई का नमूना प्रा० मोतीराम की क्लास को प्रत्यक्षवत्‌ अंकित कर बड़ी कुशलता से पेश किया किया है। मोतीराम पढ़ने-पढ़ाने की अपेक्षा आटाचक्की पर अधिक ध्यान देते हैं और इस बात के लिए छात्रों से लेकर प्रिंसिपल तक किसी को भी विशेष एतराज नहीं है। शिक्षा के संस्कार से वंचित इस प्राचार्य का मुख्य गुण यह है कि वह वैद्यजी का अपना आदमी है और खर्चे के फर्जी नक्शे बनाकर वह अधिक से अधिक अनुदान ऐंठने की कला में सिद्धहस्त है। छात्रों में पढ़ने के लिए रुचि नहीं है क्योंकि वे पास होने में कुछ गरिमा अनुभव नहीं करते। इम्पार्टेंट प्रश्न वैसे भी बताए जाते हैं, कुंजियां हैं और परीक्षा में नकल करना आम रिवाज हो गया है। छात्र वैद्यजी के सुपुत्र सघन बाबू के नेतृत्व में गुट बनाकर राजनैतिक आंदोलन का पाठ पढ़ते रहते हैं और वैद्यजी के विरोधी गुट के लोगों को काबू में रखते हैं। अधिकांश प्राध्यापक या अन्य कर्मचारी वैद्यजी की भाई-भतीजावादी उदार नीति के कारण ही स्थान पा सके हैं। प्रिंसिपल वैद्यजी के सामने दुम हिलाने वाले कुत्ते हैं और वैद्यजी के भरोसे समस्त लोगों पर अधिकार किया जा सकता है; इसका उन्हें विश्वास है। गांवों पर शहर का जो आक्रमण हो रहा है, शिवपालगंज उससे अछूता नहीं है। फिल्मी गाने, फिल्मी प्रेम, फिल्मी पोशाक से

काफी प्रभावित लोग हैं। शिवपालगंज की अन्य गांवों से एक विशेषता यह है कि अन्य गांवों के अखाड़े उखड़ते जा रहे हैं जबकि शिवपालगंज का अखाड़ा वैद्यजी के पुत्र बद्री पहलवान के नेतृत्व में काफी सक्रिय है। इस अखाड़े में जो युवक शक्ति की उपासना करते हैं, वे वैद्यजी के विरोधी लोगों को पछाड़ देने में काम आते हैं। छोटे पहलवान एक उदाहरण मात्र है। चुनाव में विरोधी गुट के लोगों को आने से रोक दिया जा सकता है; आए हुए लोगों को तमंचे से भगाया जा सकता है; वैद्यजी के त्यागपत्र देने पर बद्रीबाबू को कोआपरेटिव का मैनेजिंग डायरेक्टर निर्वाचित किया जा सकता है। वैद्यजी के गुर्गों का विश्वास है कोआपरेटिव के डायरेक्टर वैद्यजी थे, हैं और रहेंगे। चुनाव के सभी तरीकों से यह काम संपन्न किया जा सकता है। शनीचर जैसे गंवार आदमी को गांव-सभा का प्रधान निर्वाचित करना वैद्यजी की कर्तुमकतुम् अन्यथा कर्तुम् शक्ति का प्रमाण है। वैद्यजी के दरबार में भंग एक जनसंपर्क का महत्त्वपूर्ण साधन है। कोआपरेटिव यूनियन में गबन होता है, उसके पीछे भी वैद्यजी का हाथ है। और जितना वह अदृश्य है, उतना ही अप्रत्यक्ष रखकर उसका चित्रण भी हुआ है। इस गबन को लेकर वैद्यजी के जो तर्क हैं, वे उनकी चतुराई की लाजवाब मिसालें हैं। गबन हुआ है तो छिपाया नहीं गया है। जहां गबन नहीं पाया जाता, वहां वह छिपाया जाता है। गबन करनेवाले व्यक्ति को सरकार पकड़ने में समर्थ नहीं हुई है, अतः सरकारी अक्षमता के लिए कोआपरेटिव यूनियन को बदनाम नहीं किया जाए। सबसे अधिक अजीब तर्क है कि गबन की पूर्ति के लिए सरकार स्वयं अनुदान दे ताकि गांव का कोआपरेटिव मूवमेंट खतरे में न पड़ जाए। यह वैद्यजी का निर्लज्ज तर्कशास्त्र केवल कल्पना की चीज नहीं है, न यह अतिरेकी चित्रण है। यह तो देश की वास्तविकता की एक प्रतिनिधिक मिसाल मात्र है।

शिवपालगंज की वास्तविकता का एक पक्ष वहां के पुलिस थाने के माध्यम से चित्रित किया गया है। दरोगाजी की बैठने की कुर्सी का वर्णन लेखक ने किया है, "मध्यकाल का कोई सिंहासन रहा होगा जो अब घिसकर आराम-कुर्सी बन गया था।" यह बहुत दूर तक सम्यक् स्थिति का सही और सशक्त संकेत करता है। सब कुछ मध्यकालीन वातावरण का ही आभास देता है। ढाई-तीन सौ गांवों के उस थाने में दारोगाजी अपने दस-बारह आदमियों के साथ काम करते हैं और "इतना काम है कि सारा काम ठप्प पड़ा है"। दारोगाजी के आदमियों में शायद ही कोई दस्तखत करना जानता है। कोई भंग घोट रहा है, कोई शेरशाह के समय के घोड़े को खरहरा कर रहा है। ड्यूटी पर तैनात सिपाही सोते हुए रखवाली करता है। दारोगाजी का जुआड़ी के साथ समझौता है और जुआड़ी स्वयं चिंतित है कि दारोगाजी चालान क्यों नहीं कर रहे हैं। दारोगाजी का कहना है, "रिश्वत, चोरी, डकैती; अब तो सब एक हो गया है। पूरा साम्यवाद है!!" लेकिन दारोगाजी

जानते हैं शिवपालगंज में खैरियत से रहना है तो वैद्यजी के साथ संबंध ठीक होने चाहिएं। दारोगाजी का वाक्य, "मैं आजादी मिलने के पहले बख्तावरसिंह का चेला था, अब इस जमाने में आपके पिताजी का हूं।"; वैद्यजी के दरबार की शक्ति का निर्देश करता है। भीखमखेड़वी के बहकावे में आकर जोगनाथ के मुकद्दमे में दारोगाजी ने वैद्यजी को चुनौती दी तो ऊपर से वैद्यजी ने स्थितप्रज्ञ की तरह उसे स्वीकार कर लिया। परंतु रुप्पन बाबू अपने पिताजी की ताकत को जानता है, "पिताजी गीता की बात कर रहे हैं–अब देखें दारोगा बचकर कहां जाता है।"—और परिणाम सामने है। दारोगाजी का तबादला, गयादीन की लड़की की घोर बेइज्जती, दारोगा पर जोगनाथ का दावा ठोंकना, अंत में दारोगा का अपमानित होकर वैद्यजी के दरबार में शरणागत होकर आना; वैद्यजी की सर्वग्रासी पकड़ का परिचय देता है। जोगनाथ को पकड़ने के लिए दारोगाजी का जो तमाशा दिखाया गया है, वह उपन्यास का रोचक, हास्यपूर्ण अध्याय तो है ही, यथार्थ से बहुत दूर भी नहीं है।

शिवपालगंज की न्याय-पंचायत का हास्योत्पादक मामला केवल मनोरंजन के लिए नहीं है बल्कि गांव-गांव में फैले पंचायत संबंधी अविश्वास और अनास्था का पूरा प्रकटीकरण करता है। कुसहरप्रसाद, छोटे पहलवान का पीढ़ियों का संघर्ष अतिशय चित्रात्मक ढंग से प्रस्तुत किया गया है। चपरासी से लेकर मुलजिम तक सब लापरवाह और निर्लज्ज बन गए हैं। पंचों की निरक्षरता, अनगढ़पन, अप्रतिष्ठा का अच्छा उद्घाटन किया गया है। मुलिजम छोटे पहलवान सरपंच को भी सीधे गालियां देकर धमकाकर चला जाता है। इस पूरे माहौल को देखते समय इस संदर्भ में प्रेमचंद की सुंदर कथा 'पंचपरमेश्वर' को याद किया जाए तो शिवपालगंज की तरक्की का पता चलता है। अनुशासनहीनता, बुजुर्गों के प्रति अनादर, वैद्यजी जैसे नेताओं के भरोसे तथा अपनी जिस्मानी ताकत के बल पर छोटे पहलवान जिस निर्लज्जता का हर समय प्रदर्शन करता है; उसको देखकर गांव की परंपरागत कुछ अच्छी संस्थाओं की जो भयानक दुर्दशा राजनीति के प्रवेश से हुई है उसका पता चलता है। यह विचार कि ऐसे वैद्यजी और छोटे पहलवान हर स्थान पर उभर गए हैं; मन को बहुत अस्वस्थ करता है।

फिर भी इजलास की गर्मी हर देहाती के खून में बह रही है। जोगनाथ भी दारोगा को बता देता है, "बोटी-बोटी काट डालो, तब भी, जब तक मेरा वकील नहीं कहेगा, मैं कुछ नहीं बतलाऊंगा।" बैजनाथ पुलिस की ओर से गवाही देने-वाला ठेकेदार ही है। छोटे पहलवान गवाही देते समय समूचा गंजहापन अदालत में झाड़ने से बाज नहीं आता। छोटे पहलवान पुलिस की ओर से गवाही देने जाता है परंतु वैद्यजी के आदमी की तरफ से बोलता है। खन्ना मास्टर तथा अन्य सहयोगी प्रिंसिपल के खिलाफ मुकदमा दायर करते हैं। प्रिंसिपल को मुकदमे में

कोई दिलचस्पी नहीं है। उनका हल है, "महाराज, हमारि तौ यहै राय है कि मारे खन्ना के हाथ-पांव टुरवाय कै कोनो नारा मां डारि दीन जान और यहु न बनै तो सारे का कान पकारि कै कालिज से बाहर निकारि दियै। मारै चूतर पर चारि लातैं औरु..." इजलास में जिस तरह मास्टरों को सुलह के लिए कहा गया है, वह मास्टरों की दीनता पर अच्छा व्यंग्य है। न्याय अदालत में भी नहीं मिलता, यह इस दस्तावेज का दर्दनाक पहलू है। अदालत गांव-पंचायत का परिवर्द्धित रूप है। लंगड़े की सिद्धांत के लिए लड़ाई (जो उपन्यास में अनावश्यक रूप में लंबी हो गई है।) इसी बात पर प्रकाश डालती है। 'राग दरबारी' में भारतीय जनतंत्रवाद की असलियत का एक महत्त्वपूर्ण पक्ष प्रकट हुआ है—जनता लगभग जानती है कि उसके पास वोट तो है परंतु वह किसी काम का नहीं है। सामान्य से सामान्य मतदाता भी किसी उम्मीदवार को वोट देने के लिए तैयार है। जनतंत्रवाद की महत्त्वपूर्ण प्रणाली का हास्योत्पादक रूप असल में राजनीतिक ट्रेजिडी का एक पहलू है।

गांव के लिए विज्ञापन अंग्रेजी में किए जाते हैं। विज्ञापनों, अखबारों, नेताओं तथा सरकारी कर्मचारियों को लेकर जो विसंगतियों के उद्घाटन आरंभ से होते है, वह 'दस्तावेज' का महत्त्वपूर्ण हिस्सा हैं। वृक्षारोपण, वन-संरक्षण, भूदान; सबका एक ही किस्सा है—सब कुछ गांव में गोबर हो गया है।

इस दस्तावेज में एक और महत्त्वपूर्ण अंग है—रिश्वत। रिश्वत अब चोरी-छिपी, नैतिकता की चुभन उत्पन्न करनेवाली चीज नहीं रह गई है। वह एक व्यवहार का अभिन्न अंग बन गई है। रंगनाथ को ट्रक की सवारी करते समय इसकी झलक मिल जाती है। मेले में, वैद्यजी के दरबार में, उसके अन्य विशद् रूप भी दिखाई पड़ते हैं। रिश्वत तो एक सामाजिक जीवन का अंग बन गई है। लेखक की टिप्पणी है, "इस देश में लड़कियां ब्याहना भी चोरी करने का बहाना हो गया है।"

जुआ, चोरी, अमली पदार्थों का सेवन बच्चों तक व्याप्त है। इस मानवीय व्यवहार को अधिक उद्दीपत करती है यहां की बदबूदार हवा; जो औरतों, बच्चों के खुले मैदान में संडास करने से तथा खुली नालियों से हर क्षण फैलती रहती है।

यह शिवपालगंज का दस्तावेज देखना इसलिए आवश्यक था कि 'राग दरबारी' के लेखक का प्रमुख उद्देश्य ही दस्तावेज-प्रस्तुत करना है। उसमें कथा-तत्त्व क्षीण है। चरित्र भी दस्तावेज के साधन बनकर आते हैं। शिवपालगंज का परिवेश तथा उनका घोर यथार्थ ही प्रमुख कथ्य और उपन्यास का चरित्र है। उपन्यास के केंद्र से मानव अब हटता जा रहा है। परिवेश मानव पर आक्रमण कर रहा है। इसके कारण उपन्यास का परंपरागत ढांचा भी बदल गया है।

शिवपालगंज की मानसिकता

'राग दरबारी' जैसे उपन्यास व्यक्ति की मानसिकता के चित्रण में उतना रस नहीं लेते जितना सामूहिक मन के उद्‌घाटन में। जिस तरह महाराष्ट्र के लोगों को अपनी अस्मिता का एहसास है, उस तरह अपने गंजहापन का तीव्र अभिमान शिवपालगंज के लोगों में है।

उनकी बोलचाल की खास ढब, विशिष्ट गाली-गलौज वाली शब्दावली अथवा मुहावरा, स्वभाव की धूर्त्तता, मक्कारी, आत्मा की 'कोअर' में वर्तमान एक प्रकार का रूखापन, चिड़चिड़ाहट, वाचालता, वाक्पटुता, विलक्षण आत्म-केंद्रितता और आत्मतुष्टता; इन सबसे यह 'गंजहापन' मूर्त्त होता है। किसी में अच्छे-बुरे का, कर्त्तव्य-अकर्त्तव्य का, सदाशयता का, मूल्यवत्ता का बोध नहीं है। विद्या केंद्र के प्राचार्य का रंगनाथ से यह कथन, "बाबू रंगनाथ, तुम्हारे विचार बहुत ऊंचे हैं। पर कुल मिलाकर उनसे यही साबित होता है कि तुम गधे हो।" —गंजहापन का महत्त्वपूर्ण तर्क है जो प्रायः सभी चरित्रों में व्याप्त है।

इनमें से किसी के मन में अपने से इतर के प्रति, समाज, राष्ट्र, गांव के प्रति कोई आस्था शेष नहीं रह गई है। रंगनाथ के भुनभुनाने पर शिकारी कुत्ते की तरह झपटकर क्लर्क कहता है, "क्या कर सकते हो रंगनाथ बाबू ? कोई क्या कर सकता है ? जिसके छिलता है, उसी के चुनचुनाता है। लोग अपना ही दुःख-दर्द ढो लें; यही बहुत है। दूसरे का बोझा कौन उठा सकता है। अब तो यही है भैया कि तुम अपना दाद उधर से खुजलाओ, हम अपना इधर से खुजलाएं।"

लेकिन बात वहीं तक सीमित नहीं है। मैनेजर के चुनाव पर रंगनाथ की मन:स्थिति का जो चित्रण लेखक ने किया है, वह देखने योग्य है—"वैद्यजी को देखते ही अचानक उसे वह दृश्य याद आ जाता जब प्रिंसिपल साहब चुनाव के बाद बरछी से बिंधे हुए सुअर की तरह चिचियाते हुए जय-जयकार करते कालिज से बाहर निकले तो उसे ऐसा जान पड़ने लगा कि वैद्यजी के साथ रहते हुए वह डकैतों के किसी गिरोह का सदस्य हो गया है।" शिवपालगंज के लोगों पर उसकी यह प्रतिक्रिया भी महत्त्वपूर्ण है, "पर यहां शहर न था, बल्कि देहात था, जहां बकौल रुप्पन बाबू, अपने सगे बाप का भी भरोसा नहीं, और बकौल सनीचर कोई कटी उंगली पर भी मूतनेवाला नहीं है।"—संबंधों का विघटन शहर की समस्या नहीं है, गांव की असलियत भी है। समस्त 'राग दरबारी' में भाई-भाई में, बाप-बेटे में, शायद ही कहीं स्नेह से भीने संबंधों की सुखद गंध मिलती हो। रुप्पन और बद्री पहलवान, कुलहर प्रसाद और छोटे पहलवान, रुप्पन और वैद्यजी के संबंधों का उल्लेख इस संदर्भ में किया जा सकता है। बद्री पहलवान अपने पिताजी के प्रति एकाध जगह भावुक होते भी हैं तो उसके मूल में गयादीन से बेला के लिए बात

करने का अनुरोध है। प्रिंसिपल वैद्यजी के सामने दुम हिलाते हैं तो उनकी अपरंपार कपट-शक्ति के सहारे से औरों पर धाक जमाने की नीयत से। हर गंजहा अपने आप में लवलीन है। हर दूसरा आदमी हरामी है। राजनीति ने कुछ ऐसा समां बांध लिया है कि सनीचर की प्रतिक्रिया देखिए : "प्रधान बनने से पहले जरूरी था कि सनीचर जनता को बता दे कि देखो भाइयो, मैं भी किसी से कम तिकड़मी नहीं हूं और भला आदमी समझकर मुझे वोट देने से इंकार न कर बैठना।"

बद्री पहलवान के पट्ठे ने बांभन की जोरू को उसके सामने लपेट लिया और बांभन मुंह लटकाकर चला गया तो पट्ठे ने लंगड़ देकर उसे चित्त कर दिया! रंगनाथ विवेकी की बात करता है तो बद्रीबाबू की यह टिप्पणी है : "रंगनाथ बाबू, चाहे कहो चाहे न कहो, यही सच है। अपनी जोरू को जो काबू में न रख पाया, वह उमर-भर बेचारा ही रहेगा। उसके ऊपर कहां तक रोओगे ?"—शिवपालगंज का सबसे बड़ा तर्क है शक्ति। यह दिमागी और जिस्मानी शक्ति वैद्यजी के पास प्रचुर मात्रा में इकट्ठी हुई है। कहीं भी मानवीयता, विवेक शेष नहीं रह गया है।

गंजहों का सामूहिक गुण है गुटबंदी। यह राजनीतिक प्रभाव है। रुप्पन भी वैद्यजी का समर्थन करता हुआ कहता है, "देखो दादा, यह तो पालिटिक्स है। इसमें बड़ा-बड़ा कमीनापन चलता है। यह तो कुछ भी नहीं हुआ। पिताजी जिस रास्ते में है उसमें इससे भी आगे कुछ करना पड़ता है। दुश्मन को जैसे भी हो, चित्त करना चाहिए। यह न चित्त कर पाएंगे तो खुद चित्त हो जाएंगे और बैठे चूरन की पुड़िया बांधा करेंगे और कोई टका को भी न पूछेगा।" यह शिवपालगंज की ही बात नहीं है, समस्त देश पर चस्पां होती है। इस गुटबंदी में भाई-भतीजावाद पनपता है; जनतंत्र के मूल में लगे कीड़े पलने लगते हैं; गुंडों का समूह रखना पड़ता है; गुंडों की पुलिसवालों से, जेल से, रक्षा भी करनी पड़ती है। सांठगांठ शुरू होती है। वैद्यजी गुंडों की स्वयं रक्षा नहीं करते, उनके पुत्र बद्री पहलवान यह सब करते हैं। उधर कालिज के लड़कों को रुप्पन बाबू संभालते हैं।

शिवपालगंज की मानसिकता की एक विशेषता है—घोर अनास्था। शिक्षा, संस्थाएं, राजनीति, जनतंत्र, नेता, कार्यकर्त्ता, न्याय-पंचायत, अदालत, पुलिस विभाग, सरकारी अधिकारी; किसी में आस्था नहीं है। सर्वव्यापी अनास्था, एवं आलस्य गंजहों का महत्त्वपूर्ण विशेष है। राग दरबारी में कहीं भी श्रम करनेवालों की उत्साहपूर्ण झलक नहीं मिलती। शिवपालगंज के वातावरण में रंगनाथ को नफरत होती है। वह वापस जाना चाहता है तो रुप्पन पूछता है, "नफरत करनेवाले तुम होते कौन हो? कोई इनसे बाहर हो क्या?" वह नींद-भरी आवाज में बोले, "कहां जाओगे दादा? वहां भी इसी तरह के हरामी मिलेंगे।"

शिवपालगंज : देश का प्रतिरूप

शिवपालगंज को प्रस्तुत करते समय लेखक के मन में बराबर यह भान रहा है कि अपनी विशिष्टताओं के बावजूद शिवपालगंज की वास्तविकता सारे देश के यथार्थ को प्रतीकित करती है। यह लेखक की कला का वैशिष्ट्य है कि कहीं "कोई स्थिति आरोपित नहीं लगती"।

वैद्यजी के चरित्र के रूप में जो व्यक्तित्व उभरता है, वह पाठक को हर स्थान पर दिखाई पड़ता है। जनता के वोटों पर अधिकार करके अपनी उपयोगिता स्थापित करना और शासकीय शक्ति के साथ अपने संबंध-सूत्रों को जीवित रखना तथा उस आधार पर जनता पर मनमाना शासन करना; यह आज के स्थापित नेताओं की एक आम हरकत हो गई है। शिवपालगंज का राजनैतिक, सामाजिक व सांस्कृतिक परिवेश देश के परिवेश का छोटा प्रतिबिंब है। चुनाव की प्रणालियां, संस्थाओं पर नियंत्रण करने के कुटिल दांव-पेंच, विविध संस्थाओं का स्वरूप, अखबार, विज्ञापन, सरकारी अधिकारी इनमें वह कौन-सा पहलू है जो देश के विस्तृत भूभाग में नहीं है ? "कुछ दिनों में ही रंगनाथ को शिवपालगंज के बारे में ऐसा लगने लगा कि महाभारत की तरह, जो कहीं नहीं है, वह यहां है और जो यहां नहीं है, वह कहीं नहीं है। उसे जान पड़ा कि हम भारतवासी एक हैं और जगह-जगह हमारी बुद्धि एक-सी है।" देश में व्याप्त निराशा और निठल्लापन गयादीन के शब्दों में देखिए – "नया आदमी कुछ करना चाहे, तो क्या करेगा ? कुछ होगा तो तभी, जब कोई कुछ करने दे। आज के जमाने में कोई किसी को कुछ करने देता है ?"—यह निठल्लेपन का तर्क सभी भारतीयों में फैला हुआ है।

वैद्यजी को डर केवल एक बात का है—'ऊपर से सच्ची जांच करने का हुक्म हो जाता है'। जब वैद्यजी को त्यागपत्र देने का आदेश दिया ही जाता है तब वैद्यजी एक शर्त पर त्यागपत्र देते हैं—"किंतु प्रदेशीय फेडरेशन के लिए उम्मीदवार चुनने का जब प्रश्न आएगा···" स्थिति को काफी साफ किया गया है। प्रधान के रूप में सनीचर की विजय होती है तो रंगनाथ की प्रतिक्रिया—"सनीचर की विजय के दिन उसने बहुत कुछ सोच डाला और उस दौरान उसे प्रदेशों की राजधानियों में न जाने कितने वैद्यजी, मंत्रियों और मुख्यमंत्रियों की कतार में न जाने कितने सनीचर घुसे हुए दीख पड़े।"

शिवपालगंज के कुछ व्यक्तित्व

'राग दरबारी' में परिवेश को नायकत्व मिला है, अतः चरित्रों का निर्माण अप्रत्यक्ष रूप से होता है। फिर भी कुछ चरित्र उभरकर सामने आ गए हैं। मानवीय मानसिक उथल-पुथल, भावनात्मक आलोड़न-विलोड़न को यहां स्थान

नहीं है। परिवेश ने मनुष्य को बधिर किया है। संवेदनशीलता उसकी क्षीण होती जा रही है। विचार केवल आत्मकेंद्र को लेकर उभरते हैं। कल्पना का उपयोग स्वार्थ-सिद्धि के छोटे-छोटे कामों में हो रहा है। एक प्रतिक्रियात्मक रुख ही बहुत से पात्र अपनाते हैं। परिवेश के साथ समझौता कर निर्वाह करने में आम मनुष्य सार्थकता समझ रहा है। गयादीन ऐसे आम आदमियों का प्रतीक माना जा सकता हैं। वह वैद्यजी के दरबार का महत्त्व भली-भांति जानता है। उनके साथ दबकर रहना ही पसंद करता है। जिस तरह आज आम आदमी अपनी नैतिकता को लेकर छोटे-से दायरे में ही सोचता है, निभाता है, उसी तरह गयादीन भी अपनी सीमा में भला आदमी बनकर रहना चाहता है। उसके लिए वह वैद्यजी की गिड़गिड़ाकर प्रार्थना भी करता है। लड़की की भरी अदालत में बेइज्जती होने पर भी बेचारा क्षीण रूप में कुनमुनाने के अतिरिक्त कुछ नहीं कर सकता। वैद्यजी से वह प्रार्थना करता है, "आज तुम्हारा जमाना है, सभी लोग तुम्हारे पांव पर लोट रहे हैं। पर अपने को इतना न भूल जाओ! भले आदमियों को भी शिवपालगंज में रह लेने दो।" अपने आप में भला होना और अन्य व्यापक संदर्भ में निष्क्रिय होना आज नपुंसकता का अतएव अनीति के मूक समर्थन का पर्याय हो गया है। खन्ना मास्टर को वह समझाता है, "नहीं मास्टर साहब, जनता के रुपये के पीछे इतना सोच-विचार न करो। नहीं तो बड़ी तकलीफ उठानी पड़ेगी।" गयादीन मूर्ख नहीं, चतुर है। कहता है, "नैतिकता का नाम न लो मास्टर साहब। किसी ने सुन लिया तो चालान कर देगा।" ये दोनों वाक्य बहुत शक्तिमत्ता के साथ आज की असलियत का पर्दाफाश करते हैं। गयादीन जानते हैं, "जो जहां है, अपनी जगह गोह की तरह चिपका बैठा है। टस-से-मस नहीं होता। उसे चाहे जितना कोंचो, चाहे जितना दुरदुराओ! वह अपनी जगह चिपका रहेगा और जितने नाते-रिश्तेदार हैं, सब उसकी दुम के सहारे, सड़ा-सड़ चढ़ते हुए ऊपर तक चले जाएंगे। कालिज को क्यों बदनाम करते हो, सभी जगह यही हाल है।" वास्तविकता को जानकर भी निष्क्रिय बने रहनेवाले बहुसंख्यक समझदार लोगों का प्रतिनिधित्व गयादीन करते हैं।

इस उपन्यास के केंद्र में वैद्यजी और उनका दरबार ही है। शिवपालगंज की वह असामान्य शक्ति है। गुंडों का बादशाह है। बद्री पहलवान, सनीचर; ये सब गुंडे हैं और शिवपालगंज की जनता को नियंत्रण में रखने के कार्य में वैद्यजी का हाथ बंटाते हैं। वैद्यजी की दूसरी शक्ति शासकीय संपर्क-सूत्र है। वैद्यजी के रूप में बगुलाभगत नेता का रूप अतिशय शक्तिशाली ढंग से अंकित किया गया है। सभी भ्रष्टाचारों, बुराइयों और अनैतिकता की जड़ होते हुए भी उनके मुंह में प्रेम, अहिंसा, सहकार जैसे शब्द हैं। गीता की उक्तियां हैं। उनके गुर्गे के ये शब्द वैद्यजी के बारे में अधिक फिट बैठते हैं, "सब शांति ही है। यहां पचास-पचास

शांति जांघ के नीचे पड़ी है।" चुनाव जीतना, गबन करना, गुंडों की सुरक्षा करना, अधिकारियों को दबाकर रखना, तबादले करवाना, इस्तीफा देकर भी लड़के को मैनेजिंग डायरेक्टर के रूप में चुनवा लेना, बद्री-बेला के विवाह में दोमुंही चाल चलना—यह सब देखकर वैद्यजी की अद्भुत क्षमता पर आश्चर्य होता है।

वैसे सनीचर, बद्री पहलवान, रुप्पन बाबू, कुलहर प्रसाद, छोटे पहलवान, प्रिंसिपल; सभी को पर्याप्त जीवंत रूप में और अपनी-अपनी विशिष्टता के साथ चित्रांकित किया गया हैं। लेखक ने रुप्पन की क्रमशः उखड़ती, उदास, संत्रस्त स्थिति दिखाई है। मूल में बेला के संदर्भ में मिली असफलता है। लेखक ने कहीं भी प्रत्यक्ष रूप में विश्लेषण नहीं किया है। संकेत दिए हैं, सूचित किया है। रंगनाथ हमारे देश के बहुसंख्यक निष्क्रिय बुद्धिजीवियों का प्रतिनिधित्व करता है जो अच्छा-बुरा जानकर भी अपने विचारों को अमल में नहीं ला सकता। इन सब चरित्रों को देखकर लगता है कि एक बहुत बड़ा जड़ बना देनेवाला कैंसर जैसा असाध्य रोग हमारी युवा-शक्ति को तथा मनुष्यता को खाए जा रहा है। जिस तरह कैंसर के रोग का निदान उसके बहुत फैल जाने पर होता है, उसी तरह उपन्यास समाप्त करते समय जड़ता के रोग का दुःखद भान सालता रहता है।

श्रीलाल शुक्ल के चरित्रांकन की पद्धति लक्षणीय है। वे अपनी ओर से पात्रों के बारे में कम बोलते हैं। परिवेश की प्रतिक्रिया में पात्रों को प्रस्फुटित होने देते हैं। प्रत्येक पात्र का वैशिष्ट्य उसकी भाषा तथा वार्त्तालाप की शैली से प्रकट होता है। इन लोगों की कुल संवेदना भोंथरी है। सूक्ष्म कल्पना या विचार से वंचित है। इनके प्रति सहानुभूति उत्पन्न करना मुश्किल है, न लेखक को यह अभीष्ट है कि इनके सुख-दुःख में पाठक शामिल हो। लेखक ने भावुक तथा रोमानी या आदर्शवाद स्थितियों, प्रसंगों को हेतुतः टाला है। उपन्यास के कथ्य में ऐसा कुछ भी नहीं है जो पाठक को पकड़ रखे। इस स्थिति में लेखक के पास एक हथियार बच जाता है—उसकी विशिष्ट व्यंग्यात्मक, हास्योत्पादक शैली। इसका प्रचुर उपयोग लेखक ने किया है।

'राग दरबारी' की भाषा-भंगिमा

'राग दरबारी' में मुख्यतः भाषा के दो रूप मिलते हैं। एक रूप गंजहे लोगों की बोलचाल में, संवाद में उभरता है और गंजहों की मानसिकता को, चरित्र को, आकार देता है। दूसरा रूप लेखक की अपनी व्यंग्यात्मक, हास्योत्पादक शैली है।

लेखक ने परिवेश को प्रमुखता दी है, अतः शैली में वर्णनात्मकता प्रचुर रूप में आती है। परंतु इस वर्णनात्मकता को चित्रांकन शक्ति से तथा मूर्तीकरण की कला से जीवंत बना दिया है। ट्रक का, थाने का, मेले का, दूकानों का, कॉलेज का वर्णन इस संदर्भ में द्रष्टव्य है। वस्तुओं, स्थितियों तथा व्यक्तियों का वर्णन करते

समय लेखक एक स्तर पर उसकी वास्तविकता को उजागर करते हुए दूसरी ओर उसमें छिपी असंगतियों को तथा हास्योत्पादकता को उधाड़ता चलता है। एकाध समर्थ, सप्रयोजन शब्द से भी वह व्यंग्यात्मक चोट करता है। "कुछ बेशर्म लड़के भी हैं जो कभी-कभी इम्तहान पास कर लेते हैं।"; "चरी कहीं सचमुच ही उग आई थी।"; "इतना काम है कि सारा काम ठप्प पड़ा है।"; "इस देश में लड़कियां व्याहना भी चोरी करने का बहाना हो गया है।"; "जब कभी क्लर्क वैद्यजी को चाचा कहता था, प्रिंसिपल साहब को अफसोस होता था कि उन्हें अपना बाप क्यों नहीं कह पाते।" इस प्रकार के वाक्य लेखक लगातार लिखता जाता है। इनमें देश-काल परिस्थिति का, उसका सूक्ष्म निरीक्षण, अतिशय धारदार ढंग से व्यक्त होता है। "वे डाकू डाकू खेल रहे थे।"; "सभी ने स्वेच्छा से अपना-अपना विरोधी पकड़ रखा है। यह जनतंत्र का सिद्धांत है"; "बोलनेवाला बेरहम हो तो लैम्प पोस्ट का सहारा काफी है।"; "यह हमारी गौरवपूर्ण परंपरा है कि असल बात दो-चार घंटे की बातचीत के बाद अंत में ही निकलती है।" लेखक की भाषा-शैली में सूचित संदर्भ का विचार किया जाए तो ये संदर्भ पर्याप्त व्यापक परिवेशगत स्थितियों से किए गए दिखाई देते हैं। इन संदर्भों में राजनीतिक, सामाजिक स्थितियों का संकेत होता है। जन-मानस का गहरा परिचय दिखता है। भाषा-शैली में चुलबुलापन है, चुटीला व्यंग्य है। कभी सीधे चोट करने की प्रवृत्ति है। कहीं दूर तक अर्थ की गूंज पैदा करनेवाले वाक्य हैं। गजब की वक्रता दो टूक ढंग से बात करते हुए प्रकट होती है।

शिवपालगंज के लोगों की भाषा में उखाड़-पछाड़, बेलाग चुभतापन, बेरोकटोक अक्खड़पन, मुंहफट बेबाकपन स्पष्ट होता है। गाली-गलौज के साथ कुछ ग्राम्य जीवन की भदेस अनगढ़ भाषा का प्रयोग भी है। सनीचर, छोटे पहलवान, रुप्पन की भाषा वैशिष्ट्यपूर्ण है। प्रिंसिपल की ब्रजभाषा भंगिमा और जोगनाथ की सफंरी बोली ने अपना अलग रंग जमाया है। कुछ उदाहरण द्रष्टव्य—"अंडा नहीं देंगे तो क्या बाल उखाड़ेंगे ? सब मीटिंग में बैठकर रांडों की तरह फांय-फांय करते हैं, काम-धाम के वक्त खूंटा पकड़कर बैठ जाते हैं।"; "यह जांघ खोलो तो लाज, और वह खोलो तो लाज।"; "हमारे बाप रांड की तरह रो रहे हैं।"; "यह तो हाकी स्टिक है, इससे तो साला गेंद तक नहीं मरता, आदमी क्या मरेगा ?"; "भैंस का उत्तम घृत लिए जाइएगा चार-छः सेर। ऐसा धार्मिक आदमी वनस्पति खा-खाकर अपना धर्म नष्ट कर रहा है।"; "अरे प्रिंसिपल साहब, अब अपने बराबर बैठलाकर मुझे नरक में न डालिए।" इत्यादि।

'राग दरबारी' में गयादीन, वैद्यजी की भाषा और अन्य पात्रों की भाषा का अंतर भी द्रष्टव्य है।

'राग दरबारी' का हास्य विकट हास्य उत्पन्न नहीं करता। हम जोर से ठहाके

नहीं लगा सकते परंतु गालों में जीभ रखकर अवश्य दाद देते चलते हैं।

व्यंग्य का उपयोग विसंगतियों पर प्रकाश डालने के लिए सर्वत्र किया गया है। अखबार, विज्ञापन, लैक्चरबाजी आदि के संबंध में यह व्यंग्य पैना हो गया है।

हास्योत्पादन में सनीचर, मोतीराम, छोटे पहलवान, जोगनाथ ने काफी हाथ बंटाया है। जोगनाथ को पुलिस के द्वारा पकड़ने के प्रसंग में पर्याप्त हास्यपूर्ण स्थिति उत्पन्न हो गई है। इसी तरह मेले में इंस्पेक्टर का रिश्वत लेना, रुप्पन बाबू का समझौता करना, कुलहर प्रसाद-छोटे पहलवान का संघर्ष, अदालत और गांव-न्यायसभा का अध्याय, प्रिंसिपल-खन्ना संघर्ष, चुनाव का वर्णन, डिप्टी इंस्पेक्टर के लिए दो गुटों का दो शामियाने डालकर प्रतीक्षा करना इत्यादि प्रसंग हास्य उत्पन्न करते हैं।

शक्ति और सीमा

'राग दरबारी' स्वातंत्र्योत्तर परिस्थिति के सम्यक्, व्यापक, 'परिवेश को समेटनेवाला जीवंत दस्तावेज है और अनेक परंपरागत औपन्यासिक तत्त्वों को एक ओर ठेलकर रचनात्मक स्तर पर कुछ नए मोड़ देने का प्रयत्न करता है। यह कथ्य को प्रस्तुत करने की दृष्टि से महत्त्वपूर्ण उपन्यास है। परंतु इसमें स्थितियों का अनावरण है। नए की तलाश नहीं है, वास्तविकता के अनपहचाने, अपरिचित पहलू को अंवेषित करने का प्रयत्न नहीं है। सामान्यत: जो एक सचेत-समंजस पाठक जानता है, उसी को सामने रखने का प्रयास है; अत: इसकी रोचकता तथा कलात्मकता अत्यधिक वक्र बंकिम शैली पर निर्भर है। गजब का धीरज (पेशंस) लेखक ने स्थितियों को अनावृत्त करते समय दिखाया है। फिर भी यह एक हिंदी के अच्छे उपन्यासों में गिना जाना चाहिए।•

मनुष्य के रूप

यशपालजी हिंदी के ख्याति-प्राप्त उपन्यासकार हैं। आपकी विशेषता है कि आप हिंदी उपन्यास में मार्क्सवादी दर्शन और खासकर हिंदी कम्युनिस्टों की प्रचलित राजनीति तथा कार्यवाही का स्पष्टीकरण और पुष्टिकरण करने का प्रयत्न करते हैं। 'दिव्या' जैसे उपन्यास में मार्क्स के तात्विक सिद्धांतों का प्रचलन करना चाहेंगे तो सामाजिक उपन्यासों में प्रचलित कम्युनिस्ट नीति का समर्थन। 'मनुष्य के रूप' इसका अपवाद नहीं है।

'मनुष्य के रूप' नाम से ही स्पष्ट है कि लेखक इसमें मनुष्य के विविध रूपों का चित्रण करना चाहता है। उपन्यास में एक मनुष्य के विविध रूपों को दिखाना चाहते हैं या विविध मनुष्यों के विविध रूप दिखाना चाहते हैं, यह निश्चित करना कुछ कठिन है; परंतु मनुष्य के रूपों का प्रत्यक्ष वर्णन आपने नायिका सोमा के संबंध में ही दो जगह किया है। इस पर लगता है कि सोमा के ही विविध रूपों का चित्रण करने का उनका प्रयास है। वैसे अन्य पात्रों के स्वभाव और विचार प्रारंभ से अंत तक एकरूप हैं; केवल अंतर परस्पर संबंधों में होता है। अत: स्पष्ट है कि सोमा के विविध रूपों का वर्णन करना ही लेखक का मुख्य उद्देश्य है। (देखिए पृष्ठ 298 पर, 'अपनी-अपनी राहें' प्रकरण में।) "वह सिर झुकाए सोचती चली जा रही थी कि सोमा ही पहाड़न है ? क्या इतना परिवर्तन संभव है ? आदमी क्या है, और उसके कितने रूप हो सकते हैं ? एक दिन भूषण सोमा को 'धर्मशाला' में कुत्तों के भय से कांपती हुई बकरी की-सी अवस्था में लाया था। धर्नसिंह के लिए इसका जान देना, पुलिस के भय से इसका गर्भपात, इसका बाजार जाने से डरना, भैया की उस पर ज्यादती, बड़ी भाभी का अत्याचार; आज यह दुनिया को अंगूठा दिखा रही है—अपना बदला ले रही है! —क्या यह सुतलीवाला के साथ सुखी हो सकेगी ? क्या यह इतनी चालाक हो गई ?" पृष्ठ 303 पर देखिए—"भूषण बार-बार कह उठता—आदमी क्या है, उसके कितने रूप हो सकते हैं, कोई नहीं कह सकता।" सोमा को छोड़ और पात्र के बारे में यह बदलते हुए रूप दिखाने का प्रयत्न प्रत्यक्षत: लेखक ने नहीं

किया है। इसका निष्कर्ष यह है कि 'सोमा' ही उपन्यास की नायिका है और उसी पर दृष्टि रखकर यह उपन्यास लिखा गया है। दूसरा निष्कर्ष यह है कि जहां पर लेखक ने सोमा की कथा को छोड़कर अन्य चीजों का वर्णन किया है, वहां पर या तो सोमा की कथा की पार्श्वभूमि देने के लिए किया है, नहीं तो अपने किसी दूसरे उद्देश्य को चरितार्थ करने के लिए। यहां पर प्रश्न यह है कि इस दूसरे दृष्टिकोण को लेखक मुख्य कथा से कहां तक संपृक्त कर पाया है और कहां तक वह ऊपर से थोपी हुई चीज मालूम पड़ती है; इस प्रश्न का उत्तर बाद में देंगे।

दूसरी कथा मनोरमा-भूषण की है और इस कथा के माध्यम से लेखक अपने राजनैतिक विचारों का स्पष्टीकरण कर सका है। भूषण कम्युनिस्ट है—मनोरमा कम्युनिस्टों के प्रति अति सहानुभूतिशील है और जगदीश बाबू बिगड़े हुए कम्युनिस्ट हैं। मनोरमा के यहां सोमा को टिकाकर भूषण उसके यहां जा सकता है और शिक्षितों की बातचीत के सिलसिले में कम्युनिज़्म की बातें न आना असंभव ही है। मनोरमा के साथ भूषण सदैव रह सकता है क्योंकि कम्युनिस्टों के दफ्तर सब जगह हैं और मनोरमा के अंतिम मोड़ से स्पष्ट हो जाता है कि दूसरी कथा को चलाने में लेखक का दृष्टिकोण कम्युनिस्ट विचारों का प्रदर्शन एवं प्रचार करना भी है। इतना ही नहीं, धनसिंह के साथ जेल में घुसकर कथा का प्रवाह रोककर और असंबद्धता का आरोप स्वीकार करके भी लेखक ने जेल में कम्युनिस्टों की प्रशंसा और गैर-कम्युनिस्टों की यथाशक्ति निंदा करने का प्रयत्न किया है। धनसिंह के साथ जाते हुए लेखक ने युद्ध का वर्णन भी किया है और कम्युनिस्टों की युद्धनीति का प्रत्यक्ष समर्थन भी किया है। यह सब देखकर लगता है कि मनोरमा-भूषण की कथा और धनसिंह के विविध अनुभव मत-प्रसार के लिए ही हैं—कहां तक सफलता लेखक को मिली है; यह प्रश्न अलग से विचारणीय है।

कथा का विचार करते हुए निस्संदेह कहना पड़ता है कि उपन्यास अत्यंत स्थूल और घटना-प्रधान है। सोमा और धनसिंह का परिचय मोटर-दुर्घटना में हो जाता है जो हिंदी फिल्मों का प्रभाव मालूम होता है। स्त्रियों को बिल्ली मानकर बचकर चलनेवाला धनसिंह भोली सोमा को देखकर उसको असहाय अवस्था में आश्रय देना चाहता है। दोनों अपने-अपने जीवन में निपट अकेले हैं और थोड़ी सी-सहानुभूति को पाकर परस्पर आकर्षित भी होते हैं। सोमा का मानसिक स्तर देखते हुए यह अशिक्षित, व्यक्तित्वहीन नारी 'भले लोग' की सहानुभूति पाकर अपनी सारी कथा की कथा धड़ाके से व्यक्त करती है; इसमें स्वाभाविकता भी है। और धनसिंह जैसे जवान ड्राइवर का सोमा के 'शरीर की उठान और चेहरे के कच्चेपन से' उसको कुंवारी समझकर आकर्षित हो जाना और 'धुलकर चांदनी में चमकता उसका गोरा मुख, लोच और लचक से उसका घड़ा उठा लेना'

देखकर 'मन में प्यारी मीठी कसक' को अनुभव करना भी स्वाभाविक है। उसमें उसके 'भले लोग हो जी' का सहानुभूति का स्पर्श और दयनीय अवस्था का वर्णन उसे पिघला नहीं देगा तो क्या होगा? "बेचारी मर्द के आसरे बिना रह नहीं सकती।...मैं क्या मर्द नहीं हूं, मैं उसे आसरा दूंगा।" यह निश्चय स्वाभाविक है। प्रारंभिक प्रकरण में धनसिंह और सोमा के मानसिक स्तर को देखते हुए परस्पर के आकर्षण को स्वाभाविकता में चित्रित करने में लेखक को अवश्य सफलता मिली है। दूसरे प्रकरण में सोमा की अवस्था का प्रत्यक्ष चित्रण करते हुए उसको बेचने का निश्चय देखकर धनसिंह के साथ भाग जाने के लिए मन को तैयार करने की उचित सावधानी लेखक ने दिखाई है और धनसिंह के साथ भागते हुए संयोग से पकड़ा जाना भी अस्वाभाविक नहीं मालूम होता। भूषण के माध्यम से ज्वाला सहाय की कोठी पर सोमा आती है और भद्र समाज के संस्कारों को ग्रहण करती है। लेखक ने 'भद्र समाज' में सोमा को लाकर व्यंग्य और उपहास करने का और राजनैतिक मत-प्रचार का अवसर प्राप्त किया है और सोमा के रूप-परिवर्तन की प्रक्रिया भी शुरू होती है। मनोरमा के कारण सोमा का वहां टिकना संभव हो जाता है—टिकना ही नहीं, 'भद्र समाज' के संस्कार भी उसी के कारण उस पर होते हैं। परिणाम यह होता है कि यह सोमा सोचती है—"अमीर लोग सचमुच देवता होते हैं। गरीब कितने कमीने होते हैं! इसलिए तो दैव उन्हें दुःख देता है।" धनसिंह जेल से लौटने पर देखता है कि 'सोमा बिलकुल बदली हुई, संकोचशील' है और उसमें शहरीपन-सा आ गया है। धनसिंह ड्राइवर होकर ज्वाला सहाय की कोठी के पास ही सोमा के साथ रहता है और धनसिंह को देखकर यद्यपि सोमा को वह कुछ बदला हुआ-सा लगता था फिर भी उसके साथ समझौता करके रहने लगती है। धनसिंह के मन में सोमा के ऊपर किए गए पुलिस-लोगों के अत्याचारों का परिणाम यह होता है कि वह सोमा से विरक्त-सा रहता है—सोमा की रुलाई से विरक्ति बढ़ जाती है। विवाह करके निबाह कर लेते हैं—"सोमा चिकनी, कोमल और लचीली होती जा रही थी। पास-पड़ोस के मर्द गुजरते समय उसकी ओर घूरते तो उसे आशंका-सी अनुभव होती। उसने कोठड़ी के दरवाजे पर एक चिक लगवा ली। धूप में बैठना होता तो खाट खड़ी कर राह चलनेवालों से आड़ कर लेती। भले घर की स्त्रियों की यहां यही राह थी।" परिणाम यह हुआ कि दरवाजे खटखटाकर तंग करनेवाले दो गुंडों को धनसिंह क्रोध और ईर्ष्यावश मार डालता है, पुलिस के डर से भाग जाता है और 'भद्र समाज' के जगदीश बाबू को सोमा के साथ संबंध प्रस्थापित करने के लिए खुलकर अवसर भी देता है। खून की बात सुनकर सोमा का चार मास का गर्भ गिर गया और जगदीश बाबू तथा मनोरमा की मदद से वह उपकारों के बोझ से दब भी गई। जगदीश बाबू की सलाह से मनोरमा सोमा को अपने साथ लाहौर ले

गई। जगदीश बाबू की गर्भवती पत्नी भी सोमा के परिश्रमी स्वभाव से और गरीबी से अनुरक्त हो गई थी। चौथे प्रकरण का सोमा की कथा से संबंध नहीं है–उसका बाद में विचार करेंगे। प्रतिष्ठित लोगों में आकर सोमा, जो नौकरानी रहना चाहती थी, साहब और मनोरमा ने उसको मेहमान बनाया। कृतज्ञता के बोझ से दबी हुई वह कर भी क्या सकती थी ? तिस पर साहब की सौंदर्य-प्रशंसा ने उसके तीव्र दुःख को हलका ही नहीं बनाया था, वह पुलक और गुदगुदी-सी भी अनुभव करने लगी। परस्पर संबंध को बढ़ते देखकर भी मनोरमा उसमें दखल नहीं देती। अच्छी लगने के लिए उसने पढ़ना-लिखना भी सीखा और जब साहब सोमा को अकेले में अभ्यासवश 'मिसेज सिंह' कहने लगे तब "सोमा ने अपने मुसकराते हुए पतले लाल होठों के आगे उंगली रखकर कहा–नो डियर, सोमा ?" ऐसी बातें थीं जिनसे साहब बिलकुल ही लुट गए। परिणाम यह हुआ कि सोमा जगदीश बाबू की रखैल-सी बन गई। मिसेज बासू की ओर भैया की अनुरक्ति देखकर और प्रेम को भैया खेल समझते हैं, यह देखकर भी सोमा-जगदीश के प्रति मनोरमा उदासीन ही है—वह विचारों में उलझती है कि स्त्री आश्रय के लिए ब्याह क्यों करे ? मनोरमा सोमा को नर्स का काम सीखने का उपदेश देती जरूर है, परंतु सोमा जब घर संभालने का ही इरादा व्यक्त करती है तो मनोरमा बात को वहीं पर छोड़ देती है। हम देखते हैं कि सोमा की जीवन-दुर्दशा के लिए मनोरमा भी अप्रत्यक्ष रूप से जिम्मेदार है। साड़ी की घटना पर भद्र समाज की बहुएं अपमान महसूस करती हैं और परिणाम यह होता है कि सोमा को घर से निकल जाना पड़ता है और मनोरमा को सुतलीवाला से विवाह कर घर छोड़ने को बाध्य होना पड़ता है। छठे प्रकरण का सोमा की कथा से प्रत्यक्ष संबंध नहीं है—अप्रत्यक्षतः सुतलीवाला-मनोरमा की तलाक घटना से सोमा को एक और आश्रय-स्थान मिल जाता है। सोमा भी बिना विचार किए उसी बरकत के साथ चल पड़ती है जिससे वह घृणा करती थी। सोमा की विशिष्ट मनःस्थिति विचार करते हुए भी क्या यह विश्वसनीय लगता है ? लेखक ने बरकत का सोमा के साथ जो पूर्व व्यवहार चित्रित किया है, उस पर से तो किसी भी हालत में उसके साथ चला जाना असंभव मालूम होता है। 'शरण का मूल्य' उसे अपना धर्म और देह देकर चुकाना पड़ता है। सौ भले लोगों से एक बुरा; भला यह सोचकर बरकत को उसने पकड़ा। उसने ही धोखा दिया तो वेश्या बनने के लिए भी तैयार हुई और बनवारी की मदद पाकर संयोग में वेश्या बननेवाली यह देहाती युवती बम्बई की मशहूर अभिनेत्री बन जाती है। इन समस्त उतार-चढ़ावों में प्रातिनिधिकता नहीं है, परंतु वह महत्त्वपूर्ण नहीं। बात यह है कि कहां तक स्वाभाविकता है—क्या लेखक उसे विश्वसनीय बना सका है ? एकाध अपवाद नारी के जीवन में यह हो भी सकता है परंतु क्या लेखक भोली-भाली पहाड़न सोमा में अभिनेत्री बनने के

लिए आवश्यक चातुर्य और चालाकी को प्रविष्ट कर सका है ? क्या अंत तक बनवारी के कहने के अनुसार ही वह नहीं चलती ? धर्नसिह, जगदीश बाबू, बरकत, बनवारी और अंत में सुतलीवाला तक उसकी यात्रा केवल 'आश्रय' की खोज में होती है—किसी के कारण वह ऊपर उठती है तो किसी के कारण नीचे गिरती है—उसमें स्वतंत्र विचार की शक्ति मानो है ही नहीं। सारी घटनाएं संयोग पर आधारित !! सुतलीवाला की ओर वह प्रभावित होती है और बरकत खौफ खाए बैठा है। आठवें प्रकरण का संबंध मुख्य कथा से नहीं है। नौवें प्रकरण में व्यवहार-चतुर सुतलीवाला का दिखावटी प्रेम और मानवीयता का प्रभाव उस पर पड़ता है और उसका रूप इतना बदलता है कि धर्नसिह को वह पहचानना भी नहीं चाहती। कहती है, "आप लोग क्यों मेरे पीछे पड़े हैं ? ··· मैं सोमा नहीं हूं। —मैं नहीं हूं सोमा !"

यही सोमा की कथा है। प्रश्न यह है कि लेखक कथा को कहां तक संवेदनीय और विश्वसनीय बना पाया है। 'मनुष्य के रूप' दिखाने के लिए उठाया गया यह नारी-पात्र स्वयं इतना व्यक्तित्वविहीन है कि पाठक उसके भिन्न रूपों से जरा भी चमत्कृत नहीं होता। सोमा को लेखक ने अनपढ़, गंवार के रूप में उठाया है परंतु क्या गंवारों में विचार की जरा भी शक्ति नहीं होती ? जीवन की अनेक रोमांचकारी घटनाओं और उतार-चढ़ावों के बावजूद भी सोमा का व्यक्तित्व उनसे प्रभावित नहीं होता और इसी कारण सारी घटनाएं वर्णन-मात्र बनकर रह जाती हैं। किस घटना ने उसके स्वभाव को बदल दिया है—सोमा निम्नतर श्रेणी की लड़की प्रतिष्ठित समाज में आई है—कपड़े बदल गए, शरीर में लोच और चिकनापन आया; परंतु मन ? भिन्न समाज में आकर उसके मन की अस्वस्थता, अशांति का जरा भी आभास हम पाते हैं ? श्रेणी-संघर्ष के प्रति जागरूक इस लेखक ने जगदीश बाबू, मनोरमा और भूषण की तत्त्व-चर्चा में सोमा के मन की कसमसाहट को भुला दिया है। अपने ही स्तर के किसी दूसरे अपरिचित के घर में जाने में भी हम बेचैनी का अनुभव करते हैं—यहां तो भिन्न श्रेणी के वातावरण की बात थी ! धर्नसिह के लौटने पर सोमा ने जिस विकलता का अनुभव किया होगा, क्या लेखक उसको प्रत्यक्ष कर सका है ? धर्नसिह की याद भी सोमा को कठिनाई से आती है। धर्नसिह के खून करने पर शारीरिक हालत का वर्णन लेखक ने भले ही कर दिया हो परंतु मानसिक अवस्था का संकेत बाद में जरा भी नहीं दिया। जगदीश बाबू के साथ बढ़ते संबंधों को चित्रित करते हुए लेखक ने जितना ध्यान उसके शरीर-सौंदर्य की ओर और जगदीश बाबू के प्रशंसात्मक शब्दों की ओर दिया है, उससे कम भी अगर धर्नसिह और जगदीश बाबू को लेकर उसके मन में उत्पन्न होनेवाले स्वाभाविक अंतर्द्वंद्व की ओर देने का प्रयत्न किया होता तो सोमा के पतन के बावजूद भी उसके प्रति पाठकों की सहानुभूति जीवित रह जाती।

परंतु सोमा में शरीर ही शरीर है—मन जैसे है नहीं। बरकत के साथ जाते हुए उसके मन में क्या मचलता है ? धर्म और छुआछूत का विचार ! निम्न श्रेणी से ऊंची श्रेणी में और वहां से नीचे लुढ़कते हुए सोमा के आत्मक्रंदन का पता भी नहीं लगता। जीवन की नई घटना या परिस्थिति के साथ समझौता करते-करते पिछली तमाम जिंदगी को ऐसे भुला देती है कि लगता है उसका मन इतना स्थूल है। पाठक अगर उसके साथ संवेदना नहीं अनुभव करता तो उसमें आश्चर्य नहीं। जगदीश के साथ संबंध प्रस्थापित होते समय जैसे अपने पूर्व वैवाहिक जीवन को बिलकुल ध्यान में नहीं लेती, वैसे ही बरकत, बनवारी और सुतलीवाला की ओर आकृष्ट होते हुए भी ऐसा लगता है कि जिंदगी के तमाम अनुभव मानो उसके व्यक्तित्व को छू ही न गए हों। और इस सबका कारण है कि यशपालजी की मनुष्य के मन में पैठ ही नहीं है। सुतलीवाला के घर में मनोरमा को देखकर तथा उसके बाद धनसिंह को देखकर भावनाओं से युक्त मनुष्य के मन पर क्या बीतेगी, इसका जरा भी चित्रण लेखक ने किया है ? हां, यशपालजी बड़े चतुर आदमी हैं। ऐसी स्थिति में उनकी नायिका या तो बेहोश होती है या बीमार पड़ती है। ठीक है, इतने विकट दुःख को न व्यक्त करके ही प्रकट किया जाता है—जैसे बाल्मीकि ने उर्मिला का दुःख व्यक्त न करके प्रकट किया था या सूर ने राधा का ! !

सारांश, जीवन की विविध परिस्थितियों में, श्रेणियों में, घटनाओं के चक्र में, घूमने को विवश करके लेखक ने 'सोमा' को कठपुतली बनाकर छोड़ दिया है; जिसमें आत्मप्रेरणा या आत्मशक्ति नहीं है। व्यक्तित्वविहीन इस सोमा के विविध रूप भी अभिनेता के विविध रूपों की तरह ऊपरी मालूम होते हैं। फलतः इन विविध रूपों के प्रति पाठक आश्वस्त नहीं होता। इस कथा को पढ़कर जो कुछ रहता है—सोमा को माध्यम बनाकर लेखक ने दिखाया हुआ जीवन की विविधता का प्रदर्शन।

दूसरी कथा है मनोरमा की। मनोरमा भूषण को प्यार करती थी। भूषण ने भी अपनी ओर से कुछ बढ़ावा दिया था। परंतु एम० ए० पास करने के बाद भी पचहत्तर रुपये पानेवाले भूषण के मन में सामाजिक विषमता के प्रति सामूहिक संघर्ष करने के विचार उत्पन्न हुए। मनोरमा की ओर से वह उदासीन हो गया—श्रेणी का अंतर एक कम्युनिस्ट होकर वह कैसे भूल सकता है ? "वास्तव में यह झगड़ा श्रेणियों का है। मैं निर्धन-साधनहीन श्रेणी से हूं; इस दृष्टि से मैं आप लोगों की श्रेणी का शत्रु हूं।" मनोरमा का मन इस बात से हलका हुआ कि उसे भूषण ने किसी 'दूसरी' की तुलना में ठुकराया नहीं। और "उसने बहुत सोचा और निश्चय किया कि उसके जीवन की धारा स्वाभाविक राह से जिस राह पर बहनी चाहिए थी, उसमें भूषण ने अड़चन लगा दी है। वह उस रुकावट से परास्त होकर कायरता से और किसी भी ढलवान पर अपने जीवन को बहा देने के लिए

तैयार नहीं होगी। वह अपने जीवन को नष्ट भी नहीं करेगी। वह अपने जीवन की धारा को एक प्रबल जलशक्ति के रूप में संचित होने देगी जो समय आने पर एक उचित कार्य का साधन बन सकेगी।" (पृ० 83) सोमा को मनोरमा के यहां रखकर उसको देखने के बहाने भूषण वहां कई बार आ जाता था। उसके विचारों में परस्पर विसंगतियां भी छिपी हैं—कुछ व्यक्तिगत कटुता से उत्पन्न हैं। अन्यथा जिस श्रेणी का वह तिरस्कार करता है, जिस श्रेणी की सांस्कृतिक धरोहर को भी लूट कहता है, जिसको शत्रु मानता है; उसी श्रेणी में सोमा को आश्रय दिलवाने के लिए याचना भी करता है। उनकी इस सहृदयता का फायदा उठाने में संकोच अनुभव नहीं करता—हां, कम्युनिस्ट दृष्टिकोण से ठीक भी है—Ends justify the means ! मतलब साध्य से है, साधनों से नहीं !

सोमा के साथ प्रेम और सहानुभूति का व्यवहार मनोरमा के कारण ही संभव हो सका। जगदीश बाबू का सोमा के प्रति झुकाव देखकर भी उपदेश के निष्क्रिय शब्दों के सिवाय मनोरमा सोमा को सचेत नहीं करती, बल्कि भैया के प्रति सहानुभूति के कारण इसमें वह दखल ही नहीं देना चाहती। व्यक्ति-स्वातंत्र्य के भावों ने संभवतः उसे अनाग्रही बना दिया है। परंतु आश्चर्य यही है कि एम० ए० तक पढ़ी-लिखी यह लड़की अंत तक बच्चे की तरह ही व्यवहार करती है जैसे किसी व्यापार में वह अपना हाथ ही नहीं रखती। सोमा को घर से निकाल दिया जाता है। तब मनोरमा अपनी जिम्मेदारी का जरा भी विचार नहीं करती। लेखक ने अंत तक मनोरमा को इतना आत्मलीन बना दिया है कि सोमा के प्रति उसकी उदासीनता का व्यवहार देखकर खीझ होती है। जब बहुओं के कड़वे व्यंग्यों से आहत होकर सुतलीवाला को ब्याह के लिए तार देती है तो उसकी विवेकहीनता तथा परिस्थिति के प्रवाह में बहते जाने की प्रवृत्ति देखकर उसके प्रति पाठक भी पूरी तरह से उदासीन हो जाता है। ऊपर लिखा हुआ पृष्ठ 83 पर का उसका निश्चय और यह प्रत्यक्ष कृति देखकर लगता है कि हो न हो, सोमा की तरह यह भी आश्रय की खोज में भटकती फिरती रहेगी। भूषण ने कहा था—"दो ही काम हैं स्त्रियों के लिए हमारे समाज में—अध्यापिका बन जाएं या डाक्टर। हां, इसे नर्स का काम सिखा दो। एक बार. ठिकाने से बैठ जाए। फिर चाहेगी तो शादी भी कर लेगी।"—सोमा के संबंध में बताया गया यह व्यावहारिक उपदेश, (पृ० 173) जिसको सुनकर मनोरमा उदास हो गई थी, उसके संबंध में भी अलग रूप से लागू हो गया; क्योंकि घर की कटुता को देखकर उसने भी तुरंत विवाह करना ही उचित समझा। (यहां कम्युनिस्ट भूषण की वैचारिक संकुचितता का प्रश्न हम छोड़ देते हैं क्योंकि उसने वह 'व्यावहारिक बात' की थी—सैद्धांतिक नहीं।) और जिसको केवल वह जानती थी—प्रेम नहीं करती थी; उस सुतलीवाला के साथ यह एम० ए० तक पढ़ी हुई और कम्युनिस्ट विचारों से परिचित

यह आधुनिक युवती विवाह करने को तैयार हो जाती है। जिसने पिता और माता के आग्रह के बावजूद भी विवाह न करके शिक्षा प्राप्त की थी, उसकी यह परिस्थितिवशता देखकर सहसा विश्वास नहीं होता। (हां, एक तथ्य से पाठक विश्वास कर सकता है अगर वह लेनिन का कहना जानता हो—"कर्म बिना सिद्धांत मिथ्या और निष्फल है।" (पृ॰ 187) क्योंकि मनोरमा कम्युनिस्ट पार्टी की सदस्या बनकर प्रत्यक्ष कार्य कहां करती थी कि उसमें वह दृढ़ता, कर्मठता कैसे पैदा हो ?) सुतलीवाला से व्याह हो भी जाता है और दोनों बम्बई पहुंच भी जाते हैं। (भूषण भी पार्टी के काम के लिए वहां आया है।) विवाह की प्रथम रात में ही सुतलीवाला की नपुंसकता को देखकर उसे लगता है कि उसकी स्वच्छता पर निष्कलंक धब्बा लग गया है। कुछ दिन इसी तरह मानसिक अवस्था में बीत गए। उसे लगा, "विवाह कर उसने क्या पाया ? कितनी बड़ी भूल—! कितना बड़ा धोखा…!" स्वाभाविक ही इस अवस्था में उसे भूषण की याद आई। उसके अपमान, धक्के भी याद आए—"पर उसके अपमान करने में, धक्का देने में भी ईमानदारी थी। भूषण का गेहुंआं रूखा-सा चेहरा, दुबला, कड़ा शरीर उसकी कल्पना के सम्मुख आ गया और सुतलीवाला का गोरा-गोरा मुलायम चेहरा उसे गिजगिजा-सा दिखाई देने लगा। अपने शरीर के प्रति घृणा से उसकी इच्छा हुई कि समुद्र में थूक दे।·· वह कोई भी शर्त रखता, लेकिन उसे तो अविश्वास था। एक बार दिखाऊंगी कि मुझमें इन सब चीजों को लात मार देने का साहस है।" आश्चर्य इसी बात का होता है कि ये सारी बातें घर से निकलने से पहले ही क्यों न मन में आईं। क्या इसके लिए सुतलीवाला से व्याह करके अनुभवों से ही गुजरने की आवश्यकता थी ? (हां, एक बात जरूर है कि अन्यथा सुतलीवाला जैसे गैर कम्युनिस्ट पर व्यंग्य करने का मौका लेखक के हाथ से चूक जाता !) भूषण को खोजने के लिए कम्युनिस्ट पार्टी के आफिस में वह जाती है और वहां का निस्संकोच एवं स्वस्थ वातावरण देखकर उसका मन हलका हो जाता है। (कम्युनिस्ट पार्टी आफिस के वातावरण का चित्रण करने में लेखक ने जो कुशलता दिखाई है, उसके कारण पाठक भूल जाता है कि लेखक अनावश्यक वातावरण का चित्रण उसके सिर पर थोप रहा है।) भूषण की कटुता मनोरमा के प्रति उतनी नहीं रही जितनी लाहौर में थी। (क्या यह लाहौर और बम्बई का फर्क है या लेखक ने अपनी सुविधा देखी ?) यहां तक कि उसकी वैवाहिक स्थिति को देखकर 'मन्नो' भी कहती है— "पूरे तीन वर्ष के बाद ! विवाह के प्रति भूषण के कुछ विचार बदले हुए-से लगते हैं। संघर्ष और क्रांति को जीवन-भर निबाहने के लिए जहां तक संभव हो, जीवन को साधारणतः स्वस्थ और प्राकृतिक बनाए रखना जरूरी है।" (मनोरमा के इस प्रश्न पर कि "यह कब समझ में आया ?" वह उत्तर देता है, "सब कुछ समझा-समझाया तो कोई पैदा नहीं होता। पूर्व ज्ञानमय

तो भगवान ही हैं और उनसे कम्युनिस्टों का परिचय नहीं।"—चार-पांच महीनों के अंदर वह विचार-परिवर्तन देखकर भूषण की प्रगतिशीलता के प्रति पाठक पूरी तरह से आश्वस्त हो जाता है !) इसकी ओर मनोरमा भी संकेत करती है। (पृ॰ 216) भूषण अपनी मूर्खता स्वीकार करता है कि वह नासमझ था। क्या पाठक को यह सब भूषण के प्रति संदेहशील नहीं बना देता ? भूषण की वैचारिक उलझन का एक और प्रमाण भी देखिए। पृ० 217 पर वह कहता है—"व्यक्ति की न्याय-बुद्धि इन सब व्यवधानों से बड़ी हैं लेकिन तुम मेरे प्रति जो अन्याय कर रही हो···।"; "मैं अन्याय कर रही हूं ?"; "तुमने कहा, मुझे तुम पर विश्वास नहीं था ?"; मनोरमा ने प्रतिकार के स्वर में कहा, "सन् 36-38 में तुम्हारा क्या व्यवहार था। 39 और 40 में कैसा रहा ? तुम मुझे शत्रु-श्रेणी में समझते थे।" भूषण की ओर देखे बिना अपनी चप्पल नीचे पड़े पत्थर पर दबाकर वह बोली, "व्यक्ति क्या श्रेणी से अलग नहीं हो सकता ?क्यों सोमा···?"; "सोमा बैरिस्टर का खिलौना ही तो बनी···हुआ क्या···।"; "मैं ऐसी मूर्खता नहीं कर सकता था। उस अवस्था में तुम्हारी श्रेणी तुम्हें ठुकरा देती या मुझे खरीद लेने की कोशिश करती या हम दोनों व्यवस्था के विरुद्ध व्यक्तिगत रूप में लड़ने के मजाक में शहीद बन जाते।" (पृ॰ 217-218) क्या यह श्रेणीवाद नई सांप्रदायिकता नहीं है ? अगर भूषण पर पलायनवाद का आरोप किया जाए तो उसमें क्या गलती होगी ?

सुतलीवाला और मनोरमा के संबंध इतने बिगड़ जाते हैं कि मनोरमा तलाक का विचार करने लगती है। नीता उसके संकोच को पूंजीवादी संस्कृति का पाखंड मात्र मानती है और कामरेड भूषण अभी चुप रहने की राय देते हैं—कारण क्या है ? "मैं नहीं चाहता कि अखबारों में मोटे अक्षरों में खबर छपे कि कम्युनिस्ट युवती का नपुंसक पति को तलाक !"—क्या एक कम्युनिस्ट इस प्रकार की झूठी सामाजिक प्रतिष्ठा को मन में जगह दे सकता है ?

सुतलीवाला के सोमा पहाड़न से बढ़ते हुए संबंधों की परिणति मनोरमा से तलाक लेने में होती है और अंत में मनोरमा पहाड़न को देखकर चकित हो जाती है—मनुष्य के कितने रूप हो सकते हैं ? पार्टी के आफिस में वह काम करती है। धनसिंह आ जाता है तो भूषण से कहती है कि भूषण धनसिंह को लेकर सोमा के यहां जाए। सोमा के परिवर्तन को ध्यान में लेते हुए भूषण धनसिंह को वहां न जाने के लिए सूचना देता है। मनोरमा के कहने पर वह चला जाता है और करौली के वार से घायल हो जाता है। यह समझ में नहीं आता कि भूषण को इस दुर्घटना का शिकार बनाकर लेखक ने क्या साध लिया है ? शहीद की लोकप्रियता भी उसे नहीं मिली। अगर उपन्यास को शोकांत (ट्रेजेडी) बना देने का लेखक का विचार है तो कहना होगा कि पूर्णतः असफल हो गया है, क्योंकि ट्रेजेडी

केवल अंत में नायक या नायिका के मर जाने मात्र से नहीं बनती—आरंभ से ट्रेजेडी का नायक एक विशिष्ट रूप में सामने आ जाता है और पाठक पर अंतिम पर्यवसान का प्रभाव गंभीर करुणा के बोध के रूप में होता है। यहां तो केवल आकस्मिक अपघात हुआ है और लेखक का सारा प्रयास एक छिछलापन मात्र लगता है। भूषण का सहानुभूति प्राप्त करने का यह अंतिम प्रयास भी विफल हो जाता है—बड़ा ही दयनीय जीव लगता है।

मनोरमा की कथा बताते हुए कथावस्तु में तथा चरित्र-चित्रण में जो कमियां दिखाई दीं, उसका कुछ संकेत ऊपर किया गया है। सुतलीवाला जैसा व्यवहार-चतुर मनुष्य मनोरमा से व्याह करने के लिए तैयार हो जाता है—यह भी एक उसकी व्यवहार-बुद्धि देखकर असंभव-सा मालूम होता है। अपनी कमजोरी का पता उसे नहीं था सो बात नहीं, क्योंकि वह भुक्तभोगी था—केवल घर बसाने की चिंता थी। जिसन जीवन के शारीरिक सुख-भोगों को भोगकर अपने यौवन को भी खत्म कर दिया था, उसमें नारी के प्रति शारीरिक आकर्षण शेष रह गया था; यह अविश्वसनीय-सा मालूम होता है। क्या मनोरमा के सौंदर्य या स्वभाव को देखकर कुछ समय वह विचलित हो गया था कि विवेक भी खत्म हो जाए? मगर इसकी ओर भी संकेत नहीं किया गया। संभवतः इसमें लेखक ने अपनी कथा की सुविधा ही देखी हो। सोमा से व्याह करना समझ में आ सकता है—कुछ तो घर बसाने की इच्छा, कुछ एक-दूसरे से विरक्त रहकर दुनिया को ठगने की इच्छा, पैसे का लोभ इत्यादि उद्देश्य हो सकते हैं; मगर मनोरमा के साथ व्याह करने में इनमें से एक भी नहीं था।

मनोरमा के चित्रण में भी लेखक ने इतनी स्थूलता से काम लिया है कि मनोरमा के मन को लेखक कभी पकड़ ही नहीं सका। जो बात सोमा के संबंध में हुई वही मनोरमा के। ऐसे अनेक रसात्मक प्रसंग थे कि लेखक उनमें रंग भर सकता था। जगदीश-सोमा के व्यवहारों के प्रति मनोरमा की उदासीनता अक्षम्य है और आश्चर्य तो यह है कि उसको निकाल दिए जाने के समय या उसके बाद मनोरमा उसके प्रति अपना दायित्व तक नहीं महसूस करती! शायद उस समय वह मानसिक विक्षिप्तता की स्थिति में थी जैसा कि उसने भूषण से कहा है। परंतु इससे क्या यह बात स्पष्ट नहीं होती कि उसके व्यक्तित्व का लंगर गहराई में जरा भी नहीं गया था? भूषण उसकी ओर से उदासीन है, परंतु क्या इस उदासीनता को लेखक पाठक तक पहुंचा सका है? सुतलीवाला के साथ विवाह करने का निर्णय लेते समय उसे जरा भी भूषण की याद नहीं आई—आत्माभिमान के कारण? फिर बम्बई में सुतलीवाला के असली रहस्य का पता लगने पर कहां गया था वह आत्माभिमान? सबसे भयानक बात तो ट्रेन के प्रवास में है। भूषण की उदासीनता से उत्पन्न प्रेम-भंग का दुःख, घर की कटुता के कारण उत्पन्न मानसिक विक्षिप्त

अवस्था तथा सुतलीवाला जैसे आगंतुक व्यक्ति से व्याह करके जीवन का लगाया हुआ दांव, इन सबसे मानो सुतलीवाला के साथ प्रवास करनेवाली मनोरमा इतनी अलग है कि आश्चर्य होता है। यह अतीत के प्रति निर्विकारता भी मानसिक विक्षिप्तता का परिणाम थी? या लेखक का दृष्टिकोण जो नारी-जीवन को ऊपर से शरीर ही सब कुछ मानकर चलनेवाला? जरा देखिए—"हर बार उसका हाथ छू जाने से मनोरमा के शरीर में बिजली दौड़ा देता।" (पृ० 194) "एक पूर्ण, निर्भय, अधिकारपूर्ण चुम्बन। मनोरमा के अछूते अनुभवहीन होठों पर कटी हुई मूंछों की मधुर चुभन। उफ्! कितना मधुर! मनोरमा की बाहें उठने के लिए तड़पकर रह गईं। पीठ बल खाकर रह गई।" (पृ० 195) ऐसा लगता है कि मानो दुष्यंत की तरह मनोरमा भी पूर्व जीवन को भूलकर कोरा मन लेकर वहां आई! उसके पूरे संदर्भ में देखकर अगर यशपालजी उसका चित्रण करते तो संभवतः कितनी मानसिक उथल-पुथल, कसमसाहट और अंतर्द्वंद्व का चित्रण करना पड़ता। इस तरह की मनःस्थिति संभवतः उस स्त्री की हो सकती है जो जवान है और पुरुष के सान्निध्य को पहले-पहल अनुभव कर रही है, परंतु मनोरमा-भूषण के प्रेम को कैसे भूल सकते हैं? इसका सरल अर्थ यह है कि सोमा और मनोरमा में अंतर है; केवल शिक्षा-दीक्षा का, चाल-चलन का और कपड़ों का। फिर शारीरिक मिलन के लिए इतनी आतुर मनोरमा को जब सुतलीवाला के नपुंसकत्व का पता लगता है, उस समय की उसकी विराट् वेदना को क्या लेखक संप्रेषित कर सका है? परिणाम यह हो जाता है कि मनोरमा भी पाठक को प्रभावित नहीं करती। लेखक का अंतिम वर्णन "मनोरमा फिर अचेत हो गई। डॉक्टर परेशान था कि उसे होश कब आएगा? आएगा भी या नहीं? उसकी मानसिक अवस्था में ऐसी चोट घातक हो सकती थी…" पढ़कर भी पाठक निर्लिप्त मन से, अनभीगे मन से, पुस्तक दूर करता है।

ऊपर कहा जा चुका है कि मनोरमा की कथा का उद्देश्य कम्युनिस्ट दृष्टिकोण का प्रचार करना ही है। इस संबंध में प्रथम यह स्पष्ट करना समीचीन होगा कि मनोरमा की कथा मुख्य कथा को कहां तक गति देती है या संबंधित है। भूषण के द्वारा मनोरमा के यहां सोमा का आना उसके ऊपर भद्र समाज के संस्कार कराने के उद्देश्य से सम्पन्न हुआ है। मनोरमा की सहानुभूति के कारण सोमा वहां टिक ही नहीं पाती बल्कि जगदीश बाबू से संबंध भी प्रस्थापित करती है। शायद सोमा के पतन के लिए मनोरमा अपने को जिम्मेदार न भी माने परंतु यह हुआ है। कहीं जगदीश बाबू के आग्रह से सोमा को 'प्रतिष्ठित' करने में वह योग देती है, कहीं उसके जगदीश बाबू से बढ़ते संबंधों की ओर से उदासीन रहकर, तो कहीं निकाल देने के समय आत्मलीन रहकर। मनोरमा को सुतलीवाला से विवाह भी सोमा के कारण ही करना पड़ता है—साड़ीवाली घटना के कारण। कम-से-

कम प्रत्यक्ष कारण तो वही है। इसके बाद ये कथाएं पुनः भिन्न धाराओं में गतिमान होकर अंत तक समान्तर बहती हैं। अंत में सुतलीवाला से तलाक लेकर सोमा के लिए वह स्थान रिक्त कर देती है। इन कथाओं में इतना ही संबंध है, परंतु इस कथा का एक दूसरा पहलू भी है। जब-जब मनोरमा के घर में भूषण जाता है, उस समय कभी मनोरमा से तो कभी जगदीश बाबू से, कभी सोमा को लेकर तो कभी मनोरमा को लेकर, वाद-विवाद चलते हैं। कम्युनिस्ट होने के कारण—कम्युनिज्म के सौंदर्य, वर्ग-विग्रह संस्कृति और युद्ध आदि के संबंध में बातचीत होती है। अंत में सोशलिस्ट (?) सुतलीवाला को छोड़कर कम्युनिस्ट भूषण के पास मनोरमा आ जाती है। पार्टी आफिस का सुंदर चित्रण करने का अवसर भी लेखक को मिला है। कम्युनिज्म की चर्चा में लेखक का उत्साह इतना है कि अनेक रसात्मक स्थलों के वर्णन से और मानसिक उथल-पुथल के चित्रण से लेखक ने अपने को बचाया है क्योंकि मानसिक अंतर्द्वंद्व में उसकी पैठ नहीं है।

यहां भूषण की कार्य-पद्धति तथा विचारों की समीक्षा करना भी अनुचित न होगा। भूषण के दर्शन हमें उस समय होते हैं जबकि ड्राइवर-लोगों में और मालिकों में संघर्ष-सा उत्पन्न होता है। रूस के युद्ध में उतर आने से पूर्व कम्युनिस्ट अंग्रेजों के खिलाफ थे और रूस पर जर्मनी का हमला होने के बाद तुरंत हिंदी कम्युनिस्टों ने उसी युद्ध को फासिज़्म और नाजिज़्म के विरोध में साम्यवाद और जनतंत्रवाद का संघर्ष कहकर जनता को युद्ध में सम्मिलित होने को प्रोत्साहित किया; यह सर्वश्रुत है। अंग्रेजों की मदद करना पूंजीशाही और साम्राज्यशाही की मदद करना है; इस प्रारंभिक घोषणा को भुला दिया गया। हमारा 'हीरो' भी धर्नसिंह ड्राइवर से कहता है, "हम गैर-कौमी सरकार की मदद क्यों करें? सरकार और मालिक एक हैं। अंग्रेज हम पर गोलियां चलाएं, हमें लूटें, हम इनके लिए अपनी गर्दन दें! तुम्हीं बताओ, सरकार ने तुम्हारे ही साथ क्या भलाई की है? सरकार है क्या? आज मालिक से झगड़ा हो, सरकार अपनी पुलिस लेकर मालिक की तरफ हो जाएगी।" (पृ० 48) यही भूषण जगदीश बाबू से कहता है, "इंग्लैंड नाजीवाद की साम्राज्य लिप्सा के विरुद्ध अपने साम्राज्य की रक्षा के लिए लड़ रहा है। उसका साम्राज्य क्या है—हमारा शोषण। हम अपनी मुक्ति के लिए लड़ रहे हैं।" (पृ० 82) पृष्ठ 119 पर भी इसका उल्लेख देखिए। यही भूषण बंबई पार्टी के आफिस में जब आता है (कथावस्तु की सुविधा के लिए) तब से युद्ध के संबंध में एक शब्द भी नहीं बोलता। यह बड़े आश्चर्य की बात है—पार्टी आफिस में विनोद और परिहास के बीच विश्व के अस्तित्व तक को झकझोरनेवाले युद्ध के संबंध में ऐसी चुप्पी साधकर सब बैठे हैं कि लेखक के चातुर्य को देखकर चकित होना पड़ता हैं। ऐसा लगता है कि पार्टी का प्रत्येक मनुष्य युद्ध के संबंध में इतना अलिप्त रहता है कि उसकी कोई हस्ती ही नहीं। क्या यह यथार्थता है? भूषण ने

अपने विचारों में इतनी स्थूलता तथा संकुचितता और कभी-कभी स्वार्थी व्यावहारिकता का प्रदर्शन किया है कि मालूम ही नहीं होता कि इसके हृदय नाम की कोई चीज है भी या नहीं ? मनोरमा के प्रति उदासीनता का कोई सैद्धांतिक समर्थन उसके पास है ही नहीं, परंतु मनोरमा के विवाह की बात पार्टी आफ़िस में जब उसको मालूम होती है तब केवल विस्मय से उसकी आंखें चमक उठती हैं—उसके बाद उसका मनोरमा के प्रति उसके मन में महज औपचारिक सहानुभूति के सूखे शब्दों के सिवाय कुछ है ही नहीं। इसका एक अर्थ या तो भूषण उसकी ओर से हृदय से भी उदासीन हो गया था या दूसरे, भूषण की प्रवृत्तियां ही कुछ ऐसी स्थूल या जड़ हैं कि संवेदना या भावना नाम की चीज उसमें है ही नहीं ! ! लगता है लेखक कथावस्तु को 'कहने' में इतना व्यस्त है कि पात्रों के राग-द्वेषों की ओर देखने के लिए उसे समय ही नहीं है। "लेकिन भूषण की राय थी कि अभी चुप रहे। ऐसी स्थिति आ सकती है कि अदालत में छीछलेदार हुए बिना झगड़े से मुक्ति हो जाए।" (यह ज्योतिष है या नियतिवाद या पलायनवाद ?) "मैं नहीं चाहता कि अखबारों में मोटे अक्षरों में खबर छपे कि कम्युनिस्ट युवती का नपुंसक पति को तलाक।" (पृ० 227) (समझ में नहीं आता कि नपुंसक पति से तलाक लेने में कम्युनिस्टों का क्या बिगड़ता है !) इसी कामरेड का धनसिंह को व्यवहार-चातुर्य की बातें समझा देना और अंत में सारी जिम्मेदारी मनोरमा पर छोड़कर धनसिंह को लेकर सोमा के बंगले पर जाना भूषण की दयनीयता ही प्रकट करता है। (यह जिम्मेदारी की बात भी कहां से आई ? क्या अपनी मृत्यु की कल्पना उसने पहले से की थी ?) दर्शन-शास्त्र लेकर एम० ए० में सम्मान-सहित पास होनेवाला यह युवक, अंत तक एक अत्यंत सामान्य मध्यवर्गीय कमजोर व्यक्ति की तरह व्यावहारिकता ही प्रकट करता है—दर्शन-शास्त्र की उसकी डिग्री सबसे बड़ा व्यंग्य है ! !

भूषण के द्वारा लेखक जो काम अच्छी तरह से नहीं कर सका—अपने मन के मुताबिक—उसे धनसिंह को निमित्त बनाकर सम्पन्न करना चाहता है ! वास्तव में धनसिंह के विविध अनुभवों का कथा की गति से कोई संबंध नहीं दीख पड़ता। 'जेल से बचकर जेल में' प्रकरण धनसिंह के साथ संबंधित है और कथावस्तु की गति वहां बुरी तरह से रुक गई है। उस समय का वातावरण चित्रित करने का प्रयत्न इसमें किया गया है। क्या यह वातावरण भी विश्वसनीय है ? ध्यान से पढ़ने पर पता लगेगा कि महायुद्ध के समय हिंदी जनता में उस समय अंग्रेजों के प्रति जो एक घृणा की भावना पैदा हो रही थी, उसका यत्र-तत्र चित्रण लेखक ने किया है और रेल उखाड़ना, तार के खंभे गिराना आदि के द्वारा जो देशभक्ति की प्रचंड तरंगें उत्पन्न होकर फूटती थीं; उनका वर्णन नहीं किया। धनसिंह को देशभक्त के रूप में जेल में बंद करने के लिए केवल एक इन्कलाब के नारे लगानेवालों का पांच-

दस पंक्तियों में वर्णन किया है। यहां भी मालूम नहीं होता कि 'अंग्रेजों का नाश हो' के साथ 'गांधी की जय' कहलवाकर व्यंग्य करना प्रमुख उद्देश्य था या उस समय की देश की वीर-भावनाओं का प्रदर्शन करना !

जेल में जितने कम्युनिस्ट हैं, सब वीर हैं और जो गैर-कम्युनिस्ट हैं, वे सब चोर। कम्युनिस्टों का अखबार कुंदन मेहतर लाता है क्योंकि वह सर्वहारा वर्ग का है और अपने वर्ग का उदार करनेवाले कम्युनिस्टों का काम वह क्यों नहीं करेगा ? परंतु राधे चौधरी माहवार 30-40 रुपये देकर—घूस देकर—अखबार मंगवाते हैं ! सोमनाथ जो कांग्रेस के हैं, सम्पत्तिशाली हैं और 'सी' में रहकर अपने खर्चे से दो सेर दूध और कुछ फल मंगवा लेते हैं। चोरी से मंगवाया अखबार नहीं पढ़ते थे परंतु खबरें सुनते थे ! यशपालजी के जेल में जितने गैर-कम्युनिस्ट हैं, सबमें कुछ-न-कुछ असंगति, ढोंग है ही। सोमं बाबू के उपवास को लेकर भी यही व्यंग्यात्मकता प्रकट होती है जो सत्य या तथ्य से कोसों दूर है। युद्धनीति का कम्युनिस्टों का समर्थन और गैर-कम्युनिस्टों की निंदा लेखक की भाषा में सुनिए, "एक नई रेडिकल डेमोक्रेटिक पार्टी भी पैदा हो गई थी जो लाल झंडा लेकर अंग्रेजों की सेना में भर्ती होने का प्रचार कर रही थी। यह पार्टी अंग्रेजों को प्रजातंत्र का रक्षक बताकर उन्हें युद्ध में पूरी सहायता देने की सलाह दे रही थी। कम्युनिस्ट मजदूरों को जापान के आक्रमण के समय दुश्मन का मुकाबला ढीला न होने देने के लिए किसी प्रकार की हड़ताल न करने देने की सलाह दे रहे थे और सरकार से अपने देश की रक्षा के लिए युद्ध में सहयोग देने के लिए अवसर की मांग कर रहे थे।" कांग्रेसी समाजवादी अर्जुनसिंह को गांव में किसान आने नहीं देते और कांग्रेसवालों को बनिए कहकर निकाल देते हैं। (पृ० 138) प्रश्न यह है कि गांधीजी के नाम पर मर मिटनेवाले देहातियों का यह प्रातिनिधिक चित्र है ? क्या लेखक ने किसानों में भी जागृत हुई देशभक्ति का यह अपमान नहीं किया है ? अर्जुनलाल सोशलिस्ट है—वह डरपोक है—रेलवाली घटना देखकर धनसिंह को उसने पुलिस का विरोध करने से रोका—धनसिंह का मन अर्जुनलाल से फट गया। (शायद वहां गणेशसिंह जैसा कम्युनिस्ट होता तो शहीद होने का अवसर हाथ से न छोड़ता !)

'मालिकों की अदला-बदली' प्रकरण भी इसी तरह मुख्य कथा या उपकथा से संबंध नहीं रखता। इसमें जापानी सैनिकों की क्रूरता दिखाई गई है और अंग्रेज उनसे कई दर्जे अच्छे बताए गए हैं। यह सारा प्रयास यह बताने के लिए कि कम्युनिस्टों का दृष्टिकोण ही ठीक था, क्योंकि उन्होंने जापान का विरोध करके अंग्रेजों की मदद करना उचित समझा; यह पाठक के मन पर अंकित हो। प्रश्न यह है कि जापानियों की बर्बरता युद्ध के प्रारंभ से ध्यान में कैसे नहीं आई ? अपने देश को जापानियों से बचाने का पवित्र कर्त्तव्य रूस के युद्ध में आ जाने पर ही क्यों जागृत हुआ ?

उपन्यास में राजनैतिक मत-प्रचार का प्रश्न भी महत्वपूर्ण है। ...नैतिक घटनाओं का या विचारधाराओं का विवरण या विश्लेषण जहां तक कथावस्तु से संबंधित घटनाओं या पात्रों से संबद्ध हो, पात्रों के जीवन-चक्र को गति देता हो, वहां तक ठीक होता है। क्या इतने राजनैतिक विवरण का किसी पात्र के जीवन से ऐसा संबंध है कि बिना उसके पात्र का व्यक्तित्व ही अलग ढंग का हो जाता या जैसा बना है वैसा न बनता? जहां तक धनसिंह के व्यक्तित्व का सवाल है, न उसमें राजनैतिक विचारों और अनुभवों से कुछ गहराई आई है, न सम्पन्नता। वह वही ड्राइवर अंत तक रह जाता है। हां, बीच में आजाद हिंद सेना का सिपाही बनकर कुछ साहसी जरूर बन गया है। लेखक ने ही उसका वर्णन किया है—"धनसिंह ऐसी बहस की गहराई नहीं समझ सकता था इसलिए प्राय: चुपचाप सुना करता।" सेना में वह भर्ती होता है; वह न कामरेड गणेश के कहने से न और किसी के। प्रवाह में अपना जीवन झोंक देता है—जैसे बहे वैसे बहे। स्पष्ट है कि धनसिंह के बहाने लेखक ने जो जीवन की विविधता का दर्शन कराया, वह ऊपरी था। वह प्रातिनिधिक भी नहीं है—एकांगी है, अतएव असत्य है।

सारांश, यशपाल का यह उपन्यास, उपन्यास की दृष्टि से पूरी तरह असफल मालूम होता है। न उसमें सुगठित कथा का पात्रों की मनोरचना से मेल खाता हुआ निर्वाह है, न किसी पात्र के व्यक्तित्व-निर्माण का गहरा प्रयास। पुस्तक समाप्त करते-करते लगता है कि आजकल की फिल्मी ढंग की यह कथा बन गई है जिसमें सस्ते मनोरंजन के बहुत से उपकरण जुटाए गए हों। विशिष्ट परिस्थितियों में उत्पन्न होनेवाली विशिष्ट संवेदनाएं, उनके कारण पात्रों के व्यक्तित्व में आनेवाली गहराई तथा मानसिक उथल-पुथल का ज्ञान उपन्यासकार में परिलक्षित नहीं होता। प्रस्तुत उपन्यास के सारे पात्र स्थूल, व्यावहारिक एवं जड़-से लगते हैं। यशपाल की सबसे बड़ी कमी—मानव-मन में प्रवेश की असमर्थता है। यही उन्हें प्रेमचंदजी से बिलकुल अलग खड़ा कर देती है। विशिष्ट मतवाद को स्वीकार करने से वातावरण-निर्माण का कौशल होते हुए भी एकांगिता आती है। यशपालजी ने जीवन का विस्तार बहुत ही देखा है। ड्राइवरों के समुदाय का चित्रण, पहाड़ी जगह का वर्णन, पुलिस के अत्याचारों का तथा जेल-जीवन का वर्णन, प्रत्यक्ष लड़ाई का वातावरण, पार्टी आफिस का व्यंग्य और परिहासपूर्ण चित्रण, भद्र समाज का चित्रण, फिल्मी दुनिया का विवरण, निम्न वर्ग के पारिवारिक संबंधों का वर्णन—आरंभ से अंत तक जीवन के बाह्य विविध रूपों का चित्रण करने में यशपालजी का कोई सानी नहीं है। इस उपन्यास के एक-एक प्रकरण में कहानी-सा जो आनन्द मिलता है, वह यशपालजी की प्रतिभा कहानीकार की प्रतिभा है—इस तथ्य को स्पष्ट कर देता है।

अनाम स्वामी

जैनेंद्रकुमार की नई रचना प्रबुद्ध पाठक-वर्ग में तीव्र उत्सुकता और जिज्ञासा उभारती है। पिछले कई वर्षों में, खासकर नई कहानी की चर्चा के संदर्भ में, जैनेंद्र की रचनाओं के प्रति व्यंग्यात्मक कोण से या सीधे प्रहार कर उनका मजाक उड़ाने की प्रवृत्ति आरंभ हुई थी। उसका एक परिणाम, जो हर विज्ञापनबाजी का परिणाम होता है, यह हुआ कि उनकी अनेक सशक्त रचनाएं उपेक्षित हुईं—उपेक्षित इस दृष्टि से कि उन पर उस प्रकार चर्चाएं नहीं हुईं जिस प्रकार 'सुनीता', 'त्यागपत्र' इत्यादि के प्रकाशन के बाद हुई थीं। समकालीन के प्रति अतिरिक्त सजगता और सर्जनात्मक साहित्य के अच्छे-बुरेपन की कसौटी के रूप में पीढ़ियों के अंतर को महत्त्व देने की घातक प्रवृत्ति के कारण पुरानी पीढ़ी की कालजयी रचनाओं की भी उपेक्षा हुई।

'सुनीता' से लेकर 'अनाम स्वामी' तक लगभग सभी रचनाओं में एक प्रेम का त्रिकोण उभरता है, यह सही है। अतिशय उदार परंतु पत्नी की आवश्यकताओं की पूर्ति करने में असफल सात्विक पति; आक्रामक, कुंठाग्रस्त, जटिल व्यक्तित्व से युक्त तामसी प्रेमी; और इन दोनों के बीच अपने संस्कारों से दबी परंतु आंतरिक स्तर पर उन्मुक्त होने के लिए उत्सुक राजसी पत्नी की छटपटाहट—इन तीन बिंदुओं का त्रिकोण थोड़ी एकरसता पैदा कर लेखक की सीमा का बोध कराता है। परंतु इन तीन बिंदुओं को जोड़नेवाले असंख्य भावात्मक तंतुओं के आंतरिक तनाव और ऐंठ से, सूक्ष्मता और चीमड़पन से, उलझनदार कलात्मक बुनावट से, जो आकृति-बंध बनता है; वह विस्मय-चकित करता है। जैनेंद्र के उपन्यासों में समाज की ऊपरी सतह पर दिखनेवाली विविधता, विचित्रता, भंवरदार प्रवाह का रेखांकन कम मिलता है परंतु इस सबको दूर तक संचालित या नियंत्रित करनेवाली, आकार देनेवाली 'साइकी' की शक्ति, विचारों की टकराहट की गति तथा मानवीय व्यापारों के तल में उपस्थित अन्यान्य स्थितियों का धरातल रहता है—इसी कारण इनकी रचनाओं में एक विशेष प्रकार की गहन प्रासंगिकता या तात्कालिकता कहीं बुनियाद में अवस्थित होती है।

जैनेंद्र की रुचि पुराने ढंग की कथा बनाने की ओर नहीं है परंतु सूक्ष्म, सुंदर, सुगठित कथा-तत्त्व के प्रति वे उदासीन शायद ही दिखते हैं। अपने कुछ इने-गिने पात्रों की तीव्र मानसिक संवेदना को अत्यंत मूर्त्त रूप में चित्रांकित करते समय जैनेंद्र की कथा विभिन्न मोड़ लेती रहती है; तब पाठक के लिए अप्रत्याशित परंतु संगतिपूर्ण घटनाक्रम में या पात्रों के परस्पर व्यवहार-व्यापार में कौतूहल की कम सुखद परितृप्ति नहीं होती। जिज्ञासा का तार अंत तक बढ़ता जाता है, चरित्रों के अंतिम निर्णय (या परिणति?) के लिए तीव्र उत्सुकता जगती रहती है और अंतिम निर्णय भी ऐसे आते हैं कि देर तक पाठक के मन और बुद्धि को झकझोरकर तीखी उलझन और उधेड़बुन की लहरों से आप्लावित करते रहते हैं। जैनेंद्रजी के कुछ पात्रों में भी ऐसी बातें मिलती हैं जो उनकी महानता को सीमित करती हैं। स्थूल जीवन के व्यापारों-क्रियाओं के प्रति उदासीनता, गहन-संस्कारशीलता, अपनी भावनाओं एवं विचारों को खोलकर रखते समय विचित्र संकोच उन्हें रहस्यात्मकता का कुहरा उत्पन्न करने में सहायता देता है। (यह गूढ़ रहस्यात्मकता जैनेंद्र की कला में आकर्षण उत्पन्न करती है।) कभी उनके बीच का व्यवहार इतना उन्मुक्त, तरल और रसभीगा होता है कि ऐसे स्थल पुनः-पुनः पढ़कर पाठक कृतार्थता अनुभव करता है। उनके पात्र प्रायः चिंतनशील, प्रखर, मेधावी और तीव्र संवेदना से युक्त होते हैं। जैनेंद्रकुमार के उपन्यासों में सूक्ष्म-चिंतन, तीव्र अनुभूति की रसात्मकता लेकर व्यक्त होता है और अनुभूति या संवेदना चिंतन से नुकीली, तीक्ष्ण एवं मूल्यवान बनकर उपस्थित होती है। यही कारण है कि जैनेंद्रकुमार के पात्रों के संवादों को प्रवचन या व्याख्यान का रूप मिलने पर भी अलौकिक सर्जनात्मक क्षमता के कारण वे उपन्यास का अभिन्न अंग ही बने रहते हैं। पात्रों का चिंतन उनके व्यवहार को गति या शक्ति देता है और व्यवहार चिंतन के नए-नए आयाम खोलता-सा प्रतीत होता है। ऐसा लगता है कि उनके पात्र अपनी ही कुंठाओं से, ग्लानि से, पश्चाताप की तीखी वेदना से बेकल, बेचैन होकर भटकते रहते हैं। उनके लिए उनकी मानसिकता—साइकी ही महाभयंकर समस्या है। अपने को काटते, तराशते और तलाशते जानेवाले पात्रों की उधेड़बुन में डूब-डूबकर पाठक उनकी क्रूर प्रतिक्रियाओं में भी करुणा से व्याकुल और द्रवित हो जाता है। जैनेंद्रकुमार के उपन्यासों में से चिंतन का अंश कम करना प्रायः असंभव होता है। जैनेंद्र सूक्ष्म चिंतक के रूप में विख्यात हैं। उनका कलाकार चिंतक से कम महान नहीं है। अतः चिंतन की अमूर्त्तता, शुष्कता और तार्किक कर्कशता उनकी रचना में मूर्त्त चित्र का रूप धारण करती है और एक स्तर के पाठक को कहीं भी शुष्कता का आभास नहीं होता। उनकी चिंतन से भरपूर और विशिष्ट जैनेंद्रीय-शैली से वक्र बंकिम उक्तियां गजब का प्रभाव डालनेवाली होती हैं और ऐसी उक्तियां या पंक्तियां पन्ने-पन्ने पर बिखरी हुई अनुभव की समृद्धता

का एहसास कराती हैं। फिर भी जैनेंद्रजी अनायासता का, कलात्मक दक्षता के प्रति उदासीनता का बाना धारण करते हैं। परंतु उनके द्वारा दिखाई गई बेफिक्री और उदासीनता या तो गहन कलात्मक चातुर्य से उपजी हुई होती है अथवा वह सिद्ध-हस्त कलाकार का सहज स्वयंभू, उत्स्फूर्त, सौंदर्य-विन्यास है। सहज ही में उठाए गए प्रश्नों, अनायास लगनेवाले प्रसंगों, बीच में छोड़े गए रिक्त स्थलों, अधूरे संवादों या वृत्तों तथा बीच में तोड़े गए वार्तालापों का सजगता से निरीक्षण किया जाए तो एक विलक्षण, दक्ष कलाकार की सचेतनता का प्रत्यय वहां मिले बिना नहीं रहेगा। जैनेंद्रजी अपने पात्रों के मूल साइकिक केंद्र के वैशिष्ट्यों को पकड़ने में अपने अन्य चरित्रों को भी असमर्थ दिखाते हैं। (जैसा कि 'अनाम स्वामी' में शंकर उपाध्याय को समझने में पी० दयाल एवं अनाम स्वामी भी बार-बार असमर्थता दिखाते हैं—वसुंधरा भी।) क्योंकि एक प्रकार की कलात्मक रहस्यात्मकता जैनेंद्रजी उत्पन्न करना चाहते हैं। परिणामतः गुत्थी के मूल तक पहुंचने की विलक्षण उत्तेजनापूर्ण जिज्ञासा पाठक में उत्पन्न होती हे। पाठक अधिक चौकन्ना होकर रचना को पढ़ता-गुनता है। ऐसे समय किसी विशिष्ट पात्र के विशिष्ट संदर्भ में आए वक्तव्यों पर विश्वास करने की अपेक्षा पाठक समस्त पात्रों का परस्पर संबंध, पात्र की वैयक्तिक शक्ति और सीमा तथा उसकी विश्वसनीयता आदि बातों को लेकर औपन्यासिक ताना-बाना देखने को बाध्य होता है। स्पष्टता के मूल्य पर मिली हुई यह रचनात्मक उलझन बहुत ही सार्थक एवं रसदायी प्रतीत होती है। जो है, उसके परे किसी अपार शक्ति का संकेत करनेवाले दर्शन में विश्वासी जैनेंद्र की रचनाएं भी अपने रचाव से परे जो संकेत करती हैं, उसी को पकड़ना आवश्यक होता है।

'अनाम स्वामी' का एक हिस्सा (प्रथम 12 परिच्छेद) 1942 में लिखा गया था और उसका प्रयोजन उपन्यास लिखना न होकर 'त्यागपत्र' के बाद भी दयाल के मन की उधेड़बुन को सामने रखना था। वस्तुतः उधेड़बुन जैनेंद्र की ही थी जिसे पुत्र के आग्रह पर उपन्यास का रूप दे दिया गया है।

'अनाम स्वामी' दो व्यक्तित्वों और उन व्यक्तित्वों के निर्माण में योग देने-वाली दो भिन्न संस्कृतियों के बीच की टकराहट पर आधारित रचना है। 'अनाम स्वामी' एक स्तर पर भिन्न मानसिकता से युक्त व्यक्तित्वों के बीच के तनाव की विलक्षण द्वंद्वात्मक कथा है; दूसरे स्तर पर वर्तमान क्षण में घटित होनेवाली दो भिन्न संस्कृतियों के बीच का संघर्षपूर्ण संबंध है।

'अनाम स्वामी' और उनके प्रतिरोधी श्री शंकर उपाध्याय के व्यक्तित्वों का अंकन पी० दयाल के आत्मकथन के माध्यम से किया गया है। वैसे इसका उद्देश्य मात्र कथन की सुविधा नहीं है।

पी० दयाल जजी से त्यागपत्र दे चुके हैं और यह त्यागपत्र मृणाल बुआ के

प्रति अपनी जिम्मेदारी को निभा न पाने की पीड़ा के परिणामस्वरूप दिया गया है। मृणाल बुआ जिस हिंदू समाज के जड़ संस्कारों का शिकार बनी, धन के प्रति अतिरिक्त प्रतिष्ठा की भावना जिस समाज-व्यवस्था के मूल में निहित है जिसके कारण पी० दयाल उचित अवसर पर मृणाल की सहायता नहीं कर सके, नारी के चरित्र को लेकर जिस समाज में अनुदार दृष्टि संघातक रूप में प्रचलित है और पुष्ट होती जा रही है; उस समाज पर और उस व्यवस्था पर पी० दयाल सीधे चोट नहीं कर सकते थे। इस समाज की व्यवस्था को दृढ़ करनेवाली जजी से त्यागपत्र ही एकमात्र साधन उनके पास था जिससे अपने मन की कचोट को वे कुछ सांत्वना दे सकते थे। जैनेंद्रजी की पैनी अंतर्दृष्टि का ही यह प्रमाण है कि पी० दयाल इस व्यवस्था में न्याय-अन्याय का विवेक करनेवाले जज दिखाए गए हैं। उनका त्यागपत्र एक व्यवस्था पर एक वैयक्तिक करारी चोट है। व्यवस्था की नैयायिक और नैतिक स्थिति पर यह चोट है।

लेकिन विचार और चिंतन के व्यसन से पीड़ित अतिशय संवेदनशील पी० दयाल की पीड़ा यहां खत्म नहीं होती। मृणाल बुआ के प्रति अपने निष्क्रिय आचरण की अपराध-भावना से और विलक्षण ग्लानि से पी० दयाल व्यथित हैं और यह व्यथा उन्हें सतत् खाए जा रही है। जीवन के श्रेय और प्रेय के बारे में अंतिम उद्देश्य और सार्थकता के संबंध में, जीवन के प्रचंड व्यापार और गति में अपने कर्त्तव्य को लेकर एक गहन आत्ममंथन की प्रक्रिया पी० दयाल के मन में चल रही है। इस आत्ममंथन के मूल में अपनी असमर्थता का गहरा पीड़ा-बोध है। "पर अपनी जिंदगी का क्या करूं जो श्रद्धा पर नहीं, धन पर चल रही है?"; "परमात्मा को मानता हूं, लेकिन क्या सचमुच मानता हूं?"; "उनके सबके दुःख के बीच मैं अपने को सुविधा से घेरकर जिए चला जा रहा हूं—किताबों की मोटी-मोटी जिल्दें, कोठी की मोटी-मोटी दीवारें हैं। स्वजन-परिजन और नौकर, चाकरों का प्रतिष्ठा-सूचक मोटा पटल है। सब इसीलिए न कि बीच में ये रहे और दुखियों का दुःख और भूखों की भूख मुझे छू न पाए!"— इस गहन उधेड़-बुन में पी० दयाल का अनाम स्वामी से साक्षात्कार अत्यंत स्वाभाविक है। वस्तुतः एक रास्ता और था–व्यवस्था को बदलने के लिए क्रांति की रफ्तार को तेज करने का रास्ता। परंतु जैनेंद्र का विश्वास इसमें नहीं है क्योंकि उनके जीवन का मूलभूत सिद्धांत है—वे सब रास्ते थोथे हैं, प्रमादपूर्ण हैं, भ्रांत हैं जो आंतरिकता के परिवर्तन के आधार पर अंवेषित नहीं किए गए हैं। क्योंकि बाह्य व्यवस्था के बदलने से होता इतना ही है कि सत्ता के पीछे के हाथ बदल जाते हैं--मन नहीं बदलता और उसके परिणाम वे नहीं निकलते जो व्यवस्था के बदलने के हेतु विज्ञापित किए जाते हैं।

यह नहीं कि अनाम स्वामी के पास आकर पी० दयाल की मानसिक

उधेड़बुन का निराकरण हुआ, उनके सभी प्रश्नों के उत्तर मिले और चित्त शांत हुआ। अनाम स्वामी स्वयं नहीं मानते कि चित्त का स्वभाव शांत रहने का है। होता यही कि स्थितियों के प्रति दृष्टि बदलती है, दृष्टि में अधिक समावेशकता आती है, मन अधिक दूर तक देखता है, आत्मीयता और मूल्य-विषयक श्रद्धा के कारण उत्पन्न होनेवाली अभियोग वृत्ति की स्वार्थिकता का एहसास हो जाता है। अपने विरोधी व्यक्ति और सिद्धांत को सहन करने की, उससे भागकर पलायन करने की नहीं बल्कि उससे टकराकर अपनी खरी सामर्थ्य और औचित्य को प्रमाणित करने की; दूसरे शब्दों में अपने विश्वासों को कसौटी पर चढ़ाते रहकर परखते रहने की प्रवृत्ति उत्पन्न होती है। इस प्रकार का स्यादवाद या अनेकांतवाद मन की आधार भूमि बन जाता है। एक ओर मनुष्य अपने सामाजिक, नैतिक बंधनों से स्वयं मुक्त होता जाता है; दूसरी ओर वह दूसरों को अपने किसी बंधन में रखने के मोह से अपने को दूर रखता है। बंधन-मुक्ति का आदेश देनेवाले शंकर उपाध्याय की हत्या (अपनी पत्नी की और वसुंधरा की भी) और अंत में आत्महत्या तथा सर्वथा विपरीत दिशाएं प्रयोग करती हुई उदिता के प्रति प्रभुदयाल की निरपेक्ष आत्मीयता (आशीर्वाद) के बीच के विलक्षण विरोध (कांट्रास्ट) ने जैनेंद्र के मंतव्य को पर्याप्त स्पष्ट किया है। "आखिर जीवन में क्या है ?— आदमी जीता जाता है, जानता जाता है। अंत में पाने के लिए कि इति का बिंदु आ रहा है और वह दिग्भ्रमित है। बहुतेरा उसने इस बीच जोड़-तोड़ किया है। कारण-कार्य को बिठाकर समझा जाना है। किया-धरा है। लिखा-पढ़ा है। लेकिन जैसे सब अर्थ व्यर्थ हो गया है। वास्तव में सब शून्य हो पड़ा है। एक बड़ा प्रश्न उसको लील जाने को सामने खड़ा है कि क्या है जो है ? तब घटना की घटनात्मकता अलग छिटकी आती है। छिलके पर से छिलका उतारकर भीतर उतरते जाते हुए मिलता है कि सब पहरन है और उतरन है, शेष में कुछ नहीं है। इस व्यर्थता और शून्यता पर पहुंचकर बुद्धि पछाड़ खा रहती है, स्पर्द्धा टूट जाती है और मालूम होता है कि आदमी की इस हार में ही उसकी कृतार्थता है। दुःख सार बन आए, जीना प्रार्थना हो जाए तो बस है। यही अकेली कृतकृत्यता है कर्त्तृत्व किसी का नहीं है। इसीलिए उसका भान, उसकी स्पर्द्धा ही यहां सबसे बड़ी मूर्खता है। नहीं, कोई कुछ नहीं कर सकता; अपना भोग्य भोग ही सकता है। हम अपनी व्यथा और पीड़ा में से दूसरे के झेले जाते हुए भोग को किंचित् अपने में लेकर अपनी पीड़ा को बढ़ा सकें तो शायद यही है जो जीवन का वास्तव अर्जन और संचय कहा जा सकता हो। अधिक कुछ संभव नहीं है। टाल नहीं सकते, बचा नहीं सकते। हरेक को जो अपनी जिंदगी के यज्ञ को, त्रास को, खुद उठाना पड़ता है सो उस नियति को किसी तरह बदल नहीं सकते।" —पी० दयाल का जीवन-विषयक यह सर्वेक्षण अनुभूति की पीड़ा से उपजा है। जैनेंद्र के

उपन्यास में चिंतन बोझिल नहीं होता। इसका कारण यह है कि वह आरोपित नहीं होता, वह संवेदनशीलता से ही उत्पन्न होता है। (अनाम के संबंध में प्रभुदयाल की एक टिप्पणी है: "अनाम की क्षमता किसी ज्ञान-परिज्ञान में नहीं है, निपट उनकी संवेदनशीलता में ही है।") पी० दयाल का यह जीवन-विषयक चिंतन सहज उपलब्ध नहीं है बल्कि गहन वैचारिक अंतर्विरोधों और तनावों के बीच से गुज़रकर यह अर्जित हुआ है। मृणाल बुआ और उदिता ने उसे एक ओर भावनात्मक आलोड़न-विलोड़न दिया है, शंकर उपाध्याय ने वैचारिक चुनौतियां दी हैं, वसुंधरा की गहन व्यथा ने अपरंपार भिगो दिया है, अनाम स्वामी ने एक खुलेपन की ओर अपने समूचे व्यक्तित्व से दिशा-निर्देशन किया है।

इस प्रकार से अनाम स्वामी, जो अपने आप में परिणत व्यक्तित्व है और दूसरी ओर शंकर उपाध्याय जो उनके विरोधी जीवन-दृष्टि और गुण-दोषों से संपृक्त प्रखर व्यक्तित्व है, के बीच केवल वसुंधरा ही नहीं, उदिता और स्वयं प्रभुदयाल भी विभिन्न परिणतियों पर पहुंचते हैं।

अनाम स्वामी को जैनेंद्रजी ने एक व्यक्तित्व प्रदान किया है जिनका एक विशिष्ट जीवन-दर्शन है। यह जीवन-दर्शन सामान्यतः गांधीवादी विचारधारा से मेल खाता है और उतने ही घनिष्ठ रूप से भारतीय संस्कृति के साथ जुड़ा हुआ है जितना गांधीजी का जीवन-दर्शन जुड़ा हुआ था। अनाम स्वामी ने ब्रह्मचर्य को जीवन का सबसे श्रेष्ठ सिद्धांत स्वीकार किया है क्योंकि मनुष्य और पशु के बीच इसी के आधार पर 'मनुष्य प्राणी विशिष्ट प्राणी' बनता है। इसी के आलोक में "अपने ही प्राणों पर उसे अंकुश भी प्राप्त है। उसे कहते हैं विवेक।" ब्रह्मचर्य एक व्यापक सिद्धांत है और अहिंसा, प्रेम, सत्य; सब इसी की प्राप्ति में उपलब्ध होते हैं। लेकिन यह ब्रह्मचर्य जब भीतर के आग्रह से आता है तभी वह सार्थक है, कोरे इंद्रिय निग्रह का और दमन का रास्ता अनाम स्वामी को स्वीकार्य नहीं है क्योंकि इसमें भी हिंसा है। अनाम स्वामी इसीलिए अपनी काम-वासना से पीड़ित, कुंठा से विकृत, व्यक्तियों को विवाह की अथवा प्रचलित नैतिकता को चुनौती देने-वाली वासना-तृप्ति की सलाह भी देते हैं। अनाम स्वामी की कुछ ध्रुव आस्थाएं हैं जिनके संबंध में वे वैयक्तिक रूप में निभ्रांत हैं परंतु सबके विचारों के प्रति स्वागत-भाव होने के कारण ये आस्थाएं हठधर्मिता में रूपांतरित नहीं होतीं। उनमें से कुछ मूलभूत आस्थाएं हैं—"अंतरंग साधो तो बहिरंग अनायास सिद्ध होगा।"; "सृष्टि भोग से चलती दीखे, समष्टि यज्ञ से चलती है।"; "ब्रह्मचर्य उसी का नाम है।" ""काम मूल-शक्ति का स्वरूप नहीं, विरूप है। आत्मरूप होकर वह शक्ति कामुक फिर रह नहीं जाती।"; "इंद्रियां प्रेम की व्याप्ति में बाधा होती हैं, इसी से उन पर विजय पानी है।"; "अनुकंपा सच्चे ब्रह्मचारी का लक्षण है।"; "बुद्धि के पास दिशा नहीं है। निर्णय नहीं, ऊहापोह ही है।"; "परमधर्म की

अपेक्षा में ही सामयिक धर्मों का समीचीन निर्णय संभव है। परमधर्म व्यष्टि का समष्टि में सर्वांगता विसर्जन है।"; "व्यक्ति की सीमितता को गलाए नहीं, वह अहिंसा नहीं। उसका प्रत्यक्ष प्रमाण व्यक्तित्व की विशदता है।"; "शत्रु को मिटाना नहीं, उसको मित्र बनाना है।"; "सबके प्रति ऐक्य की आत्मोलब्धि अहिंसा है।" सामान्यतः प्रथम ग्यारह अध्यायों में आए ये वैचारिक सूत्र उन बुनियादी सिद्धांतों का संकेत करते हैं जिनके द्वारा अनाम स्वामी का व्यक्तित्व गढ़ा गया है और बारहवें अध्याय से प्रारंभ होनेवाले उपन्यास में यही व्यक्तित्व चित्रमय और जीवंत रूप में सामने आता है। कहा जा सकता है कि अनाम स्वामी और पी० दयाल के बीच के संवाद उपन्यास की अपेक्षा प्रवचन का आभास अधिक कराते हैं और जैनेंद्रजी का मूल उद्देश्य उपन्यास लिखने का नहीं, विश्लेषण करने का था। फिर भी इन संवादों के माध्यम से अनाम स्वामी के रसपूर्ण, प्रेम से ओतप्रोत, मौलिक चिंतक का चैतन्यपूर्ण व्यक्तित्व सुदृढ़ आकार ग्रहण करता है। अनाम स्वामी उन मूल्यों के प्रति बद्ध हैं जिन्हें सामान्यतः भारतीय कहा जाता है : प्रेम, अहिंसा, ब्रह्मचर्य, विवेक, इह के परे अलौकिक ईश्वरमय अस्तित्व में आस्था, प्रकृति या धारणी (वसुंधरा) से जेता के नेता या विद्रोह रूप में न रहकर संवाद स्थिति में रहने में विश्वास, उद्यमी जीवन निर्वाह, तप, त्याग, सेवा, बलिदान, जीवन का चिरंतन मूल्यों के प्रकाश में संयत व नियंत्रित करने में श्रद्धा—ये स्वामी के जीवन-तत्त्व हैं। जैनेंद्र ने छोटे-बड़े प्रसंगों, लघु-दीर्घ जीवंत संवादों और परस्पर साथ के व्यवहार के द्वारा अनाम स्वामी को अत्यंत जीवंत व्यक्तित्व प्रदान किया है, जैनेंद्रजी के शब्दों में ही उसका वर्णन हो सकता है, "स्वामी में कुछ है जो शब्दरहित है। शब्द के सहारे वही कुछ चिन्मय तत्त्व हमारे भीतर तक पहुंचता है, पर पहुंचता है कि शब्द भीतर खो रहते हैं और प्रभाव प्राणों में समाने लग जाता है। बाद फिर किसी भी अर्थ के सहारे उस प्राणोपलब्धि को भाषा में पकड़ने की कोशिश वृथा हो जाती है।" पी० दयाल का यह स्वामी के व्यक्तित्व संबंवी अनुभव पाठक का एहसास हो जाता है। अनाम स्वामी में सादगी और सरलता है। परंतु यह सरलता व सादगी गहन जटिलता के बीज से मूल्यवान श्रद्धा के सहारे ऊपर उठने के बाद उत्पन्न होने-वाली या प्राप्त होनेवाली सरलता है। इसे अयत्नज मानना, अनाम स्वामी के व्यक्तित्व को न समझना है।

ठीक इसके विपरीत शंकर उपाध्याय हैं। अनाम स्वामी और शंकर उपाध्याय जैसे शक्तिशाली व्यक्तियों के बीच की यह टकराहट विलक्षण प्रभावपूर्ण बन गई है। शंकर उपाध्याय के अंतर्विरोधी, अत्यंत जटिल, गूढ़ रूप से दुर्बोध व्यक्तित्व ने इस टकराहट को सान दे दी है। विज्ञान की प्रचंड गति और शक्ति को महत्त्व

देनेवाला, प्रचंड उद्योगों एवं शक्ति की उपासना में विश्वास करनेवाला, रक्त की प्रबल मांग की पूर्ति का सिद्धांततः समर्थन करनेवाला यह आक्रमक व्यक्ति निरंतर संघर्ष को ही सत्य मानता है। एक स्तर पर 'अनाम स्वामी' में भारतीय कृषि-संस्कृति और पश्चिमी उद्योग-संस्कृति का द्वंद्व दिखाया गया है परंतु शंकर उपाध्याय को पश्चिमी संस्कृति का केवल प्रतीक दिखाकर जैनेंद्रजी ने उपन्यास के तनाव का सरलीकरण नहीं किया है। प्रखर मेधावी यह पुरुष दूसरी ओर असहिष्णु, शक्की, क्रोधी, षड्यंत्रकारी और गर्वोद्धत भी है। अनेक प्रसंगों में यह कापुरुषता का परिचय देता है और लगता है अपनी इस हीन-ग्रंथि को दूसरों पर अधिकार द्वारा छिपाने का प्रयास करता है। यह हो सकता है कि उसकी कापुरुषता पैदाइशी नहीं हो, बल्कि वसुंधरा के प्रेम में चोट खाने के अपमान से और असह्य वेदना से उपजी हो। (जैनेंद्रजी के अन्य उपन्यासों में भी इस तरह का ठंडापन पुरुषों में उत्पन्न होता दिखाया गया है।) ट्रेन के कूपे में वसुंधरा और शंकर उपाध्याय के बीच जो घटित होता है, जो संवाद चलता है, वह यह स्पष्ट करता है कि शंकर उपाध्याय में यौन विकृति निश्चित उत्पन्न हुई है। प्रबल अभिमानी यह आत्मकेंद्रित पुरुष प्रेम में असफल होने पर प्रेयसी वसुंधरा से बदला लेने के लिए विवाह करता है; अपनी पत्नी को द्वेष से जहर की सुई लगवाकर मार भी डालता है; वसुंधरा पर कुमार के माध्यम से अधिकार चलाता है और अपने आहत अहं को समाधान देता है; वसुंधरा को क्लब में विवस्त्र अवस्था में समर्पित होने की स्थिति में लाकर उसे लेने से इंकार कर अपमानित करता है; प्रचंड अट्टहास से भयानक रूप में उसे शर्मिंदा करता है। फिर भी वसुंधरा के आकर्षण में बंधा-सा यह व्यक्ति अनाम स्वामी की ओर मनःशांति के लिए आनेवाली वसुंधरा को चैन लेने नहीं देता। अनाम स्वामी के प्रति उसकी ईर्ष्या वसुंधरा को लेकर ही है और कभी अनाम स्वामी के सिद्धांतों का विरोध कर, कभी उनके आश्रम का मखौल उड़ाकर; तो कभी उनके और वसुंधरा के बीच के स्नेह संबंधों का एक शक्की दुर्जन व्यक्ति की भांति कूट उपयोग कर; अनाम स्वामी के प्रभाव से वसुंधरा को अलग करने का प्रयास करता है। यह मेधावी व्यक्ति इस तथ्य से भली-भांति अज्ञात है कि वसुंधरा की गांठ खुल सकती है तो अनाम स्वामी के सान्निध्य में। कलात्मकता यही है कि जैनेंद्रजी ने यह कहलवाया नहीं है बल्कि अनाम स्वामी और शंकर उपाध्याय के परस्पर संबंधों से ही यह व्यक्त होने दिया है। शंकर उपाध्याय अनाम स्वामी के व्याख्यान का आमंत्रण स्वीकार करते हैं, उसके मूल में भी कहीं-न-कहीं वसुंधरा पर सीधे प्रभाव डालने की और अनाम स्वामी को कुछ अवहेलित कर उनका प्रभाव कम करने का उद्देश्य शंकर के अंतर्मन में है। शंकर उपाध्याय का इलाहाबाद से हरिद्वार आगमन, विदेश-यात्रा से लौटना, इत्यादि का अधिक विश्लेषण किया जाए तो पता चलता है कि वसुंधरा के प्रति

अजीब आकर्षण में बंधा हुआ यह व्यक्ति मन में कहीं अंततंम में घोर रूप से बेचैन है। उसकी यह बेचैनी एक बार व्यक्त हुई है। ट्रेन में एक-दूसरे पर आघात करने के बाद उन दोनों को एक-दूसरे के प्रति खुलते दिखाया है। वह प्रसंग अत्यंत कलात्मक हो गया है। यहीं पर वसुंधरा और शंकर उपाध्याय के परस्पर संबंधों की समस्त कुंजी भी हाथ लग जाती है। शंकर न वसुंधरा को व्यभिचारी नारी के रूप में ग्रहण कर सकता है; न वह चाहता है कि वह किसी दूसरे को प्राप्य हो—उसे भय अनाम स्वामी से है। यहीं पर वसुंधरा भी एक प्रतिज्ञा करती है। घोर आसक्ति, अधिकार की इच्छा, ईर्ष्या, घृणा, हिंसा, संदेह, अहं की दृप्तता, प्रेम, सहवेदना, प्रतिहिंसा, अकेलेपन की पीड़ा, असहायता इत्यादि मनोवस्थाओं का विलक्षण जटिल रसायन इस प्रसंग में हो गया है जो जैनेंद्र की अद्भुत निगूढ़ कला-सौंदर्य का परिचायक है।

शंकर उपाध्याय एक अत्यंत प्रखर बुद्धिवादी हत्यारा है। वह घोर बौद्धिकता से आक्रांत है और किसी भी घटना को या काम को वह पाप नहीं मानता। यहां तक कि अपनी पत्नी को मार डालने के लिए भी उसमें अपराध-बोध नहीं है क्योंकि यह काम उसने पूरे मन से किया है। फिर भी शंकर अपनी बौद्धिकता से पाठक को प्रभावित करता है। जैनेंद्र की कला का उत्कर्ष इसमें है कि इस शंकर के प्रति अनाम स्वामी में भी करुणा है और वसुंधरा में कृतज्ञतापूर्ण अपनत्व। पाठक के लिए अगर वह घोर हत्यारा और पापी नहीं रहता बल्कि समवेदना देने योग्य बनता है तो इसलिए कि वह उसे अनाम स्वामी की दृष्टि से और वसुंधरा की भावना से देखता है। अनाम स्वामी शत्रु को मिटाना नहीं चाहते हैं, मित्र बनाना चाहते हैं। किसी भी व्यक्तित्व के महान असत् को या अशुभ को उसके नीचे प्रवाहमान शुभ के संदर्भ में देखना चाहते है। उनके रति-रहित विशुद्ध प्रेम की आलंबन बनी वसुंधरा की पीड़ा को खत्म करने के लिए बार-बार वे उसे शंकर की ओर ठेलते हैं ताकि वे स्वस्थ संबंधों तक पहुंचे। शंकर और वसुंधरा के बीच के परस्पर निगूढ़ और रहस्यमय संबंधों से पूरी तरह अवगत अनाम स्वामी वसुंधरा को स्वीकार करने के लिए शंकर को पत्र तक लिखते हैं। शंकर उपाध्याय की पूरी षड्यंत्रकारिता को जैसे अपने निष्कवच ब्रह्मचर्य से अनायास विफल करते जा रहे हों। 'अनाम स्वामी' के कलाकार की सफलता का एक महत्त्वपूर्ण आयाम है अनाम स्वामी और शंकरउपाध्याय, शंकरउपाध्याय और वसुंधरा, वसुंधरा और अनाम स्वामी के परस्पर विलक्षण रहस्यपूर्ण अंतस्संबंध।

अनाम स्वामी आस-पास घटनेवाली घटनाओं को लेकर न सुखी हैं, न दुःखी हैं। वे उनके तटस्थ दर्शक हैं। कतिपय घटनाएं उनके मन के प्रतिकूल घटती जा रही हैं। उद्योग-संस्कृति सनातन नैतिक मूल्यों को रौंदती जा रही है। धन का अपरिसीम महत्त्व मनुष्य और मनुष्य के बीच के संबंधों का सारा अपनत्व सुखा-

कर उसे क्रय-विक्रय के स्तर पर ला रहा है जिसका एक जीवंत और प्रत्ययकारी रूप पी० दयाल की पौत्री उदिता के माध्यम से दिखाया गया है। वसुंधरा और शंकर उपाध्याय 'किसी बड़े और निर्भय अहेरी के आखेट' बन गए दीखते हैं और उनको बचाने की सारी कोशिश अकारथ सिद्ध हो रही है। सबसे बड़ा आघात भारत की सुदृढ़ परिवार-व्यवस्था और गृहस्थ-धर्म पर पड़ रहा है। परंतु अनाम स्वामी भावी की शुभता के प्रति जैसे अटूट श्रद्धावान हैं—यह सच्ची आस्तिक बुद्धि है जिसके कारण वे सभी तूफानों को आसानी से झेल सकते हैं और उनके मन में कसैला स्वाद भी मिठास में परिणत होता है। कष्ट में होनेवाले शंकरउपाध्याय के संबंध में अनाम स्वामी भक्त की-सी व्यथा और दीनता से आर्द्र होकर कहते है—"पर कष्ट में तो वह है। कष्ट सदा भगवान के भेजे प्रेम में से आता है।" शायद इतनी बड़ी संवेदना, इतना बड़ा प्रेम, राम ही रावण के प्रति व्यक्त कर सकता है। अनाम स्वामी जिस स्व-रति रहित प्रेम को आदर्श मानते हैं, उसी के विपरीत तरुण-वर्ग चला जा रहा है; जिसका प्रतिनिधित्व करती है उदिता। परंतु इस उदिता के प्रति भी वे सहानुभूतिशील ही नहीं हैं; उदिता के मन पर, आचरण पर बाहर से रोक लगाने की भी उनकी इच्छा नहीं है। वह कौन-सी चीज है जिसके कारण यह व्यक्ति सरस वेदना से सिक्त और स्थितप्रज्ञ एक साथ बनता है ?—एक प्रचंड आस्था : "मैं मनुष्य में अविश्वास नहीं कर सकता। ईश्वर का विश्वासी हूं तो मतलब है कि सबके हृदय में मैं उसी को मानता हूं। इससे शैतान की सब विजयों में भी मैं तो उसी शैतान की पराजय ही पास आती देखता हूं। भगवान की भगवती की लीला अपरंपार है। यहां श्रद्धा ही हमारा सहारा है।" वस्तुत: सच्ची आस्तिकता के सामने सब प्रकार का भय निर्मल हो जाता है—वह गति का भय हो, मूल्यविहीनता का हो, मृत्यु का हो या प्रेमीजनों के विछोह का हो। अनाम स्वामी के मत से, विचार से, असहमत हुआ जा सकता है परंतु इस आस्था के फलस्वरूप समूचे उपन्यास में उनका व्यक्तित्व जो व्याप गया है और उसके कारण जो अद्भुत विश्वसनीयता और खरापन उनके चरित्र में, उनके कृतित्व में, आ गया है उससे इंकार करना साहित्यिक नासमझी का लक्षण होगा।

अनाम स्वामी मनुष्य के मन के गहन मर्मज्ञ भी हैं। जैनेंद्र के कलाकार ने विलक्षण संदर्भ प्रस्तुत किए हैं कि मानवी मनोरचना की तलस्पर्शिता के वे गहन ज्ञाता प्रतीत होते हैं। शंकर उपाध्याय को लेकर अनाम स्वामी में कोई विशेष उधेड़बुन नहीं है परंतु पी० दयाल के गहरे में उपाध्याय का कांटा खलता और पीड़ा देता रहता है। अपनी मानसिक अशांति की बात करते ही अनाम स्वामी पी० दयाल से कहते हैं—"लेकिन सुनो, उधेड़बुन छोड़ दो। उपाध्याय को होने दो जो है।" तब पी० दायल की प्रतिक्रिया—"मेरे प्रश्न के नीचे कहीं उपाध्याय था

यह मुझे पता न था।"—यह एक मनोवैज्ञानिक अंतर्दृष्टि का परिचायक स्थल है।

वसुंधरा और शंकर उपाध्याय को लेकर घनिष्ठ बात चल रही थी—वसुंधरा और अनाम को लेकर शंकर ने कुछ आक्षेप किया। बातें सैद्धांतिक स्तर पर चल रही थीं कि अनाम ने एकदम पूछा—'लेकिन सुनो उपाध्याय, तुम चाहते क्या हो ?" यह धार और चुनौतीवाला अनाम का रूप निस्संदेह शंकर उपाध्याय की मानसिक जटिलता को बेधकर अंतस्तल में छिपे वासना के कीचड़ को लक्ष्य करता है।

वसुंधरा शंकर उपाध्याय से अपमानित होती है, उसके व्यवहार से और अधिकार-भाव से पीड़ित रहती है; परंतु हर समय शंकर के आदेशों का पालन करती है—यह गुत्थी क्या है ? केवल अनाम स्वामी ही इसे जानते हैं—"मैंने कह दिया कि शंकर अपनी जाने तुम्हें मानना है और जाना है—प्रगट किया कि उसे अच्छा नहीं लगा, पर मैं जानता हूं कि भीतर अच्छा लगेगा। चेहरे पे देखो, संतोष नहीं दीखता ? आते ही जिस पर तुमने व्यंग्य किया, वह खुशी नहीं दीखती ?··· है भी वह विषय संतोष का और प्रसन्नता का···।" पी० दयाल से अधिक अनाम स्वामी जानते हैं कि वसुंधरा खुश होती है तो इसलिए कि आदेश देकर उसके शंकर ने अपनी रानी से प्रेम ही तो जताया है !

शंकर से बार-बार ठुकराई जाकर भी वसुंधरा उसके साथ जाती है। आसक्ति और संयम के बीच गहन मंथन पैदा कर परीक्षा के तनावपूर्ण क्षणों की पीड़ा उत्पन्न करने में सुख पाती है—विचित्र तरह का सुख जो आसक्त शंकर को अप्राप्य रहकर पैदा करती है। अनाम स्वामी जानते हैं—सीख भी देते हैं, "नहीं वसु। इस तरह परीक्षा में रहना और परीक्षा में रखना सही नहीं हैं। तनाव में शक्ति का क्षय होता है।"

ऐसे कतिपय प्रसंग हैं जब अनाम स्वामी के माध्यम से जैनेंद्र का कलाकार मानवीय साइकी के ज्ञान की प्रतीति देता है जो बड़ी गहन होती है। खून के तकाजे के फलस्वरूप अपने आत्मीय नाना और मां से मानसिक दृष्टि से कुछ दूर जानेवाली और शंकर उपाध्याय के प्रभाव में आकर अपने स्वतंत्र रास्ते को खोज निकालने के लिए विकल उदिता का अपने घर से क्रमशः अलग होते जाने का जो लयबद्ध अंकन 'अनाम स्वामी' में किया गया है; वह मनोवैज्ञानिक पैठ का, सुंदर चित्रांकन-कला का आदर्श है। उदिता का यह प्रभावपूर्ण चित्र—"मैंने उदिता को देखा। उसका पहले का भव्य रूप अब तनिक दीप्त दीखने लगा था। उसमें मानो एक अतिरिक्त सौंदर्य प्रवेश पा रहा हो। मुझे उस समय अनुभव हुआ कि जो मेरे लिए कदाचित् तत्त्व हो सकता है, वह इस समय उदिता के लिए सिर्फ निर्वैयक्तिक नहीं है; बल्कि अधिक निकट होकर उसके लिए वह वैयक्तिक जैसा ही हो आया

है। अपने युवा प्राणों के बल से वह उस स्तर पर आ पहुंची है जहां जीवन की गंभीर यथार्थताएं चर्ची नहीं जातीं, बल्कि भोगी जाती हैं।" इस तरह के परिवर्तित अवस्था के चित्र जैनेंद्रजी इतनी सुगढ़ता से खींच देते हैं कि स्वतंत्र अध्ययन का विषय हो सकते हैं।

तरुण मन पर उपाध्याय के प्रभाव का विश्लेषण जिस प्रकार किया गया है; उपाध्याय के कारण पी० दयाल की मानसिक दशा का जिस तरह चित्रांकन किया गया है; उपाध्याय और वसुंधरा के संबंधों की हत्या में जो परिणति दिखाई गई है; अनाम स्वामी का अप्रत्यक्ष प्रभाव पी० दयाल के व्यक्तित्व पर दिखाते हुए जो उदिता के प्रति उनमें 'आशीर्वाद' की भावना दिखाई गई है—इन बातों का मनोवैज्ञानिक अध्ययन एक अलग निबंध का विषय हो सकता है। जैनेंद्र के कलाकार के संबंध में इतना कहा जा सकता है कि उनका मनोविज्ञान कलाकार पर हावी नहीं होता बल्कि मानवीय साइकी के गहन और गूढ़ स्थलों के परिचय से चमत्कृत करता है। इसी संदर्भ में एक और बात द्रष्टव्य है—जैनेंद्र का मनोवैज्ञानिक जीवन की अंधेरी गुफाओं से परिचित कराकर भी शुभ से किनारा नहीं काटता बल्कि जीवन की आस्था को गहराता है। इसका क्या कारण है? जैनेंद्र का मनोविज्ञान पाश्चात्य मान्यताओं से आतंकित नहीं है बल्कि भारतीय स्थितप्रज्ञता के मनोविज्ञान से पूर्णतः परिचित है—उसमें श्रद्धावान भी है। यहीं आकर एक औपन्यासिक दृष्टि से दोष-से लगनेवाले प्रश्न का भी उत्तर मिलता है। प्रश्न है—वसुंधरा की हत्या के बाद भी उपाध्याय को कानून की गिरफ्त से कैसे बचाया जाता है। विश्लेषक जैनेंद्र का उत्तर शायद अनाम स्वामी की अपरिसीम करुणा, होनी में विश्वास और दृढ़ आस्तिक्य-भावना की ओर संकेत करेगा। उनकी कानून से भी अधिक महान मानवीयता ही इसके मूल में है जो कानून को अतिक्रांत करती है।

शंकरउपाध्याय के प्रभाव का जाने-अनजाने एक और लक्ष्य बन जाता है—पी० दयाल की पौत्री उदिता। नई पीढ़ी उन्मुक्त स्वतंत्र जीवन की ओर बढ़ रही है। वह परिवार, विवाह-बंधन, संतान के लिए पितृत्व की आवश्यकता, यौन-संबंधों पर नियंत्रण इत्यादि बातों की अवमानना करना चाहती है और सुरक्षा एवं आर्थिक सुविधा का जीवन त्यागकर अपनी हालत पर दुनिया में बढ़ना चाहती है। इस पीढ़ी के चिंतन का जैसा सम्यक्, तटस्थ और वस्तून्मुखी चित्रण पुरानी पीढ़ी के इस कलाकार ने किया है वैसा हिंदी उपन्यासों में शायद ही कहीं आया होगा। उदिता जिन तर्कों, युक्तियों, आग्रहों और आक्षेपों को प्रस्तुत करती है; उनको देखते हुए यह कहना पड़ेगा कि इतना सुव्यवस्थित बौद्धिक धरातल हिंदी में शायद किसी उपन्यासकार ने नहीं दिया। नई पीढ़ी का यह मैनिफेस्टो युवा लेखकों द्वारा भी इतने संतुलित रूप में प्रस्तुत नहीं किया गया है। यह इस बात

का प्रमाण है कि जैनेंद्रजी का कलाकार वैयक्तिक आस्थाओं से कितना ऊपर उठकर तटस्थता बरत सकता है। नई पीढ़ी को अपने जीवन को जीने का अवसर देकर उससे उत्पन्न दर्द की केवल हक़दार पुरानी पीढ़ी है—इस सत्य को पूरी निविड़ता में जैनेंद्र ने मूर्त्त किया है। स्वयं जैनेंद्र निश्चय ही अनाम स्वामी और पी॰ दयाल के साथ हैं। उदिता को बार-बार प्रेम करने और तोड़ने पर बाद में विवाह करके निर्णय पर आते दिखाया गया है तथा शंकरउपाध्याय आत्महत्या करते हैं—इससे जैनेंद्रकुमार का झुकाव व्यक्त हो जाता है।

कुछ सामान्य-सी त्रुटियां इसमें रह गई हैं। किसानों और युवकों के बीच का संघर्ष (जेवर की बात को लेकर) भावुकता के स्तर पर उतर आया है। कुमार के द्वारा अपमानित किए जाने पर ट्रेन से बिना टिकट आना वसुंधरा के प्रति कुछ अन्यथा धारणा उत्पन्न करता है। सांस्कृतिक संघर्ष और शंकर उपाध्याय के वैयक्तिक जीवन की विकृतियों का संबंध जितना विश्वसनीय रूप से जुड़ जाना चाहिए था, उतना नहीं जुड़ा दिखाई देता।

फिर भी यह रचना पूर्वाग्रहों को छोड़कर पढ़नेवालों के लिए वैचारिक चुनौती देती है, हमारी सांस्कृतिक एवं पारिवारिक विचारधाराओं का पुनः परीक्षण करने को उकसाती है। औद्योगिक विकास, उससे उत्पन्न जटिल आर्थिक व्यवहार, मानवीय विवेक और संकल्प-शक्ति की इस जटिलता के सामने हार, औद्योगिक विकास के बावजूद मनुष्य को मिलनेवाली यातना, वैज्ञानिक गति का चकरा देनेवाला वेग, प्रदूषण की समस्याएं, मानवीय मन के बिखरकर टूट जाने की संभावना—आज के इस संदर्भ में यह रचना अधिक प्रासंगिक लगे तो शायद जैनेंद्रजी का परिश्रम सफल हो। गति के सामने पराजित और हताश होनेवाले यंत्र-युगीन पाठक को यह रचना पुरानी पीढ़ी के लेखक की नहीं लगेगी। हो सकता है पुनः कृषि-व्यवस्था की ओर लौटना हमारे लिए संभव नहीं हो सके; परंतु गति के तर्क का पुनर्विचार अवश्य करना पड़ेगा। बुद्धिवाद, तर्क की आत्यंतिकता, प्रेम और कर्त्तव्य के बदले अतिरेकी वैयक्तिक स्वतंत्रता और निपट निस्संगता को स्वीकारते जाने की परिणतियां, बाह्य को ही सर्वशक्तिमान देवता समझकर समर्पित होना इत्यादि वास्तविकताओं का एक बार रुककर मूल्यांकन करने की आवश्यकता सुधी पाठक के मन में यह रचना अवश्य उत्पन्न करती है। 'अनाम स्वामी' व्यक्ति-दर्शन नहीं है, संस्कृति-दर्शन है और यह संस्कृति-दर्शन आधुनिकता के समस्त स्वस्थ और उपादेय तत्त्वों से संपृक्त है। यह एक ऐसी रचना है जिसमें विचार और चिंतन का अमूर्त्त रूप सगुण साकार होकर अपनी गहन प्रतीति क्षमता से अभिभूत करता है। ●

तृतीय खंड

अतीत की कल्पना

चित्रलेखा—एक पुनर्मूल्यांकन

चित्रलेखा एक बहुचर्चित उपन्यास है और हिंदी उपन्यास की विकास-रेखा में इस महत्त्वपूर्ण बिंदु की उपेक्षा प्रायः नहीं की जा सकती। हिंदी आलोचना की एक कमी यह है कि आलोचना जितनी कलाकृति की समस्या एवं सामाजिक, आर्थिक परिवेश को लेकर की जाती है उतनी कलात्मक मूल्यों को लेकर नहीं की जाती। फलतः किसी उपन्यास को उसके कलाबाह्य मूल्यों के कारण अत्यधिक महत्त्व दिया जाता है अथवा किसी सुंदर उपन्यास की उपेक्षा भी हो जाती है। प्रस्तुत प्रसंग में इतना ही मंतव्य है कि 'चित्रलेखा' का मूल्यांकन उसकी समस्या-मूलकता को लेकर किया गया है, परिणामतः उसकी कलात्मकता की उपेक्षा भी हुई है। समस्या के विवेचन में भी अनेक मत प्रस्तुत किए गए हैं। किसी ने, पाप-पुण्य की समस्या वस्तु के अंतरंग से प्राणवत् जुड़ गई है और आरोपित नहीं की गई है, इसलिए लेखक की सराहना की है।[1] तो किसी ने समस्या की एकांगिता के लिए लेखक को दोष भी दिया है।[2] कोई आलोचक प्रवर इसलिए भी खीझे हुए हैं कि वर्माजी ने भारतीय साधन एवं संस्कृति का मजाक उड़ाने का प्रयत्न किया है। इस सब चर्चा के बीच चित्रलेखा के कलात्मक मूल्यों की प्रायः उपेक्षा ही हुई है।

चित्रलेखा का आलोचक इस बात को स्वीकार करता है कि यह कुल मिलाकर एक सफल कलाकृति है परंतु उसके विचारों से असहमति प्रकट करने को विवश-सा हो जाता है। वैसे श्रेष्ठ रचना की आवश्यक शर्त इसमें अवश्य पूर्ण होती है—शर्त यह है कि पाठक उसके विचारों से भले ही असहमत हो, उसके प्रभाव से अपने को अस्पर्श नहीं रख सकता। प्रश्न यह है कि क्या 'चित्रलेखा' में यह असंगति इतनी प्रकट है या इसका कोई दूसरा समाधान उपलब्ध हो सकता है? जहां तक 'उपक्रमणिका' और 'उपसंहार' की बात है, चित्रलेखा पाप-पुण्य की समस्या से संबंधित उपन्यास है; यह लेखक ने स्वयं जोर देकर कहा है और बीच-बीच में उपन्यास के अंतर्गत उसके लिए छुटपुट वाक्यों में प्रमाण भी मिलते हैं। परंतु

1. देखिए : डॉ॰ सुरेश सिन्हा—'हिंदी उपन्यास : उद्भव और विकास', पृ॰ 368।
2. देखिए : शिवनारायण श्रीवास्तव—'हिंदी उपन्यास', पृ॰ 229-30।

कभी यह भी होता है कि लेखक का अपना मंतव्य कुछ और होता है और उपन्यास की वस्तु कुछ और बात का संकेत करती है । संभवतः ऐसे प्रसंग में यह किसी उपन्यासकार ने कहा है कि पात्र उपन्यासकार की उंगली पकड़कर उसको अपने साथ घसीट ले जाते हैं। 'चित्रलेखा' में कुछ ऐसा ही हुआ है। चित्रलेखा की 'उपक्रमणिका' और 'उपसंहार' को छोड़कर इस उपन्यास को पढ़ा जाए तो संभवतः पाठक पर पड़नेवाला प्रभाव और उसकी समस्या-विषयक धारणा के बीच की असंगति बहुत दूर हो सकती है ।

पर्सी ल्यूबक का उपन्यास के रूप के संबंध में एक मंतव्य बहुत रोचक है : "A subject, one and whole and irreducible—a novel cannot begin to take shape till it has this for its support. It seems obvious; yet there is nothing more familiar to a novel reader of to-day than the difficulty of discovering what the novel in his hand is about what was novelist's intention, in a phrase? If it cannot be put into a phrase it is no subject for a novel; and the size or the complexity of a subject is in no way limited by the assertion. It may be the simplest ancedote or the most elaborate concatanation of events, it may be a solitary figure or the widest network of relationships; it is anyhow expressible in ten words that reveal its unity. The form of the book depends upon it, and until it is known there is nothing to be said of the form."

'चित्रलेखा' उपन्यास का रूप 'पाप और पुण्य की समस्या' को मूलाधार मानकर मूर्त्त किया जा सकता है ? संभवतः नहीं । तो फिर चित्रलेखा का सुंदर रूप किस बिंदू से व्याख्यायित किया जा सकता है ? 'चित्रलेखा' कुमारगिरि या बीजगुप्त की कथा नहीं है, वह मुख्यतः 'चित्रलेखा' की कथा है और जीवन के भौतिक धरातल पर वासना के माध्यम से प्रेम की उदात्त भावभूमि पर आरोहण करने का चित्रलेखा का प्रयत्न इस उपन्यास का मुख्य विषय है। इसी को पर्सी ल्यूबक के शब्दों में 'मास्टर मोटिव' कहा जा सकता है । चित्रलेखा की कथा उसके चरित्र तथा रसात्मक प्रसंगों की पृथक विवेचना सुविधाजनक हो सकती है परंतु उपन्यास के रूप की अथवा शिल्प की प्रतीति उससे नहीं आ सकती। अतः आवश्यकता इस बात की है कि उपन्यास के विविध अंगों की स्वतंत्र चर्चा न करते हुए उपन्यास के मुख्य विषय को दृष्टिगत रखते हुए विश्लेषण किया जाए ।

उपन्यास के पहले परिच्छेद में जीवन का सुख 'मस्ती' में और यौवन का सार 'उल्लास-विलास' में देखनेवाली चित्रलेखा को 'वर्तमान' में जीने का प्रयत्न करने-

वाली 'मादकता' के साकार प्रतिरूप में हम देखते हैं। उसका अतीत ही ऐसा है कि जो जिसको याद करते रहने से टीस और निराशा के सिवा कुछ हाथ आनेवाला नहीं था। विधवा का संयम उसने किया था, कृष्णादित्य के द्वारा उस तपस्या का भंग भी हुआ था और उसकी मृत्यु के बाद फिर उसने संयम का जीवन व्यतीत करने का प्रयत्न किया; परंतु बीजगुप्त के रूप में नियति ने उसे यह करने नहीं दिया। जिस संयम के रास्ते में दो बार उसको डिग जाना पड़ा, उस पर फिर से चलने का प्रयास बुद्धिमती और स्वाभिमानी चित्रलेखा के लिए अपमानजनक और अतार्किक था। कोई आश्चर्य नहीं, अप्रतिष्ठ जीवन-शक्ति से भरी-पूरी चित्रलेखा भूत और भविष्य का विचार न करते हुए वासना-प्यास-तृप्ति, के मार्ग पर बेतहाशा दौड़े और वर्तमान के क्षण में जितना सुख सिमटकर आ जाए, उतना कसकर पकड़ने का प्रयत्न करे। पाप का पता लगाने के लिए ऐसे स्थान पर कोई आ जाए तो वासना को पाप का पर्याय समझनेवाले भारतीय मन को उसमें आश्चर्य नहीं होना चाहिए।

वासना और यौवन की मस्ती की इस पार्श्व-भूमि पर दूसरे परिच्छेद में वासना को दमित ही नहीं, उसको उत्पन्न न होने देने का प्रयास करता हुआ शांति और संयम की साधना करनेवाला शून्यसाधक कुमारगिरि हमारे सामने उपस्थित होता है। लेखक बड़ी चतुराई से संकेत करता है कि संयम, दमन और समाधि के बावजूद इस व्यक्ति का 'अहम्' अभी जीवित ही नहीं मजबूती से खड़ा है। इसीलिए उसके मत में निश्चितता भी है और असहिष्णुता भी। चित्रलेखा और बीजगुप्त के ठीक विपरीत वह अत्यंत निस्संदिग्ध शब्दों में कहता है—"वासना पाप है, जीवन को कलुषित बनाने का एकमात्र साधन है।" इसीलिए विशालदेव का यहां सहज स्वागत नहीं है; जो श्वेतांक को बीजगुप्त के यहां मिला।

ब्रह्मचारी, अनुभवहीन, तरुण श्वेतांक चित्रलेखा के मस्ती से भरे कथनों का शिकार हो जाता है। उसके द्वारा अपमानित किया जाता है और अनजान में एक अबोध बालक को चित्रलेखा अपने यौवन की मादकता का शिकार भी बनाती है। जीवन का सच्चा स्वरूप दिखाने के बहाने चित्रलेखा उसे अपने हाथों शराब भी पिलाती है जिसको इंकार करना श्वेतांक के लिए असंभव है, क्योंकि चित्रलेखा के मादक व्यक्तित्व का नशा उस पर पहले से ही चढ़ा हुआ है। यहीं पर बीजगुप्त के प्रति पाठक के मन में सहानुभूति का भाव पैदा होता है। चित्रलेखा के प्रति अपने अनाधिकार प्यार की स्वीकृति ही श्वेतांक नहीं देता, बल्कि यह भी बता देता है कि अगर चित्रलेखा समर्पण करती तो संभवत: वह अपने विश्वासघात की सूचना भी बीजगुप्त को न देता। बीजगुप्त अपने सहज औदार्य के कारण श्वेतांक को क्षमा ही नहीं करता, बल्कि जीवन की जटिलता और उनका जानकार बीजगुप्त

उसको आत्मापरीक्षा के लिए सदैव उद्यत रहने का उपदेश भी देता है।

कुमारगिरि और बीजगुप्त—जीवन के प्रति परस्पर विभिन्न दृष्टिकोण रखनेवाली इन दो समानांतर रेखाओं का अकस्मात् मिलन भी संयोगवशात् हो जाता है जो चौथे परिच्छेद का प्रारंभ है। नर्तकी चित्रलेखा का मोहक स्वर, संगीत और सौंदर्य, कवित्व और वासना की मस्ती का अहंकार से परिपूर्ण व्यक्तित्व में अद्भुत विचार-शक्ति और प्रतिभा भी थी। वासना और विरक्ति का यह सामना न केवल तर्क या विचार-विमर्श की दृष्टि से महत्त्वपूर्ण है, बल्कि मनोविज्ञान का भी एक अध्याय है। प्राय: विचार या दर्शन चर्चा से परिपूर्ण वार्तालाप कथा की कला को नुकसान पहुंचाते हैं परंतु यहां ये तर्क-प्रतितर्क कुमारगिरि और चित्रलेखा के व्यक्तित्वों को उभार देने और विशिष्टता देने में सहायक हो जाते हैं। फिर लेखक की चिंतनशील मुद्रा के अनुसार इन चिंतनशील पात्रों का संयोजन कथा की अनिवार्यता भी है। बौद्धिक घात-प्रतिघात, व्यंग्य, वाग्बाण एवं उपहास से जीवंत इन संवादों द्वारा दोनों के दृष्टिकोण ही नहीं प्रकट होते, बल्कि दोनों के विरोध की तीव्रता के नीचे आकर्षण का अजस्त्र प्रवाह भी बहने लगता है। "योगी ने नर्तकी में ज्ञान देखा और नर्तकी ने योगी में सौंदर्य। एक विचित्र बात थी। दोनों एक-दूसरे से संतुष्ट न थे; पर प्रभावित अवश्य थे। दोनों ने एक-दूसरे में आकर्षण देखा; योगी ने ज्ञान का और नर्तकी ने सौंदर्य का···।" चित्रलेखा की तीव्र वासना अब एक नए आलंबन को चाह रही है और संभवत: उसकी अप्राप्यता की संभावना ने उसके अभिमान को तीव्र ठोकर देकर उसे योगी की ओर अधिक उन्मुख किया है। प्रौढ़ वयस्क के इस आकर्षण ने चित्रलेखा को अधिक चतुर भी बनाया है—वह एक ओर बीजगुप्त के गले लगकर अपने प्रणय की दुहाई भी दे सकती है और उसी समय मन-ही-मन यह भी कहती है—'पर कुमारगिरि सुंदर अवश्य है'। उपन्यास की कथा यह बीज है या संघर्ष का मूलारंभ है!

कुमारगिरि के दर्शन की कसौटी तर्क नहीं है; प्रत्यक्ष अनुभव है और जड़वादी चाणक्य के साथ तार्किक वाग्युद्ध में पराजित कुमारगिरि को ईश्वर के दर्शन कराने के सिवाय विजय का कोई दूसरा रास्ता नहीं रहा। अपमानित चित्रलेखा को योगी पर विजय प्राप्त करने का खासा अवसर भी मिला और उसने योगी के मायाजाल का भंडा फोड़कर विजय का मुकुट स्वयं प्राप्त किया। योगी के अपमान पर नमक छोड़ने के बहाने द्रव्य के रूप में मुकुट योगी के सिर पर रखकर नर्तकी ने नृत्य आरंभ किया; परंतु सहृदय से छिपा नहीं रहता कि यह भी उस वासना से तड़पती हुई नारी की विलास-लीला का ही एक बड़ा ही विचित्र एवं गहन-गूढ़ मनोवैज्ञानिक अस्त्र था। नृत्य की परिसमाप्ति के तुरंत उपरांत चित्रलेखा अपमानित और क्रुद्ध योगी के पीछे दौड़कर यह स्वीकार करती है—"···मैं तुमसे

पराजित हुई।" यह पराजय की झूठी स्वीकृति भी योगी केनिकट पहुंचने का एक नारीजनोजित साधन-मात्र था। क्योंकि चित्रलेखा का अपने हाथों मुकुट पहनाना कुमारगिरि को नहीं खलता। रात के उस उद्दीप्त वातावरण में चित्रलेखा की वासना ने एक विचित्र रूप धारण किया—उसने कहा "मैं आई हूं, अपने ऊपर विजय पानेवाले से दीक्षित होने के लिए।" इसका परिणाम यह हुआ—"आज तक कुमारगिरि ने सौंदर्य की ओर ध्यान न दिया था। प्रेम और वासना का क्षेत्र उसके लिए नया था। उस सौंदर्य से योगी के हृदय में एक हलका-सा कंपन हुआ। प्रथम बार योगी ने इस कंपन से मुक्त सांसारिक सुख का अनुभव किया।" कुमारगिरि अपनी दुर्बलता को पहली बार अनुभव करता है परंतु उसका 'अहम्' इतना प्रबल है कि वह इसकी स्वीकृति देने के लिए तैयार नहीं है। पर विचार करने के लिए समय देकर लौटनेवाली नर्तकी को कुमारगिरि देखता है—"वह उस अतृप्त शराबी की भांति चित्रलेखा को देख रहा था, जिसको संज्ञाहीन हो जाने का भय हो और जिसके सामने सुगंधित मदिरा बह-बहकर धूल में मिली जा रही हो।" फिर उसने चित्रलेखा का श्रृंगार-भार से पुलकित सौंदर्य देखा, उसने मदिरा देखी और मादकता देखी। उसने इच्छा का अनुभवकिया, और इच्छा की मनोहरता का भी अनुभव किया। एकाएक उसके हृदय में यह प्रश्न उठा—"स्त्री क्या है, और सौंदर्य क्या है? भगवान ने इन चीजों की रचना क्यों की है? प्रश्न अनुचित था।वर्षों की चिर-संचित विचारधारा ने कहा—क्या मैं अपने मार्ग से विचलित हो रहा हूं?" आखिर योगी को हारकर अपनी दुर्बलता की स्वीकृति ही देनी पड़ी। योगी के दीक्षा देने से इंकार करने पर चित्रलेखा की निराशा में उसकी वासना ने एक नया ही रूप लिया—निराशा, वेदना, याचना, विवशता, विनम्रता तथा शालीनता; अनेक भावों के अद्भुत रसायन से अपने भाषण को भरा-पूरा बनाकर अंतिम शस्त्र—शारीरिक स्पर्श से वह योगी को अपनी ओर खींचना चाहती है। सफल भी होती परंतु विशालदेव के आगमन से सब पर पानी फिर जाता है—"कुमारगिरि चौंक उठा। वह इस प्रकार से चित्रलेखा के पास से हट गया, जिस प्रकार वह मनुष्य चौंककर हटा है जो सर्पिणी के पास तक उसे बिना देखे हुए पहुंच जाता है और उसी समय जब सर्पिणी उसे डंसना चाहती है, कोई दूर खड़ा हुआ व्यक्ति उसे सचेत कर देता है।"—'हाय रे भाग्य' कहती हुई चित्रलेखा ने कुमारगिरि को पूर्णत: विचलित कर दिया था और अब उसके स्वर में वह दीनता और याचना नहीं, बल्कि मृदुल गम्भीर स्वर में आज्ञा देनेवाली स्वामिनी का गुरुत्व था—"वह गुरुदेव से कहती है—'तुमको मुझे दीक्षा देनी ही होगी'!"—उसके चले जाने पर संयम और मानसिक शांति का साधक कुमारगिरि विशालदेव का हाथ जोर से पकड़कर कहता है—'तुम मूर्ख हो।' चित्रलेखा ही कुमारगिरि को पाने की लालसा या वासना की ये विभिन्न

अभिव्यक्तियां फ्रायड की 'नियति' की शक्ति का बोध करा देने में समर्थ है।

कुमारगिरि और चित्रलेखा के परस्पर तीव्र वासनात्मक आकर्षण के विभिन्न रूपों को कंपित करने के उपरांत लेखक पाठक को बीजगुप्त के पास ले जाता है जिसने पहचाना है कि चित्रलेखा और कुमारगिरि दोनों ही अहंभाव से भरे हुए ममत्व के दासों का यह मिलन दोनों के नाश का बीज है। वह एक अजीब-सा अकेलापन महसूस करता है और अपनी व्यथा का भार श्वेतांक के सामने हलका करना चाहता है। परंतु उसका सहज आभिजात्य उसे अधिक मुखर होने से रोकता है। चित्रलेखा के पास आए हुए श्वेतांक को वह भोजन खिलाती है, मदिरा पिलाती है और अपने स्नेह का आभास देकर उससे प्रतिज्ञा भी करवाती है कि वह कुमारगिरि से संबंधित उसका राज छिपाकर रखे। वह उससे कहती है—"मेरा और कुमारगिरि का युग-युगांतर का संबंध है।" कुछ ही दिन पहले उसने बीजगुप्त के संबंध में भी इसी दृढ़ता से बात कही थी। अपनी शक्ति से भली-भांति परिचित वह नारी आत्म-विश्वासपूर्वक श्वेतांक का हाथ पकड़कर उसे आज्ञा देती है कि वह इस रहस्य को अभी गुप्त रखे। उन्माद, मस्ती, वासना को जीवन का सार-सर्वस्व समझानेवाली यह प्रमदा बीजगुप्त को तब तक छोड़ना नहीं चाहती, जब तक कुमारगिरि की ओर से आश्वस्त नहीं हो पाती–यह व्यवहारिक चतुराई है। इस दुःख को बीजगुप्त झेलता है—मदिरा के पात्र के आधार पर और उससे भी अधिक अपने जीवन-विषयक दृष्टिकोण के बल पर—परिस्थितियों का चक्र और पूर्वजन्म के कर्मों के फल का विधान। वासना के रास्ते पर सरपट दौड़नेवाले कुमारगिरि और चित्रलेखा के बीच बीजगुप्त का यह गंभीर व्यक्तित्व अधिक निखर उठता है।

चित्रलेखा की दोलायमान अवस्था में उसकी बीजगुप्त के प्रति उदासीनता या किंचित् तनाव स्वाभाविक था और फलतः दोनों के व्यवहारों में कुछ औपचारिकता, कुछ रूखापन और कुछ अविश्वास पैदा हो गया है (आठवां परिच्छेद)। एक-दूसरे के अधिकार की, स्वामित्व की बड़े व्यंग्यात्मक रूप में पूछताछ हो रही है। कहीं अपने संदेह को सैद्धांतिक रूप देकर व्यक्त किया जा रहा है तो कहीं सिद्धांतों की आड़ में अपने मन की गुत्थियों एवं वास्तविकता को छिपाकर रखने का प्रयास है। बीजगुप्त अपनेप्रेम की व्याकुलता को सैद्धांतिक आवाज में बांधकर व्यक्त करने को विवश है। यहां पर बीजगुप्त एक नए रूप में हमारे सामने आता है। वह एक बहुत बड़ा सत्य जान गया है और वह यह कि चित्रलेखा केवल उसका वासना-तृप्ति का सुंदर, मादक साधन-मात्र नहीं है; वह उसको प्यार करता है। अब वासनाऔर प्रेम में वह स्पष्ट अंतर कर सकता है–"प्रेम का संबंध आत्मा से है, प्रकृति से नहीं। जिस वस्तु का संबंध प्रकृति से है, वह वासना है, क्योंकि वासना का संबंध बाह्य से है। वासना का लक्ष्य वह शरीर है। जिस पर प्रकृति ने

कृपा करके उसको सुंदर बनाया है। प्रेम आत्मा से होता है, शरीर से नहीं। परिवर्तन प्रकृति का नियम है, आत्मा का नहीं। आत्मा का संबंध अमर है।" बीजगुप्त की इन मान्यताओं से मतभेद निस्संदेह हो सकता है, परंतु यह इसमें संदेह नहीं किया जा सकता कि वह वासना, उन्माद, मादकता इत्यादि से परे ऊपर उठकर कुछ स्थायी, कुछ उदात्त, कुछ आत्मिक (चाहे यह शरीर का ही सूक्ष्मतम रूप हो) संबंधों की अनुभूति वह अपने हृदय में कर रहा है। वासना के धरातल से प्रेम के धरातल पर उसका यह आरोहण संभवतः चित्रलेखा के योगी की ओर आकर्षण के फलस्वरूप उत्पन्न होनेवाली पीड़ा का परिणाम है। परंतु चित्रलेखा अभी भी बीजगुप्त के गले में हाथ डालकर उन्माद की पूर्ति करना चाहती है।

बीजगुप्त को अपने प्रेम की कड़ी परीक्षा देनी है और चित्रलेखा को भी बीजगुप्त को छोड़कर कुमारगिरि के निकट आना है—यशोधरा का उपन्यास में प्रवेश इन दोनों उद्देश्यों की पूर्ति करता है। बीजगुप्त अपनी परीक्षा में सफलतापूर्वक उत्तीर्ण होता है, क्योंकि समाज के सामने अपने और चित्रलेखा के संबंध में विवाह से कम महत्त्व वह नहीं देता। उससे उत्पन्न संतान औरस नहीं होगी और उसकी संपत्ति की अधिकारी नहीं होगी; इस तथ्य को जान लेने पर भी वह अपने निश्चय से विचलित नहीं होता। यशोधरा के विवाह के प्रश्न को लेकर लेखक ने बीजगुप्त, चित्रलेखा और कुमारगिरि के आंतरिक गहन-गूढ़ भावों को बड़ी कुशलता से व्यक्त किया है। कुमारगिरि चित्रलेखा को याद दिलाकर कि वह विराग के जीवन को अपनाने का निश्चय कर चुकी थी, उसे बीजगुप्त से अपनी ओर खींचने का प्रयत्न कर रहा है और कुमारगिरि की ओर आकृष्ट चित्रलेखा बीजगुप्त को यशोधरा से विवाह करने का आग्रह करती है—बीजगुप्त के चले जाने पर वह मृत्युंजय को विश्वास भी दिलाती है। यह प्रेम नहीं है, यह त्याग भी नहीं हैं; पर केवल कुमारगिरि की ओर ठेलनेवाली वासना ने एक नया रूप लिया है। कुमारगिरि इस मर्म को भली-भांति जानता है—"···बहुत संभव है चित्रलेखा स्वयं ही बीजगुप्त को छोड़ देने पर प्रस्तुत हो···।"

लेखक ने चित्रलेखा के प्रेम (?) के विविध स्थित्यंतरों को दिखाया है (ग्यारहवां परिच्छेद)। जिसमें विधवा जीवन का ताप और संयम, प्राकृतिक प्रेम, पिपासा, उग्र इच्छा, आत्म-विस्मरण, मादकता, अधिकाधिक तीव्र संवेदनाओं के लिए उत्तेजक मदिरा, एक प्रेमी के होते हुए दूसरे के प्रति तीव्र आकर्षण इत्यादि अवस्थाएं क्रमशः आ गईं। इसका एक ही अर्थ है—वासना कभी तृप्त नहीं होती, वह अधिकाधिक आहुति चाहती है। चित्रलेखा की सारी जीवन-यात्रा वासना की तृप्ति को मिटाने की सामग्री जुटाने का प्रयत्न है। वह केसरिया वस्त्र पहनकर कुमारगिरि की कुटी में चली जाती है और उससे स्पष्ट शब्दों में कहती भी है—**"योगी ! अपनी विजय और पराजय की अवहेलना करके एक बार तुम**

मुझसे सच बोले थे, मैं भी तुमसे सच कहूंगी—मैं तुमसे प्रेम करने आई हूं।" फिर यह प्रेम (?) सेवा, भक्ति इत्यादि का भी स्वांग भरने लगता है कि योगी भी शुद्ध प्रेम (?)—वासना रहित प्रेम की संभावना मानकर और ईश्वर की इच्छा समझकर चित्रलेखा को दीक्षा देना स्वीकार करता है। "भगवान् की इच्छा है कि मैं संसार स्थित वासनाओं से युद्ध करूं—तो फिर ऐसा ही हो।" स्पष्ट है कि यह योगी की वासना ही है जो भगवान की इच्छा के रूप में अपना समर्थन करती है। योगी की इस कमजोरी पर विशालदेव की मुसकराहट योगी के अभिमान को उभारकर उसे क्रुद्ध करती है और वह निश्चय कर लेता है कि चित्रलेखा उसी की कुटी में रहेगी।

मुख्य कथा से यशोधरा की उपकथा इस तरह जुड़ी हुई है कि इसे उपकथा भी कहना ठीक नहीं जान पड़ता। यशोधरा को लेकर श्वेतांक के जीवन में भी एक नया अध्याय प्रारंभ होता है। बीजगुप्त भी चित्रलेखा की उदासीनता के कारण यशोधरा की ओर किंचित् उन्मुख है। वह देखता है कि उसका सेवक श्वेतांक भी यशोधरा को देखकर मादक क्षणों को अनुभव कर रहा है। परंतु उदारचेता बीजगुप्त इस बात को सहज हास्य के बल पर सह लेता है—'यही जीवन है'। बीजगुप्त मन-ही-मन चित्रलेखा और यशोधरा की तुलना भी करने लगा है परंतु चित्रलेखा से प्रेम करता था; चित्रलेखा को छोड़ देना उनके लिए असंभव था। चित्रलेखा का छोटा-सा पत्र जो 'मनोविज्ञान···का एक संपूर्ण ग्रंथ था' पाकर बीजगुप्त की प्रतिक्रिया देखिए—"पढ़ते-पढ़ते उसके हाथ कांपने लगे। उसका मुख पीला पड़ गया। उसका हृदय धड़कने लगा। उसने पत्र श्वेतांक को दिया और अपना मुख ढांककर वह अपने शयनगृह में चला गया।" उस गहरी आत्मिक पीड़ा से वह अनुभव करता है कि—"वह केवल एक स्त्री से प्रेम करता था—वह चित्रलेखा थी।" वह चित्रलेखा को योगी की कुटी से ले आने का अंतिम प्रयत्न करता है। उसमें किसी प्रकार की भावुकता नहीं, यद्यपि प्रेम का अनुरोध अवश्य है। वह चित्रलेखा के बीजगुप्त को सुखी करने के सतही उद्देश्य का परदा भी खोल देता है और एक गंभीर व्यक्ति की भांति चित्रलेखा को सूचना देकर लौट आता है—"जो कुछ कहना था, कह चुका; मानना और न मानना तुम पर निर्भर है। जैसा तुम चाहती हो, वैसा ही सही; पर थोड़े दिनों के बाद ही तुमको स्पष्ट हो जाएगा कि तुम गलती कर रही हो।"— जाते समय चित्रलेखा राजमार्ग पर बीजगुप्त का चुम्बन लेती है। कुमारगिरि के प्रति आकर्षित यह नारी बीजगुप्त के प्रति क्षमा-निवेदन भी करती है—"बीजगुप्त! संभवतः मैं अनुचित कर रही हूं—उसके लिए क्षमा करना।" फिर उसी सांस में कुमारगिरि से यह भी कहती है कि मैं आपको धोखा नहीं दे रही हूं–इतना विश्वास रखिए गुरुदेव! बहुत संभव है कि मैं बीजगुप्त को धोखा दे रही हूं या अपने ही को।" फिर

साधना या तपस्या के नाम पर एक बड़ा झूठ पनपने लगता है।

चित्रलेखा का अभाव भूलने के लिए बीजगुप्त काशी-यात्रा पर जा रहा है परंतु उसकी अनिच्छा के बावजूद उसे यशोधरा को साथ ले जाना पड़ता है। लेखक संभवतः यशोधरा के साथ बीजगुप्त को रखकर उसे अपने प्रेम की परीक्षा करने के लिए बाध्य-सा बना देता है। यशोधरा को भी जीवन में न आने देना, एक प्रकार से पलायन है जो कि बीजगुप्त के विचारों से (जैसा कि लेखक ने उसको रखा है) प्रतिकूल है। दोनों एक-दूसरे से प्रभावित भी होते हैं और फलस्वरूप उधर श्वेतांक का मन अपने स्वामी के प्रति ईर्ष्या, क्रोध, मत्सर, खीझ इत्यादि भावों से भरकर बीच-बीच में विस्फोटित भी होता है।

इधर कुमारगिरि के साथ चित्रलेखा को रखकर चित्रलेखा के असली व्यक्तित्व की परीक्षा भी लेखक कर रहा है। वह वासना से प्रताड़ित होकर कुमारगिरि के समीप अवश्य आई है परंतु उसकी वासना के मूल में कुछ अन्य भाव भी रहते हैं। चित्रलेखा के व्यक्तित्व में दूसरे को आकर्षित कर दबा देने की प्रवृत्ति बहुत अधिक थी (सोलहवां परिच्छेद), जिसका उपयोग वह अनजाने करती रहती थी। कुमारगिरि अब न समाधि में मन लगा सकते हैं, न समाधि लगाना ही चाहते हैं। वे जीवन के बीच भंवर में पड़कर जान गए हैं कि "विराग मनुष्य के लिए असंभव है, क्योंकि विराग नकारात्मक है।" कुमारगिरि को अपने प्रति आकर्षित ही नहीं, उत्तेजित और आक्रमक रूप में देखकर चित्रलेखा के मन में परिवर्तन आने लगा। उसने अपने प्रवृत्तियों का अधिक बारीकी से निरीक्षण किया। कुमारगिरि से वह प्रेम करने आई थी परंतु उनसे वह प्रेम नहीं कर सकती थी, न उनसे कुछ सीख सकती थी। कुमारगिरि के साथ रहकर वह उसको साधना से च्युत कर रही थी। जिस कुमारगिरि को जीतने की, उसके विरक्ति-मार्ग का मजाक उड़ाने की और कुमारगिरि द्वारा किए गए अपमान का बदला लेने की तीव्र इच्छा उसके अंतःकरण में संभवतः प्रारंभ से गहरे घुस गई थी, वह साध पूरी हो गई। अब अपने अहं को तुष्ट करने के लिए उसे कुमारगिरि की आवश्यकता नहीं थी; अतः उसके प्रति उसकी वासना भी क्षीण होने लगी। उसके मन में बीजगुप्त के पास जाने की इच्छा उत्पन्न हो गई। लेखक को चाहिए था कि इस समय चित्रलेखा के मन में बीजगुप्त के प्रति छिपे हुए प्रेम को अधिक तीव्रता से संवेदित कराए। यह भी आवश्यक था कि कुमारगिरि के प्रति उसकी वासना के क्रमशः लुप्त होने का अधिक विश्लेषण संवेदनाओं के धरातल पर वह करता। यहां लेखक ने कभी संकेत से या वर्णन से काम लिया है। फलतः एक ऐसा प्रभाव पाठक पर पड़ने लगता है कि जैसे लेखक कहानी के सूत्रों को शीघ्रातिशीघ्र समेटने का प्रयास कर रहा है। चित्रलेखा कुमारगिरि से स्पष्ट शब्दों में कहती है: "मैं जानती हूं कि तुम मुझसे प्रेम करते हो; पर मैं तो तुमसे प्रेम नहीं करती! एक

क्षण के लिए मेरी इच्छा तुम पर आधिपत्य जमाने की हुई थी, और मैंने उसका प्रयत्न किया।···यहां मैं स्वामिनी हूं, तुम दास हो। मैंने तुम पर आधिपत्य जमा लिया है, तुमने आत्मसमर्पण कर दिया है।" कुमारगिरि को अपनी कमजोरी, दुर्बलता एवं पराजय का भान होता है और उसका अहम् फूटकर चित्रलेखा पर विजय प्राप्त करना चाहता है और इस आत्मिक विजय में चित्रलेखा का योग चाहता है। एक अद्‌भुत रसायन योगी के मन में पैदा होता है। वह चित्रलेखा पर किसी प्रकार जबर्दस्त प्रहार करना चाहता है और आत्मा और साधना के आवरण में उसके लिए शक्ति संचित कर रहा है। विरक्ति मार्ग की यह परिणति कहां तक होगी; इसके लिए पाठक के मन में अतीव जिज्ञासा उत्पन्न हो जाती है।

उधर बीजगुप्त, यशोधरा और श्वेतांक का भी एक प्रेम-त्रिकोण उत्पन्न हो रहा है। श्वेतांक के मन में बीजगुप्त के प्रति क्रोध और ईर्ष्या तीव्र रूप ले रही है और वह असहनशील एवं उद्दंड बनता जा रहा है। बीजगुप्त भी यशोधरा के प्रभाव में आ रहा है। जीवन की मांग उससे विवाह करने के लिए प्रेरणा दे रही है परंतु चित्रलेखा के प्रति प्रेम उसको यह करने नहीं देता। पशोपेश में पड़ा हुआ बीजगुप्त काशी से पाटिलीपुत्र लौट आता है।

इधर कुमारगिरि के मन में बीजगुप्त के प्रति प्रबल ईर्ष्या उत्पन्न होती है, क्योंकि वह जानता है कि चित्रलेखा उसी के कारण कुमारगिरि से कुछ खिंची हुई है। तपस्या और विरक्ति मार्ग का साधक यह योगी चित्रलेखा से झूठ कहता है कि बीजगुप्त और यशोधरा का ब्याह हो चुका है। कुमारगिरि के निम्नांकित वाक्य चित्रलेखा की प्रवृत्ति पर प्रकाश डालते हैं जो इस लेख की भूमिका के रूप में स्वीकृत हैं : "···तुमने वासना के आवेश में आकर पवित्र प्रेम को ठुकरा दिया था—तुमने मुझमें कुछ देखा और तुम मेरी ओर आकर्षित हो गई। उस समय तुममें पशुता की प्रवृत्ति प्रबल हो उठी थी—तुमने मनुष्यता को तिलांजलि दे दी थी। तुम बिना बीजगुप्त की इच्छा के बीजगुप्त का जीवन-भार बनाकर मेरे पास चली आई···।" इन वाक्यों की सत्यता से चित्रलेखा इंकार नहीं कर सकी जो उसके आवेश से प्रकट है : "चित्रलेखा चिल्ला उठी—"बस करो! बस करो'!" चित्रलेखा कुमारगिरि के वाक्यों में अपनी मनोदशा का परदाफाश देखकर सचमुच बौखला उठी। वह जान गई कि बीजगुप्त को वह भी कितना प्यार करती थी; परंतु उसकी वासना ने उसके बीजगुप्त को छीन लिया। बीजगुप्त के खोने का दुःख वह सहन नहीं कर सकी और इस दुःख और निराशा के तीव्र दंशन में उसने कुमारगिरि को शरीर समर्पित कर दिया। सब कुछ लुट जाने के बाद वह अपने पतन को सच्चे अर्थों में अनुभव कर सकी। विशालदेव से यह ज्ञात होने पर कि कुमारगिरि ने उसे बड़ा धोखा दिया था, वह चोट खाई हुई नागिन की तरह

कुमारगिरि को डंसना चाहती है। इस समय की चित्रलेखा का मंतव्य संभवतः विरक्ति मार्ग और प्रेम के संबंधों पर सबसे यथार्थ टिप्पणी है : "वासना के कीड़े ! तुम प्रेम क्या जानो ? तुम अपने लिए जीवित हो, ममत्व ही तुम्हारा केंद्र है—तुम प्रेम करना क्या जानो ? प्रेम बलिदान है, आत्मत्याग है, ममत्व का विस्मरण है। तुम्हारी तपस्या और तुम्हारा ज्ञान; तुम्हारी साधना और तुम्हारी आराधना—यह सब भ्रम है। सत्य से कोसों दूर है। तुम अपनी तुष्टि के लिए गृहस्थ आश्रम की बाधाओं से कायरतापूर्वक संन्यासी का ढोंग लेकर विश्व को धोखा देते हुए मुख मोड़ सकते हो—तुम अपनी वासना को तुष्ट करने के लिए मुझे धोखा दे सकते हो—और फिर भी तुम प्रेम की दुहाई देते हो ?"

कुमारगिरि और चित्रलेखा को पतन की चरम-सीमा तक ले जाकर और जीवन के सत्य से परिचित कराकर लेखक बीजगुप्त की ओर आ जाता है। चित्रलेखा कुमारगिरि की वासना-तृप्ति की पार्श्वभूमि पर बीजगुप्त का यशोधरा की ओर आकर्षण और उस पर नियंत्रण का प्रयास अधिक स्वस्थ एवं संयत जान पड़ता है। बीजगुप्त यशोधरा से विवाह करने का अपना प्रस्ताव लेकर मृत्युंजय के यहां चला तो जाता है परंतु चित्रलेखा के प्रति सच्चा प्रेम अनुभव करनेवाले उसके अंतर्मन ने उसके द्वारा यह प्रस्ताव नहीं रखने दिया। प्रत्युत्तर अपनी संपत्ति एवं सम्मानित पद श्वेतांक को देकर वह यशोधरा से उसके पाणिग्रहण का प्रस्ताव रखकर चला आता है। मृत्युंजय के शब्दों में पाठक भी बीजगुप्त के बारे में यही कहता है—"आप मनुष्य नहीं, देवता हैं।" देवता बनने की कामना करनेवाला कुमारगिरि विरक्ति मार्ग से चलकर मनुष्य भी नहीं रह पाता, पशु बन जाता है और भोग के मार्ग से चलनेवाला बीजगुप्त मनुष्य से ऊपर उठकर देवता बन जाता है।

वियोग के बाद चित्रलेखा भी अनुभव करती है कि बीजगुप्त के प्रति उसके मन में कितना गहरा प्रेम था। बीजगुप्त के सर्व संपत्ति का त्याग कर भिखारी की भांति पैदल चल पड़ने के समय चित्रलेखा भी उसके साथ चल पड़ती है। बीजगुप्त उसके प्रेम में उसके कुमारगिरि के प्रति आत्मसमर्पण की बात भूल जाता है—सहज क्षमा कर देता है। कहता है : "प्रेम के प्रांगण में कोई अपराध ही नहीं होता ! फिर क्षमा कैसी ! प्रेम स्वयं एक त्याग है, विस्मृति है, तन्मयता है।"—अंत में "प्रेम और केवल प्रेम हमारा आधार हो ! मेरे देवता ! मैं अपनी संपत्ति आज ही दान किए देंती हूं—रात में हम दोनों ही अथाह संसार में प्रेम की नौका पर बैठकर चलें।"—अंत में बीजगुप्त ने चित्रलेखा का चुंबन ले लिया—"हम दोनों कितने सुखी हैं।"

पहले परिच्छेद में चित्रलेखा और बीजगुप्त का चुंबन, परिरम्भण, आलिंगन, मदिरा, प्यास, यौवन की मस्ती, मादकता और वर्तमान काल की सर्वसत्यता के

साथ उपन्यास के अंत में यह पवित्र चुंबन कितना अनोखा, कितना आत्मिक और कितना तन्मयतापूर्ण है ! वासना और प्रेम के बीच हचखोले खाती हुई चित्रलेखा अंत में सच्चे प्रेम के स्वरूप को जान पाई—'चित्रलेखा' इसी प्रेम-यात्रा की सुगठित और प्रभावपूर्ण कहानी है ।

'चित्रलेखा' को पाप-पुण्य का विश्लेषण एवं समाधान करनेवाली कथा मानकर आलोचना करने पर किसी का मन सिहर उठा है क्योंकि इसमें पाप और पुण्य की कल्पनाओं को झुठला दिया गया है या मनुष्य को परिस्थितियों का दास बनाकर या नियति का शिकार बनाकर उसके कर्म के प्रति प्रत्येक स्थिति में सहानुभूति से देखा गया है । आलोचक प्रवर नंददुलारे बाजपेयी ने भी इसी प्रकार का अपना मत प्रकट किया है—"चित्रलेखा मनोवैज्ञानिक आधार पर एक नैतिक प्रश्न उठाती है ।—चित्रलेखा दो पुरुष पात्रों के बीच घूमती हुई केवल कौतूहल की सृष्टि कर पाती है । वे नैतिकता को नया मनोवैज्ञानिक आधार देना चाहते हैं, अथवा यों कहें कि नए मनोविज्ञान पर नई नैतिकता का निर्माण करना चाहते हैं । पर इतने बड़े प्रश्नों को इतनी हलकी कलम से संभाल पाना संभव नहीं । कदाचित् इसलिए चित्रलेखा एक प्रश्न बनकर रह गई है ।"

साहित्य का और सामाजिक नीति का सीधा संबंध मानकर चलने से इस प्रकार की मान्यताओं का स्थापित किया जाना स्वाभाविक है । इससे भी अधिक उपन्यास को सतही दृष्टि में पढ़कर अथवा लेखक के कथा-बाह्य मंतव्य को कुछ अधिक महत्त्व देते हुए चलने पर इस उपन्यास का मूल्यांकन कुछ दूषित-सा हो गया है ।

चित्रलेखा की कथा पर लेखक की कलात्मकता या कुशलता का उद्घाटन करते हुए जो आलोक डाला गया है, उससे यह स्पष्ट हो जाता है कि वर्माजी मनुष्य की अस्वस्थ प्रवृत्तियों पर प्रहार कर रहे हैं । बीजगुप्त इस उपन्यास में प्रारंभ से जो एक सहानुभूति की दृष्टि से देखा गया है, इससे यह स्पष्ट हो जाता है । चित्रलेखा और बीजगुप्त का क्रमशः मस्ती और मादकता के जीवन से त्याग और प्रेम की ओर प्रस्थान, अंधकार से प्रकाश की ओर संचरण है । कुमारगिरि के विरक्ति मार्ग की असफलता का संकेत कर लेखक यही कहना चाहता है कि जीवन की स्वस्थ प्रवृत्तियों की उपलब्धि इस पलायन के मार्ग से संभव नहीं । जीवन के भौतिक धरातल पर जीवन का उन्नयन करना हो तो गृहस्थाश्रम का संयत भोग आवश्यक शर्त है । यशोधरा और श्वेतांक का गृहस्थाश्रम में प्रवेश और बीजगुप्त का उसके लिए आशीर्वाद इस बात का द्योतन करता है । कुमारगिरि का विरक्ति मार्ग प्रकारांतर से पलायन का मार्ग है जिसका केंद्र ममत्व की भावना है । इस मार्ग के केंद्र में 'अहम्' की पुष्टि है । प्रेम-मार्ग में अहं का विलयन हो जाता है । कबीर का एक दोहा कुमारगिरि के चरित्र का आधार है—

माया तजी ता का भया, जब मान तजा नहिं जाई।
मान सबै मुनिवर ठगै, मान सबन को खाई॥

चित्रलेखा उपन्यास की कथा की घटनाएं और पात्रों की स्वभाव-विशेषताएं इतनी घुल-मिल गई हैं कि ऐसी एक घटना या प्रसंग अलग नहीं किया जा सकता, जो कथा के विकास एवं मोड़ की दृष्टि से अनावश्यक हो। ऐसा एक प्रसंग नहीं है जो पात्रों के स्वभाव-वैशिष्ट्य से मेल न खाता हो। प्रसंग और पात्र-वैशिष्ट्य की यह एकात्मता उपन्यास के रूप को सौष्ठव और सौंदर्य प्रदान करने में समर्थ हुई है। वस्तुत: चित्रलेखा और कुमारगिरि के आकर्षण में और उसके क्रमश: घनीभूत होनेवाले रूप के चित्रण में लेखक ने संयम से काम लिया है, यह संयम नैतिक दृष्टि से लक्षणीय नहीं है। कभी-कभी भोग के प्रत्यक्ष चित्रण में भी कलाकार का संयम दृष्टिगोचर होता है। वह संयम कला की आवश्यकता है। कथा की विस्तृत चर्चा के प्रकाश में यह स्पष्ट करने का प्रयत्न किया गया है कि मनोवैज्ञानिक सिद्धांतों की चर्चा या विश्लेषण करने के लिए उपन्यास के पात्र या प्रसंग समर्पित नहीं हैं, प्रत्युत् जीवन में मनोविज्ञान की गुत्थियों का जितना अस्तित्व लक्षित होता है और जितना उनका महत्त्व है, उतना ही संकेत इसमें मिलता है। मनोवैज्ञानिक गुत्थियों एवं कुंठाओं को जीवंत पात्रों और सरस प्रसंगों के माध्यम से पाठक के समक्ष रखते हुए लेखक ने पाठक को जीवन-रस से परिचित कराया है। आज के मनोवैज्ञानिक उपन्यासों की दुर्बलता की पृष्ठभूमि पर 'चित्रलेखा' का मनोवैज्ञानिक स्पर्श पुनर्मूल्यांकन करते समय अधिक आकृष्ट करता है।

उपन्यास की एक विशेषता उसकी नाट्यात्मकता भी है। नाट्यात्मकता का प्राण विरोध या संघर्ष है। भोगी चित्रगुप्त और योगी कुमारगिरि के बीच झूलती हुई 'चित्रलेखा' नाट्यात्मकता का केंद्र है। क्षत्रिय श्वेतांक और ब्राह्मण विशालदेव का विरोधी परिस्थितियों में पड़कर विषम दृष्टियों को उपलब्ध करना भी इस नाट्यात्मकता का अंग है। मूलत: विरक्ति और आसक्ति के बीच झोंके खाता हुआ यह पेंडुलम प्रेम के मध्यबिंदू पर स्थिर हो जाता है। बीच का विरोधात्मक स्थितियों में कितने ही नाटकीय प्रसंगों की निर्मिति लेखक कर सका है। मस्ती और मादकता में डूबे हुए चित्रलेखा और बीजगुप्त के पास मध्यरात्रि में रत्नांबर प्रभु और ब्रह्मचारी श्वेतांक का पाप का पता लगाने के लिए आना, कुमारगिरि की कुटिया में चित्रलेखा का प्रकाश को अंधकार का प्रणाम करना, मौर्य की भरी सभा में योगी और नर्तकी का बौद्धिक वाग्युद्ध, अहं से तने हुए कुमारगिरि के सामने स्वाभिमानी चित्रलेखा की अनुनयपूर्ण दीक्षा-याचना, नर्तकी और योगी का साधना के क्षेत्र में एकांतवास, विशालदेव का नाट्यपूर्ण प्रवेश, मृत्युंजय के घर में कुलीन घराने की स्त्रियों के बीच चित्रलेखा का आगमन, मादकता और क्रांति की प्रतिरूप चित्रलेखा और शांति और संयम की प्रतिरूप यशोधरा,

बीजगुप्त का क्रमश: देवत्व की ओर उर्ध्वगमन और कुमारगिरि का अधोगमन—ऐसे कितने ही नाट्यपूर्ण प्रसंगों की ओर संकेत किया जा सकता है। कभी नाट्यपूर्ण पात्रों और प्रसंगों की रचना का मोह लेखक को इतना आविष्ट करता है कि कृति में यांत्रिकता और अविश्वसनीयता उत्पन्न होती है—परंतु 'चित्रलेखा' के उपन्यासकार ने प्राय: सफलता से इस परीक्षा में अपनी कलात्मकता का परिचय दिया है। एकाध स्थान पर अवश्य यह मोह दुर्निवार हो गया है। मृत्युंजय के द्वारा चित्रलेखा का निमंत्रण (बीजगुप्त द्वारा समर्थन किए जाने पर भी) अस्वाभाविक लगता है और नाट्यपूर्णता के मोह में पड़कर इस अवसर पर लेखक कुमारगिरि को भी ले आया है!! संयम, विरक्ति और एकांत कुटिया में रहनेवाले इस योगी का गृहस्थ के घर में आकर विवाह जैसी बातों में रस लेना कथा की नाट्यात्मकता को भले ही बढ़ाए, परंतु सुधी पाठक की दृष्टि में आरोपित-सा लगता है।

उपन्यास में एक-दो ऐसी घटनाएं भी हैं जिनको टाला जाता तो उपन्यास की कला में कुछ अधिक निर्दोषता आ जाती। कुमारगिरि और चाणक्य के बीच जो ईश्वर के अस्तित्व-अनस्तित्व को लेकर बौद्धिक वाद चल रहा है, उसकी आवश्यकता से इंकार नहीं किया जा सकता। उपन्यास के पात्रों के जीवन-विषयक दृष्टिकोण एवं उनकी दार्शनिक मुद्रा के अनुकूल भी वह है। चर्चा एक ऐसे बिंदू पर आ जाती है जबकि ईश्वर के अस्तित्व के लिए प्रत्यक्ष प्रमाण की मांग की जाती है। यह पूर्णत: तर्कयुक्त है। यहां आकर कुमारगिरि का यौगिक शक्ति के बल पर धोखा दे और चित्रलेखा का उसको पराजित करना उतना कलात्मक नहीं प्रतीत होता। एक तरह से कुमारगिरि को कुछ नीचे गिराया गया है—लगता है वह कोई जादूगर हो। कुमारगिरि को ही परास्त करवाना था तो लेखक चाणक्य के अंतिम तर्कों को उसके मुख से प्रकाशित कर सकता था या किसी अन्य मार्ग से यह कार्य संपन्न हो सकता था। फिर उपन्यास के अंत में कुमारगिरि की ओर से चित्रलेखा का विकर्षण दिखाते समय भी कुछ जल्दबाजी हुई है। बीजगुप्त के प्रति उसकी अंतर्मन की गहरी प्रेम-भावना को अधिक तीव्रता से संवेदित कराया जाता और कुमारगिरि की वासना का अधिक उग्र चित्रण किया जाता तो संभवतः उपन्यास में अधिक कलात्मकता आ जाती। विशालदेव जो कि कुमारगिरि के निकट महत्त्वपूर्ण समय पर आ पहुंचता है— (यह उसका आगमन अत्यंत नाटकीय है–कभी आवश्यकता से अधिक।) वह एक ऐसा लगाम है जो वासना के मार्ग पर फिसलनेवाले घोड़े को खींचता रहता है। वह परिस्थितियों से पूर्णतया परिचित है—उसका समय-समय पर मुसकराना लंबे विवादों या तर्कजाल से भी अधिक प्रभावपूर्ण और व्यंग्यपूर्ण लगता है। वह चित्रलेखा से प्रार्थना भी करता है कि उसके कारण कुटि का संयत और शांतिपूर्ण

जीवन नष्ट हो रहा है, इसलिए वह कुटि छोड़कर चली जाए। विशालदेव का श्वेतांक की तुलना में कम मुखर व्यक्तित्व अधिक मर्मज्ञ का रूप लेकर उपस्थित होता है। इस सबकी पृष्ठभूमि पर उसका अपने गुरु के प्रति अंतिम आदर कुछ विचित्र अवश्य लगता है—सौभाग्य इतना है कि यह 'उपसंहार' में होने के कारण विशेष खटकता नहीं है। बल्कि उपन्यास में 'उपसंहार' की पूंछ अनावश्यक है; इसी तथ्य पर प्रकाश डालता है।

'चित्रलेखा' विद्रोही विचारों के लिए, उसकी व्यक्तिवादी दृष्टि के लिए और मनोविज्ञान के लिए महत्त्वपूर्ण कृति समझी गई है। वस्तुतः 'चित्रलेखा' में किसी विशिष्ट आग्रह को लेकर लेखक नहीं आता। जीवन के भौतिक धरातल के बीच उसने विरक्ति और आसक्ति या वासना की परीक्षा कर दोनों को आत्यंतिक ठहराकर स्वस्थ जीवन के लिए दोनों के बीच की स्थिति—गार्हस्थ्य प्रेम और उसके माध्यम से आत्मसंस्कार को उपादेय समझा ये विचार चित्रलेखा के प्रकाशन-काल तक (1934) विचारकों के मन में प्रायः स्थापित थे। लेखक की विशेषता यह है कि इन मान्यताओं को उसने सुंदर कलात्मक रूप प्रदान कर हिंदी पाठकों के समक्ष रखा। प्रेमचंद की समाजोन्मुख कृतियों में नैतिक मान्यताओं को प्रश्नांकित दृष्टि से नहीं देखा गया था। परंतु 'परख' और 'सुनीता' के माध्यम से जैनेंद्र ने कुछ प्रस्थापित मान्यताओं की परीक्षा करने का साहस जरूर किया था। 'चित्रलेखा' में अपेक्षाकृत अधिक साहस एवं स्पष्टता से हमारी पूर्व-स्वीकृत धारणाओं पर प्रश्न-चिह्न लगाया गया है। वैवाहिक जीवन की पवित्रता के लिए सामाजिक विधि-विधान की आवश्यकता बीजगुप्त ने नहीं समझी। विवाह और प्रेम के बीच व्यवधान उत्पन्न होने पर प्रेमचंद विवाह के सामाजिक विधान को महत्त्व देने के पक्ष में थे जबकि 'चित्रलेखा' में बीजगुप्त विवाह और प्रेम के बीच सरल संबंध आवश्यक मानता है। विवाह और प्रेम में यौन पवित्रता को प्रेमचंद आवश्यक समझते थे, अपवादात्मक स्थितियों में भी प्रेमचंद इस संबंध में अधिक सहिष्णु थे, उदार नहीं हो सकते थे। जैनेंद्र में इस संबंध में बड़ी झिझक, अस्पष्टता और बचाव की प्रवृत्ति थी। 'चित्रलेखा' में बीजगुप्त न चित्रलेखा के पूर्व-जीवन को महत्त्व देता है, न कुमारगिरि के प्रति उसके शारीरिक समर्पण को। यौन संबंधों की आकस्मिकता और परिस्थितिवशता ज्ञात होने के कारण वर्माजी इस संबंध में अधिक उदार हैं—स्पष्ट शब्दों में वे सच्चे प्रेम और यौन-विषयक पवित्रता का अभेद्य संबंध नहीं स्थापित करते। वह निस्संदेह प्रगतिशील दृष्टिकोण था। विरक्ति के मार्ग की अधिक विस्तार से परीक्षा कर वैयक्तिक अथवा सामाजिक दोनों दृष्टियों से उसकी हानिकारकता सिद्ध की गई है। वासना को पाप अथवा घृणित वस्तु न समझकर उसका स्वस्थ जीवन के विकास की दृष्टि से आवश्यक उपयोग भी स्वीकार किया गया है— मनुष्य-जीवन

की संस्कृति वह न हो, खाद अवश्य है। इस दिशा में समाज को सोचने के लिए विवश किया गया है। यह कृति अनातोले फ्रांस की 'थाया' से कितनी प्रभावित है, यह प्रश्न उतना महत्त्वपूर्ण नहीं है। परंतु पाश्चात्य विचारों का प्रभाव लेखक ने आत्मसात् अवश्य किया है। यह दो प्रकार से स्पष्ट किया जा सकता है : श्वेतांक और यशोधरा का सहभोजन, हाथ पकड़कर बोलना, नाव पर घूमने जाना, काशी-यात्रा से लौटने के पूर्व बाजार जाकर चीजों को खरीदना, वाटिका में यशोधरा के साथ बीजगुप्त का भ्रमण, पर्यटन, जलपान की प्रतीक्षा, यशोधरा-बीजगुप्त की बौद्धिक चर्चा इत्यादि बातों को पढ़ते समय यह अवश्य लगता है कि यह चंद्रगुप्त मौर्य का समय नहीं होगा। कहीं लेखक अति सामाजिक वस्तु को पौराणिक रूप तो नहीं दे रहा है ? परंतु यह उपन्यास न पूर्णतः ऐतिहासिक है, न सामाजिक। उपन्यास की वस्तु कुछ अधिक चिरंतन है, अतः यह काल-विपर्यय या समाज-विपर्यय विशेष नहीं खटकता। दूसरे, भारतीय संस्कृति और पाश्चात्य संस्कृति के अंतर्बाह्य विरोध की परिकल्पना कर एक को आध्यात्मिक और दूसरी को भौतिक बतानेवाले विद्वानों के सामने दोनों के स्वस्थ समन्वय की संभावना बताकर उपन्यास को दो संस्कृतियों के मिलन-बिंदू पर खड़ा किया है। 'चित्रलेखा' के लेखक की प्रशंसा इसलिए भी की जानी चाहिए कि उसने किसी पूर्व-स्वीकृत धारणा को लेकर पात्रों और प्रसंगों की दृष्टांत के आधार पर रचना नहीं की, बल्कि प्रचलित मान्यताओं की जीवन की गर्मी और ऊष्मा के बीच अनाग्रहपूर्वक जांच कर कुछ प्रश्न-चिह्न लगा दिए हैं। लेखक कोई समाधान नहीं दे जाता, इसीलिए संभवतः इस कृति का सौंदर्य-मूल्य अधिक बढ़ गया है। प्रेमचंद के युग में इसको लिखकर भी लेखक ने वस्तु की गठन, कसाव, संक्षेप, पात्रों और प्रसंगों की एकात्मकता, कलात्मक संयम इत्यादि को एक जागरूक कलाकार के रूप में महत्त्व दिया है। प्रायः लेखक समस्या को लेकर सामने आता है तब उपन्यास या तो दृष्टांत रूप बन जाता है अथवा पात्र प्रतीक बनकर जीवंतता खो देते हैं। वर्माजी समस्या लेकर आए जरूर हैं परंतु उनके कलाकार ने उन्हें पात्रों को प्रतीक-मात्र बना देने से और उपन्यास को दृष्टांत बना देने से बचाया। पाप-पुण्य के विरोध को लेकर निर्मित किए गए पात्रों में प्रतीकात्मकता के साथ एकांतिक विरोध के आने की भी संभावना थी। परंतु ऐसा यहां नहीं हो पाया है : बीजगुप्त के विरोध में कुमारगिरि के प्रति अन्याय नहीं किया गया है, न बीजगुप्त को अतिरिक्त सहानुभूति दी गई है। उपन्यास में यांत्रिकता आने का भी खतरा प्रायः विरोधी पात्रों की योजना से रहता है। सौभाग्य की बात है कि यह यांत्रिकता इसमें नहीं आ पाई है, क्योंकि लेखक समस्या को लेकर अंत तक नहीं बैठा है—वह उपन्यासकार या कलाकार पर दार्शनिक को हावी होने नहीं देता।

दिव्या : कलात्मकता की परीक्षा

आज सामयिकता के उद्घोष का युग है। साहित्य के मूल्यांकन में भी सामयिकता को महत्त्वपूर्ण मूल्य समझा जाने लगा है। किसी कृति में समय के व्यवधान को लांघकर रसात्मकता प्रदान करने की शक्ति हो, यही पर्याप्त नहीं समझा जाता। जिन्हें किसी कृति के कालिक पुरानेपन के कारण विशेष क्षोभ नहीं है और किसी सुंदर रचना की रसवत्ता से ही परितोष है; उनके लिए भी प्रस्तुत मूल्यांकन के प्रयास की आवश्यकता के बारे में एक-दो बातें बताना उचित होगा। 'दिव्या' उपन्यास हिंदी के इने-गिने अच्छे ऐतिहासिक उपन्यासों में से एक उपन्यास है और उसके प्रसिद्ध होने के उपरांत कई आलोचनाएं भी लिखी जा चुकी हैं। प्रस्तुत पुनर्मूल्यांकन में कुछ नए गुण और दोष दिखाने का प्रयत्न किया गया है जिससे रचना के आस्वादन में कुछ हद तक सहायता मिल सकती है। हिंदी में आमतौर पर उपन्यास की जो आलोचना होती है, वह कृति के विचार-वस्तु की या समस्या की अधिक होती है और कलात्मक पक्ष की ओर ध्यान कम दिया जाता है। अगर कलात्मक पहलू की ओर ध्यान दिया भी जाए तो कथावस्तु, चरित्र-चित्रण, उद्देश्य, शैली, वार्तालाप आदि भागों में खंडित कर उसे देखा जाता है। ऐसे प्रयास में चरित्र-चित्रण के नाम पर विशेषण जोड़े जाते हैं और कथावस्तु को उद्धृत करने के बाद कौतूहल वृद्धि, मनोरंजन आदि का उल्लेख किया जाता है। देश, काल, परिस्थिति के नाम पर न जाने कितना महत्त्वहीन विवरण दिया जाता है। इससे कलाकृति के रसास्वादन में मदद कहां तक पहुंचती है, यह संदेहास्पद है। कोई भी साहित्यिक कालकृति एक संपूर्ण इकाई होती है। उसको खंडों में विभाजित करने के बजाए अगर अखंड रूप में उसका सौंदर्य परखा जाए तो अधिक उपयुक्त होगा। प्रस्तुत पुनर्मूल्यांकन में एक इसी ढंग का प्रयास किया गया है।

ऐतिहासिकता का मोह क्यों ?

'दिव्या' में लेखक ने ऐतिहासिक वातावरण में काल्पनिक पात्रों के द्वारा

नारी-जीवन की स्वतंत्रता की चिरंतन समस्या को लिया है। ऐतिहासिकता का स्पष्टीकरण करते हुए लेखक ने कहा है कि "उस समय के चित्रमय ऐतिहासिक काल के प्रति लेखक का मोह।" परंतु यशपाल की अन्य रचनाओं से अनुमानित व्यक्तित्व का विचार करने पर ऐसा विश्वास नहीं होता कि यशपाल में ऐतिहासिक काल के प्रति मोह हो सकता है। फिर प्रस्तावना में ऐतिहासिक न्यूनता को भी स्वीकार किया गया है। उपन्यास में ऐतिहासिक वातावरण का निर्माण करने के लिए जो प्रयास किया गया है, उसमें भी चित्रमयता तथा आंतरिक संवेदना की गर्मी कम और शुष्क वर्णनात्मकता अधिक है। उदाहरण के लिए पहले ही प्रकरण में पोशाक वर्णन देखिए। लगता है कि हम सांस्कृतिक इतिहास के पन्ने पलट रहे हैं। प्रायः नारी-मुक्ति की समस्या को सुलझाते हुए उसकी परवशता का इतिहास देखने का प्रयत्न यशपाल ने किया होगा और नारी को गुलाम या भोग्या बनानेवाले वर्णाश्रमाधिष्ठित हिंदू समाज और निर्वाण की कल्पना में समाज को जकड़नेवाले बौद्ध धर्म की ओर उनकी दृष्टि गई होगी। इनके साथ मनुष्य मात्र की मुक्ति जिस लोकायत सिद्धांत या चार्वाक सिद्धांत में संभवनीय थी परंतु जो सिद्धांत केवल बुद्धिवादी लोगों तक सीमित रहा, उसकी ओर भी यशपाल आकर्षित हुए होंगे। हजारों वर्षों तक समाज को कर्मविपाक, पुनर्जन्म, ईश्वर, लोक-परलोक, पाप-पुण्य आदि के मायाजाल में फांसनेवाले धर्म मार्तंडों की सुदृढ़ परंपरा में यह ऐहिक सुखवादी, प्रत्यक्ष को ही प्रमाण माननेवाले और समस्त धर्मों और पोथियों की ओर संदेह की दृष्टि से देखनेवाले चार्वाक पंथियों की उपेक्षित परंतु प्रबल बुद्धिवादी जीवन-दृष्टि ने मार्क्सवादी यशपाल को आकर्षित किया होगा। अफीम की गोली का नशा उतारने के लिए चार्वाक पंथ की औषधि उपयुक्त थी। ऐसा ऐतिहासिक वातावरण, जबकि धर्म का बोलबाला था, यशपाल जैसे व्यंग्य कसनेवाले लेखक के उपयुक्त था। यशपाल की मार्क्सवादी जीवन-दृष्टि ने और व्यंग्यात्मकता के मोह ने ही उन्हें ऐतिहासिक वातावरण को चुनने को बाध्य किया होगा। ऐतिहासिकता के प्रति मोह ने नहीं। अर्थात्, यशपाल के मार्क्सवाद का प्रस्तुत उपन्यास से इससे अधिक संबंध नहीं—इसका आगे विचार किया ही जाएगा। यहां इतना ही कहना है कि 'दिव्या' के ऐतिहासिक आवरण के पीछे लेखक का ऐतिहासिक मोह नहीं है, विशिष्ट विचारधारा का प्रतिपादन अधिक क्षमता से कर सकने की सुविधा मात्र है। इस प्रकार का लेखक ऐतिहासिक विपर्यास भी कथा की सुविधा के लिए कर सकता है। कल्पित पात्रों का निर्माण ऐतिहासिकता से छुटकारा प्राप्त करने का एक चतुर मार्ग है। लेखक ऐतिहासिक व्यक्तियों से मुक्ति पाकर एक बहुत बड़े दायित्व से छुट्टी पा सकता है।

नारी-मुक्ति की समस्या : कथा

'दिव्या' नायिका-प्रधान उपन्यास है। नायिका दिव्या आचार्य धर्मस्थ की प्रपौत्री है और धर्मस्थ के उदार, सर्व-मत-सहिष्णु, समन्वयवादी व्यक्तित्व के सान्निध्य में पलती है। नारी-मुक्ति की चिरंतन समस्या को दिव्या के माध्यम से लेखक ने प्रस्तुत किया है। अतः दिव्या को विविध यातनाओं के बीच से गुजरना पड़ा है। दिव्या सागल के युवकों का आकर्षण केंद्र है। आर्य-धर्माभिमानी विवाहित रुद्रधीर उसकी ओर अभिलाषा-भरी दृष्टि से देखते हैं और चार्वाक पंथी मारिश भी उसकी ओर आकृष्ट हैं। सागल के कला-केंद्र में सर्वश्रेष्ठ सरस्वती पुत्री घोषित होती है और प्रथा के अनुसार सर्वश्रेष्ठ वीर दासपुत्र पृथुसेन के मस्तक पर मुकुट रखती है। इस सम्मान के बदौलत दासपुत्र पृथुसेन सरस्वती पुत्री की शिबिका को वाहन करने का सौभाग्य चाहता है परंतु रुद्रधीर आदि ब्राह्मण पुत्रों का अभिमान दासपुत्र को यह अधिकार नहीं देना चाहता। पृथुसेन खड्ग खींचता है और इस सम्मान के लिए दिव्या मन-ही-मन कृतज्ञ है। यह घटना दिव्या-पृथुसेन के परस्पर परिचय की भूमिका है, परस्पर प्रेम के सूक्ष्म बीज यहीं पड़ते हैं और समस्त सागल नगरी के राजनैतिक हलचल के प्रेरक द्विज-विरोधी भाव पृथुसेन के मन में यहीं पर पैदा होते हैं। पृथुसेन न्याय के लिए न्यायाधिकारी आचार्य धर्मस्थ के प्रासाद में जाता है जहां दिव्या और पृथुसेन का परस्पर परिचय होता है। आचार्य की उदारता एवं उनका सूक्ष्म न्यायान्याय-विवेक सागल गणराज्य की शासन-व्यवस्था के सम्मुख पृथुसेन को न्याय देने में असमर्थ हैं। शासन-सत्ता के सामने न्याय-व्यवस्था के अधूरेपन को दिखा करके मार्क्सवादी यशपाल को एक तीखे व्यंग्य का संतोष भी मिलता है। पृथुसेन की पीड़ा से दिव्या को पूरी सहानुभूति भी है और इसीलिए वह पृथुसेन की ओर अधिकाधिक आकर्षित होती है।

मल्लिका के समाज में दोनों के लिए मिलन के अवसर प्राप्त होते हैं। पृथुसेन दिव्या को प्यार करने लगा है। उधर सागल नगरी का राजनैतिक वातावरण प्रक्षुब्ध हो गया है। दार्वराज केंद्रस का आक्रमण हो रहा है। ब्राह्मण-वर्ण पुष्पमित्र की ओर मदद के लिए मुखातिब है और सामान्य जन-समाज दो सौ कुलों के राज्य से किसी भी एक राजा को स्वीकार करने के लिए तैयार है। जनता की निराशा, युद्ध-विमुखता, ऐंद्रिय भोग लोलुपता ने सागल की आंतरिक शक्ति नष्ट कर दी है। ऐसे में महत्त्वाकांक्षी प्रेस्थ के आयोजन से गणपति मिथोद्रस और आचार्य धर्मस्थ का साथ पाकर पृथुसेन दार्वराज केंद्रस के आक्रमण को रोकने के लिए कटिबद्ध है। अब शक्ति प्रेस्थ के हाथ में है—न्यायासन उसकी ओर झुका हुआ है। फलतः रुद्रधीर को दो सहस्र दिवस की निष्कासन की सजा होती है,

पृथुसेन के अपमान के लिए। उधर दिव्या के प्रोत्साहन से प्रेरणा पाकर पृथुसेन सैनिक आयोजन में व्यस्त है और गहरे परिश्रम के बाद विश्राम और सांत्वना उसे दिव्या के शरीर में ही प्राप्त होती है। गहन मानसिक संघर्ष के बाद दिव्या पृथुसेन को पूर्णतः समर्पण करती है और यह समर्पण कथा में एक गांठ-सी पैदा करता है। युद्ध में उधर पृथुसेन केंद्रस को हटाने में व्यस्त है और इधर दिव्या व्याकुल प्रतीक्षा में है कि शरीर में जी रहे अपने अंश की सुध लेने के लिए पृथुसेन शीघ्र आ जाए।

पृथुसेन-दिव्या का व्यक्तिगत आकर्षण और विवाह-निश्चय प्रेस्थ की महत्त्वाकांक्षा के आगे चकनाचूर होता है। शासन-सत्ता की सर्वोपरि शक्ति सत्ता का एक और उदाहरण। दिव्या से विवाह करके ब्राह्मणों का विरोध ओढ़ लेने की अपेक्षा गणपति-पुत्री सीरो से विवाह कर शक्ति के अर्जन की सलाह प्रेस्थ देते हैं और समझाते हैं कि शक्ति-भोग ही सबसे श्रेष्ठ भोग है और अन्य भोगों की नींव भी। व्यक्तिगत सुख-दुःख बुदबुदे की तरह है। जीवन-प्रवाह व्यापक है। द्विजों द्वारा किया गया घोर अपमान, दासपुत्रत्व के कलंक को धोने की कांक्षा, प्रेस्थ के प्रति कृतज्ञता, शक्ति-भोग की वीरोचित्त इच्छा—कुल मिलाकर दिव्या का आकर्षण दब गया। सीरो से विवाह करने के लिए पृथुसेन तैयार है और दिव्या को विकट वास्तव का सामना करना पड़ता है।

कुमारी अवस्था में मातृत्व-प्राप्ति का कलंक, आचार्य धर्मस्थ के कुल गौरव का विचार, पृथुसेन की उपेक्षा से आहत अभिमान—इस सबके परिणामस्वरूप दिव्या प्रासाद छोड़ती है। घटना-चक्र में फंसकर दास व्यापारी के हाथ पड़ जाती है—जानवर की तरह बाजार में खरीद-बिक्री के चक्र में मथुरापुरी में एक ब्राह्मण के पुत्र को दूध पिलाने के लिए रख ली जाती है। एक पालतू गाय की तरह अपने नवजात शिशु शाकुल को दूध के लिए तड़पती देखती हुई भी वह ब्राह्मण के पुत्र को दूध पिलाने के लिए विवश है। असत्य से कोसों दूर भागनेवाली निष्पाप दिव्या अब सत्य से अधिक महत्त्वपूर्ण असत्य का पाठ सीखती है—दूध चुराती है अपने बच्चे के लिए। परंतु शाकुल को बेचे जाने की वार्ता सुनकर वहां से भाग खड़ी होती है। आश्रय के लिए बौद्ध-विहार में जाती है परंतु उसके लिए विहार के दरवाजे बंद हैं। वेश्या अधिक स्वतंत्र है, यह सत्य उसे वेश्या बनने के लिए प्रोत्साहित करता है। नदी तट पर उसे वह ब्राह्मण पुरोहित देखता है और उससे छुटकारा पाने का अब एकमात्र उपाय है—मृत्यु ! नदी में कूद पड़ती है परंतु रत्नाप्रभा के यहां आश्रय मिलता है।

अंशुमाला की कीर्ति चारों ओर फैलती है और मथुरापुरी के कलाप्रेमियों का केंद्र बन जाती है। ऐश्वर्य, रसिकों का सम्मान, मारिश का तर्क, रुद्रधीर का पत्नी-पद का अभिवचन; इनमें से किसी का भी प्रभाव उसकी गहरी उदासीनता

की पर्त को हटाने में सिद्ध नहीं होता।

मल्लिका अंशुमाला को सागल लें जाती है और कला परंपरा को अक्षुण्ण रखने के लिए, उसे उत्तराधिकारी के रूप में चुनकर अभिषेक करना चाहती है। सागल समाज एक नया परिवर्तन देख चुका है—फिर पृथुसेन और रुद्रधीर का संघर्ष होकर ब्राह्मणों का अधिकार फिर प्रस्थापित होता है, परंतु यह सारा राजनैतिक उत्थान-पतन दिव्या के पुनरागमन के लिए पार्श्वभूमि मात्र है। रसिक समाज नई सौंदर्य-सम्राज्ञी के दर्शन के लिए व्याकुल है। पुष्पावलियों को दूर करने के उपरांत स्मृतिदंश से पीड़ित हो सारा समाज कराह उठता है—यह दिव्या है, ब्राह्मण कन्या है, आचार्य धर्मस्थ की प्रपौत्री है। द्विज-वर्ग का कौलिन्य विचार उनके वेश्या बनने पर आपत्ति करता है और वर्ण तथा समाज के बंधनों के नीचे कुचली हुई दिव्या वेश्या बनकर आत्म-निर्भर होने के लिए भी स्वतंत्र नहीं है! दिव्या अनिर्दिष्ट पद का अनुसरण करती है—दिव्या की समस्या का अर्थात् नारी की मुक्ति की समस्या का समाधान न सामाजिक प्रतिष्ठा प्राप्त ब्राह्मण-वर्ण के पास है अर्थात् वर्णाश्रम पर आधारित हिंदू समाज के पास है, न स्त्री और पुरुष के पार्थिव भेद को अमान्य करनेवाले बौद्ध-भिक्षुओं के पास है। वह नारी के रूप में मनुष्य की सहज महत्ता प्राप्त करने में असमर्थ है। यहां पर मारिश, जो धर्म, कर्म, पुनर्जन्म, ईश्वर, परलोक आदि मूल्यों में विश्वास नहीं करता, जो इसी जीवन को और जीवन के समस्त विकारों तथा प्रवृत्तियों के अभोग को महत्त्व देता है, इसी जीवन में आदि-अंत देखता है। ठोस विचारों और मानवीय भावनाओं के आदान-प्रदान को समानता के स्तर पर ग्रहण करना चाहता है, दिव्या के साथ की अपेक्षा व्यक्त करता है और दिव्या भी मारिश को स्वीकार करके नारी-मुक्ति के नए मार्ग का अनुसंधान करती है।

कसावपूर्ण कथा की कलात्मकता

दिव्या की कथा का यह ढांचा है। इस कथा को कला का रूप देने में लेखक ने जिस कौशल को दिखाया है, कथा, व्यक्ति और वातावरण का जो एक संगठित रूप-सा बन गया है, उसे देखना आवश्यक है। दिव्या की समस्या जिस तरह नारी की समस्या है, उसी तरह दिव्या का संघर्ष व्यक्ति से अधिक वर्ण और धर्म से है। ऐसे समय जबकि उपन्यासकार व्यक्ति के संघर्ष को वर्ण और धर्म के भीतर से देखता है, व्यक्ति का सामान्यीकरण करता है, व्यक्ति के मानस की तलस्पर्शी पहुंच उसके लिए असंभव नहीं तो कठिन अवश्य हो जाती है। प्रश्न यह है कि समस्या तथा सामान्यीकरण से परे जाकर दिव्या के मानस का स्पर्श लेखक की प्रतिभा कहां तक कर सकी है।

दिव्या की कथा में महत्त्वपूर्ण घटना है दिव्या का दासपुत्र पृथुसेन से स्वच्छंद

प्रेम। लेखक की प्रतिभा के लिए पहली चुनौती इस स्वच्छंद प्रेम की स्वाभाविकता की है और बाद में उसकी तीव्रता की। सागल के ब्राह्मण न्यायाधिकारी आचार्य धर्मस्थ की प्रपौत्री, वर्णाश्रम प्रेमी कर्मठ विष्णुशर्मा की पौत्री दिव्या, जिसके एक प्रेम-कटाक्ष के लिए ब्राह्मण वीर रुद्रधीर लालायित है; निम्नवर्णीय दासपुत्र को प्यार करती है! इस विद्रोही स्वच्छंद प्रेम के बीज ऐसी भूमि में पड़ गए हैं जिसके चारों ओर व्यक्तिगत रूप में रुद्रधीर की लालसा के और ब्राह्मणों के वर्णीय अभिमान के कीड़े बिलबिला रहे हैं। इस प्रेम को स्वाभाविक बना देने के यशपाल के प्रयत्न द्रष्टव्य हैं। आचार्य धर्मस्थ का प्रासाद धर्मस्थ की उदारता और समन्वयी नीति से ओतप्रोत है। धर्मस्थ सर्वश्रेष्ठ न्यायाधिकारी हैं परंतु न्यायासन की शासन-सत्ता की ओर दुर्बल मुखापेक्षा को वे नहीं भूलते। जातक-कथाओं को उत्कीर्ण करने से इंकार करने के अपराध में न्यायाधिकारी के रूप में दंड देते हैं परंतु व्यक्तिगत रूप में उसका सम्मान करते हैं। पृथुसेन के अपमान के लिए व्यक्तिगत रूप में सहानुभूतिशील हैं परंतु उसे न्याय तभी दे सकते हैं जब शासन-व्यवस्था कृपा करती है। न्यायासन की दुर्बलता का यह लंबा इतिहास तीन शासन-व्यवस्थाओं के अंतर्गत काम कर चुकने के कारण भली-भांति जानते हैं। उनकी उदारता तथा समन्वयवादिता इसी का परिणाम है। आचार्य धर्मस्थ की उदारता का दिव्या के स्वच्छंद प्रेम व्यापार में महत्त्वपूर्ण योग है। दिव्या जैसी शालीन अभिजातीय, सुसंस्कृत युवती का प्रेम धर्मस्थ के उदार प्रासाद में ही संभवनीय था—वन की वीथियों में लुक-छिप कर नहीं।

इस विस्तृत विश्लेषण का उद्देश्य इतना ही है कि दिव्या के प्रेम की पार्श्व-भूमि के रूप में आचार्य धर्मस्थ का इतिहास और उनके प्रासाद का उदार वातावरण अगर नहीं देखा जाए तो लेखक का वह सारा प्रयास निरर्थक-सा लग सकता है। अगर दिव्या को अतिथियों की अभ्यर्थना करने का स्वातंत्र्य न दिया जाता तो पृथुसेन की अपमानित भावना का पता उसे न लगता और उसे मालूम न होता कि वह यही युवक है जिसने शिबिका-वाहन के समय कंधा देने की इच्छा प्रदर्शित कर श्रेष्ठ शिष्या दिव्या का अभिनंदन किया था और अपमानित होने पर विरोधी वीरों की संख्या का विचार न करके खड्ग भी खींचा था। दिव्या के यौवन-सुलभ आकर्षण को आत्मीयता का अवलंब मिला है और वह आकर्षण प्रेम में भी परिणत हुआ। परंतु यह प्रेम-भावना केवल 'मुझे कोई प्यार करता है' वाली अहंयुक्त भावना नहीं है। पृथुसेन पर किए गए अन्याय की और तज्जन्य-सहानुभूति की वेदना ने उसे पुष्ट किया है। यौवन में दूसरे व्यक्ति पर किए गए सामाजिक अन्याय के लिए एक गजब की विद्रोह-भावना मनुष्य के अंतर् में वास करती है—दिव्या में यही भावना हठ की 'नई ग्रंथी' (पृ० 29, आचार्य धर्मस्थ का भाषण) बनकर पृथुसेन के पक्ष में काम करती है। यौवनाकर्षण,

आत्मीयता, समवेदना, सामाजिक अन्याय के प्रति विद्रोह-भावना आदि ने मिलकर पृथुसेन-दिव्या के प्रेम-रज्जु को दृढ़ बनाया है। उसमें एक गंभीरता और गहराई आई है। यह गंभीरता पृथुसेन की दिव्या के प्रति निष्ठा में प्रकट होती है (सागल के जन-समाज के राजनैतिक वातावरण के प्रति गहरे अवसाद को अनुभव करने के बाद व्यथित पृथुसेन के निद्रोपचार के लिए 'छिले हुए कदली के समान स्निग्ध और गौर वर्ण दासी' आती है परंतु पृथुसेन उसे विश्राम के लिए जाने का आदेश देता है। युद्ध की तैयारियों में थका हुआ पृथुसेन दिव्या के ही शरीर में विह्वल होकर आश्रय ढूंढ़ता है–ये दो उदाहरण प्रेम की गंभीरता के निदर्शक हैं।) और यह गहराई दिव्या के द्वारा घोर मानसिक संघर्ष के उपरांत आत्मसमर्पण करने में भी परिलक्षित होती है। क्या दिव्या का यह समर्पण या पृथुसेन का तज्जन्य-संतोष केवल शारीरिक आकर्षण मात्र है ? परस्पर प्रेम और निष्ठा की गहरी नींव देने के उपरांत उसमें केवल शारीरिकता देखकर पृथुसेन को स्वार्थी, दंभी कहना कहां तक उचित है ?[1]

कथावस्तु में दिव्या का आत्मसमर्पण एक महत्त्वपूर्ण घटना है क्योंकि इसी में दोनों के प्रेम की चरम-सीमा है—आगे उतार है। दिव्या के जीवन में नए मोड़ इसी घटना के कारण आते हैं। लेखक की कलात्मकता यह दिखाने में हैं। दिव्या का आत्मसमर्पण उसके व्यक्तित्व की गहराई को और उसके प्रेम की पावनता को अधिक उज्ज्वल करता है। यही घटना कहानी की सरलता में बांक देकर अनोखा सौंदर्य उत्पन्न करती है। लेखक ने इस समर्पण को इतने स्वाभाविक रूप में रख दिया है कि दिव्या का समर्पण न करना न केवल उसके स्वभाव के विपरीत होता बल्कि उसमें से व्यवहार पटुता की दुर्गंध भी आती, जो प्रेम के स्वरूप के विपरीत है। दिव्या की मुक्ति की समस्या के मूल में यही गर्भसंभवा आत्मसमर्पण है। नारी के धार्मिक और सामाजिक प्रतिबंधों का अनुभव एक सरल-हृदया बालिका उतनी तीव्रता से नहीं कर सकती जितनी विवाहिता और विवाहिता से भी अधिक कुमारी माता। मातृत्व का नारी का सहज अधिकार उसे तभी प्राप्त हो सकता है जब वह विवाह की सामाजिकता को स्वीकार करे।

पृथुसेन-दिव्या की कहानी में महत्त्वपूर्ण घटना है पृथुसेन के द्वारा दिव्या का त्याग। यह शब्द-योजना भी गलत है इसलिए कि यहां न पृथुसेन दिव्या का त्याग करता है न दिव्या पृथुसेन का। पृथुसेन का युद्ध के लिए सागल से प्रस्थान कथा-विकास के लिए आवश्यक है और लेखक की प्रतिभा यह दिखाने में है कि समस्त सागल नगरी की राजनैतिक एवं धार्मिक परिस्थितियों का जीता-जागता संबंध

1. जीवन से निराश, कायर, भीरू, स्वार्थी, दंभी और सदैव परिस्थितियों के सम्मुख आत्मसमर्पण करनेवाला पृथुसेन छला जाकर परम निराश्रय और निस्सहाय हो उठता है (हिंदी उपन्यास और यथार्थवाद—डॉ० त्रिभुवनसिंह)।

दिव्या-पृथुसेन की व्यक्तिगत जीवन-लीला से जुड़ा हुआ है। महत्त्वाकांक्षी और व्यवहार-वादिता का परिचायक है और उसकी शक्ति-भोग की कांक्षा को भी स्वाभाविक रूप में उपस्थित किया गया है। श्रेष्ठि प्रेस्थ का व्यक्तित्व इतना सबल है कि समूचे सागल की राजनैतिक घटनाओं के उथल-पुथल के पीछे उसकी शक्ति छिपी हुई है। एक ओर श्रेष्ठि प्रेस्थ की महत्त्वकांक्षा निम्नवर्ण की विद्रोह-भावना को और सत्ताकांक्षा को प्रस्फुटित करती है तो दूसरी ओर दिव्या-पृथुसेन के चिरविरह के बीज भी बोती है। सागल का गणराज्य, उसमें ब्राह्मण-कुलों का अत्याचार, दार्वराज केंद्रस का आगमन, सामान्य पद-दलित और पीड़ित जनता की उदासीनता, ब्राह्मणों की पुष्पमित्र की ओर दुर्बल मुखापेक्षा और इन सबका सामना कर कुशलता से अपना आसन जमाने की श्रेष्ठि प्रेस्थ की अद्भुत, अतुल क्षमता—इन सबसे सागल नगरी की राजनैतिक परिस्थितियों का वस्त्र बुना जाता है तो इसी में दिव्या-पृथुसेन के चिरविरह का चित्र भी काढ़ा गया है। वीर पृथुसेन कितना विवश है। व्यक्तिगत रूप में सर्वश्रेष्ठ योद्धा होते हुए भी दासपुत्र होने के कारण किया गया अपमान उसके मन में फुफकार रहा है। पिता प्रेस्थ की सारी आकांक्षाएं (अगर दासपुत्र मौर्य राजा हो सकता है तो पृथुसेन क्यों नहीं ?) आग्रही स्वर में मुखरित हो रही हैं। एक वीर के लिए सहज शक्ति-भोग की आकांक्षा उसमें उभर रही है और इतना होते हुए भी नियति का क्रूर-व्यंग्य—यह कि उसे मालूम नहीं है कि उसका अंश दिव्या के पेट में बढ़ रहा है। न दिव्या से उसकी प्रत्यक्ष मुलाकात हो सकी है। (यहां पर ध्यान में रखना होगा कि लेखक ने बड़े ही चातुर्य से दिव्या-पृथुसेन की प्रत्यक्ष भेंट नहीं होने दी, सीरो का उपयोग बड़ी कुशलता से किया गया है।) पृथुसेन सीरो से विवाह करना स्वीकार करता है या कहिए शक्ति-भोग की महत्त्वाकांक्षा के प्रवाह में आखें मींचकर बह रहा है। क्या पृथुसेन का नियति के सामने इस प्रकार झुकना स्वाभाविक नहीं हैं ? डॉ० त्रिभुवनसिंह ने कठोर शब्दों में पृथुसेन की आलोचना की है। उससे पहले अगर वह पृथुसेन की समस्त परिस्थितियों का सहानुभूतिशील आकलन करते तो इस तरह के विशेषण न जोड़ते। इस रूप को देखने के लिए दिव्या के चले जाने के बाद सीरो-पृथुसेन वार्तालाप और पृथुसेन का मानस-संघर्ष देखना आवश्यक है। उसी तरह दिव्या के निराश होकर लौट जाने के बाद पृथुसेन और श्रेष्ठि प्रेस्थ के बीच का वार्तालाप देखना आवश्यक है। दिव्या-पृथुसेन का प्रेम और विवाह अब व्यक्तिगत चीज नहीं रही। उसका स्वरूप ब्राह्मण-अब्राह्मण संघर्ष का हो जाता है। दिव्या और पृथुसेन का विच्छेद वर्ण-पद्धति की बलि है।

ऊपर संकेत किया गया है कि दिव्या का कुमारी अवस्था में मातृत्व दिव्या को और उसके रूप में समस्त नारी जाति को सामाजिक बंधनों से परिचित

कराता है। न दिव्या का उच्च संभ्रांत कुल उसे बचा सकता है, न सर्वश्रेष्ठ ब्राह्मण-वर्ण उसे बचा सकता है; न आचार्य धर्मस्थ की व्यक्तिगत उदारता ही बचा पाती है। परिणाम है : धर्मस्थ की ट्रेजिक मृत्यु और दिव्या की स्थान-भ्रष्टता। दिव्या जीवन के प्रवाह में अपने को छोड़ देती है, यह देखकर कि उसका उच्च कुलशील वर्ण उसकी मुक्ति में सबसे बड़ी बाधा है। यहां से दिव्या-पृथुसेन का जीवन विशेष अध्ययन की वस्तु बन जाता है। विकट वास्तव की ओर दौड़ लगा रहा है। यहां दोनों परिस्थिति के हाथ के खिलौने बन जाते हैं। नियति के क्रूर व्यंग्य के लक्ष्य हो जाते हैं। दिव्या संभलती है—पृथुसेन नहीं।

दारा के रूप में दिव्या का दासत्व एक ओर उस समय की दास-प्रथा की करुण कहानी को साकार करता है—मनुष्य का जानवर-रूप खड़ा कर देता है और मनुष्य का निर्घृण अर्थ-व्यवहार खोलकर रखता है। तो दूसरी ओर दिव्या के व्यक्तित्व की अंतर्मुखता प्रकट होती है। इसमें संदेह नहीं कि लेखक दास-जीवन की दयनीयता एवं करुणा को सफल रूप में उभाड़ सका है; इसमें भी संदेह नहीं कि पुत्र शाकुल के प्रति उसकी वात्सल्य-भावना और पुरोहित पत्नी की क्रूरता के कारण उत्पन्न होनेवाली दारा की व्याकुल छटपटाहट को लेखक सफल रूप में अभिव्यंजित कर सका है—परंतु यह सब दारा को एक दासी मानकर—एक टाइप के रूप में। बात यह है कि दारा सामान्य दासी नहीं है—'दिव्या' है। विशिष्ट स्थान से भ्रष्ट होकर निम्न स्थल पर जानेवाली सुसंस्कृत अभिजातीय युवती है। आचार्य धर्मस्थ के प्रासाद में उस पर अनेक संस्कार हो चुके हैं। प्रश्न यह है कि क्या लेखक दिव्या के 'दिव्यत्व' को, दासी-रूप को भेदकर सामने रख सका है? व्यास की द्रौपदी सैरंध्री के रूप में अपने व्यक्तित्व की गारिमा को, तेज को नहीं छिपा सकी। वह सामान्य दासी नहीं बन सकी। चरित्र-लेखन की कला इसी में थी। खेद है कि दिव्या 'दारा' के रूप में केवल दासी ही रह गई—लेखक भूल ही गया कि वह 'दिव्या' है। उल्का गिर जाने पर भले ही पत्थर हो जाए परंतु गिरते समय अलौकिक तेज से वह चमकता है। लेखक की दृष्टि इस ओर गई ही नहीं, सो बात नहीं परंतु यशपाल की अपनी सीमाएं हैं। मानस का सूक्ष्म प्रवेश उनसे नहीं होता। ऐसे समय लेखक विवरण देकर संतोष करता है। (उदा० दिव्या, छठा संस्करण, पृ० 123; "प्राय: मौन रहने के कारण उसकी कल्पना बावली हो उठती..." इ० इ०।) भावना की उथल-पुथल का चित्रांकन छोड़कर तर्कजाल में उलझकर समाधान प्राप्त करता है। (उदा० पृ० 123; "उसकी कल्पना अतीत की ओर चली जाती..." इ० इ०।)

जीवन की दु:खद अनुभूतियों ने और शाकुल के बेचे जाने के भय ने उसे बौद्ध स्थविर के सम्मुख उपस्थित कर दिया। ब्राह्मण-वर्ण और हिंदू धर्म उसे सदा के लिए खो चुका था। अब बौद्ध धर्म की तथाकथित करुणा-भावना को भी वह

आजमाना चाहती या यों कहें लेखक उसके माध्यम से आजमाना चाहता है। वहां भी वह पुराना पाठ याद करती है कि स्त्री स्वतंत्र नहीं है और एक नया पाठ भी सीखती है, "वेश्या स्वतंत्र नारी है देवी..." और अपनी संतान के लिए वह वेश्या बनकर भी स्वतंत्र होना चाहती है। परंतु यहां लेखक उसे शरीर क्रय करनेवाली वेश्या बनाना नहीं चाहता। संयोग से वह रत्नप्रभा के हाथ में पड़ जाती है। यहां यह विचार करना आवश्यक है कि लेखक संयोग का अवलंब क्यों करता है। यथार्थ के आभास के लिए संयोग का अवलंब जहां तक हो सके, न लिया जाए—यही अच्छा है। परंतु संयोग के सहारे जब कृति की कलात्मकता अधिक बढ़ने की संभावना है तो संयोग को स्थान अवश्य दिया जाए। अगर लेखक यहां दिव्या को वेश्या बनने देता तो ? दिव्या की कहानी अधिक यथार्थ का आभास अवश्य करती, परंतु लेखक का आदर्श वहां सफल न होता। लेखक का आदर्श क्या है ? निस्संदेह लेखक नहीं बताना चाहता कि नारी की मुक्ति नारी के वेश्या बनने में है, न वह निराशा का अंधकार फैलाकर दिव्या के जीवन को और अंततः नारी-जीवन को निरर्थक घोषित करना चाहता है। लेखक का जीवन-दृष्टिकोण निस्संदेह आशावादी है और इसलिए दिव्या को रत्नप्रभा के यहां लाया गया है, जहां वह वेश्या बनकर भी समाज की गंदी सड़कों में सड़ नहीं सकेगी। वेश्या-जीवन की आत्म-निर्भरता का असली रहस्य भी उसे खोलना है। दिव्या का आगमन रत्नप्रभा के यहां न होता तो दिव्या के रचनात्मक पक्ष का उद्घाटन न होता। यह रचनात्मक पक्ष कहां तक ऐतिहासिक वातावरण में समाविष्ट किया जा सकता है, यह बात दूसरी है।

रत्नप्रभा के यहां दिव्या के व्यक्तित्व का एक नया ही पहलू प्रकट होता है। दिव्या जीवन की विकट वास्तविकता से परिचित हो चुकी है, प्रेम और भोग की निस्सारता वह अनुभव कर चुकी है। धर्म के आडंबरपूर्ण ढकोसले से वह परिचित हो चुकी है, ऐश्वर्य और दरिद्रता के आरोह-अवरोहों से अभ्यस्त वह हो चुकी है—इन सबका परिणाम होता है—दिव्या के व्यक्तित्व में एक विलक्षण गंभीरता, चिंतनशीलता और कमल-पत्र की-सी अलिप्तता उत्पन्न होने में। 'अंशुमाला' प्रकरण न केवल मारिश के चार्वाक पंथी विचारों के लिए महत्त्वपूर्ण है बल्कि इसमें यशपाल की दिव्या के व्यक्तित्व के साथ तन्मयता भी असाधारण है। दिव्या के 'दारा' रूप में जो नहीं हो सका, वह 'अंशुमाला' रूप में यशपाल साध्य करते हैं। (एक आकस्मिक प्रश्न—ऐसा क्यों ? तनिक विचार के बाद उत्तर स्पष्ट है—दिव्या का 'दारा' रूप जिस भावोत्कटता की अपेक्षा करता है, उसका 'अंशुमाला' रूप नहीं। यशपाल तार्किक या बुद्धिवादी व्यक्तित्व से जितनी आसानी से तन्मयता कर सकते हैं, उतनी आसानी से भावाकुल व्यक्तित्व से नहीं, क्योंकि मूल में यशपाल में भावोत्तेजना कम—तार्किकता अधिक है।)

इस दृष्टि से दिव्या का अंतर्मुख रूप देखिए (दिव्या पृ० 154) "आकाश में चंद्रमा मेघों से क्रीड़ा में व्यस्त था—संभवत: हृदय के निरंतर दुःख का भार दूर होकर वह प्रकृतिस्थ हो सकेगी।" (पृ०156) दिव्या-मारिश संवाद विचार और तर्क से बोझिल हो गए हैं। (तर्क, विचार से बोझिल संवाद यशपाल की एक विशेषता-सी बन गई है। ऐसे समय लेखक का सर्जक का रूप तिरोहित होता है, प्रचारक प्रबल होता है।) फिर भी दिव्या के व्यक्तित्व के विशिष्ट संदर्भ में अस्वाभाविकता नहीं लाते। इसी प्रकरण में यशपाल का जीवन और जगत् के संबंध में दृष्किोण प्रकट होता है—इस दृष्टिकोण का महत्त्व अलग से विचारणीय है। प्रश्न यह है कि उपन्यास के संदर्भ में उन विचारों का स्थान क्या है? ध्यान में रखना आवश्यक है कि मारिश के विचारों को बौद्धिक धरातल पर मान्य करते हुए भी दिव्या ने अपना निश्चय कायम रखा। दिव्या की यह उदासीनता उसकी मानसिक स्थिति के अनुकूल ही है। उसका अन्यथा कर्तृत्व उसकी चारित्रिक गहराई को बाधित कर देता।

फिर भी दिव्या को मारिश का आश्रय लेना पड़ता है। तो फिर अंशुमाला का सागल नगरी में आगमन और नए रूप में जन-समाज के सामने उपस्थित होकर मल्लिका की उत्तराधिकारिणी के रूप में कला की अधिष्ठात्री बनने का और वहां से च्युत होकर फिर मारिश के पास आश्रय-ग्रहण के बीच का लंबा व्यापार क्यों है? लेखक अपने दृष्टिकोण को व्यक्त करना चाहता है—उसका प्रयत्न यह है कि यह प्रयास कलात्मक हो, तार्किक नहीं। अंशुमाला की गहरी उदासीनता की चट्टान को तोड़ना मारिश के तर्कों से परे है। यह चट्टान तीव्र अनुभूति की आंच से ही गल सकती है। अत: दिव्या को फिर नए अनुभव से गुजारना आवश्यक हो जाता है। जिस विफल आत्मनिर्भरता के लिए (तर्क के आधार पर जिसका खोखलापन प्रकट हो चुका था, संदर्भ देखिए पृ०159 पर मारिश का प्रश्न—'भद्रे, वेश्या की जनपद कल्याणी की स्वतंत्र सार्थकता क्या है?" इ० इ०।) दिव्या ने वेश्या होना स्वीकार किया था, वह आत्मनिर्भरता उसे समाज नहीं दे सकता क्योंकि वेश्या भी सामाजिक जीवन का भाग है और सागल में पुन: प्रस्थापित वर्णाश्रम धर्म पद्धति ब्राह्मण-कन्या को वेश्या भी होने नहीं देना चाहती है। सागल नगरी की राजनैतिक उत्थान-पतन की प्रक्रिया का कितना सुंदर उपयोग लेखक ने किया है!! दिव्या के लिए सागल में स्थान नहीं है–एक स्वतंत्र नारी के रूप में। दिव्या अंतहीन पथ की ओर अग्रसर है– यह परिणति कितनी स्वाभाविक है!

दिव्या हारना नहीं चाहती। जिस स्वातंत्र्य की खोज के लिए उसने सुखी जीवन को त्याग दिया है, वह स्वतंत्रता उसे कहां मिलेगी? उत्तर नहीं है। वह थक गई है–अकेले चलना भार-सा हो गया है। फिर भी उसकी दिव्यता देखिए।

ब्राह्मण वीर रुद्रधीर का ऐश्वर्य और महान पद का लोभ उसे छू नहीं पाता। बौद्ध भिक्षु पृथुसेन की स्त्री-पुरुष-भेद निरपेक्ष संन्यासी जीवन की शांति वह नहीं चाहती है क्योंकि जीवन से पलायन करना वह नहीं चाहती। स्वीकार करती है मारिश को जो उसके साथ रहकर समान स्तर पर भावों औरविचारों का आदान-प्रदान करेगा, जिसमें परस्पर आश्रय की अपेक्षा होगी—आश्रयदान का अहंकार नहीं होगा, शांति की प्रवंचना नहीं होगी। क्या वह मारिश से प्यार करती है? यह प्रश्न महत्त्वपूर्ण है। प्यार वह पृथसेन को दे चुकी थी। (लेखक की तन्मयता यहां भी लक्षणीय है, उदा० "दीप-दंडों के प्रकाश में सम्मुख खड़े काष्मय चीवरधारी—हो गई।" (पृ० 217) या "मौन दिव्या की दृष्टि क्षण-भर के लिए धुंधली हो गई—दिखाई देने लगी।" (पृ० 218 पर देखिए।) मारिश के प्रति प्रेम की भावना उसने कभी अनुभव नहीं की थी। मारिश को ठोस विचार की भूमि पर ग्रहण करती है। यहां भी दिव्या का 'दिव्यत्व' प्रकट होता है। नारी प्यार के क्षणिक आवेश में मुक्ति नहीं पा सकती, क्योंकि प्यार बंधन भी डालता है। ऐश्वर्य में वह भोग्या बनसकती है वहमुक्ति पा सकतीहै मारिश के विचारों में, जीवन-दृष्टि में। लेखक की सफलता यह दिखाने में है कि आचार्य धर्मस्थ के प्रासाद की अल्हड़, हठीली, भावाकुल बाला दिव्या जीवन-मूल्यों के प्रति जागरूक होकर मारिश को स्वीकारती है—प्रेमी के रूप में नहीं; सहचर के रूप में, साथी के रूप में। अनुभूतियों की आंच में प्रति क्षण झुलसा हुआ दिव्या का व्यक्तित्व एक परिपक्वता को प्राप्त होता है—लेखक की महानता इसी में है कि इस परिपक्वता की प्रक्रिया को मूर्त्त करने में लेखक सफल हुआ है। लेखक के तमाम पात्रों में शायद ही दूसरे Dynamic पात्र को सफलतापूर्वक लेखक ने चित्रित किया हो।

दिव्या की कलात्मकता के स्पष्ट आकलन के लिए पृथुसेन की विशिष्ट मानसिक स्थिति को भी ध्यान में रखना आवश्यक है। कभी-कभी यशपाल की तर्कप्रियता कलात्मकता को बाधित कर देती है। दास पुत्रत्व के कलंक के कारण, व्यथित, ब्राह्मणों द्वारा किए गए अपमान के कारण आहत पृथुसेन दिव्या की सहानुभूति का संबल पाकर संभल जाता है, दिव्या के प्रेम से प्रेरणा पाकर केंद्रस को परास्त करता है। यहां तक सीधे पाठकों की सहानुभूति का पात्र बन जाता है। परंतु असल में दिव्या के साथ विच्छेद के बाद ही पृथुसेन का चित्रण उपन्यासकार की प्रतिभा के लिए एक चुनौती था क्योंकि पृथुसेन एक नए रूप में उपस्थित होता है। अब तक का स्थाणु व्यक्तित्व प्रवाहपतित हो जाता है। व्यक्तित्व का यह बदला हुआ रूप लेखक अंकित कर सका है। जिस शक्ति-भोग के लिए उसने दिव्या का त्याग किया, सीरो से राजनैतिक विवाह किया; उस शक्ति के नशे में वह बह जाता है। व्यक्तिगत जीवन में सीरो की व्यभिचार-प्रवृत्ति उसे अत्यधिक निराश करती है। परिणामतः जीवन-मूल्य रहित शक्ति-भोग और ऐंद्रिय सुख-

भोग यही उसका उद्देश्य होता है। ब्राह्मण-कन्याओं का उसकी ओर आकर्षण उसकी अपमानित भावना को और अहंकार को तुष्ट करता है। शक्ति-भोग का नशा मादूलिका द्वारा मल्लिका के अपमान में परिणत होता है और यही अपमान अंत में उसके राजनैतिक विनाश का कारण बनता है। मल्लिका के छोटे से प्रासाद में उसे षड्यंत्र में अपदस्थ किया जाता है—शक्ति-भोग के नशे में मनुष्य व्यवस्था के प्रति असावधान और अनुशासनहीन हो जाता है।

कलात्मकता में दरारें

व्यक्तिगत जीवन की निराशा और शक्ति की क्षणिकता की अनुभूति अपने आप में इतनी सशक्त है कि उसका 'सर्वं क्षणिकं' वाले बौद्ध धर्म की ओर आकृष्ट होना स्वाभाविक है। परंतु यहीं पर यशपाल की कमजोरी प्रकट होती है। बौद्ध भिक्षु चीबुक के पास आश्रय के लिए आने के उपरांत लेखक ने नाहक ही चीबुक और पृथुसेन के गंभीर वार्तालाप में अनेक पन्ने लिखे हैं। यह तार्किकता पृथुसेन के स्वभाव के अनुकूल नहीं है। अपमान की चोट खाने पर नाग की तरह फुफकारने वाला, विरोधी वीरों की संख्या एवं शक्ति की ओर न देखकर खड्ग खींचनेवाला पृथुसेन धर्म के गंभीर तत्त्वों की चर्चा करेगा; यह असंभव है। ये तर्क उपन्यास को राग-तत्त्व से रहित कर देते हैं। औपन्यासिक सफलता इसी में होती कि लेखक दिखा सके कि जीवन की अनुभूतियों के कारण ही पृथुसेन ने बौद्ध धर्म में पलायन किया और इस कार्य को सिद्ध करनेवाली मानसिक परिस्थिति भी उत्पन्न की गई थी। फिर यह घटाटोप क्यों? इसका कारण है जैसा कि ऊपर संकेत किया है—यशपाल भावना के स्तर पर चढ़कर बोलने की कला में कुशल नहीं हैं—भावोद्रेकों से प्लावित अनुभूतियों के प्रेषण में यशपाल कमजोर पड़ते हैं। पृथुसेन के मन के किवाड़ खोलने की भावाकुल कुंजी लेखक को प्राप्त नहीं हो सकी। जो भावों के उद्घाटन से सिद्ध नहीं हुआ, वह तर्क से किया गया। पाठक के हाथ से साहित्य का आनंद—उपन्यास का आनंद खिसक ही गया। और फिर तर्क की ही जीत दिखानी थी तो आचार्य चीबुक पृथुसेन की घायल अवस्था में शुश्रूषा करने के समय ही बाजी मार लेते। इतने लंबे प्रयास की जरूरत ही क्या थी। स्पष्ट ही उपन्यासकार की कला की दृष्टि से यह असफलता है।

फिर मल्लिका के समाज में जो षड्यंत्र रचा जाता है, वह भी इतना सबल नहीं कि विश्वसनीय प्रतीत हो। केंद्रस को हरानेवाले, निम्न वर्ण का उत्थान करनेवाले श्रेष्ठि प्रेस्थ की सारी व्यवहार-कुशलता, दूरदर्शिता, संघटना-कुशलता तिनके की तरह कैसे फूंक जाती है! पुस्तक समाप्त करते-करते यह बोध होता है कि श्रेष्ठि प्रेस्थ के सबल व्यक्तित्व को लेखक ने अपनी सुविधा के लिए (कौन-सी सुविधा? पुस्तक को अधिक जल्दी समाप्त करने की इच्छा?) इतना दयनीय

बना दिया है कि सागल समाज में चोरी से चलनेवाली ब्राह्मणों की युद्ध की तैयारियां भी बेचारे के ध्यान में नहीं आतीं। (क्या श्रेष्ठि प्रेस्थ 6-7 वर्षों में वृद्ध बन गए थे ?) और आंख-मिचौनी के खेल में जिस प्रकार चोर पकड़ा जाता है, उसी प्रकार बेचारा प्रासाद में बंदिश्त होता है ! कहां गई उसकी सारी सैनिक यंत्रणा ? हां, इतना जरूर है कि मल्लिका के समाज में नृत्य का आयोजन कर विलास-लीलाओं की बारीकियों का और मद-भरे वातावरण का वर्णन कर लेखक ने सामान्य पाठक का ध्यान इस प्रश्न की ओर से दूर हटाया है।

'दिव्या' का नायक : प्रेस्थ या पृथुसेन ?

अब एक-दो और प्रश्नों की चर्चा करें। 'दिव्या' नायिका-प्रधान उपन्यास है—उसका नायक कौन होगा ? परंपरागत धारणा है कि नायिका के साथ प्रेम और विवाह जिसका होता है, वह नायक है। पृथुसेन से वह प्रेम करती है परंतु विवाह उससे नहीं होता और उपन्यास इस विवाह-विच्छेद के कारण ही बढ़ा है। मारिश को वह सहचर के रूप में स्वीकार करती है परंतु अंत में और प्यार तो कभी भी नहीं करती थी। फिर नायक उसको कहें जो औपन्यासिक घटनाओं को गति देता है ? तो श्रेष्ठि प्रेस्थ का नाम लेना होगा क्योंकि प्रारंभ से अंत तक श्रेष्ठि प्रेस्थ का व्यक्तित्व पृथुसेन-दिव्या के पीछे ही नहीं, समस्त सागल नगरी के पीछे खड़ा है। पृथुसेन प्रेस्थ की महत्त्वाकांक्षा की पूर्ति का एक उपकरण मात्र है। उसकी महत्त्वाकांक्षा में ही दिव्या की बलि दी जाती है। सागल में राजनैतिक उत्थान-पतन के पीछे प्रेस्थ का ही दिमाग है। फिर मारिश के स्थान का प्रश्न भी विचारणीय है। मारिश दिव्या की कथावस्तु को कहां तक प्रभावित करता है ? मारिश प्रारंभ से अंत तक सागल नगरी के राजनैतिक उत्थान-पतन से और वर्ण-संघर्ष से उदासीन है। अंत में दिव्या को आश्रय देता है। अंशुमाला की जीवन-विषयक गहरी उदासीनता को प्रबल तर्कों पर निरर्थक सिद्ध कर देता है और उसके चार्वाकीय या लोकायत सिद्धांतों ने दिव्या को बौद्धिक स्तर पर प्रभावित भी किया था। (लेखक ने अपने विचारों को मारिश द्वारा प्रस्तुत किया है। मारिश-दिव्या संवाद तर्कपूर्ण हों, विद्वतापूर्ण हों—'औपन्यासिक' कहां तक हैं; यह प्रश्न ही है।) जहां तक उपन्यास की घटनाओं को गति देने का प्रश्न है मारिश कुछ नहीं करता—अंत में दिव्या को आश्रय देता है।

मारिश : चार्वाक या मार्क्सवादी ?

लेखक ने चार्वाकीय या लोकायत सिद्धांतों को उसके माध्यम से प्रस्तुत कर यह दिखाया कि नारी-मुक्ति इसी पंथ में संभव थी। ऐतिहासिक सत्य है कि लोकायत सिद्धांत बुद्धिवाद पर आधारित होते हुए भी उसका समाज पर प्रभाव नहीं पड़ा।

और इनके प्रवर्त्तकों ने अपनी ओर से प्रचार करने का प्रयत्न भी नहीं किया। इनका प्रभाव केवल बौद्धिक क्षेत्र में ही रहा—संभवत: मारिश को इस प्रकार उदासीन (Aloof) बनाकर लेखक को यही दिखाना था। यहां एक भ्रांति का निराकरण आवश्यक है। कुछ लोग मारिश को मार्क्सवादी विचारों से प्रभावित मानते हैं। यशपाल के कम्युनिस्ट दृष्टिकोण को मारिश में देखते हैं। लेखक के व्यक्तिगत जीवन-संबंधी अत्यधिक परिचय आलोचकों में भ्रम पैदा करता है, इसका यह उदाहरण है। मारिश को मार्क्सवाद में फिट करने का प्रयास चार्वाक पंथ के संबंध में अज्ञान के कारण भी होता है। डॉ० त्रिभुवनसिंह ने 'हिंदी उपन्यास और यथार्थवाद' में दिव्या की आलोचना करते हुए लिखा है, "जिस भोगवाद का समर्थन मारिश करता है, उस काल में उसकी गंध भी नहीं थी। जितने भी तत्कालीन दार्शनिक सिद्धांत थे, सभी मोक्ष को प्रधान स्थान देते थे। जीवन की स्थिरता की ओर लोगों का कुछ भी आकर्षण नहीं था, चाहे वह बुद्ध का निर्वाण हो अथवा वर्णाश्रम का मोक्ष। हां, चार्वाक ने उसके पूर्व भोगवाद के सिद्धांत का प्रतिपादन किया था जो इससे कुछ भिन्न न था।" (पृ० 209) यह लंबा उद्धरण इसलिए दिया है कि प्रत्येक पंक्ति दूसरी पंक्ति से किस प्रकार असंगत (Irrelevant) है इसका अच्छा नमूना है। डॉ० त्रिभुवन ने रांगेय राघव का एक लंबा उद्धरण देकर 'दिव्या' पर आरोप लगाया है कि "आधुनिक मार्क्सवादी ऐतिहासिक व्याख्या को उन्होंने इस उपन्यास में समाहित किया है।" (पृ० 210) डॉ० त्रिभुवनसिंह इस आरोप का दिव्या के संदर्भ में उदाहरण देते हुए विवरण करते तो अच्छा होता। (डॉ० त्रिभुवन ने तो एक जगह पर यह भी लिखा है कि समझ में नहीं आया कि पृथुसेन को छोड़कर दिव्या मारिश को क्यों स्वीकार करती है!!!) वस्तुत: मार्क्स और चार्वाकीय मारिश इनमें साम्य इतना ही है कि दोनों जड़वादी हैं और धर्म, ईश्वर, पुनर्जन्म, पाप-पुण्य आदि सबको आडम्बर मात्र मानते हैं। इससे अधिक मारिश में मार्क्स देखना यशपाल पर भी अन्याय है और मार्क्स पर भी। मार्क्स और मारिश के विचारों में महत्त्वपूर्ण भेद यह है कि मार्क्स मनुष्य के दु:ख के कारणों की खोज करते-करते आर्थिक विषमता को देखता है और मानव-संघर्ष के मूल में अर्थ को देखता है। मार्क्स समाज और इतिहास के संबंध में वैज्ञानिक विचारों को रखता है। जहां तक मारिश का संबंध है—मारिश आर्थिक विषमता से पीड़ित नहीं है। अपनी अकिंचनता के प्रति उसमें क्षोभ नहीं है। न वह सामाजिक दु:ख से व्याकुल होता है, न राजनैतिक उत्थान-पतन में अपने ऐतिहासिक दायित्व को जानकर अपना रोल पूर्ण करने की आवश्यकता महसूस करता है। मारिश क्या करता है? यह नितांत सुखवादी है। बौद्धिक स्तर पर मनुष्य की परंपरा या अमरता समाज के रूप में मानकर भी राजनैतिक घटनाओं एवं वर्ण-संघर्ष से वह दूर है। उसकी यह उदासीनता, सुखानुभूति के पीछे आवारा

की तरह भटकना कहां तक मार्क्स-सम्मत है ? मार्क्सवादी सामाजिक जीवन से मारिश की तरह कभी दूर रहेगा ? मारिश का महत्त्व इतना ही है कि निषेधात्मक विचारधारा का संतुलन वह रचनात्मक विचारों द्वारा करता है। (मार्क्स की दृष्टि से इतिहास की गति द्वंद्वात्मक पद्धति से वह सरल-रेखा में होती है। यहां हम इतिहास का चक्रमय रूप देखते हैं। उदा० पहले ब्राह्मण वर्चस्व, फिर यवन, फिर बौद्ध, फिर ब्राह्मण, फिर निम्न वर्ण, फिर ब्राह्मण ! इसमें मार्क्सवादी ऐतिहासिक व्याख्या कहां ?) प्रश्न यह है कि मारिश के विचारों में भी नारी की मुक्ति संभव है ? मारिश प्रकृतिवाद का समर्थन करता है। (देखिए, 'अंशुमाला' प्रकरण। पृ०159—"भद्रे का कथन अंशतः सत्य है।" इ०।) प्रकृति से नारी और पुरुष अन्योन्याश्रयी हैं, समाज-विधान द्वारा नारी दंडित है, ठीक है। जिस प्रकृति ने नारी को प्रसव-पीड़ा दी है, तज्जन्य असहायता के लिए जब तक पुरुष में निष्ठा का जल नहीं लगाया जाएगा तब तक नारी सुरक्षित नहीं। यह निष्ठा केवल सुखानुभूति के पीछे दौड़नेवाले मारिश में कैसे उत्पन्न होगी ? मारिश का चरित्र इसका उदाहरण प्रस्तुत नहीं करता। वह साहसी है, स्वतंत्र विचारक है, और इस कारण हमारी सहानुभूति भी आकृष्ट करता है परंतु इससे बढ़कर मारिश के साथ अपने को झोंकने में दिव्या ने कहां तक निश्चितता और शांतता पाई, यह शंका बनी ही रहती है। मारिश उपन्यास में केवल लेखक के विचारों के प्रकटीकरण के लिए आया है; प्रत्यक्ष कथा को परिवर्तित नहीं करता। अतएव मारिश नायक नहीं हो सकता।

तो फिर नायक कौन ? प्रेस्थ या पृथुसेन ? प्रश्न का उत्तर उतना महत्त्वपूर्ण नहीं है क्योंकि प्रश्न को उठाने में केवल प्रेस्थ, मारिश, पृथुसेन के विशिष्ट स्थानों की—महत्त्व की चर्चा करनी थी। यद्यपि कथा के पीछे शक्ति प्रेस्थ की है—प्रत्यक्ष कार्य पृथुसेन ही करता है। दिव्या से प्रेम, केंद्रस की हार, सीरो से विवाह, दिव्या का त्याग, निराशा, षड्यंत्र की सफलता इत्यादि से प्रत्यक्ष संबंध पृथुसेन का ही है, अतएव वही नायक ठहरता है।

मनुष्य—कर्त्तृत्व और परिस्थिति

प्रस्तावना में लेखक ने मनुष्य—कर्त्तृत्व और परिस्थिति के परस्पर संबंध का उल्लेख करते हुए कहा है कि मनुष्य परिस्थिति को मोड़ सकता है। डॉ०त्रिभुवन-सिंह ने इसकी आलोचना करते हुए लिखा है, "उपन्यास का कोई पात्र परिस्थितियों का निर्माता परिस्थितियों पर विजयी होता हुआ भी नहीं दिखलाई पड़ता। चाहे शक्ति का उपासक पृथुसेन हो चाहे, भौतिकवादी दृष्टिवाला मारिश हो, चाहे लोकाचारी और रूढ़ियों का अंधभक्त रुद्रधीर हो और चाहे जनपद कल्याणी मल्लिका और रत्नप्रभा ही क्यों न हो; सभी परिस्थितियों के सम्मुख

नतमस्तक हैं, परिस्थितियों के इशारे पर नाचनेवाले निःसत्व पात्र हैं। ऐसी अवस्था में यदि उपन्यास को समस्यामूलक कहा जाए तो अधिक उपयुक्त होगा।" (पृ० 201, हिंदी उपन्यास और यथार्थवाद--डॉ० त्रिभुवनसिंह।) यहां पात्रों के निःसत्व होने के साथ उपन्यास की समस्यामूलकता का संबंध क्या है; समझ में नहीं आता। इस प्रकार के कितने ही असंगत विचार इस पुस्तक में आए हैं। खैर! जरा इस बात की परीक्षा करें। महत्त्व की बात है कि डॉ त्रिभुवनसिंह ने श्रेष्ठि प्रेस्थ का नाम नहीं लिया जिसने सामान्य दास से श्रेष्ठि तक स्थान प्राप्त करके सागल समाज को प्रभावित किया। जनता की हतोत्साह स्थिति, ब्राह्मणों की परमुखापेक्षा के बीच पृथुसेन ने ही केंद्रस के आक्रमण का विरोध कर निम्न वर्ण का प्रभुत्व स्थापित किया—इसको परिस्थिति पर विजय प्राप्त करना नहीं कहेंगे? मारिश किस परिस्थिति के साथ झगड़ता है? हां, अपने व्यक्तिगत स्वतंत्र विचारों के लिए वह धर्म या समाज की परवाह नहीं करता। जातक कथाओं को उत्कीर्ण करने से इंकार करके क्या उसने अपनी स्वतंत्रता नहीं व्यक्त की? दिव्या के निराश विचारों का बौद्धिक धरातल पर ही क्यों न हो, प्रतिवाद करने में सफल नहीं होता? रुद्रधीर दो सहस्र दिनों के निष्कासन के बाद आकर षड्यंत्र रचकर पृथुसेन की सत्ता को उलटा नहीं देता? ब्राह्मणों का प्रभुत्व फिर से स्थापित करने में सफल नहीं होता? मल्लिका अपने वार्धक्य, सामान्य समाज की कला-विषयक उदासीनता से व्यथित अवश्य है, फिर भी अपनी कला परंपरा को बनाए रखने के लिए रत्नप्रभा के पास से अंशुमाला को नहीं लाती? षड्यंत्र (त्रिभुवन ने उसे 'षड्यंत्र का एक महान संगठन' कहा है।) में योग देकर रुद्रधीर की मदद नहीं करती? अपने अपमान का बदला नहीं चुकाती? रत्नप्रभा किस प्रकार परिस्थिति के सामने झुकती है? रही दिव्या–दिव्या का प्रासाद छोड़कर पुत्र-रक्षा के लिए नए मार्ग का अनुसंधान करना पलायन है? या परिस्थिति के सामने झुकना है? रविशा नदी के तट पर एक शब्द से वह दासत्व से मुक्ति पा सकती थी परंतु धर्म और समाज के प्रति विद्रोही भावना ने उसे यह करने नहीं दिया। दासी-जीवन की घोर यंत्रणाओं से अपरिचित थी। पृथुसेन के पास भी एक विशिष्ट स्तर के नीचे आकर वह याचना नहीं करती। शाकुल के लिए बौद्ध-विहार में आश्रय चाहती है—क्या यह पलायन है? आत्मनिर्भर वेश्या होने का विचार पलायन या परिस्थिति के सम्मुख झुकना है? रुद्रधीर की पत्नी—पद का और ऐश्वर्य का त्याग, रुद्रधीर की झूठी शांति की मृग-मरीचिका का त्याग और स्वतंत्रता के लिए धूल-धूसरित मारिश के मार्ग का स्वीकार जिसमें सुख का कोई लोभ नहीं—यह सब परिस्थिति के सामने झुकना है? उसी सांस में डॉ० त्रिभुवन आगे यह भी लिखते हैं, "यहां भी दिव्या का कर्त्ता नहीं बल्कि भोक्ता स्वरूप ही सामने आता है। लेखक की साम्यवादी विचारधारा (Communistic view) दिव्या के इन क्रिया-कलापों और विद्रोहों में छिपी हुई है।" (पृ० 301) आश्चर्य है। कम्युनिस्ट यशपाल प्रस्तावना में मनुष्य कर्तृत्व का उद्घोष कर रहे हैं और डॉ० त्रिभुवनसिंह 'भोक्ता रूप' में साम्यवादी विचारधारा को देखते हैं ! फिर 'भोक्ता रूप' के साथ 'विद्रोह' शब्द भी जोड़ते हैं। इसका सरल अर्थ यह है कि डॉ० त्रिभुवन की कम्युनिस्ट की कोई मौलिक धारणा है और उपन्यास को देखने का उनका दृष्टिकोण भी अत्यधिक मौलिक है। इसी दिव्या को उन्होंने 'मूर्खा परंतु दृढ़ नारी' कहा है। क्यों ? "उसी की (पृथुसेन) प्रतीक्षा में जीवन चौपट कर देती है।" (पृ० 200) नारी की प्रतीक्षा को ही अगर मूर्खत्व कहा जाए तो शब्द की यह नई परिभाषा है। फिर मालूम नहीं डॉ० त्रिभुवनसिंह के विचार में उसे जीवन चौपट न करने के लिए क्या करना चाहिए था।

महत्त्वपूर्ण प्रश्न एक और भी है—नारी-मुक्ति की समस्या को ऐतिहासिक वातावरण में रखने का प्रयास किया गया है, उसमें लेखक कहां तक सफल हुआ है ? स्पष्ट ही लेखक ने ब्राह्मण वर्ण, बौद्ध धर्म पर कसकर व्यंग्य किए हैं। ऐतिहासिक वातावरण में यह व्यंग्य वस्तु से एकाकार हो गया है। मध्ययुग में नारी-वर्ग किसी प्रकार धर्म के प्रभाव के कारण दबा हुआ-सा था, इसका सफल चित्रण हुआ है। मारिश की ओर देखने की मार्क्सवादी दृष्टि अगर एक ओर रख दी जाए जो प्रस्तुत संदर्भ में ठीक नहीं है तो मारिश के माध्यम से तत्कालीन लोकमत के सिद्धांत का स्पष्टीकरण भली-भांति हुआ है। मारिश के द्वारा लेखक ने ऐतिहासिक विकासवाद को या वर्ग-संघर्ष की भावना को प्रत्यक्ष कियात्मक रूप में या मौखिक रूप में भी अभिव्यंजित न कर ऐतिहासिक विपर्यास होने नहीं दिया है। मल्लिका के प्रासाद में स्त्री-पुरुषों का रास-नृत्य और दिव्या को अनेक युवकों के साथ बोलने, मिलने की सुविधा कहां तक ऐतिहासिक है; इसमें संदेह है। रास-नृत्य का वर्णन तो स्पष्ट ही किसी अंग्रेजी उपन्यास के बाल-डान्स का भ्रम पैदा करता है। (डॉ० त्रिभुवन ने इसकी ओर उचित संकेत कियाहै।) कथा की सुविधा के लिए मल्लिका के प्रासाद में पृथुसेन-दिव्या को स्वच्छंद विहार के अवसर मिलते हैं—ऐतिहासिक उपन्यास में यह खटकता है।

इन दोषों के होते हुए भी 'दिव्या' एक अत्यंत सफल उपन्यास बना है; यह निस्संदेह कहा जा सकता है। दिव्या के तमाम संघर्षों को लेखक अधिक गहराई से अभिव्यंजित कर सकता, पृथुसेन की मानसिक स्थिति का स्वाभाविक रूप बौद्ध धर्म की दीक्षा में दिखा सकता, उसे तर्क-तड़ न करता, मारिश के व्यक्तित्व को वैचारिक स्तर पर ही न रखकर दिव्या के स्वीकार के योग्य कोई प्रत्यक्ष कार्य उससे करवाता और उसमें अधिक मांस और खून भर देता, अनेक स्थलों पर वर्णनात्मकता से बचकर नाट्यात्मकता का उपयोग करता तो निश्चय ही यह उपन्यास विश्व के श्रेष्ठ उपन्यासों की श्रेणी में आ जाता।

बाणभट्ट की आत्मकथा

बाणभट्ट की आत्मकथा : कलाकार के लिए एक चुनौती

यह एक अनिर्णीत विषय है कि कलाकृति का विषय अपने आप में महान होना कलाकृति की महानता या श्रेष्ठता के लिए कहां तक आवश्यक है। जहां तक जानी-मानी महान कृतियों का संबंध है, यह निस्संदेह कहा जा सकता है कि उनका विषय महान ही रहा है। 'बाणभट्ट की आत्मकथा' की श्रेष्ठता का मूल्यांकन करने से पहले इतना अवश्य मानना पड़ेगा कि प्रस्तुत विषय एक श्रेष्ठ कलाकार को अपनी शक्ति को आजमाने के लिए काफी सुदृढ़ और महान है। हजारीप्रसादजी ने बाणभट्ट को द्वितीय कालिदास कहकर गौरवान्वित किया है। भट्टिनी की भावुकता, बाण के प्रति तीव्र प्रेम-भावना और प्रसंगोपात् प्रकट होनेवाली आवेगमयी मुखरता के कारण भट्ट की ऊंचाई और श्रेष्ठता का उनका माप भारी हो सकता है परंतु द्विवेदीजी ने भट्टिनी को जिस गौरव से चित्रित करना चाहा है, उससे लगता है कि भट्टिनी का बाणभट्ट के प्रति अभिमत सत्य से अधिक दूर नहीं। इस द्वितीय कालिदास पर उत्तरदायित्व भी बहुत है। भट्टिनी को तुवरमिलिंद के पास सुरक्षित पहुंचाकर, उनमें उत्साह उत्पन्न कर भारतवर्ष को प्रत्यंत दस्युओं के संभावित आक्रमण से बचाना है और भारतवर्ष के इतिहास को नई दिशा, नई गति देनी है। यह भारतवर्ष का द्वितीय कालिदास सामयिक परिस्थिति के प्रति पूर्णतः जागृत है, जैसा कि हरेक इतिहास के निर्माता को होना पड़ता है। मध्यकाल का यह भारत बौद्ध और आर्य धर्म के विद्वानों के वाद-विवाद का अड्डा बना था। यह वाद-विवाद कभी बौद्धिक धर्म-क्षेत्र को लांघकर जानमारी, वध इत्यादि कपटपूर्ण व्यवहार का आश्रय भी कर लेता था, वाममार्गी साधकों की अच्छी-बुरी अनेक साधन-पद्धतियां उत्पन्न हुई थीं। कभी नारी को साधन मानकर मुक्ति का प्रयत्न किया जाता तो कभी रणचंडी को नरबलि देकर भी प्रसन्न करने का प्रयत्न होता था, वशीकरण मंत्र-तंत्र का प्रचलन भी पर्याप्त था। धार्मिक आडम्बर, कपट और झूठ से सामान्य जनता संत्रस्त थी। इसी समय

भागवत धर्म का एक नया भक्ति-प्रधान प्रेममय धर्म उदित हो रहा था। यह सांस्कृतिक मंवन्तर था और भारत के द्वितीय कालिदास को उसका ज्ञान हस्तामलकवत् होना आवश्यक था। धार्मिक और राजनैतिक शक्ति के नीचे पीड़ित नारी के प्रति गहरी संवेदना इस संवेदनशील कवि के मन में न होती तो आश्चर्य ही होता। भारत की दुर्बल केंद्रीय सत्ता और अनेक सामंतों में बिखरी हुई राजनैतिक शक्ति के प्रति जागरूकता भी महत्त्वपूर्ण थी। सबसे महत्त्वपूर्ण बात बाणभट्ट के व्यक्तित्व की सर्वस्पर्शिता, व्यापकता और तरल कल्पना-शक्ति तथा तीव्र मेधा की थी। धर्म, दर्शन, काव्य, कला और शास्त्र का प्रचुर अध्ययन और जीवन के मूल सत्य की ओर संकेत करनेवाली पैनी प्रतिभा के दर्शन अगर इस द्वितीय कालिदास में न होते तो यह बाणभट्ट एक सामान्य नायक होता, जो लेखक के विशेषणों और वर्णनों से फूले हुए व्यक्ति की तरह दिखाई देता। बाणभट्ट न केवल कवि है, वह समाज की ओर वस्तुनिष्ठ दृष्टि से देखकर उसकी जाति-व्यवस्था तथा वर्ण-व्यवस्था की कट्टरता पर, भट्टिनी के संकेत के उपरांत ही क्यों न हो, प्रहार करने-वाला समान हित का संरक्षक भी है। रार्बट लिडेल का कथन है कि लेखक को अपने से अधिक बुद्धिमान व्यक्ति का चिचण करने का प्रयत्न नहीं करना चाहिए। बाणभट्ट की आत्मकथा वही लिख सकेगा जो उपरोक्त विषयों की संपूर्ण जानकारी का कम-से-कम सत्याभास उत्पन्न कर सकेगा। इसीलिए बाणभट्ट की आत्मकथा महान लेखक के लिए एक चुनौती है। और सुखद घटना यह है कि आचार्य द्विवेदीजी ने इस चुनौती को सफलतापूर्वक झेला है।

आत्मकथा में प्राय: सुगठित कथा आवश्यक नहीं होती। कथा की घटनाओं और प्रसंगों के मणियों का सूत्र आत्मकथा-लेखक का व्यक्तित्व होता है। अत: जब घटनाओं की आयोजना कथा के गठन की दृष्टि से होती है तब प्राय: लेखक के हाथ से व्यक्तित्व का सूत्र छूट जाता है और कथा आत्मकथा न होकर कथा होती है—आत्मकथा-लेखक कहानी का अधिक-से-अधिक आत्मीय दृष्टा हो जाता है। सुगठित कथा और आत्मकथा प्राय: विरोधी तत्त्व हैं। यहां बाणभट्ट की आत्मकथा, आत्मकथा न रहकर भट्ट और भट्टिनी की प्रेमकथा हो गई है और पाठक का ध्यान भट्ट और भट्टिनी के व्यक्तित्व से भी अधिक निपुणिया के व्यक्तित्व पर केंद्रीभूत हो जाता है।

कथासूत्र नियति के हाथ में

बाणभट्ट कथा के बीसवें उच्छ्वास में अपने जीवन के अपूर्ण अंश का अवलोकन करते हुए कहता है, "परंतु मनुष्य का जीवन अदृश्य शक्तियों द्वारा गढ़ा जाता है यदि नियति-नटी का अभिनय अपने वश की बात होती तो मनुष्य की प्रतिज्ञा भी टिकती।" बाण की इस आत्मकथा में नियति का स्पर्श इतना गहन है कि उपरोक्त

कथन स्वाभाविक ही लगता है। "पर मेरा भाग्य अब किसी अदृष्ट के कंटक में उलझा हुआ था।" (प्रथम उच्छ्वास); "क्या कोई अदृष्ट शक्ति किसी अचिंतनीय विरोध परिस्थान में मुझे घसीट रही है?" (षष्ठ उच्छ्वास); "पर जाने कैसी एक अद्भुत शक्ति मुझे वज्रतीर्थ की ओर ठेल लिए जा रही थी।" (दशम उच्छ्वास); "मैं प्रमाद और परिस्थितिवश राजनीतिक दांव-पेंच में फंस गया हूं।" (षोडश उच्छ्वास); "कौन जाने, मेरे भाग्य में फिर कहां जाना बदा है।" (अष्टादश उच्छ्वास); "लेकिन अंतरात्मा के अतल गह्वर से कोई चिल्ला उठा—फिर क्या मिलना होगा?" (बीसवां उच्छ्वास)—इस प्रकार के विविध वाक्य ढूंढ़ने पर 'उपन्यास' में मिल जाते हैं जो सूचित करते हैं कि उपन्यास की घटनाओं का सूत्र नियति के हाथ में है।

कथावस्तु—आकस्मिकता और रोमहर्षक संयोगों की भरमार

बाणभट्ट कृष्णवर्धन की पुत्र-प्राप्ति पर बधाई देकर अपना भविष्य बनाने जा रहा था कि संयोग से निपुणिया से उसकी भेंट हुई। मौखरि वंश के छोटे कुल के विलासी राजा के अंतःपुर में कैद तुवरमिलिंद की कन्या चंद्राधिपति की मुक्ति का कार्य सम्पन्न करने का भार उस पर आ पड़ा। यह संयोग ही समझना चाहिए कि वह दिन चैत्र शुक्ल त्रयोदशी का मद-पूजा का दिन था और सब अंतःपुरिकाएं प्रमदवन में चली गई थीं। सब रक्षक और परिचारिकाएं भी थीं। नई बहू को प्रमदवन में ले जाने के लिए छोटे महाराज ने पुरस्कार घोषित किया था, अतः निपुणिया और बाणभट्ट अनायास भट्टिनी को मुक्त करने में सफल हुए। इस मुक्ति के लिए निपुणिया और भट्टिनी का महावराह पर विश्वास ही अधिक काम आया लगता है, क्योंकि बाणभट्ट प्रस्तुत प्रसंग में केवल निमित्त मात्र बना है। पहली प्रमुख अड़चन उपस्थित हुई नीच और मूर्ख वृद्ध ब्राह्मण की। परंतु उसकी मूर्खता बाणभट्ट के लिए बहुत ही उपयुक्त सिद्ध हुई। इसी ब्राह्मण से सुगतभद्र का नाम सुनकर किंकर्त्तव्यविमूढ़ भट्ट को भट्टिनी की व्यवस्था के लिए उनके पास जाने की सूझी और सौभाग्य से या संयोग से सुगतभद्र भी शीलभद्र के सहपाठी निकले जो भट्टिनी को पिता की तरह पूज्य थे। सुगतभद्र कृष्णवर्द्धन के लिए गुरु के समान पूज्य थे। (कृष्णवर्द्धन के धार्मिक मत क्या थे, कुछ पता नहीं चलता; क्योंकि यहां वे सुगतभद्र के प्रिय शिष्य बताए गए हैं और उपन्यास के अंत में वसुभद्र और उडुपति के नाद में आर्य-धर्म की लाज रखने के लिए चिंतित भी दिखाए गए हैं—यह विसंगति है कि महासंधिविग्रहिक कृष्णवर्धन की कपट-नीति?) और बाणभट्ट की मदद के लिए जब कृष्णवर्धन भी आए हैं परंतु उनके आगमन से बाणभट्ट-भट्टिनी-निपुणिया की समस्या राजनैतिक रंग ग्रहण करने लगी। इसके लिए बाह्य परिस्थिति भी कारण बनी—दस्युओं के आक्रमण की संभावना और

भारत के राजाओं की दुर्बलता।

कृष्णवर्धन की सहायता से बाणभट्ट-भट्टिनी और निपुणिया मगध की ओर जाने का निश्चय कर लेते हैं। संयोग से बाणभट्ट देवालय में अघोर भैरव, महामाया, विरतिवज्र से मिलता है। कहानी में इन्हें भी महत्त्वपूर्ण काम करना है। मगध की ओर नौका में बैठकर वे जा रहे हैं परंतु प्रवास निरपवाद नहीं होता—आभीर सामंत ईश्वरसेन के सैनिकों से युद्ध होता है और भट्टिनी नदी में कूद पड़ती है। भट्ट पानी में कूदकर भट्टिनी को पीठ पर लेते हैं—महावराह की मूर्ति पानी में फेंककर भट्टिनी को बचाते हैं। दोनों जल-प्रवाह की गति से सैकत राशि पर आ जाते हैं। एक विशाल शाल्मली वृक्ष के नीचे विश्राम करते समय त्रिशूलपाणि भैरवी महामाया अकस्मात् वहां ग्रा जाती है। भट्ट का भाग्य बड़ा है क्योंकि महामाया की रक्षा में भट्टिनी को छोड़कर निपुणिया की खोज के लिए वह आस-पास चल दे सकता है। महामाया और भट्टिनी के स्नेहपूर्ण संभाषण के द्वारा भट्टिनी के अपने प्रति प्रबल आकर्षण का ज्ञान बाण को होता है और भट्टिनी की तरह उसे लगता है कि उसके सौ-सौ जनमान्तर सार्थक हो गए। बाणभट्ट निपुणिया की खोज में वज्रतीर्थ के श्मशान में किसी प्रबल शक्ति के आकर्षण से आ जाता है और करालदेवी का बलि होने जा रहा है। इतने में सौभाग्य से निपुणिया, महामाया और भट्टिनी वहां आ जाती हैं और निपुणिया तांडव-नृत्य से हवनकुंड को उध्वस्त करती है। निपुणिया के मूर्छित होने पर बाणभट्ट भी अघोर-घंट को पटककर गंगा में फेंक देता है—महामाया बाणभट्ट को लेकर दौड़ती है और अघोर भैरव के पास उसको लेकर आती है। कथा की कड़ियां जोड़ी नहीं गई हैं क्योंकि संभवतः यह प्रश्न महत्त्वपूर्ण नहीं है कि सब लोरिकदेव आभीर सामंत के घर में कैसे आ गए। तुवरमिलिंद की मनोव्यथा का ज्ञान भर्वुशर्मा के पत्रक से हो जाता है जो एक ब्राह्मण अकस्मात् दे गया है। तुवरमिलिंद की कन्या का अनुसंधान करने की प्रार्थना की गई है क्योंकि तुवरमिलिंद की व्यथा को दूर कर उन्हें दस्युओं का आक्रमण रोकने के लिए उत्साहित करने का वही एकमात्र उपाय है। घटना-चक्र की विकट गति में पाठक भूल ही जाता है कि कथा की कड़ियां कहां तक स्वाभाविक हैं।

लोरिकदेव का आतिथ्य ग्रहण करते-करते निपुणिया और भट्ट स्वास्थ्य लाभ भी करते हैं। भट्ट स्थानीश्वर जाना चाहता है और इतने में कृष्णवर्धन का दूत भी आ जाता है संदेश लेकर कि वैर त्यागकर बाणभट्ट को हर्षदेव से मिलना चाहिए। विचित्र संयोग है कि भट्टिनी भी निपुणिया के स्वास्थ्य-लाभ के लिए महामाया अघोर भैरव से मिलने के लिए स्थानीश्वर जाने का आदेश भट्ट को देती है!! निपुणिया की सखी सुचरिता से मिल आने का भी आग्रह है। वैसे सुगतभद्र वाद-विवाद में विशेष रुचि नहीं लेते—विवाद के लिए चुनौती देने का कार्य बौद्ध

गुरु वसुभूति का है परंतु दरबार में बाणभट्ट देखता है कि सुगतभद्र राजा हर्षवर्धन का समस्या-समाधान कर रहे हैं ! सुगतभद्र इसके बाद न दरबार में आते हैं, न वाद-विवाद करते पाए जाते हैं। संभवतः उनकी आवश्यकता कथा की कड़ियां जोड़ने में नहीं रही। हमने पहले पढ़ा है कि वसुभूति का राजा पर अधिक प्रभाव था। परंतु सुगतभद्र की दरबार में उपस्थिति देखकर आश्चर्य होता है। (यह महत्त्वपूर्ण प्रश्न नहीं है क्योंकि महासंधिविग्रहिक कृष्णवर्धन की कृपा का फल हो सकता है। वैसा मानना सुविधाजनक होगा।) बाणभट्ट पहली बार राजसभा में अपमानित होता है। वह सुचरिता से मिलना चाहता है और उसमें विशेष आयास भी नहीं होते क्योंकि एक वाचाल ब्राह्मण बाण को सब आवश्यक जानकारी देता है। बाणभट्ट ऐसे मामलों में बड़ा ही भाग्यशाली है। सुचरिता-विरतिवज्र की कथा का सीधा संबंध बाणभट्ट की कथा से नहीं है। कुमार कृष्णवर्धन की कूटनीति के परिणामस्वरूप दूसरे दिन बाण का राजसभा में सत्कार किया जाता है। उसे राजपुरुष बनाया जाता है और आभीर सामंत लोरिकदेव को भी चरणाद्रि के पूर्व और गंगा के उत्तर तटस्थ प्रदेशों का सामंत बनाया जाता है। वाणभट्ट के मन में सूक्ष्म गौरव-भाव उत्पन्न होता है। "मैं पहली बार अनुभव कर रही हूं कि बाणभट्ट चाहे जैसा भी आवारा क्यों न हो, भट्टिनी की सेवा का अवसर पाने के के कारण वह राजनीति की दृष्टि में महत्त्वपूर्ण हो गया है।" तुवरमिलिंद की कन्या होने के कारण भट्टिनी का महत्त्व देश के राजनैतिक क्षेत्र में अनन्य,साधारण हो गया था। कान्यकुब्ज की जनता मैं भागवत-धर्म लोकप्रिय हो रहा है और विरतिवज्र तथा सुचरिता के विवाह को निमित्त बनाकर उन्हें बंदी बनाया गया है और बौद्धधर्मीय गुरु के आदेश पर व्यंकटेशपाद और अघोर भैरव को निर्वासित किया गया है। जनता विक्षुब्ध है क्योंकि उनकी धार्मिक साधना पद्धति के बीच यह बौद्ध नरपति की दखल उन्हें पसंद नहीं है। (मन में उन्नीसवीं सदी की अंग्रेजों का विरोध करनेवाली भारतीय धार्मिक जनता की स्मृति चमक जाती है।) उससे धार्मिक और सांस्कृतिक परिस्थितियां किस ओर करवट बदल रही थीं, इसका पता चलता है। जनता की इस क्षुब्धता को संयत करने की इच्छा से दस विद्वानों का समुदाय प्रार्थना के लिए ले जाने का निश्चय सभापति करते हैं परंतु महामाया के आकस्मिक आगमन से परिस्थिति संपूर्णतः बदल जाती है। महामाया का आग्रह है कि इस समय राजा प्रजा का रक्षण नहीं कर सकता और प्रजा को ही अपनी रक्षा के लिए कटिबद्ध होना आवश्यक है—वीर युवकों को आत्मनिर्भर एवं देश-रक्षा के लिए प्राणोंर्पण करने की दिव्य प्रेरणा वह देती है। वह एक संदेश देती है—"मृत्यु का भय माया है।" न्याय, धर्म की रक्षा के लिए सारी प्रजा में एक अपूर्व जोश-सा उत्पन्न होता है। कृष्णवर्धन के दखल के कारण अघोर भैरव और व्यंकटेशपाद लौटा लाए गए। सुचरिता से बाणभट्ट की भेंट होती है और सुचरिता

उससे अपनी पूर्वकथा बताती है। सुचरिता विरतिवज्र को लेकर बौद्ध धर्मगुरु वसुभूति और उनके विरोधी परमस्मार्त आचार्य मेधातिथि दांव खेल रहे हैं। विरतिवज्र के बौद्ध से वैष्णव होने की वैयक्तिक घटना को इसी कारण महत्त्व आ गया है। बाणभट्ट उसे राजा द्वारा धर्म के आचरण में दखल न दिए जाने की शर्त पर राज्य के अनुकूल कर लेता है। सुचरिता का राज्य के अनुकूल होना प्रजा के विद्रोह को शांत करने की दृष्टि से आवश्यक है।

भद्रेश्वर के दुर्ग में लौट आने पर बाणभट्ट देखता है कि उसके कार्य से न लोरिकदेव प्रसन्न हैं, न भट्टिनी। भट्टिनी के अभिभावक को लंपट शरण्य राजा अपना सभासद बनाए, यह भट्टिनी के गौरव के अनुकूल नहीं है। यह तथ्य निपुणिया के कहने पर ही बाणभट्ट के दिमाग में आ जाता है। भट्टिनी न राज्यश्री के घर में रहना चाहती है, न मौखरी वंश को आश्रय देनेवाले राजा के यहां। भट्टिनी के तुवरमिलिंद की कन्या होने के रहस्य को कृष्णवर्धन के पत्र द्वारा जान लेने पर राजकन्या के अनुकूल स्वागत-सत्कार करता है और कान्यकुब्जेश्वर के सामंत-पद को अस्वीकार कर देता है। लोरिकदेव ने एक तरह से हर्षवर्धन का अपमान ही किया है और राजनैतिक उलझन अधिक बढ़ जाती है—भट्टिनी की सुरक्षा के विचार से बाण अधिक चिंतित है। अंत में निश्चय हो जाता है कि आभीर राज्य की एक सहस्र सेना के साथ भट्टिनी स्वतंत्र राज्य की रानी की भांति चलेगी। तुवरमिलिंद के पास यह खबर पहुंचा दी गई है कि उनकी कन्या सुरक्षित है और आचार्य भर्वुपाद शर्मा वृद्ध अवस्था में भी स्थाणीश्वर तक उसे देखने के लिए आते हैं। भट्टिनी इस वृद्ध के कष्ट को देखकर विलंब करना नहीं चाहती। भट्टिनी विशाल वाहिनी सहित स्थाणीश्वर को प्रस्थित होती है।

स्थाणीश्वर में राज्यश्री ने भट्टिनी का प्रेम और आग्रह के साथ स्वागत किया। भट्टिनी के स्वागत के उपलक्ष्य में समारोह किया जाता है। महाराज के सौजन्य और स्नेह से भट्टिनी का मन साफ हो जाता है। भट्टिनी भट्ट का अभिनय देखना चाहती है–राजा हर्षवर्धन की नाटिका रत्नावली का आयोजन किया जाता है। निपुणिया वासवदत्ता की भूमिका में उतरती है—भट्ट राजा की। उदयन का हाथ रत्नावली के हाथ में देकर प्रेम के दो सूत्रों को जोड़कर रंगमंच पर ही वासवदत्ता—निपुणिया सदा के लिए बिदा होती है। भट्ट भट्टिनी के आदेशों का पालन करने का वचन देता है परंतु उसे पुरुषपुर जाने की आज्ञा मिलती है। आर्यावर्त्त का संकट टल गया है क्योंकि महामाया के लाखों शिष्य पुरुषपुर के आगे एकत्र हो गए हैं—तुवरमिलिंद ने उनमें संघटन करने का काम शुरू किया और म्लेच्छ लौट गए। भट्टिनी स्थाणीश्वर में रहने वाली है—भर्वुपाद की आज्ञा पाकर विवर्ण मुख से कहती है—'जल्दी ही लौटना।' भट्ट की अंतरात्मा में आक्रोश होता है—'फिर क्या मिलना होगा?'

लगता है, कथा का कार्य बाणभट्ट के सिर पर संयोग से पड़ा और संयोग से उसे वह कर पाया। परिस्थितियों ने ही उसको बचाया।

कथा और बाणभट्ट का व्यक्तित्व

इस कथा का सूत्र है : तुवरमिलिंद की कन्या चंद्रादीधिति की मौखरि वंश के छोटे कुल के अंतःपुर से मुक्ति। बाणभट्ट इसमें एक सहायक मात्र है। वैसे चंद्रादीधिति के तुवरमिलिंद की कन्या होने के कारण बाणभट्ट का महत्त्व बढ़ जाता है। कथा के सूत्र जैसे उलझ जाते हैं, वैसे भट्टिनी राजनैतिक दांव-पेंचों का माध्यम बन जाती है और बाणभट्ट अनिच्छापूर्वक राजनैतिक महत्त्व प्राप्त करता है। चंद्रादीधिति के अभिभावक के नाते बाणभट्ट की योग्यता क्या है? इसमें संदेह नहीं कि बाणभट्ट भट्टिनी की योग्यता एवं मर्यादा का उचित जानकार है जैसा कि कृष्णवर्धन ने कहा है परंतु राजनैतिक दृष्टि से आत्यंतिक महत्त्व को प्राप्त करनेवाली भट्टिनी के अभिभावक के नाते बाणभट्ट विशेष प्रभावशाली पात्र नहीं है। वह कवि है, वक्ता है, प्राणों का उत्सर्ग तक भट्टिनी के लिए कर सकता है, अत्यंत प्रामाणिक और मेधावी है, तत्कालीन साहित्य, शिल्प, नृत्य, संगीत कलाओं का ज्ञान उसे है, धर्म और संस्कृति की बदलती मान्यताओं को देखने-समझने की प्रतिभा उसमें है––संस्कृति-चक्र की बदलती हुई प्रत्येक वक्र रेखा को पहचानने की तीव्र निरीक्षण शक्ति का आभास वह देता है परंतु राजनीति के लिए जिस कपट-पटुता, दूरगामी दृष्टि, नीति-निपुणता और उच्च सिद्धि की प्राप्ति के लिए आवश्यक शठता अपेक्षित होती है, वह बाणभट्ट में नहीं है। उपन्यास में से ऐसे अनेक वाक्य निकालकर दिए जा सकते हैं जब वह अपनी असामर्थ्य की घोषणा करता है। उसकी वाचालता कभी घातक भी सिद्ध होती है। कुमार एक बार टोकता भी है, "तुम जितना कवित्व करते हो, उतना वस्तु-स्थिति का ज्ञान नहीं प्राप्त करते।···भट्ट, कवित्व बुरी चीज नहीं है, पर तुमने जो सेवा का गुरुभार लिया है, वह वास्तविकता चाहता है।" (पृ० 97) यह सही है। बाणभट्ट की बार-बार आश्वासन देने की प्रवृत्ति देखकर निपुणिया कहती है—"भट्ट, तुम बहुत ऊपर-ऊपर चक्कर काटते हो। कविता छोड़ो, भट्टिनी की मर्म-वेदना गंभीर है। सेवक उनके पहले भी थे, पर वे उनकी रक्षा न कर सके। देवपुत्र की अप्रमेय वाहिनी तब भी थी और अब भी है, पर भट्टिनी को वह नहीं बचा सकी। तुम अकेले क्या कर लोगे? सोच-समझकर प्रतिज्ञा करो।" (पृ० 107) बाणभट्ट कुमार कृष्णवर्धन के उपकार के बोझ से दबकर जो व्यवस्था मान्य करता है, वह भट्टिनी के स्वाभिमानी मन के अनुकूल नहीं होती। लोरिकदेव के कहने पर कि भट्टिनी के कान्यकुब्ज नरेश के हाथ में पड़ने न देना, भट्ट कहता है, "मैंने सारा जीवन उच्छृंखल अनड्वान् की भांति मस्ती में ही

बिताया है। मुझे न कूटनीति से ही कोई परिचय है, न युद्ध-विग्रह से ही। मैं प्रमाद और परिस्थितिवश राजनीतिक दांव-पेंच में फंस गया हूं।" (पृ०247) बाणभट्ट की इस दयनीय स्थिति से सम्मानपूर्वक मुक्ति होती है—बाणभट्ट की कुशलता के कारण नहीं, नियति के ही कारण। कथा में संयोगों का आश्रय इतना लिया गया है (कथावस्तु को बताते हुए उसकी ओर संकेत किया गया है ही।) कि कथा गढ़न का आभास अधिक देती है। वैसे प्रत्येक कथा गढ़ी हुई होती है परंतु लेखक की कुशलता इसमें मानी जाती है कि कथा-योजना का प्रयत्न छिपा ही रहे। फिर भी अत्यंत समर्थ काव्यात्मक गद्य के कारण तथा भावोच्छ्वासित प्रसंगों के कारण पाठक पहली बार बह जाता है। बाणभट्ट एक जगह पर लिखते हैं—"....इस महानाश को रोकने का जो अस्त्र विधाता ने संयोग और सौभाग्यवश मेरे हाथ में दे दिया है, उसकी उपयोग-विधि से मैं एकदम अनभिज्ञ सिद्ध हो रहा हूं। मुझे एक-एक करके बीती हुई घटनाएं याद आने लगीं, निपुणिया का अचानक मिल जाना, छोटे महाराज के अंतःपुर में स्त्री-वेश में भट्टिनी का उद्धार, भदंत और अवधूत का संयोगवश मिलन और कुमार कृष्णवर्धन से परिचय। यह क्या सब पूर्व-चिंतित विधि-विधान है! इतने संयोग कैसे एकत्र हो गए? कितनी विचित्र बात है यह? ऐसा जान पड़ता है कि यह किसी निपुण कवि की निबद्ध आख्यायिका हो।" (पृ० 249) नियति के हाथों से बाणभट्ट भट्टिनी की मुक्ति में सफल तो होता है परंतु प्रत्येक विकट अवसर पर उसकी उलझी हुई बुद्धि और सरल भोलापन देखकर, बाण का व्यक्तित्व अभिभावक के नाते कृतिपूर्ण, तेजवान् नहीं लगता बल्कि बड़ा ही दयनीय-सा लगता है।

संभवतः लेखक को भी बाण को इसी रूप में रखना है, इसीलिए समय-समय पर बाण अपनी अयोग्यता को व्यक्त करता है, चिंतित होता है, नियति की शक्ति में विश्वास करता है। इस पार्श्वभूमि पर बाण की बीच-बीच की आश्वासन भरी उक्तियां मनोविनोद करती हैं अर्थात् जहां तक भट्टिनी के लिए उत्सर्ग करने की बात है बाण की साहसिकता के प्रति संदेह नहीं है।

कथा का आकर्षण : प्रेम

असल में कथा का आकर्षण भट्टिनी-निपुणिया-बाणभट्ट के प्रेम के त्रिकोण में है।

प्रायः नारियों में जिस स्पर्धा-भाव और ईर्ष्या-भाव का प्राबल्य पाया जाता है, उनका नितांत अभाव निपुणिया और भट्टिनी में दिखाई देता है, यद्यपि दोनों का प्रेम-विषय बाणभट्ट ही है। इसका कारण इस प्रेम का रूप अत्यंत शुद्ध और निष्कलुष है। भट्टिनी की प्रेम-भावना अत्यंत शुद्ध रूप में प्रारंभ से ही दिखाई देती है। इस प्रेम का कारण कुछ नहीं दिया जा सकता। त्रिपुर भैरवी का

साक्षात्कार ही मानों बाणभट्ट को भट्टिनी के रूप में होता है। जो सार्थकता समस्त वैराग्य साधना के बाद भी महामाया को नहीं मिली [और इसी कारण अघोर भैरव की साधना भी अपूर्ण रही, जिस सार्थकता के लिए विरतिवज्र को सौगत तंत्र से कौलमार्ग में और कौलमार्ग से व्यंकटेशपाद के भागवत धर्म की शरण लेनी पड़ी, जिस जीवन की सार्थकता की आनंदमय अनुभूति के बाद सुचरिता की आत्मा भौतिक मान और अपमान, घृणा और द्वेष के परे सहज ही पहुंच गई थी, जिस सार्थकता के क्षीण आभास मात्र से निपुणिया ने अपने जीवन को समर्पित कर भट्ट और भट्टिनी के बीच के रागात्मक सूत्रों को मिला दिया, वह सार्थकता भट्ट और भट्टिनी को सहज और पुनीत प्रेम के आधार पर अनायास प्राप्त होती है। निराश भट्टिनी को जिस नारी-देह के कारण छोटे कुल के अंतःपुर में नरक-निवास करना पड़ा, उसी नारी-देह के प्रति एक आत्मगौरव की भावना भट्टिनी में उत्पन्न हुई। बाणभट्ट के साथ म्लेच्छों में जाकर काम करने का उत्साह भी उनमें पैदा हुआ! बाणभट्ट विरतिवज्र की वैराग्य-भावना की विफलता का काव्यात्मक वर्णन करते हुए सुचरिता की प्रेम-भावना के गहरे आकर्षण का वर्णन करता है—अत्यंत उत्कट, तीव्र! प्रकारांतर से बाणभट्ट अपनी ही मनःस्थिति को अभिव्यक्त कर रहा है! भट्टिनी, निपुणिया, सुचरिता, महामाया ये सब स्त्रियां मानो एक सवाल पूछ रही हैं: जिस प्रचंड दुर्वार शक्ति के इंगित मात्र से लज्जा का आजन्म-ललित बंधन इस प्रकार शिथिल हो जाता है, वह क्या पाप है? उसे राक्षसी शक्ति क्यों समझा जाता है, आर्य?—वैराग्य क्या इतनी बड़ी चीज है कि प्रेम के देवता को उसकी नयनाग्नि में भस्म कराके कवि गौरव अनुभव करें?" (पृ० 213) अघोर भैरव-महामाया की असफल साधना, विरतिवज्र-सुचरिता की अनेक मोड़ लेकर सार्थक होनेवाली प्रेम-भावना, निपुणिया को निःशेष भाव से अर्पण करने में मिलनेवाली चिरशांति, भट्टिनी-भट्ट की सार्थक जीवन की कहानी—इन सबका संकेत है मध्ययुगीन जीवन की निरर्थक वैराग्य साधना और सार्थक प्रेम-भावना (जिसका अंतिम विलय भक्ति-भावना या भागवत धर्म में है।) की ओर है। भट्टिनी-भट्ट की प्रेम-भावना कथा का मेरुमणि है और महामाया-अघोर भैरव-ग्रहवर्मा, विरतिवज्र-सुचरिता की अंतर्कथाएं अपने परस्पर विरोध से इस मेरुमणि की कांति को अधिक दीप्तिमान बनाती हैं। बाणभट्ट की आत्मकथा इसीलिए सबसे अधिक भट्टिनी-भट्ट की उदात्त प्रेमकथा के रूप में अधिक स्पर्श करती है।

आकर्षण का केंद्र

भट्टिनी-भट्ट की प्रेमधारा पुनीत है और प्रारंभ से अंत तक एकरस है। निपुणिया की निष्फल (?) प्रेमगाथा अनेक रूपों और रसों को आविष्कृत

करती है। भट्टिनी प्रारंभ से अंत तक देवी की तरह बाण के लिए पूज्य हैं परंतु इसीलिए पाठकों से कुछ दूरस्थ हैं। पाठक बाणभट्ट के माध्यम से भट्टिनी के प्रति अपनी श्रद्धा अर्पण करता है परंतु निपुणिया के पाठक अपनी आंखों से हाड़-मांस की नारी के रूप में देखता है, अतएव उससे अधिक सहानुभूति रखता है। बाण की विधवा और निम्नजातीय निपुणिया की "प्रत्येक भावभंगी में, प्रत्येक सेवा में एक मौन उल्लास बराबर बताया करता कि इस क्रिया-कलाप की अत्यंत गहराई में कोई और वस्तु है।" (पृ० 253) बाण के प्रति तीव्र आसक्ति और आत्यंतिक आदर के बीच झोंके खाता हुआ उसका मूक प्रेम सफलता की आशा के चरम उत्कट क्षण में गहरी चोट खाता है। निपुणिया और बाण दोनों को व्यथित-चित्त, अस्थिर, आवारा बनाकर यही प्रेम संयत होकर दोनों को मिला देता है। भट्टिनी का बाण के प्रति आकर्षण देखकर अपनी हस्ति को मिटाकर प्रेम के इन दो सूत्रों को मिला देने में चरम सार्थकता अनुभव करनेवाली निपुणिया का एक प्रश्न पाठक के मन पर कितनी गहराई से अंकित होता है ?—"तुम्हारी उदासी का कुछ श्रेय क्या इसी अभागिनी को प्राप्य था भट्ट ?" और यह उत्तर : "अवश्य था निपुणिया ! मैं क्या सचमुच जड़ पाषाण-पिंड हूं ?" और यह प्रतिक्रिया "कृतार्थ हूं आर्य, मेरे वंध्य जीवन की यही परम सार्थकता है। अधिक के लिए मेरा लोभ भी नहीं है, योग्यता भी नहीं है। मैं बड़ी पापिनी हूं—" इसी परम शांति के लाभ के लिए भट्टिनी ने निपुणिया और भट्ट को सोमेश्वर के दर्शन के लिए भेजा था। धन्य है भट्टिनी और धन्य है लेखक की वह अंतर्प्रवेशिनी प्रतिभा जिसने इस रसात्मक प्रसंग की सृष्टि की। भट्टिनी का भट्ट का अभिनय देखने की इच्छा—और उसी समय जन्म-भर अभिनय करनेवाली निपुणिया का अंतिम सार्थक अभिनय जब अभिनेत्री अभिनय के परे पहुंचकर चिरशांति का लाभ करता ! लगता है, निपुणिया को लेखक ने जितनी हार्दिक सहानुभूति प्रदान की है, उसी का परिणाम है कि प्रारंभ से अंत तक निपुणिया ही पाठक के मन को पकड़ लेती है। भट्ट और भट्टिनी को अपने जीवन का मूल्य देकर उसने पद-पद पर बचाया और मिला दिया ! निपुणिया का आगमन, मूक आकर्षण, उल्लास, आहत प्रेम की मर्म-वेदना, ठोकरें खाते हुए जीवन की अंधी गलियों में भटकना, भट्टिनी को पंक से उबारना, भट्ट की प्रसंगवशात् जड़ होनेवाली बुद्धि में चेतना उत्पन्न करना, भट्टिनी की मनोव्यथा को क्षण-क्षण में आत्मौप्य बुद्धि से अनुभव करना, मर्यादा का सजग रहकर विचार करना, अपने प्रेम तक को उत्सर्ग करना—निपुणिया के इन विविध भावों को देखकर मन अपार व्यथा से भर जाता है। वैसे 'बाणभट्ट की आत्मकथा' के सब पात्र स्थिर स्वभाव के सपाट हैं। वे भावुक हैं, परस्पर की भावना का बड़ी हार्दिकता से विचार करते हैं परंतु निपुणिया इन

सब में अलग है। और इसलिए 'बाणभट्ट की आत्मकथा' में पाठक का ध्यान भट्ट और भट्टिनी से भी अधिक निपुणिया पर केंद्रीभूत होता है।

कथा या आत्मकथा ?

लेखक ने कहा है कि आत्मकथा डायरी शैली पर लिखी गई है। डायरी में प्राय: दिन की महत्त्वपूर्ण घटनाओं का वर्णन रहता है। डायरी-लेखक का मन घटित प्रसंगों, मिले हुए व्यक्तियों पर चिंतन अवश्य करता है परंतु यह चिंतन तात्कालिक अधिक होता है, अत: भावुकता का पुट भी उसमें अधिक होने की संभावना होती है। आत्मकथा का लेखक जीवन का प्रत्यावलोकन करता है, जीवन के गहरे अनुभवों से गुजरने के बाद एक जीवन-दृष्टि बन जाती है, इस जीवन-दृष्टि से जीवन का पुन: अवलोकन करते समय भावुकता कम होती है, वस्तुनिष्ठा अधिक। जीवन की प्रत्येक प्रमुख घटना, एक विशेष क्रम में दिखाई देती है, तात्कालिक महत्त्व की अपेक्षा प्रत्येक घटना, प्रसंग या व्यक्ति का मूल्यांकन सम्यक् दृष्टि से किया जाता है। इस दृष्टि का प्रारंभ से अंत तक छा जाना (व्यक्तियों, प्रसंगों, घटनाओं पर) ही व्यक्तित्व के सूत्र में इनका पिरोया जाना है। इसीलिए आत्मकथा में एक अंतर्मुखता आ जाती है। अंतर्मुख व्यक्ति की आत्मकथा अधिक प्रभावपूर्ण प्रतीत होती है।

बाणभट्ट इन प्रसंगों, व्यक्तियों, घटनाओं को देखता है, अनुभव करता है। संस्कारशील होने के कारण उनका प्रभाव उस पर अधिक स्पष्ट रूप में पड़ता है। परंतु दूरस्थ होकर एक स्पष्ट दृष्टि से देखने में समर्थ नहीं हुआ है। इसीलिए कभी उसकी मति मूढ़ हो जाती है, कभी भट्टिनी या निपुणिया को समझने में वह असमर्थ होता है तो कभी अपने विकारों से भयभीत भी होता है। एक ओर वह कहता है कि बंधी हुई परिपाटियों में सोचनेवाला वह नहीं है, दूसरी ओर निपुणिया की प्रेम-भावना एवं सौंदर्य से अभिभूत होकर भी न मालूम क्यों उससे दूर रहने में ही (जिसे वह संयम कहता है।) वह सलामत मानता है। भट्टिनी के प्रेम को स्वीकार करने की शक्ति भी वह नहीं दिखाता—मोह से वह भागना ही उचित समझता है। यह संयम, यह दमन क्या अपने आप में महत्त्वपूर्ण हैं ? तो फिर वैराग्य-भावना का वह खंडन क्यों करता है ? अंत में भट्टिनी को साथ देने के वचन में भी वह आत्मिक विश्वास नहीं है। यह अस्पष्टता डायरी शैली का परिणाम है। इससे कथा की रोचकता बनी रहती है अवश्य, परंतु उससे भी महत्त्वपूर्ण आत्मकथा का व्यक्तित्व-स्पर्श हलका हो जाता है।

बाणभट्ट की आत्मकथा पढ़ते हुए एक यह भी विचार उत्पन्न होता है कि यह व्यक्ति संपन्न है, व्युत्पन्न है परंतु आत्मलीन कम होता है। निपुणिया, भट्टिनी के संबंध में जहां वह आत्मलीन होकर विचार करता है तब एक

संकोच या जड़ता-सी उस पर छा जाती है। समाज, नारी, धर्म, संस्कृति का विचार वह गहराई से करता है परंतु अपनी प्रेरणाओं को पकड़ने का प्रयत्न कम करता है। लगता है कि यह व्यक्ति बहिर्मुख अधिक है, अंतर्मुख कम। भट्टिनी की व्यथा वह निपुणिया से जान लेता है और निपुणिया की भट्टिनी से या खुद उसके मुंह से। बहिर्मुख व्यक्तित्व इसी प्रकार का होता है और संभवतः इसीलिए बाणभट्ट की आत्मकथा में 'आत्मकथा' का आभास कम होता है। लगता है आत्मकथात्मक शैली में लिखी हुई बाणभट्ट की यह 'कथा' है।

बाणभट्ट की बहिर्मुखता का एक प्रमाण यह भी है कि जीवन और मरण के प्रसंग में भी उसकी लेखनी बाह्य वस्तु-व्यापार का वर्णन अधिक करती है और आंतरिक भाव सत्य के प्रदर्शन की ओर कम। वज्रतीर्थ के श्मशान का प्रसंग इस संदर्भ में देखने योग्य है। भट्टिनी की अंतःपुर से मुक्ति करते समय भी अपने मानसिक आलोड़न-विलोड़न का तथ्य यह व्यक्ति विशेष नहीं देता परंतु चांदनी रात में 'क्षीबा' की लाल आंखों के कोयों का भी वर्णन देने से नहीं चूकता। 'आत्मकथा' में प्रकृति के इतने सूक्ष्म और प्रचुर वर्णन बाण की स्मृति-शक्ति के प्रति आश्चर्य पैदा करते हैं और अविश्वास भी। सूर्य, चंद्र, उपवन के सौंदर्य के वर्णन बाणभट्ट की शैली का आभास अवश्य करते हैं परंतु बाह्य प्रकृति में इतनी तल्लीन होनेवाली कवि की सौंदर्य-पिपासा कुछ अंतर्मुख होती तो कितना अच्छा होता, यह प्रश्न सदैव सामने आता रहता!

आत्मकथा और अंतःकथाएं

बाणभट्ट, भट्टिनी और निपुणिया की मुख्य कथा के साथ दो अंतर्कथाएं और हैं। महामाया, ग्रहवर्मा-अघोर भैरव की कथा और सुचरिता-विरतिवज्र की कथा। इन तीनों कथाओं का मुख्य सूत्र है प्रेम के माध्यम से जीवन की सार्थकता की खोज। राजाओं की विलासिता के कारण मौखरि वंशीय राजा ग्रहवर्मा के अंतःपुर में लाई गई महामाया जीवन की निरर्थकता से अत्यधिक ऊब गई है, क्योंकि उसे जीवन की सार्थकता का बोध अघोर भैरव, जिसकी वह वाग्दत्ता वधू थी, के माध्यम से होनेवाला है। परंपरा और मर्यादा को तोड़कर राजकुल छोड़कर वह अघोर भैरव के यहां जाती है—परंतु राजकुल के प्रति उसका कल्मष धुल नहीं गया है। इसलिए वह समस्त वैराग्य साधना के बाद भी असफल है, इसी कारण अघोर भैरव भी अतृप्त है। द्विवेदीजी इस अंतर्कथा के माध्यम से समस्त बाह्य वैराग्य साधना पर चोट कर रहे हैं। सार्थकता तो हृदय के आंतरिक विश्वास में होती है। विरतिवज्र सौगत तंत्र से कौलमार्ग की ओर आता है और अंत में भागवत धर्म की दीक्षा लेकर गृहस्थ धर्म में ही जीवन की सार्थकता देखता है। निपुणिया ने जड़-विकार को धोकर अपने को निःशेष भाव से देने में सार्थकता पाई। कथा और

अंतर्कथा का संकेत एक महान तत्त्व की ओर है। वैयक्तिक जीवन में आंतरिक, उदात्त प्रेम और सामाजिक, धार्मिक, आध्यात्मिक जीवन में जाति-प्रथा विरहित प्रेम-प्रधान धर्म या नारायण धर्म ही जीवन का सबसे बड़ा श्रेय है। मध्ययुग की भागवत आत्मा को द्विवेदीजी ने यहां स्पर्श करने का सफल प्रयत्न किया है।

अंतर्कथाओं का बहुत-सा अंश आख्यान के रूप में बताया गया है—प्रत्यक्ष सामने घटित नहीं होता। ग्रहवर्मा-महामाया का जीवन-रहस्य बाभ्रव्य के मुंह से बताया गया है ओर यह अंत में बताया गया है क्योंकि महामाया को सार्थक जीवन के लिए साधना करती हुई, परंतु कुछ निराश-सी हम देखते हैं। बीच में राजश्री की सौत बताया है—उसके द्वारा जनता-जागृति और संघटन का विराट् आयोजन कराया गया है। महामाया जैसे अपने में एक रहस्य छिपाए हुए है और बाभ्रव्य के मुंह से उसकी संपूर्ण गाथा सुनकर ही हमारी जिज्ञासा शांत होती है। विरतिवज्र का अघोर भैरव के वहां आगमन हमारी जिज्ञासा को उभाड़ता है और अंत में सुचरिता के मुंह से उसकी संपूर्ण कथा सुनकर ही शांत हो जाते हैं। ये दोनों कथाएं रहस्य छिपाए हुए हैं और पाठक की रहस्योन्मुख प्रवृत्ति को शांत करती हैं परंतु आत्मकथा का आभास क्षीण कर कथा की रचना के प्रति आवश्यकता से अधिक सचेत करती हैं। यद्यपि ये अंतर्कथाएं बाभ्रव्य और सुचरिता के मुख से बताई गई हैं फिर भी बाणभट्ट अपने को इनसे अलग नहीं कर सकते। लगता है, इनकी कथा सुनकर बाणभट्ट ही अपनी ओर से सब लिख रहे हैं। वही प्रवाह, वक्तृत्व, वर्णनों का जमघट। मतलब यह है कि वक्ता के अनुसार शैली का भिन्न प्रयोग करने की कलात्मक सजगता नहीं बरती गई है।

निपुणिया के मुख से मदनश्री वेश्या के आहत अभिमान की कथा बाणभट्ट के संयम और अभिजात्य को प्रत्यक्ष करने में सफल हुई है। मदनश्री बाणभट्ट का चित्र रंगती है—लेखक ने बाणभट्ट को कितना ऊंचा उठाया है! प्रेम के अनेक वक्र सुंदर रूपों में से एक कितनी कुशलता से चित्रित किया है! जटिलबटु और चंडमंदिर का पुजारी लेखक की विनोदप्रियता और हास्यप्रियता का प्रमाण देते हुए कथा के गंभीर रूप को कुछ ढील देकर लेखक की कुशलता का प्रमाण भी देते हैं। धावक का हंसोड़ व्यक्तित्व निपुणिया की मृत्यु के उपरांत एक ऐसी गरिमा धारण करता है कि अल्प रेखाओं में इतना स्पष्ट व्यक्तित्व खींचनेवाली लेखक की प्रतिभा पर पाठक मुग्ध होते हैं। इन छोटी-मोटी व्यक्ति-रेखाओं से कथा अधिक सरस बन गई है। कथा का प्रवाह बीच-बीच में रुकता है। कभी वर्णन के प्रवाह में लेखक आवश्यकता से अधिक बह जाता है, यहां तक कि क्षीबा सेविका

का सूक्ष्म वर्णन करने में परिस्थिति की गंभीरता तथा क्षिप्रता का विवेक नहीं रह जाता। कथा की गंभीरता, संकेतमयता, सूचकता को कुछ अंश में ढील देती है पात्रों की मुखरता। अभिजात्य में गरिमामय बनी हुई भट्टिनी भी कभी बांध तोड़कर बाणभट्ट की प्रशंसा करती है तब उतनी प्रभावपूर्ण नहीं लगती जितनी अपनी मूकता और व्यंजकता में। बाणभट्ट और भट्टिनी की परस्पर प्रशंसा को पढ़कर उनकी मुखरता के प्रति कुछ अरुचि उत्पन्न होती है। बाणभट्ट स्वयं प्रत्येक पात्र के मुख में आकर कभी असमय भी प्रकट हो जाते हैं तो कथा का प्रवाह कुंठित हो जाता है।

आत्मकथात्मक शैली : उपलब्धियां, सीमाएं

आत्मकथात्मक शैली ने बाणभट्ट को अपनी व्यथा को पूर्णतः उद्रिक्त करने का अवसर दिया था परंतु बाणभट्ट की अंतर्व्यथा पर्याप्त मात्रा में नहीं व्यक्त हुई। इसका प्रमुख कारण है बाणभट्ट का बहिर्मुखी व्यक्तित्व। बाण निपुणिया की व्यथा जितनी तीव्रता में देखता है, उतनी तीव्रता में अपनी व्यथा वह नहीं प्रकट कर पाता। लगता है, उसके पौरुष का अभिमान उसे रोने नहीं देता। जैसे वह प्रतिज्ञा कर बैठा है—"अपने दुर्भाग्य का अधिक रोना नहीं रोऊंगा।" (बीसवां उच्छ्वास)। यह प्रतिज्ञा पौरुष व्यक्त करती है परंतु आत्मकथा में आवश्यक आत्मीयता नहीं ले आती। आत्मकथा में तटस्थता एक सीमा तक ग्राह्य होती है—तटस्थता जो निरपेक्ष विशाल जीवन-दृष्टि के अनुशासन से सहज ही उत्पन्न होती है। यहां लगता है कि बाणभट्ट अपने से इतना दूर हो गया है कि किसी दूसरे व्यक्ति की कथा ही बता रहा है। बाणभट्ट की अंतर्व्यथा कुछ अंशों में उसके संकोच से व्यक्त नहीं हो सकी। संयम और मोह-दमन का संस्कार उसे आवश्यकता से अधिक अपने 'दर्द' से दूर ले जा रहा है—नहीं, पलायन में ही वह गौरव मानता है। कथा के विविध सूत्रों को संगठित करने में उसे अपनी ओर से कुछ विरत होना पड़ता है।

आत्मकथात्मक शैली के कारण भट्टिनी की व्यथा को उसके बाह्य व्यवहारों से अनुभित कर प्रकट करना पड़ा। निपुणिया का उतार-चढ़ाववाला जीवन बाण के सामने प्रत्यक्ष था, निपुणिया-बाण आपस में भावों का आदान-प्रदान भी करते थे। भट्टिनी का महनीय स्थान, अभिजातीय मर्यादा, बाण के लिए उसका देवी जैसा रूप और तज्जन्य दूरता के कारण भट्टिनी की वेदना, आंसुओं, जागरण, चिंताशील मुख, उदास दृष्टि इत्यादि के माध्यम से ही व्यक्त करनी पड़ी। फलतः भट्टिनी की व्यथा पाठक के लिए भी कुछ अनुमान की वस्तु रही—अनुभव की नहीं। यह आत्मकथात्मक शैली की सीमा है।

हजारीप्रसाद द्विवेदी में रसात्मक प्रसंगों के निर्माण और सफल निर्वाह की अद्‌भुत शक्ति है, निपुणिया की व्यथा को देखकर लगता है कि अंतर्प्रवेश की शक्ति भी कम नहीं है। बाणभट्ट कुछ अधिक अंतर्मुख होता, आत्मकथात्मक शैली के अतिरिक्त किसी अन्य तरह से कथा कही जाती, तो लगता है विश्व के श्रेष्ठ उपन्यासों की पंक्ति में यह आसानी से बैंठ जाता। द्विवेदीजी की यह पहली कृति अनन्य साधारण अपेक्षाएं उत्पन्न करती है। इसमें द्विवेदीजी ने जो दिया है, वह इतना महनीय है कि गुण-दोष विवेचन तथा आलोचना की दृष्टि से अपने-आप ऊंचे उठती है—अनजाने ही इस कृति को श्रेष्ठ कृतियों के समक्ष रखकर मूल्यांकन करने की आकांक्षा समीक्षक के मन में जाग जाती है।

चतुर्थ खंड

कुछ सफल-असफल उपन्यास

मेरी तेरी उसकी बात : पूर्वग्रह की जड़ता

'झूठा सच' में यशपाल ने स्वतंत्रता प्राप्ति के तुरंत बाद की दर्दनाक स्थितियों का, विशेषत: हिंदू-मुसलमान संघर्ष के संदर्भ में चित्रण किया था। अपने पूर्ववर्ती उपन्यासों में भी उन्होंने स्वातंत्र्य-पूर्व भारतीय राजनैतिक हलचलों एवं आंदोलनों का अपने विशिष्ट प्रगतिवादी दृष्टिकोण से चित्रण और विश्लेषण किया था। 'मेरी तेरी उसकी बात' में दृष्टि लगभग वही हैं, संदर्भ और स्थितियां भी वही हैं—अधिक व्यापक और विस्तृत रूप में। यशपालजी के पूर्ववर्ती उपन्यासों के साथ तुलना करने पर यह कहना कठिन हो जाता है कि इस बृहत्काय उपन्यास में कुछ नया है। यशपालजी की राजनैतिक दृष्टि लगभग वही है जिसका मुख्य पहलू है गांधीवाद तथा गांधीजी द्वारा प्रवर्तित राजनैतिक-सामाजिक आंदोलनों की शव-परीक्षा; और दूसरा पक्ष है क्रांतिकारी प्रयत्नों और विशेषतः कम्युनिस्टों की राजनैतिक समझ-बूझ और पैठ की प्रशंसा। प्रगतिशील दृष्टिकोण अपनानेवाले कांग्रेसी समाजवादी युवकों की सक्रियता, आत्म-बलिदान, कष्ट-सहन और देशभक्ति की ललक के लिए बुजुर्गी अंदाज में पीठ ठोंकते हुए उनकी राजनैतिक समझ की अपर्याप्तता के लिए व्यंग्यात्मक ढंग से मजाक उड़ाना यशपालजी का प्रिय विषय रहा है। देश की स्वतंत्रता के लिए किए जानेवाले सशस्त्र क्रांतिकारियों के प्रयत्नों की तुलना में अहिंसा, सत्याग्रह, आत्मशुद्धि के लिए अनशन, नैतिक मूल्यों के प्रति सजगता इत्यादि गांधीवादी मार्गों की खिल्ली उड़ाना यशपालजी के उपन्यासों का ध्येय रहा हैं। 'मेरी तेरी उसकी बात' में अधिक विस्तार में और व्यवस्थित रूप में इसी मसाले को इकट्ठा किया गया है।

'मेरी तेरी उसकी बात' के लिखने का प्रयोजन क्या है? इधर पुरानी पीढ़ी के प्रतिष्ठित लेखकों के बीच एक महत्त्वपूर्ण प्रयास चल रहा है–बृहत्काय उपन्यास लिखकर अपने जीवन-काल के समय की बाह्य एवं आंतरिक स्थितियों का लेखा-जोखा प्रस्तुत करते हुए अपने समय को अपनी दृष्टि से मूर्त्त करना। मानना चाहिए कि वयस्क लेखकों का यह प्रयास साहित्यिक दायित्व निभाने का एक प्रामाणिक प्रयत्न है। 'झूठा सच' में स्वातंत्र्य प्राप्ति के बाद 10-12 वर्षों का समय

चित्रांकित हुआ ही था, 'मेरी तेरी उसकी बात' में कांग्रेस की स्थापना, विशेषत: गांधीयुग के प्रारंभ से लेकर स्वातंत्र्य प्राप्ति तक का इतिहास अंकित है।

'मेरी तेरी उसकी बात' में गांधी और उनकी विचारधारा तथा गांधीजी का राजनैतिक कृतित्व सामान्य जनता की प्रकृति, प्रवृत्ति, सोच और समझ से किस प्रकार अनुल्लंघ्य दूरी पर स्थित था गांधीजी का व्यक्तित्व एवं कृतित्व किस प्रकार असफलता की ढलान पर लुढ़कता चला गया, इसे उपन्यास में प्रस्तुत किया गया है। पर कृति से यह ठीक तरह से स्पष्ट नहीं होता कि जिस सामान्य जनता की वे बार-बार दुहाई देते हैं और गांधीजी से दूरी पर होने की बात करते हैं वह 'जनता' कहां है ? बुद्धिजीवी वर्ग में कुछ वामपंथ की ओर झुकाव रखनेवाले अथवा पूर्णत: वामपंथी युवक ही जनता है, ऐसा आभास प्रस्तुत उपन्यास में मिलता है। ऐतिहासिक तथ्य तो यह है कि जनता की दुहाई देनेवाले वामपंथी गुटों ने जनमत प्रभावित करने में कांग्रेस की तुलना में नगण्य यश प्राप्त किया है। अत: यह स्वाभाविक था कि गांधी तथा उनके अनुयायियों के नेतृत्व में चल रहे आंदोलन वैचारिक, सैद्धांतिक और व्यावहारिक दृष्टियों से पूर्णत: किस प्रकार गलत थे, इसे दिखाने में यशपालजी अपनी बौद्धिक क्षमता खर्च करते।

गांधीजी ने खिलाफत आंदोलन को समर्थन देकर स्थितिवादी दृष्टि का परिचय दिया जबकि अन्य राष्ट्रों की मुस्लिम कौम खिलाफत का विरोध कर प्रगतिशील दृष्टि का परिचय दे रही थी; असहयोग आंदोलन को जनता का सीमित समर्थन मिला; सत्याग्रही स्वयंसेवकों का हृदय-परिवर्तन का रास्ता हास्यास्पद था; विदेशी कपड़ों के गट्ठरों को जलाने के बजाय मुहरबंद कर आंदोलन के दौरान विदेशी कपड़ा न बेचने का व्यापारियों से किया गया अनुरोध समझौतावादी दृष्टि का परिणाम था; एक वर्ष में स्वराज्य प्राप्ति की घोषणा असफल हो गई। परिणामत: जनता में निराशा छा गई; जनता की स्वाभाविक क्रांतिकारी उमंग पर गांधीजी बार-बार अहिंसा और सत्याग्रह का ठंडा पानी फेरते रहे, परिणामत: युवक हर बार निराश होते रहे; सरकारी दमन से क्षुब्ध जनता द्वारा सहज आवेग से डाक, तार, रेल-व्यवस्था को हानि पहुंचाए जाने पर गांधीजी भर्त्सना करते थे और आत्मशुद्धि के लिए उपवास के हथियार का उपयोग करते थे; सुभाषचंद्र बोस के कांग्रेस अध्यक्ष चुने जाने पर गांधी तथा उनके अनुयायियों ने अड़ियल और जिद्दी नीति अपनाकर अपनी धूर्त्तता का परिचय दिया और सुभाष बोस तथा अन्य क्रांतिधर्मी युवकों को खदेड़ दिया; बयालीस के आंदोलन को आरंभ में प्रोत्साहन देकर बाद में गांधीवादी अपनी जिम्मेदारी से मुकर ही नहीं गए, बल्कि आंदोलनकारियों को अधर में लटका दिया; सशस्त्र क्रांति अथवा सैनिकों में जागृति उत्पन्न कर विद्रोह कराने के प्रयत्नों का गांधीजी ने सदैव विरोध किया; जिन्ना जैसे अड़ियल, स्वार्थी और आत्मकेंद्रित व्यक्ति के साथ

किसी भी प्रकार समझौता कर सकने में गांधीजी को अपयश ही मिला और परिणामतः हिंदू-मुसलमान एकता के उनके प्रयत्न पूर्णतः असफल हो गए—'मेरी तेरी उसकी बात' का यह राजनैतिक विश्लेषण देखकर लगता है यह समूचा प्रयत्न गांधी और उनके कृतित्व को संपूर्णतः नकारने के लिए किया गया है।

इस विश्लेषण को सामान्य व्यक्ति स्वीकार करे, इसी चालाकी से इस उपन्यास की रचना हुई है। फिर भी सुधी पाठक के मन में कुछ प्रश्न उभरते हैं जिनका उत्तर इस बृहत्काय उपन्यास में मिला होता तो यह एकांगी होने से बच जाता। अगर गांधीजी का व्यक्तित्व एवं चिंतन इतना द्विधाग्रस्त, बेभरोसे का था तो हर समय आंदोलन के आरंभ में जनता में इतनी उमंगें क्यों उठती थीं ? अंत तक जनता ने उनके नेतृत्व को कैसे स्वीकार किया जो एक ऐतिहासिक सत्य है ? क्या कारण है कि नेहरू, जयप्रकाश, लोहिया, नरेन्द्रदेव, सरदार वल्लभभाई जैसे तीव्र मेधा के व्यक्ति गांधीजी से सैद्धांतिक असहमति रखते हुए भी अंततोगत्वा उनका नेतृत्व स्वीकार करते थे ? क्या यह सम्मोहन मात्र था ? क्या कारण है कि वामपंथी नेताओं की राजनैतिक अचूक समझ के बारे में यशपालजी निश्चि‍त भले ही रहे हों, प्रायः जनता ने उनका साथ नहीं दिया ? ये प्रश्न वास्तव में यशपाल के उपन्यासों की चर्चा के प्रसंग में नए नहीं हैं।

प्रस्तुत उपन्यास यह आभास उत्पन्न करता है कि भारत को जो स्वतंत्रता मिली, उसमें युद्धोपरांत ब्रिटेन की जर्जर अवस्था का जितना योगदान है उतना कांग्रेस के नेतृत्व एवं कृतित्व का नहीं है। कुछ थोड़ा-सा श्रेय यशपालजी सेना में पड़े विद्रोह के अग्निबीज को देने को अवश्य तैयार हैं। एक प्रकार से भारतीय मुक्ति आंदोलन की गौरवमय गाथा के खोखलेपन को दिखाने का प्रयत्न करते हैं। सुभाषचंद्र बोस की आजाद हिंद फौज के संगठन की अव्यावहारिकता पर यशपाल उंगली रखते हैं क्योंकि इस संगठन की स्थापना उस समय हुई जब जापान और जर्मन दोनों देश पराजय का सामना कर रहे थे। सुभाषचंद्र बोस के व्यावहारिक दृष्टि से असफल प्रयत्नों का तथा गांधी द्वारा प्रवर्त्तित विभिन्न आंदोलनों की व्यावहारिक असफलता का एक विलक्षण, उत्तेजक एवं ओजस्वी पहलू भी है जिसके कारण जनमानस की स्वातंत्र्याकांक्षा को धार मिलती रही, इसको यशपालजी ने प्रायः अनदेखा किया है। सफलता और असफलता को केवल स्थूल दृष्टि से देखने के प्रयत्न का यह हश्र होना अवश्यंभावी है। यह सब इसी दृष्टि से लिखा जाना युक्तिसंगत था अन्यथा प्रस्तुत उपन्यास में वामपंथी नरेन्द्र, अमित और भारद्वाज के बौद्धिक दृष्टि से सजग परंतु कृतित्व की दृष्टि से राजनैतिक क्षेत्र में निष्क्रिय (यशपालजी की इच्छा न होते हुए उनके कम्युनिस्ट युवक राजनैतिक क्षेत्र में निष्क्रिय दिखाई देते हैं।) व्यक्तियों का प्रभाव कैसे पड़ता ?

इस राजनैतिक पृष्ठभूमि पर जो चरित्र के मोहरे घूमते हैं, उनका विश्लेषण

यशपालजी के पूर्वग्रहों को अधिक उजागर करता है। या यों कहें, पूर्वग्रह के कारण ही उनके चरित्रों में स्वतंत्रता, आत्मशक्ति और प्राणवत्ता नहीं उत्पन्न हो पाती।

प्राय: मार्क्सवादी लेखक जीवन में अवचेतन से चेतन को, भावना से बुद्धि को तर्क और कार्यकारण संबंध को अत्यधिक महत्त्व देते हैं। भावनात्मक गहराई उत्पन्न आचरण की आकस्मिकता, परंपरा के अवचेतन में व्याप्त संस्कारों दृढ़ता, बुद्धि और तर्क से परे किसी गहन गूढ़ रहस्यमय शक्ति से प्रेरित निर्णीत निर्णय इत्यादि का अस्तित्व प्रगतिवादी लेखक नकारते नहीं परंतु उन लेखे इन बातों का महत्त्व नहीं होता। परिणामतः घटनाओं एवं प्रसंगों की श्रृंखल में भावानात्मक गहराइयों को मूर्त्तता देने की ओर ध्यान कम रहता है। यशपालजं की सरपट शैली में बाह्य घटना-चक्र को जोश में धकेला गया है और कहीं भी सूक्ष्मता, जटिलता या सघनता का आभास नहीं होता। काश, जीवन में इतनी स्पष्टता, सरलता और तर्कपूर्णता होती। इसीलिए इस उपन्यास को पढ़ते समय प्राय: कहीं नहीं लगता कि हम कहीं जीवन के अथाह रूप के दर्शन से चमत्कृत हो रहे हैं। कहीं जीवन की निरर्थकता (क्षणिक ही क्यों न हो) की अनुभूति से जानलेवा व्याकुलता का अनुभव कर रहे हैं। सफलता की हर्ष-भरी चुभन मर्मांतक यातना दे रही है। ऐसा नहीं कि यशपालजी के उपन्यास में रस-विभोर करनेवाले प्रसंग नहीं हैं। परंतु आधुनिक मन रस-विभोर करनेवाले प्रसंगों से अधिक कुछ चाहता है। हम चाहते हैं जीवन के सुखमय-दुःखमय क्षण भोगनेवाले व्यक्तित्व की विशिष्टता से आकारित-संस्कारित रसात्मक क्षण—प्रस्तुत उपन्यास में यह कम मिलता है।

जब व्यक्तित्व या चरित्र में विचार को सर्वोपरि महत्त्वपूर्ण स्थान दिया जाता है तब बड़ी विचित्र स्थिति पैदा हो जाती है। कम्युनिस्ट नरेन्द्र आचरण का आदर्श बन जाता है, अमित कोई चूक नहीं करता, भारद्वाज की क्षीण झलक भी गारिमामय रूप में अंकित होती है। थोड़े कम समाजवादी (कांग्रेसी समाजवादी) सेठ, रजा, पाठक और उषा बौद्धिक मान्यताओं और आचरण के माने में कुछ कम प्रगतिशील, अधिक परंपरावादी हो जाते हैं। सेठ उषा पर स्वामित्व चाहता है और द्वंद्व का शिकार हो जाता है; रजा गेती जैसी सर्वथा अयोग्य महिला के साथ गृहस्थी का भार ढोता रहता है; पाठक माया की ओर उन्मुक्तता से नहीं बढ़ता और आत्म-दमन में छटपटाता रहता है; उषा परिस्थिति के चक्र में पाठक के साथ गृहस्थ जीवन बिताती है अवश्य परंतु वातावरण अनुकूल होने पर विवाह कर उसे सामाजिक रूप देना चाहती है परंतु पुत्र के वात्सल्य के कारण उस निर्णय को भी स्थगित कर देती है। (शायद वह पूरी कम्युनिस्ट होती तो अधिक प्रगतिशील दृष्टिकोण अपनाकर अपने बच्चे की गलत मानसिकता का परिष्कार करने के लिए बेहिचक पाठक से विवाह कर लेती या शायद विवाह-संस्था को ही महत्त्व न देकर

प्रगतिशील कदम उठाती।) गांधीवादी हरिभैया विवशता से छह संतानों को जन्म देते हैं परंतु उषा और पाठक से संयम की अपेक्षा करते हैं। गांधीवादी त्रिवेदी तो सरस्वती जैसी मासूम लड़की की जिंदगी ही खराब कर देते हैं। बम्बई से आजाद भारत का रेडियो केंद्र चलानेवाली समाजवादी महिलाएं भी उषा से जलती हैं क्योंकि शायद वे भी विचारों से अभी पूरी कम्युनिस्ट नहीं बन पाई हैं। कम्युनिज्म को अपनाने का अर्थ एक विचारदर्शन को सम्यक् रूप में अपनाकर अपने समूचे भावना-जगत् एवं व्यक्तित्व के नुकीले कोणों को उस दर्शन के सिल पर घिसकर एकरस कर देना। जब तक ऐसा नहीं होगा तब तक आचरण की गलतियां होंगी ही।

यशपालजी ने उपन्यास के उत्तरार्द्ध में कांग्रेस के अंतर्गत रहनेवाले समाजवादी युवकों के बयालीस के आंदोलन में किए गए कार्य का सहानुभूतिपूर्वक वर्णन किया है। बनारस, इलाहाबाद, लखनऊ, बलिया इत्यादि महत्त्वपूर्ण शहरों के कई पुलिस थानों पर कुछ समय के लिए कब्जा कर लिया गया और अंग्रेजी हुकूमत को चुनौती देने का साहसिक कार्य इन युवकों ने किया। इनका कुशलतापूर्वक वर्णन-विवरण यशपाल ने दिया है। परंतु यहां भी यशपालजी का दृष्टिकोण बीच-बीच में इन युवकों के कार्य पर व्यंग्यात्मक टिप्पणी करने से बाज नहीं आता। आंदोलनकारियों के प्रति व्यक्तिग रूप में सहानुभूति रखते हुए भी समूचा विवरण इस होशियारी से किया गया है कि कुल मिलाकर यह आंदोलन निरर्थक, असंबद्ध, हास्यास्पद और अपर्याप्त दिखाई पड़े। बलिया के पुलिस थानों पर अधिकार करते समय इन युवकों का जैसा वर्णन किया गया है और शुजा और बुजुर्गों के द्वारा जो विचार व्यक्त किए गए हैं, फरार और भूमिगत अवस्था में उषा और पाठकों को जिस आत्मग्लानि से पीड़ित दिखाया गया है; उस सबसे यशपालजी का मंतव्य साफ ज़ाहिर हो जाता है। यह आंदोलन राष्ट्रीय एवं अंतर्राष्ट्रीय परिस्थितियों के संदर्भ में पूर्णतः अव्यावहारिक और असफल रहा और इसमें प्रत्यक्ष भाग लेने-वाले युवकों के साथ उनकी मदद के लिए बाध्य अन्य देशवासियों को भी अनावश्यक बलि हो जाना पड़ा, यही यशपालजी डंके की चोट पर कहना चाहते हैं। प्रश्न यह है कि इस आंदोलन के संदर्भ में कम्युनिस्टों की असली नीति क्या तटस्थतापूर्वक स्पष्ट की गई है? नरेन्द्र और अमित मित्र एवं नाते-रिश्तेदार होने के कारण विचार निरपेक्ष सहानुभूति में दोस्ती का कर्त्तव्य निभाते दिखाए गए हैं। सबसे विचित्र बात तो यह है कि आंदोलन का सूत्रधार पाठक अंत में परामर्श के लिए जाता है तो कामरेड भारद्वाज के पास और उसकी सलाह मान भी लेता है। क्यों नहीं? कम्युनिस्ट की सलाह जो है। क्या बयालीस के आंदोलन में कम्युनिस्टों का यही रोल था? इस होशियारी को देखकर लगता है 'मेरी तेरी उसकी बात' के पीछे एक ही प्रेरणा है—स्वातंत्र्य के विराट् प्रयास में कम्युनिस्टों की

राजनैतिक समझ का समर्थन करना और इतिहास-लेखन के लिए एक अनुकूल आधार तैयार करना। फिर भी इस प्रयत्न में दरार पड़ती ही है—इस ऐतिहासिक क्षण में कम्युनिस्टों की राजनैतिक समझ का समर्थन करना और इतिहास-लेखन के लिए एक अनुकूल आधार तैयार करना। फिर भी इस प्रयत्न में दरार पड़ती ही है—इस ऐतिहासिक क्षण में नरेन्द्र, भारद्वाज, अमित आदि क्या कर रहे थे? केवल सामयिक परिस्थितियों का तटस्थ अवलोकन और आदि चिंतन! स्वतंत्रता संग्राम में कम्युनिस्टों का यह निष्क्रिय रोल उनकी वाचालता के बावजूद पूरे उपन्यास में व्यक्त हुआ है—जाने या अनजाने।

'मेरी तेरी उसकी बात' में स्त्री-पुरुष संबंध को लेकर जो प्रश्न उठाए गए हैं, वे भी यशपाल के पूर्ववर्ती उपन्यासों में नया कुछ नहीं जोड़ते। इसमें पुरानी पीढ़ी का दृष्टिकोण व्यक्त हुआ है रतनलाल सेठ और इंशा के संबंध को लेकर। प्रेम की उत्तरोत्तर सघनता स्थूल शारीरिकता और धार्मिक संकीर्णता को अतिक्रांत करती हुई मानवीय ऊंचाई को छू लेती है—इसके क्रमिक विकासशील चित्रण में यशपाल के कलाकार को पर्याप्त सफलता मिली है। फिर भी सामाजिक जीवन में विवाह-संबंध अलग और तफरीह के लिए वैयक्तिक प्रेम-संबंध अलग—पुरानी पीढ़ी में इसको लेकर बहुत द्वंद्व नहीं था। क्योंकि इंशा में व्यक्तित्व की स्वतंत्रता के मूल्य के प्रति सजगता नहीं थी। दुःख था परंतु उसे अपरिहार्य मानकर स्वीकार कर लिया गया था—सामाजिक प्रतिष्ठा सर्वोपरि थी। (रतनलाल सेठ और इंशा के संबंध के बारे में डाक्टरी पढ़नेवाले अमर सेठ को जितना अंधेरे में रखा गया है, वह अस्वाभाविक लगता है।) विधवा धर्म को मनसा निभानेवाली गौरी, फंस जाने पर बूढ़े त्रिवेदी के साथ विवाह कर अपने को मिटानेवाली सरस्वती, दूसरी महिलाओं की ओर संदेह से देखनेवाली विकृतमना गेती इत्यादि रूढ़ियों पर चलनेवाली महिलाओं के बीच उषा का तेजवान और माया का आत्मसजग भावना-प्रधान उन्मुक्त व्यक्तित्व खूब उभरता है। यशपाल ने बार-बार अपने उपन्यासों में प्रश्न उठाया है कि पति और पत्नी के बीच तीसरे की स्थिति क्या है? वैवाहिक जीवन में यौन-विषयक बंधन का रूप क्या है? उषा माया के संदर्भ में अपने बीते जीवन को देखकर अनुभव करती है कि परंपरा के संस्कारों के कारण ही वह जीवन का उन्मुक्त रस नहीं लें पाई। निश्चय ही सेठ के कारण नरेन्द्र के प्रति अपने झुकाव को संयत करने की यह प्रतिक्रिया थी। माया ने इस प्रश्न को बहुत महत्त्व न देकर अपने जीवन के सार्थक सुखमय क्षणों के बीच पति घोष को नहीं आने दिया। उषा लगभग इसी दृष्टि को वैचारिक धरातल पर स्वीकार करती है परंतु तार्किक परिणति तक ले जाने का साहस वह नहीं कर पाती। यशपाल ने प्रश्न को उठाकर छोड़ दिया है। यशपाल वैवाहिक जीवन में यौन-विषयक अतिरिक्त पवित्रतावादी दृष्टिकोण को नहीं मानते। परंतु वैचारिक स्तर

पर इसको व्यक्त करना एक बात है और जीवन में इससे जूझना दूसरी बात है। काश, इस प्रश्न को घोष की दृष्टि से उठाते, पप्पू की दृष्टि से देखते, पति के साथ रहते हुए प्रेमी से उत्पन्न संतान की समस्या को लेकर आते ! विवाह के बाद पाठक और माया के संबंध की उषा की नजर से देखते ! परंतु गहन मानसिक ऊहापोह में कौन जाए ? एक प्रश्न फिर भी झकझोरता है—क्या एक महिला पति के प्रति समर्पित होते हुए प्रेमी के साथ उत्कट संवेदन को भोग सकती है ? माया पाठक की ओर अनुरक्त है, आसक्त है—उसके घोष के साथ संबंध क्या उतने उत्कट प्रेमपूर्ण रह सकते हैं ? यशपालजी ने जो विवरण दिया है, वह बहुत आश्वस्त नहीं करता; क्योंकि वह बहुत ही ऊपरी लगता है। अगर प्रेमी से लगाव अधिक उत्तेजनापूर्ण है, अधिक सार्थकता की सुखद अनुभूति प्रदान करनेवाला है, तो पति के साथ संबंध समझौतापरस्त होंगे। यह सौदा क्यों ?

प्रस्तुत उपन्यास में समस्त बाह्य आचरणात्मक भिन्नता के बावजूद हिंदुओं और मुसलमानों में गहन भावनात्मक स्नेह संबंध राजनैतिक रोग के लग जाने पर किस प्रकार विघटित होते गए, इसका क्रमिक चित्र मिलता है जो औपन्यासिक आनंद प्रदान करता है। विशेषतः उषा को सुरक्षित रूप में अपने घर लाने और उसे रेलगाड़ी में बिठाकर सिक्रोल स्टेशन पहुंचाने तक के शुजा के प्रयत्नों में मानवीयता के जो भव्योदात्त दर्शन होते हैं, उसके कारण उपन्यास वहां सचमुच ऊंचाई पर उठता है। विशेषतः अपने दामाद के साथ शुजा जिस शान और साहस के साथ पेश आते हैं, वह यशपाल के कलाकार की सफलता है।

समाज का यथार्थ चित्र प्रस्तुत करना यशपाल जैसे उपन्यासकार अपना दायित्व मानकर चलते हैं। इंशा, शुजा, वली, आदि के जरिए यशपाल ने मुस्लिम समाज की झांकी प्रस्तुत की तो धर्म परिवर्तन कर ईसाई बने हुए परिवारों की मानसिकता का चित्र पंडित परिवार के जरिए प्रस्तुत किया है। समाज का यथार्थ चित्र प्रस्तुत करने के लिए बाह्य जीवन की बारीकियों का जितना सूक्ष्म निरीक्षण अपेक्षित होता है, वह यशपाल के कलाकार के पास निश्चय ही है। पाठक और उषा के परस्पर संबंधों तथा उनकी गृहस्थी का चित्र भी पर्याप्त सफल रूप में अंकित हुआ है। अमर और रतन सेठ की मृत्यु के प्रसंगों को प्रभावपूर्ण ढंग से प्रस्तुत किया गया है। रतन सेठ की मृत्यु के बाद जायदाद हड़पने के तरीकों के प्रयत्नों के जरिए हिंदू समाज की स्वार्थपरकता का पर्याप्त व्यंग्यपूर्ण रेखाओं में आलेखन हुआ है। भूमिगत उषा को आश्रय देते समय गोविन्द मास्टर और शुजा को जिन मानसिक कष्टों के बीच से गुजरना पड़ा, उसकी प्रभावपूर्ण प्रतीति यशपाल कराते हैं। इस प्रकार के कतिपय रसात्मक प्रसंगों की जीवंतता ने उपन्यास को इतिहास होने से बचाया है।●

बीज : मंजिल की शुरूआत

'बीज' के दूसरे संस्करण की भूमिका में अमृतराय ने लिखा है—"रस्मी समालोचनाएं एकदम नहीं निकलीं—या तो जोरदार प्रशंसा हुई या जोरदार निंदा और दोनों ही चीजें खूब हुई।" 1952 में छपी पुस्तक के संबंध में ऐसा हुआ हो तो उसका कारण ध्यान में आना कठिन नहीं है। 'बीज' का तीसरा संस्करण 1971 में पढ़ते हुए निष्पक्ष आलोचक न उसकी जोरदार प्रशंसा कर सकता है, न जोरदार निंदा। फिर उस समय ऐसा क्यों हुआ ? संभवत: 'बीज़' में अमृतराय का मार्क्सवाद के प्रति प्रेम इतना उछल-उछलकर बाहर आता है कि रचना-विधान में वह पूरी तरह रस-खप नहीं पाता। इस स्थिति में यह स्वाभाविक था कि मार्क्सवाद के प्रति समर्पित आलोचकों को अपने ही मतों-मंतव्यों को पढ़ते-पढ़ते पुन: प्रत्यय का आनंद आ जाए और मार्क्सवाद से अनावश्यक रूप में चौंकनेवालों को इसमें उनको डरानेवाला हौवा दिखाई दे। वस्तुत: आज जब न मार्क्सवाद उतने कट्टर-पंथी रह गए हैं और न मार्क्सवाद के प्रति आम बुद्धिजीवी लोगों में उतना डर रहा है, तब 'बीज' जैसे उपन्यास के प्रति अधिक वस्तून्मुखी और संतुलित समीक्षा-दृष्टि व्यक्त होने की अधिक संभावना है।

'बीज' में अमृतराय की दृष्टि मुख्यत: भारतीय शिक्षित नारी के अपने सीमित मध्यवर्गीय दायरों को तोड़ परिवार से बाहर आकर व्यापक जन-जीवन की आशा-निराशा और सुख-दु:ख के साथ तन्मय और समर्पित जीवन को स्वीकार करने की बौद्धिक और भावनात्मक प्रक्रिया को चित्रित करने की ओर है। यद्यपि इसमें सत्यवान पाठकों के सामने अधिक समय तक और अधिक सक्रिय रूप में अवश्य आता है। फिर भी वह उषा की क्रमश: विकसित और परिपक्व होनेवाली जीवन-दृष्टि को बनाने में महत्त्वपूर्ण योग देता है। एक ओर शिक्षा प्राप्त, बुद्धिमान परंतु सामाजिक जीवन-दृष्टि के अभाव में वैयक्तिक घेरे को तोड़ने में असमर्थ राजेश्वरी, जो दृढ़तापूर्वक आत्मनिर्णय करने की क्षमता से वंचित है, और दूसरी ओर पूंजीवादी समाज में राज की ही भांति पुरुष द्वारा फंसाई जाने पर भी सामाजिक दृष्टि अपनाने के बाद अपने जीवन को नया रूप

देनेवाली प्रमिला—इन दो नारी-रूपों के बीच की रूप-परिवर्तन की प्रक्रिया को उषा के माध्यम से अंकित करने का प्रयत्न 'बीज' में किया गया है। उषा का यह रूप-परिवर्तन निस्संदेह उतना सरल नहीं था। उषा को मध्यवर्गीय संस्कार मिले हैं, फिर भी लेखक की कृपा से उदारता अवश्य मिली है। यह उदारता प्राय: उसके सामाजिक कार्य करनेवाले पिता के द्वारा मिली है जो कम्युनिस्टों को हौवा समझने के बावजूद सत्य जैसे कम्युनिस्ट युवक को नेक और अच्छा भी समझते हैं और उषा-सत्य के अंतर्जातीय विवाह को अनुमति देकर उनका मार्ग सरल भी करते हैं। अमृतराय ने इस तथ्य को भलि-भांति प्रस्तुत किया है कि 1950 में समाज में अंतर्जातीय विवाह को लेकर वह कट्टरता नहीं रही थी और संयुक्त परिवार के संस्कार भी अब दमघोंटू नहीं रहे थे जैसे कि प्रेमचंद के जमाने में थे। परिणामत: उषा और सत्यवान अंतर्जातीय विवाह भी कर लेते हैं और संयुक्त परिवार से सामान्यत: सहज रूप से मुक्ति भी पाते हैं। इस 'तथ्य' का आकलन करने के बाद भी अमृतराय ने उसके लिए जो पृष्ठ खर्च किए हैं तो संवेदना के तीखेपन, मौलिकता एवं विशिष्टता की कीमत देकर। अंतर्जातीय प्रेम-विवाह के बाद और संयुक्त परिवार से नजात पाने पर उषा के सामने एक भटकाव था, दमयंती-साहनी के उच्चवर्गीय परिवार की शान-शौकत और विलासिता देखकर अपने पति को कांचनमृग के पीछे दौड़ाने का या उस सुख के लिए तरस-तरसकर अपने जीवन का सारा आनंद खत्म करने का। सौभाग्य से सत्य ने इस स्थिति को काफी समझदारी से निभाया। सत्य की समझदारी और दोनों के नार्मल व्यक्तित्व के कारण उपन्यास में रोमांटिकता से उत्पन्न तलखी नहीं आई परंतु एक विशिष्ट स्तर की प्रौढ़ता अवश्य आई है। सत्य उषा को पारिवारिक शिकंजे में न बंद रहने देकर अपने साथ सामाजिक जीवन का आनंद उठाने का अवसर देता है। अमृतराय ने यहां पर प्रेमचंद की भांति गार्हस्थ्य जीवन के मर्मस्थल को अत्यंत सूझ-बूझ के साथ प्रस्तुत किया है। प्राय: वैवाहिक जीवन की घुटन पति-पत्नी की विभिन्न प्रवृत्तियों के कारण उतनी उत्पन्न नहीं होती जितनी की पति की निस्संगता के कारण। पति अगर पत्नी को भी उसी रास्ते पर ले जाए जिस पर वह चल रहा है तो संभवत: पत्नी मात्र शय्या-सुख प्रदान करने वाली नारी न रहकर सच्चे अर्थ में सहचारिणी और मित्र हो सकती है। क्या पुरुष अपने परंपरागत संस्कारों से ऊपर उठेगा ? उषा के सामने साहनी परिवार के सिवा अन्य परिवार या व्यक्ति भी हैं—वीरेंद्र, प्रमिला, पार्वती-प्रफुल्ल बाबू, अतुल्य और ज्योति॥ उषा साहनी परिवार के भटकाव से बच गई और दृढ़ चरित्र, सेवामार्गी साम्यवादी नारी के रूप में क्रमश: परिवर्तित होती गई। साम्यवाद के बीज सही भूमि पर पड़ गए।

अमृतराय अपने उपन्यास में केवल मनुष्य के रूपों की खोज नहीं करते।

उनके पात्र प्रायः सरल होते हैं और किसी खास उद्देश्य से ही उपन्यास में स्थान पाते हैं। जिंदगी में कठोर यथार्थ को भोगनेवाला छायावादी विपिन; दहेज के लिए और विवाह के खर्च के लिए रुपये जुट न पाने के कारण किसी के साथ भागनेवाली उसकी बहन जमुना, पति द्वारा परित्यक्ता परंतु अपनी बुद्धि के बल पर पढ़-लिखकर आत्मनिर्भर होनेवाली परंतु देह की मजबूरियों के परिणाम-स्वरूप महेंद्र जैसे 'वुमन किलर' के द्वारा तबाह होनेवाली राज; इत्यादि सभी पात्र समाज के किसी-न-किसी अंश का प्रतिनिधित्व करते हैं। वे कभी राज की तरह मुख्य कथा और औपन्यासिक कथ्य को गहनता देते हैं, सहायता देते हैं तो कभी जमुना-विपिन की भांति अलग, समानांतर बने रहते हैं। अमृतराय ने राज और सत्य के परस्पर संबंधों का अत्यंत संयत, वस्तून्मुखी चित्रण किया है परंतु लगता है कि कलाकार अधिक सजग होता तो संभवतः उषा-सत्य के विवाह के परिणाम-स्वरूप राज में उत्पन्न मानसिक जटिलता को अधिक मांसल, अधिक गहन रूप में चित्रित करता और राज-स'य के 'उस रात्रि' के प्रसंग को अधिक मानसिक संवेदना के स्तर पर चित्रित कर उसका अवश्यंभावी परिणाम राज-महेंद्र के रूप में दिखा देता। पता नहीं, अमृतराय के सामने यही रूप था या नहीं परंतु राज-महेंद्र संबंध जैसे कि उपन्यास में अंकित हैं, उतने विश्वसनीय प्रतीत नहीं होते।

अमृतराय के पात्र जटिल कम होते हैं (महेंद्र भी इसका अपवाद नहीं है।) और बहुत बोलते हैं। अपनी पूर्वकथा बेझिझक बताते जाते हैं। उनमें भोक्ता का गरिमामय रूप कम दिखाई देता है। छोटे-बड़े प्रश्नों पर बेशुमार व्याख्यानबाजी करते हैं और कभी स्वयं लेखक भी इस दोष को जानता हुआ प्रतीत होता है परंतु लाइलाज है। मार्क्सवाद का और इस व्याख्यानबाजी का संबंध कितना निकट का है, यह विचारणीय है। संभवतः पूर्व निश्चित विचारों को अपनाने पर स्पष्टता आती है परंतु जटिलता की कीमत पर। इस व्याख्यानबाजी के कारण उपन्यास की नाटकीयता, घटनाओं की प्रत्यक्षता का जीवंत प्रभाव तथा सक्रियता नष्ट हो जाती है। अमृतराय डायरी के पन्ने लिखवाते हैं परंतु व्यक्तित्व की विशिष्टता को सुरक्षित नहीं रख सकते। डायरी के अंशों में गजब की 'एक्सक्लूजिवनेस' (Exclusiveness) आ जाती है—राज, उषा, सत्य केवल डायरी में एक-दूसरे का ही विचार करते प्रतीत होते हैं। बाकी दुनिया उनके लिए बेमतलब की है। यह कृत्रिमता है। वैसे अमृतराय काफी उदार मार्क्सवादी हैं और रोमांटिक जीवन को बहिष्कृत नहीं करते। परंतु मार्क्सवादी लेखकों के, जहां तक राष्ट्रीय इतिहास का प्रश्न है, दो मर्मस्थल रहे हैं : 1942 के आंदोलन में कम्युनिस्टों की नीति, और 1947 की स्वातंत्र्य प्राप्ति के अवसर पर उनकी स्वातंत्र्य के प्रति तात्कालिक दृष्टि। ये प्रसंग भारतीय कम्युनिस्टों की दुःखती रग है और अपनी स्थिति की वे

बार-बार सफाई भी देते रहते हैं परंतु विश्वसनीय नहीं बन पाते। प्रस्तुत उपन्यास में भी ये प्रसंग उपन्यास में पूरी तरह खप नहीं पाते---बाहर-बाहर रह जाते हैं।

इधर के अमृतराय के उपन्यासों को देखते हुए लगता है कथ्य, शिल्प और कलात्मक क्षमता सभी दृष्टियों से अमृतराय काफी रास्ता तय कर चुके हैं— 'बीज' में उसके बीज रूप में दर्शन होते हैं।

लाल टीन की छत : अकेलेपन के द्वीप

निर्मल वर्मा हिंदी के विशिष्ट लेखक हैं, जो अपनी कथाओं में ऐसी अनुभूतियों और संवेदनाओं का संसार निर्मित करते हैं जो उनकी अतिशय वैयक्तिकता और अप्रतिमता से अंकित होने के कारण पाठकों को बहुत ही कठिनाई में डाल देता है। अपने अति विशिष्ट पात्रों (जिनका थोड़ा परिचय आगे दिया जा रहा है और जो सामान्यतः सभी कथाओं में किंचित् हेर-फेर से आते रहते हैं।) की जटिल एवं सूक्ष्म मनोदशा का बारीकियों और तफसील के साथ वस्तून्मुखी अंकन करने के कलात्मक साहस के कारण ही यह कठिनाई उपजती है। फिर भी निर्मल की अब तक की अधिकांश कहानियां और 'वे दिन' उपन्यास पाठकों के लिए अपनी सूझ-बूझ और कल्पना-शक्ति के प्रतिदान से अग्राह्य या अकल्पनीय नहीं लगते थे। लेकिन 'लाल टीन की छत' में निर्मल उस शिखर बिंदु पर स्थित हैं जहां पहुंचना अध्यवसायी और कल्पना-शक्ति से युक्त पाठक के लिए असंभव नहीं तो कठिन अवश्य प्रतीत होगा। साहित्य से मनोरंजन, शिक्षा-ग्रहण, सामयिक समस्याओं का विवेचन-विश्लेषण, समाज का प्रतिबिंब इत्यादि बातों की अपेक्षा कर पढ़नेवालों को निर्मल वर्मा का रचना-संसार कुछ विशेष नहीं दे सकेगा, यह शायद लिखने की आवश्यकता आज नहीं है। निर्मल वर्मा का यह उपन्यास वही पाठक पढ़कर लाभान्वित हो सकता है, जो साहित्य को फुर्सत के समय में नहीं पढ़ता, बल्कि जागरूक पाठक के रूप में अपना सांस्कृतिक दायित्व निभाने के हौसले से ही पढ़ना पसंद करता है।

'लाल टीन की छत' में बचपन और यौवन की सीमा-रेखा पर स्थित लड़की की अत्यंत आंतरिक मनोदशाओं का अतिशय सूक्ष्म रेखांकन है। इस लड़की के चित्रण में एक विकास-क्रम है। मां की गर्भवती अवस्था को भी ठीक तरह से न समझ पानेवाली यह नादान लड़की अपने अंदर भावना का एक समुद्र बंद किए हुए है और अपने भीतर के बंद खून को अंत में बहाकर ही कुछ तसल्ली पा जाती है। इस बीच बहुत कुछ हो जाता है—अंदर ही। यह अनजान और नादान-सी लड़की सत्य और भ्रम, वस्तुस्थिति और कल्पना से उपजी मनःस्थिति, वास्तविकता

सामंतवादी समाज-रचना में भी कुछ ऐसे श्रद्धेय व्यक्ति रहे हैं, इसका अच्छा एहसास 'उत्तर पुरुष' करा देता है। शरणागत को अभयदान, अभावग्रस्ता की निरपेक्ष सहायता, एक स्वस्थ अहं, समाज-जीवन के दोषों और भ्रष्टताओं से अपने को बचाए रखने की निरंतर जागरूकता और जीवन का रस लेते हुए भी धीरे-धीरे उसके ऊपर उठकर स्थितप्रज्ञता को उपलब्ध करने का प्रयत्न; ये कुछ ऐसे वैशिष्ट्य हैं जो शंकरशरण में परंपरा से आए हैं और कुल के प्रति अभिमान की भावना ने इस उत्तराधिकार को सदैव सुरक्षित रखने का कार्य किया है।

यद्यपि 'उत्तर पुरुष' दो पीढ़ियों की कथा है और शंकरशरण की पीढ़ी, जगदीश और वसुमती की युवा-पीढ़ी से अनेक दृष्टियों से भिन्न है, फिर भी सामयिक साहित्य में पीढ़ियों के बीच जो वैमनस्य, आतंक और परस्पर अविश्वास है, वह इनमें नहीं है। इसका एक सतही कारण यह बताया जा सकता है कि यह अपेक्षाकृत पुरानी पीढ़ियां हैं। असल में यहां भी विचार के लिए एक चुनौती है—क्या पीढ़ियों के बीच के संबंध हमेशा तनावपूर्ण रहते आए हैं और आज भी हैं? अप्रत्यक्ष ही सही; 'उत्तर पुरुष' कुछ प्रश्नों को फिर से उठाता है।

जगदीश इंजीनियर बन गया है। जब घर लौटता है तो यहां की विपन्न अवस्था देखकर हताश नहीं होता बल्कि अपने बुद्धि-कौशल से घर को व्यवस्थित रूप भी देता है। शहर में भी उसे अजीब स्थितियों का सामना करना पड़ता है। यहां अर्थ के पीछे नीति का होम करनेवाले कांट्रक्टर मलकानी हैं। उनकी मदद करके जनता और सरकार को धोखा देनेवाले मिस्टर सिन्हा जैसे अधिकारी भी है। जगदीश अपनी (चौधरी वंश की) उच्च नैतिकता का परिचय यहां भी देता है और किसी भी मोह में न पड़कर अपनी कर्त्तव्य-दक्षता को निबाहता है। अनूपलाल मंडल एक सुंदर कथा देना चाहते हैं। वे रसधर्मी रचनाकार हैं, अतः वास्तविकता के तीखे तनावों की अपेक्षा कथा को मोड़ देकर (उसकी विश्वसनीयता को कायम रखते हुए) अपना कार्य सिद्ध करते हैं। जगदीश की संकल्प-शक्ति को अधिक धारदार बनाने के लिए रिटायर्ड जज मिस्टर मित्रा हैं, उनकी सुंदर और शीलवती कन्या कुसुम है। जल में रहकर भी उससे असंपृक्त रहनेवाली कमल-सी शीला है। पतिव्रता होते हुए भी पति के भ्रष्टाचार की भर्त्सना करनेवाली मिसेज मलकानी हैं। यह कुछ विचित्र अवश्य लगता है, परंतु क्या हमारा हिंदू समाज भी खंडित रूप में नहीं जी रहा है? सत्यनारायण की भक्तिपूर्वक पूजा भी यहां की जाती है और अर्थ-प्राप्ति के लिए 'सत्य' को ताक पर भी रख दिया जाता है। यह सम्यक् दृष्टि से समर्थनीय भले न हो परंतु वैयक्तिकता में ऐसी स्थिति अवश्य है और इसमें निहित प्रामाणिकता के प्रति शंका नहीं की जानी चाहिए। (यहां फिर प्रामाणिकता को संदर्भ में देखने की बात उठती है—यह प्रश्न किंचित् अप्रासंगिक है।) जगदीश के सौभाग्य से मि० मलकानी

द्वारा बुलाए गए जांच कमीशन के सदस्य भी भ्रष्टाचार से पंकिल नहीं हैं। यह सारी बातें एक हद तक आज के पाठक को कुछ विचित्र एवं अविश्वसनीय अवश्य लगती हैं परंतु दूसरी ओर जगदीश और कुसुम के बीच के यौवनोचित आकर्षण के संयत, अमुखर और गहन संबंध, जगदीश और मिस मलकानी के बीच के मांसल, मुखर परंतु पवित्र स्नेह के प्रसंग—ये ऐसी स्थितियां हैं जो पाठक को भाव-विभोर कर देती हैं। मिस्टर मित्रा का प्रगल्भ, विवेकशील और गरिमामय व्यक्तित्व भी उपन्यास को मधुर आलोक देता है। मिस कुसुम मित्रा के द्वारा उपेक्षित मि॰ विभाकर की जगदीश के प्रति नपुंसक ईर्ष्या भी उपन्यास को अनोखा रंग देती है। मतलब यह है कि यथार्थ के खुरदरेपन के द्वारा युग-बोध को उभारने की अपेक्षा लेखक का ध्यान मानवीय जीवन में निहित प्रेम, स्नेह, ईर्ष्या इत्यादि चिरंतन भावों के संप्रेषण में लगा हुआ है।

वसुमती चौधरी वंश की समस्त मर्यादाओं के प्रति जागरूक एवं समर्पित होते हुए भी बदलती कालगति के साथ चलती है। उसमें एक प्रकार का खुलापन और साहस है। देश-भक्ति के लिए वह बाधाओं तथा असुरक्षाओं से भरी जिंदगी स्वीकार करने में भी कतई नहीं हिचकती।

अपनी मान्यताओं पर खुद चलने के उपरांत और अपने आचरण एवं संस्कारों से नई पीढ़ी को संस्कारित करने के बाद उसको चुनाव की स्वतंत्रता देने की उदारता चौ॰ शंकरशरण में है, इसीलिए ये अपनी संतान के लिए ही नहीं, आज के पाठकों के लिए भी श्रद्धाभाजन बन जाते हैं। जगदीश और उसके नागर-विश्व की पृष्ठभूमि में शंकरशरण-वसुमती का गंवई-विश्व भी कम चित्ताकर्षक नहीं है। हाजी साहब और उनके बेटे की शंकरशरण का ऋण चुकाने की आकांक्षा एवं एक कट्टर हिंदू और एक कर्मठ मुसलमान के बीच के स्नेह-संबंध कितने उदार, कितने मानवीय और कितने आत्मीय हो सकते हैं, इसका एक सुंदर चित्र उपन्यासकार ने साकार किया है। वृद्ध शंकरशरण को नहलाने का एक प्रसंग भी रसपूर्ण हो उठा है। लेखक की दृष्टि प्रसंगों को रसात्मक बना देने में अधिक रमती है और इसकी सफलता का एक कारण उसकी संयमशीलता (पेशंस) —कलात्मक संयम—को है।

'उत्तर पुरुष' में एक सुगठित कथा, पात्रों का संश्लिष्ट चित्रण तथा रसपूर्ण प्रसंगों का सम्यक् निर्वाह मिलता है, लेकिन अंत में लगता है कि कथाकार ने कुछ जल्दबाजी का परिचय दिया है। जगदीश को कुसुम और शीला के बीच चुनाव करने के लिए मोटर-एक्सीडेंट को माध्यम बनाया गया—लगता है जैसे राग का विस्तार करने में गायक थक गया हो और जल्दी समेटना चाहता हो। जगदीश और शीला के पवित्र स्नेह-संबंधों को लेखक ने इतनी शक्तिमत्ता के साथ उभारा है कि जगदीश के मुख से कुसुम का उच्चारण सुनकर उसे छोड़ जाने का शीला

का निर्णय कुछ आरोपित है। गंगा की जगदीश को भूल जाने की मनोवृत्ति भी आश्चर्यजनक ही है। इस प्रकार के कुछ दोष उपन्यास में अवश्य रह गए हैं। फिर भी यह रचना एक प्रश्न उठाती है कि क्या जो कुछ परंपरागत ढंग पर लिखा जा रहा है, वह हमारे लिए बेमानी है? ऐसी कृतियां साहित्य की चिरंतनता, रसात्मकता, साहित्य का मानवीय धरातल इत्यादि बातों पर पुनर्विचार करने के लिए बाध्य कर देती हैं। जिस प्रकार एक मोह प्राचीनता का है, अतीत का है, उसी प्रकार दूसरी ओर मोह आधुनिकता का भी है, सामयिकता का भी है। आई० ए० रिचर्ड्स के शब्दों में 'स्टाक रेस्पांसिस' की बात दोनों ओर रहती है। कम-से-कम अनूपलाल मंडल की इस यशस्वी रचना ने मुझे इस बात का एहसास करा दिया कि स्वस्थ संवेदनशीलता और स्वाभाविक रसिकता मुझ में से गायब नहीं हुई है।●

जुगलबंदी : शास्त्रीय संगीत की पेशकारी

'जुगलबंदी' गिरिराजकिशोर का अनेक दृष्टियों से मौलिक उपन्यास है। हिंदी उपन्यासों में ऐतिहासिकता की सीमा को बार-बार छूनेवाला राजनीतिक, सामाजिक घटनाओं का इतिवृत्तात्मक वर्णन बहुत होता रहा है, परंतु किसी विशेष चरित्र की मानसिकता के तलस्पर्शी चित्रांकन को प्रमुखता देते हुए राजनीतिक, सामाजिक तथा सांस्कृतिक संदर्भ को केवल सही अर्थ में पृष्ठभूमि के तौर पर संकेत रूप में निर्दिष्ट कर सफल चित्रण करने की प्रवृत्ति कम पाई जाती है। गिरिराजकिशोर ने यह कार्य सफलतापूर्वक किया है। परिणामत: विज्ञ पाठक को मानवीय परिचय का रस अधिक मिलता है — उसके जाने हुए ऐतिहासिक-वृत्तों की जुगाली करने की ऊब प्राय: नहीं होती। 'जुगलबंदी' की दूसरी मौलिक विशेषता वह कोण है, जिससे शिवचरण के परिवार का अनेक अंतर्विरोधी, गुण-दोषों और विशिष्टताओं से युक्त सम्यक् चित्रण और शिवचरण के जटिल व्यक्तित्व का कलात्मक तटस्थता के साथ परंतु संपूर्ण सहानुभूति से चित्रांकन किया गया है। उपन्यास के नाम के औचित्य के बारे में प्रश्न अवश्य उठाया जा सकता है, लेकिन इसमें संदेह नहीं कि करुण प्रभाव डालनेवाले किसी गंभीर राग का विस्तार और विकास करते समय गायक के धीरज, आत्मविश्वास, कला के प्रति आंतरिक लगाव के कारण उत्पन्न गंभीरता और साधक की निष्ठा का, जो सम्मिलित प्रभाव श्रोताओं पर पड़ता है, कुछ उसी प्रकार का प्रभाव 'जुगलबंदी' छोड़ जाता है।

शिवचरण का परिवार एक संपन्न जमींदार का परिवार है, जिसका समस्त आधार ब्रिटिश शासन-व्यवस्था है। स्वाभाविक रूप में शिवचरण को ब्रिटिशों की उदारता, न्यायप्रियता, जिंदादिली, कर्त्तव्य-तत्परता, दृढ़ एवं कठोर शासन-व्यवस्था की कुशलता, अनुशासनप्रियता, ज्ञान और कला के प्रति आकर्षण इत्यादि गुणों का परिचय सतत् मिलता रहता है और उनकी धूर्त्तता, स्वार्थपरकता, अहंकार और क्रूरता का साक्षात् परिचय नहीं रहता। शिवचरण में भारत के आभिजात्य जमींदारों के समस्त गुण-दोष सन्निहित हैं और लेखक की तटस्थता का प्रमाण

यह है कि एक पारखी कलाकार की तरह उसने गुणों के साथ दोषों का (कहना चाहिए गुणों से भी अधिक दोषों का) चित्रण करते समय न अनावश्यक रूप में व्यंग्यात्मकता को अपनाया है। (यद्यपि गंभीर व्यंग्य करने की क्षमता लेखक में है), न आक्रामक अभिनिवेष को। शिवचरण निठल्ले और निष्क्रिय जमींदार हैं और बिगड़ती हुई आर्थिक हालत के प्रति बेखबर न होते हुए भी पैसा खर्च करने में जरा भी हिचक वे महसूस नहीं करते। शिवचरण की उदारता, आभिजात्य परंपराओं एवं मर्यादाओं के पालन के प्रति सतर्कता ग्रातिथ्यशीलता, वैयक्तिक जीवन में संयम, अपनेसे बड़ों के प्रति व्यवहारमें नम्रता और गरिमा, नौकरों तथा अन्य छोटे लोगों के साथ व्यवहार करते समय आचरण में आनेवाली आभिजात्य-पूर्ण उग्रता, बीरू, शिवनाथ और विशेषत: बीरू की बहू के प्रति आंतरिक गहन आत्मीयता, मित्रों के साथ संतुलित शिष्टता इत्यादि कतिपय विशिष्टताओं को छोटे-बड़े प्रसंगों में नाट्यात्मक ढंग से उपस्थित कर लेखक ने इस चरित्र के प्रति पाठक की सहानुभूति को पर्याप्त कौशल से अर्जित किया है और उसके बल पर निठल्ले जमींदारों के समस्त अंतर्विरोधों को सशक्त ढंग से उभारा है। शिवचरण निष्क्रिय हैं। खर्च करना जानते हैं, कमाना नहीं, फिजूलखर्ची की आदतों से गिरती हालत में भी बाज नहीं आते, अंग्रेजी हुकूमत की गुलामी करते समय झूठे सम्मान से गर्व महसूस करते हैं और झूठे आत्माभिमान की भावना से प्राय: प्रेरित होते रहते हैं। समय की गतिविधियों से पूर्णत: अपरिचित शिवचरण का व्यक्तित्व मानसिक विकास के लिए पूर्णत: असमर्थ है। पैरों के नीचे की सुदृढ़ जमीन सरकती हुई वे महसूस करते हैं, परंतु अपनी आंतरिक जड़ता या ठहराव के कारण न स्थितियों के साथ समझौता कर पाते हैं, न उनको मात देने की बौद्धिक एवं भावनात्मक क्षमता ही उनके पास है।

इस जटिल चरित्र के सफल चित्रांकन में पाठक को समस्त दोषों के बावजूद अंत तक सहानुभूति ही नहीं रहती, बल्कि शिवचरण की वेदना से वह अभिभूत भी होता है—गिरिराजकिशोर की यह उपलब्धि है और अप्रतिम उपलब्धि है। इस चित्रण में जिन कलात्मक खतरों की, धोखा देनेवाले नानाविध मोहों की संभावना थी, उन्हें टालने में लेखक को सफलता मिली है। आरंभ से अंत तक इस उपन्यास में करुणा का स्वर व्याप्त है और वह क्रमश: गहरा होता जाता है। गिरती आर्थिक स्थितियां, झूठी धार्मिकता की शिकार ढोंगी व्यक्तित्ववाली बुआ और मां के कारण मिलनेवाली पीड़ा, आंखों को बंद कर लेने के बावजूद अंग्रेजों की बढ़ती स्वार्थपरकता का झुलसा देनेवाला दु:खद अनुभव जीवन-भर की खैरख्वाही का बांझपन, उनके द्वारा किए गए अपमानों का दाहक ताप, बहू और बीरू के मन को लुंज-पुंज कर देनेवाली बीमारी, टुच्चे और क्षुद्र आश्रित व्यक्तियों की बढ़ती जानेवाली समृद्धि, कांग्रेस में शामिल होकर अधिकार और मान-रुतबा

पानेवाले लड़के-लपाड़ों की जला देनेवाली शान, विजय के बावजूद अंग्रेजी साम्राज्य समाप्त होने की संभावना—इन संदर्भों ने शिवचरण को विलक्षण रूप में अकेला कर दिया, निर्वासित और असहाय बना दिया। इस सबके साथ अपने मित्र की पत्नी के साथ रखे हुए अवैध संबंधों की सालती जानेवाली आत्मग्लानि भी शिवचरण को गहरे मथ डालती है। अंतिम समझौते के रूप में शराब पीकर उलटी करना और उसी समय यह सुनना कि उनके द्वारा उड़ाई गई बंदूक की गोलियों से बहू का प्राणांत हो गया—शिवचरण के सामने आत्महत्या का ही रास्ता रह जाता है। लेखक ने इन स्थितिथों का विवरण नहीं दिया है, बल्कि उनका संवेदन कराया है—गहन स्तर पर। यह लेखक की कलात्मक क्षमता का प्रमाण है।

'जुगलबंदी' में इस मुख्य कथ्य के साथ और भी विषय आए हैं। जेल-जीवन की असलियत का प्रत्ययकारी चित्रण है, कांग्रेस के सत्याग्रह की कमजोरियों का उद्‌घाटन है, अप्राकृतिक व्यभिचार का चित्रण बीच-बीच में करुण स्वर के तनाव को ढील देता है। वस्तुत: रस लेकर किए गए इस चित्रण की औचित्यता के बारे में प्रश्न उठाया जा सकता है और कहीं-कहीं शिवचरण के आभिजात्य को खंडित भी करता है। शिवचरण जैसे व्यक्तित्व और ढहती-उखड़ती परंपराओं के मलबे के नीचे दबे शिवनाथ और बीरू के व्यक्तित्व की मूक पीड़ा और अमुखर विद्रोह पर्याप्त सशक्त रूप में व्यंजित हैं। बीरू के पैरों की बीमारी और मानसिक नपुंसकता तथा उसके बेटे के पैरों को आई चोट शिवचरण के वर्ग की दारुण संभावना का प्रतीक प्रस्तुत करती है। अमरसिंह और उसकी पत्नी के साथ शिवचरण के संबंध को, बीरू की मानसिक बीमारी को, बीरू की पत्नी और सास के संबंधों को तथा शिवचरण की आत्महत्या को सूक्ष्म मनोवैज्ञानिक पृष्ठभूमि दी गई है; जो पुस्तकीय नहीं है, बल्कि जिंदगी की वास्तविकता का आभास कराती है। लेखक को शुद्ध और प्रांजल विनोद उत्पन्न करने की शक्ति प्राप्त है, जो बहुत बड़ी देन है। आधुनिकता का शब्द-जंजाल खड़ा न करते हुए भी पुराने पड़ने वाले वर्ग एवं व्यक्तित्व का चित्रण आधुनिक दृष्टि से किया जा सकता है—'जुगलाबंदी' इसका उदाहरण प्रस्तुत करता है। आधुनिकता, सम-सामयिकता, वर्तमान के प्रति सजगता, समाज के प्रति प्रतिबद्धता इत्यादि घोषणाओं के बीच तटस्थ रहकर अपनी रचना को शास्त्रीय संगीत का-सा स्वरूप देने में गिरिराज-किशोर को सफलता हासिल हुई है।●

तमस : सांप्रदायिक समस्या में कुछ और पृष्ठ

सांप्रदायिक समस्या को लेकर हिंदी में रचनात्मक साहित्य कम नहीं लिखा गया है। 1973 में प्रकाशित भीष्म साहनी की रचना 'तमस' के बारे में यही कहा जा सकता हैं कि इस विषय से संबद्ध लेखन में कुछ पृष्ठ और जुड़ गए। भीष्म साहनी ने इस समस्या या विषय को लेकर कुछ अलग से कहा हो, किसी अछूते कोण को पकड़ा हो, ऐसा नहीं लगा।

सांप्रदायिक समस्या को उग्र रूप देने में कुछ बुद्धिजीवी हिंदू और मुसलमान महत्त्वाकांक्षी नेताओं ने जिस प्रकार योगदान किया, उसी प्रकार अंग्रेजों ने अपनी फूट और 'तोड़ो-फोड़ो' नीति से इस आग को भड़काया। मुसलमान शासकों द्वारा किए गए अन्याय और धार्मिक मामलों में हस्तक्षेप का दुःख सामान्य भारतीय जनता जब भूलने लगी थी और धार्मिक भेदभाव के बावजूद जब परस्पर सौहार्द्र के रिश्ते कायम होने लगे थे, तभी अंग्रेजों की कूट राजनीति ने वैमनस्य के बीज उगाने शुरू कर दिए। वैमनस्य के बीजों के अंकुरित होने और द्विखंडित भारत का कटु फल तैयार होने की प्रक्रिया में परस्पर के प्रति ईर्ष्या, शंका, डर आदि भावों के साथ दूसरे का माल सहज में लूटने की स्वार्थी और लोभी वृत्ति ने भी कम हाथ नहीं बंटाया। भीष्म साहनी की रचना इसी विषय को लेकर चली है। परंतु राजनीतिक घटनाओं, दांव-पेंचों और बौद्धिक ऊहापोह से भीष्म साहनी ने इस उपन्यास में अपने को पूर्णतः बचाया है। इन राजनीतिक एवं सामाजिक विचारों के परिणामस्वरूप उत्पन्न होनेवाली भावनात्मक स्थितियों तक ही अपने परिदृश्य को सीमित रखा है। परिणामतः इस उपन्यास में सरलता और सादगी तो आई है, परंतु बौद्धिकता को तिलांजलि देकर; जो उपन्यास को निश्चय ही उच्च स्तर नहीं प्रदान करती। फिर भीष्म साहनी ने सामान्य जनता के स्तर पर रहकर ही लेखन किया है, जिससे उपन्यासकार की जन-जीवन सन्मुखता अवश्य प्रकट होती है, परंतु लेखकीय व्यक्तित्व की सीमाएं भी उजागर होती हैं। (कमलेश्वर भी सामान्य जनता की और जन-जीवन की कहानियां लिखते हैं, परंतु उनके पीछे रचनारत् लेखकीय व्यक्तित्व पर सामान्यता का आरोप नहीं किया जा सकता।)

भीष्म साहनी के उपन्यास में प्रथम खंड में नागर जीवन में सांप्रदायिक वैमनस्य की भावना कैसे उभरी, अंग्रेजी नौकरशाही ने वैमनस्य की आग को कैसे भड़का दिया, परिणामतः हिंदू और मुसलमानों के संगठन कैसे बनते गए और एक-दूसरे के गली-मुहल्लों में जाना कैसे खतरनाक हो गया; इत्यादि बातों का वर्णन किया है—छोटे-छोटे प्रसंगों के माध्यम से। इस फंसाद में मारे जाते हैं कुछ गरीब हिंदू और निर्दोष मुसलमान। डिप्टी कमिश्नर रिचर्ड धार्मिक मामलों में हस्तक्षेप न करने के बहाने से सांप्रदायिक आग को बुझाने का जरा भी प्रयत्न नहीं करता। इस अंग्रेज अधिकारी का तथा उसकी पत्नी का और उनके गृहस्थ जीवन का पर्याप्त विश्वसनीय चित्रण किया गया है। दूसरे खंड में सांप्रदायिक वैमनस्य की आग देहातों में किस प्रकार सामान्य मनुष्य को पूर्णतः जला डालती है, इसका चित्रण है।

परिस्थितियों के दबाव में सूखते जानेवाले स्नेह-सूत्रों और टूटते जानेवाले मूल्यों एवं आदर्श के कारण उत्पन्न होनेवाला दर्द भीष्म साहनी ने उत्कट रूप में व्यक्त किया है। हरनामसिंह के लड़के इकबालसिंह के मुसलमानों द्वारा किए गए शिकार का एवं उसके धर्म-परिवर्तन की बाध्यता का भी विश्वसनीय अंकन हुआ है। फिर भी खंड रूप में तथा अलग-अलग घटनाओं के सफल रूप में चित्रांकित होने के बावजूद पूरा उपन्यास शक्तिशाली नहीं लगता। नत्थू चमार और उसकी पत्नी के बीच के मधुर प्रेम-संबंध अपने आप में उत्तेजक होने पर भी उपन्यास के मूल स्वर से असंबद्ध लगते हैं। उसी तरह प्रकाशो और रक्खा का प्रेम-प्रसंग भी गलत स्थान पर आकर उपन्यास के स्वर को विकृत ही करता है।

असल में, भीष्म साहनी की प्रकृति उपन्यास के कथ्य के साथ बीच-बीच में असंगत होती दिखती है। भीष्म साहनी नई कथा के महत्त्वपूर्ण लेखक के रूप में मान लिए जाते हैं, परंतु अनेक प्रकार से वे प्रेमचंद परंपरा से ही जुड़े लेखक लगते हैं। उनके लेखकीय व्यक्तित्व में गंभीरता है, भावुकता है, सरलपन और सादगी है; परंतु प्रसंगों को उभारने में कल्पना का जो स्पर्श स्थान-स्थान पर अपेक्षित होता है, उससे भीष्म साहनी का व्यक्तित्व वंचित है। परिणामतः यथातथ्यता बेहद आती है, जिसका संबंध यथार्थ-बोध से नहीं लगाया जा सकता। उपन्यास में गति बहुत ही धीमी और सपाटता अत्यधिक है। ऐसे प्रसंगों को, जिनका विस्तार में चित्रमय रूप अपेक्षित नहीं होता, बल्कि संक्षिप्त वर्णन ही पर्याप्त होता है, परिश्रमपूर्वक उपस्थित करना अपव्यय लगता है और यह अपव्यय 'तमस' में खूब हो गया है।

उत्तर पुरुष : रसपूर्ण लेखन का आदर्श

सामयिकता और आधुनिकता की मांग के इस शोर-शराबे में कभी-कभी कुछ रचनाएं एक चुनौती और प्रश्नचिह्न लेकर सामने आती हैं। ऐसी रचनाओं की सौंदर्य-धर्मिता सहृदय पाठक की संवेदनशीलता और रसिकता को बराबर तृप्ति देती है। इस प्रकार की रचनाएं साहित्य-विषयक एक प्रश्न को बार-बार उठाती हैं कि विचार, जीवन-दृष्टि, भावना के प्रकटीकरण के रास्ते निरंतर बदलते रहते हुए भी मनुष्य में ऐसा कुछ है जो आदिम अवस्था से लेकर आज की स्थितियों तक सूक्ष्म रूप में अक्षुण्ण है और यही 'कुछ' जब रचना का आशय बनकर रूपायित होता है तब नया-पुराना, आधुनिक-पुराचीन, सामयिक-अतीत इत्यादि द्वंद्वों को एकबारगी कहीं दूर ठेलकर पाठक की साहित्यिक भूख को परितृप्ति देता है। यहीं पर क्लासिक और रोमांटिक के विवादी स्वर भी अपनी कर्कशता खोकर संवादी बन जाते हैं। यही मानवीय धरातल अनूपलाल मंडल की कृति 'उत्तर पुरुष' का उपजीव्य है और इसी कारण परंपरागत ढंग पर लिखी गई यह रचना नए युग के रसिक को अंत तक पकड़े रहती है।

अनूपलाल मंडल का 'उत्तर पुरुष' में संरचित विश्व सामयिक प्रश्नों और दाव-पेंचों से दूर है और यह केवल इसलिए नहीं कि यह उन्नीसवीं सदी के अंतिम कुछ वर्षों की कथा है, बल्कि इसलिए भी कि लेखक को इन तनावों, उलझनों और रगड़-घिस से विशेष लगाव नहीं है; उसे जीवन की स्थिति और गति के सामंजस्यपूर्ण संबंधों में पूरा विश्वास है और जीवन की मांगल्यपूर्ण परिणति में पूर्ण आस्था है। यहां अगर वक्रता है, कहीं बीच में घुमाव-फिराव आते हैं तो इस मांगल्यमय विश्व की गति को आलोकित करने के उद्देश्य से।

'उत्तर पुरुष' में चौधरी घराने के एक अति वृद्ध पुरुष की तथा उसके एक पुत्र और कन्या की कथा है। चौधरी वंश की सारी परंपराओं का संवहन करते हुए शंकरशरण ने सौ से अधिक वर्ष बिताए हैं। वैभव और विपन्नता के दोनों छोरों के अनुभव लेकर भी शंकरशरण में चौधरी वंश के विशुद्ध रक्त की जो गरिमा प्रवाहित है, वह उन्हें एक महापुरुष के रूप में वरेण्य बनाए हुए है।

और स्वप्न, इनके बीच अंतर नहीं कर पाती। अपने अकेलेपन की पीड़ा का कारण तो वह नहीं जानती, परंतु उसे भूलने के लिए बुआ की लड़की लाभा, अपना छोटा भाई (छोटे), कुतिया गिन्नी, नौकर मंगतू, दाई का असामान्य-सा लड़का भोलू, देवी काली माता, फाक्सलैंड का कजिन भाई बीरू, चाचा के बंगले के क्वार्टर में रहनेवाली नथवाली औरत, उसका लड़का पहाड़ी—सबसे किसी-न-किसी स्तर पर, किसी-न-किसी क्षण में चिपकने का असफल प्रयत्न करती है और बदले में उसके अकेलेंपन की तीव्रता बढ़ती जाती है। कहीं तसल्ली नहीं। काया (इस लड़की का नाम) का एक परिवेश है, जिसने उसे अकेला कर दिया है। पिता दिल्ली में अकेले रहते हैं और परिवार को पहाड़ी प्रदेश में उन्होंने रख दिया है। काया के माथे पर अनजाने हाथ रखकर ममता व्यंजित करने में भी इस व्यक्ति को झिझक महसूस होती है। मां 'बड़ी' होती जा रही है (मां बननेवाली है।) और इसलिए अपने बच्चों से दूर अकेले कमरे में ही पूरे दिन व्यतीत कर रही है। मंगतू नौकर है और काया और मंगतू के बीच दुर्गंध की दीवार है (जो प्रतीकात्मक भी है।) जो अनुल्लंघनीय-सी है। छोटे और काया दोनों अकेले हैं और एक-दूसरे के अकेलेपन को मेटने के लिए असमर्थ हैं। इनका मानसिक रचाव ही कुछ ऐसा है, जो उन्हें भाई-बहन के रूप में घुलने-मिलने नहीं देता। काया अपनी मानसिक विशिष्टता से ही अकेली होने को अभिशप्त है, परंतु उसके परिवेश ने इस पीड़ा को अधिक गहनता दी है। तीनों का यह परिवार अपने निष्क्रिय होने की विवशता से अकेले जूझता हुआ संतप्त-सा एकांत पहाड़ी प्रदेश में रहता है—बारहों महीने लगभग एकरस-सी जिंदगी काट रहा है—काल जैसे थम गया है, जिंदगी ठहर गई है।

इस पहाड़ी प्रदेश में गर्मी के दिनों में आनेवाले निवासी बर्फ गिरने के समय इस छोटे-से परिवार को और भी अधिक अकेला बनाकर चले आते हैं। इनका साथ देती है लाल टीन की छतवाले मकान की मालकिन बूढ़ी जोसुआ, जिसने अनिर्दिष्ट कारणों से अकेला रहना स्वीकार किया। परंतु बुढ़ापे के असह्य दिनों में जोसुआ की असहायता, अकेलापन, नीरस जिंदगी की ऊबा देनेवाली निष्क्रियता और भी अधिक पीड़ा देती है। संवेदनशील पाठक के सामने जिंदगी के अकेलेपन का भयावह सर्व-समावेशक रूप ही खड़ा किया गया है—'लाल टीन की छत' उपन्यास में।

इस परिवेश का एक और महत्त्वपूर्ण घटक है—पहाड़ी प्रदेश की प्रकृति। निर्मल वर्मा ने जैसे प्रतिज्ञा की है, प्रकृति के हर बदलते रूप को 'मूर्त्त' करने की। यहां हर छोटी चीज शब्दों के माध्यम से 'व्यक्तित्व' धारण कर लेती है और पाठक की ऊब का भी कारण बन जाती है।

काया अकेलेपन से राहत पाने के लिए जैसे अपने परिवार में हर किसी से

जुड़ने का असफल प्रयास करती है, वैसे वह एक ऐसे परिवार में लाई जाती है जो उसी प्रकार अकेलेपन की पीड़ा से छटपटानेवाले लोगों का परिवार है। यह परिवार है काया के चाचा का। एक-दूसरे के प्रति संवेदना से परिपूर्ण होते हुए भी ये कुछ ऐसे आभिजात्य से मंडित लोग हैं कि साथ रहकर भी अलग-अलग ही रहना पसंद करते हैं। काया के चाचा, जो रिटायर्ड फौजी अफसर हैं, उर्वरित जीवन बिताने के लिए मकान ले चुके हैं कब्रिस्तान के पास वाला, जो कोई नहीं लेना चाहता था। उनकी पत्नी मर चुकी है, परंतु वह अपने अस्तित्व का कोई चिह्न नहीं छोड़ पाई। हां, अपने पुत्र बीरू को अवश्य अकेलेपन के समुद्र में ढकेल गई है। बीरू के पिता अकेले हैं और जिस नथवाली सुंदर मांसल युवती को वे ले आए हैं (जिसे बरबस चाचा ने अकेला रहने को बाध्य किया है।), उससे उनके संबंध भी प्रेम या आत्मीयता के नहीं, व्यावहारिक हैं—ठीक समय पर वहां जाते हैं, ठीक समय पर नियमबद्ध ढंग से चले आते हैं। इस परिवार के सदस्य 'काया' को पाकर कुछ प्रसन्न हैं, क्योंकि अपने-अपने ढंग से अपने अकेलेपन को भूलने का साधन-सा इन्हें काया के रूप में मिल जाता है। चाचा, बीरू और वह नथवाली औरत अपने-अपने ढंग से काया को खींचते हैं। इस खींचतान के बीच काया को अपने जीवन की कुछ सार्थकता भी मिलती है, कुछ अपने केंद्र से बाहर आने का अवसर भी; और काया प्रगल्भ होने लगती है। निर्मल ने बीरू और काया के बीच के अनामिक संबंध और काया और नथवाली औरत के बीच के मांसल संबंध बहुत ही कलात्मकता से अंकित किए हैं—जितने वे अमूर्त्त, अस्पष्ट और सूक्ष्म हैं, उतनी ही उनकी अभिव्यक्ति भी सूक्ष्म और व्यंजक मात्र है। यहां आकर काया अपने पूर्ववर्ती बचकाने जीवन को भूलना चाहती है—मंगतू के फाक्सलैंड आने की छोटी-सी घटना के आगे-पीछे काया की अनुभूतियों का कलात्मक जाल रचाकर निर्मल ने यह व्यंजित किया है।

काया अपने पिता के साथ वापस लौटती है, तो बड़ी हो गई होती है और यह बड़े होने की प्रक्रिया उसके मन में खलबली-सी मचाए रहती है। (वस्तुतः समस्त अकेलेपन की व्यथा को इतना गहन आकार देते हुए इस 'बायालॉजिकल' घटना पर लाकर उसे विदीर्ण करना और उसे भी रहस्यमय रूप देना इस उपन्यास के प्रभाव को पूर्णतः खंडित करता है।)

निर्मल वर्मा ने उसे अकेलेपन की पीड़ा से छुटकारा पाने का एक उपाय संकेतित किया था—दूसरों की पीड़ा भोगकर सूली पर चढ़नेवाले थीसू के गिरजाघर का संकेत। परंतु इस आधुनिक मनहूस दुनिया में इस प्रार्थना मंदिर की लड़कियां भी चुरानेवाले और बेचकर खानेवाले लोग हैं। बीच में बीरू के पियानो का भी संकेत है।

निर्मल वर्मा के उपन्यास को कल्पना के स्तर पर पुनः सृष्ट करना पड़ता है,

फिर भी यह विश्वास नहीं हो पाता कि यह रूप सही है, क्योंकि निर्मल वर्मा पाठक के लिए नहीं लिखते। अपने अंदर का ज्वार बहुत ही परिश्रमपूर्वक बाहर निकाल देने को मानो वे विवश हैं। कार्य-कारण संबंध, घटनाओं के बीच किसी प्रकार का परंपरा से ग्राह्य संबंध, किसी विशिष्ट दर्शन या जीवन-दृष्टिकोण को आधार बनाकर रचना करने की पद्धति—सबको निर्मल वर्मा ने ठुकरा-सा दिया है।

निर्मल वर्मा के पात्र भी उपन्यास को अलग वैशिष्ट्य देते हैं। ये पात्र जबर्दस्त रूप में आत्मकेंद्रित हैं, अपनी ही स्मृतियों की गंध में उलझते रहते हैं। अतीत ने उन पर कुछ ऐसी शिला रख दी है कि उसे वे कुदाली से खोद-खोदकर, खुरचकर हटा देने का असफल प्रयास करते रहते हैं। अतः ये पात्र निष्क्रिय, ठहरे हुए हैं, परंतु भीतर से अतिशय चौकन्ने, सतर्क और हर क्षण खतरे की आशंका से भयभीत। दूसरों के साथ संबंध स्थापित करना जैसे उनके आभिजात्य को गंवारा नहीं। कोई जबर्दस्त 'सेंसर' इन्हें मांसल और खुरदरी भूमि पर आने ही नहीं देता। अगर कभी अवचेतन मन की शक्ति से कहीं कल्पना में भी मांसलता पर उतरते हैं, तो आत्मग्लानि के तीव्र ताप से बेचैन होते रहते हैं। छोटे-छोटे झूठों पर वे शर्म से बेपानी होते हैं। इतनी निष्पापता इन पर लेखक द्वारा थोपी जाती है कि वे अविश्वसनीय भी लगने लगते हैं। जितने अमूर्त्त, अस्पष्ट, मायावी और छलना से भरे इनके आपसी संबंध होते हैं, उसी प्रकार उनकी व्यंजना भी निर्मल करते हैं। अपने बीते जीवन की स्मृतियों का पुनर्सृजन करनेवाले ये पात्र इतने कल्पना-जीवी भी होते हैं कि कभी कल्पना से सृजित घटनाओं को ही घटित का स्थान देते हैं। प्रत्यक्ष घटनाओं की स्थूलता की अपेक्षा उनसे संपृक्त मानसिक उद्वेलन, यादों का समुद्र उनके लिए सब कुछ है। इनकी अतिशय संवेदनशीलता के कारण इतनी वैयक्तिकता आ जाती है कि साधारणीकरण असंभव हो जाता है। इनके अनुभव-संसार को पाठक अपनी हार्दिकता से नहीं, बुद्धि से पकड़ने को बाध्य हो जाता है। ये पैदाइशी अकेले व्यक्ति हैं और कोई सामाजिक, राजनीतिक स्थितियां दूर से भी इन तक नहीं पहुंचतीं। अपनी ही तीव्र संवेदनाओं के बंदी ये चरित्र (वस्तुतः चरित्र के लिए जो दृढ़ता अपेक्षित होती है, वह इनमें अंश-भर भी नहीं होती।) एकांत द्वीप की तरह एक-दूसरे से दूर और असंपृक्त रहते हैं। ये बाहर से अमुखर लगते हैं–जब बोलते हैं तब लगता है कि कहीं तल तक दबी हुई चीज खींच-खींचकर बाहर निकालने का असफल श्रम ये कर रहे हैं। इनके आपसी संबंधों का ऐसा सूक्ष्म-सा रहस्यमय जाल निर्मल वर्मा बुनते हैं कि उसे सुलझाने-समझाने में पाठक भी ऊब जाए।

निर्मल वर्मा का यह उपन्यास एक दूसरे अर्थ में क्लासिक अवश्य होगा—क्लासिक की एक परिभाषा की गई है : जिसे आदर तो दिया जाता है, लेकिन पढ़ा

नहीं जाता। पाठकों के प्रति अत्यधिक निर्ममता निर्मल वर्मा की रचनाओं के प्रति उदासीनता उत्पन्न करती है। ऐसा भी बीच-बीच में लगता है कि बहुत मूल्यवान शक्ति का अपव्यय अत्यंत क्षुद्र चीजों पर किया जा रहा है। निर्मल वर्मा कभी कुछ शब्दों का उपयोग नितांत वैयक्तिक रूप में करते हैं—जैसे, पाप, अश्लील, ईश्वर इत्यादि। चीजों की और उनके संबंधों को कुछ रहस्यमय ढंग से प्रस्तुत करने की ज्यादती के कारण कभी नगण्य को भी हास्यास्पद महत्त्व मिल गया है। निर्मल का यह उपन्यास पढ़ते समय बार-बार जापानी गीशा की चाय बनाने की प्रक्रिया याद आती रही। एक कप चाय बनाने के लिए घंटे-दो घंटे का 'रिच्युअल'! अगर मतलब चाय से हो, तो महान बोरियत होगी और 'रिच्युअल' में सन्निहित कलात्मक सौंदर्य को देखा जाए, तो कुछ सार्थकता की अनुभूति।●

'मुरदाघर' : नागर जीवन का कोढ़

जगदबाप्रसाद दीक्षित के प्रथम उपन्यास 'कटा हुआ आसमान' ने जीवन के कटु यथार्थ को रूपायित करने की उनकी क्षमता एवं सार्थक प्रयोगधर्मिता के प्रति आश्वस्त किया था। सुखद बात है कि उनके दूसरे उपन्यास 'मुरदाघर' ने उनके लेखन के प्रति औत्सुक्य भाव को अधिक तीव्र कर दिया है।

'कटा हुआ आसमान' में मध्यवर्ग के बुद्धिजीवी की आर्थिक और नैतिक समस्याओं की जटिलता का तीव्र संवेदन कराया था, परंतु कुछ रोमांटिक वातावरण की गुंजाइश भी उसमें थी और जाने-अनजाने लेखक ने कुछ लोकप्रियता के सस्ते साधनों का उपयोग भी कर लिया था। परंतु 'मुरदाघर' में दीक्षितजी को हम नितांत भिन्न जमीन पर देखते हैं। 'कटा हुआ आसमान' के केंद्रीय पात्र का अनुभव-संसार दीक्षितजी का अपना परिवेश था, परंतु 'मुरदाघर' के बारे में ऐसा कुछ आक्षेप नहीं किया जा सकता। इधर के उपन्यासों में कथा-तत्त्व एवं मनुष्य के दृढ़ चरित्रों के तिरोहित होने के साथ मनुष्य को फालतू, निरर्थक और असंगत बनानेवाले बाह्य परिवेश का तथा मनुष्य और मनुष्य के बीच के संबंधों का चित्रण केंद्र में आने लगा है। परिणामतः उपन्यासकारों का ध्यान मनुष्य जीवन के विविध चित्र चरित्रों के माध्यम से उपस्थित करने के बजाय विभिन्न क्षेत्रों की खोजकर अध्ययन और निरीक्षण के आधार पर उन क्षेत्रों के जीवन-व्यापार को प्रस्तुत करने की ओर अधिक होता दीखता है। 'मुरदाघर' के लिए सर्वथा अनछुआ क्षेत्र चुनकर दीक्षितजी ने अनगोड़ी जमीन को खोदने का महत्त्वपूर्ण कार्य किया है।

बंबई महानगरी के नारकीय जीवन को उपन्यास का क्षेत्र बनाकर लेखक ने जीवन के कटु, गंदे और घोर रूप में वीभत्स यथार्थ को कलात्मक स्पर्श देते हुए जीवित किया है और लोकप्रियता के सभी नुस्खों का पूर्णतः परित्याग कर जोखिम भी उठाया है। यह यथार्थ रेल लाइन की ढलान पर बसी झोपड़पट्टी की वारांगनाओं के जीवन का है। रेल से यात्रा करते समय सुबह-शाम झोपड़पट्टी के जीवन के घिनौने रूप की झलक मात्र देनेवाले जो दौड़ते दृश्य और बदबूदार झोंके आते रहते हैं, वे सामान्यतः सुविधा-भोगी आदमी को असह्य लगते हैं। 'मुरदाघर' में

उस जीवन के सभी भयावह रंग, असह्य गंधें, वीभत्स रस और सिहरानेवाले रूप मूर्त किए गए हैं। यह दुनिया बड़ी घिनौनी है। जवानी की देहली पर पैर रखने वाली युवतियों से लेकर बुढ़ापे के कारण कंकालवत् शरीर को भी घृणित रूप में सजाकर देह-विक्रय करने को बाध्य औरतों की यह दुनिया है। इसमें धोखा खाकर, भुलावे में पड़कर या निरुपाय होकर औरतें आती हैं और जीवन की वीभत्सता से धीरे-धीरे समझौता कर लेती हैं— ग्राहकों को धोखा देकर पटाने भी लगती हैं। खून की अंतिम बूंद तक निचुड़ जाती हैं। भुखमरी, जेल-जीवन की भयानक यंत्रणा, हर तरह के बदबूदार रोगों से ग्रस्त होकर शरीर को गलाने और सड़ने देने की मजबूरी, मृत्यु के समीप घिसटते जाने की लाचारी, सुविधा-भोगी व्यक्ति की कल्पना से भी परे पशु से बदतर जिंदगी की यातनाओं को भोगने की मजबूरी, चौरासी लाख योनियों के बाद मिले मनुष्य जीवन का यह फेरा पूरा करने के लिए पल-पल बहनेवाले पीड़ादायी व्रण की टीस—यह इस दुनिया का यथार्थ है। न जीवित रहते मानवोचित सम्मान का स्पर्श इन्हें मिलता है न मृत्यु के बाद ढंग से दहन या दफन का हक।

इस संसार के केंद्र में हैं झोपड़पट्टी की इन औरतों की मिचली उत्पन्न करने-वाली जमात। इनको घेरे हैं रात-दिन काम की चक्की पीसनेवाले कुली-मजदूर, चाय, दूध, कबाब, रगड़ा-पाव बेचनेवाले मामूली पेशेवाले, मजदूरों को कच्ची दारू बेचनेवाला किस्तैया, रंडी का पैसा मारनेवाला मनचला, रगड़ा-पाव खिला-कर काम साधनेवाले मजदूर, दो बीड़ी का जुआ खेलनेवाले और कुत्तों के लिए फेंके गए गले-सड़े बदबूदार अन्न पर झपट पड़नेवाले आवारा छोकरे, जवान औरतों से खिलवाड़ करनेवाले टैक्सीवाले और ड्राइवर, पियक्कड़ मजदूरों को अंधेरे में धोखा देकर धंधा करनेवाले हिजड़े। इसी बस्ती में रहते हैं, जव्बार जैसे चोर-तड़ीपार किए गए, परंतु औरत और बच्चे के लगाव से खिंचकर चोरी-चुपके आनेवाले और पुलिस के पंजों में पड़कर मसल दिए जानेवाले इंसान। इस दुनिया के एक ओर रहते हैं शिष्ट, सभ्य, सफेदपोश लोग; जिनमें तस्करी करने वाले भी हैं जो पुलिस को हफ्ता देते रहते हैं और स्वाभाविकतः इस दुनिया को रौंदने के लिए आते हैं पुलिस के सिपाही, हवलदार, इंस्पेक्टर।

पहले प्रकरण में अपनी दुनिया का यह वीभत्स परिवेश विलक्षण रूप में जीवंत कर उसमें अधिक गहराई, तीव्रता और सप्राणता उत्पन्न करने के लिए लेखक ने विशेष दृष्टि केंद्रित की है मैना और पोपट पर, जव्बार और रोजी पर, प्रेम के नशे में भागकर आनेवाली अच्छे खानदान की लड़की पर। फिर भी इनके चित्रण में लेखक इन्हें इतनी विशिष्टता नहीं देता कि परिवेश से ये अलग दिखाई दें और यही स्वाभाविक भी है। औरत और बच्चे का पेट पालने के लिए चोरियां करनेवाला जव्बार तड़ीपार कर दिया जाता है, परंतु अपनी अनुपस्थिति में

औरत के वारांगना बन जाने की आशंका से और बच्चे के मोह से जब्बार बस्ती में लौट आता है। अपनी हड्डियां ग्राहकों के सामने फेंककर अपने पति पोपट का और बच्चे राजू का पेट पालनेवाली मैना निकम्मे पति से नाराज है, ऊब गई है, गुस्सा हुई है, परंतु बार-बार उसके बहकावे में आने को बाध्य है। इस संसार में एक-दो रुपयों के लिए छीना-झपटी और झगड़ा करनेवाली औरतें हैं—गंदी, बदबूदार। इनको भयानक रूप में पीड़ित करनेवाली पुलिस की यंत्रणा भी है। लेकिन इस जिंदगी में भी कहीं मनुष्य दुबका हुआ है, जिसे लेखक ने बड़ी कलात्मक सूझ-बूझ से देखने का प्रयास किया है। यह मनुष्य प्रकट होता है जब्बार के बच्चे के प्रति प्यार में, जब्बार और कोढ़ी रोजी के निरभिलाष मानवीय संबंधों में, मरने के लिए पैदा हुए मरियम के बच्चे पर उंड़ेल दिए जानेवाले सहज मानवीय प्रेम में, पाइप में बच्चा जनते समय असह्य पीड़ा से व्याकुल मरियम का साथ देनेवाली निर्धन वारांगनाओं में, धोखा खाकर आनेवाली युवती को वापस घर चले जाने की सलाह देनेवाली औरतों में, कोढ़ियों को बांटा जानेवाला खाना खानेवाले राजू के लिए तिल-तिल टूटनेवाली मैना में, जेल के साथी के पैरों में पड़े घाव की पीब साफ करनेवाले नत्थू में, पोपट के रेल के नीचे कटकर मर जाने पर पुराना झगड़ा भूलकर मैना के साथ 'मुरदाघर' तक जानेवाली बशीरन में, अपने जीवन को बर्बाद किए जाने पर भी 'मुरदाघर' में मरे पोपट को देखकर असह्य पीड़ा में रोनेवाली मैना में। भयानक जिंदगी के चक्र के नीचे पिसती जानेवाली इन बेसहारा रंडियों के जीवन में मनुष्यता की जो दूब समस्त यातना के बीचों-बीच उगती दिखाई देती है, उसे लेखक ने कुशलता से उभारकर अपनी कलात्मक क्षमता, निरीक्षण की अनेकांगिता और संतुलन का ही परिचय नहीं दिया है, अपने भीतर से एक अच्छे मनुष्य होने का भी प्रमाण दिया है। इसी कारण यह उपन्यास एकांगी नहीं लगता, किसी विशिष्ट राजनीतिक या सांस्कृतिक मतवाद का समर्थन नहीं करता दिखता।

लेखक ने जिंदगी के विविध रूप एवं दृश्य प्रस्तुत किए हैं। बहुत बार अनावश्यक पुनरुक्ति भी हुई है, परंतु संभवतः वह पुनरुक्ति वातावरण का सतत् भान कायम रखने के लिए जरूरी भी हो गई है। ग्राहकों को पटाने के लिए औरतों की हरकतें, हवालात की जिंदगी का भयानक यथार्थ, पुलिस के लोगों की हिंस्रता और जब्बार का उनके साथ रोंगटे खड़े करनेवाला संघर्ष, कोढ़ी रोजी के बांझ सपने और निष्फल आशाएं, निर्धन रंडी के बच्चा जनने के प्रसंग, जब्बार और मैना की क्रमशः गहराती यातना—ये कुछ ऐसे पहलू हैं जिनके सफल चित्रण से उपन्यास को एक ऊंचा स्तर मिला है।

प्रस्तुत उपन्यास की भाषा अपने आप में एक उपलब्धि है और केवल भाषा के लिए भी यह उपन्यास हिंदी औपन्यासिक साहित्य में विशिष्टता प्राप्त कर सकता

है। यह भाषा मराठी से प्रभावित बंबई की हिंदी है, जो प्राय: बंबई के आम लोगों की भाषा है—अहिंदी-भाषियों की, जिन्होंने कभी हिंदी को भाषा के रूप में नहीं सीखा। झोपड़पट्टी की वारांगनाओं के जीवन का यथार्थ अन्य किसी भाषा में प्रकट होना असंभव था। गालियों, अशिष्ट शब्दों के प्रचुर प्रयोगों और विशिष्ट जीवन की खास शब्दावली के कारण भाषा के स्तर पर यह रचना अप्रतिम हो गई है। इसमें कहीं-कहीं आंतरिक आवेग से बोलचाल की लय को लेकर काव्यात्मकता उत्पन्न होती है। वस्तुत: भाषा और शिष्टता के संस्कारों से पूर्णत: रहित व्यक्तियों के जीवन को व्यक्त करते समय लेखक को कितनी ही चुनौतियां झेलनी पड़ती हैं। भाषा की ध्वन्यात्मक शक्ति का प्रचुर उपयोग लेखक ने किया है। जीवन-विषयक कितने ही सत्य सहज और बेबाक रूप में व्यक्त होते रहते हैं।

लेखक पाठकों को यह प्रतीति गहन रूप में करा देने में समर्थ हुआ है कि महानगरी की विष्ठा स्वरूप यह समूची बस्ती 'मुरदाघर' बन गई है। इस क्षेत्र को संभवत: पहली बार (झोपड़पट्टी की इन औरतों का यथार्थ और धनी वारांगनाओं का विलासमय यथार्थ—दोनों की किस्म ही अलग है।) अंकित करते हुए उसे पूर्णत: 'एक्जास्ट' (नि:शेष) करने का श्रेय जगदंबा प्रसाद दीक्षित को दिया जा सकता है और किसी भी लेखक के लिए यह कम गौरवपूर्ण बात नहीं है।●

अनुत्तर योगी (भाग 1, 2)

श्री वीरेन्द्रकुमार जैन की तीन खंडों में समाप्त होनेवाली रचना 'अनुत्तर योगी' अनेक दृष्टियों से विशिष्ट मानी जाएगी। अब तक प्रकाशित दो खंडों की यह समीक्षा है। उनके महानायक महावीर वर्द्धमान ने अपने समय की सामाजिक, धार्मिक और राजनैतिक व सांस्कृतिक गतिविधियों के विरोध में अपनी समस्त शक्ति को खड़ा कर इतिहास-चक्र को उलटा देने की प्रतिज्ञा की थी। कुछ उसी प्रकार वीरेन्द्रकुमार भी हिंदी की औपन्यासिक धारा के प्रतिरोध में अपना स्वर बुलंद करते प्रतीत होते हैं। इधर सामान्यत: उपन्यास की गति रोमांटिकता से यथार्थ की ओर है और अपने क्रम में उपन्यास साहित्य ने उत्तरोत्तर अलौकिकता, आध्यात्म और धार्मिकता का प्रखर निषेध करते हुए लौकिकता, ऐहिकता और अधार्मिकता को ही स्वीकार कर लिया है। यहां तक कि भौतिक धरातल पर भी रहस्यात्मक अनुभव के लिए गुंजाइश है, होनी चाहिए; इस बात को स्वीकार करने की स्थिति में आधुनिक मन कम है। उपन्यास के नायक भी क्रमश: सामान्य, साधारण, नि:शक्त होते-होते फालतू बनते जा रहे हैं। परिवेश की सर्वग्रासी मार से पीड़ित और विद्ध यह साधारण आदमी बिखरकर व्यक्तित्वहीन होता जा रहा है। ऐसे समय वीरेन्द्रकुमार ने विराट् व्यक्तित्व और दुर्द्धर्ष शक्ति से युक्त नायक को प्रस्तुत करने का प्रयास किया है। इसमें एक ओर विलक्षणांश भी है। इधर आधुनिकता के प्रति कुछ ऐसा एक शब्द-मोह साहित्यकारों पर हावी होता जा रहा है और यह भ्रम पैदा होने लगा है कि परंपरा और प्राचीन संस्कृति के प्रति पूर्ण उदासीनता आधुनिकता का लक्षण है। वीरेन्द्रकुमार के मन में न ऐसा मोह है, न आधुनिकता के साथ आनेवाली कुछ स्वस्थ निहितार्थों के प्रति परहेज है। वीरेन्द्रजी के मन में आध्यात्मिक सत्ता तथा उसके साथ आनेवाले अनुषंगों के प्रति किसी प्रकार का किधाभाव नहीं है, न ही उस प्रकार की आस्था के साथ आज के शिक्षित व्यक्ति में उत्पन्न होनेवाला संकोच भी है। भारत की पौराणिक एवं मिथिकल विराट् कल्प-सृष्टि के ज्ञान के साथ उसके अस्तित्व के प्रति भी कहीं संदेह उनके मन में नहीं है। जितना दृढ़ परिचय आपका मार्क्स, फ्रायड इत्यादि

आधुनिक विचारकों की प्रणालियों से है उतना ही विदग्ध परिचय भारत की समस्त दार्शनिक प्रणालियों से भी है। जीवन की एक स्वस्थ, स्थायी, सृजनधर्मी प्रवृत्ति के रूप में रोमांटिक प्रवृत्ति को वे स्वीकृति ही नहीं देते बल्कि उनका समस्त सृजन रोमांटिक कल्पना की समृद्धता से प्रभावित भी है। जिस प्रकार का उपन्यास आप लिखना चाहते थे उसके लिए अधिक योग्य लेखनीय व्यक्तित्व आज हिंदी में निर्दिष्ट करना मुश्किल है।

इस उपन्यास को लिखते समय वीरेन्द्रजी ने ऐतिहासिक तथ्यों एवं सत्य का बंधन स्वीकार नहीं किया है यद्यपि उन सबसे उनका परिचय है। एक तो महावीर के जीवन के संबंध में इतने ऐतिहासिक तथ्य भी ज्ञात नहीं हैं और दूसरे वीरेन्द्रजी की रोमांटिक वृत्ति ऐतिहासिक या भौगोलिक तथ्यों की जकड़बंदी में अटककर कुंठित होना अस्वीकार करती है। महावीर वर्द्धमान के जीवन के स्थूल तथ्यों को तथा उनके अतिमानवी व्यक्तित्व के प्रति सामान्य जनमानस में व्याप्त प्रभावों को उन्होंने खाद के रूप में अपनी सृजन प्रेरणा के तकाजों के अनुसार ही रची है। इस प्रकार ऐतिहासिक व्यक्तित्व के संबंध में लेखक कितनी छूट ले सकता है, यह एक विवाद्य प्रश्न है। वह महत्त्वपूर्ण होते हुए भी यहां नहीं उठाया जाएगा। लेखक को एक सीमा तक उसकी रचना की मूलभूत शर्तों पर ही जांचना समीचीन होगा। महावीर के जीवन के उपलब्ध स्थूल तथ्य लेकर अपनी प्रचंड कल्पना-शक्ति से अनेक प्रसंगों, पात्रों और मौलिक भाष्यों को निर्मित कर वीरेन्द्रजी ने यह सर्वथा स्वतंत्र चरित्र उपन्यास लिखा है। इसमें शब्दों के मिथकों की जो सृष्टि की गई है वह अनेक बार प्रभावी दृक्-प्रतयय देकर चकित करती है।

फिर भी आज का पाठक वीरेन्द्रजी की रचना का आस्वादन करते समय अनेक प्रकार की कठिनाइयां अनुभव करता है। पुराचीन अमानवीय व्यक्तित्वों तथा उनसे संबद्ध दिव्य कथाओं तथा मिथकों को बुद्धिवादी नजरिये से परिभाषित करने का तथा उनके अलौकिक में लौकिक तत्त्व देखने का कुछ ऐसा अभ्यास हो गया है कि जिस आत्मीय निष्ठा और अबाधित विश्वास के साथ वीरेन्द्रकुमारजी उनका उपयोग कर लेते हैं उससे अपने आस्वादन का तालमेल रखना असंभव हो जाता है। आज के बौद्धिकों की संकीर्णता का निर्देश करते हुए जिस पाठक-वर्ग का उन्होंने हवाला दिया है वही उनका सच्चा पाठक-वर्ग है लेकिन दुर्भाग्य से यह पाठक-वर्ग श्रद्धापूर्वक पढ़ भी लेता है तो उसकी चर्चा नहीं करता। वीरेन्द्रजी ने जैन आगमों तथा अन्य पुराचीन साधनों से उपलब्ध महावीर वर्द्धमान के जीवन की अतिमानुषी घटनाओं को ही नहीं, उस समय के अद्‌भुत वातावरण को भी बिना किसी बौद्धिक कचोट के स्वीकार कर लिया है। ब्रह्माजी के गर्भ का क्षयाणी के पेट में स्थानांतरण, महावीर के जन्म के समय अगणित रत्नमणियों की वृष्टि, इंद्र तथा अनेक देवी-देवताओं का आगमन, पैर के अंगूठे से पर्वत शिखर

को दबाना और ब्रह्मांड में हलचल पैदा करना, पुराणों में वर्णित अनेक लोक, पक्ष, किन्नर, गंधर्व इत्यादि सृष्टियों का अस्तित्व तथा उनका मनुष्य सृष्टि से साक्षात् इत्यादि बातों का उपयोग करते समय कहीं कोई बौद्धिक कशमकश का परिचय वीरेन्द्रजी नहीं देते। इसका एक कारण यह भी है कि अतिमानवी महावीर के व्यक्तित्व की विराट् परिकल्पना के लिए यह सब आवश्यक भी था। मिथिकल मायाजाल के चाक्षुस्-प्रत्यय प्रदान करने में वीरेन्द्रजी को सफलता मिली है। लेकिन यह बराबर लगा रहता है कि यह चित्र-सृष्टि है। इससे भी महत्त्वपूर्ण अड़चन उनके द्वारा रचित विराट् नायक को लेकर होती है। वे ऐतिहासिक महापुरुष नहीं रह गए हैं लोकोत्तर अद्वितीय अवतारी पुरुष भी नहीं। वीरेन्द्रजी ने अपने नायक को तमाम पौराणिक दिव्य घटनाओं एवं कृतित्व से युक्त दिखाया है। समस्त दिक् और काल के चक्र की गति को प्रवर्त्तित करने की अति दिव्य शक्ति से समन्वित इस सम्यक् ज्ञानी व्यक्तित्व में मानवीय विकास की कोई संभावना ही नहीं रह जाती। जो मूलतः अलौकिक शक्तियों को लेकर ही अवतीर्ण हुआ है उसके विकास का प्रश्न ही कहां उठता है? फिर सम्यक् ज्ञानी एवं अंत:स्फूर्ति से परिचालित होनेवाले व्यक्तित्व में आंतरिक स्फुरण की सत्यता पर इतना अबाध विश्वास होता है कि किसी प्रकार की छटपटाहट, द्विधा, रोक-टोक, किंकर्त्तव्यता का बोध उनमें उत्पन्न नहीं होता। इनको कोई तलाश नहीं होती, अंवेषण की मजबूरी नहीं होती। इनमें आंतरिक परितृप्ति होती है, प्रचंड आत्म-विश्वास होता है क्योंकि कोई अनुत्तरित प्रश्न इनको कष्ट नहीं देता। भय, व्याकुलता, घृणा, गुस्सा जिज्ञासा, जुगुप्सा इत्यादि भावों का कोई स्थान इनके व्यक्तित्व में नहीं होता। ऐसे व्यक्तित्व सामान्यों से कुछ ऐसे ऊंचे होते हैं--नीत्से के सुपरमैन की तरह। सामयिक जीवन की कठोर वास्तविकता से परिचित होकर भी वीरेन्द्रजी में वही सुपरमैन के अवतरण की प्रतीक्षा है। (पर स्थितियों के प्रति प्रतिक्रिया सरलीकरण का शार्टकट है।) सुपरमैन के नायक होने का परिणाम शिल्प एवं शैली पर भी पड़ा है। वर्द्धमान के बाल-जीवन का अलौकिक वर्णन उन्होंने किया है, घटनाओं और प्रसंगों के साथ व्यक्तित्व की टकराहट के माध्यम से औपन्यासिक विकास दिखाने के स्थान पर लंबे संवादों, स्वगत भाषणों या लक्षावधि श्रोताओं को उद्देश्य कर दिए गए प्रवचनों से अधिकांश उपन्यास को भरना पड़ा है। अंतर्मुखी व्यक्तित्व के सूक्ष्म संवेदन ये नहीं हैं, भावात्मक उद्वेलन की वेदना नहीं है। अंतिमत: लोक-मंगल एवं विश्व-कल्याण में आश्वस्त प्रचंड आत्मविश्वासपूर्ण व्यक्तित्व में पीड़ा-बोध के लिए गुंजाइश ही कहां? इस अतिमानवी व्यक्तित्व के प्रति संवेदना के स्तर पर तन्मयता प्राप्त करना पाठक के लिए मुश्किल हो जाता है। सभी नारियों से दुग्धपान की इच्छा, व्याघ्र और सर्पराज के साथ क्रीड़ा, जन्म-पुनर्जन्म चक्र, विलक्षण यात्रा-प्रसंग, आकस्मिक संयोग से धनवनान्तर

में मिलनेवाली नारी, स्त्रियों के साथ एक ही समय पत्नी, प्रेयसी और माता के संबंध—यह सब चलचित्र की तरह आंखों के सामने से निकल जाता है तब पाठक अवाक् देखता रहता है—तन्मयता उत्पन्न नहीं होती। वर्द्धमान विवाह में प्रवृत्त हो जाए इसलिए विभिन्न राज्यों से सुंदर राजकन्याएं इकट्ठी की जाती हैं। (अभिजातीय वर्ग की नैतिक अवधारणाओं के संदर्भ में इसकी संभावना को लेकर प्रश्न उठाया जा सकता है लेकिन वीरेन्द्रजी की रोमांटिक सृष्टि में ऐसे प्रश्नों के लिए स्थान नहीं है।) इन सबके साथ एक ही समय अतींद्रिय स्तर पर महावीर के जो संबंध दिखाए गए हैं उनकी विश्वस्नियता के प्रति पाठक का आश्वस्त होना असंभव है। आश्चर्य यह है कि जो रति सुख सिद्धयोगी महावीर को बिना रमण उपलब्ध होता है, वह इन राजकन्याओं को भी। ये सभी परितृप्त और सुखी हैं इसे स्वीकार करने के लिए शायद यौगिक मनोविज्ञान के आलोक की सहायता ही चाहिए। फिर मानसिक रतिसुख अगर निषिध नहीं है, उलटे वह कमनीय है तो फिर इंद्रियों के प्रति निषिद्ध भाव क्यों ? यह रहस्यमयता अगर उपलब्ध चरित्र के बंधन से आई हो तो वैसा भी नहीं है । क्योंकि अपनी सृजनात्मक आवश्यकता के लिए वीरेन्द्रजी ने इतिहास और भूगोल की ही छूट नहीं ली है, लोक में, विशेषतः जैन-संप्रदायों में बद्धमूल संस्कारों से भी छूट लेने की बात स्वयं वीरेन्द्रजी ने स्वीकार की है। अक्षत कुमारिका ही महावीर की वधू हो सकती है, 'यह आग्रह क्यों ?' इतना ही जानता हूं कि मेरे पास से वियोगिनी नहीं योगिनी होकर ही लौटेंगी। जहां भी जाएंगी, अपने अंतर के पुरुष की अखंड सोहागिनें होकर रहेंगी।—इस सूक्ष्म भावभूमि पर आरोहण कर महावीर के अनुभव-संसार को आत्मसात् करना आज के पाठक के बस की बात नहीं है। महावीर के अन्यान्य नारियों के साथ संबंध इसी सूक्ष्म, आंतरिक, अलौकिक स्तर पर दिखाए गए हैं। यह बुद्धि से समझने की वस्तु हो सकती है, रसलीन होकर द्रवित होने की नहीं। ऐसा नहीं है कि वीरेन्द्रजी में प्रसंगों को रसात्मक बनाने की क्षमता नहीं है। वैयर्तयी और वर्द्धमान, चंदनमौसी और वर्द्धमान के संबंधों का चित्रण लेखक की क्षमता का प्रमाण तो देता है परंतु व्यक्तित्व की अतिमानवीय परिकल्पना बार-बार सारे प्रभाव को क्षीण कर देती है।

महावीर के सिद्ध व्यक्तित्व में जिस तरह विकास की गुंजाइश नहीं है उसी तरह उसके विचारों में भी दो-तरफा लेन-देन नहीं है। क्योंकि ऐसे मसिहाई व्यक्तित्व देने के लिए ही पैदा होते हैं। जब कोई व्यक्तित्व वैश्विक परिस्थितियों को एवं किसी व्यक्ति के मन को 'हथेली पर रखे आंवले की तरह पढ़ता रहता हूं' के दावे के साथ सामने आता है तब वैचारिक टकराहट के स्फुरण की आशा कम ही करनी चाहिए। फिर भी वीरेंद्रजी एक विचारक कलाकार हैं। अपने समय की दार्शनिक विचारधाराओं का उनका अध्ययन पुस्तकीय नहीं है, वह उनकी चिंतना

की वस्तु बन गया है। जीवन के प्रत्यक्ष प्रसंगों में दर्शन की पड़ताल करने के लिए छटपटानेवाले विरले लोगों में वीरेन्द्रजी का नाम लिया जा सकता है। महावीर के पूर्ववर्ती और परवर्ती विचार-व्यूहों से भी वीरेन्द्र का गहन परिचय दिखता है। गया राज्य की नींवों एवं स्वरूप के विशेषण में, अभिजात वर्ग के परस्पर संबंधों के बारे में, चेरकराज के साथ हुए संवादों में वीरेन्द्रजी की प्रखर चिंतना के सुखद दर्शन होते हैं। तत्कालीन राज्य-व्यवस्था के विशेषण में अंतर्भेदिनी पैठ उन्होंने दिखाई है। सामान्य समाज के प्रति वीरेन्द्र में गहरा लगाव है और वह जाति-व्यवस्था तथा तत्कालीन अभिजातीय वर्ग के कलात्मक विशेषण में सहज रूप से प्रकट होता है। जैन-दर्शन के विवेचन में वैचारिक संबद्धता से उत्पन्न ऊर्जा का सुखद प्रत्यय मिलता है। मार्क्स की द्वंद्वात्मक प्रणाली का प्रभाव वीरेन्द्रजी के समस्त चिंतन पर स्पष्ट है यद्यपि यह मार्क्स के बिलकुल विरोधी मूल तत्त्वों का प्रतिपादन करती है। अंबापाली को वे स्वतंत्र व्यक्तित्व तो नहीं दे सके परंतु उसकी स्थिति को लेकर समस्त अभिजातीय वर्ग की निर्घृण भोगवादी दृष्टि को निर्वस्त्र किया गया है। यह सब होते हुए भी उनके नायक का व्यक्तित्व विचारों की निरंतर चोट से विद्ध, आहत व्यक्ति का नहीं है, अतः उसमें गहन अंतर्द्वंद्व के लिए स्थान नहीं है—हेटारिक है। सुपरमैन को नायक बनाते समय वह सब शायद अटल हो जाता है।

प्रथम खंड में अनेक सूत्र अधूरे छोड़ दिए गए हैं। वैनतेयी, चंदन अभी अंधेरे में हैं। वैनतेयी-सोमेश्वर संबंध अधूरे रह गए हैं। खासकर "अदिति, तुम्हारी कोख से मेरा आदित्य जन्मे"— इस महावीर के आशीर्वाद के संदर्भ में उत्सुकता विशेष रह जाती है। पतन की पराकाष्ठा तक चले गए इतिहास-चक्र को उलटा देने की प्रतिज्ञा महावीर ने की है, गणराज्य की नींवें आमूलचूल हिला देने की अनिवार्यता बताई है। अब तक के तीर्थंकरों द्वारा प्रवर्त्तित मार्गों का लोक में गृहीत अधूरेपन को पूर्ण कर क्रांतिकारी मार्ग का निर्देश करने की हामी उसने भरी है, लोकोन्मुख क्रांति की अपूर्वता का भी आश्वासन महावीर ने दिया है। यह जिज्ञासा इसलिए अधिक तीव्र होती है क्योंकि स्वयं लेखक ने प्रस्थानिका में यह लिखा है : "स्वयं महावीर की संतानों ने ही अपने संप्रदाय कलह की वेदी पर, ठीक तीर्थंकरों की मूर्तियों के समक्ष, परस्पर भाई-भाई को कत्ल कर दिया है।"—इस वास्तविकता के साथ महावीर के विश्व-चक्र को उलटा देने की प्रतिज्ञा का तालमेल कैसे बैठता है, यह एक महत्त्वपूर्ण प्रश्न है जिसके लिए जिज्ञासा जागती है।

वीरेन्द्रजी अजस्र प्रतिभा के धनी (मुख्यतः) हैं। उनका विश्वास है कि परम गुह्य शक्ति के साक्षात्कारी वरदान से ही यह उपन्यास लिखा गया है। ऐंद्रिय, मांसल संवेदना का चित्र उत्पन्न करने की शक्ति वीरेन्द्रजी में प्रचुर मात्रा में है,

परंतु ऐंद्रिय-बोध के माध्यम से अतींद्रिय अनुभव को संप्रेषित करने का उनका यह प्रयास मुझ जैसे व्यक्ति को बहुत बार ऐंद्रिय-बोध तक ही सीमित कर गया। भाषा को अपनी ऊर्जा के आवेग में अनुशासित करने की ही नहीं, तोड़ने-मोड़ने की शक्ति भी उनके पास है। (फिर भी मैं रेलिंग, टाईल, बम-गोले, विज़न, प्लेन जैसे कतिपय शब्दों को सह नहीं सकता।) कभी लगता है अनुभव के चित्र उभारने के स्थान पर वर्णनात्मक प्रवाह में बहा ले जाने का मोह वीरेन्द्रजी पर अधिक हावी होता है। अतींद्रिय अनुभव के प्रति खुलापन होना चाहिए, इसे माना जा सकता है परंतु अतींद्रिय व्यक्तित्व (?) के प्रति समर्पित होकर उसकी ऐंद्रिय—अतींद्रिय, लौकिक-अलौकिक, भोग और योग की सीमा-रेखा पर सतत् गतिमान अभिव्यक्ति को झेलना मुश्किल हो जाता है—दोष शायद मेरा हो।

फिर भी यह उपन्यास पढ़ते समय बार-बार ऐसी लेखकीय शक्ति के दर्शन चकाचौंध करते हैं कि लगता है कि हम शायद अनधिकार प्रश्न उठा रहे हैं। फकीर से यह पूछना कि तेरे टेंट में कितने पैसे हैं— जैसा बोध पैदा होता है। यह मानना पड़ता है कि बौद्धिक दृष्टि से, संरचनात्मक कोण से अथवा सौंदर्यशास्त्रीय नजरिए से कतिपय दोषों की ओर इंगित करने के बावजूद भी यह रचना विशिष्ट है और किसी सुगठित रचना की सफलता की तुलनाएं इस प्रकार के महत्त्वकांक्षी उपन्यास की असफलता भी वरणीय है। इधर पाश्चात्य प्रभाव से हमारा साहित्य इतना प्रभावित है कि कभी-कभी पाश्चात्य वांङ्मय का हिंदी अनुवाद-सा लगता है। इस स्थिति में आधुनिक साहित्य में निरवान्मिस भारतीय रचना का श्रेय वीरेन्द्रजी को देना चाहिए। एक अतिशय महत्त्वाकांक्षी प्रयास कतिपय त्रुटियों के बावजूद महाबल के स्पृहिरंगों से चमत्कृत करता है।

वीरेन्द्रजी का यह बृहत् उपन्यास भारतीय है, इसका अधिक स्पष्टीकरण किया जा सकता है। इस उपन्यास का केंद्रीय व्यक्तित्व और उपन्यास का अनुभव समस्त भारतीय संस्कृति का एक विशुद्ध परिणमन है। वैज्ञानिक बुद्धिवाद के प्रभाव में आकर हमारा बौधिक पुराचीन जगत् के अतींद्रिय अनुभवों का, विराट् व्यक्तित्वों का तथा अतिमानवीय घटनाओं का या तो अविश्वास करने की मुद्रा में रहता है अथवा उन्हें बुद्धि-सम्मत पहराव देने का प्रयास करते हुए मूल मिथकीय अनुभव को ही नकार देता है। भारतीय योग साधना, ध्यान धारणा, भक्ति परायणता, अलौकिक चमत्कारों की वास्तविकता, केवलज्ञानी एवं त्रिकाल-चेता विराट् व्यक्तित्व की उपस्थिति में सहज आस्था, जन्म और मरण का शाश्वत सत्ता की सापेक्षता में लहर और समुद्र की तरह रिश्ता, जन्मजन्मांतरवाद और कर्मवाद में विश्वास, मूल सत्ता के गुणातीत रूप को स्वीकार करते हुए भी मनुष्य की दृष्टि से उसका चरम शिवत्व और सौंदर्य से संयुक्त होना, सभी गोचर द्वंद्वों एवं संघर्षों का अंततोगत्वा सत्ता की समरसता में विलयमान होना—

भारतीय संस्कृति के ये कुछ विश्वास 'अनुत्तर योगी' के अनुभव की मूल पीठिका है। लेखक स्वीकार करता है कि औपन्यासिक अनुभव की निगूढ़, सूक्ष्म, ऊंचाइयों एवं गहराइयों को साक्षात्कृत कराने में शब्द जुटाने का कार्य भगवती ने किया है। एक अलग संदर्भ में लेखक केवल माध्यम बनकर रह गया है। निश्चय ही इस उपन्यास में स्थान-स्थान पर कल्पना-शक्ति और फंतासी का जो चमत्कार है और उसके लिए उपयुक्त शब्द-शक्ति का वैभव परिलक्षित होता है वह सामान्य लेखक के बस की बात नहीं है। वीरेन्द्रजी के अनुभव-संसार में प्रवेश करते समय एक अनुभूत अपूर्व संसार के व्यूह में फंसना होता है—यह संसार पाप-पुण्य, पूर्व-जन्म, कर्म, आध्यात्मिक मनोबल, चमत्कार इत्यादि से जीवित हो गया है। इस अनुभव-संसार में फंसते समय बहुत बार ऊब और अजनवीयत का बोध होता है। समझदारी गोते खाने लगती है। फिर भी यह अवश्य लगता है कि इस अनुभव-समुद्र में डुबकियां लगाना अकारथ नहीं है।

द्वितीय खंड के परिशिष्ट में वीरेन्द्रजी ने अपने उपन्यास के दर्शन-पक्ष पर, कलात्मकता पर काफी प्रकाश डाला है और अपनी तरफ से अपने मौलिक प्रयास के कतिपय पहलू उजागर करने का प्रयत्न भी किया है। इस प्रकार के उपन्यास को लेकर वाचक-वर्ग में जो प्रतिक्रियाएं उभरने की संभावना है उसे देखते हुए यह अनुचित भी नहीं कहा जा सकता। द्वितीय खंड में महाभिनिष्क्रमण के बाद के साढ़े बारह वर्षों के तपश्चरण की और अतिमानव की आध्यात्मिक उपलब्धियों की, भौतिक संघर्ष और आत्मिक प्रसार की यह कथा है। आध्यात्मिक अनुभव को गूंगे का गुड़ समझकर शब्दों द्वारा उसके रहस्य को खोलने में असमर्थता व्यक्त की जाती रही है और कुछ संकेतों के द्वारा उस अनुभव की कुछ झलकियां मात्र दिखाई जाती रही हैं; उस अनुभव को शब्दों के सहारे व्यक्त करने की चुनौती को वीरेन्द्रजी ने स्वीकार किया और उसे भरसक निभाया भी है। यह द्वितीय खंड की मौलिकता का एक महत्त्वपूर्ण पक्ष है।

द्वितीय भाग की साढ़े बारह वर्षों की यह कथा वस्तुतः महावीर के व्यक्तित्वांतरण के अनुभव का लेखा-जोखा है। इसमें सामान्यतः तीन भाग है। प्रारंभिक भाग में महावीर के जीवन की अलौकिक कर्तृत्व की चमत्कारपूर्ण घटनाओं को पिरोया गया है। यह इस चरित्र-उपन्यास की अनिवार्यता भी है। रचना से तटस्थ होकर स्वयं लेखक ने स्वीकार किया है कि "लगभग सभी उपसर्ग इतने उत्कट और अमानुषिक है कि सर्व सामान्यता मानव-कथा इनमें घटित नहीं होती और न स्वयंभू महावीर का कोई मानक रूप हमारे सामने आता है। उसमें भय, आतंक, आश्चर्य, रोमांच और चमत्कार का बोध भले ही हो पर विशुद्ध मानवीय संवेदन की कोई गहरी अपील पैदा नहीं होती।" लेकिन एक बात लेखक के पक्ष में कही जा सकती है वह यह कि जैन मिथकों को चित्रांकित करते समय इन कथाओं को

आंतरिक अनुभूति में घोलकर प्रस्तुत किया गया है। अत: ये कथाएं महावीर के आंतरिक व्यक्तित्व में अंतर्भूत होकर प्रकट हुई हैं। फिर कथाओं को इस प्रकार प्रस्तुत किया गया है कि जैन धर्म के दर्शन का कोई-न-कोई सैद्धांतिक पहलू उसमें से उभर कर प्रकट होता है। महावीर के तपश्चरण के कतिपय वैशिष्ट्य, गुण एवं आयाम खुलते जाते हैं। चित्रांकन की मूर्त्तता ने इनकी एकरसता को तोड़ा है। गोशालक के चरित्र से एक अलग किस्म की राहत उत्पन्न हो गई है। उसको महावीर के आमने-सामने कर लेखक ने सिद्धि की सीढ़ियों पर चढ़ने के इच्छुक अधकचरे सिद्धों के ढोंग और ढकोसले का पर्दाफाश भी किया है।

लेकिन उपन्यास का दूसरा भाग सच्चे अर्थों में मानवीय तत्त्वों से युक्त हो गया है। वीरेन्द्रजी के अतिमानवीय शक्ति एवं व्यक्तित्व में विश्वास रखते हैं परंतु उनके लिए सबसे प्रिय एवं मूल्यवान मनुष्य ही है। सब प्रकार की शक्ति, सत्ता एवं कर्म की सार्थकता मानवीय हित के संदर्भ में वे स्वीकार करते हैं। उनके प्रथम भाग के लोकोत्तर महावीर भी इसी निष्कर्ष पर आते हैं। वस्तु, मन, आत्मा, परमात्मा सभी को अविरोध-भाव से सम्यक् रूप में ग्रहण करनेवाले महावीर, जो सर्वज्ञाता, सर्वदृष्ट, केवलज्ञानी हैं, द्वंद्व की मिठास के लिए स्थान ही कहां छोड़ते हैं? लेकिन जब अपनी कायोत्सर्ग समाधि से नीचे उतरकर चेलना, चंदना, त्रिशला के वेदना-जगत् से सरोकार दिखाने लगते हैं तब अधिक निकट के लगते हैं।

विश्वात्मक चेतना के स्वामी महावीर दिक् और काल के आयामों के विलीन होने पर सभी घटितों और संभावनाओं को एक साथ देखते हैं और जीते जाते हैं। इसकी किंचित् प्रतीति देना एक महान रचनाधर्मिता का प्रमाण है। वीरेन्द्र के महावीर केवल-ज्ञान की उपलब्धि के बाद भी एक व्याकुलता अनुभव करते हैं। (मैं हूं, कि नहीं हूं।) सर्वज्ञान पर्याप्त नहीं है, संवेदन चाहिए। और संवेदन से आगे बढ़कर शुद्ध आत्मवेदन चाहिए। "पूर्ण आत्मज्ञान बिना पूर्ण सर्वज्ञान संभव नहीं दीख रहा।" सर्वज्ञानी का आत्मज्ञानी की सीढ़ी पर आरोहण उपन्यास का तीसरा और अत्यंत मानवीय और रोचक अंश है। दर्शक के सर्वज्ञान की उपलब्धि को प्राप्त करते समय महावीर ने चंदना, चेलना, त्रिशला, आम्रपाली को भावनात्मक स्तर पर खो दिया था, शुद्ध आत्मवेदन के सहारे आत्मज्ञान की उपलब्धि करते समय महावीर पुन: मानवीय बन गए। (वैयक्तिक रूप में महावीर के मानवीय रूप के प्रति मैं आकृष्ट हूं परंतु शुद्ध दर्शन के धरातल पर यह क्रम कहां तक संगत है, इसके संबंध में मेरे मन में शंका है।) जो एक सत्ता को पहले से स्थापित कर उस तक पहुंचने का प्रयास कर रहे थे (और इस प्रक्रिया में मानवीय अस्तित्व की समस्याओं से उदासीन हो गए थे) वे अस्तित्व और अस्तित्व की समस्याओं से टकराने लगे। वीरेन्द्रजी के मन में मानवीय अस्तित्व पर हावी

होनेवाले ईश्वरीय तत्त्व के प्रति आस्था नहीं है, एक प्रकार का विद्रोह ही है और यह विद्रोह उनके चेलना, त्रिशला, चंदनबाला, आम्रपाली के माध्यम से सशक्त रूप में प्रकट हुआ है—विविध प्रकार से। चंदना और चेलना के वे सारे विद्रोह मानो फलीभूत हुए और मानवीय प्रेम के मूल्य की निष्पत्ति तक पहुंच गए। इस भाग में महावीर की तीव्र व्याकुलता, आध्यात्मिक अकेलापन और अतृप्ति, हर युग से एकाकार होकर मूल सत्ता से वेदना के स्तर पर एकाकार होने की छटपटाहट इत्यादि बातों का तीव्र और शक्तिपूर्ण प्रत्यय मिलता है। ऐसा लगता है कि दर्शन अनुभूति में घुलकर नाट्यात्मक हो गया है, चिंतन और अनुभावन द्रवीभूत होकर एकात्म हो गया है। वीरेन्द्र वहां ले जाते हैं जहां सब प्रश्न ही प्रश्न हैं–अनुत्तरित हैं। परंतु चेतना की सर्वव्यापकता एवं आत्मा की अखंड सत्ता को स्वीकार कर लेने के बाद सभी प्रश्नों का एक ही उत्तर मिल जाता है। सर्व दर्शनवती चेतना के महान एवं भव्य रूप की शब्दों के माध्यम से दी गई झलकियां मूल्यवान लगती हैं।

इस द्वितीय खंड का एक मनोरम पक्ष है महावीर की माता त्रिशला की वात्सल्य-भावना का विलक्षण सरी का स्वयांकंत चंदना के महावीर के प्रति मानसिक विद्रोह का और उसकी शोकपूर्ण भटकन का ट्रेजिक चित्रण भी प्रभावपूर्ण हो गया है। कायोत्सर्ग की ध्यानावस्था में महावीर और मगधाधिपति श्रेणिकराज के अहं की टकराहट का जीवंत चित्रण भी उपन्यास का मूल्यवान जीवंत प्रसंग है। इन दोनों के बीच झूलती चेलना की अनोखी मानसिकता का मनोवैज्ञानिक गहराई से किया गया अकन भी उपन्यास के सौंदर्य पक्ष का एक सशक्त अंश है। प्रथम भाग में जो कतिपय प्रश्न उठाए गए हैं, जो जिज्ञासाएं उभारी गई हैं उनका समुचित उत्तर द्वितीय खंड में भी नहीं मिलता परंतु एक महत्त्वपूर्ण प्रश्न का उत्तर प्रतीकात्मक स्तर पर दिया गया है। समस्त बाह्य सृष्टि को अपने बल से अंकित करनेवाले श्रेणिकराज अपने चरम वैभव, ऐश्वर्य, बल एवं प्रचंड सत्ता के बावजूद आम्रपाली के मानस पर अधिकार करने में असमर्थ हो जाते हैं जबकि उसकी आंखें महावीर की ओर लगी हुई हैं। बाह्य जीवन की समूची विजय भी श्रेणिकराज को शांति, मानसिक सुख नहीं दे सकी। इस उपन्यास की नारियां अतिमानवीय महावीर को मानवीय बना देती हैं तो श्रेणिकराज उसके अतिमानवीय रूप को देखकर पराजित हो जाते हैं। वस्तुतः समस्त बाह्य सृष्टि पर अनेक प्रकार से विजय प्राप्त करनेवाले श्रेणिकराज और उसे प्रेम से जीतनेवाले, उसके साथ आत्मभाव से संवेदित होनेवाले महावीर के बीच का संघर्ष दो व्यक्तियों के बीच का नहीं रह जाता। वह दो दर्शनों, दो विचारधाराओं, दो जीवन-दृष्टियों के बीच का संघर्ष है। एक महावीर की आध्यात्मवादी दृष्टि है और दूसरी श्रेणिकराज की भौतिकतावादी। यहीं पर पृथ्वी

के चक्र को उलटा देने की महावीर की प्रतिज्ञा की सार्थकता स्पष्ट हो जाती है। श्रेणिकराज राज्यों को जीत लेता है, सर्वश्रेष्ठ सुंदर स्त्रियों का भोग लेता है, अतुल भौलिक साधन उपलब्ध करता है। परंतु प्रश्न है—आगे क्या ? तृप्ति कहां ? क्यों नहीं ? और उसका उत्तर है—महावीर। श्रेणिकराज और महावीर दो प्रवत्तियों के पूंजीभूत, शक्तिपूर्ण और एकांतिक विग्रह हैं। प्रथम खंड में समस्त सम्राटों की आपसी ईर्ष्या और अहं का भीषण रूप दिखाकर द्वितीय खंड में ऐश्वर्य, योग, जयाकांक्षा के प्रतीक श्रेणिकराज बिंबसार की पराजय के द्वारा सृष्टि-चक्र के उलटा देने की बात स्पष्ट की गई है।

मृत्यु, शारीरिक और मानसिक पीड़ा, संत्रास, अकेलापन—अस्तित्व की ये समस्याएं आज की नहीं हैं। बुद्ध और महावीर दोनों को इन्होंने तह तक भेदा था। उनके मूलगामी उत्तर पाने की विकल खोज में दोनों ने चरम यातनाओं का वरण किया था, नियति से सामना किया था, सक्रियता का मार्ग अपनाया था। मानवीय कारुण्य और मानवीय मूल्य को सर्वोपरि मानकर अपने जीवन को समर्पित भाव से जिया था। आज जबकि इन अनुभूतियों का जुगाली करते रहने में मिलनेवाले एक विकृत रस के प्रति झुकाव है, बदले में अकर्मण्यता ही जीवन का लक्ष्य बनता जा रहा है। वीरेन्द्रकुमार की यह महावीर गाथा क्या विशेष प्रासंगिक नहीं लगती ? वीरेन्द्र की यह पौराणिक गाथा चिरंतनता के स्रोत खोजती हुई भारतीय परिप्रेक्ष्य में अस्तित्ववादी प्रश्नों की परंपरा का भी संकेत करती है। इसके गठन एवं सौष्ठव के संबंध में आपत्तियां उठाई जा सकती हैं परंतु कुछ शिल्प ऐसे होते हैं कि उनकी बारीकियों में जाकर त्रुटियां देखी जा सकती हैं परंतु कुल महान प्रयास की सफलता और सार्थकता के बारे में सराहना ही करनी होगी। वैसे मुझे महावीर की स्पर्द्धा में भगवान बुद्ध को लाना कुछ सांप्रदायिक अधिक लगा। श्रेणिकराज का मानसिक परिवर्तन दिखाते समय भी मनोवैज्ञानिक दिशा में अधिक गहराई में न जाकर भूडोल जैसी अति प्राकृतिक घटना का सहारा क्यों लिया गया है, यह समझ में नहीं आया। कहीं बीच-बीच में ऐसा भी लगा कि मौन के स्थान पर मुखरता का अनावश्यक सहारा लिया गया है। परंतु ये दोष कुल भव्य-वस्तु के निर्माण को देखने हुए ऐसे हैं जैसे कि कहीं बीच में पानी चू रहा हो। भारतीय परंपरा में एक महत्त्वाकांक्षी महाकाव्य सदृश उपन्यास लिखने के लिए हिंदी जगत् को श्री वीरेन्द्रकुमार का ऋणी रहना होगा।●